DEUX CAMPAGNES

AU

SOUDAN FRANÇAIS

LE LIEUTENANT-COLONEL GALLIENI

DEUX CAMPAGNES

AU

SOUDAN FRANÇAIS

1886-1888

PAR

LE LIEUTENANT-COLONEL GALLIENI
Breveté d'état-major

AVEC UNE PRÉFACE DE M. VICTOR DURUY

OUVRAGE CONTENANT

163 GRAVURES SUR BOIS D'APRÈS LES DESSINS

DE RIOU

ET 2 CARTES ET 1 PLAN

PARIS
LIBRAIRIE HACHETTE ET Cⁱᵉ
79, BOULEVARD SAINT-GERMAIN, 79

1891

Droits de traduction et de reproduction réservés.

PRÉFACE

La France doit de la reconnaissance aux vaillants soldats qui fondent pour elle deux empires : dans l'Indo-Chine et au Sénégal. L'un, au centre de l'océan Pacifique qui, dans un prochain avenir, jouera le rôle actuel de la Méditerranée comme point de rencontre des flottes marchandes d'une partie du globe; l'autre qui mettra dans nos mains ou sous notre influence le nord de l'Afrique. Dans une brochure publiée en 1859, sur l'Algérie, j'écrivais : « Un jour, la France traversera le Sahara la sonde à la main. » Le temps est venu de poursuivre ce dessein, puisque nos Algériens poussent, vers les sables désertiques, les oasis qu'ils ont déjà créées de Biskra à Ouargla, et que, de l'autre côté, nos officiers, Faidherbe, Borgnis-Desbordes, Gallieni, Archinard, etc., ont affermi nos possessions au Sénégal et les ont étendues au delà du Niger.

Le colonel Gallieni, quoique jeune encore, est un vieil Africain. En 1880, après plusieurs campagnes dans la Sénégambie, il reçut la mission de placer sous notre protectorat les petits États indigènes établis depuis Bafoulabé, alors notre poste extrême dans l'Est, jusqu'à Bammako, sur la rive gauche du Niger, et de lier amitié, s'il était possible, avec Ahmadou, le fils et l'héritier du redoutable marabout El-Hadj Oumar.

C'était une périlleuse entreprise; elle faillit se terminer tragiquement, soit au guet-apens de Dio, que le colonel Borgnis-Desbordes vengea l'année suivante, soit au village de Nango où Ahmadou retint nos envoyés prisonniers durant dix mois. Mais, de toutes ces épreuves, conjurées à force de courage et de fermeté, nos jeunes officiers sortaient admirablement préparés de corps et d'esprit à braver les intempéries du climat et les complots des indigènes. Aussi, en 1886, M. Gallieni, promu lieutenant-colonel, fut-il appelé à prendre le commandement supérieur du Soudan français alors menacé, au Nord par Ahmadou, à l'Est par Samory, au Sud par Mahmadou-Lamine qui venait de terroriser le Bondou et de porter le pillage, l'incendie et le meurtre jusque sur la rive gauche du Sénégal, tandis que son fils Soybou en menaçait la rive droite.

L'expédition dura deux ans. Dans la première campagne, Mahmadou-Lamine fut attaqué par deux colonnes qui, parties le 12 décembre 1886, de points distants l'un de l'autre de 200 kilomètres, devaient se réunir le 25 décembre, sous les murs de Diana, la grande forteresse du chef indigène. Le commandant Vallière conduisait l'une, le colonel menait l'autre; toutes deux se rencontrèrent au jour fixé, après avoir, dans cette marche à travers un pays à peu près inconnu, triomphé de difficultés qui parurent plusieurs fois insurmontables. Le marabout échappa en se réfugiant dans le Sud; cette fuite fatale à son prestige ne nous débarrassait pas définitivement de sa personne. Le corps expéditionnaire fut libre, du moins, de retourner sur la ligne des travaux qui devaient continuer le chemin de fer de Kayes dans la direction du Niger.

Par cette laborieuse expédition dans la direction du Fouta-Djalon, le colonel avait bien gagné quelques mois de repos; mais ces soldats d'Afrique ne se reposent pas. Le vainqueur de Diana se fait ingénieur et diplomate. Il jette des ponts sur les marigots et il fonde des postes au milieu de la forêt éclaircie. Il négocie avec Ahmadou qui signe un traité de protectorat. Il capture Soybou qui, avant d'être passé par les armes, le remercie de lui laisser la touffe de cheveux par laquelle tout bon musulman doit être porté au paradis de Mahomet. Il fait partir le commandant Caron sur la canonnière *le Niger*, pour essayer de mettre Tombouctou dans notre alliance. Il envoie le capitaine Péroz à Samory qui nous cède ses possessions sur la rive gauche du Niger, et le commandant Vallière recueille pour les coordonner les renseignements géographiques et politiques que MM. Fortin, Oberdorf, Plat, Lefort et Reichenberg ont rapportés des missions qu'il leur a données dans certaines parties du Soudan, où jamais un blanc n'avait été vu.

A la seconde campagne, celle de 1887-1888, appartiennent deux faits considérables : l'expédition du capitaine Fortin qui va, à 450 kilomètres de sa base d'opération, enlever d'assaut la forteresse de Toubakouta, dernier refuge de Mahmadou-Lamine dont ses coureurs lui rapportèrent la tête, et la fondation, par le colonel Gallieni, du grand fort de Siguiri sur les bords du Niger. De là, nous éclairions au loin la rive droite, nous maintenions ouvertes les communications avec nos établissements des rivières du Sud, et des explorateurs lancés dans toutes les directions prenaient, au nom de la science, possession des pays où notre action militaire pourrait plus tard s'engager.

Dans la conclusion de son ouvrage, qu'il est important de lire, le colonel estime que l'affermissement de la puissance française dans la direction de Siguiri et du Fouta-Djalon est une compensation pour la perte des bouches du Niger. Je ne sais si les Anglais, maîtres de ce dernier point depuis que nos factoreries l'ont si malheureusement quitté, partageront cet avis. Mais il est certain que les deux campagnes du colonel Gallieni ont donné une forte assiette à notre colonie Son avenir, d'après l'auteur, est moins du côté de Tombouctou, ville en pleine décadence et entourée de déserts, que dans la direction où la dernière convention avec l'Angleterre nous invite à chercher le complément à la fois de l'Algérie et du Sénégal. C'est la conclusion de l'auteur, qui répète volontiers le mot du général Faidherbe : « Si jamais il se fonde un empire dans le Soudan français, c'est à Timbo, dans le Fouta-Djalon que sera la capitale. »

Cette question de l'Hinterland africain est une question de haute diplomatie et surtout de haute finance dont la solution n'est pas prochaine.

En attendant, lisons dans les curieux récits du colonel Gallieni ces pointes hardies à travers des pays où l'on passe d'une aridité extrême à une luxuriante nature, presque aussi redoutable à l'Européen par ce qu'elle donne et par ce qu'elle refuse. Pas de routes, si ce n'est celles qu'on se fraye à coups de hache dans les forêts et à coups de pioche sur les berges des marigots; pas de points d'appui ou de refuge, à moins qu'on n'en construise pour mettre en dépôt des munitions et des vivres : le riz et le mil qui suffisent au noir, mais dont le blanc se fatigue, à moins qu'il ne puisse y ajouter ce que vaudra à sa cantine le hasard d'un coup de fusil heureux, une antilope ou un singe vert. Si les rives du Haut-Niger sont stériles, au Sud-Ouest fermente dans l'air, au milieu des eaux et sous bois, une vie exubérante, et, en mille points, des miasmes pestilentiels s'élèvent de ces terres tour à tour inondées et brûlantes. On admire ce qu'il faut de prévoyance, de résolution et d'énergie pour s'engager, avec audace et tout à la fois avec prudence, en de pareilles régions où, presque partout, hommes et choses, tout vous est ennemi.

Mais aussi quel sentiment de fierté virile on éprouve à vaincre les obstacles qu'opposent les magnificences de cette zone tropicale, et à dompter cette beauté superbe en la forçant de porter le drapeau de la France !

Un de nos vainqueurs s'écriait un jour, malgré lui, en voyant nos cavaliers faire une charge héroïque pour ouvrir une route à ceux qui les suivaient : « Oh ! les braves gens ! » Et nous aussi, en voyant nos jeunes officiers si dévoués à la France, nous disons : « Oh ! les braves gens ! »

V. Duruy.

Paris, le 27 novembre 1890.

PREMIÈRE CAMPAGNE

1886-1887

DEUX CAMPAGNES
AU SOUDAN FRANÇAIS

PREMIÈRE CAMPAGNE (1886-1887)

CHAPITRE I

Préparatifs de la campagne 1886-1887 dans le Haut-Fleuve. — Dakar et le chemin de fer. — Situation politique dans le Haut-Sénégal au mois de novembre 1886. — Voyage sur la *Salamandre*. — Bakel. — Le marabout Mahmadou Lamine. — Premières mesures prises pour commencer la campagne contre lui.

Le 1ᵉʳ août 1886, tandis que je me remettais à Saint-Raphaël des fatigues d'une campagne de trois ans aux Antilles, un télégramme aux couleurs officielles me mandait à Paris, au Ministère de la marine et des colonies. M. de La Porte, sous-secrétaire d'État, me mettait de suite au courant et m'apprenait que, les difficultés de la situation augmentant de plus en plus dans le Haut-Sénégal, le Ministre de la marine, M. le vice-amiral Aube, et lui-même avaient jeté les yeux sur moi pour prendre le commandement dans ces régions, et écarter les dangers qui nous y menaçaient de tous côtés.

Il est de ces missions qu'un officier ne peut refuser, en raison même des difficultés qu'elles présentent. Celle que l'on m'offrait était de ce nombre. Aussi, bien que mon état de santé ne fût pas encore aussi solide que je l'aurais désiré pour faire face aux rudes épreuves d'une campagne dans le Soudan, je me mis aussitôt à la disposition de M. le Sous-Secrétaire d'État.

Sachant que le succès d'une expédition dépend avant tout de son organisation, j'employai activement, en préparatifs de toutes sortes, les deux mois qui me séparaient encore de mon départ. Déjà mon premier voyage à Ségou et sur les bords du Niger m'avait donné quelque expérience des conditions spéciales au pays où j'allais opérer. Je savais, de plus, que, la baisse des eaux du fleuve Sénégal arrivant dès la fin de novembre, les communications à cette époque devenaient des plus difficiles entre Saint-Louis et le Haut-Fleuve, et qu'il fallait, notamment, renoncer à tout envoi de secours en hommes et en matériel. Il était donc indispensable d'être parfaitement outillé avant l'ouverture des opérations.

Mon personnel fut vite au complet. Dans nos différents corps de la marine, et particulièrement parmi nos officiers d'artillerie et d'infanterie de marine, on aime les aventures. On savait que la campagne serait pénible et mouvementée. Il n'en fallait pas plus pour que les demandes de prendre part à l'expédition affluassent nombreuses et bien au delà du nécessaire. J'avais songé à m'assurer, tout d'abord, le concours de mes deux anciens compagnons d'exploration dans mon voyage à Ségou. Le commandant Vallière, chef de bataillon d'infanterie de marine, consentit à m'accompagner comme chef d'état-major. Le docteur Tautain, qui exerçait alors la médecine à Paris, se reprit de la nostalgie du Soudan et se prépara aussi à s'embarquer. Je lui destinai le commandement du cercle de Bammako, sur le Niger. Notre camarade Piétri n'était plus là, hélas! Le choléra l'avait enlevé un an auparavant, au Tonkin, lui que les fièvres du Soudan et les balles des nègres africains avaient si longtemps épargné, pendant ses campagnes en Sénégambie.

Quant aux troupes de l'expédition, il fut décidé qu'elles comprendraient: un bataillon de tirailleurs sénégalais de 1 000 hommes, une division de spahis sénégalais, une compagnie d'infanterie de marine, une compagnie d'ouvriers d'artillerie, et environ 150 canonniers pour le service des pièces et des convois. Une partie de ce personnel était déjà rendue sur les lieux; les troupes indigènes, par exemple, constituaient en ce moment les garnisons de nos forts du Haut-Sénégal et du Haut-Niger.

Quant au matériel et aux approvisionnements, ils se trouvaient aussi en grande partie à Kayes, chef-lieu de nos possessions du Soudan. Ils y avaient été transportés, le mois précédent, par des steamers partis de Bordeaux et auxquels la hauteur des eaux du Sénégal permettait de remonter alors jusqu'à ce point. Les approvisionnements en farine, biscuit, vin, eau-de-vie, etc., étaient calculés pour un an. Le complément en riz, viande fraîche, grains pour les chevaux et mulets devait être cherché sur place. Le matériel pour les différents services: canonnières, artillerie, travaux des forts, train, service des télégraphes, de santé, vétérinaire, etc., ainsi que les munitions et les objets pour cadeaux aux chefs indigènes, avaient suivi la même voie, et on m'assurait que le tout était déjà rendu à Kayes, où je le trouverais à mon arrivée.

Pendant les deux mois qui s'écoulèrent avant mon départ, je m'appliquai à combler, dans la mesure du possible, les lacunes qui pouvaient encore exister dans nos approvisionnements de toute espèce. J'insistai aussi pour emporter avec moi un armement perfectionné. Je voulais compenser par là l'infériorité numérique des troupes de l'expédition, et leur faciliter la rude tâche qu'elles allaient avoir à accomplir. Je fus donc autorisé à faire

Jetée de Dakar. (Voir p. 6.)

embarquer, à Bordeaux, 600 fusils à répétition, du système Kropatscheck, 2 pièces de 80 millimètres de montagne, et un canon-revolver Hotchkiss de 37 millimètres.

Tous ces préparatifs étaient à peu près terminés dans les premiers jours d'octobre. Le paquebot, quittant Bordeaux le 5 octobre, emportait la plus grande partie du personnel destiné au Haut-Fleuve. Moi-même je m'embarquai le 20 octobre avec les officiers qui n'étaient pas encore partis et avec les derniers objets appartenant à l'expédition. Le jour même où j'avais quitté Paris, un câblogramme venu de Saint-Louis avait annoncé que le marabout Mahmadou Lamine venait d'attaquer notre poste de Sénoudébou et avait fait trancher la tête au roi du Bondou, notre allié, que nous avions pris sous notre protection. Il était donc temps d'entrer en campagne.

Le 29 octobre, le paquebot *Sénégal* jetait l'ancre devant Dakar. Cette ville avait subi de grands changements depuis que je l'avais vue pour la dernière fois, en 1881. De nombreux établissements publics, de vastes hôtels, de coquettes constructions particulières, s'étaient élevés partout, témoignant ainsi de la prospérité croissante de ce port. Les villages indigènes ont été repoussés au loin pour permettre à la ville de s'étendre à son aise. On sent que l'on se trouve en face d'une grande cité naissante. Il ne saurait, du reste, en être autrement. Dakar est le point de relâche de huit grandes lignes de paquebots de nationalités différentes. Il est à l'origine de la ligne du chemin de fer de Saint-Louis, qui met le port en communication directe avec la grande artère du Sénégal. Sa rade, l'une des plus belles du monde, pourrait servir de refuge à de nombreuses flottes. Il faudrait, pour lui assurer la prééminence certaine sur toute la côte occidentale d'Afrique, que son port reçût toutes les installations, tous les perfectionnements que réclame aujourd'hui le grand commerce. La nature des lieux se prête admirablement à tous ces travaux, et le creusement d'un bassin de radoub, suffisamment vaste et muni de l'outillage nécessaire, rendrait tributaires de notre port de Dakar toutes les lignes de steamers qui se disputent le mouvement commercial de cette partie de l'océan Atlantique. Il faut espérer que l'on passera bientôt des projets à l'exécution. Ce jour-là, la question sénégalaise aura fait un pas décisif.

J'éprouvai une véritable satisfaction quand je pris à Dakar le train qui devait nous conduire à Saint-Louis. Je me rappelais encore les sourires d'incrédulité qui avaient accueilli les projets du gouverneur Brière de l'Isle, lorsque, huit ans auparavant, il avait envoyé dans le Cayor une mission chargée d'étudier le tracé de la ligne ferrée. Aujourd'hui ce chemin de fer existe et fonctionne admirablement. J'avais commandé autrefois le cercle de Thiès, que la ligne traverse en quittant Rufisque, et je pouvais constater les transformations qu'avait subies toute la contrée. C'était, il y a peu d'années, le pays le plus sauvage que l'on pût imaginer. Il existait notamment, entre nos deux postes de Pout et Thiès, un ravin de si mauvaise réputation, qu'on l'appelait le Ravin des Voleurs. Nul traitant indigène n'osait s'y aventurer seul; les caravanes ne s'y engageaient qu'avec crainte. Aujourd'hui les locomotives sillonnent le Ravin des Voleurs, devenu une route parfaitement sûre pour tout le monde.

Je ne reconnaissais pas mon ancienne résidence, Thiès, composé autrefois de quelques groupes de misérables cases, converti aujourd'hui en une station commerciale avec de belles maisons de pierre, aux toits de tuiles rouges, servant de séjour aux représentants de nos maisons de commerce du Sénégal. Les habitants eux-mêmes, de race serrère, ne présentaient plus le même aspect sauvage. L'ancien chef de canton, Laman Omry, qui vint me voir à la gare avec toute sa famille, semblait un honnête patriarche, bien différent du nègre batailleur que j'avais connu jadis. Tivavouane, Méké, N'Dande, où nous nous arrêtâmes successivement, et dont les noms évoquaient les souvenirs de nos anciennes guerres contre les damels du

Le chef de Thiès et sa famille.

Cayor, avaient subi des transformations analogues et étaient devenus des escales de commerce où tout annonçait la prospérité. En somme, le chemin de fer Dakar-Saint-Louis a aujourd'hui cause gagnée. Il est assuré d'un rapide succès, surtout si l'on construit à Dakar le port qui devient de plus en plus indispensable chaque jour.

J'aurais voulu brusquer mon départ de Saint-Louis, mais les mesures à prendre pour l'expédition vers Kayes du matériel et des approvisionnements, arrivés en retard et qui n'avaient pu encore être embarqués, me forcèrent d'y séjourner jusqu'au 11 novembre. Du reste, ce temps-là ne fut pas perdu. Je trouvai à Saint-Louis M. le lieutenant de vaisseau Caron, qui venait de recevoir le commandement de la canonnière *Niger* et qui se préparait à rejoindre son poste. Cet officier me parut posséder toutes les qualités nécessaires pour sa rude mission, et je le mis, dès ce moment, au courant de mes projets pour cette campagne. Il fallait, coûte que coûte, que la canonnière parvînt cette fois à Tombouctou dès que la saison permettrait la navigation sur le Niger. Il était temps que notre petit steamer, qui flottait déjà depuis trois ans sur le fleuve soudanien, atteignît enfin son objectif.

De plus, pour me conformer aux instructions que j'avais reçues de M. le vice-amiral Aube, relativement à la construction à Bammako d'une coque en bois destinée à recevoir ensuite sa machine de France, je prescrivis au commandant Caron de réunir le matériel et l'outillage nécessaires, lui laissant d'ailleurs toute latitude pour les mesures de détail à prendre à ce sujet. En raison des énormes difficultés que présentait le transport d'une canonnière complète de Kayes à Bammako, il y avait intérêt à faire aboutir cet essai, malgré les moyens imparfaits qui pouvaient être mis à notre disposition.

Dès mon arrivée à Saint-Louis je m'étais mis en relations télégraphiques avec le commandant Monségur, qui exerçait alors les fonctions de commandant supérieur par intérim à Kayes, et j'avais essayé de me rendre compte, le mieux possible, de la situation politique des pays dans lesquels j'allais opérer. En somme, on pouvait résumer comme suit notre situation dans le Haut-Fleuve : le nouveau prophète, Mahmadou Lamine, enorgueilli par ses récents succès dans le Bondou, s'était fortifié dans sa place d'armes de Diana, d'où il menaçait à nouveau Bakel et révolutionnait tous les pays environnants, en cherchant à les entraîner dans sa lutte contre les Français, tandis que son fils, Soybou, laissé sur la rive droite du Sénégal, tentait de nous prendre entre deux feux, en opérant sa jonction avec les bandes de son père. Les populations riveraines du Sénégal étaient prêtes à se joindre à ces deux adversaires de notre domination dans le Haut-Fleuve.

Ahmadou, le sultan de Ségou, observait les événements. Il hésitait à se déclarer contre nous, mais on sentait que ses hésitations ne seraient pas longues si notre situation militaire se trouvait compromise autour de Bakel.

Quant à Samory, le puissant almamy du Ouassoulou, il se tenait sur la rive droite du Niger, mais il inondait de ses bandes de sofas les États malinkés de la rive gauche, placés cependant sous notre protectorat, et ses cavaliers venaient chaque jour rançonner nos villages.

Toutes les autres populations du Haut-Sénégal et du Haut-Niger, encore incertaines sur le sort de la lutte ouverte entre nous et Mahmadou Lamine,

Le roi des Maures Trarzas. (Voir p. 10.)

craignaient de se compromettre et attendaient, avant de se prononcer, l'issue des événements.

Inutile de dire qu'au milieu de cette incertitude, tous les travaux en cours d'exécution, chemin de fer, forts, etc., avaient été abandonnés. Notre canonnière était restée immobile à son mouillage de Manambougou, sur le Niger, pendant tout l'hivernage. Bref, l'œuvre entreprise depuis six ans dans cette partie du Soudan occidental était en mauvaise voie. Les sacrifices faits jusqu'à ce jour allaient demeurer stériles, si de prompts et énergiques remèdes n'étaient apportés à la situation.

Le 11 novembre, je pus enfin m'embarquer sur l'aviso la *Salamandre* avec les officiers de l'état-major et tout le personnel retardataire. Les troupes de l'expédition, ou bien étaient déjà rendues sur les lieux, ou bien m'avaient précédé et étaient sur le point d'arriver à destination. Avant mon départ de Saint-Louis je reçus de tous, officiers, fonctionnaires, commerçants, les témoignages de la plus franche sympathie. La Chambre de commerce du Sénégal voulut aussi m'offrir un splendide punch, pour bien me montrer l'intérêt qu'elle attachait, au point de vue commercial, au succès de la campagne qui allait s'ouvrir.

La *Salamandre*, qui avait ordre de marcher le plus rapidement possible pour n'être pas surprise par la baisse des eaux, ne s'arrêta que peu d'heures dans chaque escale. Je pus cependant descendre à terre à Dagana. J'y rencontrai Omar Saloum, le nouveau chef des Maures Trarzas; il avait jugé utile de venir chercher avec ses ministres un refuge momentané sur le territoire français, pour fuir l'hostilité de ses ennemis, qui venaient d'assassiner son père peu de jours auparavant. Singulière existence que celle de ces rois maures! Ély, le défunt souverain, que j'avais beaucoup connu à Saint-Louis quand j'exerçais les fonctions de directeur des affaires politiques, était certainement plus malheureux que le dernier de ses sujets. Chaque soir il rentrait ostensiblement dans la tente royale, mais, dès que tout le monde dormait dans le camp, il sortait secrètement et allait se réfugier sous une tente quelconque, où, bien enveloppé dans son manteau, il passait la nuit, confondu avec ses voisins, jusqu'au lendemain matin. Au point du jour, il regagnait sa propre tente. Jamais il ne couchait au même endroit. Ély put ainsi se dérober, pendant huit ans, au poignard des assassins; mais, malgré toutes ses précautions, il finit par subir le sort de ses prédécesseurs.

La *Salamandre* effectua rapidement son voyage. Elle était bondée de passagers. Tirailleurs, laptots, traitants, femmes et enfants des uns et des autres étaient entassés pêle-mêle sur le pont, au milieu des colis de toute sorte, qui ne laissaient que fort peu d'espace pour se remuer. Plusieurs tirailleurs et leurs femmes voulurent bien poser devant l'appareil photographique de l'un de nos officiers. L'une de ces femmes, Aïssata, qui était mariée au sergent N'gor Faye, l'un de mes anciens tirailleurs de la mission de Ségou, était remarquable par la quantité de bijoux et d'ornements qui lui couvraient la tête.

Nous étions à Bakel le 15 novembre. Nous débarquâmes aussitôt; la baisse des eaux augmentant d'une manière inquiétante, le commandant de l'aviso tenait à redescendre de suite sur Saint-Louis. Je trouvais, d'ailleurs,

Le pont de la *Salamandre*.

à Bakel, le *Richard Toll* et le Rapide n° 1 : le premier, remorqueur à roues, calant au plus 60 à 80 centimètres, destiné au transport du personnel ; le deuxième, sorte de chaloupe d'une grande vitesse, pouvant porter rapidement d'un point à un autre du fleuve les courriers importants ou les officiers isolés chargés de missions urgentes. Ces deux bateaux devaient rester dans le Haut-Fleuve pendant toute la campagne, et se tenir à ma disposition pour participer à la défense de la ligne du Sénégal, ou pour toute autre mission qu'il me conviendrait de leur donner.

Bakel avait été gravement éprouvé par le siège du mois d'avril précédent. Vers cette époque, le marabout Mahmadou Lamine, dont les bandes

Bakel après le siège.

s'étaient grossies de tous les habitants des pays sarracolets bordant les rives du fleuve, s'était porté devant ce grand établissement commercial et militaire. Le fort avait pu rester à l'abri de ses insultes, mais il n'en était pas de même de l'escale, habitée par nos commerçants et traitants. Les guerriers de Lamine s'étaient répandus dans la plaine de Bakel, et, partout où ils avaient pu se dérober au feu des canons du fort, ils avaient pillé et incendié les habitations et les magasins des traitants et des indigènes, restés fidèles à notre cause. On voyait de tous côtés les ruines du siège : les villages de Guidimpalé et de Modinkané montraient leurs cases brûlées ; les maisons de briques des traitants, bien qu'ayant mieux résisté, s'écroulaient en nombre d'endroits ; le cimetière européen avait particulièrement souffert, et les fanatiques talibés du marabout, furieux de ne pouvoir emporter d'assaut le fort, semblaient s'être vengés en profanant les tombes de nos compatriotes. Enfin, les arbres qui ornaient anciennement la grande place et l'avenue montant au fort avaient dû être arrachés pour fournir un champ libre à notre tir, ce qui achevait de donner un aspect désolé à toute l'escale. Les traitants de nos maisons de commerce de Saint-Louis avaient, du reste, courageusement secondé les efforts de la garnison. Ils avaient défendu pied à pied leurs maisons contre les assaillants, auxquels ils avaient infligé des pertes sensibles, mais plusieurs d'entre eux avaient payé de leur vie leur brillante attitude. Mon premier soin, en débarquant, fut de les réunir, de les féliciter de leur belle conduite pendant le siège, et de leur assurer qu'avant peu leur ennemi recevrait le châtiment de ses crimes. Puis, entouré des officiers de l'état-major, en présence de la garnison et de toute la population indigène, je remis solennellement à Diabé, chef de Bakel, et à trois traitants les médailles d'or et d'argent que je leur apportais, de la part de M. le Ministre de la marine et des colonies, en récompense de leur courage pendant les derniers événements. Parmi ces derniers se trouvait le jeune Oumar, enfant de neuf ans, qui, armé d'un fusil et posté devant la porte de l'habitation de son père, avait successivement abattu deux guerriers du marabout qui cherchaient à mettre le feu à la maison.

Aussitôt débarqué à Bakel, je prenais le commandement direct du Soudan français, c'est-à-dire des territoires qui, sans limites déterminées vers le nord et vers le sud, s'étendent entre Bakel et le Niger, le long de notre ligne de postes. En portant ce fait à la connaissance des officiers, fonctionnaires et troupes sous mes ordres, je faisais appel à l'énergie et au dévouement de tous, pour parer aux dangers qui rendaient actuellement notre situation des plus critiques dans le Haut-Sénégal. Puis j'arrêtai immédiatement les principales lignes du programme que je me proposais de suivre pendant la campagne.

Entrer aussitôt en lutte avec Mahmadou Lamine, en m'attachant à lui comme son ombre, jusqu'à la disparition complète de ce dangereux personnage ; ramener le sultan Ahmadou à des dispositions plus favorables à notre égard, pour renouer avec lui les relations commerciales, interrompues depuis plusieurs années, et m'aider de son concours pour battre Soybou, le fils du marabout, qui tenait la campagne sur la rive droite du Sénégal ; rejeter l'almamy Samory de l'autre côté du Niger, et tranquilliser les populations qui souffraient de ses incursions incessantes parmi elles ; enfin, donner à tout prix de l'air à notre ligne de postes, et protéger efficacement les caravanes et convois qui parcouraient le pays : telles étaient les bases du programme que j'adoptais, dès ce moment, et que je me proposais de poursuivre avec persévérance et énergie, jusqu'à ce que notre prestige eût été recouvré en entier et que nous eussions mis fin à une situation qui, en se prolongeant encore quelque temps, devait amener infailliblement la ruine de notre entreprise du Haut-Fleuve.

Je ne restai que peu de jours à Bakel, juste le temps de passer une inspection détaillée du fort et de lancer les premiers ordres pour la réunion des troupes sur les points de concentration. Je laissai le commandement du

Diabé et les notables de Bakel.

fort à un solide officier en qui j'avais toute confiance. Je lui prescrivis de prendre toutes les mesures nécessaires pour repousser une nouvelle attaque du marabout, dans le cas, que je jugeais improbable, où celui-ci viendrait à reparaître sur les rives du Sénégal. J'organisai, dans les bâtiments dépendant du fort, une ambulance, destinée à recevoir les malades et blessés que nous aurions à évacuer en arrière. J'encourageai les indigènes à reconstruire leurs villages, et je profitai de l'occasion pour faire tracer, à travers l'escale, de grandes rues, larges et bien alignées, le long desquelles s'élèveraient les nouvelles constructions. Nos nègres sénégambiens ont le plus profond mépris pour tout ce qui concerne la voirie de leurs villages.

Les cases sont entassées pêle-mêle, au grand dommage de la salubrité et de l'hygiène. Diabé et les notables des villages environnants se rendirent aisément à mes raisons, et avant mon départ j'eus la satisfaction de voir commencer partout dans l'escale les travaux de réfection que j'avais ordonnés.

Je m'occupai aussi de réunir le plus grand nombre de renseignements sur les pays où se trouvait en ce moment le marabout Mahmadou Lamine. Celui-ci avait étendu sa domination dans les contrées situées sur les deux rives de la Falémé, entre le Bafing, la Gambie et le Sénégal. Son autorité grandissait chaque jour, et, comme El-Hadj Oumar, l'ancien adversaire du gouverneur Faidherbe, il voulait fonder, à notre détriment, un nouvel empire musulman. Sa dernière expédition, habilement conduite pendant le mois d'octobre précédent, l'avait rendu maître de la capitale du Bondou, État placé sous notre protectorat. Il avait fait décapiter le roi du pays, incendier les villages récalcitrants, puis, emmenant en esclavage la plus grande partie des habitants, il s'était retiré à Diana, à 200 kilomètres environ au sud de Bakel, non loin des rives de la Gambie.

Mahmadou Lamine avait organisé là de formidables fortifications et, de ce point, dirigeait de fructueuses et sanglantes razzias vers les contrées voisines, qu'il dominait par la terreur, élargissant de plus en plus le cercle de ses déprédations et de son influence. Il ne cachait pas son intention de reprendre l'offensive vers les rives du Sénégal, afin de nous prendre entre lui et son fils Soybou. Notre commerce, l'existence même de nos comptoirs du fleuve étaient en question. Les populations, inquiètes, attendaient impatiemment le parti que nous allions prendre.

Ces renseignements me confirmèrent encore plus dans le plan que je m'étais tracé. Il est certain que c'eût été une folie de s'enfoncer vers le Niger dans ce grave état de crise. La révolte aurait surgi dès mon départ; mes communications avec Saint-Louis auraient été rapidement coupées. Il fallait aller chercher le marabout jusque dans sa place d'armes de Diana, malgré l'éloignement de ce point et l'inconnu qui planait sur la région où dominait notre adversaire. Aucune colonne française ne s'était encore aventurée aussi loin de sa base d'opérations.

De plus, comme les pays qui avaient reconnu l'autorité du marabout, et qui se préparaient à lui fournir leurs contingents pour marcher encore sur nos comptoirs du Sénégal, s'étendaient aussi bien sur la rive gauche de la Falémé, depuis Sénoudébou jusqu'en Gambie, que sur la rive droite de la même rivière jusqu'au Bafing, j'arrêtai en principe la formation de deux colonnes. Celles-ci ramèneraient ces deux grandes régions dans le devoir et, combinant leurs mouvements, se rencontreraient à Diana, centre probable de résistance de Mahmadou Lamine.

Je mis aussitôt deux officiers de l'état-major, le lieutenant d'artillerie de marine Bonaccorsi et le lieutenant d'infanterie de marine Quiquandon, en relations avec les indigènes qui m'avaient fourni les précédents renseignements. C'étaient Ousman Gassi, jeune chef du Bondou, neveu du roi assassiné, et des chasseurs peuls qui avaient été pris par le marabout et qui, après avoir passé quelques jours parmi ses guerriers, avaient réussi à s'échapper. Ces deux officiers, après avoir longuement interrogé ces indigènes, reçurent l'ordre de quitter Bakel et d'aller faire, avec toute la discrétion nécessaire, la reconnaissance des routes que nos colonnes pourraient suivre, à travers le Bondou et le Bambouk, pour parvenir à Diana. Tous deux revêtirent un costume peu apparent, de manière à pouvoir se faire passer pour de simples explorateurs à la recherche des produits du pays, et à cacher le plus possible le but de leur mission.

Le lieutenant Bonaccorsi partit le 16 novembre dans la direction de Sénoudébou, pour étudier la route par le Bondou. Le soir de ce même jour, le Rapide n° 1 emmenait vers Kayes le commandant Vallière, qui devait prendre le commandement de l'une des deux colonnes, et le lieutenant Quiquandon, chargé d'exécuter la reconnaissance de la route du Bambouk, sur la rive droite de la Falémé. En même temps j'expédiai à Kayes les ordres nécessaires pour la constitution des deux colonnes, et je décidai qu'elles se formeraient et se concentreraient, la première à Arondou, au confluent du Sénégal et de la Falémé, la deuxième à Diamou, à 54 kilomètres à l'est de Kayes, au point terminus actuel de notre chemin de fer du Haut-Sénégal.

CHAPITRE II

Le camp de la première colonne à Arondou. — Formation du dépôt de vivres de Sénoudébou. — Nos établissements de Kayes au mois de novembre 1886. — Nos relations avec les souverains nègres du Soudan français. — Le chemin de fer du Haut-Fleuve. — Le camp de la deuxième colonne à Diamou. — Plan de campagne contre le marabout Mahmadou Lamine.

Le 19 novembre, je m'embarquai à mon tour sur le *Richard Toll*, qui nous amenait, en quelques heures, au camp d'Arondou.

Arondou est un village situé au confluent du Sénégal et de la Falémé. Non loin du village se trouve un beau plateau ombragé, bien battu par les vents et qui présentait des conditions hygiéniques relativement bonnes. Ce point était, de plus, à la rencontre des deux cours d'eau, suivis par nos chalands à destination de Kayes, le chef-lieu du Soudan français, et de Sénoudébou, notre poste avancé de la Falémé, où nous avions en ce moment une compagnie de tirailleurs en garnison. Nous pouvions ainsi surveiller les pays sarracolets, dont les dispositions étaient toujours douteuses, et nous montrions des forces au sultan Ahmadou, campé alors sur la rive droite du Sénégal avec une dizaine de mille hommes. Enfin, ce choix le laissait indécis sur la direction que la colonne prendrait au moment de son départ.

Quand je débarquai, le camp était déjà complètement installé. De vastes gourbis, bien espacés, avaient été dressés à l'ombre des arbres. De grands hangars, ouverts des deux côtés, servaient d'abris aux chevaux et mulets. Toutes les mesures avaient été prises, en un mot, pour éviter la mortalité qui avait signalé les débuts des campagnes précédentes, et qui avait sévi avec tant d'intensité sur le personnel et les animaux.

Les divers détachements qui devaient composer la première colonne étaient tous arrivés. On avait mis la plus grande activité à organiser les différents campements. Une vaste avenue avait été tracée depuis la berge du fleuve, où étaient accostés les chalands, apportant les vivres et le matériel destinés à la colonne, jusqu'au centre du camp.

L'artillerie occupait la première ligne : d'abord le parc, comprenant une section[1] de 80 millimètres de montagne, une section de 65 millimètres, et un approvisionnement de 200 coups par pièce, puis les gourbis des officiers et des canonniers et, en arrière, les chevaux et mulets, attachés à la corde, sous leur hangar. C'était la première fois que notre artillerie, dans le Haut-Sénégal, était armée de ces engins perfectionnés. Jusqu'à ce jour nos colonnes n'avaient employé que des pièces de 4 R. de montagne. Ce matériel, en raison de sa rusticité, avait jusqu'alors rendu de grands services ; mais ses effets avaient été souvent insuffisants dans le Soudan, où les villages, entourés de forts *tatas* en pisé ou de solides *sagnés*, enceintes en troncs d'arbres, offrent une grande résistance aux projectiles employés. Le peu de justesse de ces pièces ne permettait pas, d'ailleurs, de pratiquer les brèches avec toute la rapidité désirable, ni de produire des effets assez prononcés sur les défenseurs, ce qui exposait nos troupes à des assauts toujours meurtriers. La campagne qui s'ouvrait donnerait la faculté d'examiner si les nouvelles pièces, en raison de la délicatesse de leur mécanisme, pourraient supporter victorieusement l'épreuve d'une expédition dans le Soudan, où les routes manquent, où les cours d'eau doivent être franchis à gué, où l'harmattan soulève une poussière abondante, enfin, où le climat ne permet pas d'employer un grand nombre de canonniers européens, rapidement mis hors de service par les maladies locales. C'est ainsi que le personnel de nos sections d'artillerie était composé, en grande partie, de tirailleurs, faisant fonctions de servants, et de quelques Européens seulement, auxquels étaient dévolues les fonctions de chefs de pièces, pointeurs, etc.

Derrière l'artillerie venait le campement de l'infanterie de marine. Tenant compte de l'insalubrité du climat et des conditions particulièrement pénibles de nos expéditions soudaniennes, je n'avais pas voulu m'embarrasser d'un grand nombre de soldats européens. Je m'étais contenté d'une forte compagnie d'infanterie de marine, que j'avais divisée en deux pelotons, chacun d'eux étant attaché à l'une des colonnes. Pendant le combat, ils devaient servir de réserve aux troupes indigènes. Chaque peloton était monté à mulets. L'Européen ne marche pas dans le Soudan. C'est un fait bien reconnu. L'intensité des rayons solaires, jointe à l'anémie tropicale qui atteint plus ou moins les blancs séjournant sous ce climat, ne lui permet pas de déployer la vigueur nécessaire pour exécuter les longues marches de nos colonnes. On pourrait, tout au plus, admettre qu'un homme vigoureux,

---

1. Comme l'on sait, une section d'artillerie comprend 2 pièces avec les caissons nécessaires pour le transport des munitions.

Le camp d'Arondou.

bien nourri, ne portant aucun chargement, marchant en dehors des heures chaudes de la journée, serait capable de voyager à pied et de parcourir une certaine étendue de terrain. Mais il n'en saurait être de même d'un soldat, chargé de ses armes, de ses munitions et de ses vivres, qui n'est pas libre de choisir ses heures de marche, qui est astreint à un service de nuit très pénible, et qui a, en moyenne, la fièvre tous les huit jours. S'agit-il de

Soldat de l'infanterie de marine dans le Soudan.

longues marches entreprises en pays hostile, de concert avec nos troupes indigènes, le soldat européen s'arrête au bout de peu de temps, se laisse aller au bord du sentier, tandis que la colonne continue, et, quand il se relève, il ne retrouve plus sa trace et tombe aux mains des coureurs ennemis. Celui qui, doué d'une énergie à toute épreuve, veut aller jusqu'au bout, se couche dès l'arrivée à l'étape, et reste incapable de rendre le moindre service pendant toute la journée.

Chaque soldat européen reçut donc un mulet comme monture. Au moment de mon arrivée à Arondou, nos petits fantassins de marine, encore peu faits à ce nouveau système, s'ingéniaient, sous la direction de leurs officiers, pour organiser leur harnachement et leur paquetage. Comme il n'existait pas un nombre suffisant de selles, les mulets avaient été délivrés tout bâtés, ce qui avait même, pour moi, l'avantage de pouvoir, à un moment donné, remettre les fantassins à pied et utiliser leurs montures pour aller chercher les vivres aux dépôts en arrière. Ils avaient installé leurs bâts d'une manière uniforme, de façon à pouvoir porter, outre le cavalier, ses armes et quatre jours de vivres au moins pour l'homme et sa monture. Les étrivières et les étriers manquaient, mais nos soldats les avaient remplacés par des cordes, terminées par de petites planchettes pour y poser les pieds. Bref, il régnait la plus grande activité au campement de l'infanterie de marine, et nos hommes paraissaient très satisfaits de l'innovation que je venais d'apporter.

Les spahis étaient campés vers le centre du plateau. Cette belle troupe, composée en majeure partie de cavaliers indigènes, encadrée par des officiers et gradés européens, avait donné à son campement l'aspect le plus coquet. Les faisceaux de mousquetons et de sabres, bien alignés en avant des chevaux, ceux-ci tout fringants à leur corde d'attache, les gourbis, aux toits coniques, régulièrement espacés et surmontés de petits drapeaux aux couleurs de l'escadron, donnaient à cette partie du camp une physionomie particulièrement riante. Je félicitai le lieutenant Guerrin sur la belle tenue de son peloton, et j'allai visiter le campement des tirailleurs, placé en dernière ligne, à cheval sur la route de Sénoudébou.

Les tirailleurs sénégalais sont les vrais soldats du Soudan. Sans cesse en route sur la ligne de nos postes, ils sont employés aux missions les plus diverses. Tour à tour pionniers, canonniers, courriers, convoyeurs, toujours prêts, toujours dévoués, c'est par eux que nous tenons les vastes territoires qui s'étendent jusqu'au Niger. Comme les spahis sénégalais, ce sont des soldats indigènes, commandés par des officiers européens et encadrés par des gradés tirés de l'infanterie de marine.

L'aspect de la compagnie qui se trouvait alors au camp d'Arondou n'était pas, à beaucoup près, aussi brillant que celui des spahis. C'est que, comme ceux-ci, ils n'avaient pu aller se refaire dans leur dépôt de Saint-Louis. Ils venaient de passer tout l'hivernage dans le Haut-Fleuve, et leur tenue se ressentait de l'existence aventureuse menée depuis de longs mois au milieu des forêts et des solitudes du Soudan. Leurs vêtements étaient en lambeaux; leur équipement ne tenait plus que par des ficelles. Leurs armes seules étaient dans le plus grand état de propreté. Ils rachetaient, d'ailleurs, ce désordre de tenue par un remarquable aspect militaire. Je leur fis aussitôt délivrer le nombre de pièces de guinée nécessaires pour la confection de leurs pantalons arabes, des sacs vides pour qu'ils pussent se fabriquer

Tirailleurs sénégalais.

des musettes à vivres, et toutes les peaux des bœufs tués, pour s'en faire des sandales et des ceintures à cartouches.

Tirailleurs et soldats d'infanterie de marine furent armés du fusil Kropatscheck, modèle 1884. Cette mesure avait rencontré pas mal d'adversaires parmi nos officiers, mais j'avais passé outre aux observations faites. Nos colonnes, dans le Soudan, ont toujours à agir contre un ennemi très supérieur en nombre. L'insalubrité du climat, la difficulté des approvisionnements leur font un devoir d'agir rapidement et d'une manière décisive. D'un autre côté, les pertes en hommes sont à éviter le plus possible, car il est difficile de recevoir des renforts et de remplacer les blessés et tués. Il faut d'ailleurs savoir que tout échec de nos armes dans le Soudan conduirait immédiatement à un soulèvement général des populations. Il ressort de ces considérations que l'armement à mettre entre les mains des fantassins de nos colonnes doit être des plus perfectionnés. Pour l'infanterie de marine, il ne pouvait y avoir d'objections sérieuses. Toute l'armée française allait être munie incessamment de fusils à répétition. Ce n'était donc que devancer de quelques mois une mesure qui prochainement serait générale.

Quant aux tirailleurs, leurs officiers faisaient ressortir le tempérament particulier de leurs soldats noirs, l'insuffisance de leur instruction dans le tir, et la consommation énorme de munitions qui résulterait de l'adoption de ces armes. Mais, déjà, ces raisons avaient été données en 1880, lorsqu'il s'était agi de remplacer le fusil double des tirailleurs par le fusil Gras. Et, cependant, je me rappelais que ces dernières armes seules avaient permis à notre escorte, lors de ma première mission sur Ségou, d'arrêter à Dio les bandes bambaras qui nous avaient attaqués, et de percer, malgré elles, jusqu'au Niger. Les kropatschecks furent donc distribués à l'infanterie blanche, comme à l'infanterie indigène, et l'on poussa activement l'instruction sur l'emploi de cette arme.

Je terminai mon inspection rapide du camp par l'ambulance, qui était installée dans un grand hangar, abrité par l'épais ombrage de deux énormes fromagers. Quelques hommes payaient déjà leur tribut à la fièvre paludéenne. Ils étaient étendus à terre, sur des nattes du pays, reposant sur une épaisse couche de paille. Je réconfortai les malades par quelques paroles d'encouragement, et je donnai au docteur Brindejonc de Tréglodé, médecin de 1re classe de la marine, chef de notre service de santé, quelques indications pour une meilleure organisation de son ambulance. Au lieu d'un seul hangar, je fis de suite commencer la construction de trois grands gourbis séparés, pour mieux isoler les malades. Puis je recommandai de ne pas les laisser directement sur le sol, en les faisant coucher sur des lits grossiers, faits au moyen de vieilles caisses à biscuit ou de piquets fourchus plantés en terre, et sur lesquels étaient disposés des rondins, formant une sorte de plancher élevé au-dessus du sol.

Nos sociétés hospitalières de France, telles que la Société des Femmes de France, l'Association des Dames françaises, la Société de Secours aux blessés, nous avaient comblés généreusement de leurs dons, et les vins fins et les aliments légers ne manquaient pas dans nos approvisionnements médicaux. Je recommandai donc à nos médecins d'en user largement pour leurs malades. On peut dire qu'au Soudan il n'y a qu'une seule maladie, c'est la fièvre ; seulement, elle revêt toutes les formes, depuis le léger accès intermittent qui donne à peine un peu de chaleur à la peau, mais finit à la longue par jeter le malade dans une anémie incurable, jusqu'à l'accès pernicieux qui enlève son homme en quelques heures. Instruit par l'expérience des campagnes précédentes, où la fièvre, passée rapidement à l'état épidémique, avait décimé nos troupes, surtout au début des opérations, alors que les eaux de l'hivernage se retirent lentement, laissant les marais à découvert, je voulais, par les précautions prophylactiques les plus minutieuses, arriver à doubler le cap de cette mauvaise période et à empêcher l'éclosion de l'épidémie.

Je rentrai sous mon gourbi assez satisfait de ma première inspection du camp. La première colonne ne se composait encore que de détachements séparés, mais qui allaient bientôt, avec l'entrain que je remarquai partout, devenir une véritable colonne de combat, bien compacte, animée de ce sentiment du devoir, propre à nos excellentes troupes de la marine, et qui fait que l'on vient toujours à bout de la tâche entreprise.

Je ne passai que peu de jours à Arondou. De nombreuses occupations réclamaient ma présence à Kayes. Avant mon départ, je donnai une vive impulsion à l'organisation et à l'instruction des troupes et des divers services de la colonne, puis j'eus à me préoccuper de constituer des dépôts d'approvisionnements en avant de nous, sur la Falémé.

La question des vivres joue le rôle principal dans nos opérations de guerre au Soudan, où manquent les voies de communication, les moyens de transport nécessaires pour concentrer rapidement les vivres sur un point donné. L'Européen, sous ce climat débilitant, ne peut marcher et combattre qu'à la condition d'avoir une nourriture suffisante, surtout du vin et de la viande fraîche. Or notre ravitaillement était d'autant plus difficile que la région où devaient s'effectuer nos opérations avait été dévastée et privée de ses habitants par le marabout. Je désignai donc Sénoudébou pour recevoir un approvisionnement d'un mois de vivres pour les deux colonnes, comprenant environ 1200 rationnaires et 800 chevaux et mulets. L'opération avait paru d'abord difficile. J'avais bien formé un convoi de 15 chalands légers qui s'étaient engagés dans la Falémé sous l'escorte du Rapide n° 1, revenu de Kayes, mais ce n'était pas suffisant. J'eus alors recours aux indigènes des villages environnants. Ils montrèrent tout d'abord une extrême mauvaise volonté, mais comme je n'avais aucun ménagement à garder avec eux, puisqu'ils avaient été les meilleurs auxiliaires du marabout dans son attaque de Bakel, je leur envoyai le peloton de spahis. L'effet de cette mesure ne se fit pas attendre, et dès le 22 novembre on vit arriver chaque jour, au camp, de longues files de porteurs, escortés par nos cavaliers. L'enclos de branchages qui servait de magasin au service des approvisionnements ne désemplissait pas. Les porteurs, après avoir été signalés au gourbi de l'état-major, se rendaient au magasin, s'y chargeaient de leurs fardeaux et prenaient la route de Sénoudébou. En même temps, toutes les pirogues du fleuve que j'avais fait réquisitionner formaient de longs convois qui, contournant le grand banc de sable, toujours caché sous un flot d'oiseaux aquatiques, qui obstruait en grande partie l'entrée de la Falémé, s'engageaient dans cette rivière pour atteindre aussi Sénoudébou. Pendant plusieurs jours ce fut un va-et-vient continuel, à travers le camp, de porteurs et de manœuvres, se rendant sur la berge du fleuve ou se dirigeant vers son extrémité sud, où la route de Sénoudébou avait son origine.

J'avais placé à la tête de ce service de ravitaillement mon interprète Alassane, mon ancien compagnon de la mission de Ségou, qui venait d'accompagner en France le prince Karamoko, et que j'avais aussitôt nommé interprète de la colonne. Je lui apportais la décoration de la Légion d'honneur, récompense d'une vie de dévouement à la cause française, et je me proposais de la lui remettre prochainement, en grande pompe, devant toute la colonne.

Tout marchant bien au camp d'Arondou, je m'embarquai le 24 novembre sur le *Richard Toll*, pour gagner rapidement Kayes. Je me faisais accompagner par le capitaine Fortin, de l'artillerie de marine, qui remplaçait le commandant Vallière comme mon chef d'état-major. Avant mon départ, j'expédiai encore de nombreux espions au delà de Sénoudébou, pour essayer de me procurer quelques renseignements nouveaux sur le marabout; mais celui-ci inspirait une grande terreur, et les indigènes, malgré les fortes récompenses qui leur étaient promises, éprouvaient la plus grande répugnance à se hasarder de son côté.

Les villages sarracolets, devant lesquels le *Richard Toll* filait à toute vapeur, avaient beaucoup souffert pendant la dernière campagne. Ce n'étaient plus ces riches villages que j'avais visités cinq ans auparavant, et d'où partaient ces caravanes de diulas qui se répandaient ensuite dans tout le Soudan occidental. Aujourd'hui cette rive du Sénégal semblait triste et désolée. La population s'était clairsemée, car un certain nombre de ces Sarracolets s'étaient engagés dans les bandes du marabout et l'avaient suivi jusqu'en Gambie. Ceux qui restaient n'osaient encore prendre franchement parti pour nous. J'accueillis assez froidement plusieurs chefs de villages venus pour me saluer à bord du *Richard Toll*. Ces gens-là paraissaient surtout très inquiets de la présence de la colonne à Arondou, au cœur de leur pays. Pour mieux les tromper sur mes intentions, je faisais dire partout que nos troupes ne resteraient que peu de jours sur ce point, et me rejoindraient bientôt à Kayes, pour prendre, comme chaque année, la route du Niger.

Nous étions à Kayes le 25 à midi. Que de changements depuis mon dernier passage, en 1881! C'était alors un misérable village, d'une vingtaine de cases, habité par des captifs du roi Sambala, de Médine. Nos

Kayes en 1886.

constructions s'étendaient maintenant tout le long du fleuve, sur le terrain qu'occupaient autrefois les pêcheurs khassonkés. On avait élevé là une immense écurie, quelques magasins, deux petits pavillons pour abriter nos soldats, nos animaux et nos approvisionnements. L'ancien village indigène avait été refoulé vers l'est, mais il s'était augmenté des constructions faites par nos traitants, soldats et employés indigènes.

Ce qui me frappa tout d'abord, ce fut le désordre qui régnait partout. Pendant la dernière campagne on avait craint un moment que le marabout ne vînt s'attaquer à Kayes. On avait donc pris en hâte toutes les mesures nécessaires pour le repousser. Nos constructions, le village indigène lui-même, avaient été entourés d'une enceinte défensive, formée de rails et de traverses de chemin de fer. Un mur en maçonnerie de pisé avait été élevé vers le sud, du côté de la plaine, mais il était inachevé. On voyait que ces travaux avaient été faits rapidement, sans ordre, au hasard des circonstances. Les matériaux étaient jetés pêle-mêle, un peu partout, embarrassant les rues et les abords des bâtiments. Quant au matériel du chemin de fer, on le trouvait sur tout le terrain de Kayes, répandu en désordre, couvrant les berges du fleuve, obstruant les voies d'accès. Ici, les pièces d'une immense grue à vapeur, cachant des matériaux dont il eût été difficile d'expliquer l'usage; là, des portées de pont métallique, système Eiffel, se trouvant encore sur l'emplacement où les avait jetées le steamer qui les avait apportées; plus loin, des cuves à eau, des morceaux de chaudière, des cylindres, etc. Les locomotives étaient remisées au bord du fleuve, sous un mauvais abri en planches, exposées à la pluie, au vent, à toutes les intempéries; la forge était installée tout auprès, sous un gigantesque ficus, servant autrefois, je me le rappelais encore, d'arbre à palabres aux habitants du village.

Deux ans auparavant, un grand pavillon, d'une centaine de mètres de longueur, s'étendait tout le long du fleuve, mais, en 1884, un terrible incendie avait, en quelques heures, anéanti ce pavillon et les immenses approvisionnements qu'il contenait. Ce fut un grand désastre et qui porta un rude coup à notre entreprise du Haut-Fleuve. Kayes montrait encore, partout, les traces de ce sinistre événement qui l'avait couvert de décombres, et lui donnait l'aspect d'une ville prise d'assaut. On n'avait eu ni le temps ni les moyens de faire disparaître les vestiges de l'incendie. Des plates-formes de chemin de fer, au plancher brûlé, aux fers déjetés, des rails déformés, des amas de pièces de fer, de roues, d'essieux mis hors d'usage, indiquaient les ravages du feu.

Les flammes ayant détruit nos principaux magasins, et ceux que l'on avait construits depuis n'étant pas suffisants, on avait dû parquer dans des enclos formés par des traverses de chemin de fer les caisses, colis, barils que les steamers de Bordeaux avaient apportés deux mois auparavant. Tous ces approvisionnements étaient en plein air, ou protégés par de simples prélarts goudronnés.

Les hommes et les animaux étaient encore plus mal partagés que les approvisionnements. Les chevaux et mulets étaient entassés dans deux immenses hangars, placés dos à dos; une toiture en paille les laissait exposés à la pluie. Deux petits pavillons, munis de vérandas, fournissaient les seuls logements tant soit peu confortables de Kayes. L'un d'eux servait au commandant des cercles, au trésorier payeur et pour le bureau des affaires poli-

L'abri des locomotives en novembre 1880.

tiques; l'autre, au commandant supérieur et pour les services du chemin de fer et des postes et télégraphes. Derrière ces pavillons il existait trois baraques démontables, en bois, absolument inhabitables, tellement il y faisait chaud, et, au centre du mur d'enceinte, une sorte de bâtiment carré en briques, que l'on appelait le blockhaus. Voilà les maigres ressources que

Cavalier toucouleur. (Voir p. 54.)

présentait Kayes pour le logement du nombreux personnel européen qui y tenait garnison.

En somme, mon impression, en mettant pour la première fois le pied à Kayes, fut loin d'être agréable, et je résolus dès ce moment d'apporter un prompt remède à cette fâcheuse situation.

Je fus reçu par le commandant Monségur, chef de bataillon d'infanterie de marine, qui, depuis un mois, remplissait les fonctions de commandant supérieur par intérim. C'était un vétéran du Soudan, ayant déjà séjourné pendant deux ans dans le Haut-Fleuve et possédant une grande expérience du pays. Je savais que j'aurais en lui un auxiliaire précieux et capable de me suppléer, pendant que j'opérerais vers le sud contre le marabout. Je restai longtemps en conférence avec lui, pour résoudre les différentes questions de service qu'il avait laissées en suspens jusqu'à mon arrivée. Le soir, je me fis présenter tous les officiers et fonctionnaires qui se trouvaient alors à Kayes. Leur tâche n'était pas des plus aisées, mais les difficultés de la situation n'avaient fait qu'exciter leur zèle, et je pouvais compter absolument sur le dévouement et l'entrain de tous.

Dès le lendemain je me préoccupai des relations que je voulais entamer avec les deux plus grands chefs du Soudan, Ahmadou et Samory.

Ahmadou était un gros point noir. Les talibés avaient repris confiance en lui, à la suite de ses succès contre ses frères et contre les chefs bambaras du Kaarta. L'armée du sultan était nombreuse ; elle s'était bien battue et avait repris un peu de cette exaltation que le séjour de Ségou et les expéditions infructueuses contre le Bélédougou avaient quelque temps affaiblie. Pendant toutes les campagnes précédentes, l'attitude d'Ahmadou avait été hostile. Il barrait tous les débouchés commerciaux de Médine, et nous ne recevions plus, de la rive droite du Sénégal, ni chevaux, ni bestiaux, ni grains, si indispensables cependant pour notre ravitaillement. Les cavaliers toucouleurs campaient en face de Kayes, de Sabouciré et à quelques journées de marche à peine de Kita. En un mot, sur une longueur de plus de 200 kilomètres, nous étions en contact presque immédiat avec les talibés, séparés d'eux seulement par les cours du Sénégal et du Bakhoy. Il faut ajouter qu'au sud de cette rivière, les Maures, sans doute poussés par le sultan, qui avait une part sur leurs rapines, ne cessaient de parcourir la région pour piller les caravanes et intercepter les routes aux voyageurs.

Fidèle au programme général que je m'étais tracé dès l'origine, et confiant dans les relations personnelles que j'avais eues avec Ahmadou, lors de mon séjour prolongé à Nango, je me bornai tout d'abord à lui adresser une courte lettre, dans laquelle je lui annonçais mon arrivée à Kayes en lui exprimant l'espoir de renouer avec lui les relations d'amitié que j'avais eues autrefois. Les porteurs de cette lettre étaient chargés par moi de voir mes anciennes connaissances de Nango, Seïdou Diéylia, Samba N'Diaye, Boubakar Saada, et, sans paraître trop rechercher l'alliance du sultan, de dire bien haut que j'étais heureux de me retrouver en contact avec mon ancien hôte des bords du Niger, sur lequel je comptais pour ramener la paix dans le pays et en finir avec le marabout Mahmadou Lamine et son fils Soybou. Ceux-ci, en somme, étaient autant les ennemis des Toucouleurs que les miens, puisque ce nouveau prophète, allant sur les brisées d'El-Hadj Oumar, cherchait à fonder un autre empire musulman au détriment de l'influence d'Ahmadou. Bien entendu, ces arguments étaient renforcés par un certain nombre de cadeaux qui devaient être distribués à ces chefs s'ils montraient de la bonne volonté à servir mes desseins.

Mais, dans les contrées islamiques, les précautions sont toujours utiles. La franchise n'est pas la qualité dominante des Toucouleurs, et je voulais prouver que mon éloignement vers le sud ne me priverait nullement de toutes mes forces, et que je resterais encore très capable de résister aux attaques qui pourraient m'arriver de la rive droite du Sénégal et du Bakhoy, entre Bakel et Kita. Du reste, j'avais aussi à me prémunir contre tout mouvement de Soybou, qui m'était signalé comme devant, prochainement, se porter contre notre ligne du Sénégal.

J'organisai donc, sous le commandement éventuel du commandant Monségur, une troisième colonne avec les éléments échelonnés sur la ligne Bakel-Kita. Tout devait être préparé à l'avance et la colonne pourrait se concentrer en dix jours au plus, soit à Kayes, soit à Badumbé, soit sur tout autre point menacé. La compagnie d'ouvriers d'artillerie, dont les hommes travaillaient aux réparations de nos forts, la compagnie des disciplinaires, que j'allais expédier à Bafoulabé, pour commencer la construction d'une route carrossable réunissant nos postes, ainsi qu'une section de 4 R. de montagne, formaient les principaux éléments de cette colonne qui pouvait être renforcée, au besoin, par les employés indigènes de nos différents services : chemin de fer, administration, travaux, télégraphes, etc. Ces noirs qui, depuis longtemps, nous avaient donné de nombreuses marques de dévouement, furent exercés chaque jour au maniement du fusil Gras. Chacun de nos postes de Kita, Badumbé, Médine, Kayes et Bakel prit toutes les mesures de défense jugées nécessaires pour repousser toute surprise, en employant à cet effet sa garnison, secondée par les auxiliaires des villages voisins. Pour Kayes, particulièrement, on hissa le hotchkiss, récemment arrivé, sur la terrasse du blockhaus, de manière à dominer toute la plaine environnante. Les deux pièces de 65 millimètres, restées disponibles, furent installées en batterie sur les bords du fleuve, enfilant dans toute sa longueur le gué de Kayes, que la baisse des eaux allait mettre bientôt à découvert et qui pouvait servir de passage aux bandes toucouleurs. Enfin, le *Richard Toll*, déjà armé d'un canon-revolver, fut dirigé sur Bakel, où il devait prendre position au milieu du fleuve. Il reçut une garnison de tirailleurs qui, bien abritée derrière un blindage de peaux de bœuf, pouvait balayer de ses feux, sur une grande étendue, le cours du Sénégal, de chaque côté du fort. Le Rapide n° 1 fut également armé d'une pièce légère pour se porter rapidement sur les points où l'inclinaison des berges ne permettait pas de plonger des feux, et pour chasser les assaillants qui auraient pu s'y cacher.

Toutes ces mesures de précaution entrèrent en voie d'exécution dès le 26 novembre, et dans tous nos postes on déploya bientôt une activité qui ne le cédait en rien à celle de nos camps d'Arondou et de Diamou. De la véranda de mon pavillon j'apercevais souvent, sur la rive droite, des bandes de cavaliers toucouleurs qui passaient en longues files, le fusil en travers de la selle. Ils s'arrêtaient quelques moments, observant tous nos préparatifs de guerre, puis reprenaient la route de l'intérieur. J'étais ainsi assuré qu'Ahmadou, constamment mis au courant de nos précautions militaires, avait la certitude de ne pas nous trouver désarmés s'il nourrissait quelque mauvais dessein à notre endroit.

Je m'occupai ensuite de Samory, autre potentat nègre qui, lui, dominait sur les bords du Niger, où il s'était taillé, en quelques années, un vaste et puissant royaume, aux dépens de ses voisins. D'abord simple chef de bande, il avait peu à peu étendu sa domination dans toute la partie supérieure du bassin du Niger, jusqu'aux confins de la république de Liberia et des possessions anglaises de Sierra-Leone. Il s'était même attaqué aux Français, qui avaient dû diriger plusieurs expéditions contre lui. Cependant, peu de mois avant mon arrivée, il avait signé avec nous un traité de paix et d'amitié et nous avait même confié son fils Karamoko, qui avait fait le voyage de France. On se rappelle encore le séjour que fit ce jeune prince à Paris. Je voulais éviter un conflit armé avec Samory, mais le traité qu'il avait consenti laissait planer une fâcheuse équivoque, que je désirais faire disparaître. Tout en limitant son royaume au Niger, il conservait un protectorat nominal sur plusieurs États de la rive gauche qui avaient eux-mêmes reconnu notre protectorat. Il se ménageait une porte ouverte chez nous, et de Niagassola m'arrivaient les plus fâcheuses nouvelles sur les déprédations que commettaient ses sofas dans toute la vallée du Bakhoy. Je voulais à tout prix faire cesser cet état de choses, le rejeter absolument sur la rive droite du Niger et replacer sous notre influence, directe et incontestée, les populations de la vallée du Bakhoy.

Depuis quelque temps déjà j'avais songé à envoyer à l'almamy une ambassade chargée de lui imposer ma manière de voir. Cette ambassade devait être dirigée par le capitaine d'infanterie de marine Péroz, qui s'était distingué dans les précédentes campagnes au Soudan et qui, ayant déjà appartenu à la première mission envoyée vers Samory, réunissait toutes les conditions nécessaires pour réussir dans la tâche difficile que je lui traçai. Je lui adjoignis deux de nos meilleurs officiers du Soudan, et lui donnai toute latitude pour l'organisation de sa mission. Le capitaine Péroz nous racontera plus loin, lui-même, les péripéties de son intéressant voyage à la cour de Samory. Pour le moment, je me bornerai à dire que sa mission fut couronnée du succès le plus complet et que, par le traité de Bissandougou, non seulement l'almamy nous abandonnait entièrement tous les États de la rive gauche du Niger, mais encore plaçait toutes ses immenses possessions sous le protectorat exclusif de la France.

J'eus ensuite à porter tous mes soins sur la mission du commandant Caron. La canonnière *Niger* l'attendait à Manambougou, à 60 kilomètres au nord-est de Bammako et à 600 kilomètres de Kayes. Mes instructions au commandant Caron se résumèrent en ceci : « Hâtez-vous de quitter Kayes, avec votre personnel et votre matériel, et de prendre la route du Niger. Mettez de suite sur chantier la nouvelle canonnière en bois projetée, et préparez-vous à votre grand voyage sur Tombouctou. Il faut qu'à tout prix les couleurs françaises flottent cette année dans les eaux de cette ville. Vous pouvez compter absolument sur mon concours pour vous fournir tous les moyens qui vous seront nécessaires. »

M. Caron quittait Kayes le 6 décembre avec son convoi. Je reviendrai plus tard sur son expédition, qui eut l'issue la plus heureuse, et qui termina si brillamment la campagne 1886-87 dans le Soudan français.

Pendant les quelques jours que je passai encore à Kayes, je donnai une impulsion énergique et méthodique aux divers services que j'avais trouvés passablement en souffrance à mon arrivée. Je voulais régler avant mon départ les questions les plus essentielles. Je fis ainsi évacuer l'ambulance, où s'était déclarée une épidémie de fièvre typho-malarienne. Les malades furent dirigés sur Diamou, où se trouvaient deux grands magasins en briques, bien isolés du village et très propres à recevoir une bonne installation hospitalière. Je fis aussi fermer l'ancien cimetière de Kayes, actuellement placé au milieu du village indigène, et qui devenait une véritable cause d'insalubrité pour notre établissement. On l'ensemença, on y planta des bananiers et différentes sortes d'arbustes. On en fit un square, au centre duquel une pyramide avec plaque commémorative rappellerait le souvenir des officiers et soldats morts pour notre œuvre du Soudan. Un nouveau cimetière fut ouvert, au loin, à 1 500 mètres de Kayes, le long de la voie du chemin de fer.

Puis on commença partout le nettoyage de notre chef-lieu du Soudan français, l'enlèvement des décombres et le dégagement des voies principales.

On ménagea une immense place carrée entre le mur d'enceinte et les villages indigènes. Ceux-ci furent sillonnés de larges rues; tous les espaces vagues furent convertis en jardins, plantés d'arbres et d'arbustes. Bref, pénétré de l'idée que l'insalubrité de Kayes était due surtout au désordre et à la malpropreté qui régnaient partout, je voulus que notre principal établissement du Soudan prît l'aspect propre et coquet de l'une de nos gracieuses villes de France.

Dans le même ordre d'idées, je prescrivis au capitaine Delchamp, directeur des travaux, de commencer, sur l'alignement des deux pavillons déjà existants, un nouveau pavillon en maçonnerie, destiné à servir de logement aux officiers en service ou de passages à Kayes. Ceux-ci étaient, la plupart du temps, forcés d'aller se loger dans les cases des villages indigènes, ou d'établir leurs tentes sous les grands arbres des bords du fleuve.

Pour tous ces travaux j'eus recours largement à la main-d'œuvre indigène. Je m'adressai à Sidi, le chef de Kayes, et je n'eus pas de peine à lui faire comprendre que, son village s'étant considérablement agrandi par suite de notre installation dans le pays, il était de son devoir de nous aider à augmenter nos établissements pour faire de Kayes une grande ville comme Saint-Louis ou Dakar. Sidi se chargea de nous fournir les manœuvres nécessaires pour nos constructions nouvelles et pour les travaux de voirie de la ville.

Le 4 décembre, je prenais le chemin de fer pour me rendre à Diamou, au camp de la deuxième colonne. Lorsque six ans auparavant, dans ma première excursion vers Bafoulabé, j'accomplissais péniblement les longues étapes qui séparaient Médine du confluent du Bafing et du Bakhoy, je ne me serais jamais attendu à voir la ligne ferrée traverser cette région si accidentée. Le lecteur qui a bien voulu déjà suivre le récit de ma première mission à Ségou[1] se rappellera certainement l'impression que nous avait faite, tout d'abord, ce curieux pays. Ces montagnes aux formes étranges, ces gigantesques massifs de roches, étaient toujours là, dessinant au loin leurs pics aigus ou leurs tables si parfaitement planes. Mais nos locomotives, passant rapidement le long des vallées, au milieu des villages où les enfants étonnés cessaient leurs jeux pour contempler ce spectacle toujours nouveau pour eux, avaient donné un aspect tout autre à la contrée. Les paysages semblaient plus animés, moins sauvages. Du reste, de nombreux petits villages s'étaient créés le long de la ligne, sur des points où, à mon premier passage, nous n'avions rencontré qu'une solitude complète.

Notre train, parti de Kayes à six heures du matin, franchissait d'abord,

1. *Voyage au Soudan français*, 1880-1881.

vers le deuxième kilomètre, les deux marigots de Paparaha sur deux ponts métalliques, le premier de 60 mètres, le second de 24 mètres. Puis, par une rampe assez forte, on parvenait au douzième kilomètre. J'avais, autrefois, été frappé des difficultés que le terrain présentait en cet endroit. Une croupe rocheuse, après avoir formé dans le lit du Sénégal les célèbres chutes du Félou, couvre le pays de toutes ses ramifications. On avait dû

Sidi, le chef de Kayes.

frayer la voie au milieu de ces escarpements de roche très dure, composés de massives assises de grès. On distinguait encore les traces des pétardements qu'il avait fallu faire à la dynamite et au coton-poudre, pour ouvrir un passage à la plate-forme. Vers le dix-septième kilomètre, on pouvait, par une échappée, apercevoir au loin le fort de Médine, perché sur une hauteur et dominant toute la plaine, où se pressaient, autour de lui, les cases des villages indigènes qu'il était chargé de protéger.

Notre train traverse lentement ce terrain tourmenté, puis, après avoir franchi la pente du plateau du Félou, il se rapproche du fleuve et parvient à Sabouciré par une plaine faiblement ondulée. On fait halte à Sabouciré pour alimenter d'eau les locomotives. Deux cuves sont simplement posées à terre, et des noirs font la chaîne jusqu'à la machine. On le voit, le système est peu compliqué.

La voie continue ensuite en plaine, longeant le pied du mont Doukolé. Elle passe à Dinguira, où je retrouve avec plaisir le gracieux paysage que j'avais admiré à mon premier voyage. Au delà de Dinguira, il faut encore franchir un contrefort du mont Diatamakho, qui déjà, en 1880, avait présenté un sérieux obstacle à la marche de notre convoi. Les diffi-

Le pont de Diamou.

cultés que nos ingénieurs ont eu à surmonter sur cette partie du trajet ont été très grandes, et les déblais ont été partout exécutés à la mine. Puis on se retrouve en plaine, le long du fleuve, au bas des collines que les monts de l'intérieur projettent jusqu'aux bords du Sénégal.

Le train franchit le pont de Diamou, passe devant l'ambulance que je venais d'installer sur ce point, traverse les différents campements des troupes de la deuxième colonne, et s'arrête devant le petit pavillon du chemin de fer, où le commandant Vallière m'attendait avec tous ses officiers.

J'avais assigné Diamou comme point de concentration à la deuxième colonne, en raison des commodités que fournissait sa position, à l'extrémité de la ligne ferrée, pour le ravitaillement des troupes. Diamou, au point de vue stratégique, permettait de prendre la route de Kita, suivie habituellement par les colonnes de ravitaillement, ou bien la route reconnue par

Diamou.

le lieutenant Quiquandon et qui, à travers le Bambouk, menait dans le Diakha, au cœur des contrées soumises au marabout. Le choix de cette position laissait planer le doute dans l'esprit des populations et les mettait dans l'ignorance de nos projets. De plus, le sultan Ahmadou pouvait croire que les forces concentrées à Diamou avaient pour objet de surveiller la ligne Kayes-Bafoulabé et d'accourir vers Kita au premier indice d'hostilité de la part des Toucouleurs.

Les éléments de la deuxième colonne, c'est-à-dire un peloton de spahis, un peloton d'infanterie de marine monté, une section de 4 R. de montagne et une forte compagnie de tirailleurs, avec les services accessoires, étaient déjà tout réunis. Comme à Arondou, on avait élevé de vastes gourbis, largement espacés, pour servir d'abris aux hommes et aux animaux. Le commandant Vallière n'avait pas perdu son temps, et il me fut facile de voir, au mouvement et à l'animation qui régnaient dans tout le camp, que la deuxième colonne ne voulait en rien rester inférieure à la première.

La question des approvisionnements n'avait pas été négligée non plus. Grâce au dépôt d'ânes qui se trouvaient à Diamou, plusieurs convois de ces animaux avaient pu constituer un approvisionnement de dix jours de vivres à Bontou, sur la Falémé, à 140 kilomètres de Diamou et à 100 kilomètres de Sénoudébou. La nature rocheuse et montagneuse du Bambouk avait rendu cette opération difficile, mais elle avait parfaitement réussi, grâce à l'énergie et à l'activité du capitaine d'infanterie de marine Oberdorf, qui en avait été chargé.

Dans l'après-midi je passai la revue des troupes de la deuxième colonne, que je fis ensuite manœuvrer pendant quelques moments. Je félicitai le commandant Vallière des beaux résultats obtenus : sa colonne était entièrement organisée, parfaitement entraînée et prête à marcher au premier ordre.

Je quittai Diamou le 8 décembre, mais avant mon départ j'arrêtai définitivement avec Vallière le plan de campagne contre le marabout. Justement, le lieutenant Quiquandon venait de rentrer de sa reconnaissance dans le Bambouk, et les renseignements qu'il rapportait me confirmaient dans mon projet de former deux colonnes. Il était certain, d'ailleurs, que cette double marche présentait de nombreux hasards. Les deux colonnes partaient de deux points, distants l'un de l'autre de 200 kilomètres. Elles allaient opérer dans des régions inconnues et hostiles, semées d'obstacles nombreux et séparées par une rivière importante, la Falémé. Les communications entre elles seraient impossibles ou, du moins, bien difficiles. Et cependant, pour le succès de la campagne, il était indispensable que les deux colonnes se rencontrassent à jour fixe sous les murs de Diana.

Je tins compte de toutes ces considérations pour mon projet d'ordre de mouvement. J'avais, du reste, la plus entière confiance dans l'intelligence et l'énergie du commandant Vallière, parfaitement au courant du but à atteindre. Je savais, de plus, que la deuxième colonne, composée à peu près identiquement comme la première, était capable de surmonter les résistances qu'elle pourrait rencontrer sur sa route avant d'arriver à Diana. Il y avait à craindre que le marabout ne se portât au-devant d'elle avec toutes ses forces, dès qu'elle aurait eu franchi la Falémé, mais la première colonne se serait alors rapprochée et aurait eu la faculté de venir à son secours, en se plaçant sur les derrières de notre adversaire et en lui fermant la retraite vers l'ouest.

D'après les résultats de la reconnaissance du lieutenant Quiquandon, j'avais calculé qu'il fallait à la deuxième colonne six jours pour la traversée du Bambouk, plus quatre jours pour arriver près de Diana. Je lui accordai en plus deux jours pour le franchissement de la Falémé. Donc, le douzième jour à compter du jour du départ de Diamou, elle se trouverait tout près de Diana, prête à prendre position au sud de la place, pour intercepter les routes vers la Gambie. Il ne me restait plus qu'à diriger la marche de la première colonne, de manière à arriver le même jour sous Diana, et à prendre le contact avec la deuxième colonne.

Après avoir arrêté ces dispositions, tenues encore secrètes, je pris congé de Vallière et de ses officiers en leur donnant rendez-vous, sous peu de jours, dans la capitale du marabout. Je laissai le lieutenant Quiquandon pour servir de chef d'état-major à la deuxième colonne. Cet officier venait de parcourir une partie du pays, nul n'était mieux placé pour remplir cette tâche.

Je ne restai que peu de jours à Kayes. J'avais télégraphié, de Diamou, de me tenir le Rapide n° 1 tout paré, et, dès que la nuit fut venue, je m'embarquai avec le capitaine Fortin, ne voulant pas donner l'éveil aux populations environnantes.

Je me retrouvai, le 9 au matin, au milieu des troupes de la première colonne. Sous mon gourbi m'attendaient le lieutenant Bonaccorsi, de retour de Sénoudébou, et Alassane, avec l'un des espions qui avaient été envoyés dans la direction de Diana. Bonaccorsi me rapportait des renseignements sur la route de Sénoudébou, mais il n'avait pu se procurer d'indications précises sur le marabout. Quant à l'espion Ibra, il nous raconta qu'il s'était avancé avec ses camarades jusqu'au village de Soutouta, à trois jours de marche de Sénoudébou, où ils avaient rencontré les premiers partisans de Mahmadou Lamine, mais que ses quatre compagnons avaient été découverts et capturés et qu'ils devaient, sans doute, avoir été aussitôt mis à mort. Pour lui, il n'avait réussi à s'échapper qu'en grimpant sur un arbre, dans le feuillage duquel il s'était caché toute une journée. La nuit, il avait repris la route de Sénoudébou. Il s'était rencontré avec un captif du Bondou, qui avait fui le camp du marabout, et qui lui avait rap-

Ibra, espion peul.

porté que celui-ci avait fait évacuer tous les villages du Diakha, qu'il avait réuni à Diana, outre ses talibés, une armée de 3 000 guerriers, qu'il avait entrepris de grands travaux de fortification autour de cette place, et qu'il avait essayé de s'aboucher avec les traitants de la Gambie, pour augmenter ses approvisionnements en munitions.

Du reste, je ne devais pas tarder à être complètement édifié sur les intentions de notre adversaire. Dans l'après-midi, Alassane m'amena en effet un nouvel indigène, porteur d'une lettre arabe à mon adresse. Cet individu, qui appartenait à la suite d'Ousman Gassi, le chef du Bondou, prétendait que ce billet, plié en triangle, à la mode musulmane, lui avait été remis, non loin de Koussan, par un chasseur peul qui lui avait recommandé, en s'éloignant, de le porter au plus tôt au chef de la colonne française. Ce n'était ni plus ni moins qu'une lettre de Mahmadou Lamine lui-même, qui avait l'audace de me mettre au courant de ses projets militaires. Il insistait tout d'abord sur le caractère prophétique de sa mission, puis m'annonçait qu'il allait marcher vers le Sénégal, en deux colonnes, l'une se dirigeant sur Bakel, l'autre sur Kayes et Médine. Il consentait, d'ailleurs, à nous accorder la paix, si nous voulions le laisser en paisible possession des États sarracolets, « habités par ses frères ». Bien entendu, je n'accordai qu'une médiocre attention à toutes ces fanfaronnades qui sont assez dans les habitudes des chefs musulmans.

Le 10, je passai la revue de la première colonne. L'infanterie montée exécuta devant moi plusieurs mouvements, avec une rapidité et une aisance prouvant que nos soldats s'étaient parfaitement familiarisés avec leurs montures. En moins de cinq minutes ils mettaient pied à terre, jetaient les brides de leurs mulets aux mains des conducteurs indigènes qui suivaient, à raison d'un par trois animaux, et étaient rangés en bataille, prêts à ouvrir le premier feu de salve.

Je profitai de la réunion des troupes pour remettre solennellement à Alassane sa croix de la Légion d'honneur. Je rappelai, en quelques paroles, les services dévoués rendus par cet interprète à notre cause, depuis une dizaine d'années.

Le 11 décembre, je me rendis moi-même au gourbi du télégraphe, et je mandai Vallière à l'appareil à Diamou. Je lui annonçai l'ouverture des opérations pour le lendemain. La première colonne, partant d'Arondou, se dirigerait sur Sénoudébou, puis, de là, directement sur Diana. Elle avait environ 200 kilomètres à parcourir. La deuxième colonne, partant de Diamou, marcherait sur la Falémé, à travers le Bambouk, franchirait cette rivière, et gagnerait ensuite Diana, de manière à y arriver le même jour, pour fermer les routes du sud au marabout. Les deux colonnes avaient ordre de ne pas s'attarder en chemin et de courir droit à leur objectif, en bousculant vivement les partis ennemis qui tenteraient de leur barrer la route. Le but de l'expédition était de prendre Mahmadou Lamine, mort ou vif, et d'enlever sa place d'armes de Diana.

Le commandant Vallière m'accusait réception de mes ordres.

CHAPITRE III

Ouverture des opérations contre le marabout Mahmadou Lamine. — Marche de la première colonne jusqu'à Sénoudébou. — Séjour à Sénoudébou. — Mesures de précaution pendant la marche. — Marche de la deuxième colonne à travers le Bambouk. — Grandes difficultés pour franchir la Falémé.

Le lundi 12 décembre 1886, à cinq heures du matin, la première colonne quittait Arondou et prenait la route du sud. Le même jour, à la même heure, à 200 kilomètres de là, le commandant Vallière, avec la deuxième colonne, laissait Diamou et pénétrait dans le Bambouk par le col de Mansonnah. La consigne était de se retrouver, le 25 décembre, sous les murs de Diana, consigne qui eût été d'une exécution facile en Europe, mais qui présentait de nombreuses chances dans ces régions inconnues et hostiles. Qu'allions-nous rencontrer sur notre route, et pourrions-nous atteindre notre rendez-vous au jour indiqué?

Notre première étape fut courte. C'était, pour ainsi dire, une marche d'essai pour nos hommes et animaux. Tout le monde, du reste, s'était déjà exercé aux mesures à prendre pour lever rapidement le camp, marcher en ordre et s'installer dès l'arrivée au bivouac. Tout alla bien.

Nous parcourons un terrain à peu près uniforme : ce sont des champs de mil, encore incomplètement défrichés, qui s'étendent le long de la Falémé et, sur notre droite, des bois de mimosas et de gommiers. Au delà de ces bois, l'œil aperçoit de temps en temps, à travers les arbres, une plaine marécageuse couverte de graminées très denses. L'horizon est limité, à quelques kilomètres vers l'ouest, par des collines qui dominent la plaine d'une centaine de mètres environ. De l'autre côté de la Falémé, on trouve le même terrain : des champs de mil, puis une zone boisée.

Nous sommes de bonne heure à Gangalla. Le camp est établi sur une bande de terrain desséché, que les eaux recouvraient en hivernage. Quelques bouquets de mimosas épineux, à petites fleurs jaunes formant des houppes soyeuses et odorantes, analogues à notre cassis de Provence, nous donnent une ombre assez maigre. La Falémé coule tout près de nous, entre des berges assez raides qui forcent à y pratiquer une rampe d'accès pour l'abreuvoir des animaux. De l'autre côté du camp se trouve un beau lac, aux eaux couvertes de nombreuses nymphéacées et autres plantes aquatiques; des canards sauvages, des aigrettes, des cormorans, des aigles d'eau, volent en grandes bandes au-dessus du lac.

L'après-midi, après avoir donné mes ordres pour la journée du lendemain, je vais, en pirogue, visiter les îlots rocheux qui obstruent le cours de la rivière. Ces îlots sont formés de grès rouge, coloré par de l'oxyde de fer. On y trouve des huîtres à écailles rugueuses, de forme irrégulière, présentant à l'intérieur une belle coloration nacrée. Le lit de la Falémé est très accidenté et parsemé de bancs pierreux, au milieu desquels elle roule ses eaux, en formant d'étroits chenaux au cours torrentueux. Les bords sont élevés de 5 à 6 mètres en ce moment, mais, à l'époque des hautes eaux, la rivière coule à pleins bords et inonde la plaine, au loin.

L'étape du lendemain nous conduisit au petit village de Sileng. Elle ne dura pas moins de sept heures. Le sentier, tortueux et peu frayé, est presque toujours sous bois. Nous eûmes ainsi un peu d'ombre, mais, d'un autre côté, nous fûmes horriblement gênés par les branches épineuses des arbres, qui nous forçaient, à tout moment, à nous coucher sur nos montures. Deux soldats d'infanterie de marine, atteints d'insolation, ne purent se tenir sur leurs mulets. Il ne fallait pas songer à installer les cacolets, sous cette ramure épineuse. Je fis donc embarquer les deux malades dans une pirogue qui les amena, par eau, à Sénoudébou.

Notre artillerie éprouva les plus grandes difficultés pendant la marche. Le sentier, à peine tracé, était profondément défoncé par le passage des éléphants et des hippopotames, qui, pendant la saison où le sol est ramolli par les eaux, avaient laissé les marques de leurs énormes pieds. Aussi, en ce moment, bien que le terrain fût absolument sec à la surface, ces traces persistantes et profondes rendaient très laborieuse la marche des chevaux et des mulets. Les roues des canons s'enfonçaient dans les crevasses, ou bien se heurtaient aux troncs d'arbres qui barraient le chemin. Il fallut faire marcher en avant la section du génie, composée d'une douzaine d'ouvriers indigènes, armés de haches, sous la conduite d'un brigadier d'artillerie, pour aplanir ces obstacles.

La végétation était très belle; elle consistait en mimosas et acacias de grande taille, au milieu desquels s'élevaient des fromagers, des ficus, des baobabs, véritables géants des forêts africaines.

Campement de Gangalla.

Le village de Sileng comptait à peine une centaine d'habitants. « Le marabout a tout pris lors de son passage, il y a deux mois », me répondit le chef, comme je m'étonnais que le nombre d'individus ne fût pas en rapport avec l'étendue du village. Ce Mahmadou Lamine avait réellement su inspirer une profonde terreur dans toute la contrée que nous traversions. Du reste son procédé, imité de celui employé par El-Hadj Oumar, était fort simple : dès qu'il s'emparait d'un village, il mettait à mort le chef et les principaux notables, incorporait de force dans son armée les autres habitants, emmenait en captivité les femmes et les enfants, pillait le village, puis le brûlait avant de s'en aller. Aussi, pour éviter semblable sort, la plupart des chefs, dès que l'approche du terrible marabout était annoncée, se rendaient au-devant de lui et lui faisaient leur soumission. Le chef et ses notables sauvaient leurs têtes par ce moyen, mais ils devaient abandonner leurs cases et suivre désormais la fortune de leur vainqueur. C'est ainsi que tout le Bondou, sauf Sénoudébou, était actuellement vide de ses habitants.

L'étape du 15, accomplie en terrain très difficile, fut heureusement très courte. On eut à franchir plusieurs lits de marigots desséchés, aux berges abruptes, et, avant de parvenir à Sénoudébou, un sol profondément déchiré, parsemé de grands trous, raviné par les pluies d'hivernage. Un mulet, en s'abattant, cassa la limonière d'une des pièces de 80 millimètres à laquelle il était attelé. On dut hisser la pièce sur son bât.

La colonne parvenait à Sénoudébou à neuf heures du matin. J'étais reçu par le capitaine Robert, qui commandait la 3e compagnie de tirailleurs sénégalais, constituant la garnison de ce poste, puis par Saada Amady, le roi actuel du Bondou, entouré de sa famille et des principaux notables du pays.

J'avais visité Sénoudébou en 1878. Le gouverneur Brière de l'Isle m'y avait envoyé pour étudier la réoccupation de ce poste, évacué depuis un certain nombre d'années, et l'établissement d'une escale commerciale au centre du Bondou. Je me rappelais encore la généreuse hospitalité que m'avait donnée Boubakar Saada, le roi du pays, décoré de la Légion d'honneur pour les services qu'il nous avait rendus pendant nos luttes contre le prophète El-Hadj Oumar. Ce Boubakar Saada était un homme énergique, tant soit peu pillard comme tous ses congénères, mais qui avait su parfaitement se faire respecter, au dedans comme au dehors. On lui avait confié la garde du fort depuis son évacuation.

Le fort de Sénoudébou, au moment où je le visitais pour la première fois, était constitué par un grand bâtiment en maçonnerie, surmonté d'une belle terrasse, d'où l'on dominait le cours tortueux de la Falémé et toute la plaine environnante. Un mur d'enceinte l'entourait avec ses dépendances. Quand je le revis, le 15 décembre 1886, le fort ne présentait plus que des pans de murailles ruinées. L'incendie, allumé par le marabout, n'avait laissé debout que les murs du bâtiment, que les flammes n'avaient pu entamer. Depuis lors, la muraille d'enceinte avait été remplacée par un sagné en troncs d'arbres, et autour des ruines du fort on avait élevé des huttes en pisé, où s'étaient installés les officiers et sous-officiers européens de la garnison, les tirailleurs logeant dans des cases en paille au dehors.

Comme on le sait déjà, Mahmadou Lamine avait attaqué ce poste provisoire vers le milieu d'octobre dernier. N'osant s'en prendre encore une fois au fort de Bakel, il s'était tout d'abord emparé de Boulébané, la capitale du Bondou, où il avait capturé Oumar Penda, qu'il avait fait aussitôt décapiter; puis, à la tête de trois ou quatre mille guerriers venus des bords du Sénégal et de la Gambie, il s'était rabattu sur Sénoudébou. Là il avait heureusement trouvé, pour le recevoir, le lieutenant indigène Yoro Coumba, vieux serviteur, couvert de blessures au service de la France et qui, enlevant courageusement sa garnison, avait pris si habilement ses dispositions de défense qu'au moment où les gens du marabout s'étaient précipités en désordre sur le sagné, ils avaient été accueillis par un feu nourri de fusils Gras et de l'unique pièce du poste, qui avait arrêté net leur attaque. Les assaillants s'étaient enfuis en déroute, couvrant le terrain de leurs cadavres et maudissant leur chef qui leur avait caché, paraît-il, que Sénoudébou était occupé par une garnison française. C'est alors que Mahmadou Lamine s'était retiré à Diana, où il avait réuni de nouveaux et nombreux partisans, fanatisés par ses discours prophétiques.

Le capitaine Robert nous avait fait préparer, à environ 500 mètres du poste, de grands et confortables gourbis, véritables maisons de chaume, fraîches et ombreuses, où tout le monde put s'installer dès l'arrivée à Sénoudébou. Là, aussi, avaient été élevés d'immenses hangars, servant de magasins aux approvisionnements que j'avais fait accumuler sur ce point, et qui devaient nous ravitailler en vivres et en munitions pendant notre marche sur Diana.

Pour me conformer au plan d'opérations convenu avec le commandant Vallière, je fis séjour à Sénoudébou jusqu'au 17 décembre. J'envoyai tout d'abord un courrier rapide à Bontou, où je savais que la deuxième colonne devait atteindre la Falémé. Je voulais confirmer à Vallière mes premières instructions et lui adresser de nouveaux renseignements sur Diana, que

Campement des spahis sénégalais à Sénoudébou.

m'avaient procurés quelques-uns des hommes de l'almamy du Bondou. Je pus aussi lui faire parvenir un croquis rapide de ma route probable et un dessin grossier de la place de Diana et de ses environs.

Puis je me préoccupai d'apporter à la constitution de la première colonne les modifications nécessitées par l'adjonction de la 3ᵉ compagnie de tirailleurs. Certes les hommes de cette compagnie ne payaient pas de mine. Vêtus de haillons, ils montraient sur eux les traces de la rude existence qu'ils menaient depuis plusieurs mois. Mais cette troupe était composée d'excellents éléments. Son chef, le capitaine Robert, avait su parfaitement entraîner ses tirailleurs, qui ne demandaient qu'à prendre part aux fatigues de l'expédition.

J'emmenai donc la 3ᵉ compagnie tout entière, ne laissant à Sénoudébou qu'une section de la 8ᵉ compagnie, celle qui était avec moi depuis Arondou. Cette section, trente hommes environ, placée sous les ordres du sous-lieutenant d'infanterie de marine Maubert, était chargée de garder le village et, surtout, notre dépôt d'approvisionnements. Ce dernier devait alimenter un dépôt intermédiaire, qu'il fallait déjà penser à créer entre Sénoudébou et l'objectif de nos opérations. Choix peu commode, étant donnée l'incertitude dans laquelle nous nous trouvions sur les intentions de notre adversaire. De toute manière, ce dépôt ne pouvait être installé que lorsque la colonne, ayant pris de l'avance, aurait pu le mettre à l'abri des tentatives des coureurs ennemis.

En même temps que M. Maubert, je dus laisser à Sénoudébou le sous-lieutenant Pichon, trop malade pour pouvoir, à son grand regret, suivre la colonne.

J'eus ensuite un long palabre avec l'almamy Saada Amady. C'était en ce moment un souverain sans royaume, car ses États, qui s'étendaient jusqu'à la Gambie, se réduisaient à peine à deux ou trois villages, tellement était grande la terreur inspirée par le marabout, qui venait de dévaster et de dépeupler tout le pays. Cependant Saada avait encore autour de lui un groupe respectable de guerriers, parmi lesquels deux cents cavaliers qui, tous plus ou moins parents de l'almamy et élevés à l'école de Boubakar Saada, pouvaient m'être d'un grand secours par leur connaissance du pays. Je les plaçai sous les ordres de M. Guerrin, lieutenant des spahis. Quant à la tourbe des piétons, qui voulaient aussi suivre la colonne, j'informai l'almamy que je ne les acceptais qu'à condition qu'ils se tiendraient très au loin, en arrière, et que je pourrais prendre parmi eux des porteurs en cas de besoin. Saada Amady me donna carte blanche pour tout ce qui concernait ses gens.

Pendant ce temps, les divers détachements, déjà entraînés par les trois marches qu'ils venaient d'exécuter, profitaient de leur séjour à Sénoudébou pour mettre la dernière main à l'organisation de leur personnel et de leur matériel. On nettoyait les effets et l'on réparait les harnachements. L'artillerie remplaçait sa limonière cassée, au moyen de bois coupé dans la forêt voisine. Dans tous les corps, les officiers passaient une inspection minutieuse des armes et des munitions.

De plus, pour mieux préparer nos hommes aux fatigues qui les attendaient encore, je faisais faire par le médecin-major de larges distributions d'aliments légers, vin vieux, conserves, puisés dans les caisses de dons offerts par les Femmes de France et les Dames françaises. Nos braves troupiers ne tarissaient pas d'éloges sur ces généreuses associations, et, malgré la fièvre qui venait les frapper trop souvent, la joie régnait dans le camp.

Le 17, je faisais distribuer six jours de vivres à tout mon monde. Le convoi emportait, en outre, quatre jours de vivres de réserve.

Le 18 décembre, la première colonne reprenait sa marche pour ne plus s'arrêter qu'à Diana. Cette première étape fut longue et pénible. Partis à quatre heures du matin, nous n'arrivions à notre campement de Sambacolo qu'à onze heures et demie. Le temps fut heureusement un peu couvert, et même, phénomène assez remarquable pour cette saison de l'année, nous eûmes à subir une tornade avec pluie. Le camp fut installé dans le village abandonné, où nos hommes purent se procurer, en assez grande quantité, de petites tomates, excellentes au goût, et des oignons, qui vinrent améliorer leur ordinaire. L'eau était de bonne qualité, mais peu abondante, car nous avions quitté les bords de la Falémé pour prendre une direction sud-ouest. On puisait l'eau dans de petites mares qui existaient dans la partie déclive du lit du marigot de Sambacolo.

L'étape s'était accomplie en terrain fortement boisé, couvert de mimosas, de roniers et de baobabs. Ces derniers étaient bien les plus beaux que j'eusse encore vus dans le Soudan.

Notre séjour à Sambacolo fut marqué par une chasse très animée. C'était une biche du genre *guib*, à la peau brune, rayée de blanc, de très forte taille, qui vint se heurter par hasard à l'un de nos postes de grand'garde et qui, rabattue par celui-ci vers le camp, eut bientôt mis tout le monde sur pied. La malheureuse bête, effrayée par les cris qu'elle entendait tout autour d'elle, courait à travers les tentes, ne sachant où donner de la tête. Elle s'empêtra d'elle-même dans l'un de ces petits gourbis, de forme conique, que les tirailleurs forment avec des cannes de mil inclinées. Ceux-ci me l'apportèrent en triomphe. Je me contentai de la peau, qui était fort belle, laissant nos hommes se partager les divers morceaux de l'animal, qui vinrent, ce jour-là, augmenter les ressources du dîner.

Le soir, à la tombée de la nuit, je voulus encore expédier, dans la direction de Diana, deux jeunes Peuls que Saada me présenta comme des hommes entièrement de confiance et connaissant parfaitement le pays. Je leur recommandai de s'approcher, aussi près que possible, de la place d'armes du marabout et de m'apporter des renseignements sur ce qui se passait dans l'intérieur du tata, parmi les gens de Mahmadou Lamine.

Le 19 décembre, la colonne quittait Sambacolo. Le terrain présentait

Chasse à la biche à Sambacolo.

toujours le même aspect boisé, et ce n'est pas sans une certaine appréhension que, surtout le matin, lorsque le jour ne s'était pas entièrement levé, mes yeux fouillaient l'épaisse végétation qui nous entourait de tous côtés. La forêt se composait d'arbres de haute futaie, tamariniers, baobabs, ficus, fromagers, gommiers; en dessous, des arbres plus petits, citronniers sauvages, jasmins à l'odeur pénétrante, arbustes de différentes espèces; enfin, plus bas encore, une broussaille épaisse et des herbes plus hautes qu'un homme à cheval. On ne voyait pas à dix pas devant soi. Le sentier se déroulait au milieu de ces bois épais, de ces buissons, de ces herbes, vers lesquels nos yeux plongeaient, inquiets. Il était si étroit que tout le monde suivait, homme par homme, à la file indienne.

On se serait perdu aisément, si chacun n'avait marché exactement dans les traces de celui qui précédait.

Notre colonne, avec ses quatre pièces de canon, son convoi de vivres et de munitions, ses trois cents mulets, ne tenait pas moins d'un kilomètre et demi de longueur. Comme on allait entrer en pays hostile, on marchait avec les plus grandes précautions. Tout en avant, venaient les spahis qui, par groupes de deux, entouraient la tête et les flancs de la colonne d'un mince rideau. Ce sont de fiers soldats, ces cavaliers indigènes. Les premières balles leur sont destinées, mais peu importe, ils n'hésitent jamais. Leur chef, le lieutenant Guerrin, me racontait qu'il avait dû établir un tour pour la désignation du spahis de pointe, c'est-à-dire de l'homme qui, seul avec le guide, marche tout à fait en tête de la colonne, prêt à prévenir ceux qui suivent des dangers de la route ; tous se disputaient, chaque matin, ce poste d'honneur. Je voyais, quelquefois, à travers les percées de la forêt, les spahis qui couvraient notre flanc glisser parmi les arbres et les broussailles, et je me demandais comment ils pouvaient marcher ainsi, au milieu des branches épineuses et des hautes herbes. Le gros des spahis, sous la conduite de l'officier, marchait sur le sentier, à 200 mètres en arrière des hommes de pointe.

Puis, derrière la cavalerie, à 300 mètres en arrière, venait l'avant-garde, toute prête à soutenir les spahis en cas d'attaque subite. Elle comprenait une section de 50 tirailleurs, sous la conduite d'un officier. Elle était suivie immédiatement par la section du génie, qui avait pour mission d'ouvrir le chemin à la colonne, et d'abattre les branches qui pouvaient gêner la marche de nos mulets chargés.

La colonne suivait, à 200 mètres en arrière de l'avant-garde, dans l'ordre suivant : deux sections de tirailleurs, l'état-major avec les interprètes, l'infanterie de marine montée, les sections de 65 millimètres et de 80 millimètres de montagne, une nouvelle section de tirailleurs, les mulets chargés des munitions d'artillerie et des cartouches de réserve, l'ambulance avec ses médecins, ses infirmiers et ses cantines de pharmacie et de pansement, les bagages. Une dernière section de tirailleurs formait l'arrière-garde, n'ayant derrière elle que le troupeau qui suivait, sous la conduite de ses bergers.

Pour mieux couvrir l'artillerie, qui ne pouvait se garder elle-même pendant la marche, une section de tirailleurs marchait en dehors du sentier, sur chacun de ses flancs.

Pendant toute l'étape, mon chef d'état-major, le capitaine Fortin, qui marchait en tête avec les spahis, m'envoyait en arrière tous les renseigne-

En route vers Diana : une section d'artillerie de la colonne.

ments nécessaires sur les obstacles de la route, sur les incidents qui se produisaient. J'étais, ainsi, tenu constamment au courant et je pouvais, sans perdre de temps, donner tous les ordres utiles pour prendre la formation de combat, si les circonstances l'exigeaient. Fortin dirigeait l'exploration des villages et des marigots; il envoyait fouiller les points suspects. J'avais, d'ailleurs, mis à sa disposition les 200 cavaliers du Bondou qui formaient une force auxiliaire, marchant provisoirement à un bon kilomètre en avant de la pointe des spahis. Ils étaient placés sous les ordres directs de Mademba Sèye, commis principal des postes et des télégraphes, jeune indigène plein de vigueur et d'intelligence, qui avait déjà fait preuve du plus grand dévouement pendant les précédentes campagnes au Soudan.

Je l'avais pris à mon passage à Saint-Louis, et attaché au service de la colonne. On racontait de lui un fait montrant bien la haute idée qu'il se faisait de ses devoirs. En 1883, au moment de la construction de la ligne télégraphique de Kita à Bammako, quelques pillards des bandes de Samory s'emparèrent d'un certain nombre de couronnes de fil, que Mademba avait fait déposer sur les points où elles devaient être utilisées pour la pose de la ligne. Il va aussitôt trouver le colonel Borgnis-Desbordes, occupé alors à la construction du fort de Bammako, et lui demande à prendre part, avec ses surveillants, aux engagements qui avaient lieu journellement avec les sofas de l'almamy, jusqu'à ce qu'il ait pu rentrer en possession de ses couronnes de fil. Ainsi fut fait. Peu de jours après, dans une rencontre assez chaude avec les guerriers malinkés, Mademba et ses hommes pénètrent jusqu'au camp ennemi, reprennent leur fil et vont se remettre tranquillement à la construction de la ligne, qui, en effet, parvenait à Bammako peu après.

Mademba, avec ses cavaliers, avait ordre, dans sa marche en avant, de prendre tous les renseignements possibles sur la route, surtout au point de vue du passage de l'artillerie, de s'éclairer sur le gîte d'étape, au point de vue de l'eau, des ressources du terrain, pour le campement, et de la proximité des lieux habités. Toute détonation inutile était sévèrement interdite. Tout homme, toute femme ou enfant rencontré était aussitôt arrêté et conduit jusqu'au bivouac. Les prisonniers, immédiatement interrogés, m'étaient expédiés, si leurs réponses présentaient quelque intérêt.

On le voit, toutes les précautions étaient prises pour éviter les alarmes. Chacun était en éveil et prêt à tout événement.

L'étape du 19 fut courte. Nous étions vers neuf heures à Koussan, ou plutôt aux ruines de Koussan, car le marabout, passé par là peu de mois auparavant, avait, suivant son habitude, incendié ce grand village. Les murs d'un immense tata en pisé, qui restaient encore debout, montraient quelle avait été l'importance de ce point qui était, avant que Boubakar Saada ne fût allé s'installer à Sénoudébou, la capitale du Bondou.

La colonne campa à quelque distance de ces ruines, un peu au delà d'une série de puits peu profonds creusés dans le lit d'un petit marigot, et renfermant une eau potable d'assez mauvaise qualité.

Je reçus à Koussan deux lettres du commandant Vallière. Je commençais justement à être inquiet sur son compte, bien que je fusse au courant des énormes difficultés de communication qu'il y avait entre nous.

On avait eu quelques moments difficiles à passer, à la deuxième colonne. La traversée des monts du Bambouk avait été particulièrement pénible. Il avait fallu, à plusieurs reprises, porter les canons à bras d'hommes ; deux limonières avait été cassées, et réparées ensuite avec les bois trouvés sur place. Le défilé de Kourdaba, consistant en une falaise éboulée, avait arrêté longtemps la colonne, qui avait dû se faire précéder de travailleurs pour faire sauter les rochers au moyen de la dynamite, emportée dans les caissons de l'artillerie. On était cependant parvenu à Bontou, sur la Falémé, le 17 décembre, mais après avoir perdu, à Sékokoto, un homme d'infanterie de marine dans de bien tristes circonstances. Au moment où l'on allait lever le camp et où le commandant du peloton commandait de monter à cheval, on vit tout d'un coup l'un des hommes s'affaisser et tomber à terre. On accourut : c'était le soldat Filiâtre, qui, plein de santé jusqu'alors, venait d'être frappé d'une congestion pulmonaire foudroyante et était tombé raide mort.

Arrivée à Bontou, la colonne, malgré les renseignements recueillis jusqu'à ce moment, s'était heurtée sur la Falémé à un obstacle infranchissable. Le gué, à fond de roches, présentait encore plus de 1^m,50 d'eau, avec un courant des plus violents. Impossible, dans ces conditions, de faire passer un nombreux personnel, du matériel et des animaux. Le commandant Vallière s'était mis alors à remonter la rivière, espérant trouver un passage plus commode au gué de Farabana, qui lui était signalé à quelques kilomètres plus bas. Mais là, nouvelle et grosse déception ! La Falémé offrait sur ce point une longueur de 300 mètres, sur lesquels 60 impossibles à franchir à cette époque de l'année. Tout fut tenté cependant pour exécuter le passage. Quelques nageurs vigoureux parvinrent à tendre entre les deux bords un câble, formé de toutes les cordes de chargement du convoi et de l'artillerie. On essaya de faire passer une section de tirailleurs, en s'aidant du câble, mais ceux-ci, perdant bientôt pied et roulés par le courant, furent entraînés et eurent toutes les peines du monde à gagner, tout meurtris, la rive opposée. On fit l'expérience pour les animaux et on

Tentative de passage au gué de Farabana.

lança dans le gué deux des plus vigoureux mulets, montés par deux hommes déterminés. Ces animaux franchirent assez bien la première partie du passage, mais, arrivés au milieu du courant, ils furent emportés par les eaux. Les deux hommes n'eurent que le temps de se jeter à la nage, pour rejoindre le bord. Les malheureux mulets, poussés par le courant, dérivèrent vers l'aval, allèrent se heurter aux bancs de roches qui obstruaient la rivière, et on les vit bientôt disparaître, engloutis par les eaux. Il ne pouvait être question, dans ces conditions, de faire passer la troupe européenne, non plus que l'artillerie et les bagages. C'eût été s'exposer à un véritable désastre. Le commandant Vallière, réunissant ses officiers dans une sorte de conseil de guerre, décida donc que, toute tentative de passage étant impossible, on continuerait à marcher vers le nord, à la recherche d'un gué praticable. C'est au milieu des malédictions des soldats, pestant contre ce détestable fossé de la Falémé, qui les séparait de leurs camarades de la première colonne, que l'on reprit la marche le long de la rivière.

On erra ainsi plusieurs heures, à travers l'épaisse végétation qui s'étendait de tous côtés. On ne suivait aucun sentier battu ; on s'efforçait surtout de ne pas quitter les bords de la Falémé, dont on ne pouvait distinguer le cours, mais dont la position se devinait au bruit des eaux roulant sur les rochers. Point de guides, car le pays était absolument désert, et ceux que l'on avait emmenés du Bambouk déclaraient ne pas connaître la région. Vers midi on s'arrêta jusqu'à trois heures, pour laisser passer la grande chaleur et prendre quelque nourriture. Tout le monde était harassé, mais on se remit bientôt en route. L'ordre était formel : il fallait être à Diana le 25, dans huit jours, et il ne venait à personne l'idée que la deuxième colonne pût manquer au rendez-vous.

Enfin, au moment même où les dernières heures du jour allaient disparaître, on vit le spahis de pointe, Bakary, que l'on avait surnommé le Chercheur de pistes, à cause de son flair particulier à retrouver son chemin au milieu des pays les plus couverts, se pencher sur son cheval et s'arrêter. Il venait de découvrir sur le sol des marques de pieds d'hommes et d'animaux. La colonne fit halte aussitôt, pour ne pas embrouiller les traces, et Bakary continua ses recherches, suivi de près par le commandant Vallière, dont on comprendra sans peine les anxieuses préoccupations, depuis qu'il se voyait ainsi séparé de moi par un obstacle jusque-là infranchissable. Le sentier, formé par les pas que l'on distinguait parfaitement à terre, allait en s'élargissant. Il débouchait bientôt de l'épaisse végétation, où la colonne était comme perdue depuis le matin, et aboutissait à un village abandonné, auprès duquel la Falémé coulait sur un beau fond de sable. Les eaux scintillaient à la surface et leur tranquillité était déjà un indice favorable, dénotant l'absence de tout courant rapide et de tout tourbillon dangereux. Les tirailleurs, qui s'étaient aussitôt répandus dans les cases désertes pour voir, suivant leur habitude, s'il n'y avait rien à *chaparder*, furent assez heureux pour trouver un indigène, qui s'était caché à l'approche de la colonne. On se trouvait en présence du gué de Sansandig, dont Vallière connaissait bien l'existence, mais qu'il supposait être beaucoup plus éloigné. Quant au vil-

Chasseur peul. (Voir p. 69.)

lage, assez important, qui se trouvait auprès du gué et portait le même nom, l'indigène apprit que les habitants l'avaient évacué peu de jours auparavant, par crainte du marabout, pour se réfugier vers l'intérieur. Le gué présentait un fond de sable, parfaitement régulier, avec une hauteur d'eau de 60 à 75 centimètres.

Le lendemain matin, la colonne levait le camp dès le point du jour, s'engageait franchement dans le passage, jalonné par des tirailleurs, et, au grand soulagement de tous, et surtout de son chef, abordait enfin sur la rive

Le gué de Sansandig.

opposée. Vallière m'annonçait, en terminant, que ses troupes avaient continué leur marche sans s'arrêter et qu'il comptait toujours être présent au rendez-vous du 25, bien qu'on lui signalât déjà l'existence de plusieurs villages hostiles avant Diana.

Je récompensai largement le chasseur peul qui m'avait apporté ces lettres, et je le décidai à repartir le lendemain avec les nouveaux renseignements que j'envoyais à la deuxième colonne, pour la tenir au courant de ma propre marche. Je recommandais à Vallière de faire interdire tous les gués de la Falémé et de donner des ordres sévères pour éloigner les intrus de sa colonne, et empêcher de laisser dépasser sa troupe par un individu quelconque. Il était indispensable de cacher le plus longtemps possible notre marche au marabout.

CHAPITRE IV

Marche en pays boisé. — Construction d'un magasin à Pounégui. — Bivouac à Kaparta. — Affaire de Soutouta. — La colonne en formation de combat. — Exécution de l'espion Demba Paté. — Habitudes de maraudage des indigènes.

La première colonne quittait Koussan le 20, à quatre heures du matin. La marche était toujours très pénible le matin, dans l'obscurité, à cause des branches épineuses qui fouettaient cruellement nos visages et s'embarrassaient, à tout moment, dans le chargement de nos mulets. Comme un fait exprès, lorsque le soleil se leva et quand nous aurions eu besoin de l'ombre des arbres pour nous préserver de ses rayons, le pays se transforma complètement. Le terrain devint désolé et infertile, la végétation chétive, les arbres rabougris et clairsemés. De temps en temps, la roche ferrugineuse se présentait en grandes nappes, absolument planes, sans aucune trace de verdure. La monotonie de ces vastes steppes n'était rompue que par la présence de curieux petits monticules, en forme de champignons, d'une hauteur de 50 centimètres environ, élevés par des fourmis d'une espèce très commune dans le Soudan. Par places, la roche ferrugineuse était traversée par des filons de grès rouge ou de quartz. Peu d'oiseaux, mais, en revanche, le sol était piétiné par les kobas, les gazelles et les dumsahs, dont on voyait partout les traces. On rencontrait aussi de belles fleurs jaunes, ressemblant à nos anémones et sortant de terre, avant que les feuilles de la tige ne soient développées. J'ai pu me convaincre, depuis, que ces fleurs sont très abondantes dans cette région.

Vers dix heures nous constatons que le terrain se relève sensiblement. Nous franchissons une chaîne de collines, à versants peu prononcés, qui constitue la ligne de partage des eaux des bassins de la Falémé et de la Gambie.

La chaleur est accablante. C'est le soleil d'Afrique dans toute sa force;

ses rayons, qui frappent ce sol ferrugineux, viennent ensuite se réfléchir sur nos yeux, douloureusement impressionnés. Je vois, derrière moi, nos fantassins de marine faire souvent appel à leurs bidons, contenant un mélange d'eau et de café, et soulever leurs casques de liège pour renouveler l'air chaud qui s'emmagasine au-dessus de leurs têtes. Cependant il faut marcher, car les renseignements des guides nous apprennent que nous ne trouverons de l'eau qu'à la mare de Pounégui, halte de chasseurs, située à une trentaine de kilomètres de Koussan. Vers dix heures et demie nous sommes forcés de quitter le sentier pour prendre le chemin de la mare, perdu sur notre gauche. Les guides ont peine à se retrouver, et nous entrons

Halte avant Pounégui.

dans une véritable mer de hautes herbes, où nous disparaissons en entier. Le capitaine Fortin fait marcher le peloton de spahis en ligne, pour fouler ces herbes sous les pieds des chevaux et nous frayer un chemin, le long duquel se tiennent, de place en place, des cavaliers du Bondou, pour que les divers détachements ne puissent se perdre. Cette précaution n'est pas inutile, puisque nous sommes comme noyés dans cet océan de verdure, où la colonne ne se distingue qu'aux sommets des casques blancs des cavaliers, qui émergent de temps en temps au-dessus de cette surface verte.

Nous arrivons enfin au campement de Pounégui. Il est établi auprès de deux mares naturelles, contenant encore une grande quantité d'eau, et qui, nous disent les guides, n'assèchent jamais. La plus grande est longue de 60 mètres et large de 30 mètres, avec une profondeur d'un mètre. Ces mares sont creusées dans une roche ferrugineuse imperméable ; elles sont peuplées de très nombreuses petites coquilles bivalves, et le fond est tapissé par des conferves vertes, très longues et très minces. L'eau présente un goût ferrugineux très prononcé.

Triste campement, que cette halte de Pounégui ! Deux ou trois *rhats*, au feuillage des plus maigres, purent à peine être utilisés, dans l'intérieur du carré formé par notre bivouac, pour abriter l'ambulance. Le médecin eut, ce jour-là, de nombreux clients, parmi lesquels un canonnier, atteint de

Construction du poste-magasin à Pounégui.

fièvre grave. Nos hommes se ressentaient des fatigues de la marche, mais, malgré tout, je ne pus leur accorder qu'un très court repos. Pounégui était un lieu isolé. Il se trouvait, de plus, à peu près à mi-chemin entre Arondou et Diana. Il réunissait donc les conditions nécessaires pour l'installation du dépôt de vivres intermédiaire que je voulais organiser après Sénoudébou, qui devait l'alimenter.

Tout le monde se mit à l'ouvrage dès deux heures de l'après-midi. Spahis, tirailleurs, conducteurs, fournirent des corvées qui s'en allèrent, dans les bois voisins, couper les arbres nécessaires pour former l'enceinte du sagné destiné à abriter nos approvisionnements. Les canonniers et les hommes d'infanterie de marine, sous la direction de deux officiers d'artillerie, piquetaient en même temps l'ouvrage et disposaient les matériaux apportés. Un grand hangar était élevé à l'intérieur, pour recevoir les vivres ; un gourbi palissadé, placé en saillie sur la face antérieure, devait servir de logement à la garnison et flanquer les deux secteurs correspondants. L'ouvrage, entouré d'un petit fossé, était placé à 50 mètres environ des deux mares, dont il surveillait les approches, et au centre d'un vaste espace découvert, pour permettre aux défenseurs de couvrir de leurs feux les assaillants qui chercheraient à attaquer le dépôt.

Le soir, à six heures, une petite garnison, composée de 6 tirailleurs et de 5 soldats d'infanterie de marine, trop fatigués pour suivre la colonne, occupait le sagné, où était disposé un premier convoi de vivres, apportés par 100 porteurs, venus de Sénoudébou. Je renvoyai immédiatement ces indigènes vers l'arrière, car nos vivres commençaient à diminuer. La colonne, en quittant Pounégui, n'emportait avec elle que huit jours de vivres, dont six sur les hommes et animaux et deux au convoi.

Le 21, nous atteignîmes Kaparta, village également abandonné depuis quelque temps. Le camp fut établi sur la pente d'un coteau dominant une petite rivière qui nous fournit une excellente eau potable. On approchait de la région dangereuse. Les spahis découvrirent, de l'autre côté du marigot, les traces encore récentes d'un campement. Je fis pousser une reconnaissance par le lieutenant Guerrin, mais on ne trouva rien. Au soir, l'une de nos grand'gardes surprit un indigène qui rôdait autour du camp et qui, se voyant cerné, lâcha son coup de fusil sur un tirailleur qu'il blessa assez grièvement. Mais ces nègres ont l'âme chevillée dans le corps, car le blessé, après le pansement du docteur, put marcher le lendemain et fut complètement guéri trois jours après.

On trouva sur le prisonnier une nouvelle lettre arabe de Mahmadou Lamine, dans laquelle cet incorrigible fanatique s'adressait aux gens du Bondou pour les encourager à abandonner les « infidèles » et à venir le rejoindre à Diana. Il parlait du pouvoir qu'il tenait de Dieu, qui lui avait appris que les Français étaient désormais désarmés, car « leurs fusils partiraient par la crosse et leurs canons ne lanceraient plus que de l'eau ».

Je ne pus, malheureusement, tirer aucun renseignement du porteur de cette étrange missive, qui se refusa à répondre à toutes les demandes que je lui adressai. Je le confiai à Saada, me réservant de prononcer le lendemain sur son sort. Je recommandai la plus grande surveillance dans le service de garde de la nuit. J'allai moi-même parcourir nos postes vers onze heures du soir, et je vis que nos sentinelles veillaient bien sur toute la ligne. La colonne campant toujours en carré, chaque face du carré était gardée par un petit poste, placé à environ 300 mètres en avant et qui détachait lui-même deux groupes de sentinelles, chargés de surveiller le secteur correspondant. La tâche était peu commode, surtout la nuit, en raison de l'épaisse végétation qui couvrait tout le pays ; mais nos tirailleurs savaient tellement bien se dissimuler derrière les arbres et patrouiller aux environs du camp, que je doute qu'un individu quelconque pût se glisser, sans être aperçu, à travers ce rideau de surveillance. Pendant ma ronde je ne m'apercevais la plupart du temps de la présence des sentinelles que lorsque j'étais en plein sur elles. Du reste, il n'était pas prudent de s'aventurer sur

Tirailleurs aux avant-postes.

la ligne des avant-postes si l'on ne possédait pas bien exactement les mots de passe, car nos braves tirailleurs faisaient feu si l'on ne s'arrêtait pas dès qu'ils avaient crié halte-là ! ou si l'on ne répondait pas de suite à leurs cris d'alerte.

Pendant le jour, les sentinelles montaient ordinairement sur les arbres les plus élevés, pour mieux observer le pays au loin.

Le 22, comme d'habitude, nous quittions notre campement de bon matin. On franchit le marigot de Kaparta sur un pont que j'avais fait établir la veille. De grands feux allumés sur chaque bord éclairaient le passage. Bien que la nuit fût très favorable à la marche et nous mît à l'abri des dangereux rayons du soleil, j'avoue qu'il me tardait toujours que le jour se levât. Malgré moi, je sondais du regard les ombres épaisses que les arbres projetaient autour de nous, craignant sans cesse, malgré la surveillance active de nos spahis, de tomber dans quelque embuscade. Je songeais aussi aux dangers d'une retraite à travers ces épaisses forêts, en cas d'échec devant les troupes du marabout. Je me reportais à quelques années en arrière, et je me rappelais cette retraite de Dio[1], alors que, poursuivis par les bandes bambaras, nous étions parvenus avec tant de peine à gagner les rives du Niger. La situation n'était évidemment plus la même, puisque, au lieu de quelques hommes d'escorte, j'avais maintenant avec moi une troupe, sinon nombreuse, du moins parfaitement armée et instruite, et avec laquelle je ne craignais nullement les attaques du marabout. Mais, la nuit, les paniques peuvent arriver si facilement! Quiconque a fait campagne sait avec quelle rapidité foudroyante un accès de crainte s'empare subitement d'un corps de troupes, se communique de proche en proche, se répand si vite qu'il est impossible d'en rechercher la cause, ou même le point de départ. Ces paniques sont surtout fréquentes chez les troupes indigènes, qui montrent cependant tant de bravoure au moment du combat. Mage nous raconte, dans son intéressant *Voyage au Soudan occidental*, qu'il avait suffi du cri d'un griot pour déterminer une épouvantable panique dans l'armée d'Ahmadou, qui, en un seul instant, avait levé en désordre le siège de Sansandig et était rentrée à Ségou, après une marche folle de deux jours.

La nuit, en pays hostile, tous les sens sont surexcités, et il suffit souvent d'un incident de peu d'importance, du galop d'un cheval par exemple, d'un bruit quelconque, interrompant le majestueux silence d'une nuit africaine, pour déterminer une panique, et donner lieu à une fusillade qui aurait pu anéantir toute une armée ennemie. Mais je savais que nos hommes étaient solidement encadrés par leurs officiers et leurs gradés européens; puis on a vu toutes les précautions qui étaient ordonnées pour éviter toute surprise, toute cause de désordre. J'avais, du reste, expressément défendu, pendant la marche, de pousser aucun cri, aucune exclamation. Enfin, tous, officiers et soldats, avaient été prémunis contre les dangers d'une panique nocturne. Je pouvais donc être tranquille à ce sujet.

Nous en avons fini avec les plateaux rocheux que nous avions dû traverser pour parvenir à Pounégui. Nous longeons, sur notre gauche, un terrain

---

1. Voir *Voyage au Soudan français*.

Au marigot de Soutouta. (Voir p. 79.)

très fourré, avec des bas-fonds marécageux, où l'humidité accumulée a donné à la végétation une puissance extraordinaire. Ce sont toujours les mêmes arbres, mais avec des dimensions encore plus fortes. Leur feuillage est peuplé d'un monde d'oiseaux au plus brillant plumage. De temps en temps on voit bondir dans les broussailles quelque troupeau de kobas ou de biches, subitement réveillés dans leurs solitudes, et qui vont se perdre dans les profondeurs de la forêt. Nos officiers et nos soldats regardent ce spectacle d'un œil d'envie, mais toute détonation est interdite. Ils comptent bien se rattraper au retour, quand nous en aurons fini avec Lamine.

Vers huit heures, Mademba m'envoie un vieux nègre que les cavaliers du Bondou ont pris, et qui courait les bois, à la recherche, prétendait-il, du miel caché dans les arbres. Je l'interroge, par l'intermédiaire d'Alassane. Il se donne pour un simple captif du village de Ganguiliel, peu au courant des faits et gestes du marabout. La vue du revolver d'Alassane, braqué sur sa poitrine, lui donne à réfléchir et lui délie la langue. Il nous apprend que le village de Soutouta, où nous allons arriver, est occupé par les guerriers de Mahmadou Lamine.

Impossible de tirer de lui d'autres renseignements. La peur l'a pris et il tremble de tous ses membres. Je le mets sous la garde d'un tirailleur, et je préviens Fortin, à l'avant-garde, de redoubler de surveillance.

Le terrain boisé, s'abaissant en pente douce vers une dépression du sol, laissait alors apercevoir devant nous une ligne de verdure, tranchant distinctement, par des tons plus foncés, sur la végétation environnante. C'était assurément le marigot de Soutouta, signalé comme d'un franchissement difficile et qui devait être une branche du Niérico, le plus important affluent de droite de la Gambie. En effet, au même moment m'arrive un billet de Fortin, me disant : « Nous approchons du marigot, mais les arbres empêchent de voir le village situé de l'autre côté. Je vais faire explorer l'un et l'autre. »

Suivant la tactique invariable en pareil cas, les spahis d'avant-garde longent aussitôt le marigot, pour fouiller ses bords, tandis que les cavaliers de pointe cherchent à le franchir. Mais le passage est difficile; les premiers spahis qui entrent dans le lit voient leurs chevaux s'enfoncer dans la vase et s'abattre. L'homme de pointe, qui arrive le premier sur la rive opposée, reçoit à bout portant, au moment où d'un vigoureux élan son cheval parvenait au sommet de la berge, un coup de feu qui le jette à bas de sa monture. Des indigènes, couverts de l'éternel boubou jaune des Malinkés, s'enfuient dans la brousse vers le village, dont on ne peut distinguer encore la véritable position. Le maréchal des logis Bégny, qui veut suivre ses hommes, tombe dans un trou du marigot avec son cheval et ne peut se relever. Je donne l'ordre à Fortin de faire mettre pied à terre aux spahis et aux cavaliers de Saada, pour franchir plus commodément le marigot et pour aller voir ce qui se passe de l'autre côté.

En même temps, dans l'ignorance où je suis du nombre d'ennemis que nous avons devant nous, j'arrête la colonne et lui fais prendre la formation de combat, à 100 mètres environ du marigot.

Nos troupes étaient parfaitement au courant de ce qu'elles avaient à faire en pareil cas, et, malgré les difficultés du terrain, le carré est rapidement formé. La section de tirailleurs d'avant-garde s'établit en bataille, à gauche du chemin; la section qui suit immédiatement, en tête de la colonne, vient la prolonger à droite. La première face du carré est formée, et les tirailleurs attendent, l'arme au pied, l'ordre de faire feu ou de se porter en avant. Quelques hommes, avec leurs hachettes de campement, s'occupent à débroussailler le terrain en avant.

La troisième section se place à droite, perpendiculairement à la première face, laissant à sa gauche un espace libre pour y placer une pièce d'artillerie, si c'est nécessaire. L'infanterie de marine met pied à terre, jette les brides de ses mulets aux conducteurs indigènes et achève de former la face droite du carré. Les mulets rentrent dans l'intérieur, en arrière du peloton. Les officiers font aussitôt déblayer le terrain et couper les hautes herbes qui couvrent le front, gênent la vue et empêchent tout tir de quelque précision.

Je me place moi-même au centre du carré, tandis que les deux sections d'artillerie débordent du sentier et viennent prendre place droit devant moi, la section de 65 millimètres à droite, la section de 80 millimètres à gauche, derrière la première face. Les mulets sont dételés; les servants se portent aux pièces et leur font faire demi-tour; les limonières sont enlevées et les pièces tenues prêtes à être mises en batterie vers les saillants du carré. Les conducteurs se sont portés à la tête de leurs bêtes, les tenant en main pour les calmer, dès que le feu aura commencé.

En même temps le carré achève de se fermer. La 8e compagnie de tirailleurs vient former la face de gauche et boucher aussi la trouée d'arrière, en étendant ses files, pour occuper l'espace réservé en temps ordinaire aux spahis.

L'ambulance et le convoi sont entrés dans le carré et se sont placés en arrière de l'artillerie. La colonne est, maintenant, complètement rassemblée, et, de quelque côté que paraissent les assaillants, ils trouveront devant eux une ligne redoutable de feux. Du reste, pour mieux prévenir les

Formation du carré.

surprises, chaque face a envoyé en avant d'elle deux ou trois groupes d'éclaireurs pour fouiller le terrain, et donner le signal de l'approche de l'ennemi.

Nous attendons ainsi quelques instants, prêts à tout événement. La cavalerie a enfin réussi à franchir le marigot, et le capitaine Fortin me fait dire qu'il se dirige vers le village, en entourant le sagné, de manière à forcer les défenseurs à montrer leurs intentions. Peu d'instants après, nous entendons une vive fusillade, et un nouveau billet de mon chef d'état-major réclame de l'infanterie pour appuyer son mouvement. La compagnie Robert part au pas de course. Les tirailleurs ont flairé l'odeur de la poudre et sont pleins d'ardeur. Ils franchissent, à leur tour, le marigot et se déploient en ligne de l'autre côté. Nos pièces de 65 millimètres, soutenues par l'infanterie de marine, prennent en même temps position, un peu en avant du carré, prêtes à couvrir de mitraille les détachements ennemis qui essayeraient de traverser le marigot. Nous entendons trois ou quatre feux de salve de nos fusils à répétition, puis, plus rien. Fortin me fait dire que je peux donner du repos aux hommes et aux animaux, car les hommes du marabout viennent d'évacuer le village.

Soutouta était occupé par une centaine de guerriers à peine, qui, après avoir déchargé leurs armes contre nos cavaliers, s'étaient enfuis et jetés dans la brousse, où l'on avait pu capturer une vingtaine d'indigènes, composés surtout de vieillards, de femmes et d'enfants, qui n'avaient pu suivre les hommes plus vigoureux. Les feux de salve de nos tirailleurs avaient semé quelques cadavres et blessés à la lisière du bois. Nous n'avions, nous-mêmes, qu'un spahis et quelques cavaliers auxiliaires blessés, mais cette affaire éventait notre marche. Les fuyards allaient, sûrement, annoncer notre approche au marabout.

Je donnai, aussitôt, l'ordre d'établir le camp comme d'habitude, c'est-à-dire en carré et dans la formation déjà décrite pour le combat. Nos soldats blancs et noirs eurent bientôt fait de dresser leurs gourbis de branchages; les animaux, chevaux et mulets, furent mis à la corde; le commissaire commença ses distributions et les deux médecins s'occupèrent de panser les blessés. Je pris néanmoins de grandes précautions de surveillance. La compagnie Robert laissa un de ses pelotons à la garde du village, où l'on avait trouvé d'assez forts approvisionnements de riz et de maïs, et l'autre peloton au passage du marigot, où je fis aussitôt commencer la construction d'un pont par les ouvriers du génie. J'envoyai, en outre, de nombreuses patrouilles le long du marigot et en avant du village. Les spahis avaient déjà poussé une reconnaissance à 5 ou 6 kilomètres, dans la direction suivie par les fuyards, mais ils étaient rentrés les mains vides et avec leurs chevaux complètement rendus.

La journée fut bien remplie à Soutouta. Je commençai par interroger les prisonniers, que j'avais mis sous la garde de la 8ᵉ compagnie de tirailleurs, et qui formaient un groupe d'aspect assez original, dans le coin où ils se tenaient assis, sous l'œil vigilant des sentinelles. Il y avait parmi eux quelques hommes d'apparence robuste, armés de fusils à pierre de marque anglaise. Ils étaient du Tenda, pays au sud de la Gambie, et prétendaient qu'ils avaient été pris par une bande de talibés du marabout, qui les avait incorporés de force dans son armée. Les autres prisonniers comprenaient des vieux et des enfants, qui n'avaient pas eu l'agilité nécessaire pour échapper à nos spahis. Tous ces individus ouvraient de grands yeux, paraissant étonnés de ce qu'ils voyaient autour d'eux. C'était la première fois, me disait Alassane, qu'ils se trouvaient en contact avec des Européens, et leur effarement était bien naturel. Ils furent tous interrogés séparément, soit par moi, soit par les officiers de l'état-major.

Il ressortait de leurs déclarations qu'ils n'étaient pas informés de la marche de la première colonne. Leur premier mouvement avait été tout de stupeur, quand, le matin, les hommes qui étaient en sentinelle près du marigot avaient aperçu les chemises rouges de nos spahis. Le marabout les avait bien envoyés pour garder Soutouta, mais c'était pour empêcher les cavaliers du Bondou de venir s'emparer des greniers de mil et de riz, qui n'avaient pu être encore vidés. Ils avaient cependant essayé de défendre l'enceinte du sagné, mais ils avaient pris à peine le temps de décharger leurs fusils et s'étaient aussitôt enfuis dans la forêt.

Quant à Mahmadou Lamine, ils disaient qu'il s'était enfermé dans Diana, où il avait créé un double sagné, précédé d'un fossé profond pour abriter ses tireurs. De plus, il avait parsemé le terrain environnant de trous de tirailleurs, servant à cacher des combattants isolés. Il pouvait avoir auprès de lui 3 000 guerriers, parmi lesquels un millier de talibés (du mot *taleb*, élève), venus avec lui des bords du Sénégal et fermement attachés à sa fortune ; le reste était composé de gens venus d'un peu partout, attirés auprès de lui par l'appât du pillage et qui, d'ailleurs, ne semblaient pas vivre dans les meilleurs termes avec les talibés. Le marabout ignorait la marche de la première colonne ; toutefois il avait appris par les gens du village de Balégui, près de la Falémé, l'approche d'une autre colonne, venant du Bambouk. Il avait alors renforcé la garnison de Saroudian, village situé vers le nord-est, et se proposait de marcher avec toutes ses forces contre cette colonne.

Toute la journée se passa sans nouvelles du commandant Vallière. Ce silence me plongeait dans une grosse inquiétude, surtout en présence des renseignements qui venaient de m'être donnés; et, bien que j'eusse une entière confiance dans la bravoure des troupes de la deuxième colonne, je ne pouvais néanmoins songer, sans appréhensions, à leur petit nombre.

Je remis nos prisonniers du Tenda à Saada Amady, réservant les enfants pour les écoles d'otages que j'avais, dès ce moment, la pensée de fonder dans le Soudan français. Deux de ces enfants étant des villages voisins de Bani et de Benténani, qui se trouvaient à l'ouest de notre route, je voulus les décider à se rendre dans ces villages pour prévenir les habitants que je ne leur voulais aucun mal, et que je faisais seulement la guerre au marabout. J'aurais désiré éviter une levée de boucliers générale contre nous, et détacher de Mahmadou Lamine quelques-uns de ses partisans, gagnés seulement à lui par les calomnies qu'il répandait partout sur notre compte. Ces deux enfants, auxquels je remis des lettres en arabe, expliquant mes intentions pacifiques, furent conduits par Mademba jusqu'à deux ou trois kilomètres au loin, puis lâchés, après avoir reçu pour eux des cadeaux de sucre et de biscuit. Accompliraient-ils leur mission? Je ne pourrais le savoir que plus tard.

Il restait encore à régler le sort de Demba Paté, l'espion qui, après avoir blessé l'un de nos tirailleurs, avait été pris, à Kaparta, porteur d'une lettre compromettante. Son cas s'était encore aggravé depuis la veille, car Saada Amady venait de m'apprendre que, pendant la dernière nuit, quelques-uns de ses hommes, poussés par les exhortations de l'agent du marabout, s'étaient enfuis, et qu'il avait dû en faire attacher quelques autres qui cherchaient, sous son influence, à jeter parmi ses gens la méfiance contre les Français.

Je fis comparaître Demba Paté devant moi. C'était un grand homme maigre, à l'aspect ascétique, tenant à la main un chapelet, dont il déroulait les grains en marmottant des prières. Il portait l'une de ces figures de fanatique que rien n'impressionne et qui ont pour les *Keffirs* une haine, mélangée de mépris, qui ne reculerait devant rien à l'occasion. Il s'assit impassiblement à terre devant moi et, chose curieuse, puisqu'il était resté bouche close la veille, il fit mine tout d'abord de répondre à mes questions. « Que faisais-tu à rôder autour du camp? — Je voulais remettre une lettre d'El-Hadj à nos frères du Bondou, égarés dans tes rangs. — Savais-tu que tu espionnais nos mouvements et que les lois de la guerre punissent de mort tout acte d'espionnage? — El-Hadj avait ordonné. Je n'avais qu'à obéir. — Comment as-tu su que nous étions à Kaparta? — Je l'ignorais. Je me rendais simplement auprès des gens du Bondou, que je croyais toujours à Sénoudébou. — Pourquoi as-tu débauché les sujets de Saada Amady ? » Pas de réponse. « Si je te pardonne, voudras-tu rester tranquille dans mon camp ? » Pas de réponse. J'arrêtai là mon interrogatoire. Pour faire un exemple et pour étouffer toute tentative de trahison parmi les gens du Bondou, ce qui nous eût mis dans la plus grave des situations, au milieu de ces solitudes et à une telle distance de notre fort de Bakel, je déférai Demba Paté devant une cour martiale.

Comme on sait, la cour martiale ne connaît que deux sortes d'arrêts : le prévenu est reconnu coupable ou innocent. Dans le premier cas, il est fusillé immédiatement. Dans le second, il est aussitôt mis en liberté. Demba Paté fut déclaré coupable d'espionnage et d'embauchage. Les circonstances ne me permettant pas de faire acte de clémence, le condamné fut conduit à la lisière du bois, à la grand'garde de la dernière face. Les préparatifs qui se firent autour de lui ne purent le tirer de son impassibilité, et c'est le sourire aux lèvres qu'il tomba, foudroyé par douze balles de kropatscheck. C'est que le malheureux Demba Paté avait craint un moment que je ne l'abandonnasse à Saada Amady, qui lui aurait fait trancher la tête. Il considérait comme douce cette mort des braves, qui lui permettait d'entrer en bienheureux dans le paradis de Mahomet. Garder leur tête sur leurs épaules est la seule préoccupation des musulmans qui vont mourir. Un homme décapité ne peut franchir la planche étroite conduisant à la porte du séjour d'Allah, car il ne possède plus la barbiche au menton, ou le « mahomet », cette touffe de cheveux que les disciples de l'islam entretiennent si soigneusement au sommet de leurs crânes, pour permettre de saisir le suppliant et de l'introduire auprès du Prophète.

Comme nous allions, maintenant, entrer en pays hostile, où partout l'éveil avait été donné par l'affaire de Soutouta, je voulus alléger ma marche et me débarrasser du convoi de mulets, qui nous suivait, avec les vivres de réserve. Je complétai, de nouveau, les approvisionnements de nos hommes et animaux, et je chargeai le reste sur les têtes de 150 porteurs, pris parmi les hommes du Bondou. Le convoi, mis sous les ordres du maréchal des logis du train Rouyer, reçut l'ordre de faire retour sur Pounégui, de s'y charger encore et de venir ravitailler les deux colonnes, au premier ordre. Rouyer était un soldat énergique sur lequel je pouvais absolument compter. Du reste, les muletiers étaient armés de mousquetons Gras, et capables de résister aux coureurs ennemis qui voudraient attaquer le convoi.

Nous avions trouvé à Soutouta de forts approvisionnements de riz et de maïs, que j'avais fait enlever et remettre au commissaire de la colonne, pour être distribués régulièrement aux divers corps. J'avais fait placer des

La cour martiale.

sentinelles devant les greniers pendant cette opération, car nos indigènes sénégalais sont, depuis longtemps, passés maîtres dans le maraudage. Je pus même m'apercevoir que cette précaution n'avait pas été suffisante. Tandis qu'assis sous mon gourbi, je m'occupais de mes différentes affaires, je remarquai, en effet, que nos muletiers n'avaient jamais mis autant de zèle à approvisionner leurs bêtes de paille et d'herbe, qu'on allait ordinairement chercher aux environs du camp. C'était un défilé continuel d'hommes portant sur leurs têtes d'énormes bottes de fourrage. Je ne pus m'empêcher d'en faire l'observation à Alassane, qui se trouvait alors auprès de moi. Celui-ci, vétéran de nos expéditions soudaniennes, et qui possédait à fond toutes les ruses des noirs, flaira de suite quelque tour sous cet empressement de nos hommes. Il appela deux conducteurs qui passaient en ce moment, et leur ordonna de déposer leurs bottes à terre et de les défaire. Ceux-ci hésitent, mais Alassane desserre lui-même les cordes à fourrage, et les bottes entr'ouvertes laissent voir, cachés au centre de la paille, des épis de maïs et des gerbes de riz non encore décortiqué. Je trouvai le tour très ingénieux, mais je pris des mesures pour faire cesser ce pillage des ressources que Soutouta pouvait nous fournir pour nos approvisionnements. Le nègre est ainsi : l'objet volé a pour lui une saveur toute particulière et une valeur bien supérieure aux choses légitimement acquises.

Au soir, avant le coucher du soleil, je transportai mon bivouac de l'autre côté du marigot, pour n'avoir pas à franchir cet obstacle dans l'obscurité du matin. Nous nous établissons non loin du village. Avant cette opération, toujours inquiet sur le compte du commandant Vallière et craignant qu'il n'eût éprouvé de grands obstacles dans sa marche, je lui envoyai un renfort de 15 cavaliers et de 100 piétons auxiliaires du Bondou. Je l'informai, en même temps, de notre affaire de Soutouta.

Le service de sûreté fut organisé, avec le plus grand soin, pendant la nuit. Nous pouvions, maintenant, nous attendre à tout moment à être attaqués, et on pouvait craindre que le marabout, informé de notre approche, ne tentât de nous dresser l'une de ces terribles embuscades auxquelles se prêtait si bien ce pays boisé. Vers neuf heures du soir, l'horizon s'illumina tout d'un coup du côté de l'ouest. Une immense clarté se voyait, au loin, rougissant cette partie du ciel. Alassane prétendait que c'était un incendie allumé pour annoncer l'approche de la colonne. En tout cas, on fit bonne garde.

CHAPITRE V

Le village de Ganguiliel. — Campement de nuit à Sintiou-Oumar-Ciré. — Incendies qui menacent la colonne. — On entend le canon! — Combat de Saroudian. — Renseignements sur le marabout. — Rencontre des deux colonnes à Sanoundi. — Déroute des indigènes des villages environnants. — Marche sur Diana. — Diana est vide!

Le 23 décembre, après une courte étape, accomplie à travers des bois toujours aussi épais, nous bivouaquions au village de Ganguiliel. La cavalerie avait trouvé le village occupé, mais les habitants s'étaient enfuis à son approche. Les cases, les greniers étaient bondés de mil, de maïs et de riz, sur lesquels les gens du Bondou font aussitôt main basse. On réserve, cependant, quelques greniers que le commissaire fait vider. Leur contenu est enfoui dans des silos, recouverts soigneusement, pour nous servir au retour.

Tandis que nos patrouilles fouillent les bois environnants, j'envoie les spahis et cavaliers auxiliaires pousser une reconnaissance sur la route que nous devrons suivre le lendemain. Nos guides de Sénoudébou ne connaissent plus le pays aussi bien; puis on dirait que leur perspicacité diminue au fur et à mesure que nous approchons de Diana. Heureusement que Saada Amady nous amène deux indigènes d'un village voisin, que ses cavaliers viennent de capturer. Les Bondoukés avaient une façon réellement originale d'attacher leurs prisonniers. On leur passait une corde au cou, puis les deux poignets étaient fixés à cette même corde par deux liens très courts. Ils avaient ainsi quelque ressemblance avec les Chinois emprisonnés dans la cangue.

Nos deux individus purent nous fournir des renseignements suffisants sur la route, mais ils ne nous apprirent rien de nouveau sur le marabout.

Vers midi, l'une des grand'gardes m'envoie un autre indigène, que l'on venait d'arrêter dans le bois et qui demandait à parler au commandant de la colonne. Enfin! c'est une lettre de Vallière, datée du 22 décembre. Il était ce jour-là à Dalafine, à 50 kilomètres environ de la Falémé. Les guides lui faisaient défaut, ou du moins les Malinkés qu'il rencontrait prétendaient ne rien connaître au delà de Dalafine. Ces gens-là étaient peut-être de bonne foi, car ces nègres de la vallée de la Falémé sont connus pour leur inintelligence. Ils vivent retirés dans leurs villages et, depuis quelque temps, en proie à une telle peur des Français ou du marabout, qu'il est difficile de démêler quels sont leurs vrais sentiments. Depuis Sansandig, la deuxième colonne avait rencontré de nombreuses traces de surveillance et d'espionnage de la part de l'ennemi : marques de pieds de chevaux et d'hommes, débris de nourriture, feux mal éteints. Mais ni les spahis, ni les tirailleurs, dans leurs reconnaissances, n'avaient pu découvrir un seul indigène. Le 22 décembre, la marche avait été marquée par des incendies allumés au loin, sur la route et à 2 kilomètres environ du bivouac. La famine régnait dans tout le pays, le marabout ayant fait affluer à Diana les céréales récoltées dans la contrée. Vallière m'indiquait ses étapes probables pour gagner ce point, qu'il comptait toujours atteindre le 25 ; mais il me signalait l'hostilité de Saroudian, où plusieurs villages avaient réuni leurs contingents pour arrêter la colonne.

En somme, tout allait aussi bien que possible du côté de Vallière. La journée du lendemain nous préparait sans doute du nouveau. Aussi, pour être plus à portée de la deuxième colonne et brusquer notre marche sur Diana, dès que la grande chaleur fut un peu tombée, je fis lever le bivouac. Toujours précédés par un épais rideau d'éclaireurs, nous arrivions, à la nuit, à Sintiou-Oumar-Ciré, où nous prenions aussitôt notre campement. Nous avions traversé, dans le trajet, un pays un peu moins boisé, mais couvert de hautes herbes qui rendaient toujours difficile notre service de surveillance.

Nous étions installés au milieu d'une grande clairière, de manière à nous donner de tous côtés un champ de tir bien découvert. L'immensité des hautes herbes, au-dessus desquelles s'élevaient des bouquets d'arbres peu épais, s'étendait à 400 mètres environ tout autour de nous. On avait fouillé les abords du bivouac sans découvrir rien de suspect. Mais on sentait, cependant, qu'autour de nous s'agitaient les hommes du marabout et que ces champs de verdure n'étaient pas inhabités. Vers huit heures, une grande clarté se lève à l'horizon du côté de l'ouest. Puis un nouvel incendie s'allume à notre gauche ; enfin, peu après, c'est vers le sud que nous voyons le ciel s'embraser. Le camp est entouré d'un demi-cercle de feu. Les flammes, il est vrai, brillent au loin, et nous sommes, pour le moment, hors de danger. Assistons-nous à de simples signaux, comme l'af-

Au bivouac, à Sintiou-Oumar-Ciré.

firme Alassane, ou nos ennemis songent-ils à nous envelopper de flammes? Ces incendies, qui s'allument simultanément, en forme semi-circulaire, sembleraient l'indiquer. Quoi qu'il en soit, dans ce pays, couvert à peu près partout d'herbes sèches, ce genre de guerre n'est pas sans périls pour nous et pourrait favoriser une surprise de nos adversaires.

On redouble donc de précautions à Sintiou-Oumar-Ciré. Les feux sont éteints dans le camp; les sonneries sont interdites. Sur chaque face, nos officiers et le quart des hommes veillent constamment. Ceux-ci sont couchés, mais les armes à la main, et prêts à se mettre debout au premier signal d'alerte. Quelques hommes, montés sur un arbre qui se trouvait dans le carré, fouillent l'obscurité lointaine et veillent au progrès des flammes. J'avais encore présents à ma mémoire les derniers événements du Soudan égyptien et je me rappelais ces carrés anglais surpris et enfoncés par les soldats du mahdi au moment où l'on croyait pouvoir se livrer au repos en toute sécurité. Et puis, n'était-ce pas précisément à cette même époque qu'à l'autre extrémité de l'Afrique, un corps de troupe italien était massacré en entier dans la plaine de Dogali, devenue désormais si tristement célèbre! N'étions-nous pas, nous-mêmes, une poignée de Français perdus à de grandes distances de tout poste de secours, au milieu d'une région inconnue, que sa nature boisée rendait si propre aux embuscades? Où aller en cas d'échec? Nos auxiliaires auraient été alors les premiers à nous abandonner et à se joindre à nos ennemis.

Cependant la nuit se passa sans incident grave. Les incendies brillèrent jusqu'au matin, mais ils ne parurent pas se rapprocher. Aucune alerte ne se produisit, et nos sentinelles de grand'garde n'eurent rien d'anormal à signaler.

Le 24 décembre, la colonne reprend sa marche dans la direction de Diana. Elle est toujours précédée par les spahis et les cavaliers de Saada Amady. Je recommande aux guides de prendre la route la plus courte, car il faut se hâter, et il s'agit maintenant d'atteindre rapidement l'objectif des opérations. Les hautes herbes cessent et les bois recommencent. Les sentiers sont à peine tracés. Nous sommes vers neuf heures au village de Soutiou-Séga, que les éclaireurs ont trouvé évacué. Des feux, encore allumés dans les cours des cases, des poules qui courent dans l'intérieur du sagné, et qui passent bientôt sur les épaules de nos tirailleurs, annoncent que les habitants sont partis depuis peu. Nous dépassons Soutiou-Séga. Nous nous dirigeons toujours droit au sud.

Déjà la chaleur devenait accablante. Nous cheminions sur un plateau dénudé, où se trouvaient les vestiges de vastes cultures de mil et de maïs.

Bientôt nous allions encore rentrer sous bois. Tout d'un coup on entend vers l'est un bruit sourd et lointain, suivi aussitôt d'un bruit semblable. Puis ces sons se répètent plus distincts et plus rapides. On dresse l'oreille. « Mais c'est le canon qu'on entend ! » crie Alassane. La colonne s'arrête. Nous distinguons nettement les détonations, dont l'écho nous est apporté par une légère brise d'est. Notre première impression est toute joyeuse. Nos hommes ne peuvent cacher leur satisfaction de savoir leurs camarades là, non loin d'eux. Partis quatorze jours auparavant de deux points si éloignés, après avoir marché à travers ces bois épais, ces contrées inexplorées, nous allions nous retrouver au jour fixé, à ce rendez-vous, dont nous ignorions même la position exacte. Puis, le bruit du canon, qui continue, me plonge dans l'inquiétude. J'interroge les guides : « Quelle est cette direction ? — C'est Saroudian. » Cette indication s'accorde avec les renseignements que je possédais déjà, mais la deuxième colonne peut avoir sur le dos toute l'armée du marabout.... On se rappelle que l'on avait déjà prêté cette intention à Mahmadou Lamine. Justement les sons se succédaient plus rapides. Il me semblait que je suivais les péripéties de la lutte, que je voyais notre petite troupe noyée sous le flot de ses nombreux assaillants.... Mais, les détonations se ralentirent bientôt, pour s'éteindre au bout de quelques minutes.

Je donne alors l'ordre d'abandonner la route que nous suivions, et, obéissant au vieux principe militaire bien connu, je prescris de marcher droit au canon. Les spahis et les cavaliers auxiliaires, toujours dirigés par le capitaine Fortin, partent en avant, avec mission de préparer l'entrée en ligne de la première colonne, si la colonne Vallière avait eu à livrer une action générale contre les forces de Mahmadou Lamine.

Nous suivons, par un sentier à peine tracé dans les bois. Nous sommes à midi à Gouta, village encore bondé de provisions, mais que les habitants ont évacué en hâte. Hommes et animaux n'en peuvent plus. Je laisse donc souffler la colonne pendant quelques heures. Dans le désordre de leur fuite, les gens de Gouta ont abandonné un troupeau de moutons ; ces animaux errent dans le village, inquiets du mouvement qui se fait autour d'eux et de la disparition de leurs gardiens habituels. Le commissaire de la colonne reçoit l'ordre de s'en emparer et de faire à tout le monde une distribution supplémentaire de viande fraîche. Ce surcroît de ration était bien dû après la longue marche du matin. Mais, quand on veut mettre la main sur les malheureux moutons, ils se dispersent de tous côtés, et le village devient le théâtre d'une chasse des plus animées, à laquelle prennent part fantassins, canonniers, tirailleurs, en un mot tous ceux qui ne sont pas de service aux grand'gardes ou aux faces du carré. Cette poursuite se fait au milieu des cris et des rires; on en oublie la fatigue de la marche. Elle se termine naturellement à l'avantage de nos soldats, que l'on voit bientôt se diriger par groupes de deux ou trois en portant les moutons par les jambes, ou dans leurs bras, comme des enfants, vers la case où le commissaire fait une répartition aussi équitable que possible, entre les divers corps, de cette heureuse aubaine.

Le bivouac est levé à trois heures du soir. Au moment où nous partons, je reçois un billet de Fortin m'annonçant que la cavalerie a rencontré de nombreux fuyards, que le chemin suivi se dirige droit sur Saroudian, et

Chasse aux moutons à Gouta.

que ses prisonniers s'accordent à dire que le combat a bien eu lieu sur ce point et que la colonne Vallière a continué sa marche sur Sanoundi; il prend lui-même cette direction. Ces renseignements me tiraient d'inquiétude sur le compte de la deuxième colonne, et, suivant le guide que m'a envoyé mon chef d'état-major, je prends, moi aussi, la route de Sanoundi.

Du reste, je suis bientôt complètement fixé, car le capitaine Robert, qui commandait l'avant-garde, m'envoie un indigène venant de Saroudian et qui me remet une lettre du commandant Vallière.

Depuis plusieurs jours déjà, la deuxième colonne était prévenue que Saroudian était fortement occupé et que le marabout y avait envoyé un certain nombre de Talibés, pour servir de noyau aux contingents des villages environnants. Il voulait arrêter la colonne française, dont il avait en effet appris la marche depuis la Falémé. Aussi Vallière avait-il marché avec la plus grande méthode en s'approchant du village suspect. Vers neuf heures, l'extrême pointe, atteignant un bouquet de bois qui bordait un marigot, se heurtait aux tirailleurs ennemis, postés à environ 300 mètres du sagné. Ils déchargeaient leurs fusils sur les spahis; mais leur tir était tellement mal ajusté qu'ils ne faisaient que blesser l'un des chevaux, puis ils se mettaient en retraite vers le village.

La deuxième colonne se déployait aussitôt face au sagné, sur la lisière du bouquet de bois. Les défenseurs de Saroudian se montraient au-dessus des palissades, agitant leurs fusils, criant et gesticulant avec frénésie. Vallière voulut leur envoyer son interprète, pour leur expliquer qu'on ne leur voulait aucun mal, que nous faisions simplement la guerre au marabout, et que nous désirions seulement passer, en évitant une inutile effusion de sang. Mais l'interprète fut reçu à coups de fusil. Le feu fut ouvert immédiatement. La section d'artillerie dirige ses projectiles sur la porte du sagné, tandis que les tirailleurs et l'infanterie de marine balaient l'intérieur de leurs balles de kropatschecks. Les Malinkés, peu habitués à l'effet foudroyant de nos armes, ralentissent bientôt leur tir. La brèche étant suffisamment ouverte, la 1re compagnie de tirailleurs est lancée à l'assaut, pendant que les spahis, faisant le tour du village, vont menacer la ligne de retraite vers le sud. Cette brusque attaque déconcerte tellement les défenseurs, qu'ils prennent la fuite par les portes de derrière, laissant dans l'intérieur du sagné leurs morts et leurs blessés. Les spahis, bien que gênés, dans leur poursuite, par les bois voisins, s'emparent de nombreux fuyards, qu'ils ramènent au camp.

Le commandant Vallière fait détruire le village et interroge les blessés. Ces pauvres diables confirment les renseignements déjà donnés. Ils disent qu'ils n'ont pas voulu écouter nos paroles de paix parce qu'El-Hadj leur avait affirmé que les Français n'étaient plus à craindre, et que leurs armes étaient maintenant inoffensives. Aussi, dès le premier obus qui leur avait blessé plusieurs hommes, s'étaient-ils de suite débandés. Ils ajoutaient que les gens qui s'étaient enfuis avaient dû se cacher dans les bois, mais qu'ils n'étaient pas rentrés à Diana, car ils se méfieraient maintenant de tout ce que leur dirait le marabout.

Vallière ajoutait qu'il était arrivé à deux heures à Sanoundi, où son avant-garde avait eu encore à échanger quelques coups de fusil avec les habitants, qui, très effrayés par la canonnade de Saroudian, s'étaient également enfuis, laissant derrière eux une vingtaine de bœufs et quelques greniers de riz et

Attaque du village de Saroudian.

de mil. La deuxième colonne avait fixé son camp à l'ouest du village, au bord d'un marigot; toutes les mesures avaient été prises pour se mettre à l'abri d'une sortie de la garnison de Diana.

Quant aux projets du marabout, on n'avait aucune indication précise. Les uns affirmaient qu'il était encore à Diana, prêt à défendre le marigot qui couvrait sa place d'armes, puis, celle-ci, qu'il avait fortifiée d'une manière formidable. D'autres disaient qu'il était en fuite vers le sud. En somme, rien de précis encore de ce côté. Les événements de Soutouta et de Saroudian avaient dû modifier ses intentions. Pour moi, je faisais, avec tout mon monde, des vœux ardents pour qu'il nous attendît dans son sagné de Diana.

Nous continuons notre route vers Sanoundi. Sur le sentier nous trouvons des feuilles du Coran répandues à terre, des calebasses, des peignes de tisserands, des cotonnades indigènes; ces indices dénotent une retraite précipitée. Puis nous rencontrons un cadavre au bord du chemin; un peu plus loin, c'est un blessé qui râle. Ce sont des indigènes frappés à mort par nos armes et qui sont venus mourir dans leur fuite. Je fais ramasser deux ou trois femmes qui gisent à travers notre route et qui, présentes à l'affaire de Saroudian, sont presque folles de la terreur qu'elles ont ressentie pendant l'action. Pauvres gens! leur confiance dans les prophéties de leur saint marabout a reçu un rude coup, et je crois qu'il aura désormais de la peine à recruter des partisans parmi les habitants de Saroudian et des environs.

Vers sept heures, la nuit étant déjà tombée, nous distinguons devant nous les feux du bivouac de la deuxième colonne, et bientôt je serre la main à mon camarade Vallière, venu au-devant de moi. Je le félicite des résultats de la journée, et nous nous réjouissons d'avoir pu jusqu'à ce moment mener à bien notre plan d'opérations, combiné il y a vingt jours, à Diamou. Mais nous avons tous deux la même crainte : Mahmadou Lamine ne nous attendra pas à Diana.

Tandis que ma colonne s'installe non loin du bivouac de Vallière, et que mes grand'gardes se relient le long du marigot à celles déjà établies, je me concerte avec le commandant de la deuxième colonne au sujet des mesures à prendre pour le lendemain. Bien que les officiers de l'état-major et les interprètes eussent interrogé nos prisonniers avec le plus grand soin, les renseignements étaient toujours aussi vagues sur le marabout et sur ses intentions. Les gens de Saroudian, Gouta et Sanoundi prétendaient que Mahmadou Lamine avait réuni toutes ses forces à Diana, que tous les habitants des villages évacués étaient avec lui, que les pays de Gamon, du Niéri, du Tiali, du Diakha, du Tenda et du Badon, depuis le Bondou jusqu'à la Gambie, avaient tous envoyé leurs guerriers, et que notre adversaire nous attendait, à leur tête, dans ses fortifications de Diana, qu'ils représentaient comme très fortes. Nous voulûmes alors décider quelques gens de Saada Amady à se porter en avant, à la faveur de la nuit, pour nous éclairer sur la situation exacte. Ils s'y refusèrent énergiquement de même que les prisonniers et les guides. Malgré toutes les menaces, malgré toutes les promesses, ils ne consentirent même pas à accompagner l'un de nos officiers, que je désirais envoyer en reconnaissance, pendant la nuit, sous un déguisement indigène. Les guides ne voulaient marcher qu'avec toute la colonne. Si on les menaçait, ils se laissaient aller à terre, disant qu'on pouvait les tuer, mais qu'ils ne feraient aucun pas vers Diana.

Les prisonniers s'accordaient tous à dire cependant que l'union la plus parfaite ne régnait point parmi les partisans du marabout. Les uns, ses disciples, venus des bords du Sénégal, le poussaient à soutenir la lutte et à marcher au-devant des Français; les autres, et principalement les habitants des villages environnants, qui n'avaient obéi qu'à contre-cœur à ses injonctions, montraient de la répugnance à nous combattre, prétendant qu'ils avaient été trompés, puisque Mahmadou Lamine leur avait affirmé que les Français ne paraîtraient jamais dans la région. Enfin, il était certain que l'arrivée des deux colonnes, débouchant à la fois par deux directions différentes, avait jeté le désarroi dans tout le pays. On s'attendait bien à l'approche de la deuxième colonne, qui avait été signalée dès la Falémé, mais on ignorait ma marche. Les fuyards de Soutouta avaient tellement étonné le marabout, que celui-ci s'était refusé à les croire et avait même voulu les châtier, persuadé qu'ils se moquaient de lui. La brusque attaque de Saroudian et la marche rapide de nos troupes n'avaient fait qu'augmenter la confusion. La plupart des renseignements concordaient toutefois pour affirmer que, sinon le marabout, tout au moins son armée, nous attendait à Diana.

Tout est donc préparé pour la marche du lendemain. Les cavaliers du Bondou et les spahis des deux colonnes prendront la tête, puis viendra la deuxième colonne, suivie immédiatement par la première, ayant derrière elle tous les impedimenta : troupeau, convoi, porteurs, etc.

Le terrain était, comme toujours, très boisé. Les guides signalaient la présence de deux marigots assez difficiles à franchir, et du village de Samé qui serait sans doute occupé. Si l'ennemi attendait derrière l'un de ces marigots, ce qui rentre assez dans les habitudes militaires des indigènes de ces régions, la deuxième colonne devait se déployer aussitôt, tandis que la première colonne, piquant à travers la brousse, chercherait à le tourner et à lui couper la retraite. S'il attendait dans ses fortifications, la cavalerie, en débouchant devant Diana, ferait rapidement le tour du village pour opérer la reconnaissance des lieux, puis irait prendre position au nord-est, de manière à surveiller les issues dans ces directions. La deuxième colonne, continuant sa marche, autant que possible en dehors de la portée des fusils de la garnison, et ne répondant que faiblement à ses coups, contournerait le tata par le sud et irait prendre position à l'ouest, pour intercepter les routes

Prisonniers surveillés par les spahis.

menant vers le Fouta et le Ferlo ; aussitôt en position, elle ouvrirait le feu sans attendre d'ordre. La première colonne se placerait au sud, à cheval sur les routes conduisant vers Gamon et vers la Gambie ; elle devait également balayer de ses projectiles de 80 millimètres et de 65 millimètres, ainsi que de ses feux de salve, les approches et l'intérieur du sagné.

La nuit se passa sans incidents, sauf quelques coups de fusil, échangés par nos sentinelles avancées avec des rôdeurs, appartenant sans doute aux villages voisins.

Le départ eut lieu à six heures. La marche s'exécuta comme il avait été convenu. Précédée de la cavalerie qui la masque, la colonne s'engage dans le sentier qui conduit à Diana. Les troupes, soldats européens et indigènes, sont pleines d'ardeur; les fatigues des derniers jours ont été oubliées, et l'on entend fréquemment dans les rangs des tirailleurs le nom de Mahmadou Lamine, prononcé avec colère. Le premier marigot est franchi assez difficilement sur un pont de branchages jeté à la hâte par les ouvriers du génie. Quelques-uns des prisonniers de la veille, qui marchent en tête, surveillés de près par les spahis, revolver au poing, guident la marche à travers les bois qui nous entourent de tous côtés. Vers huit heures, les cavaliers de pointe signalent le village de Samé. Les

Village de Samé.

spahis et les guerriers de Saada font rapidement le tour du sagné au galop, tandis que l'avant-garde s'engage dans la rue principale et fouille l'intérieur. Personne, les feux sont encore allumés dans les cours; on trouve même une marmite où cuisent des *niébés*, sorte de gros haricots rouges, très communs dans ces contrées. Les habitants ont dû s'enfuir dans la matinée. Deux cadavres, que l'on découvre dans une case, prouvent que des blessés de Saroudian sont venus aussi se réfugier à Samé.

La marche est reprise. On a hâte d'arriver. L'impatience nous gagne; à tout moment je m'attends à entendre les premiers coups de feu. Mais rien. Les bois qui nous entourent semblent déserts. Vers neuf heures, l'avant-garde débouche dans une grande clairière. Le terrain s'élève insensiblement depuis la lisière du bois jusqu'au centre, où l'on aperçoit distinctement Diana, avec son vaste et double sagné à l'extérieur, les murailles d'un tata en terre, à l'intérieur. Une tour crénelée indique l'emplacement des logements particuliers du marabout. Une légère fumée s'élève au-dessus des cases, non loin de cette tour.

Tout est solitaire. Pas un bruit ne s'entend dans la clairière et Diana semble abandonné. Cependant les noirs sont habiles aux embuscades, et, dans l'une de nos dernières campagnes au Soudan, on avait vu l'une de nos colonnes traverser tranquillement un village désert, puis être fusillée, tout d'un coup, par derrière, par les habitants cachés dans les cases et qui avaient, avec un ensemble remarquable, jeté à terre les chapeaux de paille de leurs huttes, pour se ruer sur l'arrière-garde. La cavalerie exécute donc sa reconnaissance, tandis que les deux colonnes prennent leurs positions et envoient de fortes patrouilles fouiller le marigot qui borde la clairière, au sud, et les bois environnants.

Diana était vide. La fumée aperçue était due à un commencement d'incendie, qui est aussitôt éteint. Tout indiquait d'ailleurs la précipitation avec laquelle la place avait été évacuée, car les cases, les greniers étaient bondés de provisions que le marabout avait accumulées sur ce point. Deux ou trois infirmes, abandonnés dans le village, nous apprirent que notre insaisissable adversaire s'était enfui la veille, dans la matinée. La division s'était mise parmi les chefs qui l'entouraient, et plusieurs d'entre eux avaient refusé de nous combattre. Mahmadou Lamine, avec ses fidèles et ses guerriers du Sénégal, se retirait vers le Niani, tandis que les gens qu'il avait recrutés dans tous les pays environnants, effrayés par la canonnade de Saroudian et par l'arrivée subite des deux colonnes, s'étaient réfugiés dans les bois, en abandonnant tous leurs biens dans leurs villages.

CHAPITRE VI

Préoccupations pour le ravitaillement des deux colonnes. — Diana est incendié. — Les chefs du pays se rendent au camp. — Poursuite du marabout. — Combat de Kagnibé. — Les guerriers de Mahmadou Lamine sont rejetés sur la Gambie. — Les femmes du marabout. — Grand palabre à Diana. — Tout le pays se place sous le protectorat de la France.

La déception était grande; elle se lisait sur tous nos visages. Avoir subi tant de fatigues, avoir marché depuis si longtemps, et ne rien trouver ! Le marabout était encore à Diana le 24 au matin, au moment où la première colonne parvenait à Soutiou-Séga, et la deuxième à Saroudian. C'étaient les coups de canon tirés contre ce dernier village qui avaient décidé sa retraite et amené la dispersion de son armée. On le disait réfugié maintenant à Safalou, à une cinquantaine de kilomètres vers le sud, non loin des bords de la Gambie. Notre marche, cependant, avait été des plus rapides, puisque chacune des deux colonnes avait parcouru, la veille, plus de 50 kilomètres pour pouvoir opérer la jonction à Sanoundi. Aussi la fatigue était-elle excessive, surtout parmi les animaux.

Je fis immédiatement prendre le bivouac aux deux colonnes, sur leurs positions respectives. J'envoyai l'interprète Alassane, avec un parti de cavaliers auxiliaires, aux renseignements vers Sarougui, le village le plus voisin, du côté du sud. J'ordonnai en même temps au capitaine Robert de se tenir prêt à partir le lendemain matin avec sa compagnie de tirailleurs, les spahis et les cavaliers du Bondou, pour poursuivre le marabout dans sa fuite. Le même jour, j'expédiai au convoi du maréchal des logis Rouyer l'ordre de nous apporter des vivres du dépôt de Pounégui.

Cette question du ravitaillement de nos deux colonnes formait alors ma grosse préoccupation. Les Européens ne peuvent vivre sous ce climat débilitant qu'à la condition de recevoir une nourriture substantielle, et surtout leur ration journalière de vin et de viande fraîche. On ne saurait croire avec quelle rapidité se fond une troupe qui, sous ces chaudes latitudes, n'est pas nourrie avec abondance. Sous ce rapport, les Anglais, qui ont une expérience incontestée dans les expéditions coloniales, sont passés nos maîtres, et l'on sait avec quelle sollicitude, avec quelle profusion, ils pourvoient en campagne à l'entretien de leurs hommes. Les soldats indigènes, les tirailleurs par exemple, me préoccupaient moins, car nous avions trouvé d'assez forts approvisionnements de céréales dans les villages du Diakha, mais nous étions nombreux maintenant, et il fallait compter avec nos auxiliaires, qui s'abattaient comme une bande de vautours sur tous les villages, où ils arrivaient les premiers. En peu de moments ils faisaient place nette. On aurait dit qu'ils voulaient se rattraper des jeûnes forcés où les avait plongés la disette du dernier hivernage, survenue à la suite de la guerre contre Lamine.

On ne s'étonnera donc pas de voir que tous mes soins, à partir du jour de notre arrivée à Diana, avaient pour objet de réunir les vivres nécessaires à notre personnel et aux animaux.

C'était d'ailleurs cette question de vivres qui me liait les bras et m'empêchait de marcher de l'avant. Je me trouvais déjà à 180 kilomètres de Sénoudébou, et il y avait un désert entre nous et ce poste. Il fallait quatre jours à notre convoi, pour nous apporter à peine trois jours de vivres du dépôt de Pounégui, en admettant que ce dépôt eût été alimenté régulièrement par Sénoudébou. Il était à craindre qu'il n'en fût pas ainsi. Un courrier venait de m'apporter la triste nouvelle de la mort du sous-lieutenant Maubert, emporté en quelques heures par un accès de fièvre pernicieuse. Il n'avait même pu passer son service au sous-lieutenant Pichon, qu'une maladie de foie assez grave m'avait forcé à laisser à Sénoudébou. Ce jeune officier, couché, abandonné seul au poste, avait-il pu, malgré ses grandes qualités d'énergie, veiller au ravitaillement du magasin de Pounégui? De plus, tous les gens du Bondou suivaient la colonne, attirés surtout par l'appât du butin. Ils se refusaient à faire l'office de porteurs et à retourner à Sénoudébou. Je dus employer la force pour former un convoi de 300 de ces indigènes, auxquels j'enlevai leurs fusils, que je ne devais leur rendre que quand ils seraient de retour. J'étais ainsi assuré qu'ils ne déserteraient pas en route.

Dans l'après-midi je vais visiter Diana, où le commissaire prenait possession des approvisionnements qui s'y trouvaient. Les mulets des deux colonnes étaient réunis pour transporter au camp le mil, le riz, les arachides. L'enceinte du village présentait plus d'un kilomètre de périmètre. Elle était constituée par une rangée de grosses palissades, profondément enfoncées en terre, hautes de 3 mètres et reliées entre elles par des cordes d'écorce de baobab et des harts entrelacées, d'une grande résistance. Un fossé précédait cette enceinte. Une autre rangée de palissades, concentrique à la première, courait parallèlement à elle dans l'intérieur du village, et à environ 4 mètres en arrière. De nombreux trous pour tirailleurs s'étendaient en avant de cette enceinte. Deux tatas, formés de hautes murailles en pisé, s'élevaient vers le centre de Diana. L'un d'eux, le plus grand, servait de logement au marabout, à ses femmes et à ses serviteurs. Sa case particulière était encore remplie des objets qui lui avaient appartenu. On y trouva une belle peau de lion, sur laquelle il devait s'asseoir, ses sandales en cuir jaune, son Coran, une grande couverture, provenant de Djenné. Tous ces indices montraient que la fuite de Lamine avait été précipitée. Cependant la poudrière qui se trouvait dans ce tata, et qui était constituée par une sorte de coupole en terre très épaisse, fut trouvée vide. La tour qui servait au muezzin pour appeler les fidèles à la prière, et qui était près de la case du marabout, renfermait aussi plusieurs coffres de bois colorié, remplis de gris-gris et d'amulettes. Ce devait être le magasin de Mahmadou Lamine pour les objets nécessaires à ses jongleries et à sa profession d'El-Hadj, c'est-à-dire de saint homme. En continuant ma visite, je vis que le deuxième tata, entouré aussi de hautes murailles en pierres et pisé, contenait également plusieurs poudrières, solidement construites et qui prouvaient l'importance des approvisionnements en munitions qui y avaient été rassemblés.

Le soir, Diana était vide de ses provisions de céréales. Je donnai l'ordre de l'incendier. Je voulais que l'on sût partout le sort qui attendrait les villages qui recevraient notre ennemi. Les tirailleurs et les auxiliaires accumulèrent entre les deux sagnés les toits de paille des cases, ainsi que les *sékos*, sortes de nattes grossièrement tissées avec des tiges de mil, et autres matières incendiaires. Ils dressèrent de grands bûchers sur plusieurs points à l'intérieur, tandis que les canonniers installaient des pétards de poudre de mine, dont nous avions emporté une certaine provision, au pied des murailles des tatas intérieurs et dans les poudrières. Le feu fut allumé, à la nuit, sur plusieurs points à la fois. Il se propagea avec une grande rapidité, et, en moins d'un quart d'heure, tout le village était en flammes. Les pailles et bois rassemblés entre les deux sagnés formaient comme un immense cercle de feu, au centre duquel on voyait briller les foyers qui avaient été préparés. Les détonations des pétards se mêlèrent bientôt au crépitement de l'incendie, et la place d'armes du marabout, au bout de quelques moments, ne fut plus qu'un immense brasier. Les lueurs du feu devaient se voir à plusieurs lieues à la ronde, et les malheureux habitants de Diana, très probablement cachés dans les bois voisins, devaient faire d'amères réflexions sur leur obstination à suivre le marabout, en voyant ainsi disparaître leurs biens et leurs habitations.

Je bornai là les mesures de répression prises contre les gens du Diakha. Ce pays était très fertile. De vastes champs de mil, de maïs, d'arachides, de coton et d'indigo s'étendaient autour des villages. Les arbres contenaient de nombreuses ruches, indiquant que la cire faisait partie des transactions locales. Les rizières, bien cultivées, garnissaient les bas-fonds et les bords des marigots. Les troupeaux de bœufs et de moutons devaient être considérables, à en juger d'après l'étendue des enclos situés près des villages. Les forêts que nous avions traversées contenaient, en grande quantité, des gommiers et des lianes à caoutchouc.

Je savais qu'autrefois il existait un courant commercial assez développé entre Bakel et ces contrées, courant qui avait disparu à la suite des guerres du Bondou avec les États voisins. Je voulais faire revivre ce mouvement de transactions. Une répression générale aurait eu pour effet de créer un nouveau désert dans ces régions, et de rejeter les habitants vers la Gambie, au grand détriment du commerce français. Je pensais aussi à faire servir notre pointe si hardie vers le sud à l'extension de notre influence, pensant que les habitants du pays ne pourraient que m'être reconnaissants de la générosité de ma conduite à leur égard.

Mais ces habitants, où les trouver? Nous étions bien parvenus au cœur du Diakha : seulement tout le monde avait fui et se tenait, sans doute, caché dans les bois. Le vide s'était fait autour de nous. Dans la soirée du 26 décembre je fis monter quelques-uns de nos officiers sur les arbres les plus élevés des environs. Peut-être apercevraient-ils quelques feux de bivouac dans la forêt et pourraient-ils en déterminer la direction au moyen de la boussole? Le lendemain je pus ainsi expédier, du côté de Gamon, Alassane avec une section de tirailleurs, pour aller à la découverte d'un campement dont on avait fixé ainsi la position la veille. En même temps je mis en liberté un certain nombre de mes prisonniers, avec promesse d'une forte récompense s'ils parvenaient à me ramener les chefs et principaux notables des pays environnants, auxquels mon intention était d'accorder un pardon complet de leur conduite passée.

Alassane réussit le premier dans sa mission. Dès le 28 il revint de son expédition accompagné du chef de Gamon et de Filifing, le propre chef de Diana, qui s'était réfugié dans le premier de ces deux villages. La tâche n'avait pas été aisée. Alassane, à environ 3 ou 4 kilomètres de notre camp,

Incendie de Diana.

avait trouvé des traces, qu'il avait suivies longtemps, et qui l'avaient conduit au bord d'un marigot aux rives boisées, où il avait aperçu une troupe nombreuse, cachée au milieu des arbres. Des femmes faisaient cuire du couscous ; des enfants gardaient un troupeau de bœufs. Dès que mon interprète avait été signalé, tous les hommes avaient sauté sur leurs fusils, et il eût été difficile d'éviter une effusion de sang, s'il ne s'était trouvé parmi les tirailleurs un soldat récemment engagé qui était justement originaire du village de Gamon. Il avait reconnu dans les rangs des fugitifs quelques-uns de ses parents, et réussi à leur faire déposer leurs

Alassane et les fugitifs du Diakha.

armes et à leur expliquer le but de notre démarche. Les noirs sont méfiants, et Alassane avait dû dépenser une rude dose d'éloquence avant de décider les principaux chefs à le suivre à mon camp. Il avait fallu d'abord qu'il se rendît au village de Gamon, qui était tout proche de là, où on l'avait obligé à prêter, à la mode malinkée, le serment qu'il répondait de la vie de ceux qui allaient le suivre.

Ces malheureux faisaient triste mine. Ils étaient tout tremblants et, malgré les assurances que leur avait données Alassane, ne semblaient nullement rassurés sur le sort qui les attendait. L'impassibilité naturelle aux nègres musulmans était impuissante à cacher leur vive émotion. Mon interprète me dit que ces indigènes n'étaient pas encore revenus de l'impression qu'ils avaient ressentie en nous voyant pénétrer dans leur pays. Ils avaient cru jusqu'alors — et les mensonges du marabout n'avaient fait que les raffermir dans leur confiance — que les blancs ne pouvaient pas faire colonne au loin, parce que le soleil les tuait et qu'ils mouraient lorsqu'ils s'éloignaient à trop de distance de leurs maisons de pierres.

Je les rassurai de mon mieux, et après qu'ils se furent largement restaurés au gourbi d'Alassane, j'eus avec eux un long entretien. Ils me confirmèrent les nouvelles qui m'avaient déjà été données sur les événements survenus à Diana au moment de l'arrivée des colonnes françaises. Mahmadou Lamine s'était préparé pour nous attaquer, avec toutes ses forces, au marigot de Sanoundi, puis pour résister jusqu'à la dernière extrémité dans ses fortifications de Diana. Il comprenait que son prestige serait ruiné s'il s'enfuyait ainsi devant les blancs, qui, d'après ce qu'il avait raconté à tout le monde, n'auraient jamais osé venir jusqu'à lui. Nos canons ne devaient lancer que de l'eau, et nos fusils partir par la crosse : tels étaient les contes absurdes qu'il avait faits à ces populations, assez naïves pour s'être laissé abuser à ce point. Or nos canons avaient tonné à Saroudian, semant l'épouvante et la mort parmi les défenseurs du village ; les feux de salve de nos fusils à répétition, *qui partaient tout seuls*, suivant l'expression même de ces indigènes, avaient rapidement délogé les hommes envoyés pour tenir le village. Aussi, aux premières nouvelles reçues du lieu du combat, les guerriers de Gamon étaient rentrés chez eux ; les chefs du Diakha, et en particulier le vieux Filifing, les avaient suivis. Les gens du Niéri et du Tiali s'étaient réfugiés dans les bois ; enfin, ceux du Tenda et du Badon avaient également réintégré leurs villages. Le marabout était resté seul avec ses Talibés et ses partisans les plus dévoués, un millier d'hommes environ. Il avait pris la fuite.

Je renvoyai les deux chefs en les prévenant que dès maintenant je passais l'éponge sur leur conduite passée, mais que je désirais qu'ils repartissent aussitôt, pour ramener à mon camp tous les autres chefs des pays environnants. Je voulais tenir un grand palabre pour faire connaître définitivement mes intentions.

La colonne volante du capitaine Robert rentrait au camp le 30 décembre. Elle ramenait de nombreux prisonniers ; plusieurs civières de branchages, supportant des blessés, indiquaient qu'elle avait eu à livrer un combat assez chaud. Quant à l'éternel fuyard, il s'était encore dérobé.

La petite troupe, qui avait ordre de marcher aussi vite que possible, pour essayer de rejoindre l'ennemi et de s'emparer de la personne du marabout, avait pris la direction de Safalou, où celui-ci était signalé. La compagnie de tirailleurs, 200 hommes environ, était précédée par les spahis et le cavaliers du Bondou. Partout le terrain était fourré, couvert d'une herbe haute et drue; de place en place, des incendies avaient pratiqué des clairières.

On arrive vers huit heures au village de Sarougui, que l'on trouve évacué, puis à Boko, vide également de ses habitants. On laisse passer la grande chaleur et on reprend la marche vers deux heures, toujours au milieu des hautes herbes, qui ne laissent au milieu d'elles qu'un étroit boyau où serpente la petite colonne. Vers trois heures et demie elle débouche devant le village de Safalou, qui semble inoccupé : mais au moment où les spahis de tête contournent le sagné au galop, pour reconnaître le terrain, des coups de feu partent d'un groupe de cases isolées en dehors de l'enceinte. L'homme de pointe tombe blessé grièvement; le gros du peloton arrive, renforcé par Ousman Gassi et ses cavaliers. Le lieutenant Guerrin fait ouvrir le feu vers le groupe de cases d'où l'on voit s'enfuir une centaine d'hommes, armés de fusils. On les poursuit pendant 1 ou 2 kilomètres, mais la cavalerie revient sur ses pas, craignant de tomber dans une embuscade et ne voulant pas trop s'éloigner de l'infanterie. On trouve dans le village trois cadavres et deux blessés. Ils appartenaient à un petit détachement, que le marabout avait laissé à Safalou pour couvrir sa retraite, et qui n'avait pas osé tenir longtemps contre nous.

La colonne campe au sud du village. Les chevaux sont tellement épuisés qu'elle ne peut continuer sa marche. Toutefois, pour essayer de surprendre l'ennemi, elle repart dans la nuit. Le terrain est toujours couvert, rocailleux et légèrement accidenté. On se trouve à neuf heures devant le Niérico, le plus important affluent de droite de la Gambie. Le passage est aussi long que difficile. Heureusement que l'on trouve les débris d'un pont de troncs d'arbres, qui a sans doute servi au marabout, et sur lequel les fantassins peuvent franchir la rivière. Quant aux chevaux, ils passent à la nage. On reprend la marche à midi, sous un soleil brûlant.

Vers deux heures, la colonne, qui marche aussi concentrée que le permettent les broussailles et les hautes herbes qui s'étendent partout autour d'elle, arrive sur la crête d'un mouvement de terrain peu accentué, d'où elle domine tout le pays. Le lieutenant Guerrin signale la présence d'un marigot, facilement reconnaissable aux cippes des roniers, au large feuillage des palmiers d'eau, qui s'élèvent, en une ligne continue, au-dessus des taillis et de la végétation herbeuse, cachant le sol. La marche n'est pas suspendue, mais les spahis de pointe ralentissent leur allure et ne sont plus qu'à 100 mètres du gros des cavaliers. Quelques minutes s'écoulent. Deux coups de feu retentissent, bientôt suivis par une vive fusillade qui couvre de fumée toute la rive du marigot, qui s'étend en arc de cercle de chaque côté du chemin. L'un des spahis de pointe est blessé; un autre a son cheval tué sous lui; le brigadier reçoit une balle dans son paquetage. La pointe fait retraite sur le peloton, qui s'est formé en bataille en arrière, les carabines chargées, prêt à ouvrir le feu dès qu'il aura été démasqué. Ce mouvement demande un certain temps, car le spahis Demba N'Diaye, l'un des hommes de pointe, a été assailli par deux

Combat du spahis Demba N'Diaye contre les Talibés.

Talibés qui se sont cramponnés à ses jambes et essayent de le jeter à terre. L'un d'eux est bientôt abattu d'un coup de revolver, mais l'autre, armé de l'un de ces poignards qui garnissent la ceinture de tout guerrier musulman, frappe au hasard les jambes du cavalier, heureusement protégées par ses grandes bottes. Demba N'Diaye, bien que blessé, réussit enfin à piquer de son sabre le cou de l'assaillant, qui, avant de tomber, se raccroche à la selle du cheval, qui l'entraîne, le spahis ayant enlevé sa monture au galop pour rejoindre le peloton.

Dès que le lieutenant Guerrin voit son front dégagé, il fait ouvrir le feu,

Attaque du carré à Kagnibé.

en étendant les ailes de sa troupe, mais l'ennemi a presque éteint sa fusillade. Les fusils des noirs, à peu près tous à pierre, sont lents à recharger, et les Talibés se sont, sans doute, retirés vers le marigot pour organiser une nouvelle attaque. Leur nombre est évalué, par les hommes de pointe, à 700 ou 800. Le lieutenant Guerrin, estimant que le gros de la colonne a eu le temps de se préparer à recevoir le choc, se met lentement en retraite.

Les tirailleurs étaient en effet formés en carré, les armes chargées, ayant mis les genoux en terre, pour que le tir soit plus rasant. Le capitaine Robert et ses deux officiers sont à cheval, en arrière de leurs hommes, auxquels il est expressément ordonné de ne tirer qu'à leurs commandements.

Les spahis rentrent en bel ordre et au pas. Ils s'écoulent le long des côtés du carré, pour venir prendre leur place sur la face arrière. A peine sont-ils rentrés que, de toutes parts, s'élèvent d'horribles clameurs et qu'en avant et sur les flancs de la petite troupe, bondissant dans les hautes herbes, les guerriers de Lamine se précipitent sur le carré. Ils sortent de l'épaisse végétation qui couvre les bords du marigot. On les voit s'élancer, s'arrêter pour lâcher leurs coups de fusil, puis se remettre à courir, en brandissant leurs armes et en poussant les cris parfaitement distincts de *El-Hadj* et de *Allah*. Le capitaine Robert attend, avec un superbe sang-froid, que les groupes des Talibés soient arrivés à 50 mètres environ du carré, pour commander deux feux de salve, suivis du feu à volonté. Non, il n'est pas d'enthousiasme religieux qui ne soit immédiatement refroidi par ces volées de projectiles. Les magasins des kropatschecks étaient chargés : aussi le carré crache partout la mort, et partout l'élan des assaillants est rompu. Cependant tel est le fanatisme de plusieurs d'entre eux, qu'ils parviennent, quand même, jusqu'aux rangs de nos soldats, qui les tuent à coups de baïonnette.

Les Talibés battent en retraite, en continuant le feu. Le carré se porte en avant d'une vingtaine de mètres, puis, la déroute de l'ennemi semblant s'accentuer, les pelotons de gauche et de droite se portent à hauteur de celui qui est en avant. Le capitaine Robert déploie ses hommes en tirailleurs, ne conservant qu'une section en réserve. Les soldats ouvrent le feu à volonté, tandis que les spahis et cavaliers du Bondou se préparent à la poursuite. Les Talibés s'éloignent, dans le plus complet désordre. La petite colonne prend son bivouac à l'est du village de Kagnibé, qui se trouve à une centaine de mètres, de l'autre côté du marigot. Les spahis et les auxiliaires poursuivent l'ennemi jusqu'à 5 kilomètres vers le sud, où ils sont arrêtés par un torrent excessivement difficile ; de plus, leurs chevaux, fourbus, refusent d'avancer. Ils rentrent peu après, ramenant quelques prisonniers blessés. La capture la plus curieuse fut faite par une patrouille de tirailleurs qui découvrit, au moment où elles cherchaient à fuir, une bande de femmes, portant des calebasses sur leurs têtes, conduites par deux ou trois griots. C'étaient, paraît-il, des femmes de Mahmadou Lamine, qu'il avait laissées en arrière et qui transportaient dans ces calebasses une nouvelle provision de Corans et d'objets sacrés.

Ousman Gassi ramena aussi cinq ânes, chargés de petits barils de poudre, de marque anglaise. Les âniers s'étaient enfuis, en abandonnant cette prise

Femmes du marabout.

importante, et le marabout perdait ainsi son approvisionnement de poudre, qu'il avait eu le temps d'enlever de Diana. Plus de femmes, plus de Corans, plus de poudre, et des partisans battus et découragés, telle était maintenant la situation de Mahmadou Lamine, que je pouvais, je crois, considérer comme hors d'état de nuire, pour quelque temps au moins.

L'affaire de Kagnibé nous avait coûté deux tirailleurs blessés, dont l'un mourut le soir même, deux spahis blessés, dont Demba N'Diaye, assez grièvement, et, parmi les auxiliaires du Bondou, un tué et plusieurs blessés. Quant aux Talibés, ils avaient chèrement payé leur attaque, car on trouva dans les hautes herbes et sur les bords du marigot plus de cinquante cadavres, affreusement frappés par nos balles de kropatschecks. C'étaient tous des Sarracolets des bords du Sénégal ou du Diafounou, portant au sommet de la tête la touffe du musulman; ils avaient le corps couvert de grisgris.

Les prisonniers, interrogés, apprirent que le marabout les avait laissés à Kagnibé pour couvrir sa retraite et que lui-même devait être arrivé maintenant sur les bords de la Gambie, non loin des territoires anglais. Il ne fallait donc pas songer à le poursuivre encore; et le capitaine Robert, faisant confec-

Partage des femmes du marabout.

tionner des civières pour transporter ses blessés, avait pris la route du retour.

Je lui adressai, ainsi qu'aux officiers sous ses ordres, mes plus chaleureuses félicitations. Je ne savais trop que faire des dix-sept femmes qu'il m'avait amenées! Je leur fis demander, par Alassane, si elles ne voudraient pas se marier avec mes tirailleurs. On sait avec quelle facilité les femmes indigènes, en Sénégambie, changent de maître. Celles-ci provenaient de tous les points du Soudan; elles avaient été données au marabout à son arrivée dans le pays. Que leur importait de changer d'esclavage? Elles avaient une peur épouvantable des blancs et elles ne purent tout d'abord s'imaginer, après la réputation que l'on nous avait faite, qu'il leur serait fait un sort aussi doux. Nos noirs du Sénégal aiment le succès. Les femmes n'échappent pas à cette règle, et, au fond, nos prisonnières étaient peut-être très satisfaites de passer entre les mains de soldats aussi braves. Je les fis donc ranger sur une ligne, et l'on me désigna, dans la colonne, les dix-sept tirailleurs qui s'étaient le plus distingués dans les dernières affaires. Le n° 1, appelé, fit son choix, puis, le n° 2, et ainsi de suite, jusqu'au dernier tirailleur. Il ne restait plus alors qu'une seule femme, et, naturellement, les premiers désignés avaient laissé la plus vieille et la plus laide. Aussi est-ce au milieu des rires et de la joie de tout le camp, rassemblé pour jouir de ce spectacle, que le dernier numéro, un beau et robuste Bambara, prit possession de son épouse. Lui-même ne semblait pas très satisfait, mais que faire? Il n'y avait plus de choix. Du reste, le ménage ne fut pas heureux, et je me rappelle que, deux ou trois mois après, à mon passage à Médine, où ce tirailleur avait été envoyé en garnison, il vint me demander à être séparé de sa femme, qui lui rendait la vie commune peu agréable. Naturellement j'accueillis sa demande.

Notre pénurie de vivres ne nous permettait pas de célébrer le 1er janvier 1888 à Diana, mais je promis à mes hommes qu'ils se rattraperaient plus tard.

Ce même 1er janvier j'eus, avec tous les chefs des pays environnants, le palabre annoncé. Les chefs du Diakha, du Tiali, du Niéri, du Gamon, en un mot, des États qui s'étendaient entre le Bondou et la Gambie, étaient là présents. Je les trouvai tous repentants de leur conduite passée, et ils s'engageaient, par serment sur le Coran, à fermer désormais leurs villages à Mahmadou Lamine. Je leur imposai, pour la forme, une amende de quelques bœufs, mais j'exigeai que tous les chefs me donnassent en otages leurs fils, que je réservais pour nos écoles du Soudan. De plus, pour mettre hors de contestation notre influence dans ces régions, je leur fis signer des traités par lesquels ils plaçaient leurs États sous le protectorat exclusif de la France. Nos limites étaient ainsi reculées de deux ou trois cents kilomètres vers le sud.

Enfin, j'engageai tous les chefs à repeupler au plus tôt leurs villages, et à reprendre leurs cultures et leurs transactions commerciales avec nos comptoirs du Sénégal.

Palabre à Diana.

CHAPITRE VII

Les deux colonnes quittent Diana. — Missions diverses formées pour explorer tout le pays environnant. — Évacuation du magasin de Pounégui. — Chasse aux lions. — Supplice d'un griot à Sambacolo. — Une fête à Sénoudébou. — L'incendie d'Arondou. — La colonne mise en déroute par un essaim d'abeilles. — Rentrée des deux colonnes à Kayes et à Diamou.

Le 2 janvier, les deux colonnes, ayant mangé tous leurs vivres, et épuisé les ressources que présentait le village de Diana, levèrent le camp et prirent la route de Sanoundi.

La journée du 2 janvier, passée à Sanoundi, fut employée à nous ravitailler au moyen des ressources en riz et mil trouvées dans le village, et des vivres que le maréchal des logis Rouyer avait apportés de Pounégui. Ce sous-officier avait eu aussi sa petite escarmouche, peu de jours auparavant, entre Soutouta et Kaparta. Un parti de pillards qui rôdaient dans les bois, à la recherche de quelque butin, tentés par le petit nombre d'Européens accompagnant le convoi, avait essayé de s'emparer de deux mulets qui, fatigués, traînaient un peu la jambe en arrière des autres. Mais Rouyer, s'étant mis à la tête de ses muletiers indigènes, avait réussi, au bout d'un kilomètre environ, à retrouver ses deux mulets, que les pillards ne pouvaient faire marcher qu'avec peine. Ils s'étaient enfuis dans la brousse à l'apparition du casque blanc du chef de convoi, qui avait salué leur fuite par une décharge de mousquetons Gras, et avait pu ramener ses bêtes.

Dès que le convoi se fut déchargé, à Sanoundi, des approvisionnements apportés, il fit route de nouveau sur Pounégui, ayant mission de revenir au-devant de la première colonne avec un autre chargement, composé, en majeure partie, de vin pour les Européens et d'orge pour les chevaux. Les uns et les autres en avaient grand besoin. Cette mesure me permettait, en outre, de fournir à la deuxième colonne les vivres nécessaires pour regagner la Falémé.

Cette grosse question des vivres réglée, je m'occupai de sillonner la région par des missions d'officiers et des petites colonnes volantes, détachées des colonnes principales. C'était le moyen de faire connaître ces contrées au point de vue géographique et commercial, en même temps que d'étendre au loin notre influence, en utilisant la pointe hardie que nous venions de pousser vers le sud. Certes des colonnes françaises n'avaient jamais paru aussi loin, et l'on peut dire qu'elles venaient de faire un véritable voyage d'exploration, puisqu'il faut remonter à Mungo-Park, au commencement de ce siècle, pour trouver un voyageur ayant visité ces régions.

De Diana, le capitaine Fortin avait déjà été détaché pour parcourir, avec la 8ᵉ compagnie de tirailleurs, toute la région du Niéri et du Ferlo jusqu'à Sénoudébou. Cet officier devait encourager les habitants à rentrer dans leurs villages et reconnaître la voie commerciale menant de la Gambie vers le Sénégal. En passant à Benténani, situé sur son itinéraire, il s'informerait si les enfants de Soutouta avaient accompli la mission dont je les avais chargés huit jours auparavant.

J'organisai en même temps deux missions, l'une avec le capitaine d'infanterie de marine Oberdorf, chargé de parcourir les vallées de la Haute-Gambie et de la Haute-Falémé et d'aller visiter le chef toucouleur qui commandait à Dinguiray, pays qui n'avait pas été encore exploré; la seconde, avec le lieutenant d'artillerie de marine Reichemberg, pour parcourir les contrées situées entre la Falémé et le Bafing, avec retour par Koundian. Ces deux voyages d'exploration étaient pleins de hasards, mais je connaissais l'énergie de mes officiers, et je voulais tirer tout le fruit possible, au point de vue géographique et commercial, de notre expédition contre Lamine.

Je recommandai, en outre, au commandant Vallière d'organiser, pendant la traversée du Bambouk, plusieurs autres missions d'officiers qui visiteraient les contrées voisines de la route et en dresseraient les cartes. Ces pays seraient placés sous notre protectorat, et leurs chefs devraient, comme ceux que j'avais réunis la veille à Diana, nous confier des enfants en bas âge, destinés à être des gages de leur alliance et à recevoir à Kayes une instruction et une éducation françaises. Ces jeunes otages, en rentrant plus tard dans leurs villages, deviendraient les agents les plus actifs de notre influence.

Les deux colonnes se séparaient à Sanoundi le 3 janvier.

La première colonne suivit, pour rejoindre les rives du Sénégal, le même itinéraire qu'à l'aller.

Le 4, à Soutouta, je trouvai des habitants de Bani et de Benténani. Mes petits prisonniers avaient donc parfaitement accompli leur mission; ils étaient revenus avec leurs parents de ces deux villages. Je leur remis à chacun un beau cadeau d'étoffes et de verroteries, et les confiai à Alassane pour les amener jusqu'à Kayes. Ces petits bonshommes semblaient s'être fort attachés à moi, et ils ne paraissaient nullement chagrins de quitter leurs villages. Ils trouvaient que chez les blancs on était bien nourri et bien habillé. Pour le moment, cela leur suffisait.

Le 6, à Pounégui, la colonne trouvait des vivres au dépôt. Le sagné était évacué par sa petite garnison, qui se joignait à la colonne. Ce petit ouvrage de fortification avait très bien rempli son office, et permis aux deux colonnes de se ravitailler pendant leur marche sur Diana. La garnison n'avait été

Les petits otages.

inquiétée que par les fauves de toute espèce qui, dès la tombée de la nuit, ne cessaient de fréquenter les deux mares. Celles-ci, étant les seuls abreuvoirs existant dans le pays, à 6 ou 7 lieues à la ronde, formaient naturellement le rendez-vous des animaux qui peuplaient les vastes forêts voisines. Dès la première nuit, nos hommes, effrayés par les cris qui retentirent tout à coup auprès d'eux, avaient pris les armes, croyant à une attaque de pillards. C'était tout simplement la gent animale qui venait prendre ses ébats autour des mares. Antilopes, kobas, dumsahs, singes, sangliers, jusqu'à des lions, faisaient, à peu de distance du sagné, un véritable sabbat, qui n'avait pas laissé que de troubler vivement nos troupiers. Mais ils avaient fini par s'y habituer, et ils s'étaient même enhardis jusqu'à faire la chasse à leurs visiteurs nocturnes. Aussi, lorsque la colonne parvint à Pounégui, elle y trouva, en plus des vivres qui nous attendaient, deux kobas et un magnifique sanglier, tués la nuit précédente, et qui firent la joie des cuisiniers des diverses popotes de la colonne.

Je ne crois pas qu'il y ait dans tout le Soudan un pays plus giboyeux que le Bondou. Depuis quelques années, la guerre avait chassé les habitants de leurs villages, et les fauves s'étaient établis en maîtres dans ces vastes déserts, aux forêts immenses, propres à cacher tout un monde de bêtes, d'antilopes, qui attiraient naturellement les grands carnassiers, comme les hyènes, les panthères et les lions. Ces derniers étaient surtout très communs, et les indigènes venaient nous vendre, pour quelques mètres de guinée, de magnifiques peaux de ces animaux.

Nos officiers prenaient maintenant leur revanche de l'interdiction de chasser que j'avais dû faire à l'aller. Chaque jour, dès que la grande chaleur était tombée, ou souvent même plus tôt, car le chasseur méprise les insolations, qui sont cependant souvent mortelles sous ces latitudes, ils partaient dans les bois, amplement munis de cartouches, et revenaient presque toujours chargés de butin. Les victimes étaient, en général, des antilopes, appartenant aux genres *Oryx*, *Tragelaphus*, *Boselaphus*, dénommés par les indigènes du Bondou : kobas, dumsahs, guididiangas, etc. On rapportait aussi, souvent, des *Hyrax*, sorte de gros rats, que l'on voyait courir sur les plateaux rocailleux, des *varans*, appelés plus communément des gueules-tapées et des singes verts (*Cercopithecus grisiviridis*). Quant au gibier à plumes, il n'était pas moins abondant, et plusieurs de nos chasseurs furent assez heureux pour tuer des oiseaux-trompettes (*Grus pavonina*), des *corals*, sorte de canards, à cire volumineuse sur le bec (*Sarcidiornis*) ; mais ce qu'ils prenaient le plus, c'étaient des perdrix, des pintades, des merles métalliques (*Lamprotornis*), des pigeons verts, des tourterelles, etc. Bref, les différentes tables étaient abondamment fournies en gibier de toute espèce. J'ajouterai que le docteur Brindejonc de Tréglodé, donnant à tous ses clients l'exemple de l'activité et de la santé, était l'un de nos plus enragés chasseurs ; il poussait à un tel point l'amour des collections ornithologiques, qu'il avait cédé à ses camarades la plus grande partie de ses provisions personnelles, pour pouvoir vider ses cantines et y renfermer ses dépouilles d'oiseaux.

La plus belle chasse eut lieu dans la matinée du 7, avant d'arriver à Koussan. Pendant toute la nuit, le camp avait été mis en émoi par les rugissements d'une bande de lions, que les bruits du bivouac avaient dérangés dans leurs repaires. Nos conducteurs et muletiers avaient eu fort à faire pour calmer leurs bêtes, et deux ou trois chevaux de spahis, épouvantés par ces cris, avaient rompu leurs entraves et mis le désordre dans tous les campements. Au matin on était parti, comme d'habitude, de très bonne heure, pour pouvoir accomplir la plus grande partie de l'étape avant que le soleil fût levé. La lune, qui était alors dans son plein, éclairait notre marche et nous permettait de suivre le sentier, au milieu des arbres. La colonne cheminait depuis peu de temps et traversait un vaste plateau ferrugineux dépourvu de végétation, comme il s'en rencontre tant au Soudan, entre les dépressions servant de vallées aux nombreux marigots de la région.

Les lions de Koussan.

Soudain, nos chevaux donnent les mêmes signes de terreur que pendant la nuit, et les rugissements des lions se font encore entendre sur notre gauche. Nous pouvons voir alors bien distinctement, à 200 mètres environ, un groupe formé de deux lions de haute taille, autour desquels se jouent une bande de lionceaux. Le mâle et la femelle, rendus inquiets par le bruit de notre marche, se dressaient droits, sous la grande clarté de la lune, tandis que leurs petits poussaient de courts rugissements de plaisir. Notre troupeau de bœufs, qui marchait en avant, s'était rapidement rompu, et les bergers couraient çà et là pour réunir leurs bêtes qui, saisies d'une peur folle, s'étaient rabattues sur la colonne, où elles portaient le désordre.

J'autorisai le capitaine Robert à envoyer quelques-uns de ses tirailleurs à la poursuite des lions, qui s'étaient retirés dans les bois bordant la clairière, tandis que nous poursuivions la marche, que je ne voulais pas interrompre. La chasse fut très animée, les fauves s'étant perdus sous les arbres, néanmoins on réussit à tuer le mâle. C'était une bête superbe, qui tomba sous les décharges des kropatschecks, et qui ne mesurait pas moins de 3 mètres, de la tête à la naissance de la queue.

Le 8, à Sambacolo, l'almamy Saada Amady m'apporta des nouvelles intéressantes. Le chef du Ouli, État situé sur la Gambie, à l'ouest du Diakha, venait d'infliger une nouvelle défaite à Mahmadou Lamine. Il lui avait tué encore bon nombre de ses partisans, et avait réussi à le rejeter au loin, dans le Niani, vers le poste anglais de Mac-Carthy, à plus de 200 kilomètres de Diana. Tous les gens du Bondou, que le marabout avait emmenés en captivité avec lui, s'étaient enfuis et faisaient retour vers leur pays.

Nous eûmes le malheur de perdre, à Sambacolo, un soldat d'infanterie de marine, qui mourut de la dysenterie. Le pauvre garçon avait fait preuve de la plus grande énergie depuis le départ de Diana, mais il était trop sérieusement malade, et malgré les soins dévoués de nos médecins il succomba peu après son arrivée au bivouac.

Il se passa à Sambacolo un événement qui montre bien l'état de barbarie dans lequel se trouvent plongées ces populations nègres, malgré le vernis de civilisation qu'elles se piquent d'avoir reçu depuis leur conversion à l'islamisme. Au milieu de la nuit je fus réveillé par des cris déchirants qui s'échappaient du camp de Saada, établi de l'autre côté du marigot, à 400 mètres environ de notre propre bivouac. Comme je l'ai déjà dit, je n'aimais pas à voir tous ces gens-là trop près de nos hommes, afin d'éviter les querelles qui s'élevaient constamment entre eux et nos tirailleurs. Je réveillai Alassane et je me dirigeai avec lui vers le campement de l'almamy.

Je n'oublierai de ma vie le spectacle qui frappa mes yeux quand j'arrivai auprès du grand feu qui éclairait l'horrible scène que je vais décrire. Un homme était attaché, debout, à un arbre. Trois petits foyers avaient été allumés autour de lui, de manière à le faire rôtir lentement, comme une viande à la broche. Du sang coulait le long de son corps, et, en m'approchant de plus près, je vis qu'on lui avait coupé l'oreille, la main et le pied droits. Un individu armé d'une sorte de fouet de cordes aux extrémités garnies de petites pierres le frappait à tours de bras. Le malheureux poussait des cris épouvantables. Tout autour, Saada Amady, Ousman Gassi et tous les gens du Bondou formaient un cercle, suivant avidement les détails du supplice.

Supplice du griot à Sambacolo.

Je ne pus contenir mon indignation, et tandis qu'Alassane écartait les foyers et repoussait l'homme armé du fouet, j'ordonnai à Saada de faire cesser de suite ces cruautés. Le patient, délivré de ses liens, marche sur ses genoux et vient se rouler à mes pieds, s'attachant à mes jambes et implorant mon secours. L'almamy et ses gens ne cessaient de gesticuler autour d'Alassane, lui expliquant en langue toucouleure les motifs de leur conduite. Mon interprète eut toutes les peines du monde à imposer le silence pour me mettre au courant. Le malheureux que l'on suppliciait ainsi avait été amené peu d'heures auparavant. Quelques Bondoukés restés en arrière l'avaient surpris à la mare de Pounégui au moment où il y buvait. C'était, paraît-il, le griot de confiance d'Oumar Penda, le défunt roi du Bondou, et qui, traître à son maître, avait guidé le marabout jusque dans la case du vieux chef et aurait même aidé à lui trancher la tête, avec son propre sabre. Or on doit comprendre la joie qu'avaient éprouvée les fils, les frères et les neveux de l'ancien roi quand un hasard vraiment providentiel les avait mis en possession du meurtrier. J'avoue que le récit qui me fut fait m'enleva quelque peu de l'intérêt que j'avais témoigné jusqu'alors à la victime; j'expliquai néanmoins à Saada que je ne pouvais laisser commettre de semblables atrocités sous mes yeux, et malgré ses prières je lui ordonnai de mettre en liberté cet individu. Je le fis porter à mon camp et transporter, le lendemain, jusqu'à Sénoudébou, sur une civière; il mourut dans la journée, des suites des horribles mutilations qui lui avaient été infligées.

Le 9, la colonne reprenait son campement de Sénoudébou. J'accordai deux jours de repos aux troupes. De plus, comme on n'avait pu célébrer le premier de l'an à Diana, en raison surtout de la pénurie de nos approvisionnements, je permis à nos officiers et soldats d'organiser une grande fête dans la journée du 10 janvier. Il y eut concours au canon, au fusil, courses et divertissements de toute sorte. On tira une loterie, pour laquelle nos officiers et moi-même, nous réunîmes des lots, tels que bouteilles de champagne, paquets de cigares, une montre en argent, etc. Le commissaire de la colonne y ajouta quelques moutons, pour exciter les convoitises de nos soldats indigènes. Le produit de la loterie, 162 francs, fut envoyé ensuite par moi au Comité de souscription pour les inondés du midi de la France, de graves inondations ayant, si l'on se rappelle, désolé notre pays cette année-là.

Cette fête eut l'avantage de tenir nos hommes en haleine, et de les empêcher de sentir l'espèce d'affaissement qui succède ordinairement, chez les troupes en expédition, aux périodes de grandes fatigues.

Quelques malades trop faibles pour suivre la colonne par terre furent évacués sur Bakel, en pirogues, par la Falémé. J'installai une nouvelle garnison dans le poste, où je laissai un peloton de tirailleurs, 80 hommes environ, avec une pièce de 4 R. de montagne, le tout sous les ordres du lieutenant Renard, de l'infanterie de marine, que j'approvisionnai, pour six mois, des vivres et des munitions nécessaires. Les logements, malheureusement, ne consistaient qu'en de simples gourbis, demeures bien insalubres pour les Européens, sans compter les chances d'incendie toujours à craindre sous le climat brûlant du Sénégal. Mais pour le moment il ne fallait pas songer à la construction d'un poste quelconque en maçonnerie. Tout manquait pour cela. Puis l'occupation de Sénoudébou ne devait être, dans ma pensée, que très provisoire, car à nous installer quelque part d'une manière définitive j'aurais préféré que ce fût plus au sud, au cœur des contrées que nous venions de placer sous l'influence française.

La première colonne était rejointe à Sénoudébou par le capitaine Fortin, qui, en six jours, venait de parcourir 200 kilomètres, et qui me rapportait un levé complet de la route qu'il avait suivie.

Le 12 nous reprenions notre marche, et le 14 nous arrivions à Arondou, où nous nous installions sous nos anciens gourbis.

Dès le lendemain je convoquai les chefs sarracolets des bords du Sénégal, ceux-là mêmes qui s'étaient montrés, l'année précédente, les plus zélés partisans du marabout, dont ils venaient d'apprendre la déconfiture. Ils se montrèrent tous repentants, et, ainsi que j'avais déjà agi pour les pays du Diakha, j'usai d'indulgence envers eux. Ils jurèrent, sur le Coran, qu'ils se montreraient désormais les sujets fidèles de la France, et s'engagèrent à nous donner en otages, pour notre école de Kayes, trois enfants par village, fils de chefs ou de notables. Bien que ces Sarracolets eussent déjà été sévèrement punis pour leur participation aux derniers événements, je tenais à m'assurer, par ces otages, de leur fidélité, car je savais que Soybou, le fils de Mahmadou Lamine, était toujours sur l'autre rive du Sénégal et faisait tous ses efforts pour recruter de nouveaux partisans parmi les populations des bords du fleuve. Or j'allais maintenant m'enfoncer vers le Niger et je voulais laisser derrière moi le pays aussi pacifié que possible.

Je ne restai que peu de jours à Arondou. Déjà d'autres affaires me rappelaient vers Kayes et les autres points du Soudan français. Mademba, quittant ses fonctions de chef de partisans, avait repris son emploi plus pacifique de télégraphiste. Il avait accroché son appareil aux fils qui me mettaient en relations, d'une part avec Saint-Louis et la France, d'autre part avec Kayes et nos autres postes du Haut-Fleuve, jusqu'à Bammako. Je voyais, à la grande quantité de télégrammes me parvenant chaque jour, qu'il était temps de me rendre compte, d'un peu près, de la marche des différentes missions, des divers travaux organisés avant mon départ de Kayes, un mois auparavant.

Le 17, au moment où la colonne levait le camp d'Arondou et se préparait à franchir la Falémé, on entendit tout d'un coup de grands cris. Une lueur effrayante se voyait derrière la toile de ma tente, où je m'étais

Incendie au campement d'Arondou.

installé pour travailler. Je sortis, et j'aperçus de grandes flammes qui enveloppaient les gourbis de l'infanterie de marine. Ceux-ci brûlaient, et les flammèches s'envolaient au milieu d'une épaisse fumée. Sur l'horizon obscurci, les soldats couraient çà et là, cherchant à sauver leurs armes et leurs effets, laissés dans les gourbis. Des cartouches tombées dans les flammes éclataient. Les chevaux et mulets, remplis d'épouvante, purent, grâce au sang-froid de quelques conducteurs qui coupèrent les cordes d'attache, échapper à l'incendie, qui avait gagné les toits de paille de leurs hangars. Mais ils étaient encore liés les uns aux autres par la corde retenant les entraves, et on les voyait courir par groupes, affolés, vers la lisière du bois. Il y en eut beaucoup que l'on ne retrouva que le soir.

Par bonheur, le parc d'artillerie se trouvait déjà de l'autre côté de la Falémé et, par suite, à l'abri de tout danger. Un violent vent d'est avait rapidement propagé l'incendie, mais, grâce aux secours apportés par tous les corps, on parvint à traîner hors du camp la plupart des objets qui s'y trouvaient encore. L'infanterie de marine, seule, perdit quelques fusils et de nombreux effets. Plusieurs hommes avaient la figure et les mains brûlées. En somme, on en fut quitte à bon marché.

Malgré cet accident, la colonne était tout entière de l'autre côté de la Falémé le soir de ce même jour, et le lendemain elle reprenait la route de Kayes, en suivant les bords du Sénégal.

Nous étions à Kayes le 23 janvier. Un seul incident avait marqué notre route, un peu avant d'arriver au village de Makhana. La colonne suivait, à la file indienne, le sentier qui serpentait au travers des immenses champs de mil couvrant toutes les rives du fleuve, quand je constatai tout à coup une sorte de mouvement ondulatoire parmi les spahis qui marchaient devant. Au même moment, le peloton d'infanterie de marine, qui se trouvait derrière moi, monté sur ses mulets, se précipite comme une avalanche à travers les sillons, tandis que les attelages des pièces d'artillerie courent au hasard, saisis d'une peur vertigineuse. Ce fut une véritable panique, dont voici la cause : un essaim d'abeilles, placé sur un arbre voisin de la route, avait été dérangé par notre passage, et ces insectes, rendus furieux, s'étaient précipités sur nos chevaux et mulets, leur piquant les yeux, les naseaux et les oreilles. Nous-mêmes, nous étions forcés, pour nous garantir, de nous couvrir la tête de nos pèlerines; mais, avec la ténacité qui les distingue, ces affreuses bêtes s'étaient cramponnées à nous, et nous ne pouvions nous en débarrasser. Aussi la colonne fut mise dans une véritable déroute. J'eus toutes les peines, et encore au bout de deux ou trois kilomètres seulement, à ramener l'ordre parmi les détachements. On perdit de nombreux effets de campement, et les animaux restèrent inquiets toute la journée. C'est un véritable bonheur que semblable mésaventure ne nous soit pas arrivée pendant l'une de nos marches de nuit sur Diana. Après cette affaire il me resta la conviction que, pour une colonne en marche, un essaim d'abeilles se précipitant au milieu des hommes et des animaux peut constituer un danger aussi grand qu'une attaque de l'ennemi.

La deuxième colonne était aussi rentrée à Diamou. Jusqu'à la Falémé, les habitants du Tiali étaient accourus auprès du commandant Vallière, pleins d'empressement, et le remerciant de les avoir délivrés du marabout. Le village de Balégui seul, situé en face de Bontou, s'était tenu à l'écart et était resté sourd aux avances qui lui avaient été faites. Balégui avait, le premier, appelé le marabout et l'avait aidé à envahir le Bambouk et à y détruire plusieurs villages. La 1ʳᵉ compagnie de tirailleurs avait alors reçu l'ordre d'aller châtier Balégui si son chef persistait dans son insoumission.

Le 7 janvier, le commandant Vallière franchissait la Falémé. De Koba il détachait directement sur Sékokoto, par Kakadian, le peloton d'infanterie de marine monté, avec mission d'entrer en relations avec les villages du Niagala.

Le 8, le gros de la colonne était à Bontou, où elle était rejointe par la 1ʳᵉ compagnie de tirailleurs, qui, devant l'hostilité des habitants de Balégui, s'était vue forcée de brûler le village et de razzier le troupeau. Ce châtiment avait été très bien accueilli par les chefs des pays environnants, réunis à Bontou pour signer le traité par lequel ils plaçaient leurs États sous le protectorat français.

De Kantella, le sous-lieutenant d'infanterie de marine Levaillant était détaché pour visiter la route menant directement sur Kayes. Il était d'un intérêt très grand de connaître la voie la plus courte entre notre principal établissement et le Bambouk, et de visiter les localités qui pouvaient entrer en relations commerciales avec nos traitants.

Le 13 janvier, à Sékokoto, la colonne retrouvait le peloton d'infanterie de marine, qui avait heureusement accompli sa mission. Les chefs du Niagala, réunis sur ce point, signèrent aussi, avec empressement, le traité qui les plaçait sous notre protectorat.

Le 16 janvier, la deuxième colonne reprenait possession de son ancien campement de Diamou, où elle était rejointe peu après par le sous-lieutenant Levaillant, qui rapportait le levé de la route directe de Kantella à Kayes. Cette exploration faisait connaître un pays absolument nouveau, situé cependant presque aux portes de Kayes et de Médine, et avec lequel néanmoins les relations avaient été à peu près nulles jusqu'à ce jour.

Le 24 janvier, je prescrivais de dissoudre les deux colonnes, afin de ne pas enlever plus longtemps les moyens de transport nécessaires au service du ravitaillement, et de pouvoir organiser la nouvelle colonne destinée à opérer vers le Niger.

La première partie de ma tâche, qui consistait à nous débarrasser d'abord de Mahmadou Lamine, était terminée. Il fallait songer maintenant à prendre la direction de l'est, pour accomplir la deuxième partie du programme de la campagne.

CHAPITRE VIII

Travaux d'assainissement à Kayes. — Plantations. — Constructions nouvelles. — Le village de liberté. — La situation politique s'améliore. — Mort de l'interprète Alassane. — Nouvelle colonne pour marcher vers le Niger. — Travaux du chemin de fer. — Le pont du Bagouko.

Kayes était en pleine transformation au moment de mon retour. Déjà il avait perdu cet aspect de ruine et de désordre qui m'avait si désagréablement frappé deux mois auparavant. Partout régnait la plus grande activité.

Le village indigène avait été repoussé très au loin, et, en reconstruisant leurs cases, les Khassonkés avaient pratiqué de larges avenues qui, au commencement de l'hivernage, devaient être plantées d'arbres. On creusait justement les trous pour cet usage.

Sur les emplacements ainsi laissés vides on avait commencé les travaux que j'avais ordonnés. Le service du chemin de fer faisait élever un nouveau dépôt pour ses machines, en remplacement du triste abri qui avait servi jusque-là à remiser nos locomotives. En même temps, les murailles du beau pavillon destiné à loger nos officiers commençaient à sortir de terre; maintenant ceux-ci ne seraient plus tenus de dresser leurs tentes sous les arbres du bord du fleuve, tout comme en colonne. De tous côtés on voyait de longues files de manœuvres apportant aux maçons les matériaux nécessaires. La pierre était extraite d'une belle carrière de grès située à 700 ou 800 mètres environ, le long du chemin de fer.

On avait aussi travaillé énergiquement à nettoyer les berges du fleuve et les rues de Kayes. Le commandant Monségur avait fait établir, sur les bords du Sénégal, de vastes jardins potagers qui devaient, avant peu, nous fournir au delà même du nécessaire les légumes frais, si utiles pour le maintien de la bonne santé parmi nos soldats européens. On essayait simultanément des plantations d'arbres nouveaux et de graines industrielles, rapportées de France.

Les rues avaient été débarrassées des décombres qui en rendaient l'accès si difficile, et faisaient ressembler Kayes à une ville ruinée. Les traverses de chemin de fer, les rails qui entouraient nos bâtiments, avaient été enlevés et empilés régulièrement, pour pouvoir ensuite être mis en œuvre.

Nos établissements de Kayes avaient été élevés tout d'abord, le long du fleuve, sur un renflement de terrain qui les mettait à l'abri des inondations de l'hivernage. Ils formaient deux grandes lignes, séparées par une large avenue, où passait la voie ferrée, permettant ainsi de charger à pied d'œuvre les approvisionnements remisés dans les magasins. L'ancien vil-

Nouveau dépôt de machines en construction à Kayes.

lage khassonké de Kayes, commandé par Sidi, père du roi Sambala, de Médine, faisait suite à nos constructions, du côté du sud-est. Il touchait presque, depuis qu'il s'était si considérablement augmenté, au village de Soutoukoulé, vers Médine.

Derrière nos établissements proprement dits, qu'on pouvait appeler le quartier militaire, sur ce même renflement de terrain qui allait s'abaissant en pente douce vers le sud, se trouvaient les quartiers nouveaux, habités par les commerçants européens ou indigènes, par les familles de nos ouvriers noirs, des tirailleurs ou muletiers, et des nombreux employés à notre service. Ces quartiers étaient très peuplés. Ils venaient d'être divisés par de larges voies, bordées de fossés de drainage, et avaient reçu les noms de quartiers Faidherbe, Brière de l'Isle, Desbordes, rappelant les hommes qui avaient le plus contribué à l'extension de l'influence française dans le Soudan occidental. Au centre, une grande place carrée séparait ces nouveaux quartiers du quartier militaire, mis ainsi à l'abri des dangers d'incendie. Sur cette place se tenait le marché hebdomadaire; on venait d'y commencer, sur mon ordre, la construction de deux halles, au moyen de vieux fers trouvés parmi les objets hors d'usage, pour abriter les bouchers et les marchands des différentes catégories.

L'ancien cimetière se trouvait derrière ces nouveaux quartiers, qui peu

Le pavillon des officiers en construction à Kayes.

à peu l'avaient débordé. On se rappelle que j'avais prescrit de le fermer et de le convertir en square. La chose était faite. On avait planté sur son emplacement des arbustes, des bananiers, des eucalyptus, et, au centre, le service des travaux avait élevé une pyramide en maçonnerie, supportant une plaque de bronze avec inscription commémorative.

Une large dépression s'étendait en arrière et tout autour de ces quartiers neufs; elle s'embranchait dans le Sénégal, à l'ouest de Kayes. Ce basfond, qui maintenait les eaux en hivernage, constituait justement la plus grande cause d'insalubrité pour nos établissements. Les eaux y demeuraient stagnantes et, par les vents du sud, nous envoyaient des effluves pestilentiels qui engendraient la fièvre et les maladies les plus graves.

Il n'était pas malaisé de connaître les jours où ces vents soufflaient, car nous en ressentions tous une impression désagréable et difficilement supportable. Il suffisait de consulter les cahiers de visite du docteur pour avoir le témoignage irrécusable des dangers que ce voisinage faisait courir à la population européenne de Kayes.

Du reste, cette particularité n'est pas spéciale à Kayes, et il est bien peu de points habités, au Soudan, qui ne soient ainsi environnés par ces dépressions, si malsaines pendant la saison d'hivernage. La raison en est facile à saisir : les indigènes recherchent pour leurs cultures des bas-fonds humides et fertiles, et c'est toujours dans leur voisinage qu'ils établissent leurs villages. Ils se préoccupent fort peu des conditions hygiéniques et s'efforcent avant tout d'avoir de belles et abondantes récoltes.

Cette dépression de Kayes était en effet renommée pour sa fertilité, et était justement la cause de son insalubrité. Les tiges de mil et de maïs, les pailles d'arachides et de riz, les racines de ces végétaux, s'étant accumulées, avaient formé une sorte d'humus, d'une grande puissance de production, mais dont les émanations avaient en même temps la plus dangereuse influence sur notre santé quand les eaux de l'hivernage, se retirant, laissaient ces détritus à l'air libre.

Pour faire disparaître ce pernicieux voisinage, on s'arrêta au parti suivant : d'abord on planta, sur la lisière des nouveaux quartiers, des arbres du pays à rapide croissance et d'un feuillage épais, des fromagers, des ficus, des cail-cédrats, de manière à interposer entre Kayes et le marais une véritable barrière de verdure. Puis, dans le bas-fond lui-même, et au fur et à mesure que les eaux se retiraient, on fit d'immenses pépinières d'un arbre très commun dans le Soudan, appelé *nevredaï* par les indigènes, et qui a la propriété de dessécher très vite les marécages. Le marigot fut ainsi attaqué sur tout son pourtour, et, la végétation gagnant de plus en plus, on finirait par avoir une véritable forêt, aux effluves éminemment salubres, au lieu du marais malsain qui avait donné jusqu'à ce jour une si lugubre réputation à Kayes. En attendant, pendant cette saison sèche, le commandant Monségur utilisa la grande fertilité de cette dépression en y installant un immense jardin potager et une grande bananeraie.

De l'autre côté de ce bas-fond courait une croupe basse et aplatie, qui allait rejoindre obliquement la ligne du chemin de fer, à sa sortie de Kayes. C'est là que j'organisai le « village de liberté », de nouvelle formation, auquel ses habitants avaient voulu donner le nom de « village Gallieni ». Depuis mon arrivée dans le Soudan j'avais remarqué que nombre d'individus s'échappaient des États d'Ahmadou et de Samory, chassés par la

Rue du « village de Liberté »

misère et les mauvais traitements, et venaient demander asile sur nos territoires. C'étaient, pour la plupart, des captifs, pris au loin, de l'autre côté du Niger, et vendus ensuite au sultan toucouleur et à l'almamy du Ouassoulou. J'accueillis ces fugitifs avec bonté, leur faisant aussitôt délivrer un acte de libération, et je leur vins en aide par des dons d'étoffes, de vivres et de semences pour commencer leurs cultures. Ils formaient, d'ailleurs, des manœuvres tout trouvés pour nos travaux. Dans mes conversations avec ces individus je remarquai que la plupart d'entre eux avaient conservé des parents ou des amis de l'autre côté du Sénégal ou du Niger, et je pensai à utiliser cette circonstance pour organiser, sur toute la ligne de nos postes, un vaste mouvement d'émigration vers nos territoires. C'était, en même temps, un coup porté à l'esclavage, puisque nous appelions chez nous, pour leur donner la liberté, les malheureux captifs de cette partie du Soudan occidental.

Notre village de liberté de Kayes comprenait déjà plus de cinq cents habitants, qui étaient d'excellents travailleurs, et qui s'étaient mis aussitôt à bâtir leurs cases et à défricher des terrains pour la culture. Bakel et Médine avaient également inauguré leurs villages de liberté, et j'avais donné partout des ordres, dans tous nos postes, pour la création de ces nouvelles et intéressantes agglomérations.

En somme, on n'avait pas perdu le temps à Kayes pendant mon absence. La situation politique s'était bien améliorée, et nous permettait de penser avec plus de tranquillité à l'œuvre d'organisation qu'il s'agissait d'entreprendre dans le Soudan français. Je venais de trouver, à mon arrivée, une lettre d'Ahmadou. Ce souverain se montrait tout heureux de mon retour dans le pays. Il me disait qu'il ferait tout pour me satisfaire, et me demandait à reprendre des négociations au sujet d'un nouveau traité à conclure. Il me félicitait des résultats que je venais d'obtenir contre Mahmadou Lamine et m'informait qu'il allait, lui aussi, combattre Soybou, qui venait de s'enfermer au village de Gouri, à cinq ou six journées de marche au nord de Médine. Samba N'Diaye, Boubakar Saada et mes anciennes connaissances de Nango[1] se recommandaient également à moi et m'envoyaient force compliments.

Tout allait donc bien de ce côté. Je répondis à Ahmadou que je le remerciais de ses excellentes dispositions à mon égard, que j'étais très heureux de le voir joindre ses efforts aux miens pour faire disparaître le fils du marabout, et qu'en ce qui concernait le nouveau traité, il n'avait qu'à

---

1. Voir *Voyage au Soudan français*.

envoyer à Kayes quelques-uns de ses fidèles, munis de tous ses pouvoirs, et que tout s'arrangerait alors très aisément. Toutefois, comme je connaissais, pour en avoir été moi-même la victime, la mauvaise foi des Toucouleurs, je ne voulus pas, quand même, négliger les mesures de prudence que j'avais déjà ordonnées, et qui avaient peut-être contribué à inspirer au sultan, à mon endroit, des sentiments si différents de ceux qu'il avait montrés à mes prédécesseurs. En même temps je prenais toutes les précautions pour interdire à Soybou le passage du Sénégal, dans le cas où les guerriers d'Ahmadou le rejetteraient de mon côté.

Ainsi notre horizon politique s'éclaircissait peu à peu, aussi bien vers le nord que vers le sud : Mahmadou Lamine était rejeté sur la Gambie, son fils Soybou était pris entre les cavaliers toucouleurs et la ligne du Sénégal, où je me promettais de faire bonne garde, et le sultan Ahmadou changeait son attitude hostile en dispositions amicales. Je venais aussi de recevoir la nouvelle que la mission du capitaine Péroz avait enfin franchi le Niger, précédée par le prince Karamoko, et était en route pour Bissandougou, la capitale de l'almamy Samory. D'autre part, le commandant Caron me télégraphiait qu'il venait d'arriver à Bammako avec tout son matériel, et que la construction de la canonnière projetée avait été déjà commencée.

Malheureusement, à Kayes, notre état sanitaire n'était guère brillant en ce moment. Tout autour de moi on subissait la réaction des fatigues éprouvées pendant l'expédition contre Lamine. Beaucoup d'officiers étaient couchés, malades de la fièvre. Plusieurs soldats d'infanterie et d'artillerie de marine étaient morts, malgré le dévouement intelligent de nos médecins et les grandes précautions hygiéniques qui avaient été prises. Je venais, du reste, de faire installer deux chalands légers pour évacuer sur Saint-Louis les malades qui paraissaient trop faibles ou trop anémiés pour continuer la campagne. C'est qu'il faut un rude tempérament pour résister à ces fatigues continuelles, qui éprouveraient nos hommes même sous le climat d'Europe, et qui, au Soudan, arrivent à désorganiser rapidement les meilleures santés.

Une mort qui nous fut bien sensible à tous, ce fut celle du brave Alassane. Depuis quelques mois cet excellent serviteur, compagnon de mon premier voyage à Ségou et qui avait eu une conduite si héroïque pendant le combat et la retraite de Dio[1], n'avait plus sa vigueur ordinaire. Il se plaignait de violentes douleurs du côté des poumons, et il toussait constamment. Son voyage en France, où il avait accompagné le

---

1. Voir *Voyage au Soudan français.*

prince Karamoko, l'avait beaucoup fatigué, et il avait dû faire appel à toute son énergie pour me suivre jusqu'à Diana. Dès son retour à Kayes il s'alita. Il traîna pendant quelque temps, puis les symptômes de sa maladie, une pneumonie double, s'aggravèrent rapidement. Quel dévouement cet homme avait pour la France, sa patrie d'adoption! Jusqu'à ses derniers moments, cette pensée ne cessa de le hanter. Je me souviens que, la veille

Alassane.

de sa mort, allant le visiter, je le trouvai les yeux vitreux, le cerveau déjà embarrassé. Il semblait ne pas connaître ceux qui l'entouraient, et repoussait les gens qui voulaient l'approcher. Quand j'entrai et qu'il m'aperçut, il eut un moment de lucidité; il se leva sur son séant en criant : « Ah! colonel! ah! mon colonel! » Il me serrait les mains, qu'il plaçait sur sa poitrine en prononçant avec énergie les mots de « France! France! » Puis il appela Ali. C'était son plus jeune fils, qu'il avait eu justement de la femme qu'Ahmadou lui avait donnée en cadeau, à Ségou, en 1881. Il mit ma main sur celle d'Ali comme pour me le recommander et, à partir de ce moment, ne recouvra plus sa connaissance.

Mon pauvre interprète mourut le lendemain, au milieu de l'affliction de tous. Un flot pressé d'indigènes entourait sa case, portant sur leurs visages les signes, bien visibles, de la douleur que leur causait cette perte. On lui fit des funérailles solennelles, et tout le monde, à Kayes, officiers, commerçants, fonctionnaires, soldats, indigènes des villages voisins, tint à suivre le wagonnet qui emportait son corps vers notre nouveau cimetière. Je prononçai sur sa tombe quelques paroles d'adieu, et plus tard j'obtins qu'une plaque de bronze portant les mots suivants : « Ici repose l'interprète Alassane Dia. Sa mort fut une grande perte pour le Soudan français », fut placée sur son tombeau.

Je quittai Kayes le 19 février. Le chemin de fer m'amena en quelques heures à Diamou, où j'avais chargé le commandant Vallière de constituer la nouvelle colonne, destinée à m'accompagner jusqu'au Niger. Je ne prévoyais pas de gros événements militaires pendant ma route, néanmoins j'avais tenu à avoir avec moi une force respectable : 1 peloton de spahis, 2 fortes compagnies de tirailleurs, 1 peloton d'infanterie de marine monté, 1 section de 80 millimètres de montagne, et les services accessoires, convoi, ambulance, etc. Le peloton d'infanterie de marine monté, particulièrement, était remarquable d'entrain. Il est vrai qu'une sélection naturelle s'était faite parmi les hommes de la compagnie que j'avais amenée primitivement, et que ce peloton, composé d'une cinquantaine d'hommes environ, ne comprenait plus que les soldats les plus vigoureux au physique comme au moral.

Le 20, de bon matin, je quittai le camp de Diamou pour aller avec M. Descamps, directeur du chemin de fer, visiter les travaux exécutés depuis le commencement de la campagne. Certes ce n'est pas moi qui aurais conseillé d'établir, tout d'abord, un chemin de fer entre Kayes et le Niger. Il me semblait qu'il eût fallu, pour commencer, faire une route carrossable, qui, plus tard, aurait pu recevoir des rails, quand les transactions commerciales seraient devenues plus importantes dans la région. Mais, puisque j'avais trouvé à Kayes un nombreux matériel, qui dépérissait et gisait partout inutilisé, il m'avait semblé qu'il serait déraisonnable de ne pas l'employer pour continuer notre ligne ferrée, d'autant plus qu'au point de vue du ravitaillement de nos postes jusqu'au Niger, le tronçon de Kayes-Bafoulabé une fois achevé pouvait nous rendre les plus grands services. Je me contentais d'ailleurs du personnel que j'avais trouvé à mon arrivée dans

Chantier des terrassiers sur la ligne du chemin de fer.

le Soudan, me bornant à me procurer la main-d'œuvre nécessaire pour les travaux d'avancement, en m'adressant aux chefs des États qui s'étendaient entre Kayes et Bafoulabé. Ceux-ci m'avaient fourni 500 à 600 manœuvres, que j'avais mis à la disposition de M. Descamps, et qui travaillaient alors sur la ligne au delà de Diamou.

La ligne ferrée, au moment où je débarquai à Kayes, atteignait le kilomètre 62. Pour parvenir à Bafoulabé, au confluent du Bafing et du Bakhoy, il fallait encore 70 kilomètres environ. Nous possédions à Kayes, d'après l'examen que j'en avais fait faire, le matériel de rails, traverses, suffisant pour ce trajet, ainsi que les pièces de pont pour franchir les cours d'eau qui se trouvaient sur le parcours. Je m'imposai donc, comme programme général, d'atteindre Bafoulabé. Là on se trouverait en présence d'un grand obstacle, d'un fleuve large de 400 mètres et profond de plusieurs mètres. On s'arrêterait, mais au moins on n'aurait pas laissé se perdre un matériel si précieux, qui avait été transporté à si grands frais à Kayes. On ne verrait pas un bout de ligne finissant en pleine brousse et qui, par suite, ne pouvait être d'aucune utilité, même au point de vue du ravitaillement.

On s'était donc mis de suite à l'œuvre. M. Descamps, jeune ingénieur de l'École centrale, de grande capacité, bien qu'effrayé tout d'abord de l'étendue de sa tâche, avait poussé énergiquement les travaux. Pendant cette campagne on devait atteindre le torrent du Galougo, au kilomètre 95 ; dans la campagne suivante on irait jusqu'à Bafoulabé. On n'avait pas de temps à perdre, si l'on pense que, dans les deux campagnes précédentes, la ligne ne s'était avancée respectivement que de 2 et de 3 kilomètres.

Notre locomotive *Félou* nous amena rapidement au village de Bouroukou, où les travaux avaient commencé dès le mois de décembre. Nous traversons la plaine que j'ai décrite dans mon voyage à Ségou [1], et qui est parsemée de ces pics, dômes, cônes, tables, qui en font l'un des sites les plus pittoresques du Soudan ; puis nous nous engageons dans le Bouroukoukouro, en nous rapprochant du fleuve, où nous retrouvons le joli petit village de Tintilla. Nous atteignons, au kilomètre 67, le torrent du Bagouko. C'était là que se trouvait en ce moment le centre des travaux, car on venait de lancer à peine, sur ce cours d'eau, un beau pont de 60 mètres de long, reposant sur trois piles en maçonnerie. Le lançage des portées métalliques, système Eiffel, qui eût été une opération des plus simples en Europe, avec les puissants moyens dont on y dispose, avait été ici très compliqué.

---

1. Voir *Voyage au Soudan français*.

On avait même perdu deux indigènes dans des circonstances qui méritent d'être rapportées.

La première portée du pont, longue de 20 mètres, reposant par l'une de ses extrémités sur la première culée, avait été lancée vers la pile antérieure, en l'appuyant sur un câble métallique, tendu jusqu'à cette pile. Mais, au moment où la portée métallique allait atteindre la pile, le câble s'était rompu, et l'énorme appareil s'était incliné, en se renversant sur le sol de la berge. Heureusement que le pont, reposant en grande partie sur la culée, n'était pas tombé dans le lit du torrent et s'était simplement enfoncé, en se tournant, dans le sable qui couvrait les bords du Bagouko. Deux indigènes, malgré les cris de l'ingénieur, qui ordonnait à tout le monde de s'éloigner,

Pont du Bagouko.

s'étaient naïvement imaginé qu'en soutenant la portée métallique, qui s'inclinait, ils pourraient l'empêcher de se renverser. Les deux pauvres diables avaient donc été pris sous l'énorme pièce de fer, et écrasés contre le sol.

Cet événement avait attristé M. Portier, l'ingénieur chargé de diriger le lançage du pont. Il avait craint que le découragement ne se mît parmi ses manœuvres. Il n'en avait rien été, heureusement, et l'opération, mieux préparée quelques jours après, avait admirablement réussi cette fois. Seulement, détail caractéristique, les ouvriers indigènes avaient demandé un mouton noir pour l'offrir en sacrifice au « génie du marigot ». Ils prétendaient que c'était cet oubli qui avait amené le premier accident. Ils avaient donc immolé l'animal, à l'endroit même où leurs camarades avaient été tués. Ils avaient enterré dans le sable l'estomac, le cœur, la tête et les cornes du mouton, fait prononcer par un marabout quelques paroles sacramentelles, puis s'étaient régalés avec la chair qui restait.

Le pont du Bagouko était un superbe ouvrage d'art, dont la construction

M. Portier.

faisait le plus grand honneur à M. Portier. Celui-ci était bien l'homme qu'il fallait pour nos travaux du Soudan. Infatigable, d'une santé de fer et d'un moral à toute épreuve, il était sans cesse à cheval, parcourant ses chantiers, excitant ses ouvriers, mettant lui-même la main à l'ouvrage. Après le déjeuner qu'il nous offrit dans son gourbi, il nous fit visiter les travaux d'avancement de l'autre côté du torrent, et, à voir l'entrain qui régnait partout, on pouvait déjà juger de l'influence qu'il exerçait sur ses gens. La voie était posée sur deux kilomètres environ de l'autre côté du Bagouko. Une bonne partie du matériel nécessaire à l'avancement était disposée, prête à être enlevée par les plates-formes que les manœuvres poussaient à bras vers le point terminus de la ligne, où les poseurs indigènes fixaient les rails sur les traverses. Plus loin, nous trouvons un grand chantier où les terrassiers, sous la garde d'un surveillant, préparaient la voie et, enfin, à un ou deux kilomètres plus en avant, un piqueur en train de jalonner la ligne à travers les hautes herbes, qu'une escouade de noirs s'occupe à faire disparaître. C'est un grand baobab qui a servi de point de direction et vers lequel les indigènes pratiquent une large trouée.

Nos travaux de chemin de fer sont donc bien en train, et je reviens très satisfait de mon excursion.

CHAPITRE IX

La colonne quitte Diamou pour prendre la route du Niger. — Construction d'une route carrossable jusqu'au Niger. — Le fort et le village de Bafoulabé. — Le défilé de Kalé. — Habitudes de pillage des indigènes. — Ravitaillement de nos postes. — Le poste de Badumbé. — Passage du gué de Toukoto. — Le fort de Kita. — Les Maures pillards. — Koundou.

La colonne quitta Diamou le 21 février. Nous passons la journée à Gouina, où je revois avec grand plaisir les belles chutes qui, en ce point, barrent complètement le fleuve. Nous campons en face de la cascade, tout près du petit poste de ravitaillement que l'on a installé à Gouina. Pour faciliter le franchissement du plateau rocheux qui borde le Sénégal aux environs des chutes, j'ai fait établir un petit chemin de fer Decauville, d'une longueur de 3 kilomètres, servant au transport des bagages et colis que les convois de pirogues amènent au pied des chutes. Une nouvelle équipe de ces petites embarcations les reprend ensuite, en amont, pour les porter jusqu'à Bafoulabé. Cette installation avait été laborieuse, à cause des grosses difficultés du terrain. Sur près de 600 mètres, les rails de ce petit chemin de fer avaient dû être posés sur une sorte de viaduc en bois, permettant d'éviter les pentes et les rampes que l'on rencontrait dans le trajet.

Le 22, nous campons au Galougo; le 23, à la mare de Talahari. Je trouve là les chantiers que dirigeait le lieutenant d'infanterie de marine Ambrosini, chargé de la construction d'une route carrossable qui devait d'abord atteindre Bafoulabé, puis continuer en suivant notre ligne de postes jusqu'au Niger. Dès mon arrivée à Kayes j'avais été persuadé qu'il nous fallait à tout prix une bonne route, semblable à l'une de nos voies de France, si nous voulions perfectionner nos moyens de transport, qui, jusqu'à ce jour, n'avaient presque consisté qu'en ânes et mulets de bât. On faisait une consommation énorme de ces animaux, et cependant notre ravitaillement s'accomplissait dans les plus mauvaises conditions.

J'avais donc chargé le lieutenant Ambrosini, avec sa compagnie de fusiliers disciplinaires, et avec les manœuvres indigènes que lui fourniraient les villages voisins, de diriger la construction d'une route uniformément large de 5 mètres, avec fossés, accotements, empierrement, etc. Les travaux étaient déjà en excellente voie, et la colonne put suivre la nouvelle route jusqu'à Bafoulabé. Elle donnait au paysage un aspect presque européen, et rien n'empêchait d'y installer un petit chemin de fer du système Decauville, si on le désirait.

Nous sommes à Bafoulabé le 26 février. J'aurais eu de la peine à le reconnaître. Je me souvenais des difficultés que nous avions rencontrées quand j'y étais parvenu la première fois, en 1879, avec le commandant Vallière. La grande forêt, à travers laquelle il avait fallu nous frayer un passage à coups de hache, avait été complètement défrichée, et tout le pays aux environs était couvert de belles cultures de mil et de maïs. Le fort, établi sur la rive gauche du Bafing, avait été construit en 1883. Il se composait d'un long bâtiment en maçonnerie, élevé d'un étage, recouvert d'une toiture en feuilles de tôle ondulée; il occupait le milieu d'une cour limitée par le mur d'enceinte. Les façades du fort, tournées, l'une vers la plaine, l'autre vers le village, étaient abritées contre les rayons du soleil et les pluies de l'hivernage par des galeries à larges arceaux. De grands jardins s'étendaient le long du fleuve, fournissant chaque jour des légumes frais aux soldats de la garnison.

Le village indigène était groupé tout autour du fort et formait un grand demi-cercle, s'appuyant par ses extrémités aux bords du fleuve. Le premier rang des cases était occupé par des traitants, venus de Kayes et de Médine. On le voit : le Bafoulabé actuel était bien différent de la solitude que nous avions trouvée quelques années auparavant. Ce point, situé à la rencontre de trois grands cours d'eau, est, du reste, merveilleusement placé au point de vue commercial, et nul doute que sa prospérité n'augmente rapidement quand nous aurons ouvert, largement et sûrement, les routes de l'intérieur. Les lianes caoutchouc et les gommiers du Bafing, les arbres à beurre du Fouladougou, les céréales et les bestiaux de la rive droite du Sénégal fourniront de précieux articles d'échange, sans compter l'or, que l'on trouve partout dans le Bambouk.

Nous restons à Bafoulabé jusqu'au 27 février. Pendant que Vallière surveille le passage de la colonne sur la rive droite du Bafing, au moyen du bac que l'on a construit pour relier les deux rives du fleuve, je passe une inspection détaillée du fort et de ses dépendances. Je prescris d'agrandir les jardins, de tracer, dans le village, de grandes et larges voies, tout comme à Kayes, d'éloigner le cimetière, de commencer la construction d'une école et d'une halle couverte pour le marché. Puis je réunis autour de moi les chefs de Bafoulabé et des villages du cercle, écoutant leurs plaintes et leurs doléances. Je leur dis que je comptais sur eux pour la création de la ville qui allait se fonder au confluent du Bafing et du Bakhoy, et pour nouer des relations de plus en plus étroites avec les États du Bambouk, qu'une de mes colonnes venait de visiter et qui s'étaient placés, par traités, sous le protectorat de la France. Je leur demandai aussi de me confier leurs enfants pour l'école que j'allais ouvrir à Bafoulabé. L'un de ces chefs, d'un village de l'intérieur, me fit, à ce propos, une réponse bien caractéristique : « Tiens-tu beaucoup aux garçons? Nous serions heureux de les garder. Mais si tu veux des filles, nous t'en donnerons tant que tu voudras. » Comme ce brave homme rendait bien en quelques mots l'infériorité de la situation morale de la femme dans ces contrées! Je lui répondis que, pour le moment, c'étaient les garçons qui m'étaient nécessaires, mais que, peut-être plus tard, on songerait aussi à ouvrir des écoles de filles, et qu'alors je m'adresserais à lui.

J'avais trouvé, à Bafoulabé, le lieutenant Reichemberg, qui nous avait quittés à Diana, et venait de parcourir tout le Bambouk, ainsi que plusieurs petits États indigènes, restés inconnus jusqu'à ce jour. Il rapportait la carte du pays exploré, où il signalait la présence de nombreux et riches gisements aurifères.

Le 27 au soir, toute la colonne était sur la pointe. Chevaux, mulets, canons, train, hommes, tout avait passé, et nous prenions le 28 au matin la route de Badumbé, en longeant d'assez près le Bakhoy.

L'un des côtés les plus curieux de nos colonnes du Soudan, c'est assurément la troupe de femmes qui les suit constamment. Pendant notre marche sur Diana j'avais interdit, pour ne pas gêner nos mouvements, toute présence de femmes dans nos colonnes, mais, maintenant que je ne prévoyais pas d'attaque sur notre route, j'avais levé cette défense. Aussi la colonne était-elle précédée chaque matin par une nombreuse bande de femmes et d'enfants, appartenant aux tirailleurs, aux spahis et aux conducteurs indigènes. Nos soldats noirs n'aiment pas, comme nos troupiers français, à s'occuper des détails de leur popote ; ils laissent toujours ce soin à leurs *dijgens*[1], qui préparent leur repas au moyen des rations régulières allouées par l'administration. Elles font cuire le couscous et, pendant la marche, poussent le dévouement pour leurs maris jusqu'à porter elles-mêmes une bonne partie de leur bagage de campagne. Tirailleurs et spahis,

---

1. *Dijgens*, femmes (en langue ouolove).

n'ayant ainsi à transporter que leurs armes et leurs munitions, sont beaucoup plus légers et dispos pour leur service. J'avais rarement à me plaindre de ces femmes, qui semblaient faites à notre discipline militaire. Il y avait bien, par-ci par-là, quelques querelles, mais elles n'étaient jamais très graves. Les femmes bambaras, particulièrement, en voulaient beaucoup aux femmes toucouleures, et je dus une fois en faire consigner deux au poste de police. La leçon fut suffisante, et leurs compagnes se moquèrent tellement des deux prisonnières, qu'on allait voir par curiosité, qu'aucune ne voulut plus s'exposer à une punition semblable ; la tranquillité fut désormais bien assurée dans ce monde féminin.

Nous arrivons de bonne heure au terme de l'étape. Nous avions quitté la pointe de Bafoulabé à six heures du matin, et, après avoir traversé la forêt qui couvre le pays entre le Bafing et le Bakhoy, nous nous sommes arrêtés à Demba-Dioubé, à 15 kilomètres environ de Bafoulabé. Chemin faisant, nous avons rencontré deux villages qui sont créés depuis peu de temps. Ce sont des esclaves fugitifs de la rive droite du Sénégal qui ont formé ces nouveaux centres, peuplés surtout de Ouassoulounkés, pris de l'autre côté du Niger et vendus ensuite dans le Kaarta. L'un de ces villages, où nous voyons les couleurs françaises flotter au-dessus de la case du chef, s'appelle Francékoura (le Nouveau-Français) ; ses habitants ont voulu attester ainsi leur profond attachement à notre nation. Le village est très propre et avantageusement placé sur les bords du Bakhoy ; son chef me dit qu'il reçoit chaque jour de nouvelles recrues.

L'étape du 29 nous conduit au fameux défilé de Kalé, dont le passage nous avait donné tant de peine à mon premier voyage. Je l'ai fait considérablement arranger depuis que la campagne s'est ouverte. On se rappelle que le mont Besso vient tomber là verticalement dans le cours du Bakhoy, ne laissant qu'un étroit sentier serpentant au-dessus de la rivière, sous les flancs de la montagne qui le surplombent, l'eau suintant par places et occasionnant souvent des éboulements. Quand on suit le sentier, on a ainsi la montagne sur la tête et, aux pieds, le Bakhoy, roulant ses eaux sur les barrages rocheux qui obstruent son cours, au milieu d'un bruit assourdissant. Trois mois auparavant j'avais envoyé un officier pour rechercher, en longeant le Besso vers le sud, s'il ne trouverait pas un meilleur passage à travers la montagne ; toutefois les résultats de son exploration n'avaient pas permis de modifier la route suivie jusqu'à ce jour par nos colonnes et convois. Il avait bien découvert, à quelques kilomètres vers l'intérieur, le col de Deutoumana, par lequel on pouvait tourner le défilé du Besso, mais, outre que cet itinéraire était plus long, il présentait le grave incon-

Chemin de fer Decauville posé dans le défilé de Kalé.

vénient de manquer d'eau. Il avait donc fallu s'en tenir au passage déjà connu, en le perfectionnant.

Les travaux que je venais d'y faire exécuter l'avaient beaucoup amélioré. On avait empiété sur la montagne pour élargir le sentier ; des troncs d'arbres avaient été fixés tout au long pour empêcher les terres de s'ébouler dans la rivière ; on avait fait tomber les rochers qui surplombaient et menaçaient d'écraser les voyageurs. Enfin, un chemin de fer Decauville avait été posé sur toute la longueur du défilé, pour transporter de l'autre côté des barrages les caisses et colis que les pirogues amenaient jusqu'au pied des rapides.

La colonne franchit donc le passage très aisément ; les pièces restèrent attelées, et les hommes montés ne quittèrent pas leurs chevaux ou mulets. Nous prîmes notre bivouac à la sortie du défilé. Ces bords du Bakhoy, peuplés d'arbres puissants, me charmaient autant qu'à mon premier voyage, par leur aspect pittoresque. La colonne entière, avec ses impedimenta, trouva place sous trois énormes ficus qui donnaient assez d'ombre, avec leur épais feuillage et leurs entrelacements de lianes, pour abriter tout le personnel et tous les animaux. Il n'y a que l'Afrique pour posséder ces gigantesques végétaux.

Toute la journée je reçus la visite des chefs des villages environnants. Beaucoup d'entre eux m'avaient connu autrefois, et ne me cachaient pas leur satisfaction de me revoir.

Les nègres sénégambiens sont, au fond, de grands enfants. Comme ceux-ci, ils cherchent constamment à tâter leur maître. Ils déploient la même insistance pour parvenir à leurs fins. S'ils commettent un méfait et qu'on les laisse impunis une première fois, ils s'enhardissent et se figurent que tout leur est alors permis. Nos sujets soudaniens doivent donc être traités, en général, avec une certaine familiarité, mais il ne faut leur passer aucune faute, autrement ils prennent notre indulgence pour de la faiblesse, et savent en profiter à l'occasion. Aussi, de Kalé, dus-je envoyer une compagnie de tirailleurs au village de Niantanso, situé dans le Gangaran, pour y exiger réparation d'une équipée des habitants. Le commandant du poste de Badumbé venait, peu de jours auparavant, d'y expédier son interprète, pour faire restituer à un diula des marchandises volées. L'interprète avait été reçu à coups de bâton. Le capitaine Audéoud devait punir les auteurs de ce méfait, en mettant d'ailleurs dans la répression tous les ménagements désirables.

Nos Soudaniens sont tous tant soit peu pillards. Ils considèrent comme une sorte de droit le tribut qu'ils lèvent sur les caravanes passant dans leurs villages. Souvent les jeunes gens du pays, trouvant que cet impôt n'est pas suffisant, vont s'embusquer sur le passage des diulas et se font remettre de force leurs marchandises, tuant même ceux qui opposent de la résistance. Le lieutenant Reichemberg me citait à ce sujet un propos remarquable, montrant bien l'état d'esprit des populations qu'il venait de traverser dans le Bambouk. Comme il informait le chef du Bambougou que je ne voulais plus voir aucun pillage dans le pays, et que je punirais désormais ceux qui arrêteraient les caravanes, il répondit : « Mais le colonel veut donc nous enlever notre gagne-pain. Comment allons-nous faire maintenant? » Que l'on songe que le Bambougou, dont le chef parlait ainsi, est une contrée où abondent les mines d'or, et où les forêts sont remplies de lianes-caoutchouc, produit si recherché par nos traitants !

On comprend que, dans des conditions semblables, le mouvement des caravanes a grand'peine à s'établir d'une manière régulière. Chaque chef de village, en dehors même des pillages si fréquents sur les routes, s'empresse, dès qu'un diula arrive, de lui réclamer comme impôt un tant sur sa marchandise. Ce prélèvement se renouvelant dans chaque village, il en résulte que le commerçant indigène arrive à peu près ruiné au terme de son voyage. Avec un système semblable, pas de transactions commerciales possibles. Aussi étais-je bien résolu à assurer, à tout prix, la liberté des routes. Il fallait que l'on sût partout que les caravanes pouvaient parvenir constamment, et sans être inquiétées, à nos escales de commerce.

Le 2 mars, nous sommes au Balou. Le passage est toujours aussi difficile qu'à mon premier voyage. Nous sommes forcés de faire passer à travers de gros amas de roches, par un véritable sentier de chèvres, nos canons et nos petites voitures. Car j'avais tenu à emmener avec moi, pour voir si elles pourraient suivre la colonne, une douzaine de ces petites voitures en tôle, du système Lefebvre, que l'on avait introduites depuis deux ans dans le Haut-Fleuve. Je voulais me rendre compte des perfectionnements à faire subir à ces petits véhicules pour leur permettre de se conformer à la marche de nos colonnes, en dépit des obstacles du terrain.

Le passage du Balou avait donc exigé les plus grands efforts et la perte d'un temps considérable. Je pris dès ce moment la résolution de le rendre au plus tôt parfaitement praticable, en y faisant construire une route carrossable. Du reste, les difficultés avaient été encore plus grandes pour franchir les deux marigots du Laoussa qui faisaient suite au

Balou. Il avait fallu tout l'entrain de nos canonniers et conducteurs pour venir à bout de cette opération. Les attelages avaient été triplés, et, en outre, six hommes se tenaient derrière chaque pièce ou chaque voiture, les retenant dans les descentes, les hissant et les poussant sur les rampes opposées. En somme, cette route en était toujours au même point qu'en 1880. Je chargeai M. Oswald, garde d'artillerie de marine, de dresser bien vite ses plans et projets pour les ponts à établir sur ces torrents. Nos magasins de Kayes renfermaient une abondante provision de dynamite et de coton-poudre,

Les passages du Laoussa en mars 1887.

ainsi que plusieurs éléments inutilisés de pont Eiffel; ces matériaux seraient employés pour ces travaux, qui devraient être entrepris dès l'ouverture de la prochaine campagne.

Nous sommes le 4 mars à Soukoutaly. Je passe ma journée à recevoir la visite des chefs et notables des villages environnants. Une visite originale, c'est celle des jeunes filles de Soukoutaly, qui, au nombre d'une trantaine environ, ont tenu à venir me présenter leurs compliments de bienvenue. Elles sont arrivées, avec le costume primitif qui leur est habituel, portant chacune un poulet et un œuf, qu'elles m'ont offerts en cadeau. C'est, paraît-il, le don que tous les ans elles font au commandant supérieur. Je les remercie et leur fais remettre à mon tour une grosse pièce de mousseline qu'elles se partageront.

La région que nous traversons présente toujours les mêmes sites pittoresques. Le Bakhoy coule à peu de distance sur notre gauche, roulant ses eaux vertes au milieu des rochers, dans une étroite vallée ceinte de tous côtés par les montagnes. C'est aussi une contrée très giboyeuse, et les antilopes, le matin, se montrent des deux côtés du sentier, effrayées à notre approche. Elles regardent tout étonnées, puis s'enfuient comme des folles, en bondissant au milieu des arbres. La végétation est luxuriante. Parmi les arbres, nous rencontrons beaucoup de *houls*, qui donnent un beau pompon rouge, s'entr'ouvrant pour laisser passer une gousse semblable à celle du haricot. Avec les graines farineuses que contient cette gousse, les indigènes fabriquent une sorte de pain, de couleur jaune, d'un goût douceâtre, qu'ils apprécient beaucoup. L'intérieur de cette graine, qui a la forme d'un haricot, renferme un noyau dont le goût rappelle celui du carry. Les naturels du pays le pilent et l'emploient comme assaisonnement de leurs aliments. La gousse entière, cuite dans l'eau, donne une bonne teinture noire.

Il y a aussi dans la forêt de nombreux *vênes*. Ce sont de beaux arbres, atteignant souvent plus de 10 mètres de hauteur. Ils fournissent un excellent bois de construction, dont les indigènes se servent pour la fabrication de leurs mortiers, pilons, pirogues. Avec l'écorce ils préparent une infusion qu'ils préconisent pour les courbatures; la cendre de cette écorce est employée comme remède sur les plaies.

Nous croisons de temps en temps nos petits postes de ravitaillement. Ce sont de simples gourbis de paille, servant de logement aux deux ou trois soldats européens qui dirigent le magasin. Un grand enclos, placé à quelque distance et loin de tout amas de paille, pour éviter les incendies, si fréquents dans le Soudan, renferme les caisses et colis du ravitaillement qui transitent par le petit poste.

Ce ravitaillement de nos postes, depuis Kayes jusqu'au Niger, est un véritable casse-tête chinois, et il en sera toujours ainsi tant que nous ne serons pas parvenus à relier ces postes par une route large et commode permettant un roulage régulier.

Les grands paquebots affrétés à Bordeaux profitent de la crue annuelle des eaux du Sénégal pour apporter jusqu'à Kayes les approvisionnements en vivres, matériel, munitions, etc., nécessaires pour la campagne. Là tous ces approvisionnements, qui peuvent se monter à 400 tonnes environ, sont répartis en colis de 25 à 30 kilogrammes au plus. Ils sont étiquetés au nom de chaque poste, pour être dirigés, en commençant par les plus éloignés, vers nos postes de l'intérieur. Le riz, la farine, le biscuit, le sucre sont dans des caisses de fer-blanc soudées; le vin, d'excellente marque d'ailleurs, est en bouteilles, contenues dans de solides caisses de bois. Il ne faut pas songer pour le moment à transporter de lourdes barriques, avec nos voies de communication si rudimentaires. Les obus sont placés par trois dans de petites caisses cubiques, pouvant être enlevées à l'occasion sur la tête des porteurs indigènes. Bref, il faut s'ingénier de toute manière pour rendre les colis facilement maniables et transportables.

Au moment de mon arrivée dans le Haut-Sénégal, le chemin de fer ne fonctionnait que jusqu'à Diamou, au kilomètre 54. C'est donc sur ce point que tous les approvisionnements sont d'abord concentrés par voie ferrée. De Diamou, un petit chemin de fer Decauville porte les colis vers le fleuve, où des pirogues les transportent jusqu'à Bafoulabé d'abord, puis jusqu'à Badumbé. Mais, en route, le fleuve est barré par des roches, par des rapides, quelquefois même par de véritables et infranchissables barrières, comme les chutes de Gouina et de Kalé. Les pirogues sont alors déchargées; les chargements sont placés sur les wagonnets Decauville, quand le trajet est long, comme à Gouina et Kalé, où l'on a posé un tronçon de ce petit chemin de fer; d'autres fois, pour des barrages moins importants, ce sont les piroguiers eux-mêmes qui chargent les caisses sur leurs têtes, les transportent en amont du barrage, puis, revenant sur leurs pas, prennent ensuite leurs pirogues, qu'ils mettent à l'eau dans le bief supérieur. Ces piroguiers sont d'audacieux gaillards. Armés de longues perches, ils dirigent avec une adresse merveilleuse leurs frêles embarcations à travers les rochers et les rapides, et j'ai toujours admiré leur hardiesse et leur habileté quand je voyais défiler devant moi l'un de ces convois de pirogues. A Badumbé, le Bakhoy devenant absolument impropre à toute espèce de navigation, le système de transport change encore. Les colis du ravitaillement sont chargés sur les petites voitures de tôle, attelées de mulets, qui les conduisent, après mille vicissitudes, jusqu'à notre dernier poste de Bammako, sur le Niger.

On comprend dans quel état les caisses finissent par arriver à destination, après ce long trajet de 700 kilomètres, après ces déchargements et transbordements incessants. Ces caisses sont défoncées; leur contenu est mouillé au passage des rivières. On a ainsi des pertes considérables, sans compter les vols, qui, à l'origine, se pratiquaient sur une grande échelle de la part des piroguiers et des convoyeurs, quand ils ne se sentaient plus sous la surveillance de nos chefs de petits postes. Les indigènes sont très friands de sucre et de café, et les caisses contenant ces denrées arrivaient quelquefois à moitié vides, ou remplies de petites pierres ou de sable. J'avais dû déployer une très grande sévérité pour arrêter ces déprédations, qui auraient fini par compromettre le ravitaillement de nos postes supérieurs. Les voleurs pris en flagrant délit étaient d'abord privés de leur solde, puis exposés au centre de la place du poste le plus voisin. Ils étaient attachés à un poteau, portant au-dessus de leur tête un grand écriteau avec le mot *voleur* en arabe. Les coupables étaient très sensibles à ce genre de punition, et en peu de temps je parvins ainsi à arrêter la série des vols qui se commettaient, chaque année, sur notre ligne de ravitaillement.

Nos opérations contre le marabout Mahmadou Lamine ne m'avaient pas permis de m'occuper comme je l'aurais voulu de cette question de ravitaillement de nos postes, mais je pensais qu'il fallait en finir au plus vite avec notre système actuel. Le mieux serait de supprimer tout transport par eau, qui occasionnait tant de pertes dans les denrées, et de pousser activement la construction d'une bonne route, ferrée ou non, jusqu'à Bafoulabé et même jusqu'au Niger. On a vu que l'on s'occupait sérieusement de mettre en train ce travail.

La colonne est, le 5 mars, à Badumbé, où l'on a élevé un petit poste, pour servir d'intermédiaire entre les deux grands établissements de Bafoulabé et de Kita. Le blockhaus de Badumbé s'élève sur une éminence de terrain, en forme de fer à cheval, limitée au nord par le Bakhoy, au sud par le marigot de Bandiako, à l'ouest par le confluent de ces deux cours d'eau. Une muraille d'enceinte circonscrit l'emplacement occupé par le poste, qui comprend un pavillon carré, servant de logement aux officiers, et, dans la cour, autour du mur d'enceinte, quelques mauvaises cases en pisé, où sont installés les magasins aux vivres et les logements des soldats européens. Le village de Badumbé se trouvait toujours à la place où je l'avais laissé en 1881, mais ses murailles étaient en ruines, et l'intérieur était d'une saleté repoussante.

Tout près du poste, sur la berge du Bakhoy, on avait établi deux jardins potagers, qui paraissaient admirablement entretenus. Ils fournissaient la preuve convaincante que le sol du Soudan convient à presque tous les genres de culture maraîchère. On y récoltait des choux, aussi beaux et aussi bien venus que ceux de nos jardins d'Europe, de l'oseille, des betteraves, aubergines, oignons, carottes, choux-fleurs, navets, melons, pommes de terre, radis, salades, tomates, sans compter les légumes propres au pays, tels que manioc, patates, diabérés, etc. Enfin, des plates-bandes de fleurs réjouissaient l'œil, depuis longtemps déshabitué de ce spectacle.

Mon premier soin en inspectant le poste et les environs de Badumbé fut d'ordonner la construction, dans l'intérieur de l'enceinte, de deux petits pavillons, destinés à servir de logements aux soldats européens, et de prescrire au vieux chef de village de jeter à terre les murs délabrés de son tata, et d'exécuter des travaux de voirie analogues à ceux de Kayes. De plus, une grande avenue devait réunir le village au poste, et l'on ferait partout de vastes plantations, pour se procurer l'ombre et la fraîcheur qui

Fort de Badumbé.

manquaient aux environs de Badumbé. Quand je repassai dans ce poste, un mois plus tard, tous ces travaux étaient terminés ou en bonne voie d'exécution.

Nous ne restons que deux jours à Badumbé. Les nuits étaient encore passablement fraîches ; mais, en revanche, les journées étaient horriblement chaudes. Nous avions régulièrement, chaque jour, entre midi et trois heures, de 40 à 42 degrés de température sous nos gourbis. Et cependant, malgré cette épouvantable chaleur, il me fallait toujours écrire, rédiger quantité de télégrammes, recevoir les chefs, palabrer, etc. On m'apportait de nombreux cadeaux en bœufs, moutons, lait, œufs, qui servaient à enrichir les popotes de nos soldats. Refuser ces cadeaux, il n'y faudrait pas songer, car ce serait faire une mortelle injure à ces braves nègres.

Le télégraphe m'apportait, à Badumbé, des nouvelles de la mission du capitaine Péroz, qui était arrivé le 15 février à Bissandougou, où elle avait été reçue en grande pompe par Samory. Mais les négociations étaient très laborieuses, et l'almamy faisait la sourde oreille à toutes les propositions qui lui étaient apportées. Je rédigeai aussitôt une lettre dans laquelle je prévenais Samory que tout atermoiement de sa part entraînerait la rupture des négociations et le retour immédiat de la mission sur la rive gauche du Niger, où je la retrouverais, dans peu de jours, avec ma colonne. Je savais que le souverain du Ouassoulou était engagé dans de sérieuses difficultés intérieures, et je comptais sur le ton comminatoire de ma lettre pour emporter de haute lutte le succès. Du reste, mes inquiétudes du côté de Lamine étant maintenant apaisées, et Ahmadou se montrant animé des meilleures dispositions, je me sentais les mains libres vis-à-vis de Samory, et bien préparé à l'amener à subir nos volontés.

Nous quittions Badumbé le 7 mars, et, par la route déjà parcourue lors de mon premier voyage, nous parvenons au gué de Toukoto. Les eaux étaient alors assez basses, et toute la colonne le franchit avec une remarquable aisance et sans s'arrêter. On se rappelle que, lors de ma première exploration, il avait fallu descendre de cheval, décharger les animaux et transporter les bagages à tête d'homme. C'est ainsi, du reste, que l'on franchissait d'ordinaire ce passage peu commode. Cette fois, dès que nous eûmes atteint le bord de la rivière, je donnai l'ordre aux spahis de s'engager immédiatement sur le fond rocheux et glissant du gué, puis j'emboîtai le pas avec l'état-major. Les tirailleurs suivent, et, après eux, l'artillerie avec ses pièces attelées, les canonniers ayant simplement retiré les culasses pour éviter l'eau, l'infanterie sur ses mulets, le train avec ses petites voitures. Bref, le passage était complètement terminé en trois quarts d'heure. Cette opération s'était faite avec beaucoup d'entrain, et on éprouvait un véritable plaisir à voir les hommes, les chevaux, les voitures se succéder au milieu du gué, les canons rouler sur les rochers en éclaboussant l'eau, les roues s'enfonçant dans les cavités, les canonniers poussant à la volée. En somme, ces petites pièces de 80 millimètres, qui venaient de participer à l'expédition de Diana, avaient parfaitement tenu bon jusqu'à ce jour. On pouvait les considérer maintenant comme bien acclimatées dans le Haut-Fleuve, où elles avaient détrôné notre matériel suranné de 4 R. de montagne.

Nous passons la journée sur la rive droite du Toukoto, d'où j'expédie l'un de nos officiers pour effectuer une reconnaissance sérieuse des environs en amont et en aval du gué, et examiner si l'on ne pourrait pas trouver un endroit moins large, permettant l'établissement d'un pont. Avec le mouvement des colonnes, des convois, qui a lieu actuellement entre les deux rives du Bakhoy, on ne peut réellement se contenter d'un passage aussi primitif que celui du Toukoto, où la hauteur des eaux et la violence du courant rendent les communications toujours très dangereuses en hivernage. Nous devons arriver à avoir un pont sur le Bakhoy, en utilisant les emplacements où des îlots placés au milieu de la rivière permettraient l'établissement des piles et faciliteraient la construction.

Nous sommes à Kita le 12 mars. Nous avons successivement parcouru les étapes de mon premier voyage. Ce sont toujours les mêmes solitudes, peuplées de fauves et d'antilopes, les forêts d'arbres à beurre, puis les villages du Fouladougou, avec l'ancien campement de Mungo-Park, et, enfin, les marigots, au cours tranquille, aux bords couverts de bambous et de pandanus. Nous avons trouvé vide le joli petit village de Manambougou, si coquettement placé dans une vallée de roniers ; ses habitants l'ont évacué pour s'installer sur les bords du Kégnéko, où les terrains étaient meilleurs pour les cultures. Je remarque, chemin faisant, que ces cultures ont augmenté d'importance. Du reste, le pays est partout tranquille, et notre présence parmi ces populations indigènes a eu au moins pour résultat de faire cesser les guerres continuelles qui les déchiraient entre elles.

Le 12 mars, de bon matin, nous passons au petit village de Boudovo, d'où l'on a une belle vue du massif de Kita, et, peu après, nous sommes devant le fort, placé tout près du village de Makadiambougou.

Le fort de Kita est le plus important de tout le Soudan français. Il a été construit pendant les années 1881, 1882 et 1883. Il est placé, dans la plaine, sur une petite élévation, de manière à commander toutes les routes qui s'y croisent. Il est dominé par les deux montagnes entre lesquelles est la gorge du pays de Kita, mais il se trouve à une assez grande distance de l'une et de l'autre pour n'avoir rien à redouter en cas d'attaque, les indigènes n'ayant pas d'artillerie et ne possédant que des fusils d'une assez faible portée. On avait bien pensé à élever le fort sur l'une des hauteurs avoisinantes, mais on avait dû tenir compte de certaines considérations, relatives à l'eau, au travail des noirs, au temps, qui avaient obligé à le construire dans la plaine. L'ensemble des ouvrages de Kita comprend le fort proprement dit et le camp retranché.

Le fort est en maçonnerie. Son contour extérieur a la forme d'un grand rectangle, ayant environ 75 mètres sur 50 mètres. Aux extrémités d'une même diagonale sont deux bastions également en maçonnerie, en saillie sur les côtés du rectangle.

Les bâtiments des faces nord, est et ouest, et les bastions n'ont qu'un rez-de-chaussée; le bâtiment sud a un rez-de-chaussée, un étage et des combles.

Quant au camp retranché, il entoure le fort et forme un vaste rectangle bastionné, dont les côtés extérieurs ont 200 et 240 mètres.

Les murs, en argile, ont 45 centimètres d'épaisseur. Un fossé, de profondeur variable, s'étend le long de ces murs.

A Kita je ne retrouvai plus Tokonta, l'ancien chef, qui était mort peu avant; son fils, Ibrahima, qui m'avait accompagné à Ségou, se présenta à

Intérieur du fort de Kita.

moi dès mon arrivée. Il était devenu un beau jeune homme, portant avec élégance le costume de chef malinké. Il était accompagné de Fatimata, sa première femme, qui avait la tête couverte de très jolis bijoux en or.

Pendant les quelques jours que je passai à Kita, j'ordonnai les mêmes travaux d'assainissement et de voirie que dans nos autres postes. Le village de Makadiambougou, qui était devenu très considérable, fut percé de rues larges et plantées d'arbres. Déjà mon ami Piétri, qui, en 1883, avait commandé le fort, avait commencé le tracé d'une route, que nos soldats avaient appelée « Route de France ». Je prescrivis de la faire continuer dans la direction de Goniokori, en recommandant bien de ne pas abattre ou laisser brûler les arbres qui se trouvaient sur ses côtés.

Je fis faire ensuite toutes les études nécessaires pour la construction, sur le massif de Kita, d'un sanatorium destiné à recevoir nos malades et convalescents. Le commandant Vallière et le docteur Brindejonc de Tréglodé, que j'avais chargés de ces études, retrouvèrent, à 90 mètres environ d'élévation au-dessus de la plaine, un emplacement assez vaste et bien ombragé, qui avait déjà fait l'objet des recherches du colonel Desbordes. Ce lieu avait été appelé la *Source*, à cause d'une source qui jaillissait d'un rocher et coulait en permanence, bien qu'en faible quantité pendant la saison sèche. La *Source* était, à peu près, à une demi-heure du fort, auquel il serait facile

Les habitants de Maréna surveillant les Maures. (Voir p. 172.)

de la relier par une route en corniche. Le terrain fournissait d'ailleurs, sur place, tous les matériaux nécessaires à la construction : pierres, bois, etc.

Avec ces premiers renseignements, le capitaine directeur des travaux put établir un projet de construction pour un sanatorium où nos officiers et soldats malades pourraient être installés confortablement, et se remettre des fatigues occasionnées par un séjour dans les postes, plus malsains, de la plaine.

De Kita j'expédiai deux nouvelles missions d'officiers, l'une avec le capitaine d'infanterie de marine Martin, pour explorer les parties encore inconnues du Bambouk et compléter les renseignements déjà rapportés par M. Reichemberg; l'autre, avec M. Liotard, pharmacien de la marine, pour visiter le Bouré et ses gisements aurifères, et se rendre compte des ressources de la région en lianes-caoutchouc.

La colonne laissait Kita le 20 mars. Je la faisais précéder par un fort détachement de tirailleurs, chargé de parcourir tout le pays situé au sud du Baoulé, qui était infesté de pillards maures. Ceux-ci, cachés dans les épaisses forêts qui couvraient toute la contrée, attaquaient les caravanes sans défense, enlevaient les femmes et les enfants, et ôtaient toute sécurité aux routes qui mettaient Kita en communication avec le Kaarta et Bammako. Malheureusement ces adroits bandits disparaissaient dès qu'une force militaire était signalée, et jusqu'à ce jour on n'avait pu mettre la main sur aucun d'entre eux. Au Bandingho, où nous passâmes la journée du 20, les chefs des villages de la région Maréna, Bangassi, etc., vinrent me renouveler leurs plaintes sur le dangereux voisinage de ces Maures. Ils me donnèrent, sur leur existence, des détails qui indiquaient bien la terreur qu'inspiraient ces brigands. Les habitants n'osaient s'éloigner de l'enceinte de leurs tatas, ni étendre leurs cultures. Chaque fois qu'ils allaient dehors, soit pour cultiver, soit pour faire du bois, soit pour tout autre motif, ils étaient forcés de marcher armés et en troupe. Plusieurs de leurs jeunes gens étaient constamment en sentinelles sur les terrasses des cases, ou au sommet de l'arbre à palabres, pour annoncer l'ennemi et donner le signal de l'alarme. Bref, c'était une situation intolérable, à laquelle je me promis d'apporter un remède au plus tôt.

Je pensais que le meilleur moyen de ramener la tranquillité et la sécurité dans cette contrée serait de reporter vers le nord, au sommet de la boucle du Baoulé, notre poste de Koundou, situé actuellement en un point où il ne présentait plus guère d'utilité. Nous arrivons à ce poste le 25 mars. On l'a construit sur une colline dominant d'une trentaine de mètres la plaine environnante. On y accède par un chemin en zigzag, taillé dans la hauteur, qu'un mur en pisé défile des vues de la plaine.

A Koundou j'ordonne les mêmes travaux que dans nos autres postes, et je fais entrevoir aux habitants, venus pour me porter leurs plaintes contre les Maures pillards, un avenir meilleur et un prompt remède à leurs maux.

CHAPITRE X

Séjour à Bammako. — Baptême de la canonnière *Mage*. — Le fort de Niagassola. — Difficultés de la route de Niagassola à Kita. — Retour à Kayes. — Embellissements et constructions à Kayes. — Tentative de Soybou pour franchir le Sénégal. — Sa capture et son exécution. — Traité avec Ahmadou. — Réception de ses ambassadeurs à Kayes. — Mesures de précaution contre Mahmadou Lamine pendant l'hivernage. — Retour de la colonne en France.

La colonne parvient à Bammako, sur les bords du Niger, le 1ᵉʳ avril. Les lecteurs de mon premier ouvrage sur le Soudan français[1] connaissent déjà la route que nous avons suivie. J'avais tenu à bivouaquer à Dio, pour visiter les lieux qui avaient été le théâtre de l'attaque du 11 mai 1880. J'éprouvais de la satisfaction à revoir le marigot où le docteur Tautain avait soutenu un combat si acharné contre les assaillants, les ruines où j'avais rallié ma petite troupe pour marcher à son secours, la forêt où nous avions commencé notre retraite vers le Niger, désespérant presque d'atteindre ce fleuve. Le village de Dio était à peu près vide de ses habitants, car ceux-ci, malgré le pardon qui leur avait été octroyé, s'étaient retirés à quelques kilomètres vers l'intérieur, tout en s'étant parfaitement soumis à notre autorité. Cependant je retrouvais encore à Dio quelques-uns des indigènes qui étaient présents à l'affaire; mais ils semblaient avoir la plus grande répugnance à répondre à mes questions sur ces événements. Comme je cherchais à m'informer du mobile qui les avait poussés à m'attaquer, l'un d'eux me répondit : « Ah! nous étions fous ce jour-là! Les jeunes gens n'ont pas voulu écouter les vieux. Nous avons été bien punis. »

Bammako aussi était plein de souvenirs pour moi. C'est là que notre malheureuse mission avait réussi à se reconstituer tant bien que mal en 1880, et avait résolu de continuer sa marche sur Ségou, malgré le dénû-

---

[1]. Voir *Voyage au Soudan français*.

ment dans lequel nous nous trouvions alors. Mais que de changements depuis cette époque !

On y avait construit un fort. Il était placé dans la plaine, entre Bammako et la chaîne de montagnes qui limite de ce côté le bassin du Niger. Il flanquait deux faces du village, enfilait la route de Ségou et dominait la plaine, dans laquelle on débouche en venant du Bélédougou ou du Manding.

Le fort a l'aspect d'un grand rectangle de 95 mètres de long sur 70 mètres de large. Une partie de l'enceinte est en maçonnerie, l'autre en pisé.

Trois petits pavillons, placés à cheval sur le mur d'enceinte, servent de logements aux officiers et soldats européens de la garnison. Ils permettent en même temps aux tireurs placés dans ces pavillons de croiser leurs feux le long des faces, et d'en interdire, le cas échéant, l'approche aux assaillants.

Un fossé entoure tout le fort.

Le docteur Tautain, auquel j'avais confié le commandement de Bammako, ne s'y trouvait pas alors. Il était parti, depuis une quinzaine de jours, pour une mission, dont je l'avais chargé, dans le nord du Bélédougou et sur les confins du Sahara. Accompagné du lieutenant Quiquandon, chargé des levés topographiques, mon ancien compagnon d'exploration devait reconnaître toute cette région, s'étendant sur la rive gauche du Niger, au nord de Bammako, et s'aboucher avec les peuplades bambaras ou maures qui se trouvaient dans la direction de Tombouctou. Il pourrait ainsi faciliter la mission de la canonnière en rapportant des renseignements sur les populations riveraines du Niger, au nord de Ségou.

Le commandant Caron s'était activement occupé de la double tâche qui lui avait été confiée. On se rappelle qu'il devait faire construire, avec ses ouvriers indigènes, une coque en bois propre à recevoir ensuite une machine. Cet essai devait être très intéressant, et j'eus la satisfaction de pouvoir constater qu'il avait en grande partie réussi. Un chantier avait été organisé au bord du fleuve, près de l'endroit même où fut lancée la canonnière *Niger*, sur une petite éminence située à 1200 mètres environ dans le sud-est du fort. Déjà, au moment de mon arrivée, le nouveau bâtiment commençait à prendre tournure : la quille, les couples étaient en place. Le bordé de fond était terminé, et l'on s'occupait du calfatage, afin de n'être pas surpris par les eaux.

J'avais fait donner à cette nouvelle canonnière le nom de *Mage*, pour perpétuer le souvenir du premier officier qui avait vu le Niger, en 1863

Le 2 avril, une patriotique cérémonie eut lieu pour procéder au baptême du *Mage*. Tout le monde s'était donné rendez-vous sur les bords du Niger : officiers et chefs de service de la colonne, le roi de Bammako et un nombreux concours d'indigènes.

Après une salve de dix coups de canon, j'aspergeai la coque, encore inachevée, de la canonnière et je prononçai une allocution, dans laquelle j'expliquai que ce nom de Mage, donné à la canonnière, était celui de l'intrépide officier qui reçut le premier, il y a trente ans, la mission de pénétrer jusqu'à Ségou. Puis je bus au commandant Caron, aux officiers et aux marins qui allaient tenter le périlleux voyage de Tombouctou. J'annonçai qu'avant trois mois nous recevrions la nouvelle que la canon-

Baptême de la canonnière *Mage*.

nière française aurait jeté l'ancre devant Kabara, le port de ce célèbre marché.

Le commandant Caron me remercia de mes paroles et de mes encouragements aux officiers et marins de l'expédition. Il manifesta sa ferme espérance d'arriver au terme de sa mission, et voulut bien aussi porter un toast en mon honneur.

L'assistance visita ensuite la canonnière, dont la construction révélait toutes les qualités d'intelligence de M. Caron. Le navire avait 25 mètres de long, 5 mètres de large et jaugeait 100 tonneaux. Il devait flotter vers le 15 juin, et n'attendrait plus alors que sa machine pour sillonner les nombreux et puissants affluents du bassin supérieur du Niger.

La visite achevée, les officiers se réunirent autour d'une table faite de madriers destinés au bordage de la canonnière, et que le commandant

Caron, à la surprise de tous, avait su couvrir de rafraîchissements, de victuailles et de fruits. Ce buffet inespéré fut mis au pillage, et la plus cordiale gaieté ne cessa de régner parmi ce groupe de jeunes Français, que les fatigues endurées n'avaient pu encore assombrir.

La nuit venue, des feux Coston, des fusées, des artifices, continuèrent à éclairer cette fête patriotique, à la grande joie des indigènes, massés devant le tata de Bammako.

Puis chacun regagna son gourbi, pensant avec orgueil que bientôt le *Niger* porterait les couleurs françaises devant Kabara, pendant que, vers le sud, le *Mage* irait fouiller dans ses replis les affluents encore inconnus du mystérieux Djoliba.

Une bien excellente nouvelle m'arrivait avant mon départ de Bammako. Par un télégramme, envoyé par un courrier rapide à Niagassola, le capitaine Péroz m'informait que, dès la réception de ma lettre, l'almamy Samory avait signé, le 23 mars 1887, le traité de Bissandougou. Le Niger servait désormais de frontière entre les possessions françaises et les États de ce souverain nègre. Ceux-ci étaient placés sous le protectorat exclusif de la France, et notre commerce national était entièrement libre dans les immenses territoires dépendant de l'almamy. Ces précieux résultats, dus à l'énergie et à l'adresse diplomatique du capitaine Péroz, poussaient les frontières du Soudan français, vers le sud, jusqu'à la colonie anglaise de Sierra-Leone et à la république de Liberia. Ils formaient le complément naturel des succès déjà obtenus sur les bords de la Gambie.

Il ne restait plus maintenant qu'à décider le sultan Ahmadou à imiter l'exemple de Samory, et le Soudan français formerait alors un empire compact et complètement soumis à notre influence, surtout si notre canonnière réussissait dans son entreprise sur Tombouctou.

Je prescrivis au capitaine Péroz de rentrer à Bafoulabé par le Tankisso, important affluent du Niger, en complétant la carte des pays inexplorés qu'il trouverait sur sa route.

J'aurais désiré parcourir avec la colonne tout le Bélédougou, où plusieurs cas assez graves d'insoumission venaient de se produire, mais, la saison des pluies approchait à grands pas, et je me voyais forcé de remettre cette expédition à la prochaine campagne. Au Soudan, dès que l'hivernage arrive, il faut renoncer à toutes les opérations actives. Nos garnisons s'enferment alors dans les postes, bien approvisionnées en vivres et en munitions, et attendent que la saison sèche permette de se répandre au loin, pour faire la police des régions placées sous notre influence. Agir autrement serait compromettre, inutilement, la santé et la vie de nos hommes et de nos animaux.

La colonne laisse donc Bammako le 5 avril, et, par l'itinéraire que nous a si bien décrit le commandant Vallière lorsque, pour la première fois, en 1880 il explorait cette région, parvient le 15 du même mois à Niagassola. On se rappelle la réception que le vieux Mambi avait faite à mon envoyé. Aujourd'hui, sur un mamelon situé à 500 ou 600 mètres du village, on a construit un fort qui nous assure la prééminence dans la vallée du Bakhoy. Un pavillon central, en maçonnerie, sert de logement aux officiers et soldats européens et abrite la poudrière, les magasins et les bureaux du télégraphe. Ce fort a pu avoir une grande utilité pendant ces dernières années, alors que le pays était ravagé par les sofas de Samory, mais actuellement une tranquillité absolue règne dans la région, et sa garnison serait mieux placée ailleurs ; je préférerais la voir sur les bords du Tankisso, par exemple à Dinguiray.

Notre établissement de Niagassola est, du reste, placé dans un très beau site, au milieu d'un gracieux cirque de montagnes, à l'aspect verdoyant, que sillonnent plusieurs cours d'eau.

Nous ne restons que deux jours à Niagassola. J'y reçois la visite des chefs des villages du Manding, qui ne sont pas encore remis des secousses de la dernière guerre avec Samory. Celui-ci a emmené de nombreux habitants sur la rive droite, et ceux qui restent, craignant toujours les cavaliers de l'almamy, se sont réfugiés dans les montagnes et n'osent se livrer en paix à leurs cultures. Je les rassure, leur communique les termes du dernier traité, et leur annonce que désormais aucun sofa ne franchira plus le Niger, et que je vais m'efforcer de me faire rendre leurs gens qui sont encore avec Samory.

Nous repartons le 15, dans la direction de Kita. Le terrain était des plus difficiles. On se souvient des obstacles que Vallière y avait rencontrés lors de son premier voyage. Or notre colonne comprenait maintenant des canons et même des voitures, et je laisse à penser les efforts que nous dûmes faire pour franchir les passages montagneux qui séparent Niagassola de Mourgoula. Nous partions de nuit, pour éviter la grande chaleur ; aussi la colonne était-elle précédée, dans sa marche, par une troupe de Malinkés portant des torches allumées. Ces indigènes étaient échelonnés tout le long de la colonne, surtout auprès des pièces d'artillerie et du convoi de voitures. Nous eûmes ainsi à franchir, par une obscurité complète, la rivière de Diulafako. C'était un cours d'eau peu profond, mais à lit rocheux, où les chevaux et mulets glissaient à chaque pas. Les porteurs de

12

torches étaient placés le long du passage, tandis que des tirailleurs se tenaient en aval, prêts à retenir les hommes et animaux qui tombaient. Ce passage en pleine nuit, à la lueur des torches, offrait un spectacle des plus pittoresques.

Il faut signaler encore la marche de la colonne à travers les gorges de Nianfa, qui dut s'exécuter en plein jour, à cause des obstacles de la route. Le sentier serpentait le long de la montagne, ayant d'un côté les parois à pic des rochers, tandis que de l'autre côté s'ouvraient des précipices profonds, où hommes et animaux menaçaient de rouler au moindre faux

Passage du Diulafako.

pas. Nous poussons tous un soupir de soulagement quand nous parvenons dans la plaine de Mourgoula.

Le 19, nous nous retrouvons à Kita. J'y rencontre le capitaine Oberdorf, qui, parti de Diana quatre mois auparavant, vient d'accomplir heureusement sa longue et difficile mission dans les vallées de la Falémé et du Bafing. Il avait visité d'abord la Haute-Gambie, puis, franchissant les deux fleuves que je viens de citer, était parvenu dans les États d'Aguibou, le chef de Dinguiray. Personne n'avait encore exploré cette région, où je tenais à nous attacher Aguibou, dont la capitale se trouve sur la route du Fouta-Djalon et de nos établissements des Rivières du Sud. M. Oberdorf avait réussi de tous points dans sa mission. Aguibou avait placé ses États sous notre protectorat, ce qui prolongeait encore vers le sud les limites de nos possessions soudaniennes.

Nous laissons Kita le 21 avril. Je hâte ma marche, car le commandant Monségur vient de me télégraphier que Soybou, le fils de Lamine, poursuivi par les cavaliers d'Ahmadou, s'est rapproché du fleuve et se propose de passer sur notre rive. Il me signale un commencement d'effervescence parmi les villages sarracolets et, notamment, à Tuabo, près de Bakel. De

Kayes : le nouveau dépôt des machines.

plus, des envoyés du sultan m'attendent à Kayes pour conclure le traité projeté.

Nous sommes à Bafoulabé le 30 avril. Les pluies ont déjà commencé, et, avant d'arriver à Badumbé, nous avons subi un violent orage. La route de Badumbé à Bafoulabé était à peu près achevée, sauf les ponts, dont on ne pourrait s'occuper qu'à la campagne prochaine.

Je donne à peine un jour de repos à Bafoulabé aux hommes et aux animaux, et nous partons le 2 mai, pour arriver à Kayes quatre jours après.

Kayes était alors presque une ville. Dès l'arrivée du train, l'œil était agréablement surpris par les constructions nouvelles, qui étaient complètement terminées. Le nouveau dépôt de machines se trouvait à droite de la voie, offrant désormais, sous son toit de briques rouges, un solide abri à nos locomotives. Sur le bord du fleuve on avait fait disparaître l'ignoble hangar de planches où étaient remisées les machines au milieu des débris de l'incendie de 1884. Tout cela n'existait plus, et l'on avait peine à se figurer l'incroyable désordre qui régnait jadis en cet endroit. Le gigantesque ficus sous lequel était installée la forge du chemin de fer était complètement libre, et non loin se dressait, entièrement achevé, le beau pavillon construit pour loger nos officiers. Devant ce bâtiment, tout le terrain avait été dégagé des décombres qui s'y trouvaient, et l'on avait fait une belle plantation de mimosas formant square. Toutes les berges du Sénégal étaient en ce moment couvertes de beaux jardins, où le comman-

Kayes : le nouveau pavillon des officiers.

dant Monségur avait fait toutes sortes de plantations : bananiers, grenadiers, orangers, citronniers, goyaviers, légumes et fleurs d'Europe, ainsi que de nombreux arbres du pays.

Partout, en parcourant les quartiers indigènes, je retrouvai les mêmes transformations. Kayes était enfin ce qu'il devait être, et l'on éprouvait un véritable plaisir à se promener dans les larges voies qui sillonnaient la ville et lui avaient enlevé en partie son insalubrité.

Le service du chemin de fer avait aussi beaucoup travaillé, car, outre son dépôt de machines, il avait pu mener ses travaux d'avancement jusqu'au point que j'avais indiqué, c'est-à-dire au torrent du Galougo. Il avait fallu, au delà du pont du Bagouko, en construire un second, sur le

Vue de Kayes en 1887, après l'exécution des travaux.

marigot de Tambacoumbafara. Malheureusement un bien triste événement était survenu peu de jours avant mon arrivée : c'était la mort de M. Descamps, directeur du chemin de fer. Ce jeune et distingué ingénieur avait succombé aux atteintes du climat et aux fatigues d'un séjour de trois années au Soudan.

J'eus à m'occuper de suite de Soybou. Le fils du marabout tenait toujours la campagne sur la rive droite du Sénégal, mais Ahmadou, à qui je venais d'écrire à ce sujet, le faisait pourchasser par toute sa cavalerie. De mon côté, j'avais pris les mesures nécessaires pour pouvoir l'arrêter quand

Le pont de Tambacoumbafara.

il tenterait de passer sur notre rive. Il fallait, à tout prix, sous peine de voir s'insurger encore les populations sarracolets, éviter qu'il ne pût rejoindre son père. Le fanatisme religieux est grand parmi ces indigènes, qui, au fond, avaient conservé toutes leurs préférences pour le marabout et son fils. Nos interprètes et hommes de confiance avaient été envoyés dans le Kaméra, pour surveiller le passage de Soybou et des gens qu'il avait encore avec lui. Les garnisons de Médine et de Kayes, sous le commandement du lieutenant Reichemberg, avaient été échelonnées entre la Falémé et le village de Tambokané, prêtes à se réunir pour arrêter le jeune chef ; celle de Bakel surveillait également les passages entre Arondou et Tuabo. Deux chalands armés en guerre, avec nos pièces de 65 millimètres, croisaient entre Arondou et Tambokané, gardant les principaux gués. Une lettre arabe avait été adressée à tous les chefs du Kaméra pour les informer qu'ils payeraient de leurs têtes toute tentative de rébellion, toute connivence avec Soybou. En un mot, une véritable chasse à l'homme avait été organisée, pour éloigner le péril qui nous menaçait encore. De plus, je me préparai à envoyer la colonne dans le Kaméra.

Celle-ci avait mis juste un mois pour venir de Bammako à Kayes, et accomplir les 700 kilomètres qui séparent ces deux points. Malgré la rapidité de nos marches, elle n'avait eu aucun décès, ni même aucun malade sérieux pendant cette longue route. Il est vrai que j'avais veillé d'une manière toute particulière à l'alimentation et aux soins hygiéniques de nos soldats. Je fis donc un dernier appel au dévouement de tous, et j'expédiai la colonne, sous le commandement de Vallière, le long du Sénégal, afin d'assurer une tranquillité complète dans cette région menacée encore par l'approche du fils de Mahmadou Lamine. Je concentrai en même temps à Tambokané la flottille de chalands destinée à nous descendre vers Podor avant les pluies et dès que la question Soybou aurait été réglée.

Nous n'eûmes, du reste, pas longtemps à attendre, car, le jour même où la colonne avait quitté Kayes, un courrier du lieutenant Reichemberg m'annonçait la prise de notre ennemi.

C'est au village de Dikokori que ce jeune chef, harcelé par les cavaliers d'Ahmadou, avait tenté le passage du fleuve. Il s'y était présenté avec les hommes qui lui servaient encore d'escorte, mais le petit poste de tirailleurs qui y avait été établi, renforcé par quelques habitants du village, avait ouvert aussitôt le feu contre le fugitif et ses partisans. En même temps, le lieutenant Reichemberg, qui se trouvait non loin de là, prévenu par un courrier rapide, était accouru. Il faisait passer un détachement de tirailleurs sur la rive droite du fleuve, et Soybou se trouvait pris ainsi entre deux feux. Il fit une défense acharnée, et ce n'est qu'après avoir perdu la plupart de ses gens qu'on put s'emparer de sa personne.

J'aurais voulu faire grâce au prisonnier, mais tout acte de clémence aurait été considéré comme une faiblesse. C'était Soybou qui avait dirigé le siège de Bakel, un an auparavant, et qui, à la tête de ses fanatiques Talibés, avait incendié les villages environnants, pillé les dépôts de marchandises, et fait mettre à mort les malheureux tombés en sa possession. Le lieutenant Reichemberg réunit donc, sur mon ordre, une cour martiale, dans laquelle entrèrent deux traitants de Bakel, choisis parmi ceux qui avaient défendu la ville lors du siège. Mais, pour atténuer en quelque mesure le sort du fils de Lamine, j'avais prescrit qu'il mourrait en soldat, au lieu d'être décapité, suivant la coutume des indigènes.

C'est avec le plus grand calme que Soybou se présenta devant ses juges. C'était un beau jeune homme — il n'avait que dix-huit ans, — à la figure intelligente, aux traits fins et énergiques. Il ne fit aucune réponse aux questions qui lui furent posées sur les motifs qui l'avaient poussé à prendre les armes contre les Français, et à détruire nos établissements du fleuve. Seulement, à la fin de l'interrogatoire, s'adressant au lieutenant Reichemberg, il lui dit : « Pourquoi frappes-tu le bras qui a exécuté, et non la tête qui a ordonné? »

Il fut reconnu coupable, et mené aussitôt devant le peloton d'exécution. Son visage exprimait toujours la plus grande sérénité, et à M. Reichemberg qui lui demandait s'il n'avait rien à dire avant de mourir, il répondit : « Remercie le colonel de me tuer avec ses fusils, et de ne pas me rendre indigne du séjour d'Allah ». Il tomba sous les balles des tirailleurs et fut enseveli sous un énorme baobab que l'on aperçoit près de l'embouchure de la Falémé, lorsqu'on passe en bateau devant le village de Goutioubé, où avait eu lieu l'exécution.

La capture et la mort de Soybou eurent un grand retentissement dans toute la région. Au moment de quitter le Soudan pour aller préparer en France la campagne suivante, cet événement m'enlevait toute préoccupation sur notre situation politique dans les États sarracolets, où les populations allaient pouvoir désormais se livrer en paix à leurs travaux de culture, et reprendre leurs transactions commerciales avec nos traitants.

Les négociations avec les ambassadeurs du sultan Ahmadou me retinrent encore quelques jours à Kayes. Ces pourparlers marchèrent d'ailleurs rondement, car le souverain toucouleur avait admis en principe toutes mes demandes. Le 12 avril, le traité signé par moi était expédié à Ahmadou, qui me le renvoyait également couvert de sa signature et de son sceau. Le sultan plaçait ses États présents et à venir sous le protectorat français. Il ouvrait ses possessions à nos traitants, et autorisait la navigation, sur le Niger et ses affluents, de nos bâtiments, de quelque nature qu'ils fussent. Ces résultats étaient inespérés, et le traité de Gouri (12 mai 1887) poussait les limites du Soudan français jusqu'au Sahara, vers le nord, et achevait l'œuvre de formation d'un empire compact, qu'il ne s'agissait plus maintenant que de souder à nos possessions, plus anciennes, du Bas-Sénégal. De plus, j'avais ainsi les mains libres pour agir vers le Fouta-Djalon et la rive droite du Niger et pour essayer de tendre la main à nos établissements des Rivières du sud et du golfe de Guinée. Dès ce moment il me semblait utile d'atteindre ce but pour donner une solution pratique à la question du Soudan.

Pour mieux frapper l'esprit des ambassadeurs toucouleurs, je leur fis visiter, pendant leur présence à Kayes, tous les objets de nature à agir sur leur imagination. Il était bon que l'on connût bien, dans l'entourage du sultan, quels étaient nos puissants moyens d'action vis-à-vis de nos adversaires. Le chef de l'ambassade, Samba N'Diaye, était un parent du Talibé, que j'avais connu autrefois à Nango. Je le fis d'abord monter dans un train de chemin de fer qui fut lancé à toute vitesse. (Cette petite excursion le plongea, lui et ses compagnons, dans le plus grand étonnement. A peine était-il de retour, qu'il se trouvait en face de nos pièces de 80 millimètres de montagne et de nos canons-revolvers Hotchkiss.)

Un tir est exécuté devant lui, dans la plaine de Kayes, jusqu'au delà de 3 kilomètres. On apporte ensuite un kropatscheck tout chargé, et l'un de nos plus adroits tirailleurs lance les neuf projectiles, en moins d'une demi-minute, dans plusieurs directions différentes. On peut juger de la stupéfaction de ces braves indigènes, habitués à leurs fusils à pierre. Mais, ce n'était pas fini, et je leur ménageais encore de nouvelles surprises.

On se rend au bord du Sénégal, et l'on jette dans le fleuve plusieurs cartouches de dynamite préalablement enflammées. Les volutes de fumée s'échappent au-dessus de l'eau, puis, tout à coup, une formidable explosion vient repousser les vagues jusqu'aux pieds des spectateurs. Les ambassadeurs n'en revenaient pas, et telle était leur stupéfaction, qu'ils refusèrent des poissons tués par le choc, attribuant leur mort à une cause surnaturelle.

Pour terminer, je les conduisis au bureau télégraphique, où le téléphone établissait des communications avec nos chantiers du chemin de fer de Tambacoumbafara.

« Connais-tu quelqu'un à Tambacoumbafara? » demandai-je à Samba N'Diaye.

Il se trouva justement que l'interprète de M. Portier, qui dirigeait les chantiers, était un Toucouleur de la rive droite, parfaitement connu de l'envoyé d'Ahmadou.

« Eh bien, mets-toi l'appareil aux oreilles et demande M. Portier? » L'expérience continua ainsi pendant quelques minutes. Samba N'Diaye et ses hommes étaient littéralement abasourdis, et leur impassibilité musulmane ne put tenir devant ces résultats extraordinaires. « Ah! ces blancs, il n'y a plus moyen de lutter avec eux.... » Une réponse bien typique fut celle que fit l'un des compagnons de Samba N'Diaye quand il se fut, à son tour,

L'exécution de Soybou.

servi de l'appareil. « Comment, ce gris-gris qui parle même toucouleur! moi qui croyais que l'on ne pouvait y parler que Toubab.... [1] »

Le 15 mai, après avoir serré la main au commandant Monségur, qui allait exercer le commandement pendant mon absence, et aux officiers et fonctionnaires qui devaient rester dans le Soudan durant l'hivernage, je m'embarquai sur un chaland léger qui, le soir même, m'amena à Tambokané, où m'attendait la flottille chargée de transporter la colonne jusqu'à

Une rue de Bakel en mai 1887.

Podor. Cette flottille comprenait trente chalands, contenant chacun une dizaine d'hommes. Deux d'entre eux étaient armés de pièces de 65 millimètres pour pouvoir en imposer, pendant le voyage, aux turbulentes populations du Fouta.

Nous étions à Bakel le 19. Cet établissement avait subi les mêmes transformations que Kayes. De larges avenues plantées d'arbres avaient été ouvertes partout, et la ville ne présentait plus cet aspect désolé qui rappelait le siège de l'année précédente. On avait, de plus, commencé de grands travaux de canalisation pour déverser au fleuve les eaux croupissantes qui rendaient si insalubres les abords de Bakel.

1. Toubab, Européen.

Le marabout Mahmadou Lamine, d'après les renseignements qui me furent donnés par les envoyés du roi du Bondou, était réfugié à Toubakouta, dans la Niani, sur les bords de la Gambie, où l'on annonçait que cet infatigable perturbateur avait déjà recruté de nouveaux partisans et n'avait nullement renoncé à la lutte. Pour assurer, d'une manière absolue, la sécurité de nos établissements du fleuve pendant l'hivernage, j'envoyai le capitaine Fortin, avec une forte garnison de tirailleurs et deux pièces de montagne, établir un poste fortifié à Bani, nœud des routes menant de la Gambie sur Bakel et Kayes. Il devait y construire une redoute provisoire pour pouvoir résister à toutes les tentatives d'attaque, et préparer, pour la campagne suivante, la ruine complète du marabout.

La flottille quittait Bakel le 10 mai. Le 1er juin, elle rencontrait l'aviso *Salamandre*, venu de Saint-Louis au-devant de nous. Le 4 juin, nous débarquions sur les quais de Saint-Louis, et, cinq jours après, nous embarquions pour la France. J'avais la satisfaction de pouvoir ramener avec moi, malgré les rudes épreuves de la campagne, le plus grand nombre de nos officiers et de nos braves soldats.

M. Étienne, sous-secrétaire d'État aux colonies, voulut bien approuver les résultats obtenus pendant cette première campagne, et me donner ensuite son concours le plus énergique pour la campagne suivante.

Avant d'entrer dans le récit de cette dernière, il est nécessaire de passer aux incidents du voyage de la canonnière à Tombouctou, et de la mission du capitaine Péroz dans le Ouassoulou.

CHAPITRE XI

MISSION DU COMMANDANT CARON A TOMBOUCTOU

La canonnière *Niger*. — Le mouillage de Manambougou. — Le commandant Caron et ses officiers. — Le chaland *Manambougou*. — Départ de l'expédition. — Séjour à Mopti. — Tidiani, roi du Macina. — Voyage à Bandiagara. — Le lac Dhéboë. — Navigation dans l'Issa Ber. — Arrivée à Koriumé, port de Tombouctou. — Situation politique du pays. — Hostilité des Touaregs et des Maures.

Depuis 1884 nous avions une canonnière sur le Niger. M. Froger, enseigne de vaisseau, avait été chargé de transporter ce bâtiment démontable jusqu'à Bammako. Au prix des plus grands efforts, cet officier réussissait à construire la canonnière : mais, au cours des essais, sa santé surmenée le forçait à rentrer en France.

L'année suivante, M. le lieutenant de vaisseau Davoust, qui recevait le commandement de la canonnière *Niger*, avait pris la route de Tombouctou : mais il avait dû s'arrêter dans les environs de Djenné. En 1886 la canonnière était restée immobile à son mouillage de Manambougou, et M. le lieutenant de vaisseau Caron montait avec moi dans le fleuve, au mois de novembre, pour aller remplacer M. Davoust, que la maladie avait obligé de rentrer en France. Nous avions tous deux la ferme volonté de voir le voyage de Tombouctou s'exécuter, dès que la hausse des eaux le permettrait, moi, en fournissant au commandant Caron tous les moyens nécessaires pour réussir, lui, en déployant dans l'accomplissement de ce voyage toute l'énergie qu'il faudrait, sans se laisser rebuter ni par les obstacles de la route, ni par l'insuccès de la tentative précédente. Une canonnière française flottait déjà depuis deux ans sur les eaux du grand Djoliba, et nous comprenions l'un et l'autre que notre amour-propre national exigeait que ce petit bâtiment montrât enfin nos couleurs devant Tombouctou.

Pendant ma présence à Bammako dans les premiers jours du mois d'avril 1887, j'avais préparé les lettres arabes que j'adressais aux chefs des États riverains du Niger[1]. J'avais, de plus, obtenu le concours de deux frères d'Ahmadou, qui s'étaient réfugiés sur notre territoire pour fuir la colère du souverain toucouleur, contre lequel ils s'étaient insurgés. J'avais pu les décider à se rendre auprès de leur parent, Tidiani, roi du Macina, puissant État situé sur les rives du fleuve, entre Ségou et Tombouctou. Enfin, moyennant une forte récompense, qui lui serait remise à son retour, j'avais déterminé le Maure Abd el-Kader à accompagner le commandant Caron; c'était lui que les commerçants du grand marché avaient envoyé à Saint-Louis en 1885 et qui était ensuite venu jusqu'à Paris. Il était certainement sujet à caution, néanmoins il pouvait rendre de sérieux services pendant le voyage.

Le commandant de la canonnière n'ayant pas d'officiers pour le seconder, je lui adjoignis un jeune sous-lieutenant d'infanterie de marine, M. Lefort, dont j'avais pu apprécier les qualités d'intelligence et d'énergie pendant la campagne contre le marabout Mahmadou Lamine, ainsi qu'un médecin, M. le docteur Jouenne, qui, outre ses fonctions médicales, devait être chargé des études d'histoire naturelle sur les régions visitées. M. Caron, avec ces deux officiers d'élite, pouvait bien plus aisément venir à bout de la difficile mission dont il emportait le programme dans mes instructions écrites, que je lui remis avant son départ, et qui avaient trait aux résultats politiques, hydrographiques et topographiques, scientifiques

---

1. Voici le texte de la lettre que j'adressai à la Djema à Tombouctou :

« Le lieutenant-colonel Gallieni, commandant supérieur du Soudan français, à la Djema à Tombouctou :

« J'ai reçu votre lettre. Vos pensées sont les miennes, et la plus grande confiance doit maintenant régner entre nous. La France est une grande nation connue dans le monde entier pour sa puissance, sa richesse et sa générosité. C'est elle qui a le plus de relations avec les musulmans, vos coreligionnaires. En Algérie, en Tunisie, en Egypte, au Sénégal, elle a d'étroits liens d'amitié et de commerce avec les Maures. Elle protège le commerce, et les marchands ont toujours été les bienvenus dans ses villes.

« Ayant construit un établissement à Bammako sur le Niger, elle n'a pas voulu rester plus longtemps sans vous connaître, sans s'adresser à vous pour travailler ensemble à la prospérité du pays et à l'extension du commerce. C'est pour cette raison que je vous envoie une canonnière française, dont le chef vous porte mes paroles et vous remettra cette lettre. Ayez confiance en lui. C'est un homme sage qui vous dira quelles sont mes intentions et s'entretiendra avec vous de mes projets. Comme vous le verrez, il arrive en messager pacifique. Nous n'avons aucune idée de conquête sur votre pays. Nos possessions sont déjà assez grandes dans le Soudan. La canonnière est une grande pirogue, faite à la manière des blancs et qui a seulement pour objet de porter le commandant Caron et ses compagnons. Fermez vos oreilles aux calomnies de nos ennemis, qui ne veulent pas que nous entrions en relations d'amitié et qui sont guidés par la jalousie. Nous ne voulons que la paix et la tranquillité! Nos intentions sont absolument pacifiques. Écoutez donc mon envoyé et faites-lui bon accueil. Vous verrez qu'une nouvelle ère de prospérité et de richesse s'ouvrira pour votre pays dès que vous vous serez entendus avec nous par paroles et par écrit.

« Je vous salue tous. »

et commerciaux, qu'il devait poursuivre. Je lui recommandai surtout la plus grande circonspection, afin d'éviter un événement semblable à celui qui avait amené le massacre de la mission Flatters. L'œuvre du Soudan ne pouvait s'accomplir en un jour. Il fallait marcher prudemment, mais sûrement, et ne pas compromettre, par une trop grande précipitation, les résultats obtenus. Je tenais d'ailleurs, pour supprimer les inconvénients qui s'étaient produits au premier voyage de M. Davoust, à laisser la

Le commandant Caron.

direction entière de la mission au commandant de la canonnière. Dans ces sortes d'expéditions, entreprises à si grandes distances, l'initiative du chef comme sa responsabilité ne doivent jamais être partagées.

L'expédition se forma définitivement à Manambougou, où la canonnière avait son mouillage. C'était un petit poste, élevé par le commandant Davoust à une cinquantaine de kilomètres en aval de Bammako, pour couvrir les chantiers du bâtiment, celui-ci, en raison du barrage, à peu près infranchissable de Sotuba, ne pouvant stationner auprès de notre fort du Niger.

La canonnière ne convenait nullement pour la navigation du grand fleuve africain. Elle était élégante de forme, et mesurait 18 mètres de longueur sur 3 de largeur. Les logements faisaient défaut pour l'équipage, et les soutes étaient absolument insuffisantes pour les trois mois de vivres, nécessaires pour le voyage. Enfin, et c'était là son principal inconvénient, sa vitesse maxima n'était que de 5 milles, alors que les courants du Niger présentent souvent une rapidité presque égale.

Le commandant Caron avait remédié, en partie, à l'absence de logements

Le sous-lieutenant Lefort.

et de soutes, en faisant construire un chaland, avec les ressources qu'il avait trouvées sur place. Ce chaland, baptisé *Manambougou*, jaugeait 12 tonneaux, et mesurait 10 mètres sur 2 m. 80. Il était surmonté de deux kiosques, pouvant servir, sinon de logements, tout au moins d'abris, à MM. Lefort et Jouenne et à l'équipage européen de la canonnière, qui ne pouvaient, comme les laptots indigènes, rester sur le *Niger*, exposés aux rayons ardents du soleil.

En plus du *Manambougou*, une embarcation légère, dite *scharpee*, devait servir à aller à terre, pour couper le bois nécessaire à la machine, car cette dernière marchait au bois, et, chaque jour, il fallait descendre sur la rive pour se procurer le combustible indispensable. C'est à grand'peine que j'avais pu expédier au commandant Caron, avant son départ, 8 tonnes de charbon, transportées, de Kayes à Manambougou, à dos de mulet. Ces précieuses briquettes ne devaient servir que dans le cas d'extrême urgence.

Le personnel européen, en dehors des officiers, comprenait un quartier-maître de timonerie, un fourrier et deux mécaniciens. L'équipage indigène se composait de 7 laptots et de 3 mécaniciens. L'interprète était l'indigène Sory, qui faisait partie de ma mission de Ségou en 1880, et qui avait

Mouillage de Manambougou.

suivi le commandant Vallière, alors lieutenant, dans son exploration de la vallée du Bakhoy.

Le *Niger* quittait Manambougou le 1ᵉʳ juillet. On navigua tout d'abord avec de grandes précautions, étant parti un peu trop tôt, et souvent la canonnière avait à peine quelques centimètres d'eau sous sa quille. Dès Nyamina il fallut s'arrêter pour faire du bois. La machine consommait un stère de combustible par heure. C'était énorme, et cette obligation de s'approvisionner constamment de bois fut l'une des plus grandes difficultés du voyage. C'était une véritable obsession pour nos officiers !

Les Bambaras de Nyamina et ceux des villages du Niger jusqu'à Sansandig firent le meilleur accueil à nos compatriotes. Par contre, en défilant devant Ségou, il se produisit dans la ville un mouvement inaccoutumé qui n'avait rien de bien amical, et les Toucouleurs qui se trouvaient sur la rive se refusèrent à se rendre aux appels de Sory.

Le 9 juillet, la canonnière mouillait à Sansandig, et, quatre jours après, à Diafarabé, au confluent du marigot de Diakha. Les somonos bambaras, montés sur leurs longues pirogues, venaient autour de la canonnière, prodiguer aux voyageurs de nombreuses marques d'amitié. Plusieurs chefs de villages se montrèrent même fâchés de ce que le commandant Caron ne s'arrêtait point parmi eux. Décidément ces Bambaras sont nos véritables alliés dans le Soudan, et c'est sur eux que nous devons nous appuyer pour consolider notre influence dans cette partie du continent africain. On ne peut guère faire fonds sur les musulmans, pour lesquels tout Européen est un Keffir, un ennemi !

A partir de Diafarabé, la canonnière entrait en pays inconnu et, en même temps, dans les États de Tidiani, le roi du Macina. Ce neveu d'El-Hadj Oumar partage les méfiances de tous les Toucouleurs à notre endroit. Le commandant Caron savait très bien à quoi s'en tenir sur son compte. De Diafarabé il lui adressa une lettre, pour l'informer qu'il prenait la route de Mopti. Il laissa aussi reposer ses hommes pendant deux jours. On célébra la fête du 14 Juillet et l'on se prépara, par les réjouissances que pouvaient permettre les circonstances, aux épreuves futures, les voyageurs n'ayant encore accompli que la partie la plus facile de leur mission. M. Caron, pour motiver son arrivée à Mopti, disait qu'il se trouverait ainsi plus près de Bandiagara, la capitale du Macina ; mais, en réalité, il voulait se donner les moyens de prendre la route de Tombouctou, même si Tidiani se montrait hostile.

Le 15, le *Niger* doubla l'embouchure du marigot où M. Davoust s'était engagé en 1885. Le 17, il jeta l'ancre devant Mopti, composé de deux villages habités par des Peuls du Macina. Ceux-ci vinrent le long du bord, mais les Toucouleurs de Tidiani les empêchèrent bientôt de se rapprocher de la canonnière, attendant, pour nouer des relations amicales, que le roi eût répondu à la lettre qui lui avait été adressée. La réponse de Tidiani se fit attendre quatre jours : le commandant Caron était invité à se rendre à Bandiagara. Le chef de la mission n'hésita pas, et, laissant le commandement de la canonnière au sous-lieutenant Lefort, il prit, avec le docteur Jouenne et une petite escorte, la route de la résidence du souverain toucouleur. Il y parvint le 24 juillet, après plusieurs étapes très pénibles, faites entièrement au soleil et en dehors des villages habités.

L'accueil de Tidiani fut, en tout, semblable à celui que son parent Ahmadou m'avait fait sept ans auparavant à Ségou. Il pourvut abondamment à la subsistance de nos compatriotes, mais il les fit surveiller de près, et les tint, pour ainsi dire, au secret dans les cases qui leur servaient d'habitations. A peine étaient-ils libres de sortir, et, la nuit, ils étaient enfermés.

La fièvre avait saisi le commandant Caron, qui, forcé de s'aliter, ne put, à son grand regret, ouvrir de suite les négociations qui étaient le but de son voyage. Pendant ce temps, le docteur Jouenne eut une nombreuse clientèle d'indigènes, qu'il écoutait, du reste, avec une patience digne d'éloges.

Le premier palabre eut lieu le 27 juillet, après le salam de deux heures. Tidiani était assis sur un coussin, complètement vêtu de blanc, la tête enveloppée dans un turban qui ne laissait voir que les yeux. Il était entouré de

En route pour Bandiagara.

deux cents chefs ou notables, qu'il présenta comme venus des pays les plus lointains, du Doventza, de Djenné, etc. L'assemblée, avec l'impassibilité propre aux disciples de l'islam, écouta longuement le commandant Caron, mais ne lui fit aucune réponse dès cette première entrevue. Il fallut palabrer plusieurs fois encore, et sans aucun résultat favorable, car le chef du Macina émit bientôt de telles prétentions, pour entraver les opérations de nos commerçants, qu'en réalité celles-ci devenaient absolument impossibles. En tout cela, Tidiani était toujours guidé par la plus grande méfiance envers nous. Il craignait que, du jour où nos chalands de commerce paraîtraient dans le pays, protégés par nos canonnières, ses sujets peuls, bambaras et autres ne se rangeassent aussitôt sous notre influence pour chasser leurs oppresseurs. Le chef de la mission n'insista pas davantage pour la conclusion du traité, mais alors il se heurta à la mauvaise volonté, à l'hostilité même des Toucouleurs, qui voulaient l'empêcher de continuer sa route sur Tombouctou. Il vit le moment où, comme moi naguère à Nango, il allait être arrêté pendant de longs mois à Bandiagara. Son attitude énergique en imposa à Tidiani, et, le 31 juillet, il put reprendre la route de Mopti, rempli d'appréhensions sur les suites de son voyage.

Bandiagara est, dans le Macina, le centre le plus important du fanatisme musulman. Le commandant Caron et le docteur Jouenne auraient pu se croire dans un vaste couvent où toutes les journées se passent en prières. On y suit exactement les sévères lois de l'islam, et l'on n'entendait que le cri du muezzin appelant les fidèles à la mosquée. Pure hypocrisie d'ailleurs, car les Toucouleurs, sous ces dehors austères, ne sont rien moins que rigides dans leurs mœurs.

L'autorité de Tidiani s'étend, le long du Niger, jusqu'à Safaï, à 150 kilomètres de Tombouctou. On peut dire que ce chef tient les clefs de la route de ce grand marché. Son royaume, le Macina, est très riche en céréales et bestiaux. Pour montrer l'importance de sa situation, Tidiani employait une expression très imagée : « Je suis le porteur dont les outres sont Tombouctou et Djenné. Prenez le porteur, et vous aurez les outres. »

Le Macina, auquel le commandant Caron attribue une population d'un million d'habitants, produit en abondance le riz, le mil, le coton, le tabac. Il est peuplé par des Bobos, des Tombos, des Moshis, des Peuls, des Toucouleurs, des Sonhrays, des Maures et des Bambaras. Les premiers formaient la population autochtone du pays, soumis bientôt par les Peuls, qui ont dû, à leur tour, céder l'autorité aux Toucouleurs, conduits par le prophète El-Hadj Oumar. Les Toucouleurs et les Maures sont, seuls, opposés à notre arrivée dans le pays, les premiers, par crainte de se voir dépossédés de leur suprématie sur les populations conquises, les autres, parce qu'ils ont le monopole des transactions commerciales, qu'ils redoutent de se voir enlever.

Nos compatriotes mirent trois jours pour parcourir, de nouveau, les 60 kilomètres qui séparaient Bandiagara de Mopti. Le pays est accidenté, rocheux, coupé de nombreux marigots qu'il fallut franchir à la nage. Ils rencontrèrent en route un ancien indigène de Bammako, qui leur apprit un fait qu'on leur avait laissé ignorer : l'arrivée à Bandiagara, six mois avant eux, d'un Européen venu du Haoussa et se dirigeant sur Tombouctou. Les renseignements recueillis par la suite à Koriumé donnent à penser

La flottille sur le Niger.

que ce voyageur fut assassiné avant d'atteindre l'objectif de son voyage. Il venait, sans doute, des établissements anglais du Bas-Niger et essayait, comme tant d'autres, de parvenir à Tombouctou.

La canonnière et le chaland avaient été rudement secoués par les tornades qui, presque journellement, éclataient pendant cette saison. Toutefois le sous-lieutenant Lefort, improvisé commandant de la flottille, avait parfaitement su parer aux dangers de la situation. Il avait dû sévir contre l'un des laptots indigènes, mauvais sujet qui, depuis le commencement de l'expédition, s'était plusieurs fois insurgé contre ses officiers. M. Lefort l'avait fait amarrer à l'avant du chaland, et le laptot, emporté par la colère, ayant essayé de se débarrasser de ses liens, avait glissé sur le pont et était tombé à l'eau. Malgré toutes les recherches faites, on ne put le retrouver. S'était-il noyé, ou avait-il gagné la terre en fuyant vers l'intérieur?

On se remit en route, le 6 août, avec l'intention de regagner Diafarabé et de redescendre ensuite sur Tombouctou par le marigot de Diakha. On sait, en effet, que le grand fleuve du Soudan, arrivé à Diafarabé, se sépare en deux branches qui, un moment confondues pour former le lac Dhéboë, se séparent de nouveau, courant presque parallèlement pour se rejoindre, à peu de distance, au-dessous de Koriumé, le port de Tombouctou.

Mais la canonnière rencontra un courant si violent qu'il fallut, sous peine de perdre un bon mois et d'endommager la machine, revenir sur ses pas. On repassa devant Mopti, et le *Niger* s'engagea sur la route suivie déjà en pirogue par notre compatriote René Caillé, en 1828.

Jusqu'au lac Dhéboë on ne rencontra aucun village. Tous les centres d'habitations, sur l'ordre de Tidiani, s'étaient, depuis quelques années, reculés vers l'intérieur. Cette circonstance enlevait au chef de l'expédition toute préoccupation au sujet de l'hostilité des habitants, mais le gênait considérablement pour les approvisionnements de combustible. L'énergie du commandant Caron surmonta tous ces obstacles, mais quelles angoisses venaient souvent le saisir au sujet de ce bois! On descendait à terre quand on le pouvait et que les inondations n'avaient pas noyé les arbres et arbustes se trouvant sur les rives. On s'approvisionnait un jour: mais le lendemain trouverait-on le combustible indispensable pour continuer le voyage? Les indigènes hostiles, cachés sur les bords, ne s'opposeraient-ils pas à la descente à terre des laptots et n'essayeraient-ils pas de leur tendre une embuscade?

La navigation fut facile jusqu'au lac. Les rives étaient couvertes d'eau, cependant elles fournissaient en grande quantité des acacias faciles à couper, et qui donnaient un excellent bois de chauffage.

Le 9 août, la canonnière franchissait le lac Dhéboë, cette magnifique nappe d'eau décrite par Caillé. Celui-ci a omis de mentionner le marigot de Koli-Koli, qui vient déboucher dans le lac près de Faranguéla, et qui baigne la province du Fermagha. Cette région, habitée par des Bambaras soumis à Tidiani, est renommée pour son commerce avec le Macina et le pays de Tombouctou. Elle renferme plusieurs marchés importants : Ouérégué, Kourandiéla et Faranguéla.

Le Niger, en aval du lac Dhéboë, prend le nom de Bara Issa. Ses rives sont couvertes de villages populeux, surtout celle de droite. Sa largeur est très inégale. Tantôt ses eaux forment une vaste nappe de 3 à 4 kilomètres d'étendue ; tantôt son cours se resserre et ne présente plus qu'une largeur de 50 à 100 mètres. Dans ce cas, les berges sont hautes et presque à pic ; on trouve jusqu'à 12 mètres de fond. Le cours est encore plus tortueux que celui du Sénégal.

La canonnière, pour éviter tout acte d'hostilité, mouillait toujours le soir à l'écart des centres habités. Tidiani avait donné partout le mot d'ordre, et nulle part les Toucouleurs ne souffrirent que les Peuls et Bambaras, écoutant les paroles de paix et d'amitié que leur adressaient les Français, se rendissent à bord. Ces indigènes semblaient avoir le plus grand désir d'entrer en relations, mais ils n'osaient désobéir à leurs chefs, qui voulaient nous faire passer pour des gens animés des plus mauvaises intentions envers eux.

Le 15 août, la canonnière était à Safaï, point de rencontre des deux branches du Niger. Elle avait quitté les États de Tidiani et entrait dans l'Issa Ber. Le fleuve présentait alors une largeur moyenne d'environ 2 kilomètres. Le pays s'étendait au loin, en plaines, légèrement boisées.

On arriva à Koiretago, d'où le commandant de la canonnière voulut écrire une lettre à Rhiaïa, le chef de Tombouctou, pour lui annoncer son approche. Il ne fut pas aisé d'entrer en relations avec les habitants de ce village, et il fallut de longs pourparlers avant que le courrier demandé partît. Le 18, le *Niger* s'engagea dans le petit marigot qui conduit vers Kabara, le port de Tombouctou, mais le manque d'eau le força à s'arrêter à Koriumé, où les somonos remisent ordinairement leurs pirogues. On n'était qu'à peu de distance de la célèbre cité africaine.

Le marigot qui passe devant Koriumé n'est pas, comme l'a cru Caillé, un bras du Niger ; c'est une sorte de canal, creusé artificiellement par les habitants du pays, pour relier Tombouctou au fleuve. Ce n'est qu'au moment des grandes crues que les pirogues peuvent remonter jusque devant la ville.

SITUATION POLITIQUE DU PAYS.

L'anarchie était grande alors au pays de Tombouctou. L'ancienne *djema*, ou assemblée des marchands, n'existait plus depuis deux ans. Rhiaïa, le chef actuel de Tombouctou, soutenu par les Touaregs, l'avait dissoute pour gouverner seul. Mais du coup il s'était placé dans la dépendance complète de ses turbulents voisins, et particulièrement des Touaregs Tademeket, habitant le Haoussa, de Kabara à Niafunké, et reconnaissant Liouarlish pour chef.

Depuis le siècle dernier, les Touaregs sont devenus les maîtres incontestés de toute la région. On connaît le type de ces habitants du désert. Montés sur leurs chameaux rapides, ils parcourent en peu de temps de vastes espaces. La tête voilée d'un large turban qui ne laisse que les yeux découverts, ils se servent très habilement de leurs armes, la lance et une sorte de poignard, qu'ils suspendent au bras. Leur langage guttural produit un effet plus désagréable encore que celui de nos Maures du Sénégal. Le triste sort de la mission Flatters a donné un sinistre renom à ces pirates du Sahara. Aussi avais-je recommandé au commandant Caron d'observer la plus grande réserve vis-à-vis des populations touaregs qu'il rencontrerait aux abords de Tombouctou, et de ne descendre à terre, lui et ses compagnons, que s'il était parfaitement sûr des guides qui lui seraient donnés. Je connaissais l'énergie et le courage de nos officiers, mais je ne voulais pas qu'une nouvelle catastrophe vînt encore attrister l'opinion publique en France et faire reculer le succès de notre œuvre du Soudan.

Le véritable maître de Tombouctou est donc Liouarlish, le chef des Tademeket, qui ne cesse de prélever sur ce marché des droits de toute espèce, couverts par la taxe d'un dixième mise sur toutes les marchandises, à l'entrée et à la sortie. Autrefois la djema votait elle-même la répartition des droits à payer à Liouarlish, mais, depuis que Rhiaïa s'était mis complètement entre les mains de ce chef, aucune autorité n'existait dans Tombouctou que celle des Tademeket, et tous les revenus de la ville étaient pour eux.

Tidiani, par sa réputation de dévotion, exerçait aussi une grande influence à Tombouctou. Il avait d'ailleurs eu soin d'écrire à Liouarlish pour le prévenir que la canonnière arrivait avec de mauvaises intentions et que nos officiers avaient pour mission de faire la conquête du pays. Cette allégation était absurde, mais le prestige des blancs est tellement grand dans cette partie du Soudan, que les sauvages habitants de ces contrées éloignées n'y regardent pas de si près et croient tout ce qu'on leur raconte. Tidiani allait jusqu'à dire que la canonnière renfermait, dans ses soutes, des briques et de la chaux pour construire un fort à Tombouctou.

Il était aisé de prévoir, dans ces conditions, que l'accueil fait à la canonnière serait peu favorable. Son arrivée excita d'abord la plus grande surprise chez tous. La petite flottille était mouillée tout près de Koriumé. Le premier jour, vers midi, quelques captifs de Rhiaïa vinrent à bord. Ils étaient chargés de s'assurer simplement de la présence de la canonnière. Le soir, quelques hommes de Salsabil, frère de Liouarlish, qui commandait alors quelques campements touaregs dans les environs, s'approchèrent également du bâtiment, mais ils refusèrent de monter à bord. Le commandant Caron les chargea de transmettre à leur chef des paroles d'amitié et son désir d'entrer en relations avec lui.

La journée se termina par une violente tornade qui jeta le chaland à la berge, mais heureusement sans accident. La méfiance qu'ils voyaient autour d'eux n'était pas faite pour dissiper les appréhensions des voyageurs.

Dans la matinée du 19, les campements touaregs établis au bord du fleuve, s'éloignèrent. En peu d'instants, les tentes en peau qui servaient à abriter hommes, femmes et enfants furent chargées sur les chameaux, et tout le monde disparut vers l'intérieur. En même temps, les somonos, qui circulaient avec leurs pirogues tout autour de la canonnière, se retirèrent vers Kabara, et disparurent entièrement. L'isolement se faisait complet autour du *Niger*. On ne vit plus arriver que quelques individus, se disant envoyés par Rhiaïa ou par les chefs touaregs, mais qui, en réalité, venaient pour espionner ou pour mendier quelque cadeau. Cependant, vers 11 heures, il arriva un tout jeune homme qui s'annonça comme le frère de Rhiaïa; n'osant lui-même monter à bord, il envoya un captif pour prendre la lettre que j'adressais à la djema. On chercha à tirer quelques renseignements de ce captif; il donna les plus grandes protestations de paix, mais elles étaient en désaccord avec l'attitude réservée et même hostile des Touaregs que l'on voyait apparaître, par intervalles, sur la berge.

Ceux-ci se montraient, en effet, par petits groupes, montés sur leurs chameaux, la lance haute, la tête complètement voilée. Quelques-uns étaient à cheval. Ils s'arrêtaient pour regarder la canonnière, puis, tout à coup, ils tournaient bride et galopaient vers l'intérieur.

Cependant il survint un fait qui prouvait bien qu'une entente parfaite ne régnait pas à Tombouctou, entre les Arma et les Touaregs. Un individu, entièrement voilé, parut sur la rive. Il vint le long du bord, dans une pirogue, et lança à la dérobée quelques mots à un captif de Rhiaïa, qui se trouvait sur la canonnière. Ce chef faisait savoir au commandant Caron que l'on avait de mauvaises intentions à son sujet, et l'engageait à ne communiquer avec personne à terre.

Les Touaregs en observation à Koriumé.

Voici ce qui s'était passé à Tombouctou après la lecture de la lettre. On avait, tout d'abord, envoyé prévenir Liouarlish, campé à peu de distance de la ville. Celui-ci, excité contre les blancs par Tidiani, dont les calomnies avaient réussi à convertir en hostilité l'indifférence que le chef des Tademeket nourrissait primitivement à notre endroit, avait proposé de s'emparer des officiers de la canonnière pour pouvoir ensuite piller à l'aise les bateaux. On devait amener à terre Abd el-Kader, puis, par son intermédiaire, entraîner nos compatriotes sur le rivage et les mettre aussitôt à mort.

Liouarlish avait été secondé dans son projet par les Maures marchands, qui forment un parti considérable à Tombouctou. Les Arma, possesseurs du sol, étaient désireux, sans doute, d'entrer en relations avec nous, comme l'étaient dans tout le Soudan les populations bambaras et malinkés, opprimées par les musulmans; mais il n'en était pas de même des Maures qui, outre qu'ils sont des fanatiques disciples de l'islam, détiennent le monopole des transactions avec le Maroc, la Tripolitaine et le Bas-Sénégal. Ils craignaient de se voir dépouiller de leurs privilèges. Ils avaient donc agi sur l'esprit des Touaregs, qui à l'origine ne nous étaient nullement hostiles, pensant justement que le développement du mouvement commercial de Tombouctou ne pourrait qu'augmenter les bénéfices qu'ils tiraient du passage des caravanes. Les Maures auraient peut-être échoué dans leurs tentatives, mais ils avaient beau jeu avec les défiances que Tidiani avait jetées dans le cœur de Liouarlish. Bref, celui-ci avait pris la résolution que nous connaissons.

Le commandant Caron fit preuve, dans ces circonstances critiques, du plus grand sang-froid. De nombreux indigènes, envoyés par les Maures ou les Touaregs, vinrent à bord avec mission de faire descendre nos officiers à terre, mais le chef de l'expédition ne voulut plus désormais recevoir personne, prévenant qu'il n'admettrait plus sur le pont du *Niger* que les gens de quelque importance qui apporteraient la réponse à la lettre du commandant supérieur. En même temps il prit les précautions nécessaires pour éviter tout guet-apens. Il savait qu'il était au milieu des gens les plus rusés du monde et il voulait déjouer leurs sinistres projets.

La canonnière n'eut plus, avec la terre, que les communications indispensables. Tout le monde veillait à bord. Le canon-revolver Hotchkiss, débarrassé de son étui, avait été mis en état de faire feu au premier signal, et les laptots avaient toujours leurs fusils disposés auprès d'eux.

Du reste, on ne cherchait plus maintenant à cacher les sentiments hostiles que l'on nourrissait vis-à-vis de nos compatriotes. La plaine était couverte de gens armés, qui couraient çà et là en exécutant des manœuvres, dont on ne pouvait saisir le but. Des individus rassemblés au bord du marigot conduisaient des ânes qui n'avaient aucun chargement; enfin, on semblait attendre quelque événement.

Cependant il vint à bord un Maure Tajaconta, appelé Al-Kounti, qui donna au commandant Caron les renseignements les plus précis sur la situation. Il était envoyé en secret par le père d'Abd el-Kader, qui recommandait bien à son fils de ne pas laisser les Européens descendre à terre, car on voulait les tuer, puis piller les bateaux. Les ânes que l'on voyait à terre devaient emporter le butin. Quelle prévoyance! Cet Al-Kounti était

Dispute sur le rivage.

l'associé du père d'Abd el-Kader, et on pouvait ajouter foi à ce qu'il disait. Du reste, au même moment, une altercation s'élevait à terre entre les indigènes que l'on voyait sur la berge, et les laptots du youyou, qui venait de reconduire quelqu'un à la rive. Deux ou trois des gens armés menacèrent les laptots de leurs sabres, et nos hommes eurent à peine le temps de démarrer, car ils avaient ordre de ne se servir de leurs fusils qu'à la dernière extrémité. Dès ce moment, le commandant Caron interrompit toute communication avec la terre. Le chaland fut rapproché de la canonnière, et l'on redoubla de surveillance.

Au soir, Salsabil lui-même s'avança sur le rivage avec une cinquantaine de cavaliers. Il cria à Abd el-Kader de descendre, ayant à l'entretenir de choses importantes. Bien entendu, ce dernier n'en fit rien, se contentant de répondre qu'il n'irait au rivage que si Salsabil envoyait lui-même son jeune frère en otage à bord de la canonnière.

Avant la tombée de la nuit, Al-Kounti revenait encore. Il rapportait la réponse de Rhiaïa à la lettre qui lui avait été adressée de ma part. Rhiaïa, à l'instigation des Maures commerçants, prétendait que son pays n'était pas libre et que nous n'avions rien à y faire.

Il était maintenant certain que les gens de Tombouctou ne voulaient pas faire bon accueil à nos ambassadeurs. Aussi le commandant Caron, qui se sentait mal à l'aise dans le marigot étroit où il avait primitivement jeté l'ancre, alla mouiller à quelques milles plus bas. Il chercha alors à entrer directement en pourparlers avec Liouarlish, et le chef de Koiretago, qui avait déjà servi d'intermédiaire, se chargea d'aller porter au chef tadameket une lettre où le commandant de l'expédition lui demandait si les paroles qui lui avaient été transmises à Koriumé avaient son approbation. C'est à Safaï, au confluent de l'Issa Ber, que la canonnière attendrait la réponse.

CHAPITRE XII

Départ de la canonnière. — Les rapides de Toundouforma. — Yowarou. — Terrible ouragan dans le lac Dhéboë. — Inquiétudes au sujet de l'absence de combustible. — Séjour à Dia. — Accueil enthousiaste des habitants de Monimpé. — Sansandig. — Méfiance des Toucouleurs de Ségou — Le *Manambougou* est brûlé. — Retour à Manambougou. — Résultats de l'expédition.

Le *Niger* jetait l'ancre à Hamtaga le 23 août. Il n'aurait pu séjourner plus longtemps à Koriumé, où la plaine nue ne présentait pas la moindre trace de combustible. Puis l'hostilité des habitants ne permettait pas de descendre à terre, et le commandant Caron dut avoir recours à sa réserve de charbon pour quitter Koriumé et atteindre Hamtaga, petit village de captifs, dépendant des Touaregs. L'un de ces captifs se chargea d'aller porter une nouvelle lettre à Liouarlish.

La canonnière s'arrêtait le lendemain à Safaï, où les laptots commencèrent par faire une bonne provision de bois. Ce fut une opération longue et laborieuse, car il n'y avait aux environs du rivage que quelques bouquets d'arbres isolés.

Les réponses de Liouarlish arrivaient le 26 août. Elles étaient en tout conformes à celles déjà faites à Koriumé : les Touaregs et les gens de Tombouctou ne voulaient avoir aucunes relations avec les Européens, car Tidiani les avait éclairés sur leurs mauvais desseins. La dernière lettre, celle envoyée de Hamtaga, n'avait même pas été ouverte. Le chef de ce village ajoutait que le mieux était de quitter les États des Touaregs, ceux-ci ayant échelonné des cavaliers tout le long du fleuve pour essayer de surprendre les laptots. Tout espoir de s'entendre était donc perdu, et il n'y avait plus qu'à reprendre la route du retour.

Le commandant Caron remportait de son voyage une ample moisson de renseignements sur le pays de Tombouctou et des données certaines sur la politique à suivre désormais pour nous ouvrir ces régions nouvelles. Il s'était conformé à mes instructions, et avait su ne se départir jamais de la ligne de conduite pacifique que je lui avais tracée et qui était la meilleure réponse aux provocations des Maures et des agents toucouleurs. Certes il lui eût été facile de répondre par les décharges de ses kropatschecks aux bravades des cavaliers touaregs. Il n'en voulut rien faire, et il mérite d'en être félicité hautement. L'impression produite n'en a pas été moins forte. Les résultats cherchés ont été obtenus : une canonnière aux couleurs françaises, méprisant les obstacles semés sur sa route, portant à toutes les populations nos paroles de paix et d'amitié, a sillonné le Niger. Elle a mouillé à quelques kilomètres de Tombouctou, elle a affirmé sa présence, elle a vu ce qu'elle désirait voir, puis est rentrée tranquillement à son point de départ. L'avenir nous appartient maintenant, et nos amis les Peuls et les Bambaras savent bien qu'ils nous reverront.

Le retour du *Niger* s'effectua avec de grandes difficultés. Les bords du fleuve servaient depuis longtemps de théâtre aux luttes du chef peul Abiddin contre Tidiani, et avaient été abandonnés de leurs habitants, réfugiés vers l'intérieur.

Le 28 au matin, la canonnière se trouvait devant le rapide de Toundouforma. Or il n'y avait pas de pilote à bord. Abd el-Kader seul connaissait ce dangereux passage, mais était incapable d'indiquer le chenal. Déjà on avait franchi la plus grande partie du barrage, quand une fausse manœuvre de barre jeta le bâtiment sur un rocher. Il toucha trois fois. Cependant Caron n'avait pas perdu sa présence d'esprit. Il avait stoppé la machine, tout en réfléchissant avec angoisse aux périls qui attendaient l'expédition si la canonnière venait à s'échouer. C'était une proie assurée pour les pillards du désert et une mort certaine pour les malheureux voyageurs! Heureusement cet accident n'eut aucune suite grave. Pas la plus petite voie d'eau, pas la moindre éraflure à la coque du navire, qui put se dégager et reprendre sa marche. Du reste ces rapides de Toundouforma sont redoutés de tous les somonos du Niger, et c'est un miracle que la canonnière n'y soit pas restée.

Les officiers et l'équipage, éprouvés par les fièvres que leur occasionnaient les tornades presque journalières de cette saison, n'ayant pu, depuis Mopti, se procurer de vivres frais, exténués par les fatigues qu'entraînait une surveillance de tous les instants, étaient complètement rendus.

Le pays s'étendait au loin, nu, monotone et à peu près désert ; pas de villages. Quelques rares indigènes seulement s'arrêtaient effarés sur la berge, quand ils voyaient passer la canonnière glissant silencieusement et sans cause apparente sur les eaux du majestueux Djoliba.

Le 3 septembre on était à Yowarou, à l'entrée nord du lac Dhéboë. Nos voyageurs éprouvaient un véritable plaisir à revoir le lac. Yowarou était solitaire. On ne voyait que ses ruines, couvrant une grande étendue de terrain et cachées parmi les gommiers qui avaient envahi l'emplacement des rues. Partout où El-Hadj Oumar et ses successeurs ont passé, on ne rencontre ainsi que des décombres. Dans tout le Soudan, des bords du Sénégal aux rives du Niger, on peut suivre pas à pas les traces de leur marche dévastatrice. Une troupe d'indigènes était campée aux abords de Yowarou. C'étaient sans doute des gens d'Abiddin, qui se dispersèrent en apercevant la canonnière. Le commandant Caron aurait cependant bien désiré parlementer avec ce chef, qui habitait Gardio, à un jour de marche environ vers l'ouest. Il est réputé pour sa grande bravoure, et peut être considéré comme notre allié naturel contre Tidiani et les Touaregs.

Le sous-lieutenant Lefort fit l'ascension de la colline de Tougoumarou, située à peu de distance de Yowarou. Il put ainsi, dominant tous les environs, examiner à loisir le pays et relever les points principaux qui étaient en vue. Pendant ce temps, l'équipage chargeait les bateaux de bois de chauffage. On ne laissa aucun espace vide sur les ponts, où l'on ne pouvait plus se remuer. Le chef de l'expédition avait résolu de s'engager dans le marigot de Diakha, où les renseignements connus annonçaient que les rives étaient fort peu boisées. Cette route n'avait pas encore été explorée, et M. Caron tenait à en rapporter le levé exact.

Le 5 septembre, on entra dans le lac. Vers onze heures du matin, alors que l'on commençait à peine à distinguer au loin l'embouchure du marigot de Diakha, le ciel se couvrit tout à coup de nuages épais, d'abord de couleur jaunâtre, puis noirâtre, indiquant l'approche d'une tornade. On connaît la violence de ces orages, qui sont heureusement de courte durée, car sans cela ils causeraient la ruine totale des lieux sur lesquels ils s'abattent. Le vent souffle alors avec une rage dont rien ne saurait donner l'idée, et une pluie diluvienne vient bientôt compléter l'horreur de l'ouragan.

L'inquiétude croissait chez nos voyageurs. Le laptot qui servait de pilote ne pouvait plus distinguer sa route. On parvint cependant à pénétrer dans le marigot de Diakha. Au même moment, la tornade éclata. En un clin d'œil, le chaland fut poussé à la côte, puis ce fut le tour de la canonnière elle-même. On se jeta à l'eau pour protéger l'arrière du bateau, et surtout l'hélice, dont la perte eût été irréparable. Pendant plus d'une heure, le vent souffla avec une extrême violence, soulevant d'énormes vagues qui remplissaient la canonnière et le chaland, les secouant comme de simples épaves et menaçant à tout instant de les broyer sur la berge. Le *Manam-*

bougou faillit sombrer plusieurs fois. Le lac, blanc d'écume, ressemblait à une mer démontée. Enfin la tornade s'apaisa; l'eau redevint calme, et, grâce à l'énergie et au dévouement de tous, on put renflouer les bateaux et reprendre la marche. Quelques minutes plus tôt, la rafale surprenait nos voyageurs dans les eaux du lac et le naufrage était certain. Que seraient devenus nos compatriotes, jetés seuls et sans ressources sur ces rivages inhospitaliers, en admettant que les flots ne les eussent pas engloutis ?

Long, triste et monotone fut le voyage jusqu'à Dia ! L'inondation couvrait tout le pays, et quelques bouquets de bois, émergeant çà et là, fournissaient à peine, et au prix de fatigues inouïes, le combustible nécessaire à la marche. Les laptots, montés sur le scharpee, gagnaient les points où l'on apercevait les branches des arbres. Le plus souvent il fallait se mettre à l'eau pour couper avec les haches les bois qui étaient accessibles. D'autres fois on travaillait sous l'eau pour arracher les racines des jujubiers. Quel labeur incessant ! Quelle tâche décevante ! Que de fois le commandant Caron fut sur le point de donner l'ordre de détruire le chaland pour alimenter la machine; mais, comme tout commandant de navire, il tenait d'instinct à son *Manambougou*, qu'il avait construit lui-même et qui avait été jusqu'à ce jour le fidèle suivant du *Niger*. Jamais on ne saura ce qu'il fallut de courage et d'énergie à nos officiers et à leurs hommes pour venir à bout de leur rude mission.

Les barreaux de la grille de la machine avaient disparu l'un après l'autre. Ceux qui restaient se courbaient et tombaient dans le feu. On ne savait si on parviendrait au terme du voyage. Et puis cette pluie continuelle transperçait les malheureux, les rendait malades et les couchait sous les atteintes de la fièvre. Les vivres frais manquaient. Les caisses de biscuits et de conserves avaient été gâtées par l'eau. Beaucoup de bouteilles de vin s'étaient cassées; bref on en était réduit à la portion congrue.

Le 13 septembre, on crut un moment ne pouvoir plus avancer. Il n'y avait plus de combustible que pour quelques heures, et pas un arbre à l'horizon, pas un arbuste sur le rivage. Mais on arriva à Penhé le lendemain. C'était un village ruiné, où devait se trouver du bois, au milieu des murs effondrés, sur l'emplacement des anciennes places à palabres. En effet, on put faire là une provision de combustible.

Entre le lac Dhéboë et Dia on ne rencontra pas un seul village. Tous les Peuls qui anciennement habitaient les bords du fleuve s'étaient retirés vers l'intérieur, par crainte de Tidiani. Il faut marcher un ou deux jours dans l'ouest pour retrouver les premiers campements de ces peuplades nomades, toujours accompagnées de leurs immenses troupeaux.

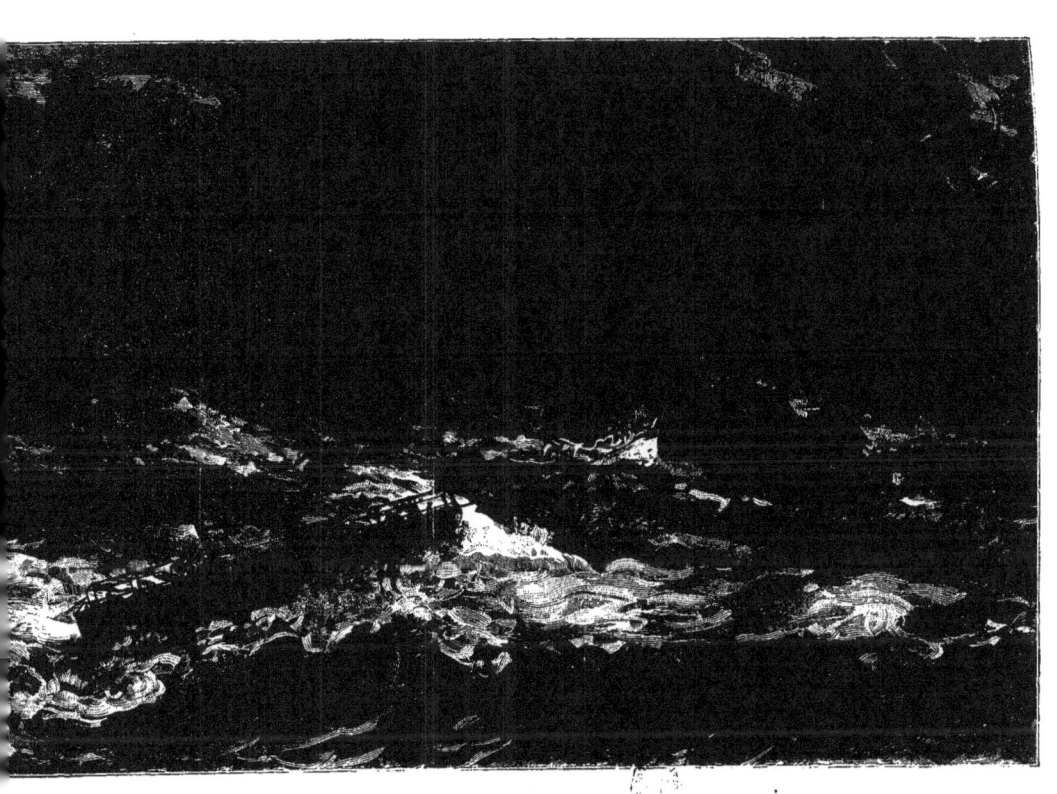

Tornade à la sortie du lac Dhéboë.

Le 16, la canonnière mouilla devant Dia. Le chef, Mahmadou, gouverne ce pays au nom de Tidiani, tout en conservant une sorte d'indépendance. Il reçut nos compatriotes avec de nombreuses marques d'amitié, leur fit apporter des vivres frais, des poulets, du beurre, du lait, du tabac. Ce fut une véritable fête à bord, où depuis si longtemps on vivait avec du biscuit gâté et du lard salé. Les Français étaient aimés dans le pays de Mahmadou, et ses gens racontaient que peu de temps auparavant, lorsqu'on avait appris que la canonnière continuait sa route sur Tombouctou malgré la défense de Tidiani, le vieux chef avait réuni ses notables en leur expliquant

Laptots coupant du bois.

que des livres anciens disaient qu'un jour les Français seraient les maîtres de tout le pays. Mahmadou ne demande donc qu'à entrer en relations suivies avec nous. Déjà il avait décidé plusieurs de ses sujets à aller faire du commerce à Médine. Les Bozos, qui forment la population de cette contrée, nous sont très sympathiques, et il y a lieu de se les attacher définitivement.

Le 17 septembre, la canonnière revoyait Diafarabé. Elle avait donc parcouru dans leur longueur totale les branches du Niger formant la boucle qui s'étend entre ce point et le bec de Safaï. Le commandant Caron et le sous-lieutenant Lefort avaient constamment pris le levé de leur route, et tous deux commençaient à être très fatigués par ce travail incessant. On entrait maintenant dans le Monimpé, État bambara qui avait pour chef le vieux Boroba. Arrivé au premier village, à Mérou, l'accueil fait à nos compatriotes fut réellement enthousiaste. Hommes, femmes, enfants, tout le monde se précipitait à bord pour serrer la main des voyageurs que l'on avait cru si longtemps perdus. On leur apportait des vivres frais, et partout du bois était préparé dans les villages pour la machine. Le Monimpé sert de point de passage aux nombreuses caravanes qui vont commercer dans le Sarrau, le Djenné et le Soala.

Il y eut un grand palabre à Kokri, où les principaux chefs du Monimpé étaient réunis pour recevoir le commandant Caron et lui offrir de placer leur pays sous le protectorat français. Boroba, trop vieux, n'avait pu quitter sa capitale, située à quelque distance dans l'intérieur. On visita la canonnière ; on montra aux chefs les effets du hotchkiss, des fusils à répétition, des revolvers. Les expériences faites devant eux les plongèrent dans le plus grand étonnement.

L'État de Monimpé, qui venait ainsi de se placer sous notre protectorat, comprend une quarantaine de gros villages, peuplés de Bozos. Il est voisin du Sarrau, pays dont les envoyés, annoncés au commandant de la canonnière, venaient aussi lui apporter la déclaration de leur soumission à la France. On voit que notre influence s'étendait peu à peu dans le bassin du Niger, gagnant chaque jour vers Tombouctou d'où ne nous séparaient plus que les États de Tidiani.

Le 25 septembre, la canonnière jetait l'ancre devant Sansandig, grand centre sarracolet, renommé pour l'habileté de ses tisserands. On y fait un grand commerce avec les pays environnants, et les diulas de Sansandig se rencontrent jusque sur les bords du Sénégal. Le sultan du Ségou a maintes fois essayé de soumettre cette ville, mais il a toujours échoué. On se rappelle que notre compatriote Mage a assisté à l'un des sièges qu'Ahmadou a dirigés contre cette place. Le courage des Sarracolets à défendre leur patrie montre qu'ils savent à l'occasion être aussi bons guerriers que bons marchands. La canonnière y reçut le meilleur accueil, comme partout où se trouvaient des populations hostiles aux Toucouleurs. C'est à Sansandig que le chef de l'expédition avait pu se procurer un pilote, l'indigène Oumarou, pour naviguer sur le Niger. Il serait à désirer, dans l'intérêt de notre flottille, que le gouvernement prît désormais à son service des gens, comme cet Oumarou, ayant appris à connaître la navigation du fleuve, afin de pouvoir guider nos canonnières dans les voyages qui suivront.

Deux jours après, la flottille arriva dans les eaux de Ségou. On s'aperçut de suite que l'on entrait en pays toucouleur. Dès Somonobougou, le premier village dépendant de Ségou, les piroguiers qui naviguaient sur le

Niger se dispersèrent. Le chenal suit alors la rive droite, où se pressent de nombreux villages, rangés tous sous l'autorité du sultan. Le mot d'ordre devait être donné, car, dès que l'on apercevait la fumée du steamer, il se produisait un grand mouvement dans tous ces villages. Les femmes, les enfants rentraient dans les cases. Les hommes couraient sur la berge, sourds aux paroles d'amitié qui leur étaient adressées du pont de la canonnière. Des cavaliers partaient au grand galop dans la direction de Ségou. Cependant, peu de mois auparavant, Ahmadou m'avait prévenu que l'accueil le plus amical nous serait fait et que des ordres avaient été donnés pour tenir du bois tout préparé dans les villages riverains. Le sultan se montra même, au moins en apparence, très mécontent contre son fils Madani, qui

Destruction du chaland devant Ségou.

commandait alors à Ségou, lorsqu'à mon retour en Kayes en novembre 1887 je lui adressai les plaintes les plus vives au sujet de cette attitude de ses gens, laquelle était en opposition formelle avec les termes du traité que je venais de conclure avec lui.

Le commandant Caron se trouvait donc dans la situation la plus critique. Il avait fait, à Sansandig, un gros approvisionnement de bois, mais celui-ci était à peu près épuisé. Il ne fallait pas songer à aborder la rive gauche, qui était complètement inondée, et qui n'aurait pu fournir le moindre combustible. Descendre à terre, sur la rive droite, au milieu des Toucouleurs, qui paraissaient excités au plus haut point, eût été une imprudence. Aussi le commandant Caron, le cœur gros de chagrin, mais pensant qu'il fallait avant tout arriver au terme du voyage, donna-t-il l'ordre de démolir le chaland. Du reste, cette embarcation n'avait plus d'utilité, maintenant que l'on était presque arrivé. Elle gênait même la marche. Les laptots eurent bientôt détruit le malheureux *Manambougou*, dont les débris vinrent alimenter la machine. Cette destruction se fit sous les yeux des Toucouleurs, toujours sourds aux appels de l'interprète Sory. Les bagages et vivres du chaland furent transportés à bord du *Niger*, où montèrent aussi les deux officiers qui avaient jusqu'alors logé sous l'un des kiosques. La canonnière était bondée et l'on n'y pouvait plus bouger. Heureusement que cette situation ne devait pas durer longtemps. On put de cette façon arriver jusqu'aux premières cases de Ségou-Sikoro, où l'obscurité força de prendre le mouillage. Un griot de Madani vint à bord pour porter les paroles d'amitié de son maître, mais c'était pour voir ce qui se passait sur la canonnière. Le commandant Caron le reçut assez froidement et lui dit que le chef de Ségou ne s'était guère montré fidèle au traité que le commandant supérieur venait de signer avec le sultan.

Le lendemain la canonnière passa devant Ségou, dont le sous-lieutenant Lefort fit un croquis rapide, destiné à trouver son usage plus tard si nous voulions nous emparer de cette place toucouleur. C'était toujours la même ville, déjà décrite par Mage, mais, qui, depuis cette époque, avait augmenté considérablement ses fortifications. Comme on le sait, Ahmadou se trouvait alors absent, puisqu'il opérait vers Nioro, où il venait de me prêter son aide pour réduire Soybou, le fils du marabout Mahmadou Lamine.

Dès l'arrivée à Sama on se retrouva en pays bambara, c'est-à-dire en pays ami. Les pirogues des somonos apportent à bord le bois nécessaire. Les habitants s'empressent de tous côtés, les mains pleines de cadeaux, de vivres. Karamoko Diara, le chef de la contrée, dirigeait alors la guerre contre Ségou, qu'il cherchait à affamer, en pillant tous les villages environnants. Il est certain que Ségou se trouvera dans une situation dangereuse si Ahmadou persiste à rester plus longtemps dans l'ouest et ne se décide pas à venir secourir son fils Madani. Rien ne nous sera plus facile, en ce qui nous concerne, que de nous faire livrer cette ville, à peu près démunie de défenseurs. Karamoko Diara envoya ses gens auprès du commandant Caron, en l'informant qu'il était complètement à la dévotion des Français et qu'il ne ferait jamais que ce qu'ils lui ordonneraient. Il est fâcheux que les dissensions continuelles de ces Bambaras viennent entraver leur action commune contre l'ennemi commun : les musulmans.

Le 2 octobre, la canonnière mouillait devant Nyamina, où les habitants avaient préparé une bonne provision de bois.

Le 6 octobre, elle reprenait son mouillage de Manambougou. Il était temps d'arriver : les barreaux de grille étaient tombés les uns après les autres dans le feu, et le bois brûlait sur les cendriers. Les mécaniciens noirs étaient hors d'état de continuer leur service, et les voyageurs, européens comme indigènes, étaient à bout de force.

Cette expédition [1] fait le plus grand honneur au commandant Caron et aux officiers qui l'accompagnaient. Tous ont rapporté les plus intéressants documents sur la géographie politique, l'ethnographie, le commerce, les productions naturelles des pays traversés, sans compter un lever complet et détaillé du cours du Niger, depuis Manambougou jusqu'à Koriumé.

On eut longtemps, en France, les plus grandes inquiétudes sur le sort de l'expédition. L'énergie du commandant Caron et de ses compagnons a eu raison des obstacles accumulés sur leur route ; leur sang-froid a déjoué tous les dangers. Aujourd'hui la reconnaissance du mystérieux Niger est faite, depuis ses sources jusqu'à Tombouctou. L'impression de ce voyage, auquel les populations indigènes avaient fini par ne plus croire, a été profonde dans toute la région. L'attitude, pleine de modération et de fermeté, du chef de l'expédition a frappé tout le monde. Elle a éveillé chez les Bambaras et les Peuls des idées d'indépendance vis-à-vis de leurs oppresseurs et le désir de secouer un joug détesté, pour se livrer en paix à leurs habitudes de commerce et d'agriculture. Chez les Toucouleurs elle a montré que nous restions fidèles à nos principes d'humanité, mais que nous voulions persévérer dans l'œuvre entreprise.

J'ajouterai que les résultats de l'apparition de la canonnière à Tombouctou n'ont pas tardé à se montrer, car, dès mon retour à Kayes, au mois de novembre 1887, je recevais une lettre de Rhiaïa, le chef de la ville. Celui-ci me disait que ses parents les Arma avaient réfléchi, et que maintenant ils étaient décidés à nous recevoir parmi eux et à nous ouvrir complètement leur pays. Un événement heureux est venu encore faciliter nos projets d'extension commerciale vers ces régions. C'est la mort de Tidiani, survenue peu de temps après le passage du commandant Caron. Il vient justement d'être remplacé par Mounirou, l'un des deux frères d'Ahmadou, que j'avais aidés à rejoindre Bandiagara, et qui paraît animé des meilleures intentions vis-à-vis de nous.

---

[1]. Ce remarquable voyage du commandant Caron, dont celui-ci a publié les résultats scientifiques dans un ouvrage spécial, lui valut, à son retour, une médaille d'or de la Société de géographie de Paris. Le sous-lieutenant Lefort reçut aussi une médaille d'or de M. le Ministre de la marine pour sa collaboration aux travaux de la mission.

CHAPITRE XIII

MISSION DU CAPITAINE PÉROZ DANS LE OUASSOULOU

Départ de Kayes. — Diamou. — Le prince Karamoko. — Réception à Niagassola. — Mes compagnons de route. — Personnel de la mission. — Séjour à Danka. — Visite d'Animata Diara. — Passage du Tankisso. — Arrivée à Togui.

Je laisse maintenant, dans les chapitres suivants[1], la parole au capitaine Péroz pour nous raconter les incidents de son intéressant voyage dans le Ouassoulou, chez l'almamy Samory.

La mission du Ouassoulou quittait Kayes le 1ᵉʳ décembre. Depuis vingt jours, le personnel de la mission s'était complété; les vivres et les cadeaux étaient arrivés, dans de solides caisses, à Diamou, où se trouvait toute la cavalerie de la petite colonne.

Au moment de monter dans le train, que le colonel Gallieni avait fait chauffer tout exprès, nous eûmes l'agréable et douce surprise de voir réunis, pour nous adresser un dernier adieu, tous les camarades que nous laissions à Kayes, prêts à courir à d'autres dangers.

La mission du Ouassoulou allait au-devant de l'inconnu et personne ne pouvait préjuger de son sort, aussi tous avaient-ils tenu à venir souhaiter bonne chance à ceux qui, plus heureux qu'eux, allaient les premiers planter le drapeau tricolore dans des régions inexplorées.

A midi, le train s'arrêtait en avant de Diamou, sur un plateau ombreux qui précède le camp, et débarquait, en pleine voie, hommes et bagages. Nos tirailleurs, nos convoyeurs et nos domestiques, qui tous avaient servi sous mes ordres les années précédentes, eurent vite fait de dresser nos tentes et d'installer nos cantines.

---

1. Chapitres XIII, XIV, XV, XVI et XVII.

Nous avions choisi comme arbre de campement un énorme bombax, dont l'épais dôme de verdure nous protégeait contre les ardeurs du soleil.

Le 5 au matin, notre personnel et notre cavalerie étant au complet, nous levions le camp et nous nous engagions sur la route de Bafoulabé.

Le récit du voyage de la mission depuis Diamou jusqu'au Niger serait sans grand intérêt pour le lecteur qui connaît déjà les régions que nous allions traverser. Au reste, aucun incident notable ne signala notre marche, sauf un léger embarras, causé par la lenteur calculée du prince Karamoko à regagner les États de son père, après ce fastueux voyage en France, qui, on s'en souvient encore, défraya la chronique pendant tout l'été 1887.

Le peu de promptitude de son retour à travers le Sénégal avait un but: il voulait se laisser rejoindre par nous. Or il ne fallait à aucun prix que la mission lui servît d'escorte, marchât sous son patronage et se présentât ainsi devant Samory. Outre que notre prestige en eût souffert, cette arrivée simultanée empêchait l'almamy de se faire une idée bien nette de la puissance de la France avant notre entrée dans ses États, idée qui devait jouer un grand rôle dans le succès de notre mission. Le voyage de Karamoko en France, après la signature du traité boiteux de Kéniébakouta en 1886, n'avait pas eu d'autres motifs. Il importait donc que celui-ci nous précédât chez son père.

Cependant, les séjours dans nos postes du jeune prince noir s'allongeaient tellement, que nous étions menacés de n'arriver jamais au terme de notre mission, lorsqu'un ordre de son père vint le trouver à Niagassola, lui enjoignant de rallier ses États sans retard.

De ce jour, nous pûmes nous hâter et regagner le temps perdu. Nous arrivions le 9 janvier à Niagassola, où le vieux Mambi nous avait préparé une véritable ovation. L'excellent homme se rappelait que, pendant l'année 1885, j'avais lutté pied à pied pour défendre son pays contre les hordes sauvages de Samory, et lui et les siens m'en témoignaient leur reconnaissance.

En approchant du village, nous entendîmes, de toutes parts, retentir le tam-tam, aux sons graves desquels se mêlaient les accents harmonieux des guitares, des flûtes et des balafons. Au détour du chemin, nous vîmes bientôt émerger de la verdure qui les masquait les habitants de Niagassola, vêtus de leurs habits de fête, le roi Mambi en tête, venant à nous dans une danse échevelée; car tous, pour se donner de la voix et fêter dignement ce jour heureux, avaient bu, depuis le matin, d'innombrables rasades de dolo.

Nous lançâmes aussitôt nos chevaux, énervés par tout ce tapage, à bride abattue, vers cette foule, les arrêtant net devant le bon Mambi, qui parut très flatté de cette marque de haute courtoisie. Le soir, une distribution de menus cadeaux portait au paroxysme l'enthousiasme de nos admirateurs, et un tam-tam affolé, prolongé bien avant dans la nuit, nous exprimait encore leur bruyante reconnaissance.

Le lendemain, je complétais les approvisionnements de la mission et j'organisais avec le commandant du fort un service de ravitaillement et de renseignements.

Grâce à l'amabilité du lieutenant Marcantoni qui m'avait succédé l'année

Campement de la mission.

précédente dans la direction du cercle, ce fut chose rapidement terminée.

Le 12, nous campions sur les bords de la rivière Kokoro, qui servait à cette époque de ligne de démarcation entre la région qui nous était entièrement soumise et celle qui reconnaissait encore, bon gré, mal gré, la suprématie de Samory.

La route de Niagassola au Niger a été parcourue par le colonel Gallieni : je n'en dirai donc rien. Au reste, jusqu'au grand fleuve, la mission n'avait qu'un rôle de pacification morale et non d'exploration; à partir de Siguiri seulement elle entrait dans l'inconnu. Ce ne sera donc qu'à ce moment que ce récit pourra offrir quelque intérêt au lecteur.

Pendant que la mission franchit les 160 kilomètres qui la séparent de

Siguiri, je vais présenter ici mes collaborateurs et le personnel qui la compose.

Le sous-lieutenant Plat était sorti de Saint-Cyr depuis un an à peine; d'un organisme délicat, mais d'une grande énergie, il mit au service de la mission un dévouement et un zèle qui restèrent inaltérables dans toutes les épreuves que nous eûmes à traverser. Il était chargé des travaux topographiques et statistiques, ainsi que de la conduite de l'escorte et du convoi. Son excellente carte, que la marine a publiée sous la direction du commandant Vallière, indique suffisamment de quelle façon il s'acquitta de cette première tâche; quant à la seconde, il s'en tira d'une manière également supérieure. Et il n'est pas inutile d'ajouter, à ce sujet, que de tous les services que peut rendre un officier en sous-ordre, dans une mission au Soudan, il n'en est pas de plus directement appréciable que celui de la conduite du convoi. Faire arriver à l'heure fixée et au gîte indiqué l'escorte et le convoi, quelle que soit la nature de la contrée à traverser, quelles que soient les difficultés du chemin ou la longueur de l'étape, est un résultat qui ne s'obtient pas sans peine. Sans une énergie de tous les instants, une volonté de fer et des fatigues sans nombre, le convoi s'essaime sur la route, les animaux de bât roulent dans les rivières fangeuses ou culbutent et se déchargent dans les mauvais passages. Pendant ce temps, la mission se morfond au soleil, à jeun, sans abri, et le soir arrive qu'elle peut à grand'peine mettre la main à ses travaux.

Le docteur Fras, médecin de 2e classe de la marine, avait reçu les palmes académiques pour la façon savante dont il avait classé des collections indiennes destinées à l'exposition d'Anvers. Très robuste, il ne devait jamais être arrêté sérieusement par la maladie dans le cours de notre mission. Au retour, il a fourni un très bon rapport sur la faune et la flore, l'anthropologie et la climatologie des régions traversées.

Notre interprète avait, comme tout le personnel indigène, longuement servi sous mes ordres pendant les campagnes précédentes. Samba Ibrahima, marabout convaincu, traduisait convenablement l'arabe, le peul, le sarracolet et le malinké. Son dévouement est resté à toute épreuve comme par le passé.

Quant au personnel subalterne, qui se composait de 8 tirailleurs, 5 spahis et 4 chefs de convoi, il m'était profondément attaché, comme je lui étais entièrement dévoué. Cette affection réciproque était née pendant les campagnes contre Samory; tous ces hommes avaient combattu sous mes ordres, et plusieurs, même, avaient été blessés.

Des domestiques, un cuisinier, des palefreniers, des muletiers et des âniers, au nombre d'une soixantaine, complétaient la mission. Il faut ajouter la cavalerie, composée des chevaux destinés aux officiers et aux spahis, des mulets de bât pour les chefs de convoi et des 45 ânes pour le transport de tout notre matériel.

Le 19, nous étions tous réunis à Danka et campés devant les ruines du village, sous le baobab et le figuier qui ombragent la partie nord de ses remparts écroulés.

Devant nous miroitait dans un vif scintillement argenté le majestueux Niger, aux rives incultes, désertes et silencieuses.

Le capitaine Péroz.

Au loin, sur sa rive droite, se déroulaient à perte de vue les plaines mollement ondulées du Ouassoulou, notre terre promise, et dont la porte nous paraissait, en ce jour, soigneusement fermée.

Dès notre arrivée sur les rives du fleuve j'avais adressé un messager à Samory, porteur, comme cadeau de bienvenue, d'un magnifique fauteuil-pliant doré et brodé en soie. Dans une lettre je l'informais de mon arrivée sur les confins de ses États ; je lui annonçais que je désirais me rendre à sa cour pour lui porter la parole du chef des Français, et enfin je lui demandais l'autorisation et les moyens de franchir le fleuve.

En attendant une réponse, que nous pensions recevoir aussi favorable que rapide, grâce aux indiscrétions des messagers nous précédant chez Samory, et aux cadeaux importants que nous apportions à l'almamy-émir, nous étions donc campés devant les ruines de Danka qui me rappelaient une foule de souvenirs émouvants. J'avais vu, du haut des crêtes qui dominent la plaine, l'incendie dévorant ce village prospère; les femmes, les enfants, les vieillards fuyant affolés dans les hautes herbes; les hommes tombant sous les balles ou les coups de sabre des sofas et disparaissant sous un vert linceul. Cet affreux spectacle, je l'avais revu en amont jusqu'à Kangaba, en aval jusqu'à Tiguibiri et sur toutes les routes qui vont à Kita. Aussi, témoin d'abord de tant d'atrocités, de cette guerre sans merci rendant meurtre pour meurtre, et plus tard justicier de toutes ces horreurs, je me demandais si toute idée de vengeance serait bien éteinte chez Samory, après les dures représailles que je lui avais infligées. Connaissant la fourberie de nos adversaires d'hier, auxquels nous allions nous livrer en toute confiance, je jugeai toutefois prudent de nous tenir sur nos gardes, dans la grande solitude où nous nous trouvions. Deux caisses de cartouches, apportées de Niagassola, furent ouvertes et distribuées à tout notre monde.

A la tête de 30 fusils ou carabines Gras, maniés par des gens d'un courage éprouvé, approvisionnés de 150 cartouches, nous pouvions, en toute circonstance, faire bonne contenance, à l'occasion même, vendre si chèrement notre vie, qu'après nous, tout Européen inspirerait un respect suffisant à sa sauvegarde.

Notre installation à Danka est relativement confortable; le charme du paysage qui nous entoure est certainement pour beaucoup dans l'opinion que nous avons de notre campement. A nos pieds s'étend frémissante, sous les caresses de la brise, une immense prairie de hautes herbes, où disparaissent de nombreux troupeaux de biches et d'antilopes. Les rives du Niger, bordées de futaies élevées, forment un écran d'une verdure sombre qui repose la vue. A droite et à gauche, des monticules boisés, derniers contreforts des monts du Manding, forment un cirque dont nous occupons le centre et dont les extrémités, en pente douce, vont rejoindre le fleuve. Derrière nous, les roches abruptes de la falaise découpent sur le bleu du ciel leurs dentelures rougeâtres. A la tombée de la nuit, les ruines du village prennent des aspects fantastiques et changeants, au reflet de la lune se levant sur les plaines du Ouassoulou et montant avec lenteur dans le ciel, constellé d'étoiles resplendissantes. Les tours éventrées du rempart, les murailles ébréchées donneraient alors l'illusion de quelque vieux burg de la vallée du Rhin, si le rauque miaulement d'un fauve ou le hennissement monstrueux des hippopotames ne nous rappelaient bientôt à la réalité.

Le Niger, vu d'un des contreforts de Danka.

Pendant trois jours nous vivons ainsi d'admiration contemplative et de repos, entremêlés de promenades scientifiques. Mais cette impression finit par s'émousser et la lassitude nous arrive, pénible et énervante.

La chaleur, pendant le jour, est accablante; la nuit, nous sommes dévorés par les moustiques. De plus, nos chevaux arabes sont atteints de fièvre paludéenne; l'un d'eux est mort, et un autre ne va pas tarder à le suivre dans la mare où l'on a traîné le premier.

Trois jours s'écoulent encore dans l'énervement de l'attente du courrier de Samory. La solitude autour de nous est complète. Parfois, sur la rive opposée du Niger, se profile la silhouette d'un pêcheur relevant ses filets, et disparaissant bientôt. Pas de pirogue sur le fleuve. Pas de caravanes sur les sentiers. Le vide de nos journées nous est d'un lourd accablant.

Cependant, le 25 au matin, les sentinelles placées sur les hauteurs signalent trois grandes pirogues, chargées de monde, remontant le fleuve le long de la rive droite. Elles sont remplies de sofas, le fusil haut. Nos appels n'ont pas le don de les émouvoir et leurs avirons continuent à battre l'eau et à les éloigner de nous. Dans la journée, nouvelle apparition de guerriers et nouvel insuccès de notre part dans nos tentatives de relations. Nous rentrons fort intrigués dans notre campement, et, dans le conseil que nous tenons, les idées les plus diverses sont émises sur cet exode militaire, où l'on évite tout contact avec nous, jusqu'à nous cacher les évolutions des pirogues derrière les îles du fleuve.

Au lever du jour suivant, une vive fusillade se fait entendre au loin. Tout le campement est en émoi. Un de nos guetteurs dégringole, à toutes jambes, la colline d'où il surveille la plaine. « Une pirogue vient de notre côté! » nous crie-t-il. Elle ne contient que trois hommes, dont un griot, que je reconnais à son turban rouge et à son beau boubou.

J'envoie sur la berge l'interprète et deux spahis reconnaître les nouveaux venus, et, peu après, Samba nous revient flanqué d'un griot, hurlant comme un possédé les gloires d'Animata Diara, son maître, et suivi de deux sofas, armés seulement du sabre. Dès qu'il m'aperçoit, il se couche par terre le front dans la poussière; puis, se relevant et venant à nous, il s'incline encore profondément. Son maître, nous dit-il, est Animata Diara, le général fameux qui commande pour « notre Père[1] » les rives du grand fleuve, jusqu'au pays de Ségou. Il vient de Bissandougou, et les hommes de son escorte nous ayant reconnus, il ne veut pas passer devant notre campement sans venir saluer l'ami de « son Père », le

---

1. « Notre Père » désigne l'almamy Samory.

capitaine Péroz, que tout le monde connaît et attend avec impatience dans le Ouassoulou. Le général n'attend donc plus que mon autorisation pour débarquer sur la rive gauche.

J'assure le griot d'Animata Diara que je verrai son maître avec le plus grand plaisir et que je l'attendrai dès l'heure du *salifana* (3 heures). Après nous avoir manifesté de nouveau les marques du plus profond respect, le héraut noir nous quitte et regagne son embarcation, en faisant retentir l'air de nos louanges.

Animata Diara est, en effet, l'un des meilleurs et des plus braves chefs de Samory. Nous avions eu affaire directement à lui, les années précédentes, en plusieurs combats et, en dernier lieu, à celui du Kokoro, où il s'avança en personne jusqu'à mon peloton. Il s'approcha même si près, qu'un de mes hommes lui logea une balle dans le ventre, et c'est à grand' peine que ses sofas purent le retirer de la mêlée. Il souffre encore beaucoup de cette blessure, la balle étant restée entre cuir et chair et y voyageant constamment.

A 5 heures, nous voyons la rive droite du Niger se couvrir de guerriers; bientôt quatre grandes pirogues s'en détachent. Dans la première, une escouade de musiciens soufflent de toute la force de leurs poumons dans des défenses d'éléphant, creusées en trompettes, et produisent un bruit assourdissant; l'embarcation d'Animata Diara les suit et deux pirogues remplies de sofas ferment la marche.

Le lieutenant Plat, l'interprète et quatre spahis vont à leur rencontre, au moment du débarquement. Le général samorien est fort richement vêtu, et sa tête disparaît sous un volumineux turban qui, après de nombreuses circonvolutions autour du front, descend jusqu'au menton, en cachant tout le bas du visage.

Il me salue d'une gracieuse inclinaison de corps, me donne la main et s'assoit le plus correctement du monde. A Kéniébakouta j'avais déjà observé chez des personnages de la cour de Samory ces façons aisées, qui étonnent toujours de la part de ces chefs de bandits.

Après un échange de compliments mutuels et de souhaits interminables, comme le veut la politesse ouassoulounkée, j'offre à mon hôte des rafraîchissements très sucrés, car ils ne sont appréciés qu'à cette condition; puis je le questionne sur les intentions de l'almamy à notre égard.

Nous apprenons alors, avec une joie sans mélange, que Samory est extrêmement heureux de notre arrivée; sans un retard de notre courrier qui s'est foulé le pied en route, il nous aurait déjà envoyé chercher. Toute la cour se réjouissait de notre venue, qui, pour tous, est un gage de paix;

Passage du Niger par Animata Diara.

puis, détail à noter, Karamoko aurait dit à son père, en plein conseil, que c'était folie de vouloir lutter contre nous, qu'il y avait tout à gagner à être nos amis, tout à perdre en restant nos ennemis. Enfin, Samory se disait personnellement très heureux qu'on m'eût choisi comme chef de mission et il priait Animata Diara de me le dire. Nous devions donc prendre patience, car très prochainement l'ambassade envoyée par Samory à notre rencontre débarquerait à Danka.

Je remercie Animata de ces bonnes nouvelles, et vers le soir il nous quitte aussi charmé de notre accueil que nous le sommes de sa visite.

Dans la matinée du lendemain, une importante caravane de diulas passe devant le camp, à côté duquel elle s'établit. Nous profitons de ce voisinage pour sortir les cadeaux et les mettre à l'air; les diulas accourent et restent émerveillés. Ils doivent passer le Niger aujourd'hui; le bruit de nos richesses passera le fleuve avec eux et parviendra ainsi rapidement à Samory, le rendant plus impatient de nous voir et de les posséder. Or, comme elles ne doivent lui être livrées qu'*après* la signature du traité, peut-être ce désir en activera-t-il la conclusion.

J'avais envoyé dès l'aurore un de mes hommes sur la rive droite du Tankisso pour prendre langue et avoir quelques nouvelles; les pêcheurs qui font le service de bateliers lui ont refusé le passage. Escorté de deux spahis et accompagné de Samba Ibrahima, je me rends au gué pour avoir l'explication de ce refus; je fais héler les piroguiers, qui se tiennent sur la rive opposée, mais ils refusent d'accoster de mon côté, alléguant les ordres formels de l'almamy : ils ne doivent laisser passer aucun de nos hommes. Enfin, après de nombreux pourparlers, une pirogue se détache de la rive et s'approche jusqu'à cinquante mètres de nous. Mais à peine ai-je demandé aux hommes qui la montent si nous sommes en guerre, pour se tenir ainsi à l'écart, qu'ils disparaissent sous les palétuviers. Je fais alors crier par un de mes spahis, à voix de stentor, que si le chef de Togui n'est pas venu au plus tard à trois heures, s'entretenir avec moi, je ferai l'almamy juge de sa conduite. A l'heure dite, personne ne vient et je dois m'en retourner bredouille à Danka.

En rentrant, nous rencontrons trois caravanes qui viennent du Bouré et se rendent dans le Ouassoulou, par le gué de Tiguibiri. De toutes les routes autrefois fréquentées sur cette rive, celle-ci est la seule encore suivie. Cette constatation m'invite à transporter notre bivouac à Tiguibiri même; là nous serons plus facilement renseignés, auprès des allants et venants.

Le 29 au matin, nous décampons donc et venons, après une marche de deux heures, nous installer sous de gigantesques ficus qui s'élèvent entre le village et l'angle formé à ce point par le confluent du Niger et du Tankisso.

A peine les tentes sont-elles dressées, que nous apercevons à travers le rideau de verdure bordant le fleuve huit pirogues qui se dirigent vers nous, chargées de Malinkés brillamment vêtus. C'est l'ambassade de Samory qui vient se mettre à nos ordres pour nous conduire à Bissandougou.

Notre joie est grande, mais comme dans ce pays ce genre de sentiment doit être soigneusement caché pour ne pas démériter aux yeux du vulgaire, nous nous préparons à recevoir nos sauveurs d'un air impassible.

Déjà leur chef m'adresse la parole, sans que j'aie daigné jeter les yeux sur lui, lorsque le son de sa voix me fait relever vivement la tête. Ce haut personnage n'est autre que Nassikha Mahdi, mon *finanké* et ambassadeur attitré de Niagassola, auquel je dois mes premières relations avec Samory.

Je l'avais envoyé avec Karamoko à Bissandougou, sous prétexte de me représenter auprès de lui, mais en réalité pour se rendre compte de l'impression produite par le récit du voyage du jeune prince ainsi que par l'annonce de mon arrivée. A Paris je l'avais fait attacher à la mission ouassoulounkée, où, jour par jour, il m'informait des moindres paroles de Karamoko, dont il avait su se faire le confident intime.

L'escorte envoyée par l'almamy comprenait une dizaine de sofas et un marabout, nommé Lamine, m'apportant les bénédictions de son maître.

Nassikha me remet une lettre charmante de Samory qui chante notre amitié en termes bibliques et qui me prie de me hâter de venir le rejoindre. La missive est accompagnée de cent colas entièrement blancs, signe d'une franche amitié; le marabout m'en remet encore dix, don particulier de Karamoko; leur blancheur égale celle des premiers, mais leur grosseur est monstrueuse.

Samory a donné des ordres à tous les chefs des villages où je dois passer, pour que rien ne nous manque en route. Autant de pirogues que nous pouvons désirer sont mises à notre disposition pour le transport des bagages.

J'expédie aussitôt un courrier à l'almamy, le remerciant de sa lettre de bienvenue, en termes aussi dithyrambiques que les siens; puis nous décidons pour le lendemain matin le passage du Tankisso.

Je ne garde que dix ânes et je renvoie les autres à Kita. Nos bagages, divisés en cinq groupes, occupent cinq pirogues, qui nous suivront pas à pas et feront halte aux mêmes villages que nous.

Karamoko, auprès de son père, s'est toujours montré fidèle à l'amitié fougueuse qu'il nous a vouée. Il lui a dit, en plein conseil, qu'il ne fallait plus songer à nous combattre, car, son père réunirait-il les colonnes d'Ahmadou, d'Aguibou, de Thiéba, de l'almamy du Fouta-Djalon et les siennes, que jamais il n'arriverait à en former une qui soit le dixième de notre armée.

Un concert de louanges, des plus flatteurs pour moi, ne cesse d'être chanté à Bissandougou. Mahdi traduit cette idée en me disant : « Autour de l'almamy, et lui compris, tous sont devenus tes griots ! »

Le 30, à la pointe du jour, nous abattons nos tentes, et mes hommes, aidés des sofas, commencent à passer nos bagages sur les pirogues royales. Ces embarcations mesurent environ douze mètres de longueur sur une lar-

Sofas de Samory.

geur d'un mètre seulement ; taillées de toutes pièces dans quelque énorme fromager, elles sont très stables, très maniables et suffisamment rapides, montées par d'habiles pagayeurs.

Le Tankisso, à ce point de notre embarquement, c'est-à-dire à quelques centaines de mètres de son embouchure, a une largeur de plus de cinq cents mètres sur trois de profondeur.

C'est une magnifique rivière, dont les eaux calmes reflètent les hautes futaies qui garnissent ses rives.

Sur la berge opposée, une foule d'importants personnages nous attendent pour nous souhaiter la bienvenue ; le frère de Samory, roi du Diuma, sur les terres duquel nous débarquons, le chef de Togui, une ancienne connaissance, dont j'ai été l'hôte l'année passée, et nombre de sofas d'importance nous accueillent avec de grandes marques de respect et des signes de joie visibles. Ils savent que nous leur apportons la paix, et saluent en nous des libérateurs.

Nous nous rendons en belle ordonnance au village, qui est éloigné de quatre à cinq kilomètres ; de nombreux griots nous escortent et nous assourdissent de leurs chants et du bruit de leurs instruments.

Ce coin perdu du Soudan est un véritable paradis en miniature, au moins par son aspect d'agréable fraîcheur et par le charmant décor qui l'entoure. Parallèlement à la route qui suit la crête de la colline, le Niger étend au pied du coteau sa nappe d'eau majestueuse, bordée, sur la rive d'en face, de plusieurs rangées d'arbres élancés, tandis que de notre côté une plage basse, sablonneuse, permet de suivre ses méandres jusqu'aux dernières limites de l'horizon.

Devant nous on aperçoit déjà, dans le fond, les ruines du rempart de Togui, que dépassent les toits coniques des maisons qui se serraient naguère derrière son enceinte protectrice. Actuellement les énormes brèches que Samory veut toujours ouvertes dans ses bonnes villes en permettent l'escalade sans difficulté. A droite et derrière nous, les hautes futaies du Tankisso semblent vouloir cacher aux Européens de l'autre rive les riches cultures du sol que nous traversons.

Une partie de la journée se passe en réceptions dans le camp, que nous avons choisi en dehors du village. De toutes parts, les gens accourent. Ma tente surtout, qui est bien appropriée au climat, excite leur curiosité. Avant de prendre congé, chacun de mes visiteurs la palpe, en soulève les rideaux, le tapis et ne part enfin qu'après l'examen le plus approfondi. Et ce sont des exclamations d'étonnement à chaque nouvelle découverte ! Même en s'en allant, ils se retournent sans cesse pour la voir encore une fois.

Outre les cadeaux de bienvenue apportés par le chef du village et consistant en riz, miel, maïs, patates, poulets et jusqu'à un jeune bœuf qui mugit derrière nos tentes, chaque nouvel arrivant a pensé de son devoir de ne point se présenter les mains vides ; nos gens sont ravis de cette aubaine.

Rien n'aurait gâté cette journée, d'heureux présage pour la suite de notre voyage, sans une indisposition subite du docteur. Ce fut heureusement la seule un peu sérieuse dont il eut à souffrir pendant la durée de notre mission. Il n'en fut pas de même ni pour Plat ni pour moi ; Plat surtout fut durement éprouvé ; nos travaux cependant ne subirent pas trop de retard, malgré les accès de fièvres qui nous tourmentèrent à différentes reprises.

CHAPITRE XIV

Ordre de marche de la mission. — Kéniébakouta et sa mosquée. — Le Diuma. — Frayeur des indigènes. — Gué de Kassama. — Arrivée à Sansando et réception de Kamori, roi du Diuma. — Séjour à Sansando.

Le 31 au lever du soleil, nous prenons la direction de Kéniébakouta, où nous passerons la journée. Ce village n'est qu'à six kilomètres de Togui. Nous nous y arrêtons cependant, pour ne pas froisser nos hôtes de l'année précédente. C'est en effet à Kéniébakouta que fut négocié, par le capitaine Tournier et moi, le premier traité passé avec Samory.

L'ordre dans lequel nous marchons est celui que nous observerons pendant tout notre voyage. En tête Nassikha Mahdi, la tête couverte d'un turban énorme, surmonté d'un chapeau de paille aussi grand qu'un parapluie, et portant au sommet une abondante touffe de cuir, la poitrine écartelée par un large baudrier rouge, indiquant la livrée de l'almamy. Il chevauche sur un petit cheval du pays, ardent, toujours en querelle avec son pacifique voisin, la monture paisible du marabout Lamine. L'air rêveur et solennel de ce dernier, ses vêtements noirs et blancs, le signalent à l'attention des passants comme un saint homme.

Derrière les deux envoyés extraordinaires de Samory, marchent, pêle-mêle, douze à quinze sofas à cheval, vêtus de jaune, le fusil sur l'épaule, la crosse en arrière; leur sabre est soutenu au côté par une écharpe de laine rouge dont l'éclat égaye l'uniformité de leur costume.

A vingt ou trente pas plus loin, nos spahis jettent la note brillante de leurs manteaux pourpres, flottant sur leurs épaules.

Samba Ibrahima suit à quelques pas, raide et grave sur son bidet, comme il convient à un personnage de pareille importance.

Le docteur Fras et moi, nous venons ensuite, suivis l'un et l'autre par nos palefreniers et nos domestiques.

Les tirailleurs ferment la marche. Puis, à une distance variable, selon les difficultés du chemin, vient le convoi, divisé en quatre sections; chacune d'elles est commandée par un chef convoyeur à cheval, en costume national, armé de la carabine de cavalerie et du sabre indigène. Enfin, tout à l'arrière du convoi, le lieutenant Plat chemine, un œil sur sa boussole, l'autre sur nos gens, qu'il surveille. Derrière lui, deux tirailleurs ferment la marche.

Dans ces régions où la végétation est si puissante et l'herbe souvent d'une hauteur fantastique, le sentier, décoré pompeusement du nom de route, disparaît entièrement aux regards du topographe; aussi Plat n'aurait-il pu en faire que très difficilement le lever, s'il n'avait eu devant lui le long ruban que la colonne déroulait par monts et par vaux.

Les vêtements de couleur tranchante de Mahdi et des spahis étaient pour lui des repères très nets, lui permettant de faire de longues visées.

Kéniébakouta est un joli village, situé sur les pentes d'une éminence sablonneuse, dont le sommet est couvert par un des campements de l'almamy. Ce campement se compose d'un groupe de vastes cases, très confortables et bien entretenues, au milieu desquelles se dresse une mosquée malinkée.

En l'espèce, le mot de mosquée semble prétentieux; c'est cependant le nom et l'affectation de cette construction, qui se compose d'une enceinte en pisé, haute d'un mètre, renfermant un terre-plein, parfaitement nivelé et fait d'argile durcie. Des piliers, espacés d'un mètre environ, soutiennent un immense toit en cône très ouvert, dont les rebords descendent très bas sur le pourtour, de façon à y créer une sorte de galerie couverte.

L'année dernière, pendant notre séjour à Kéniébakouta, l'almamy faisait le grand salam dans ce lieu et y rendait la justice.

Tous les villages de l'empire du Ouassoulou sont tenus d'entretenir, auprès de leurs murs et sur une position dominante, un campement de cette sorte; la cour peut ainsi, dans ses déplacements, n'apporter aucun attirail de voyage.

Nous avions l'autorisation de nous installer dans ces mosquées, ouvertes à tous les vents, mais bien abritées du soleil par une toiture épaisse. C'est avec une véritable satisfaction que nous avons, dans tout le cours de notre mission, usé de cette gracieuseté, au grand scandale des bons musulmans, indignés de voir des infidèles planter leur tente dans ces lieux sacrés.

De même qu'à Togui, il nous faut subir, pendant tout le jour, les importunes salutations et les compliments interminables de la population, corrigés, il est vrai, par l'apport de nombreuses denrées qui nous sont envoyées par ordre de Samory.

Notre étape du lendemain nous amène à Diuma-Abanta, village peuplé par des habitants de la même famille que celle qui règne dans le Manding de Niagassola, les Kéitas. Aussi la réception est très chaleureuse, et nous avons grand'peine à nous garer du zèle de ces nouveaux amis, qui veulent absolument donner la main à nos préparatifs d'installation, auxquels ils n'entendent rien.

La route que nous suivons depuis Togui longe à quelque distance la

Nassikha Mahdi.

rive gauche du Niger. Le pays est peu accidenté, à peine quelques douces ondulations qui viennent mourir près des berges. Dans le lointain, au nord, une ligne bleue, d'un relief peu accentué, indique les monts du Bouré.

Le sol est extrêmement fertile; à perte de vue s'étendent de plantureuses rizières qui produisent en telle abondance, qu'en maints endroits les cultivateurs négligent de faire une récolte complète, ne sachant que faire d'un pareil excédent de richesse, ni où l'emmagasiner.

La route traverse une suite interminable de champs parfaitement entretenus et plantés de manioc, d'arachides, de taros, d'ignames, de patates, de coton, de mil, de maïs et de légumes variés. Néanmoins, de grandes étendues de terre, bien supérieures, restent en friche, faute de bras, et parfois aussi faute d'emploi à donner à la récolte, malgré la densité relative de la population.

Le 2 janvier, nous devons atteindre Kassama, sur la rive droite du Niger, et passer le fleuve au gué de ce nom. C'est une opération qui sera certainement longue et difficile; aussi quittons-nous notre campement de très bonne heure et nous nous mettons en marche par un clair de lune splendide qui donne aux moindres objets un relief saisissant.

La région change d'aspect. Aux plaines basses et à peine mouvementées que nous parcourions les jours précédents, succède une série de plateaux ferrugineux, se détachant d'un groupe de collines parallèles au fleuve; ils viennent en heurter le cours, en avant de Farinkamoya, et l'obligent à faire un brusque coude dans l'est.

Le chemin sort, sous bois, des plateaux, devant le village même. Au moment où nous débouchions, plusieurs habitants étaient occupés à des travaux de culture, près de la route. À notre vue, ils poussent des hurlements de terreur et se sauvent à toutes jambes. En un clin d'œil l'alarme est jetée et tout le monde, pêle-mêle, se précipite vers le fleuve en criant: « Toubaboulé! Toubaboulé! (Voilà les blancs!) » Ils n'ont point été prévenus de notre arrivée, et ils croient à une colonne envahissante de blancs.

Mahdi galope à leur poursuite, à travers champs, pour les rassurer, et cette chasse ne fait qu'aiguillonner leur peur. Il les rejoint enfin, leur explique notre venue, et bientôt ces braves gens, aussi mobiles que bruyants, changent leurs hurlements de désespoir en cris d'allégresse.

Nous atteignons bientôt le village de Dialola, dont le doux nom répond parfaitement au site charmant qu'il occupe, un vrai décor de féerie. Palmiers, cactus, arbres à l'épais et sombre feuillage, arbustes à fleurs, tapis d'une fine verdure, rien n'y manque. Mais ces beautés cachent un amas de ruines.

Il y a quelques années, ce village, qui était extrêmement riche et peuplé, a refusé d'obéir aux ordres de l'almamy. Peu de jours après, il était incendié et ses habitants étaient passés au fil de l'épée ou emmenés en esclavage.

Le gué de Kassama débouche en ce point. Il est huit heures du matin lorsque nous commençons à débâter nos animaux; un soleil de plomb tombe verticalement sur nos têtes, pendant l'installation du campement sur l'autre rive, sous les murs de Kassama.

Le Niger mesure ici 800 mètres de largeur. Son cours est obstrué par de nombreux îlots et bancs de sable, qui y rendraient, en cette saison, la navigation de nos canonnières particulièrement délicate; plusieurs chenaux cependant n'ont pas moins de 1 m. 30 à 1 m. 50 de profondeur.

Sur la rive droite, le courant est assez violent; néanmoins, grâce aux précautions minutieuses que nous avons prises et au secours des pirogues de Kassama, nous n'avons aucun accident à déplorer.

Le village est entouré de belles cultures. Le riz prédomine; cependant la culture pourrait facilement en être décuplée, tant les terrains favorables abondent.

Les habitants nous reçoivent bien, mais se font un peu tirer l'oreille pour nous fournir les quelques approvisionnements, le bœuf surtout, dont nous avons besoin.

Dans la journée, pendant que je procède, dans le plus simple appareil, aux soins de toilette qui suivent la sieste, une main indiscrète soulève les rideaux de ma tente et une énorme figure noire se montre, curieuse, dans l'entre-bâillement.

Je chasse aussitôt l'intrus; mais quelques notables du village, assis en cercle devant les faisceaux, ont remarqué mon ton courroucé et, pensant que cet homme venait de me faire quelque grave injure, se jettent sur lui et ne parlent rien moins que de lui couper le cou, séance tenante. Je calme leur ardeur et fais remettre en liberté le pauvre diable tout tremblant, qui vient, en signe de remerciement, se coucher à mes pieds. Nous aurons l'occasion de remarquer souvent, à la cour de Samory, cet humble salut qui n'existe nulle part ailleurs que dans l'empire du Ouassoulou.

Kassama est la dernière étape avant d'arriver à Sansando, capitale du royaume du Diuma, tributaire de l'almamy-émir.

Le roi actuel, Kamori, est riche et puissant, quoique humble et dévoué serviteur de Samory. Aussi, pour faire honneur à son hospitalité, prenons-nous, à mi-chemin, notre plus belle tenue.

A 2 kilomètres du village, les deux fils de Kamori, suivis d'un peloton de cavaliers, fondent sur nous au détour du chemin, dans un galop effréné qu'ils arrêtent net devant nous. Après de rapides salutations, ils repartent à la même allure, pour annoncer notre arrivée à leur père.

Bientôt nous découvrons dans le lointain les tours des remparts de la ville de Sansando, que Samory, pour témoigner sa confiance à Kamori, a bien voulu laisser debout. De la porte principale sort une foule compacte, précédée d'une bande de griots hurlant et brandissant, entre deux accords d'accompagnement, leurs instruments de musique. Derrière, un bonhomme rondelet, l'air épanoui, une figure de Gambrinus noir, un bambou brillant à la main pour toute arme, est vêtu d'une ample robe jaune immaculée. Il est coiffé d'un chapeau immense et s'agite d'une façon demi-convulsive, ce qui, chez les noirs du Soudan, est le signe d'une joie débordante. Une haie épaisse de guerriers le suit, conduits par un chef dont la robe disparaît sous un caparaçon compact d'amulettes. Puis viennent pêle-mêle, dans une cohue grandissante, un millier de curieux, vociférant, se bousculant et se hâtant pour mieux voir les blancs.

Il est inutile d'ajouter que nous avons sous les yeux Kamori, son armée, sa cour et son peuple.

Dès l'abord, l'excellent homme est tellement ému de se trouver en face de nous, qu'il ne trouve pas une parole à nous dire; mais bientôt, se remettant de cette émotion, où se mêle quelque frayeur, il laisse déborder le torrent de son éloquence imagée et débonnaire qui en fait l'idole de son peuple. Il nous dit, en les accentuant des gestes du plus haut comique, les choses les plus gracieuses et les plus amusantes à la fois. Tous ceux qui l'entourent se tordent dans un fou rire qui finit par nous gagner nous-mêmes, au grand effarement de notre digne interprète; il ne comprend pas que nous nous départissions d'une noble dignité et il craint que cela ne nuise à notre prestige. Mais il n'en est rien : on est très gai à la cour de Kamori et les gens gourmés y ont peu de succès. On doit également y jouir d'un vigoureux appétit, si nous en jugeons par la profusion de victuailles diverses qu'on entasse devant nos tentes pendant le discours royal. Kamori a mesuré aux siennes nos facultés d'absorption; mais hélas! quelle différence entre nos corps émaciés, trop à l'aise dans nos vêtements, et le puissant abdomen qui gonfle la soie jaune de la robe du bon roi et la soulève si fort que, trop longue par derrière, elle est trop courte d'un pied sur le devant!

Nous ne savons comment reconnaître le bienveillant accueil de Kamori, car nous n'osons pas, de peur de le compromettre aux yeux de Samory, lui donner un trop beau cadeau.

Cependant je me décide à lui offrir un magnifique couteau de chasse, orné d'incrustations et tout brillant d'argent, ainsi qu'une ceinture pour le fixer, tissée en soie et or. Nous y joignons une robe en bon drap noir, très épais, qui garantira de la fraîcheur du soir les copieuses digestions royales.

Le brave homme, à la vue de si belles choses, reste quelques instants

Ficus sur la place de Sansando (p. 247).

suffoqué par la surprise et le plaisir; puis, se levant tout à coup, il nous remercie précipitamment et nous annonce en bredouillant, tellement il est pressé de s'en aller, qu'il va se montrer à ses femmes dans ses nouveaux atours. Et il part, courant presque, suivi par tous ses gens, avides d'admirer aussi leur chef dans tout son éclat.

A peine sommes-nous débarrassés des gens de Sansando, et au moment

Kamori, roi du Diuma.

de nous mettre à table, qu'une nouvelle députation survient, mais plus recueillie que la première.

Un jeune sofa, richement vêtu et la tête ceinte d'un large turban écarlate, précède deux marabouts vêtus de blanc que suivent, à pas comptés, plusieurs captifs porteurs d'énormes paniers.

Nous faisons contre mauvaise fortune bon cœur, et nous nous réinstallons sous l'arbre touffu du palabre pour donner audience aux nouveaux venus. Ce sont des envoyés de Massiré Mahmadi, frère puîné de Samory et gouverneur des provinces de l'ouest, qui nous apportent les cadeaux de bienvenue de leur maître. Celui-ci, très souffrant, nous prie de l'excuser de n'être pas venu nous saluer lui-même. Nous remercions les ambassadeurs et les chargeons d'exprimer au frère de l'almamy toute notre reconnaissance pour sa gracieuse attention. Nous leur confions, pour être remise à leur maître de notre part, une épée d'officier nickelée, une ceinture dorée

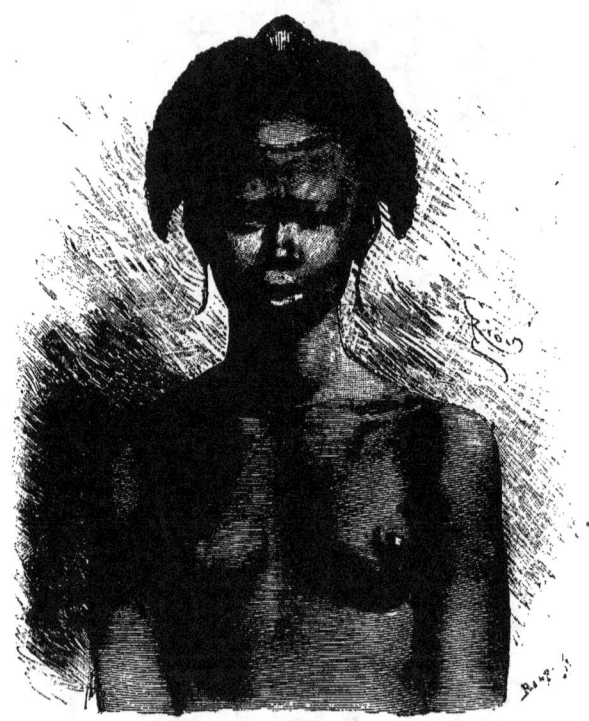

Une femme de Kamori.

et quelques pièces de belles étoffes. Ils acceptent gravement le tout et se retirent, toujours solennels, pour s'acquitter de ce message.

Or, à quelque temps de là, nous apprîmes que Massiré Mahmadi était mort deux jours avant notre arrivée à Sansando! Appelé par son frère à Bissandougou, il avait succombé, en route, des suites d'une blessure reçue deux ans auparavant en combattant contre nous, à Dougounkoto.

Cette indigne supercherie aurait été faite pour ébranler ma confiance en Samory, si je n'avais déjà été sur mes gardes contre la bonne foi des noirs.

Après la sieste, nous nous rendons en grande pompe dans le palais de Kamori, pour le remercier de son excellent accueil.

Ce palais est une haute enceinte en pisé, dans laquelle une double ceinture de cases, également en pisé, vastes et confortables, se serrent les unes contre les autres, laissant au milieu une grande cour d'honneur. C'est là que Kamori nous reçoit, entouré de tous les notables de son royaume. Les portes qui donnent sur la cour d'honneur s'entre-bâillent souvent, pendant l'entrevue, pour laisser entrevoir la mine curieuse de quelques-unes des femmes de notre hôte. Elles sont toutes jeunes et jolies, autant qu'elles peuvent l'être. Décidément Kamori entend bien la vie, et si l'almamy ne vient pas jeter brutalement, dans son existence si bien ordonnée entre la table et les femmes, quelque volonté désastreuse pour sa tranquillité, il ne gagnera pas grand'chose à passer dans le séjour des houris de Mahomet.

Nous passons encore la journée du lendemain chez le bon Kamori, tout débordant d'affection pour nous. Les vivres s'entassent devant le camp : de quoi nourrir une colonne de six cents hommes pendant plusieurs jours. Nous en expédions une grande partie à Niagassola, où la misère est extrême.

CHAPITRE XV

Chevaux malades. — Mosquée de Bakoukokouta. — Une danse guerrière. — Premières oranges. — Arrivée à Kankan. — Karamoko se joint à nous. — Entrée triomphale à Kankan. — Restitution solennelle d'une prétendue dette de René Caillé.

Le 5 nous levons le camp de bonne heure, car nous aurons à traverser le Milo, affluent de gauche du Niger ; nous suivrons dorénavant le cours de cette rivière jusqu'à Kankan. Là elle s'infléchit vers l'ouest et nous la traversons de nouveau au gué même où, cinquante ans plus tôt, Caillé la passait pour atteindre le grand marché ouassoulounké.

Le Milo, au point où nous le passons, a environ 300 mètres de largeur et une profondeur maximum de 80 centimètres ; mais nous sommes à l'époque des basses eaux. Son lit est embarrassé de nombreux bancs de sable qui affleurent à la surface. Les rives sont hautes et très boisées. En hivernage, pendant plus de quatre mois de l'année, les eaux ont une profondeur qui varie entre 2 m. 50 et 3 mètres.

Sur la rive gauche, les cultures sont de toute beauté ; elles appartiennent au village de Dioli-Bakoro, que nous laissons sur notre droite.

Le terrain que nous parcourons est une plaine d'alluvions sablonneuses d'une remarquable fertilité.

Kéniéro, où nous faisons étape, est un très beau village de deux cents cases environ. Nous y recevons un accueil des plus sympathiques. Son chef ainsi que celui de Dalaba, village voisin, ne se lassent pas de nous palper les mains et de se frotter ensuite la figure et le front, pour s'inoculer par ce moyen toutes nos qualités.

Nous avons tellement de choses à manger : patates, œufs, poulets, arachides, mil, riz, que mes hommes ne peuvent consommer le tout. Pour que ces cadeaux ne soient pas perdus, nous sommes obligés de les donner à Nassikha Mahdi, à la condition de les faire vendre à Niagassola.

Un sofa de Karamoko vient nous trouver ici et nous annonce que le jeune prince arrivera à notre rencontre à Kankan, pour nous escorter lui-même jusqu'à Bissandougou.

Le cheval d'un de mes spahis, Mahmadou M'Bodj, qui était si fort, si vigoureux et surtout si méchant ces temps derniers, est transformé par la fièvre en un véritable squelette et peut à peine se traîner. Celui d'un autre spahis, Ali Gaye, a été pris de coliques ce matin et nous n'avons pu le faire suivre qu'à grands coups de corde; enfin, celui d'Ahmadou Si

Mosquée de Kéniéro.

a le farcin. Si cela continue, nous ferons à pied notre entrée solennelle à Bissandougou, et notre prestige n'y gagnera guère.

Le lendemain et les jours suivants, notre voyage se continue sans incidents notables. A chaque village que nous traversons, nous sommes l'objet d'un chaleureux accueil qui montre combien le vent est à la paix dans ces pays, et quelle grande autorité Samory a dans tout son empire. Les cultures se succèdent sans interruption et il n'est pas d'étape où nous ne traversions trois ou quatre villages. Dans plusieurs d'entre eux, en particulier à Bakoukokouta, nous admirons des mosquées en pisé, dénotant une certaine recherche d'architecture; évidemment les grandes lignes ont dû en être inspirées par l'étude du Coran. Celle de Bakoukokouta est un vaste cube en maçonnerie, aux murs dentelés, surmonté de deux hauts minarets que couronnent de petites pyramides au sommet desquelles sont juchés des œufs d'autruche. Les poutres qui soutiennent la toiture traversent intérieurement les murs et lui donnent, de loin, un aspect hérissé et menaçant. La porte d'entrée est basse, carrée et ornée de ferrures originales.

A Fodékaria, où nous avons campé à notre départ de Kéniéro, les habitants nous ont donné le spectacle d'une danse guerrière, sans armes, de l'effet le plus burlesque. Vieux et jeunes, chacun y a pris part. Les femmes

Mosquée de Bakoukokouta.

des griots ont continué leur divertissement par des danses ultra-légères, d'autant plus horribles à voir que les danseuses étaient de vieilles mégères à cheveux gris dont les seins ridés ballottaient, lamentables, au cours de leurs contorsions, et faisaient peine à voir.

Quelques jeunes filles, placées sur deux rangs, leur donnaient le rythme en chantant cette phrase, toujours répétée : « Toubabou aunara! Coubemba! (Par les têtes de nos aïeux, voilà les blancs qui sont venus!) »

La phrase musicale est agréable, mais elle devient agaçante par son éternelle monotonie; des triangles, des tambourins, des balafons et des guitares servent d'orchestre.

Nous avions souvent entendu parler d'oranges dans le Soudan, mais nous pensions que c'était un mythe, n'ayant jamais vu, en fait de ces fruits, que quelques citrons, horriblement amers, qui croissent dans quelques villages au sud de Bammako. Cependant, à Soïla, nous avons pu en cueillir nous-mêmes de délicieuses. Les orangers poussent vivaces dans ce village et dans toute la région du Baté. C'est une des cultures abondantes et favorites du pays, particulièrement à Niafadié.

Cette petite ville ne doit pas seulement son nom à l'exportation des oranges, qu'elle fait sur une grande échelle dans tout le Ouassoulou, mais surtout aux souvenirs historiques qui se rattachent à sa mosquée en ruines.

Mosquée de Soïla.

Elle avait été fondée par le fameux roi Kankan Mahmadou pour devenir le centre d'une cité sainte de l'empire musulman noir. La fortune de Samory a fait crouler, après une vigoureuse résistance, murailles et mosquée ; mais son renom de cité sainte a survécu.

Dans toute cette région nous remarquons quantité d'hommes auxquels il manque un ou plusieurs doigts. Ces mutilations proviennent de l'éclatement des fusils de traite anglais, qui pénètrent jusqu'ici et dont la réputation d'armes de pacotille n'est plus à faire.

Enfin, le 10 au matin, la mission atteint le sommet d'un plateau élevé, d'où le regard embrasse toute la plaine de Kankan. La ville s'étend immense le long du Milo, ceinte d'une haute et épaisse muraille de cactus. De toutes parts, sur les deux côtés de la rivière, de grands villages forment de larges taches noirâtres.

Village de Fodékaria.

Karamoko a été prévenu de notre arrivée le matin même. Il nous a promis de venir à notre rencontre, car il tient absolument à faire avec nous une entrée triomphale dans la ville.

Après une heure d'attente, nous voyons s'élever du côté de Kankan un épais nuage de poussière; des détonations se font entendre. Aussitôt nous distinguons un peloton de cavalerie venant sur nous à bride abattue, suivi de très près par une cohorte de fantassins.

C'est Karamoko, suivi de son escorte.

Il est vêtu d'une gandoura de soie rose tendre, toute chamarrée de bro-

Arrivée à Kankan.

deries d'or, coiffé d'une chéchia également brodée, et chaussé de bottes vernies; une épée d'officier de cavalerie au côté et un revolver, dont il décharge les six coups en arrêtant brusquement son cheval devant nous, complètent sa tenue. Sa suite n'est pas moins brillamment ornée.

Comme, depuis son voyage en France, il se pique de belles manières, il me demande, après les premières effusions du revoir, à passer ma troupe en revue. Je me prête de bonne grâce à ce désir enfantin; et, gravement, mon jeune ami passe lentement devant mes hommes, en s'arrêtant de temps à autre pour examiner la correction de leur tenue, absolument comme il l'avait vu faire en France.

Le jeu lui plaisait et il l'aurait prolongé, sans doute, jusqu'au dernier de mes âniers; mais, le soleil montant rapidement, nous lui faisons remarquer le danger qu'il y a pour les Européens dans ces stations sous un soleil brûlant. Nous nous remettons en marche.

Karamoko, qui monte un cheval très batailleur et ardent, se tient à mes côtés; en avant et en arrière, la mission est encadrée par son escorte. C'est dans cet ordre que nous entrons à Kankan. Si la ville est grande, les rues y sont fort étroites, et, au milieu de l'affluence de curieux qui se presse sur nos pas, nos deux chevaux peuvent à peine marcher de front, très serrés l'un contre l'autre.

Mon arabe, peu tolérant par tempérament, se met à ruer et à mordre celui de Karamoko, qui n'attendait que cette déclaration de guerre pour ouvrir une lutte en règle. Les deux animaux, une fois aux prises, s'attaquent à belles dents en se matant, à la plus grande joie des badauds qui s'imaginent que nous leur donnons le spectacle d'une fantasia inédite. C'est ainsi que nous pénétrons dans la grande cour de la mosquée, où nous attendent, recueillis et graves, les doctes marabouts qui gouvernent Kankan.

Je suis obligé d'avouer, pour être sincère, que mon rôle commençait à me paraître ridicule, et je pensais, *in petto*, que cette entrée de cirque sur mon cheval marchant presque debout devait être d'un comique achevé et peu en rapport avec ma dignité d'ambassadeur français.

Cependant elle fut fort goûtée et appréciée par tous comme un hommage rendu à la vénérable assemblée qui nous recevait. Enfin, après une galopade furieuse de quelques instants, qui calma les nerfs de ma monture, je pus descendre de cheval et saluer Batourbalahé, le chef des marabouts de Kankan.

C'est un homme fort intelligent et d'aspect majestueux, avec son visage encadré d'une magnifique barbe blanche. Il est vêtu de longs vêtements flottants, noirs et blancs, la tête couverte d'un fez rouge. Il nous souhaite la bienvenue en fort bons termes et nous fait un discours pétillant de malice et d'esprit sur nos négociations avec l'almamy. Puis, prenant en pitié notre fatigue, il nous fait signe de remonter à cheval et nous conduit lui-même au campement qui nous avait été préparé.

Des vivres en abondance nous y attendaient, ainsi qu'un troupeau de douze bœufs et douze moutons, don de la ville et des villages voisins; ces animaux sont à notre disposition dans un parc voisin.

Des tamariniers, des flamboyants et des fromagers séculaires ombragent ce lieu ainsi que les cases en pisé qui y dessinent une vaste cour circulaire. C'est sous ces arbres que René Caillé, en 1829, se reposa avant d'entrer à

Kankan, en attendant l'autorisation de s'installer chez Lamfia, habitant du village. C'est également de la même place que Samory dirigea pendant sept mois le siège de la ville, il y a une dizaine d'années.

Lorsque les curieux commencent à devenir plus rares et à nous laisser un repos relatif, je fais appeler Karamoko, et dans le fond de ma tente, après certaines précautions oratoires, je lui annonce le but de notre mission auprès de son père. Je lui explique l'intérêt de l'almamy à devenir notre allié fidèle, fût-ce même au prix de quelque sacrifice territorial; enfin, je lui demande d'être notre avocat particulier auprès de lui et de s'efforcer de

Batourbalahé.

le gagner à notre cause. Et, comme dernier argument, je lui mets dans la main un bon sac d'écus en lui laissant entendre que nos largesses envers lui seront grandes s'il réussit dans la tâche que je le prie d'entreprendre.

Karamoko, peu habitué par son père à pareilles libéralités, est enchanté du marché et me promet tout ce que je veux, en échange du serment de ne rien révéler à Samory des cadeaux que je lui ai faits et que je pourrai encore lui faire.

Avant de prendre congé de Batourbalahé, je lui avais annoncé que j'aurais une importante communication à lui faire, ainsi qu'aux notables de la ville. Je l'avais donc prié de vouloir bien se rendre avec eux, dans la soirée, à notre campement, en amenant à cette réunion un descendant de Lamfia, qui existait encore dans le village, ainsi que le fils de Mahmadi Sanousi, chef de la ville vers la même époque.

A l'heure du *salifana*, à trois heures, tous étaient réunis à l'ombre du grand tamarinier qui couvrait nos tentes. Ils attendaient curieusement mon explication sur cette convocation solennelle et ils se demandaient la raison qui m'avait fait appeler dans cette réunion les fils de ces deux anciens habitants, dont les plus vieux de la ville se rappelaient à peine les noms.

Comme je l'ai dit plus haut, Caillé, dans son mémorable et hardi voyage dans l'Ouest africain, avait séjourné deux mois entiers à Kankan, déguisé en Arabe; il parlait fort bien cette langue. Il fut hébergé par ce Lamfia, qui le vola et fut en même temps son bienfaiteur, car il le guérit du scorbut dont notre compatriote souffrait horriblement. Mahmadi Sanousi, chef de Kankan, avait fait rendre à Caillé les objets détournés : trait de justice indigène bien remarquable, puisque le pseudo-Arabe volé était pauvre et sans crédit. D'autre part, Caillé, reconnaissant, malgré tout, des soins de Lamfia, aurait voulu, en le quittant, reconnaître son hospitalité par quelques beaux cadeaux; mais sa pacotille était presque épuisée et il y manquait précisément la seule chose que son hôte désirait ardemment : un collier d'ambre.

C'est sur ce récit, lu dans les mémoires même du célèbre voyageur, que je bâtis l'histoire qui va suivre. J'attachais un grand intérêt à ce qu'elle fût prise pour réelle, car, dans ce grand marché où viennent s'approvisionner tous les diulas du Soudan occidental, nous avions une détestable réputation de déloyauté ; il importait grandement, pour le succès de nos négociations, de la réduire à néant.

Donc, lorsque tous les notables de Kankan furent réunis, assis sur leur fauteuil bas en bois ouvragé, je me plaçai au milieu du cercle, avec mes deux compagnons de voyage et Samba Ibrahima à mes côtés, et je pris la parole en ces termes :

« Batourbalahé, grand marabout, chef de Kankan ! Hommes importants, soutien de la ville et de son renom de justice, je vous salue ! C'est au nom de la justice de Dieu qui voit tout et n'oublie rien, que je vais parler.

« Il y a bien longtemps déjà, cinquante années avant le règne du grand Kankan Mahmadou, un étranger est venu dans cette ville. Il était habillé en Arabe et faisait le salam. C'était un savant, mais c'était aussi un Français qui voulait connaître les pays qui bordent le grand fleuve, et avait pris le costume et les allures des disciples du Prophète pour pouvoir le traverser. Il venait de l'ouest, par Couroussa, et lorsqu'il quitta Kankan, il se dirigea vers l'est. A cette époque, Mahmadi Sanousi commandait la ville. Quelqu'un de vous, parmi les plus anciens, se le rappelle-t-il? »

Quatre ou cinq vieillards se regardaient étonnés et hochaient la tête en suivant mes paroles. Après s'être consultés, ils dirent l'un après l'autre :

« C'est vrai ; c'est exact. »

Fort de leur approbation, je repris :

« Ce Français, en arrivant à Kankan, fut logé pendant deux mois chez Lamfia, alors chef des cases, et fut guéri par lui d'une douloureuse maladie. De plus, pendant son séjour il avait été volé, par quelques mauvais hommes, de toute sa pacotille. Mahmadi Sanousi la lui fit rendre et punit le coupable, quoique le Français, qui se faisait appeler Abdallah, fût seul et sans appui. A son départ de la ville il aurait voulu récompenser Lamfia de son hospitalité, mais celui-ci voulait de l'ambre, et Abdallah n'en avait plus. Avant de le quitter, il dit à son hôte : « Ne « crains rien pour ton ambre ; je ne puis te le donner, mais tu ne perdras « rien pour attendre, car le premier de mes compatriotes qui viendra ici, « te l'apportera. » Lamfia n'attacha aucune importance à ces paroles et les oublia vite. Cependant Dieu donna la vie à Abdallah, qui rentra en France et écrivit, dans le récit de son voyage, la dette qu'il avait contractée. Aujourd'hui le Gouvernement français m'a ordonné de passer par votre ville et de régler la dette de Caillé. Il m'a chargé également de récompenser l'acte de justice de Mahmadi Sanousi dans la personne de son fils. C'est pour cela que je vous ai réunis et ai voulu que le petit-fils de Lamfia et le fils de votre ancien chef vous accompagnent. Vous serez tous témoins du payement de la dette et vous verrez, en même temps, que les Français n'oublient rien, ni les services rendus, ni la parole donnée, même après plusieurs générations. »

Et, pendant que mon auditoire, ahuri d'un pareil acte de probité et de reconnaissance, restait bouche bée, le menton dans la main, posture qui, ici, est le signe d'un profond étonnement ou d'une grande admiration, j'appelais le descendant de Lamfia, à qui je remis un superbe collier d'ambre dont la boule du milieu, seule, avait la valeur d'un captif. Ce brave homme, en recevant en quelque sorte du ciel ce don royal, tremblait de tous ses membres et s'inclina jusqu'à terre. Il me remerciait en balbutiant! « Ce n'est pas moi, lui dis-je, qu'il faut remercier, mais le grand chef des Français, à qui rien n'échappe et qui n'oublie rien. »

Quant au fils de l'ancien chef de Kankan, vieillard tout cassé et que l'on m'avait dit être dans une extrême misère, je lui donnai une magnifique vache laitière, grâce à laquelle il allait pouvoir revenir à la santé.

Un murmure d'admiration courait dans toute l'assistance ; mes deux compagnons eux-mêmes, le docteur et Plat, étaient stupéfaits, car je ne les avais pas mis au courant de la fable que je venais de débiter. Tous les gens de Kankan, Batourbalahé en tête, vinrent s'incliner profondément devant moi, avec toutes les marques de la reconnaissance la plus sincère, et se retirèrent ensuite dans la ville pour méditer et causer ensemble d'un acte si merveilleux.

Le soir même, j'apprenais que des courriers avaient été envoyés à Bissandougou d'abord, puis dans toutes les directions, pour annoncer par tout l'empire la loyauté des Français.

Le lendemain, nous rendîmes à Batourbalahé sa visite de la veille. Il était encore sous le coup de ma petite comédie de la veille et il nous reçut à bras ouverts. Après de mutuels épanchements et un échange de compliments flatteurs, nous parcourûmes la ville, dont les habitants obstruaient littéralement les rues, ne pouvant se rassasier de voir les blancs.

La ville de Kankan est bien déchue de son ancienne splendeur ; des quartiers entiers sont en ruines et témoignent de la vigoureuse résistance qu'elle fit aux troupes de l'almamy. Néanmoins elle compte encore six mille habitants environ. Les villages de cultures qui l'entourent (appelés *ouroundés*) renferment une population à peu près égale ; c'est donc une agglomération de douze mille âmes dans cette vallée.

L'aspect intérieur de la ville est peu séduisant ; les rues sont sales, étroites et tortueuses ; les maisons généralement basses et mal tenues. Seule la mosquée a un certain caractère architectural ; mais, comme elle a servi de dernier retranchement aux défenseurs de la place, une partie des murs se sont écroulés sous les coups des béliers des assiégeants. La place qui s'étend devant est extrêmement propre et plantée de figuiers plusieurs fois séculaires, dont le feuillage épais ne laisse filtrer que quelques rares rayons de soleil.

Le marché est situé au centre de la ville ; il est couvert de nattes. Les produits les plus divers y sont étalés et une foule bigarrée, venue de tous les points du Soudan, s'y coudoie. La plupart des marchandises sont anglaises et proviennent de Sierra-Leone. Les habitants sont de race mandingue, fortement mélangée de sang peul ; aussi leur teint n'est-il pas noir, mais plutôt de couleur chocolat. Les traits du haut du visage sont de la race caucasique, tandis que la bouche et le menton gardent généralement tous les signes distinctifs de la race noire. Les vêtements sont plus élégants et plus soignés que dans toutes les régions que nous venons de traverser jusqu'à ce jour.

La dette de Caillé.

CHAPITRE XVI

Second passage du Milo. — Un tumulus. — Tintioulé, capitale du Torong. — Métairies de Samory. — Un taureau échappé. — Malinkamory et les fils de l'almamy. — Entrée solennelle à Bissandougou. — Samory. — Notre logement.

Le 12, nous décampons de grand matin et faisons porter nos bagages sur le bord du Milo, dont il faut passer le gué pour prendre la route de Bissandougou. La berge de la rive gauche est douce ; elle va mourir dans l'eau, dont la profondeur ne dépasse pas un mètre ; mais la berge de droite est à pic, sauf une étroite bande de terre qui la longe et qui sert à prendre pied. Un sentier est taillé dans la terre marneuse et grimpe en lacets jusqu'au sommet. Dès qu'on a commencé à le gravir, les pieds mouillés par l'eau du gué, il devient extrêmement glissant.

Un de nos mulets manque des quatre fers à moitié chemin, et dégringole dans le Milo d'une hauteur de quinze pieds. Nous le repêchons à grand'peine, mais n'avons, en somme, à déplorer que le détrempage complet des cantines qu'il porte.

Pendant ce temps, le soleil s'est levé. Karamoko, en bon musulman, ne veut pas se mettre en marche avant d'avoir fait son salam ; son escorte l'imite, et bientôt, du haut de la falaise, nous n'apercevons plus que des têtes, ou des parties moins nobles, alignées le long de la berge, s'abaissant et se relevant en cadence. Enfin, nous sommes à cheval et nous nous engageons dans le sentier, semé de gravois rouge, qui, franchissant monts et vallées, nous amènera à midi à Tintioulé.

Sur la rive gauche du Milo, la nature change complètement d'aspect. Aux plaines basses et unies succède un enchevêtrement de collines arrondies, bossuant le sol et paraissant de prime abord sans aucun lien entre elles.

Leur surface est couverte d'un gravois ferrugineux, mélangé à une terre noire, extrêmement fertile, que les indigènes affectionnent tout particulièrement pour leurs cultures. Elles sont généralement boisées à leur sommet, et séparées les unes des autres par de frais vallons où coulent de clairs ruisseaux sous une voûte de feuillage.

Le terrain se relève insensiblement depuis la vallée du Niger; à Tintioulé nous serons à 400 mètres d'altitude, et à Bissandougou à 410, étant partis de Sansando, sur le fleuve, à la cote 350.

Aucun des ruisseaux que nous traversons n'est à sec; cependant nous sommes à la fin de la saison sèche.

Nous faisons halte au delà du village de Dabadougou, sur un plateau ferrugineux fort étendu et absolument plat, au milieu duquel s'élève une large trémie de cailloux d'une longueur de 8 mètres sur 4 de largeur et 2 de hauteur. Ce tumulus est historique et toute une légende se rattache à sa formation.

Il y a une quarantaine d'années, le puissant roi de Kankan, Mahmadou, était en guerre avec le roi des Bambaras de l'Est, Diéri, qui passait pour avoir fait un pacte avec le diable. Celui-ci, en échange de son âme, lui avait donné un tapis merveilleux, grâce auquel il pouvait s'élever dans les nues et planer sur les armées ennemies. La sienne était tellement nombreuse, qu'ayant voulu la recenser, avant de mettre le siège devant Kankan, alors qu'il était campé sur le plateau de Dabadougou, il dut ordonner à chacun des chefs des groupes de guerriers de déposer un caillou à ses pieds, plus ou moins gros, selon l'importance de son commandement. De là naquit le tumulus qui existe encore et près duquel nous sommes arrêtés. Si la légende est vraie, son armée comprenait une centaine de mille hommes.

Arrivé devant Kankan, il s'empara de la ville sans coup férir; mais, ayant violé la mosquée pour y mettre ses chevaux, Dieu l'en punit en déchirant le tapis qui le soutenait tandis qu'il planait au-dessus du réduit de la place qui tenait encore; dans sa chute il alla s'écraser sur les remparts. Son armée vit dans cette mort un présage funeste et s'enfuit dans toutes les directions, poursuivie par les gens de Kankan Mahmadou, qui en firent un grand carnage à Tintioulé. De ce massacre vient le nom de la ville : Tintioulé veut dire Colline Rouge.

Nous reprenons la marche après un repos d'un quart d'heure, lorsque Karamoko a terminé son salam de neuf heures, pour lequel ses serviteurs étendent un tapis devant lui.

Impatienté, probablement, par notre marche régulière, Karamoko donne continuellement de l'éperon à son cheval, qui danse une sarabande effrénée, que toute notre cavalerie imite à plaisir; il s'ensuit une cohue épouvantable dans ce sentier étroit et encaissé. Les sofas, mis en joie par ce mouvement et les cris des cavaliers, rompent leurs rangs et se mêlent à nos hommes.

Le chef de cette petite ville, formée de trois villages contigus, est Bitiki Sanané, roi du Torong, dont Tintioulé est la capitale. Il est, en partie, l'auteur de la fortune de Samory; c'est lui en effet qui, le premier, en fit un généralissime. Il eut peu à se louer de ce choix, car petit à petit l'almamy actuel le réduisit au rôle de roi fainéant et guerroya, avec ses contingents, pour son propre compte. C'est ainsi que, par son habileté à la guerre, et la politique aidant, Samory devint empereur d'un État dont le Torong n'est plus qu'une des provinces les moins importantes.

Malgré le coup de bâton que Bitiki lui assena un jour sur le front, en se voyant usurper trop ouvertement ses fonctions royales, Samory, devenu un roi puissant, l'a maintenu dans le commandement de son minuscule royaume; mais il fait surveiller ses actes par un de ses griots.

Notre entrée dans le village principal, où réside Bitiki, est un véritable défilé d'opérette.

Le roi du Torong est assis sur une estrade juchée entre deux figuiers touffus; autour de lui, couverts de costumes aux couleurs tranchantes, s'étalent les notables du village, tandis qu'au premier plan, des femmes vêtues de blanc et enveloppées d'un voile qu'elles agitent sur leur tête esquissent un pas de ballet. Une double rangée de griots chantant des chœurs avec un certain ensemble, en s'accompagnant de leurs instruments, leur donnent la cadence.

Mais ces honneurs, sous le soleil de onze heures, ne font qu'augmenter l'énervement produit par la marche du matin, et nous quittons le village bien vite, pour nous installer au campement.

A trois heures, le roi du Torong, suivi de toute sa cour, se dirige vers nous. Il est précédé du griot dont Samory l'a flanqué. Cet homme, diplomate et espion achevé, joue continuellement un rôle de bouffon, auquel il excelle, sans perdre de vue un seul instant toutefois la charge secrète qui lui incombe. Son armement se compose d'un arc, dont le bois est recouvert d'une peau de léopard, plaquée d'argent. Son carquois est du même travail; les bandes du même métal qui s'enroulent autour sont des merveilles de ciselure. Son costume est de drap rouge, zébré par de larges rubans de peau de fauve; enfin, sa coiffure est une haute mitre en fourrure de panthère, agrémentée de rangées de cauris et de sequins d'argent.

Bitiki le suit, tout vêtu de blanc; l'étoffe est fine et brodée, et les robes aux larges manches ouvertes qui se superposent sont d'une blancheur immaculée; il est coiffé d'un turban également couleur de neige, dont un des pans lui couvre la partie inférieure du visage. Une lance, sur laquelle il s'appuie pesamment pour marcher, lui sert de sceptre.

Derrière lui se pressent les gens de sa suite.

Arrivé devant nous, il s'assoit sur un léger fauteuil en bois, apporté par un esclave, boit une gorgée d'eau fraîche, contenue dans une aiguière de métal que porte un autre captif, nous salue avec courtoisie et attend. Il pense évidemment qu'avant toute chose je vais m'excuser de ma fuite précipitée du matin; ce que je fais, en effet : nous étions harassés de fatigue, de faim, de soif et exténués par la chaleur; les Européens, lorsque le soleil est haut, en supportent mal les rayons ardents; c'est pourquoi nous n'avons pu attendre ses souhaits de bienvenue et la fin du *borabo*[1].

Ces explications lui suffisent; dès lors, la glace est rompue et nous levenons bons amis. Il nous comble de cadeaux et de souhaits; puis, en partant, il nous regarde avec pitié, comme si nous allions bientôt être exposés à un grand danger. Il a donc une bien mauvaise opinion de son ancien sofa!

Le type des habitants du pays est très beau; ce sont des Peuls de race presque pure; ils sont vigoureux, avec l'air noble et intelligent. Au contraire de ce qu'en écrit Caillé, qui, du reste, n'en parle que par ouï dire, ils sont extrêmement propres sur eux comme dans leurs maisons. Celles-ci sont hautes, spacieuses, bien éclairées, aérées et ornées, à l'intérieur, de peintures originales.

A partir de Tintioulé, que nous quittons le 15 au matin, la route, bien entretenue, a une largeur de 4 mètres. Tous les 2 kilomètres environ, sous un groupe de beaux arbres, des piquets fourchus sont plantés pour permettre au voyageur d'accrocher son hamac et de se reposer. Au fur et à mesure que nous avançons, la campagne se déboise pour faire place aux cultures; mais on a épargné les arbres bordant le chemin.

De loin en loin, un groupe de cases émerge coquettement d'un bouquet de bois; elles sont occupées par des captifs métayers de l'almamy.

Bientôt, à partir de Sana, où nous campons, les cultures ne cessent plus et la route traverse des champs où nul brin d'herbe ne gêne la croissance des cultures. Il en est ainsi jusqu'à Bissandougou, c'est-à-dire sur un parcours de plus de 20 kilomètres.

---

1. Cérémonie équestre, mêlée de danses.

La profondeur de ces cultures est, paraît-il, à peu près égale, et elles se continuent jusqu'à 22 kilomètres au delà de la capitale.

On peut juger par là du nombre de captifs nécessaires à cette immense exploitation agricole, sur laquelle sont encore entretenues 40 000 têtes de bétail. On voit que l'almamy, n'eût-il que cette seule source de revenus, serait encore fort à l'aise, grâce au rapport de ses 80 000 hectares de terres cultivées.

A Sana, quelques sofas de Samory étaient venus, en secret, se mêler à ceux de Karamoko ; ils étaient envoyés par l'almamy pour connaître

Le taureau échappé. (Voir p. 270.)

d'avance la tournure de notre mission. Nous avions vite reconnu ces figures étrangères à notre escorte habituelle, et nous ne nous en étions pas préoccupés autrement, lorsqu'un petit incident nous fit nous applaudir de leur présence.

Les métayers de Sana nous avaient offert un taureau magnifique comme cadeau de bienvenue. Étant d'un caractère ombrageux et difficile, nous l'avions livré au boucher, séance tenante, pour le faire abattre ; mais, soit négligence ou maladresse, cet homme le laissa échapper après lui avoir fait au cou une large entaille. Rendu furieux par la douleur, l'animal se précipite sur le groupe des hommes de l'escorte de Karamoko et, en un clin d'œil, fit voler en l'air un ou deux sofas, menaçant de tout détruire dans notre campement. Les gens de Karamoko, éperdus, déchargeaient leurs armes, au hasard, sans l'atteindre et ne faisaient que l'irriter davantage. Le jeune prince lui-même, quoique muni d'une excellente carabine Gras, avait dû, après un insuccès semblable, se réfugier sur un pan de mur voisin.

Nous accourûmes aux cris des sofas, et, voyant la bête prête à charger l'un d'eux et à le mettre en pièces, j'arrachai un fusil des mains d'un tirailleur et l'arrêtai net d'une balle en plein front, tirée à cent pas, à travers les fuyards.

En voyant le taureau se mâter sur ses pieds de derrière, puis retomber lourdement à terre inanimé, tous s'étaient tus, portant alternativement leurs regards sur la victime et sur moi. Comprenant enfin ce qui venait de se passer, les sofas se mirent à crier : « Les blancs sont des chasseurs; eux seuls sont des chasseurs! (Toubabou dansouké! Dansouké toubabou!) »

Cette admiration s'explique en ce sens qu'au Soudan, un chasseur armé d'un fusil à pierre ou à piston est réputé bon tireur lorsqu'à vingt ou trente pas il arrive à blesser un animal; il le suit ensuite à toutes jambes, jusqu'à ce que, épuisé par la perte de son sang, il tombe pour ne plus se relever.

Aussi l'événement du taureau fut rapporté à Samory, qui, en entendant le récit qu'on lui en fit, se prit à dire : « Comment lutter contre les blancs, eux qui savent se servir avec une habileté si grande d'armes si rapides et de si longue portée! »

Le 14 février, nous atteignons le dernier campement avant de faire à Bissandougou notre entrée solennelle. Nous ne sommes plus qu'à 6 kilomètres de la capitale.

Nous plantons nos tentes sous d'immenses vérandas, couvertes de nattes, à l'ombre de beaux arbres, sur un sol finement sablé; Samory aime à s'y reposer lorsqu'il visite ses domaines.

A peine avions-nous déchargé nos bagages qu'une dizaine de cavaliers fondent, bride abattue, vers le bivouac. Ils sont superbement vêtus de boubous rouges, qui flottent au vent. En avant d'eux est un homme de taille élevée, disparaissant littéralement sous un assortiment incroyable de gris-gris et d'amulettes.

A quelques pas de nous il saute à terre, jette la bride à l'un de ses cavaliers et s'incline profondément. Tandis qu'il se relève, je reconnais avec plaisir Oumar Diali, un des conseillers de Samory, mon ancien hôte

Les fils de l'almamy.

de Niagassola, lorsqu'il était à la tête de la mission ouassoulounkée, envoyée dans ce poste.

Il vient auprès de moi, dit-il, de la part de Malinkamory, frère de l'almamy-émir, pour nous apporter ses salutations, celles de son frère et celles de tous ses royaux neveux, actuellement à Bissandougou.

La permission accordée, il repart, dans un tourbillon de poussière.

Bientôt les sons rauques des cornes d'ivoire nous annoncent l'approche des frères de l'almamy. Au sommet du chemin apparaît à l'instant une épaisse phalange de cavaliers, marchant lentement, et resplendissante de l'éclat des armes, des ornements métalliques des vêtements et des harnachements.

Un peloton d'une trentaine de délicieux bambins, dont le plus âgé n'a pas douze ans, vient à quelque distance. Tous sont vêtus de robes de soie aux couleurs claires et chaussés de bottes en maroquin rouge. Ce sont les fils de l'almamy, non encore circoncis. Ils sont déjà des écuyers consommés et ils font caracoler leurs chevaux avec une légèreté de mains et une hardiesse surprenantes. Le plus jeune, un bébé de trois à quatre ans peut-être, cherche déjà à s'émanciper; un sofa tient la bride du cheval, qu'excite le véritable orchestre qui gronde derrière ce curieux peloton, et le petit diable veut absolument qu'on lui lâche la bride, pour imiter ses grands frères.

Plus de cent griots musiciens jouent une sorte de marche très bien rythmée qui donne le pas à la phalange d'infanterie, pleine et carrée, devant laquelle chevauchent Malinkamory et son frère Kimé Ibrahima.

Tous les sofas ont le même costume : veste et pantalon jaune terreux, écharpe rouge soutenant le sabre, bonnet jaune et sandales. Les chefs se distinguent par un turban rouge, s'ils commandent vingt hommes ; s'ils ont cent hommes sous leurs ordres, par un turban rouge et une robe, dont les manches sortent à grands plis du court boubou de guerre, constellé de gris-gris, et par des bottes en cuir fauve.

Malinkamory et son frère sont brillamment vêtus, mais ils ont l'air profondément triste. Le premier, cependant, sourit en m'apercevant, saute vivement à bas de son cheval et vient à moi en courant, les deux mains tendues. Nous nous donnons l'accolade et nous nous retirons à l'écart, pendant que les fils de l'almamy dévisagent curieusement mes compagnons, tout en faisant montre de leur science équestre.

Malinkamory, dont j'avais gagné l'estime et l'amitié dévouée, l'année précédente, m'explique alors que son frère le tient à l'écart. Samory le soupçonne de conspirer contre lui et l'a démonté de ses hautes fonctions ;

il est perpétuellement sous le coup de quelque événement sinistre, car son frère est capable de tout. Mais il est résigné et il espère en Dieu qui montrera tôt ou tard la fausseté des accusations portées contre lui.

Je lui promets de faire tous mes efforts auprès de l'almamy pour qu'il rentre en grâce, et, après une présentation générale de tous les hauts personnages qui l'ont suivi, nous nous séparons jusqu'au lendemain.

Dans la soirée une longue procession de captives entre dans notre campement. Elles portent sur la tête de grands bassins en cuivre dans lesquels nagent, au milieu de sauces variées, les viandes et les poissons les plus divers.

Dès le milieu de la nuit, Karamoko et son escorte nous ont quittés pour aller passer leurs vêtements de grand gala, avec lesquels ils viendront nous prendre à l'entrée de la ville, pour nous conduire devant l'émir.

Au petit jour, nous nous habillons également avec toute la splendeur possible, et nous nous mettons en marche.

Au passage d'une petite rivière boisée qui dérobe la ville au regard, nous trouvons Karamoko qui nous attend impatiemment. Il est vraiment très beau sous son costume oriental, que serre au corps une splendide cuirasse argentée, au milieu de laquelle s'épanouit un soleil d'or. Deux robes de soie, l'une rouge et l'autre blanche, s'échappent en plis gracieux de sa ceinture et couvrent à demi une culotte arabe vert pâle qui se perd dans des bottes de marocain rouge. Un diadème en argent lui ceint le front et maintient sur sa tête un turban de mousseline qui lui cache le nez et le bas de la figure. Il tient de la main droite une hachette d'argent et, de la gauche, la bride en velours vert, rehaussée d'argent, semblable au caparaçon de la selle.

Deux cavaliers de haute taille le suivent, casqués et cuirassés, sabre au poing, et une quadrille de griots, brillamment attifés, voltige autour de lui.

Il prend, avec son escorte, la tête de la mission, et nous nous avançons à pas comptés — ainsi le veut le cérémonial pour un grand chef — vers la grande esplanade qui précède la mosquée devant laquelle Samory nous attend.

Sur cette grande place, sablée d'un fin cailloutis, plusieurs milliers d'hommes accroupis sont disposés sur trois faces, en phalanges épaisses, les armes hautes, immobiles ; aux deux angles, un escadron de cavaliers, le fusil sur la cuisse ; enfin, face à l'entrée, une haute marquise couverte de nattes multicolores abrite l'almamy, ses courtisans, ses femmes et sa garde.

Arrivée de la mission à Bissandougou.

Le fond du tableau est formé par les hautes murailles du palais de l'almamy, par la masse carrée et crénelée de son donjon.

Le coup d'œil est splendide et nous éblouit tout d'abord. Certes le hasard seul n'a pu disposer ainsi cet assemblage d'hommes et de choses, pour leur donner un aspect si frappant, si typique et si grandiose. A défaut d'autres preuves, cette ordonnance dénoterait chez son auteur un goût du

L'almamy Samory.

beau que l'on ne retrouve qu'à l'état de ridicule copie chez les autres peuples noirs du Soudan occidental.

Sur un divan élevé, Samory est étendu, vêtu d'une robe blanche; à ses côtés et devant lui, sur des sièges bas, sont ses conseillers dont les vêtements sombres ou voyants, isolent la masse blanche du divan royal. Derrière, affaissées sous le poids des ornements d'or massif qui les chargent, se tiennent ses femmes préférées.

Et enfin, encadrant le tout, un amphithéâtre de gardes du corps échelonnés, dans le sens de la profondeur, des petits aux grands.

Lorsque nous mettons pied à terre pour le saluer, l'almamy se soulève sur son sofa et me serre la main avec une effusion marquée ainsi qu'au docteur et à Plat. Il nous fait signe de nous asseoir; mais je le remercie et, déployant les lettres que je suis chargé de lui remettre, j'en commence la lecture à haute voix et lentement, pour que mon interprète puisse fidèlement traduire mes paroles.

Pendant cette lecture, Samory reste souriant; pas un muscle de sa figure ne remue à l'énoncé de nos prétentions.

Lorsque j'ai terminé : « Pérozi, me dit-il, je te remercie, j'ai compris; mais à plus tard les affaires sérieuses. Asseyez-vous et regardons. » Et de la main il nous indique un coin de son divan, où nous prenons place en le saluant.

Le spectacle auquel il nous convie est en effet curieux. Tour à tour, chaque phalange s'ébranle et parcourt, à différentes allures, aux commandements de ses chefs et au bruit de la musique, le large rectangle que dessine l'esplanade. En passant devant l'almamy, tous les hommes s'arrêtent et lui font face en poussant d'assourdissants « hou! hou! » et en brandissant leurs fusils. Les chefs descendent de cheval et viennent se prosterner devant lui en déposant leur fusil à ses pieds. Samory étend la main sur leur tête en disant: « Allah ikim » (Dieu te garde).

Lorsque ses frères, à la tête de leurs gardes, viennent le saluer, au lieu de se prosterner devant lui, ils se couchent humblement à ses pieds, et l'almamy leur pose le pied sur la tête, en prononçant la formule sacramentelle.

Il est à remarquer, dans ce cérémonial, que plus les chefs sont haut placés, plus ils s'inclinent bas; les chefs d'armée se couchent à ses pieds, tandis que les simples sofas se contentent d'agiter leur fusil en l'air.

Et lorsque j'en demandai l'explication à l'almamy-émir, il me répondit par ces paroles bibliques : « Plus tu auras été élevé, plus tu seras abaissé ». Je restai étonné de trouver cette pensée dans la cervelle de ce noir illettré.

Cette sorte de revue finit par une série d'exercices équestres qu'ouvrirent les fils de Samory. Décidément, ces bambins sont de très bons écuyers et les aînés firent exécuter à leurs chevaux le pas espagnol ou le passage, comme de vrais maîtres de manège.

J'avais pu, pendant ce temps, examiner l'almamy tout à loisir, car il était fort occupé à surveiller les mouvements de ses troupes.

Depuis l'année précédente, sa figure n'avait pas changé: ensemble ascétique, regard vif par moments, mais généralement voilé, air fin et doux. Le menton fort et carré indique, chez lui, une volonté peu commune chez les noirs, dont le bas du visage est presque toujours fuyant.

Réception de la mission : « Allah ikim ».

Son turban de mousseline blanche est serré à la tête par un diadème en or, fait d'écussons reliés par des chaînettes de même métal. Un collier d'or tranche sur la blancheur mate de sa robe et retombe derrière les épaules en deux pendeloques, terminées par de lourds médaillons. Il tient à la main un chasse-mouches à poignée d'argent ciselée, fait d'une queue de jeune éléphant.

Derrière lui se tiennent, immobiles, deux hommes entièrement vêtus de rouge et portant sur l'épaule, l'un une masse d'armes, l'autre une hachette

Campement de la mission. (p. 282.)

en argent, insignes de la royauté; ce sont ses deux hérauts d'armes, ses deux griots familiers.

Parmi les femmes qui sont étendues derrière nous, je remarque, entre toutes, Sarougué Kegni (Sarah blanche la belle), une Peule aux yeux de gazelle, la préférée du maître. Les bracelets d'or qu'elle a aux pieds pèsent plusieurs kilos chacun, et lorsqu'elle en est ornée, elle ne marche qu'avec peine.

A notre arrivée, sur un signe de l'almamy, elle est venue plier le genou devant nous, et nous offrir dans cette posture l'eau de l'hospitalité dans un vase d'argent.

L'année dernière, sachant qu'elle avait une certaine influence occulte sur son maître, je lui avais fait maints cadeaux; la brave fille, reconnaissante, nous a rendu, en échange, de nombreux services pendant notre séjour à Bissandougou.

L'heure s'avance cependant, au milieu des divertissements que nous offre l'almamy-émir, et une chaleur lourde rend la place intenable. Samory comprend que nous souffrons sur cette esplanade brûlante, et, après nous avoir remerciés et souhaité bon repos, il nous donne une escorte de cava-

Captives de l'almamy.

liers pour nous conduire au logement qui nous a été préparé. Déjà nos domestiques et nos bagages y sont rendus; nous nous jetons sur nos lits de camp sans songer même à déjeuner, car nous sommes littéralement suffoqués par la chaleur et la poussière.

Notre campement est relativement très confortable. Il se compose d'une vaste enceinte quadrangulaire; à chaque angle, un groupe de cases, séparées par un mur de la grande cour intérieure, forme le logement de chacun de nous. Une toiture plate, en nattes, court d'un groupe à l'autre et couvre tout l'intérieur de l'enceinte, pour que nous puissions y circuler à l'abri du soleil.

Les cases sont en pisé, surmontées d'un épais chaume conique; le sol est partout en argile damé et durci, ce qui permet de le tenir dans un état de parfaite propreté.

Somme toute, nous sommes beaucoup mieux installés que nous ne l'avons jamais été; nous possédons même un certain *buen-retiro* d'un confortable étonnant. C'est un puits, profond de vingt pieds, et terminé par un puisard de rocaille; au sommet, un siège en argile, cuit au feu, ferme l'orifice, et le tout est recouvert d'un toit épais qui abrite des regards indiscrets et du soleil.

Chaque matin, des captives viendront mettre une cruche d'eau fraîche dans chaque case, balayer notre logement et vider de grands seaux d'eau bouillante dans le local que je viens de décrire.

CHAPITRE XVII

Négociations. — Péripéties diverses. — Signature du traité. — Tata de l'almamy. — Grande place et mosquée. — La ville de Bissandougou. — Exécutions capitales. — Retour de la mission.

Notre séjour s'est prolongé à Bissandougou, près de deux mois. Le docteur et Plat m'ont avoué, depuis, que ce temps passé dans la capitale de l'émir avait été pour eux le plus agréable de la mission. Je n'en dirai certes pas autant et je ne pense pas qu'on puisse avoir une existence plus énervante, plus fatigante que la mienne pendant ce même temps.

Chaque jour, je me rendais au palais de l'almamy, qui me recevait au milieu de son conseil, pour discuter les clauses du traité. Avec une rouerie incroyable, tout en me comblant de témoignages d'amitié et de bonne volonté, il me lançait dans les jambes les arguments pleins de fourberie de ses conseillers, qui criaient comme des possédés dès que je réfutais leur dire. Je sortais de ces séances absolument étourdi et sans avoir fait un pas en avant. Puis j'expédiais mes plus fins limiers dans la demeure de chacun des fidèles de Samory, pour tâcher de recueillir l'impression de ces discussions journalières. Le soir, leurs rapports me revenaient, mais tellement contradictoires que je me résolus enfin à employer un tout autre moyen.

Par une belle nuit entièrement sombre, je revêtis un costume malinké, et, cachant ma figure dans un épais turban, je me rendis seul au palais; j'avais, à tout hasard, glissé sous ma robe un revolver de faible calibre, mais suffisant pour brûler, à l'occasion, la cervelle à quelque malintentionné.

Lorsque je me présentai dans cet accoutrement aux sofas qui défendent l'entrée principale, je fus d'abord repoussé brutalement par leur chef;

mais, étonné de mon accent, il approcha vivement de ma figure un des tisons qui flambaient au milieu du poste et me reconnut.

Je laisse le lecteur juge de sa stupéfaction en me voyant ainsi vêtu. S'inclinant profondément devant moi, il s'effaça pour me laisser passer et me suivit jusqu'à la deuxième enceinte, où il me remit au chef des gardes qui y veillaient. Celui-ci, non moins étonné que son camarade, partit, en courant, dans l'intérieur du palais, me laissant au milieu de ses hommes étendus, somnolents et indifférents autour du feu.

Un instant après, il revenait et m'annonçait que l'almamy m'attendait.

En effet, Samory se berçait dans son hamac, amarré sous la marquise de la cour d'honneur. Lorsqu'il me vit : « Pérozi, les blancs ne craignent donc rien? me dit-il lentement. — Que craindrais-je, lui répondis-je. Je t'ai confié la vie des deux chefs qui m'accompagnent et celle de mes hommes; pourquoi ne te confierais-je pas la mienne? »

Il n'ajouta rien sur le moment et il parut réfléchir; puis il me demanda ce qui m'amenait à pareille heure, et d'une façon si insolite, dans son palais.

Je lui expliquai que mon opinion était que nos longues discussions, avec ses conseillers, n'avançaient en rien nos affaires; trop d'idées contraires se heurtaient dans ces réunions où personne que lui n'avait le droit absolu d'en exprimer une et de la mettre à exécution. Mon temps était très limité : si cela continuait, je me verrais obligé de retourner auprès de mes chefs, qui considéreraient ma rentrée en France, les mains vides, comme une déclaration de guerre. C'était là un résultat qu'il fallait éviter : lui par intérêt, moi parce qu'ayant été le premier instrument de paix entre les Français et lui, je mettais tout mon amour-propre à la sceller d'une façon indestructible. Qu'avions-nous besoin d'intermédiaires pour régler des intérêts qui ne regardaient que nous? Nous pouvions sacrifier aux usages en nous réunissant officiellement de temps à autre; mais, en réalité, nous ferions à nous deux toute la besogne dans nos entrevues secrètes. Et je continuai longtemps ainsi.

L'almamy ne m'avait pas interrompu une seule fois. Lorsque j'eus terminé, il réfléchit longuement et il me dit : « Je t'accorde ce que tu me demandes. Aie confiance; tout ira à ton gré; mais pas d'impatience. En toutes choses, la hâte des Européens est trop grande. » Et je me retirai avec l'autorisation de venir le trouver la nuit, à l'heure que je jugerais opportun; les chefs de ses gardes seraient prévenus, et dorénavant nul ne mettrait obstacle à mes allées et venues.

C'est ainsi que continuèrent nos négociations.

Un jour, néanmoins, elles furent arrêtées net. L'almamy exigeait, pour nous abandonner la rive gauche du Niger, que nous prissions l'engagement de n'y construire aucun fort. De mon côté, je ne voulais, à aucun prix, consentir à une concession de cette nature qui eût pu entraver considérablement notre action sur les populations riveraines.

Samory, butté à cette idée fixe, ne voulait pas en démordre; nos entrevues finirent ainsi par s'aigrir au point qu'un jour, en plein conseil, il accusa très nettement le colonel Gallieni, commandant supérieur du Soudan français, et moi, de n'être que deux intrigants cherchant à obtenir quelque importante récompense en lui arrachant ses provinces.

Son fils s'était entretenu, en France, avec le chef de l'Etat, avec tous les ministres, dont nous n'étions que les humbles serviteurs; aucun d'eux ne lui avait laissé pressentir qu'en échange de la paix on lui prendrait ses deux plus belles provinces. Nous mentions donc, et toutes nos réclamations, formulées au nom de la France, n'étaient que des inventions.

L'apostrophe avait été violente et publique. Au point où en étaient les négociations, il importait de réagir contre la situation fâcheuse où elle nous mettait, et de relever notre prestige gravement atteint aux yeux de tous et aux yeux même de l'almamy. La moindre faiblesse nous perdait à jamais. Voici ce que j'imaginai.

Le soir même, toute la mission en grande tenue et en armes se présentait au palais de l'almamy et réclamait de lui une audience solennelle. Je marchais en tête, ayant à mes côtés le docteur Fras et le lieutenant Plat. Derrière nous, un spahi portait le guidon tricolore de la mission, tout frangé d'argent; quatre autres spahis l'escortaient, sabre au poing.

Enfin mes huit tirailleurs fermaient le cortège.

C'est dans cet apparat que nous arrivâmes devant l'almamy, étendu sur son divan. Il était entouré de ses courtisans et de 200 hommes de sa garde, le fusil haut.

Derrière nous, toutes les portes s'étaient fermées, et, entre les deux enceintes, 500 sofas gardaient la cour d'honneur.

Samba marchait gravement devant moi, d'un pas spectral.

Arrivés à quelques pas de l'almamy, nous saluons militairement et nous nous arrêtons. Samba lui crie alors de toute la force de ses poumons, comme c'est la coutume dans les circonstances solennelles :

« Almamy-émir Samory ben Lathanfia, écoute! Le capitaine va parler, par ma bouche, au nom de la France, qu'il représente ici! Il va te lire le traité que le roi des Français lui a ordonné de te faire signer! Tu en écouteras tous les articles ; ensuite tu réfléchiras ! Puis si, comme ce matin, tu adresses au représentant de la France des paroles injurieuses, il brisera et déchirera la hampe et le drapeau qui sont derrière lui, insignes de sa mission, et en jettera les débris à tes pieds ! Ce sera alors, entre les Français et toi, une guerre sans merci et Dieu décidera ! »

Tant est grande la puissance de la volonté chez Samory que, pendant ce violent exorde, pas un mouvement, pas un geste, ne vint trahir sa colère ; il s'éventait froidement avec son chasse-mouches d'argent, tandis que mon pauvre Samba criait, tremblant comme la feuille, et que l'auditoire malinké, stupéfait, était plongé dans un profond silence.

Lorsqu'il eut fini, l'almamy étendit le bras vers nous : « Asseyez-vous, nous dit-il. — On reste debout lorsqu'on parle au nom de la France », lui fis-je répondre par l'interprète.

Il fit un geste de suprême indifférence. « J'écoute », ajouta-t-il.

Samba commença alors la lecture du traité, toujours sur un ton très élevé, mais la voix chevrotante d'émotion, car il pensait qu'on nous allait couper le cou sur l'heure.

D'autre part, je l'avais prévenu que s'il altérait, en quoi que ce soit, la dureté de mes paroles en les traduisant, j'aurais le regret de lui brûler la cervelle, et il me connaissait homme à tenir ma parole. Entre ces deux mortels dangers, il était devenu, en quelque sorte, un véritable automate.

Lorsque ce fut fini, je lui fis dire encore :

« Almamy-émir Samory, tu as entendu la volonté du chef des Français ; voici une copie du traité ; médite-la ! Pour moi, je retourne à mon campement. J'y attendrai ta réponse jusqu'au huitième jour, au *salifana*. Si à ce moment tu ne nous as pas exprimé les regrets que tu dois éprouver d'avoir offensé la France en ma personne ; si tu n'as pas cherché un terrain de conciliation pour que nous reprenions nos négociations sur les bases de ce traité, je quitterai ton empire, et malheur aux hommes de ton pays qui passeront les gués du Niger derrière nous ! Almamy ! moi, les deux chefs blancs et mes hommes, nous te saluons ! »

Samory était toujours impassible ; mais ses gardes et ses conseillers s'étaient levés et apprêtaient leurs armes, pensant recevoir l'ordre de nous massacrer incontinent. « Partez », nous dit-il, et il donna l'ordre d'ouvrir toutes grandes les portes de son tata.

Lorsque, arrivés au dehors, nous respirâmes à pleins poumons, à l'abri des regards menaçants des fanatiques qui nous entouraient naguère, j'avoue que nous ne pûmes retenir un cri de suprême soulagement. Nous

La scène du drapeau.

venions de jouer une bien grosse partie, car notre tête en était l'enjeu ; mais je la pensais gagnée et Samory dompté.

En effet, le lendemain même, ses conseillers venaient nous exprimer tous ses regrets des incidents de la veille et nous offraient de reprendre les négociations interrompues. Je répondis que ceci était impossible, car j'avais rendu compte, la nuit même, au commandant supérieur, et j'étais obligé d'attendre sa réponse pour les renouer. Mais, pour montrer à l'almamy que, personnellement, je ne lui gardais pas rancune, je les priai de lui annoncer ma visite.

Nos relations officieuses se rétablirent de cette façon. Huit jours après, une lettre, très ferme et très habile à la fois, du colonel Gallieni chassait ses dernières hésitations, et, le 25 mars, le traité était signé. L'acte d'abandon des provinces de la rive gauche, et de la mise sous notre protectorat de l'empire du Ouassoulou et de ses dépendances, était expédié, par courriers, à tous les chefs de région.

En attendant la réponse du colonel Gallieni, j'eus quelques loisirs, dont je profitai pour recueillir des renseignements de toutes sortes sur l'empire, et visiter sa capitale. En effet, je ne la connaissais guère, sauf le chemin qui menait de notre campement au palais de l'almamy.

Bissandougou se compose de deux villes : Bissandougou proprement dit, et la résidence de l'almamy-émir.

La première n'offre rien de remarquable et ne diffère des autres villes malinkées que par des rues plus propres, des maisons mieux tenues et un grand air d'aisance.

Elle est reliée au palais par deux des grandes avenues, bordées d'arbres, qui partent, en forme d'étoile, de la place de la mosquée.

Cette place est sablée d'un gravois ferrugineux soigneusement trié et nivelé; elle est fermée, à l'est, par la mosquée; à l'ouest, par le donjon du tata royal; les dimensions du temple d'Allah sont colossales, mais rien, à première vue, ne rappelle dans ses lignes une destination pieuse. C'est simplement une vaste enceinte en pisé, rectangulaire, surmontée de piliers énormes en bois sculpté, qui supportent un toit dans la construction duquel toute une forêt a dû passer. Divers ornements symboliques sont fixés à la toiture, ou peints sur les murailles.

Trois grandes marquises sont construites devant la porte d'entrée et abritent des rayons du soleil les fidèles qui attendent l'heure de la prière.

Le palais de Samory, qui, somme toute, n'est qu'un tata plus confortable, de dimensions plus vastes et mieux comprises que ceux des Mandingues, est fait de deux enceintes concentriques, flanquées de hautes et lourdes tours. Il a la forme ovale presque parfaite.

Le rempart est régulièrement dentelé; à son extrémité est, se dresse un haut et fort donjon, assez semblable à la tour de Saldé. Il est armé de quatre coulevrines : c'est le réduit de la place.

On y pénètre, en franchissant trois enceintes successives, par des portes basses ouvertes dans des tours massives, flanquées elles-mêmes d'autres tours. Les cours particulières qu'elles forment sont entourées de vérandas légères. Elles sont absolument réservées au logement de l'almamy.

Ses deux femmes préférées habitent, avec leurs suivantes, les tours de l'enceinte intérieure; ses gardes occupent celles de l'enceinte extérieure, une tour de chaque face servant de corps de garde.

La cour d'honneur est circulaire; une immense marquise en occupe le centre. C'est là que l'almamy rend habituellement la justice ou reçoit les chefs de ses provinces ou des villages.

Dans ces deux cas, les portes en sont ouvertes à tout venant.

La salle du conseil donne sur cette cour. Elle occupe tout le rez-de-chaussée d'une tour basse, ayant plus de cinquante pieds de diamètre, couverte d'un toit de chaume masqué par plusieurs rangées de nattes extrêmement fines et brillantes. Des piliers curieusement ouvragés et formant des colonnes torses le soutiennent extérieurement et forment ainsi une galerie couverte, tout autour du bâtiment, sur laquelle s'ouvre une épaisse porte en bois de fer, ornée de ferrures remarquables.

L'intérieur est absolument nu, rien sur le sol, rien au mur, sauf une corniche peinte en bleu d'azur qui court à hauteur de 2 mètres et une banquette circulaire adossée à la muraille.

La toiture est garnie, à l'intérieur, de branches de palmier parfaitement polies et passées au feu; elles sont clouées très symétriquement et soigneusement juxtaposées; grâce à leur couleur lustrée rouge sombre, elles donnent l'illusion complète d'un plafonnage de lamelles d'acajou.

Le donjon a deux étages, réunis par des escaliers en briques. Personne n'y pénètre habituellement, si ce n'est l'intendant du royaume, Kissi; c'est dire qu'il contient tous les objets précieux de la couronne. Les tours dont il est flanqué sont remplies de fusils et de munitions de toute nature.

Au dehors, le palais est séparé du reste de la résidence par une large avenue sablée qui l'entoure et sur laquelle aboutissent les différentes rues.

Chaque femme de Samory, et il en a vingt-quatre légitimes, chaque conseiller, possède une habitation qui est la réduction de la résidence du maître; l'ensemble de ces constructions est entouré par les cases des sofas qui tiennent garnison à Bissandougou.

La situation de la ville est charmante. Coquettement posée sur un mamelon aux pentes douces, où serpentent de nombreux et limpides ruisseaux, recouverte par la frondaison épaisse des arbres qui émergent au-dessus de ses maisons, elle ne fait guère songer aux terribles mystères qu'elle cache. De prime abord, et à quelque distance, elle paraît être une vaste exploitation agricole.

Cependant, des drames horribles ont lieu journellement sous ces frais ombrages. Non que Samory soit cruel par tempérament, comme on s'est

Village de Bissandougou.

plu à l'affirmer souvent, car peut-être serait-il plutôt porté à l'indulgence dans les circonstances difficiles où il se trouve constamment. Son génie a créé un empire vaste; mais seule sa main, d'une fermeté inébranlable, en maintient les morceaux assemblés, les empêchant de se disjoindre. Une heure de faiblesse amènerait infailliblement sa perte.

Les Mandingues du Haut-Niger ne peuvent être gouvernés et domptés que ırla terreur de la mort, de la mort ignominieuse surtout.

Combien de fois la nuit, alors que, tourmenté par l'insomnie, j'errais autour du camp, ou que je me rendais chez l'almamy, n'ai-je pas entendu les cris d'angoisse des malheureux condamnés de la journée, que quelques gardes assommaient misérablement dans un coin reculé!

Mais il est nécessaire d'ajouter que toutes les exécutions capitales se font à Bissandougou. Les coupables, des confins même les plus éloignés de l'empire, viennent y entendre confirmer leur sentence.

Le 26 mars, nous prenons congé de Samory et, le 10 avril, nous sommes de retour à Siguiri. Là nous nous séparons momentanément; Plat va à Niagassola remettre au commandant supérieur l'original du traité de Bissandougou, tandis que le docteur Fras et moi, nous nous enfonçons dans le Bouré, le Ménien, où nous découvrons les sources du Bakhoy, puis dans le Bidiga. A Nabou, nous retrouvons mon lieutenant, plein d'ardeur pour affronter, malgré une extrême fatigue, les montagnes du Goro que nous allions traverser.

C'est par une série de tours de force incroyables que nous parvenons à franchir ce chaos de monts qui semblent avoir été torturés par quelque terrible convulsion du sol. Ils ne sont habités que par des éléphants qui, chaque année, viennent ravager les cultures des riverains du Bakhoy.

Dans le Kolou, Plat fut atteint d'une fièvre bilieuse hématurique, très violente, malgré laquelle il eut le courage, soutenu en selle par deux spahis, d'achever un itinéraire important dont je lui avais confié le levé. De mon côté, je déterminais, à quarante kilomètres de là, la cartographie de la région voisine.

A partir de ce moment, la santé de mon lieutenant était si ébranlée que je n'osai prolonger plus longtemps notre séjour dans la vallée du Bafing, malgré les travaux nombreux que nous pouvions encore y entreprendre. Du reste, un ordre du commandant supérieur nous rappelait à Kayes pour nous y embarquer avec lui et descendre le fleuve. Ce fut donc à grandes étapes que nous parcourûmes le pays de Makhana, celui du Soulou, du Bafing et du Bambouk.

Nous ne faisions pas moins de quarante à cinquante kilomètres par étape, mi-partie le jour et mi-partie la nuit. Plat, dont la faiblesse extrême ne permettait pas, tout d'abord, de supporter de si longues marches, était porté sur un cadre par huit noirs vigoureux qu'on relayait à chaque village. Mais bientôt, grâce à son énergie et à sa jeunesse, il put remonter à cheval et toute la mission atteignait enfin, exténuée mais valide encore, le camp de Diamou.

Le soir même, le train nous ramenait à Kayes, où, le 16 mai, nous nous embarquions dans les chalands qui devaient nous ramener à Saint-Louis.

CHAPITRE XVIII

Résultats de la campagne 1886-87 dans le Soudan français. — Missions géographiques, politiques et commerciales. — Le Bondou et le Bambouk. — La mission de Dinguiray; Aguibou.

La campagne qui venait de se terminer dans le Soudan français faisait faire à notre jeune colonie des progrès considérables. L'insurrection de 1886 était comprimée, le territoire accru, l'organisation intérieure activement poursuivie et la sécurité des frontières assurée. On ne pouvait encore avancer que notre domination y était désormais à l'abri de toute tentative armée, mais on pouvait affirmer qu'il s'était produit une véritable accalmie qui devait être des plus profitables à l'organisation intérieure de notre possession, tant au point de vue civil que militaire.

Au début de la campagne 1886-87, la situation présentait de graves embarras. La longue et fragile ligne de postes qui, de Bakel, se poursuit jusqu'à Bammako d'une part, et à Niagassola de l'autre, était gravement menacée. A l'origine même de cette ligne, entre Bakel et Kayes, l'insurrection des Soninkés, fanatisés par les prédications enflammées du marabout Mahmadou Lamine, était loin d'être comprimée. Les Soninkés hésitaient à se soumettre; le marabout, retiré dans sa forteresse de Diana, avait reconstitué son armée et, avec la bonne saison, allait reprendre la campagne. Au nord, notre défiant et ombrageux adversaire, le cheikh Ahmadou, roi de Ségou, avait concentré une forte armée à moins de trois journées de marche de Médine, et ne laissait rien transpirer de ses intentions. A l'est, une troupe de pillards bambaras et maures battait le pays, semant l'agitation et l'incertitude parmi les populations. Enfin, au sud, notre puissant ennemi Samory, que trois années de luttes sanglantes avaient fait reculer mais non abattu, ne tenant compte ni de la présence de son fils Karamoko parmi nous, ni du traité conclu l'année précédente avec les

Français, envoyait ses agents parmi les populations de la rive gauche du Niger, avec mission de leur laisser entrevoir un prochain retour de ses armées. Indépendamment de ces graves soucis extérieurs, il fallait assurer, comme tous les ans, le ravitaillement des postes, l'achèvement et l'amélioration des voies de communication, la continuation de la voie ferrée, des lignes télégraphiques, etc.

On a vu dans les chapitres précédents le détail des opérations de cette laborieuse campagne. Au mois de juillet, la colonie se trouvait dans une situation complètement changée et améliorée. Le marabout Mahmadou Lamine, poursuivi jusque dans le Niani, avait vu sa capitale détruite, son armée dispersée et son fils Soybou passé par les armes. Les Soninkés, pacifiés, soumis, avaient repris librement leurs travaux ordinaires. Le cheikh Ahmadou, en présence de ces premiers succès, guidé par la crainte et les intérêts de sa souveraineté, avait demandé spontanément à signer avec les Français un traité d'amitié et de commerce. Après lui avoir tenu rigueur en raison de son attitude passée, j'avais accueilli ses propositions et obtenu une convention plaçant sous notre protectorat toutes les possessions actuelles et futures du roi de Ségou. Ce précieux résultat était acquis sans engager en rien les finances de l'État. Les pillards maures et bambaras, en présence de nos forces, s'étaient dispersés, regagnant les uns leurs villages, les autres leurs solitudes. Enfin, résultat extérieur plus considérable encore, Samory, après mille tergiversations, avait fait taire son incroyable orgueil, et consenti, par le nouveau traité signé avec le capitaine Péroz, à l'abandon complet des territoires de la rive gauche du Niger et du Tankisso; il plaçait même ses États actuels et à venir sous le protectorat français.

Les progrès intérieurs de la colonie n'étaient pas moindres. Les travaux de toute nature avaient reçu une impulsion jusqu'alors inconnue. Kayes voyait s'édifier des constructions pour abriter le personnel européen; la voie ferrée atteignait le kilomètre 94; des écoles étaient fondées ou agrandies, le ravitaillement des postes assuré, etc.

Diverses missions d'officiers envoyés dans les régions inexplorées du sud avaient considérablement élargi nos possessions géographiques, en découvrant de nombreux villages, et en passant des traités avec de nouveaux États placés sur nos côtés, mais encore sans relations officielles avec nous. En un mot, l'étroite bande de terre que nous possédions entre Bakel et Bammako s'étendait désormais jusqu'au Niger et au Tankisso. De même, une partie des vastes régions encore figurées en blanc sur les cartes était relevée.

Je crois utile de résumer ci-après les travaux géographiques des différentes missions, travaux qui ont été consignés sur une carte dressée par

M. Plat, sous-lieutenant d'infanterie de marine, sous la direction du commandant Vallière[1].

BONDOU. — Le Bondou n'était connu jusqu'à ce jour que par d'anciens itinéraires datant de Mungo Park, de Raffenel et de quelques autres voyageurs ayant presque toujours suivi les mêmes routes. On s'inquiétait peu de ce pays, placé sous l'autorité de notre fidèle allié Boubakar Saada. Les événements qui ont suivi la mort de ce chef, les troubles de ces derniers

Le lieutenant Plat.

temps, la situation de ce pays dans le voisinage immédiat de Bakel, nous ont mis dans l'obligation d'avoir sans cesse notre attention fixée de ce côté : de là la nécessité d'en mieux connaître la géographie. Les colonnes expéditionnaires s'étant portées jusqu'au sud du Bondou et sur les confins du Ouli, de nombreux itinéraires ont été levés, principalement par MM. Fortin et Lefort. La comparaison de la carte jointe à ce volume avec les cartes anciennes permet de se rendre compte des progrès géographiques réalisés dans cette région.

1. La plupart des renseignements géographiques qui suivent sont empruntés à un rapport du commandant Vallière, que j'avais chargé, à mon retour de cette première campagne, de résumer tous les documents rapportés par nos officiers en mission.

Je ne dirai rien de l'intérieur du Bondou, connu depuis longtemps comme un État agricole et guerrier, et dont la population est en majeure partie toucouleure et musulmane. Sa très réelle prospérité, profondément atteinte pendant la dernière insurrection de Mahmadou Lamine, qui convoitait la souveraineté au détriment des fils de Boubakar Saada, ne saurait tarder à se rétablir. Il suffira que la paix se prolonge quelques années.

BAMBOUK. — Au début de la campagne on ne savait presque rien du Bambouk, en dehors des rives de la Falémé inférieure, déterminées autrefois par M. Brossard de Corbigny, des itinéraires Pascal et Tourette, et de l'établissement minier de Kéniéba. Ce vaste pays, bien que contigu à nos possessions du Khasso, du Natiaga et de Bafoulabé, restait ignoré; aujourd'hui il est peut-être le plus connu du Soudan français. La seconde colonne expéditionnaire du Diakha, MM. Quiquandon, Martin, Audéoud, Oberdorf, Reichemberg et Levaillant, officiers d'infanterie et d'artillerie de marine, l'ont parcouru dans tous les sens, et leurs travaux ont permis d'en dresser une carte à peu près complète. On peut en faire une description d'ensemble et donner le chiffre approximatif de sa population.

Le Bambouk n'est pas le nom d'un ancien royaume, comme divers voyageurs l'ont écrit; c'est la désignation d'un vaste territoire, compris entre les cours de la Falémé, du Sénégal, du Bafing et le pays du Konkadougou. On y distingue deux régions différentes. La première, très montagneuse, est constituée par un plateau affectant la forme d'un massif rectangulaire, limité par des falaises verticales d'un relief variant entre 60 et 200 mètres. Des vallées d'érosion, des échancrures, des écroulements festonnent ces falaises à l'est et au sud, laissant debout des monts isolés aux formes les plus pittoresques; vers l'ouest, au contraire, la falaise se dresse comme une muraille à crémaillère, mais dont la direction générale se continue en ligne droite de Farabana à Kassama et se prolonge ensuite jusqu'à Tombé. Ce singulier mouvement de terrain se nomme le Tambaoura. La deuxième région, plus basse, comprend la vallée de la Falémé (rive droite) et la vallée (rive gauche) du Bafing. Là sont des plaines, quelques ondulations, et de petits massifs montagneux isolés.

Ces deux régions diffèrent par leurs produits comme dans leur aspect. La partie montagneuse, à côté de vastes plateaux pierreux à végétation rabougrie, présente des vallées d'érosion fertiles, bien arrosées, où la terre végétale s'est amassée en grandes profondeurs. Vers Sadiola et Tinké, le sol est des meilleurs. La région basse est supérieure à la précédente. Les terres propres à l'agriculture y abondent et c'est vraiment pitié qu'elles ne contiennent pas plus de villages. Les bords de la Falémé, magnifique rivière poissonneuse au delà de toute idée, sont d'une fertilité telle qu'ils pourraient faire vivre une population des plus pressées; sur les points cultivés on fait jusqu'à trois récoltes de mil ou de maïs, les deux premières très abondantes. Malheureusement, les indigènes, ombrageux, craintifs, faibles et défiants, délaissent ces beaux pays pour se réfugier dans les hautes vallées, où ils trouvent un abri plus assuré contre les invasions. L'examen de la carte montre que c'est au pied des falaises que la population est la plus dense.

En dehors de la Falémé et du Bafing, qui sont les deux grands affluents du Sénégal, le Bambouk est arrosé par une multitude de ruisseaux et de petites rivières qui, descendant du Tambaoura, s'écoulent à l'ouest vers la Falémé, à l'est vers le Bafing. Bon nombre de ces petits cours d'eau sont à sec en été, et certains villages n'ont en cette saison que l'eau des puits; mais il reste un peu partout des mares assez abondantes pour fournir l'eau nécessaire aux troupeaux.

La population du Bambouk est composée de tribus mandingues (branche malinkée), disséminées sur tout le territoire et divisées en confédérations plus ou moins importantes. La race peule a pénétré là comme ailleurs, mais faiblement : aussi les usages et la langue mandingues ont prévalu. Les confédérations du Bambouk, même les plus petites, conservent une autonomie jalouse; les divisions politiques y sont extrêmes et le faible lien qui les relie n'est qu'un vague reflet de leur communauté d'origine. Elles se font entre elles de petites guerres perpétuelles, peu sanglantes, il est vrai, mais qui créent un obstacle au développement de leur prospérité. L'esprit d'autonomie gagne même les villages d'une même confédération; de là le peu d'autorité des chefs de confédération. Cette manière de vivre par petits groupes, farouches, isolés, rend la sécurité précaire aux étrangers. Notre action sur ces peuplades sans cohésion a vite été prépondérante : la conviction de leur faiblesse nous les a livrées sans combats; elles sont venues à nous spontanément comme vers le plus fort et le plus juste. Toutefois l'éparpillement et le manque d'autorité des chefs indigènes nécessiteront de la part de notre administration une très active surveillance. Il faut se réjouir des premières expériences. Sur mes injonctions la circulation des caravanes s'est faite cette année[1] avec assez de sécurité; un seul pillage a été commis et le butin en a été restitué. Des chefs ont même consenti à l'envoi de leurs enfants dans nos écoles. Tout le Bambouk est maintenant lié à nous par des traités, et notre domination y est acceptée avec joie par les uns, avec résignation par d'autres, sans hostilité apparente par tous.

1. 1887

Le tableau ci-dessous indique les confédérations du Bambouk avec leur population approximative :

Noms des confédérations.	Chefs-lieux ou capitales.	Nombre de villages.	Population approximative.
Niagala	Sadiola	15	4 400
Makana	Kassouko	7	1 100
Niambia	Khorokoto	32	2 500
Tambaoura	Diokéba	10	2 500
Kilé	Guesseba	1	500
Kamana	Diali-Mangana	6	1 400
Diébédougou	Kassama	26	3 000
Bambougou	Guagué	?	1 600
Koundian	Koundian	1	800
Villages divers	»	?	600
	Total		18 000

Bien que certains villages, perdus hors des routes suivies, aient échappé aux premières investigations de nos officiers, on peut admettre que le chiffre total ne dépasse pas 20 000 habitants, soit un peu plus de 2 habitants par kilomètre carré. Tout le monde dans le pays attribue cette moyenne peu élevée, non au manque de ressources, mais aux massacres de la prédication armée d'El-Hadj Oumar et au grand nombre de jeunes hommes qui s'engagèrent à sa suite pour aller périr au loin.

Les Malinkés du Bambouk vivent de leurs récoltes, de la vente des troupeaux et du trafic de l'or de leurs mines. Il existe dans le pays d'autres produits négligés par eux, tels que la liane caoutchouc, assez abondante dans le Tambaoura. Ils n'ont pas su jusqu'à ce jour tirer profit de cette dernière plante industrielle, si recherchée actuellement par le commerce européen. Le mouvement des caravanes de diulas est assez actif. Les routes allant des pays maures et de nos comptoirs vers la Gambie, le Niocolo et le Fouta-Djalon passent par les villages du Bambouk. Une remarque à faire, c'est que dans ce pays si rapproché de nos possessions, les produits manufacturés d'Europe, notamment les fusils, en usage chez les indigènes, sont presque tous de marque anglaise. Ne faut-il pas voir dans ce fait un défaut d'activité de la part du commerce français? Les mines d'or du Bambouk passent pour abondantes; il est certain que notre escale de Médine reçoit une certaine quantité de ce précieux métal, mais nous n'avons pas d'éléments pour estimer même approximativement le rendement de ces mines. A notre avis, il faut faire reconnaître par un spécialiste les divers gisements exploités par les indigènes : alors seulement on pourra évaluer la fortune aurifère de ce pays. Les gisements principaux sont dans le

Niagala et le Diébédougou ; les sables de la Falémé au-dessous des cataractes sont également, aux très basses eaux, l'objet de lavages.

OULI, DIAKA, NIÉRI. — Quant à la colonne expéditionnaire du Diaka, elle nous a fait connaître la région à peu près inexplorée, située au sud du Bondou et au nord de la Gambie. Le Ouli, le Diaka et le Niéri ont été visités ainsi qu'une partie du Tenda et du Gamon. Ces petits États sont à cheval sur la ligne de partage des eaux du Sénégal et de la Gambie : ligne généralement basse, consistant en plateaux onduleux, couverts d'une végétation arborescente avec de grandes clairières pierreuses de loin en loin. De chaque côté s'étendent de vastes plaines herbeuses et marécageuses où la terre cultivable abonde, mais qui, étant peu peuplées, laissent désertes de grandes surfaces parcourues seulement par les éléphants et des fauves de toutes sortes ; c'est par excellence un pays de chasses.

Le Ouli (pays des marais), le Diaka (du nom des Diakantés, Peuls conquérants), le Niéri (pays des sortilèges), le Tenda et le Gamon présentent les mêmes caractères. Les villages sont presque toujours construits dans la boucle d'un ruisseau ou près d'une mare et se font remarquer par la beauté de leurs cultures. Ils n'ont d'autres fortifications qu'une enceinte continue en clayonnage, suffisante pour les préserver contre un coup de main. Le pays récolte beaucoup de grains, et les troupeaux y sont nombreux. Boubakar Saada, le roi du Bondou, ne l'ignorait pas, aussi venait-il tous les ans, les armes à la main, percevoir des contributions forcées que les habitants refusaient de lui payer de bon gré. Le marabout Mahmadou Lamine a particulièrement été funeste à cette région, parcourue pendant deux ans par ses bandes. Au moment où je l'avais traversée, la population vivait dans les bois en proie à la plus profonde misère. Actuellement la confiance renaît, les chefs de confédérations ont signé des traités les plaçant sous notre protectorat, et les cultures même ont pu être reprises en toute sécurité.

Les populations sont des Mandingues, parmi lesquels les Peuls conquérants et les Toucouleurs se sont établis en assez grand nombre. Cependant c'est encore, comme dans le Bambouk, la langue mandingue qui domine. Les Peuls et les Toucouleurs ont introduit l'islamisme dans le pays, et même il y affecte, particulièrement dans le Diaka, un certain caractère de fanatisme. Cette circonstance explique l'accueil trouvé par Mahmadou Lamine à Diana, chef-lieu du Diaka, dont le faux prophète avait fait sa forteresse. Malgré l'état de guerre qui gênait nos moyens d'informations, nous avons recueilli sur le chiffre de la population certains renseignements que nous inscrivons dans le présent tableau :

Désignation des confédérations.	Noms des Chefs-lieux.	Nombre de villages.	Chiffre de la population.
Ouli	Dalafine	19	4 200
Diaka	Diana	19	5 000
Niéri	Diddé	11	1 800
Tenda	?	6 ?	1 500 ?
Gamon	Gamon	1	1 000
	Total		13 500

Le Dinguiray. — La mission de Dinguiray a été sans contredit des plus profitables aux intérêts de la colonie et des sciences géographiques. Le capitaine Oberdorf, seul officier de cette mission, a quitté la seconde colonne expéditionnaire du Diaka, au village de Bontou (Bambouk), et, le 10 janvier 1887, s'est mis en route pour Dinguiray. Mes instructions lui prescrivaient : 1° de traiter avec Aguibou, roi de ce pays et frère du cheikh Ahmadou, roi de Ségou, ainsi qu'avec tous les chefs mandingues demeurés jusqu'à ce jour sans relations officielles avec les Français ; 2° de lever rapidement la carte des pays parcourus.

M. Oberdorf sortit du Bambouk par le gué de Tombifara sur la Falémé, traversa Sirimana, le Petit Bélédougou et le Badon. Il pénétra ensuite dans la boucle de la Gambie supérieure par le Niocolo et le Tamgué. Après avoir franchi la Gambie une deuxième fois à Doubaya, il marcha vers l'est à travers le Sangala. Parvenu à Erimalo sur la Haute-Falémé, il reprit la direction sud, ce qui lui permit de visiter le Fontofa et le Koï ; il atteignit ainsi l'État du Dinguiray. Ayant appris la présence du roi Aguibou à Tamba, il franchit le Haut-Bafing et marcha à la rencontre du jeune souverain à Tamba. Pour rejoindre Kita, le capitaine Oberdorf prit à travers le Dinguiray, le Koulou, le Bamaka, le Gadougou et arriva au poste français deux mois et demi après son départ de Bontou. Sur les 500 kilomètres qu'il venait de parcourir, plus des deux tiers étaient en pays complètement inconnu.

Ce voyage a fait déterminer la grande boucle de la Gambie, les cours supérieurs de la Falémé et du Bafing. Les cartes existantes subissent des changements notables surtout en ce qui concerne la Falémé. Cette rivière ne sort pas du plateau de Timbo, mais des monts de Koy ; la rivière Tené, considérée jusqu'ici comme son cours supérieur, est un affluent du Bafing. Il est également démontré, maintenant, qu'on ne peut compter sur la navigabilité des grands affluents du Sénégal ; leurs cours présentent très en amont de beaux biefs larges et profonds, mais ils sont séparés par de fréquents barrages rocheux et des chutes importantes. Il ne peut y avoir de navigation continue.

LE DINGUIRAY.

Au point de vue de notre extension territoriale, tous les pays visités ont consenti des traités à l'exception du Koï; il est vrai que cette province fait partie du Fouta-Djalon, dont le souverain est placé sous notre protectorat depuis 1882.

Les notes ci-après feront mieux connaître les divers États nouvellement acquis à notre influence :

La région entre la Falémé et la Gambie n'est que la continuation du Ouli et du Diaka décrits plus haut. On y rencontre quatre petits États

Le capitaine Oberdorf.

mandingues, dont les populations ne diffèrent en rien de celles du Bambouk. Elles travaillent peu et n'ont d'autres produits que ceux du reste du Soudan : riz, mil, arachides, niébés, coton, beurre végétal, etc.

1° Le *Sirimana* est arrosé par deux ruisseaux importants, affluents de la Falémé. On compte dans leurs vallées douze villages d'une population totale de 2 000 habitants. Ce pays recueille un peu d'or au confluent du Dialé-Kô et de la Falémé.

2° Le *Petit Bélédougou* est dans la partie rocheuse de la ligne de partage des eaux; il ne comprend que deux gros villages, ayant en tout 1200 habitants.

3° Le *Badon* n'a aussi que deux villages, donnant une population de 1 400 habitants. Le chef-lieu est une place forte.

4° Le *Dentilia* n'a pu être visité complètement. Les renseignements recueillis donnent une population totale de 5 000 habitants, répartis dans vingt villages.

La grande boucle de la Gambie enserre un pays fort intéressant : le Niocolo. On y constate deux régions distinctes : les plateaux et la plaine : d'où le haut Niocolo et le bas Niocolo. Le premier est sur les contreforts des monts de Tamgué, qui viennent finir sur la plaine avec deux ou trois cents mètres de relief seulement, tandis que vers leur origine ils atteignent jusqu'à huit cents mètres. Au point de vue de la population il faut considérer trois groupes différents :

1° *Niocolo peul*. — Les Peuls habitent une série de villages ouverts, éparpillés sur les hauts plateaux. La race s'y est conservée avec une rare pureté ; les femmes y sont d'une beauté remarquable. L'élève du bétail est considérable ; les chefs de case ayant cent bêtes à cornes n'y sont pas rares. Cette population vit dans la paix et l'aisance, préoccupée surtout d'avoir de bonnes cultures, et de suivre fidèlement les pratiques de la religion musulmane. On connaît de cette contrée dix-neuf villages, donnant ensemble 3 000 habitants.

2° *Niocolo mandingue*. — Les Mandingues sont au pied des hauteurs et débordent un peu vers la plaine. Ce sont les mêmes hommes que dans le Bambouk, défiants, sauvages et sordides. Cependant, le contact des Peuls leur a appris l'élève du bétail et ils ont d'assez beaux troupeaux. Leurs villages sont, dit-on, au nombre de treize et contiennent environ 4 000 habitants.

3° *Niocolo diula*. — Les villages de cette partie du Niocolo sont riverains de la Gambie ou situés sur les routes des caravanes. Ils contiennent une population fort hétérogène où domine l'élément soninké. Ces hommes sont des marchands intelligents, des colporteurs audacieux, et vont faire des échanges dans tout le Soudan occidental. Leurs villages, où se tiennent des marchés à jours fixes, deviennent le rendez-vous des populations environnantes. Kédougou, le plus grand de ces marchés, fixe pour toute la région les prix des divers produits qui, comme en tous pays, subissent des fluctuations. La civilisation et le commerce trouveront dans le Niocolo un champ tout préparé. On compte six gros villages marchands, ayant en tout 3 500 habitants.

Le *Sangala* s'étend entre la Gambie et la Falémé. C'est une ancienne province de l'empire du Diallonkadougou, empire qui couvrait autrefois tout le pays entre la Gambie, le Bakhoy et le Tankisso. El-Hadj Oumar, ayant pris Tamba, la capitale de cet empire, parcourut ensuite toutes les vallées, ne laissant derrière lui que des cadavres et des ruines fumantes. Après son passage, les provinces dévastées restèrent indépendantes. Le Sangala est coupé en deux régions basses par la chaîne de partage des eaux de la Gambie et de la Falémé; les monts de cette chaîne atteignent 700 mètres de hauteur. Les montagnes de ce pays sont plus boisées que dans le reste du Soudan; quant aux plaines, elles n'ont de remarquable que la présence de lianes-caoutchouc. Trois tribus mandingues peuplent ce territoire et constituent des groupes séparés, savoir :

Les Kamaras ont huit villages et 3 000 habitants;

Les Keïtas ont cinq villages et 1 750 habitants;

Les Niacasso ont quatre villages et 1 000 habitants;

Soit 6 000 habitants environ pour le Sangala.

Il serait désirable que ce classement par tribus ou familles pût être fait partout; car alors on pourrait dresser avec un peu de certitude la carte ethnographique de ces contrées. Jusqu'à ce jour le désordre ethnographique paraît complet; il est impossible de se reconnaître au milieu de cet éparpillement des familles, et des mélanges infinis des diverses races.

Le *Gounianta* est situé au nord du précédent et relié avec le Dentilia. On le dit fort peu peuplé; il ne contiendrait que trois villages, ayant en tout à peine 600 habitants.

Le *Gadaoudou* est au sud du Sangala; c'est une annexe du Labé et il relève par suite de la suzeraineté de l'almamy du Fouta-Djalon. Le pays est physiquement semblable au Sangala, dont il est le prolongement. La population est surtout composée de Peuls; on y compte seulement trois villages mandingues. M. Oberdorf n'ose se prononcer sur le chiffre de la population, que l'on dit assez pressée. Il a recueilli les noms des deux chefs-lieux, Niara et Médina, plus ceux de onze villages. Ces renseignements ne donneraient que 3 000 habitants.

Entre la Falémé et le Bafing, le capitaine Oberdorf nous fait connaître :

1° Le *Fontofa*, pays très montagneux, présentant un réseau inextricable de chaînons, monts, massifs, etc., véritable chaos orographique; les altitudes ne dépassent pas 800 mètres. On trouve dans ce pays des ruisseaux s'écoulant en cascades dans des vallées fort pittoresques. La population est composée de Diallonkés, branche mandingue qui se dit distincte des Malinkés. Il est certain que leur dialecte, bien que paraissant être la même langue que le malinké, en diffère par des mots nouveaux et des altérations de prononciation. Nos renseignements, fort incomplets, donnent au Fontofa dix villages, avec 3 600 habitants. La population vit paisible, possède de beaux troupeaux et confectionne d'assez remarquables travaux de vannerie.

2° Le *Koy* fait suite au sud du Fontofa. C'est un territoire dont l'orographie est tourmentée jusqu'aux abords du Bafing, où ce cours d'eau a ouvert une superbe vallée de 20 à 30 kilomètres de largeur, bien cultivée et couverte de beaux pâturages et de troupeaux. L'altitude moyenne des montagnes est de 600 mètres. L'hydrographie comprend les sources de la Falémé, un grand nombre de ruisseaux et deux grands affluents du Bafing: la Kioma et le Fari. La population est composée de Peuls, qui ont chassé les Diallonkés, restés en très petit nombre. Le Koy passe pour très peuplé; nous ne connaissons que vingt-cinq villages, donnant 12 000 habitants. Cette province appartient à l'almamy de Timbo, qui en nomme le chef.

3° Le *Dinguiray* est situé au sud et à l'est du précédent. Il est compris entre le Bafing et le Tankisso, se continue le long du Bafing et est séparé du Bouré par une solitude étendue. Le terrain est couvert de montagnes allant en s'élevant de plus en plus vers le sud-ouest. Entre ces hauteurs circule la large et belle vallée du Bafing. A part ce grand cours d'eau, le pays n'est arrosé que par une multitude de ruisseaux peu importants. La population est un mélange de Toucouleurs et de Diallonkés; la fusion entre les conquérants et les vaincus est telle, que les deux langues sont indifféremment parlées. Le Dinguiray a été le berceau de la fortune d'El-Hadj Oumar; c'est de là que le prophète s'élança à la conquête du Soudan occidental. Son premier soin fut de détruire le Diallonka, gouverné alors par le féroce Boukari. Ce dernier chef a laissé les plus odieux souvenirs : on dit qu'il précipitait dans le Bafing, du haut du rocher de Cimatodi, tous ses prisonniers de guerre. Sa famille même n'était pas exempte de ses cruautés : douze de ses fils furent châtrés par ses ordres; de même il faisait enterrer vives, parées de leurs plus riches bijoux, les plus belles de ses filles. Ce monstre une fois pris et mis à mort, El-Hadj Oumar put atteindre le Bambouk et la vallée du Sénégal. Le Dinguiray est aujourd'hui tenu par Aguibou, le plus jeune des fils du conquérant. Ce souverain, après avoir été un brillant guerrier adoré de ses talibés, a reçu son royaume, en vassalité, des mains de son frère Ahmadou, roi de Ségou, qui le tient éloigné par crainte de sa gênante popularité. Aguibou est l'autocrate le plus aimé du Soudan : fils du grand prophète noir, il est un chef religieux respecté, sa bravoure en fait un chef d'armée incontesté, et sa générosité et sa douceur sont citées par ses sujets diallonkés et toucouleurs. Sous sa domination le pays est en paix et prospère journellement. Le capitaine Oberdorf a été frappé de sa distinction et de l'expression de franchise répandue sur son visage : ce dernier caractère est très rare chez les Toucouleurs. Il s'est montré d'une extrême affabilité avec notre officier, qu'il a fait soigner très attentivement pendant une maladie grave. Aguibou a fait néanmoins quelques difficultés pour signer un traité avec nous. Ses sujets et lui-même ont des relations commerciales déjà anciennes avec les Anglais de Sierra-Leone ; des lettres communiquées à notre envoyé ne laissent aucun doute à cet égard. Il a fallu de l'habileté à M. Oberdorf pour obtenir le traité qu'il en a rapporté. Il est tout à fait désirable que la question religieuse ne soulève pas de conflits entre le Dinguiray et nous ; car, à notre avis, grâce au jeune roi, la civilisation et le commerce trouveront vite accès dans ce pays.

Le royaume a deux capitales : Dinguiray et Tamba ; le souverain va de l'une à l'autre, c'est dans la dernière que la mission l'a rencontré. Dinguiray, dans la montagne, serait le chef-lieu de dix-huit villages, et Tamba, dans la plaine, compterait seize villages. Ces chiffres ne représentent pas la totalité de ceux qui existent, personne n'ayant pu en faire la nomenclature complète. En comptant 14 300 habitants pour les localités connues, on reste au-dessous de la réalité. Dinguiray à lui seul compte 2 000 habitants et Tamba plus d'un millier. Cet État, un des plus prospères du Soudan, donne en abondance les produits de ce pays ; les orangers y sont fort beaux.

Le territoire de *Kolou*, au nord-est du Dinguiray, est à cheval sur la route de Kita. Le pays est montagneux sans présenter de hauts sommets. Des ruisseaux rejoignant le Kouragué-Kô, affluent du Bafing, arrosent de pittoresques vallées. Les habitants sont des Mandingues indépendants de toute souveraineté ; ils rappellent absolument les gens de Kita. On compte dans cet État seize villages, avec une population totale de 6 700 habitants.

Pour compléter les résultats obtenus par M. Oberdorf, j'avais également envoyé le lieutenant Reichemberg, de l'artillerie de marine, pour explorer le Bambouk et les pays limitrophes au sud.

Cet officier, outre ses excursions qui ont beaucoup contribué à nous faire connaître le Bambouk, a parcouru une région restée ignorée jusqu'alors. Cette région est située entre le Bambouk et les pays parcourus par M. Oberdorf. Elle comprend quatre confédérations de Mandingues, de la branche malinkée. Ce sont :

1° Le *Konkadougou*, État assez important, comptant plus de 11 000 habitants, répartis dans trente-neuf villages. Il existe peu d'unité politique dans cette confédération ; presque toutes les localités aspirent à l'autonomie. Tombé est considéré comme la capitale. Les rapports faits à notre envoyé semblent établir que le pays possède des gisements aurifères d'une grande valeur. C'est un fait à vérifier, car M. Reichemberg a très rapidement traversé la contrée.

2° Le *Bafé*, sur la rive gauche de la Falémé. La capitale nominale est Kolia. Ce pays, à cause de son extrême faiblesse, est en butte aux attaques de ses voisins plus forts. Il comprend sept villages, la plupart dévastés; aussi n'a-t-il qu'un millier d'habitants.

3° Le *Solou*, encastré entre le cours du Bafing et le Konkadougou. Ce pays, faible, vassal du Bambougou, possède quatre petits villages de 300 habitants environ.

4° Le *Bafing* (rive gauche), déjà placé sous notre protectorat en 1882; il comprend quinze villages de culture extrêmement petits. La population totale ne dépasse pas 1 000 habitants. Ce pays récolte, relativement beaucoup de mil et en vend à ses voisins.

CHAPITRE XIX

Résultats politiques et géographiques de la mission du Ouassoulou. — Histoire de l'empire de Samory. — Mission de M. Liotard dans le Bouré. — Mission du docteur Tautain et du lieutenant Quiquandon dans le nord du Bélédougou. — Résultats géographiques de la mission de Tombouctou.

La mission du Ouassoulou avait pour objet principal la revision du traité signé dans la campagne précédente avec Samory, souverain de l'empire du Ouassoulou. On se souvient que ce traité avait été apporté à Paris par le prince Karamoko, fils du grand chef noir. La convention consentie à cette époque ne donnait pas satisfaction à nos intérêts; il était de la dernière nécessité, pour la sécurité de notre frontière, de repousser Samory au delà du Niger et du Tankisso, et ce résultat n'était pas atteint par le traité en question. Le capitaine Péroz fut chargé de reprendre les négociations. Je lui adjoignis M. Plat pour dresser la carte du pays, et le docteur Fras fut plus particulièrement chargé des observations scientifiques.

Le récit du capitaine Péroz a déjà instruit le lecteur sur les péripéties de cette laborieuse mission. J'avais dû, pour en finir avec les atermoiements de l'almamy, lui écrire une lettre comminatoire des plus énergiques, et Samory signa enfin, le 23 avril 1887, le traité qui place ses États sous notre protectorat, et donne pour frontières, à nos possessions, le cours du Tankisso et celui du Niger.

Pendant leur séjour à Bissandougou, nos officiers étudièrent de leur mieux l'empire de notre nouvel allié. Leur tâche était rendue difficile par le peu d'empressement des indigènes à les renseigner. Ils ont cependant rapporté des observations d'un grand intérêt et dont je ne puis donner qu'un rapide résumé.

L'empire du Ouassoulou est fort étendu. Il se compose de soixante anciens petits États, dont les plus éloignés, formant la ceinture extérieure, sont :

1° A l'ouest, le Timini, le Lokko, le Tambaka, le Talla, le Tamiso, le Houbou, le Morébélédougou, le Baleya, le Kolakouta, le Diuma et le Kéniéra ;

2° Au nord, le Manding, le Bana et le Banikô ;

3° A l'est, le Kabadougou, le Ouorodougou et le Kentilédougou ;

4° Au sud, le Bouley, le Moursadougou et les frontières de la république de Liberia.

Cet immense territoire ne suffit pas à l'ambitieux almamy, qui convoite tout le Soudan occidental. Cependant il lui est difficile désormais de s'étendre. A l'ouest, il ne peut songer à déposséder les Européens de la côte, ni l'almamy de Timbo. Au nord-ouest, trois ans de sanglantes défaites et le nouveau traité lui donnent pour barrières la frontière française. Au nord, il a encore devant lui des pays dépendant du sultan de Ségou. A l'est, il est actuellement aux prises avec Thiéba, roi du Canadougou, et les dernières nouvelles sont loin d'être favorables à Samory. Le sud est pour nous mystérieux, mais la république de Liberia n'a sans doute rien à redouter de son puissant voisin.

La surface de l'empire tout entier est d'environ 360 000 kilomètres carrés ; sa population totale est estimée par M. Péroz à 1 500 000 habitants, soit 4,5 habitants par kilomètre carré : ce chiffre, fort vraisemblable, constitue une population relativement dense pour un pays africain. Dans le Soudan on rencontre, il est vrai, des centres très populeux, mais ils sont toujours séparés par de grandes solitudes. Certaines régions, comme la vallée du Milo, suivie par la mission, sont très peuplées ; en effet, de Danka à Bissandougou, nos officiers ont traversé :

	Habitants.
Togui	400
Kéniéba-Kouta	550
Fari-Kamaya	100
Dialiba	100
Kassama	800
Sansando	2 000
Dialiba-Koro	500
Kéniéro	500
Dalaba	400
Fodékaria	600
Tacilman	400
Kafoulani	250
Soïla	600
Bakouko-Kouta	150
Niafadié	700
Bangalan	450
Diangana	600
Karfa-Mouraïa	700
Kankan	5 000

Dabadougou.	400
Ouloundougou.	200
Sirasédougou.	450
Tintioulé.	1 200
Bamakou.	100
Sana.	600
Villages de culture.	1 000
Bissandougou.	3 000
Total.	21 150

c'est-à-dire vingt-sept villages, d'un total de 21 000 habitants. Ces chiffres nous donnent, pour les 170 kilomètres parcourus, une moyenne de un village tous les 6 kilomètres, et près de 150 habitants par kilomètre *courant*. Si le reste du pays était à l'avenant, la population serait énorme. Malheureusement, il faut supposer de grands vides sur les flancs de cette ligne. Il y a tout lieu de croire aussi que les abords de la capitale du conquérant ont dû recevoir un fort contingent de ses captifs de guerre, et que, par suite, d'autres contrées sont dépeuplées au profit de la vallée du Milo. Quoi qu'il en soit, le Ouassoulou conserve, parmi les indigènes, la réputation d'un pays où les villages sont très pressés, et le chiffre de M. Péroz, de 1 500 000 habitants, peut être près de la vérité[1]. Trois villes méritent une mention spéciale : Sansando, capitale du Diuma, 2 000 habitants, gros village essentiellement agricole; Kankan, capitale du Baté, 5 000 habitants, le plus grand marché du Soudan, centre de tout le mouvement commercial; Bissandougou, capitale politique et militaire de l'empire, population très variable.

Les peuples de cet immense empire sont généralement de race mandingue. Les Peuls y ont des groupes importants, rarement conservés purs, le plus souvent ils sont composés de leurs métis. Les Soninkés, assez nombreux, sont établis dans les marchés et sur les routes parcourues par les caravanes. La religion dominante, et la plus ancienne, est le fétichisme; mais l'islamisme y fait de grands progrès. Samory entreprend volontiers ses guerres sous le prétexte peu sincère de convertir les infidèles à la religion de Mahomet; il a pris le titre pompeux et peu justifié d'almamy Emir El-Moumenin. Sa cour et ce qu'on appellerait ici « les classes dirigeantes » deviennent de plus en plus musulmanes. Le peuple des villages reculés garde ses sorciers et reste attaché aux grossières pratiques du fétichisme. D'ailleurs, il faut reconnaître que l'islamisme suivi par les chefs, et même

---

1. Ceci s'applique aux années 1886-87, car, depuis cette époque, les désastreuses luttes de Samory avec ses voisins, les grandes levées d'hommes faites par l'almamy, la famine, ont considérablement diminué les chiffres donnés par le capitaine Péroz.

par les marabouts, est fortement imprégné des anciennes superstitions. Les ardents disciples de Mahomet de l'Afrique orientale reconnaîtraient difficilement des croyants dans les sauvages Soudaniens.

Les États de Samory couvrent toute la partie supérieure du bassin du Niger, passent par-dessus les monts Loma et viennent déborder dans les vallées des fleuves de l'Atlantique. Au point de vue physique, ce vaste territoire comprend donc trois régions : les montagnes, les plateaux et les plaines. Du côté du Niger, le terrain affecte la forme générale d'un vaste amphithéâtre concave, dont l'arête supérieure est constituée par les monts Loma et du Fouta-Djalon, les gradins par les plateaux qui vont en diminuant d'altitude, et le pied par les faibles collines qui viennent se terminer à Bissandougou. La plaine qui suit se prolonge vers le nord en ondulations variables, jusqu'aux immenses surfaces herbeuses du Macina. De loin en loin cependant, quelque massif à falaises verticales dresse ses assises de grès à quelques centaines de mètres au-dessus des villages et sert de citadelle naturelle aux populations des environs, traquées par les conquérants noirs. Les deux premières régions, situées plus au sud, bien arrosées par de nombreux ruisseaux et les grands affluents du Niger, possèdent la belle et puissante végétation des pays équatoriaux. Les plaines présentent, au contraire, une grande analogie avec nos possessions sénégambiennes; toutefois la fertilité y est plus grande et les produits y sont plus abondants. C'est d'ailleurs une remarque à faire : plus on marche vers le nord, moins la terre est bonne; elle finit par n'être plus que du sable dans le Sahara.

Dans un pays où les confédérations même restreintes sont difficiles à se former, où l'isolement semble l'idéal politique, on se demande comment un empire comme celui de Samory a pu naître. Il est donc intéressant de donner les quelques indications historiques, péniblement recueillies par M. Péroz, sur un pays où les générations se succèdent sans laisser derrière elles autre chose que des récits qui ne tardent pas à s'altérer.

Avant 1840, le Niger supérieur ne comprenait que des États épars sans cohésion; le Ouassoulou seul était une assez grande confédération. Vers cette époque, un jeune marabout, né à Kankan, ville musulmane, vint changer la face des choses; il se nommait Mahmadou. Ayant quitté son pays pour rejoindre El-Hadj Oumar, il était devenu l'un de ses plus remarquables disciples, puis l'avait quitté pour songer à sa fortune personnelle. Bon chef de guerre, marabout instruit, il ne tarda pas, par ses prédications enflammées, à entraîner ses compatriotes à la guerre sainte. Il conquit le Ouassoulou et tous les petits États environnants; mais son armée vint se briser contre les forces d'un roi bambara nommé Diéri. Ce dernier le battit et vint assiéger Kankan ; mais, heureusement pour Mahmadou, Diéri fut tué dans un assaut et ses soldats se dispersèrent. Mahmadou, assagi par ses revers, régna ensuite paisiblement pendant dix ans, se bornant à répandre l'islamisme parmi ses sujets. Il fut ainsi le premier souverain important du Haut-Niger.

A sa mort, ses fils ne surent pas maintenir l'unité de l'empire. Battus par le Ouassoulou soulevé, ils virent successivement les anciennes provinces en faire autant et leur échapper. Pendant ces guerres, un disciple de Mahmadou, le marabout Sori Ibrahima, s'était taillé une principauté au détriment des fils de son maître; il possédait le Konia, le Gankouma, le Toronkoto et le Kabadougou. C'était le seul chef un peu puissant. Il avait été aidé dans ses conquêtes par un jeune guerrier doué de facultés exceptionnelles : rare intelligence, bravoure brillante, sens réel du commandement, esprit d'intrigue, rien ne manquait au jeune Samory. Sori Ibrahima admirait ses qualités et voulait se l'attacher pour toujours, mais l'ambitieux chef de troupes avait compris que dans le désordre général de la succession du grand Mahmadou il pouvait se créer une belle situation personnelle. Il n'avait pour contrarier ses projets que l'obscurité de sa naissance. À vrai dire, c'était là un obstacle important. Dans les sociétés civilisées, la naissance est la première des conditions pour prétendre à la souveraineté; il en est de même dans cette société sauvage, où un homme de race couvert de loques sordides énumère la liste de ses aïeux avec autant de fierté que pourrait le faire un Bourbon. Or Samory était fils d'un pauvre *diula* de Sanankoro, et il appartenait à Sori Ibrahima, qui l'avait accepté comme rançon de sa mère, faite captive dans une expédition du marabout. Devenu un guerrier renommé, adoré des sofas, auxquels il distribuait généreusement tout le butin, l'almamy actuel résolut d'utiliser sa réputation naissante. Il quitta son maître et alla offrir ses services à Bitiki, roi du Torong, qui s'empressa de les accepter. Ce dernier chef n'eut pas à se réjouir de son acquisition : l'intrigant Samory l'annihila complètement, le fit enfermer, et lui ravit le pouvoir à l'aide des guerriers qui le voulaient pour seul chef. En possession d'une armée, il commença aussitôt ses conquêtes : le Konadougou fut pris et le roi tué; le Konia se donna volontairement au vainqueur. Dès lors, sa troupe grossit par la désertion des meilleurs sofas des rois ses voisins; il entreprit avec elle le siège de Sanankoro, sa ville natale; à la suite d'assauts brillants la forteresse se rendit à discrétion. Ce coup d'éclat accompli, il marcha sur le Ouassoulou, où ses agents avaient déjà ourdi des intrigues; cet important royaume se soumit sans coup férir.

Enfin, une alliance qu'il contracta avec les Mambi du Manding fit de lui le chef le plus redoutable du Haut-Niger.

Pendant ce temps, les pâles successeurs du grand Mahmadou de Kankan voyaient leur capitale isolée et ruinée. Le Sankaran, la dernière province éloignée restée fidèle, s'étant soulevé à son tour, le roi Modi réunit une dernière armée, qui, après quelques succès, fut bloquée par les insurgés dans la forteresse de Bagué, qu'elle avait conquise. Cette armée détruite, c'était l'écroulement définitif des restes de l'empire de Kankan. Modi, désespéré, fit appel aux forces de Samory en lui envoyant les dernières ressources de son trésor. Ce dernier accepta, et, prévoyant l'avenir, passa avec Modi un traité par lequel les deux chefs s'engageaient à se prêter un mutuel appui jusqu'à la réalisation de leurs projets. Pour Modi, ces projets consistaient à ouvrir les routes commerciales aux riches marchands de Kankan. Quant à Samory, il négligea de faire connaître les siens.

Les deux alliés débloquèrent l'armée assiégée dans Bagué et, de conserve, s'emparèrent du Diuma et du Baté-Makana. Au partage, Samory garda le Diuma et exigea la moitié de la population du Baté-Makana, dont il fit des captifs pour servir à l'achat de chevaux. Son timide allié s'inclina.

Pendant la durée de cette expédition, Sori Ibrahima, l'ancien maître de Samory, profitant de l'absence de son ex-favori, prit les armes dans le but de lui ravir le Konia et de lui couper la retraite. Le jeune conquérant demanda à son allié Modi de l'aider dans cette nouvelle guerre; mais le roi de Kankan refusa, disant que sa foi religieuse lui interdisait de combattre un saint marabout comme Sori Ibrahima. Samory se tut, et, dans une vigoureuse campagne, battit complètement le marabout, qui fut fait prisonnier et vit mettre à mort ses deux fils; lui-même succomba plus tard dans les douleurs de la captivité. Ces événements poussèrent à l'extrême la puissance et le prestige militaire de Samory; c'est alors que, se retournant vers Kankan, il exigea du roi qu'il vînt à Bissandougou lui demander pardon et se proclamer son vassal pour avoir violé leur traité d'alliance en lui refusant des contingents contre Sori Ibrahima. Modi et ses guerriers, indignés d'un tel outrage, refusèrent. Samory, satisfait de ce refus, entra aussitôt en campagne et investit Kankan. Après un siège de dix mois, la malheureuse cité se rendit à discrétion. L'empire du Ouassoulou était fait et l'héroïque aventurier en devenait le souverain incontesté.

On sait le reste : l'audacieux parvenu prit le titre d'almamy Emir El-Moumenin, organisa ses États, confia des armées à ses frères, à ses meilleurs lieutenants, et continua au loin la conquête. Son ambition insatiable vint se briser contre les armes françaises sur les rives du Niger, à Bammako et dans le Manding. C'étaient là ses premières défaites et l'on comprend que son indomptable orgueil ait souffert en signant le traité où, pour la première fois, il subissait les lois du vainqueur. A l'heure actuelle, son étoile est bien pâlie et le roi Thiéba, du Canadougou, lui a infligé des échecs désastreux pendant ces dernières années. Sa prodigieuse et rapide fortune est menacée de subir le même sort que celle du grand Mahmadou de Kankan. Nous verrons, sans doute, un nouvel écroulement de l'empire du Ouassoulou, surtout si nous avons soin d'y aider, comme c'est notre intérêt.

En résumé, la mission du capitaine Péroz a complété, vers le sud, la mission du capitaine Oberdorf, en donnant pour frontières à nos possessions du Soudan les cours du Niger et du Tankisso, et en prolongeant notre protectorat jusque sur les confins de la république de Liberia. Notre jeune colonie est désormais de ce côté à l'abri de toute compétition rivale. Au point de vue géographique, M. le sous-lieutenant Plat a levé une partie de notre nouvelle frontière, la vallée du Milo jusqu'à Bissandougou et, au retour, le Bouré et la vallée du Bafing supérieur. Le capitaine Péroz, de son côté, a étendu ses investigations sur tout l'empire du Ouassoulou et a dressé de la partie centrale, par renseignements, une très intéressante carte. Enfin, pour ajouter à ces précieux résultats, M. le docteur Fras a fait des observations météorologiques, étudié la flore et la faune de ces contrées, et rapporté d'utiles collections, qui sont actuellement à l'Exposition permanente des colonies.

Mission Liotard. — Pendant la même campagne, M. Liotard, aide-pharmacien de la marine, a parcouru les régions du Gangaran, du Gadougou, du Manding et du Bouré dans un but plus particulièrement scientifique. Il n'a pas dressé la carte de son voyage, mais ses travaux ont une réelle valeur géologique et botanique.

Au point de vue géologique, il conclut que, d'une façon générale, le Soudan français repose sur des roches primitives et de transition, séparées souvent par des éruptions et des laves ferrugineuses. Les alluvions quaternaires et récentes ont, dit-il, peu d'épaisseur; cette affirmation n'eût pas été faite si M. Liotard avait visité certaines vallées où l'on a constaté de grandes épaisseurs alluvionnaires. La végétation, reprend M. Liotard, est tardive et ne présente pas les spécimens équatoriaux. Les grès sont très répandus. Ils sont le plus souvent de formation détritique et quelquefois riches en fer.

Le sous-sol est presque exclusivement composé de schistes cristallins, disposés en couches horizontales, verticales ou obliques. Les soulèvements des couches verticales donnent naissance à des monts en forme de tables à flancs verticaux et dénudés. Les schistes cristallins sont ardoisés sur certains points et très durs dans d'autres. Les micaschistes de Kita sont durs, compacts et ont l'apparence de granit.

Les roches éruptives se montrent sur les assises de grès et de schiste. Les roches ferrugineuses sont partout; les quartz, dans le Bambouk et le Bouré. Les coulées de lave se composent d'oxyde de fer empâté dans une gangue siliceuse. La richesse en fer est variable, mais M. Liotard estime que l'exploitation par les indigènes, tout imparfaite qu'elle est, est la seule à continuer en la perfectionnant. Les Européens n'y trouveraient pas une rémunération suffisante pour couvrir les frais d'installation d'un outillage compliqué. Le quartz se présente en mamelons isolés ou en collines souvent parallèles.

Les gisements aurifères du Bouré ont été l'objet d'études sommaires : l'or qui semble provenir des quartz se trouve en paillettes très fines dans les intervalles des cristallisations de quartz; en cassant des blocs de cette roche on en trouve d'adhérentes à leurs parois intérieures. L'or existe dans toute l'étendue du Bouré.

J'ajoute qu'il en est de même dans le Bambouk occidental, dans le Konkadougou et le Ouassoulou. Dans le Bouré, il est en petits grains très fins et à l'état pulvérulent. Il est mélangé à des alluvions composées de sables micacés et comprenant des fragments de quartz et d'oxyde de fer; le tout repose sur du talc imperméable. Les indigènes, dans leur exploitation, creusent des puits et retirent les roches et sables aurifères; ils font un triage des roches, et, par trois lavages successifs des terres, obtiennent l'isolement du précieux métal. Ils font des pertes en mettant de côté, dans le triage, des blocs de quartz qui doivent contenir certainement de l'or; en second lieu les lavages, malgré une certaine dextérité des ouvriers, sont encore imparfaits. Néanmoins les gens du Bouré, d'après M. Liotard, retirent de $0^{gr},50$ à 2 grammes d'or par 10 kilogrammes de terre travaillée. Une analyse qu'il a faite à Didi, dans les plus mauvaises conditions possibles, à l'aide des faibles ressources d'un laboratoire improvisé, a donné pour un kilogramme de terre $0^{gr},08$ d'or métallique.

Au point de vue botanique, notre envoyé a étudié quelques plantes industrielles, notamment des lianes-caoutchouc, à gutta-percha, et le karité. Il en a trouvé des spécimens très variés mais peu abondants, sauf vers le sud. A ce point de vue, il est regrettable que M. Liotard n'ait pu visiter les hautes vallées de la Falémé et du Bafing, où les mêmes plantes

Mission du Bélédougou. — Tout en faisant explorer les pays du sud, je me préoccupai de m'assurer de bonnes positions vers l'intérieur, au delà des extrêmes limites de notre territoire. Dans le but d'éclairer notre marche en avant, je composai une mission pacifique avec le docteur Tautain, commandant de Bammako, pour chef, et le lieutenant Quiquandon. Nos envoyés devaient visiter le nord du Grand Bélédougou et la rive gauche du Niger aussi loin que le temps et les événements le leur permettraient.

Cette mission, rentrée à Bammako en juin, a visité Mourdia, Goumbou, Ségala, Sokolo, et a fait retour à notre poste du Niger par Nyamina. Ses renseignements détruisent certaines allégations du docteur Lenz, notamment sur Goumbou qui ne serait qu'un village de 1 500 à 2 000 habitants, au lieu de la grande ville signalée par le voyageur autrichien. Le sol de ces contrées, en allant vers le nord-est, est de moins en moins fertile ; à Goumbou on entre dans les sables. L'eau fait défaut pendant toute la saison torride ; en avant de Sokolo les puits dépassent 50 mètres de profondeur et l'eau en est saumâtre au point d'enflammer les gencives et les lèvres des buveurs. Nos voyageurs ont rencontré des lits de rivières entièrement desséchés ; pendant les pluies le courant de ces cours d'eau se perd dans les sables. Les Maures nomades tiennent la plaine jusqu'à Tombouctou. En un mot, ces parages sont la fin de la Nigritie ; le Sahara commence. Le pays a une parfaite analogie avec le sud algérien.

Les résultats de cette mission, en dehors du compte rendu du docteur Tautain et de la carte du lieutenant Quiquandon, sont des traités passés avec les différentes peuplades noires et les Maures jusqu'au delà de Sokolo.

De ce côté aussi, notre colonie du Soudan français s'est couverte par des alliances, et notre influence s'étend jusqu'à plusieurs centaines de kilomètres vers le nord-est sur la route de Tombouctou.

Mission du Niger. — Une des premières conditions pour assurer notre marche vers le Soudan central est de connaître la seule voie d'accès qui semble praticable, c'est-à-dire le cours du Niger. On a vu que, dans ce but, j'avais fait remettre à flot la petite canonnière *Niger*, dont le commandement avait été confié à M. Caron, lieutenant de vaisseau. Ce vigoureux officier a pu atteindre Koriumé, le port de Tombouctou, et en revenir avec des renseignements définitifs sur le degré de navigabilité du grand fleuve.

Avec le concours de M. Lefort, sous-lieutenant d'infanterie de marine, qui lui avait été adjoint, il put dresser, à son retour en France, une carte détaillée, donnant tout le cours du Niger, depuis Manambougou jusqu'à Koriumé. Ce document sera des plus utiles aux missions qui, profitant des travaux du commandant Caron, chercheront à dépasser encore Tombouctou et à explorer le moyen et le bas Niger. Quant au docteur Jouenne, il a rapporté des travaux très intéressants sur l'histoire naturelle et la topographie médicale des pays traversés.

Le voyage de la canonnière *Niger* nous a surtout fait connaître le Macina, immense empire, situé sur les deux rives du Niger et qui affecte la forme d'un triangle ayant approximativement 600 kilomètres de base et 450 kilomètres de hauteur, soit 135 000 kilomètres carrés environ. La capitale, Bandiagara, visitée par MM. Caron et Jouenne, est située dans le Tombo, berceau de la puissance des anciens rois du Macina. Bâtie sur des collines, dominant la plaine environnante d'une centaine de mètres, elle est habitée par des Bobos, des Tombos, des Moshis, des Peuls du Macina et des Toucouleurs du Fouta; les derniers, qui sont les maîtres actuels du pays, sont de beaucoup les moins nombreux.

L'entourage de Tidiani est composé de vieux Talibés, anciens compagnons d'El-Hadj Oumar, hostiles, comme tous leurs congénères, à l'extension de l'influence européenne et à l'ouverture de relations commerciales avec nos traitants du Sénégal. Cependant, leur situation devient de plus en plus difficile au milieu des nombreuses populations, qu'ils tiennent sous leur joug et qui se soulèveront contre leurs conquérants dès qu'elles se sentiront soutenues par nous. En particulier, la région qui s'étend autour de Bandiagara, à deux ou trois journées de marche, supporte impatiemment l'autorité de Tidiani. Les Peuls surtout sont très animés contre les Toucouleurs, et nous n'aurions pas de meilleurs alliés, si les circonstances nous amenaient en ennemis de Tidiani dans le pays.

Le Doventza, le Dalla, le Hombori et le Gilgodi, qui dépendent du roi du Macina, sont peuplés de Peuls, de Bambaras et de Sarracolets. Le Doventza et le Hombori sont des contrées montagneuses, dont les habitants sont des guerriers renommés; le Dalla et le Gilgodi sont situés en plaine, en terrain sablonneux, et ne dépendent que nominalement de Tidiani, qui est forcé d'avoir les plus grands égards pour leurs chefs.

Le Ghimbala et le Saramayo sont, comme les précédents, situés dans la boucle du Niger. Le Ghimbala est surtout peuplé de Bambaras commerçants, dont les chefs sont tenus de fournir un contingent militaire à leur souverain en cas de besoin et de lui payer un impôt annuel. Dans chacun des villages importants de ce pays se trouve un petit noyau de Toucouleurs avec un agent de Tidiani. Cette région comprend un certain nombre de marchés assez importants, fréquentés par les populations environnantes et par les caravanes de Sarracolets, venant des différentes parties du Soudan occidental. Le Saramayo est habité par des Peuls, qui se livrent surtout à la culture et à l'élevage des troupeaux.

Le Bourgou, le Macina proprement dit et le Diennéri sont placés sur la rive gauche du Niger. Le Bourgou ne présente plus que des ruines à la suite des ravages qu'y ont exercés les Toucouleurs, lorsqu'ils ont conquis ce pays. Des 400 villages que comptait cette région, il ne reste plus rien ; les habitants qui n'ont pas trouvé la mort dans cette guerre ont été emmenés en captivité et exilés dans les villages voisins de Bandiagara. Le Macina présente un aspect presque aussi désolé que le Bourgou ; on y trouve cependant un certain nombre de tribus peules, qui parcourent, avec leurs troupeaux, les solitudes, inondées en hivernage, qui s'étendent sur les deux rives du Niger, entre le Sarrau et Tombouctou. L'almamy de Dia n'attend qu'une occasion pour se soulever contre Tidiani et entrer en relations étroites d'amitié et de commerce avec nous. Le Diennéri occupe l'île formée par les deux branches du Niger. On n'y trouve guère que des Bozos, habitant de misérables cases de paille. Un marché important, celui de Djenné, forme, dans ce pays, un centre considérable de population ; on y compte environ 3 000 habitants, se livrant exclusivement au commerce et au tissage des étoffes.

Outre ces États, placés sous la dépendance plus ou moins directe du roi du Macina, celui-ci exerce encore une influence considérable sur les pays plus éloignés, tels que le Tombo, le Moshi, le pays des Bobos. Ces contrées sont peuplées de musulmans, mais qui semblent peu fervents adeptes de leur religion.

Tidiani émet aussi des droits sur Tombouctou. Les Maures qui résident dans cette ville le reconnaissent comme chef. Quant aux Touaregs, ils entretiennent les meilleures relations avec lui, et l'on a vu que la pression qu'il avait exercée sur Liouarlish, le chef des Touaregs Tademeket, avait été la principale cause de la mauvaise réception faite à la mission du Niger à Koriumé.

On peut dire, en résumé, que le roi du Macina tient les clefs de Tombouctou. C'est avec lui qu'il faudra nécessairement traiter, si l'on veut nouer des relations commerciales suivies avec cette ville et essayer ensuite d'atteindre les régions du moyen et du bas Niger. Son autorité s'étend sur de vastes pays, et, si les États de la rive gauche du fleuve sont dévastés et peu peuplés, on n'en saurait dire autant de ceux qui sont situés dans l'intérieur de la boucle du Niger, où l'on compte de nombreux et populeux villages, des marchés importants et une population que le commandant Caron évalue à plus d'un million d'habitants. Tidiani n'était pas éloigné de conclure avec notre envoyé le traité d'amitié et de commerce qui lui était demandé, mais il en fut empêché par les vieux talibés. Aujourd'hui, la situation est devenue plus favorable : Tidiani est mort et a été remplacé par Mounirou, qui a longtemps trouvé l'hospitalité au fort de Bammako, où il s'était retiré en 1886 pour fuir la colère du sultan Ahmadou. J'ai réussi, à ce moment, à m'en faire un ami, en lui fournissant l'escorte et les ressources nécessaires pour rejoindre Bandiagara, où il voulait se rendre. Un excellent accueil sera donc fait maintenant à nos ouvertures et je ne doute pas qu'avant peu notre influence ne parvienne à s'implanter dans le Macina, comme dans le bassin supérieur du Niger. La route de Tombouctou nous serait ainsi ouverte en toute liberté, et nos canonnières pourraient même tenter de pousser au delà, vers les cataractes de Boussa, qui, dit-on, interceptent le cours du fleuve en amont de Sokoto et empêchent les steamers de pénétrer jusqu'à l'embouchure du grand fleuve soudanien.

DEUXIÈME CAMPAGNE

1887-1888

DEUXIÈME CAMPAGNE 1887-1888

CHAPITRE XX

La campagne 1887-88 dans le Soudan français. — Mesures prises pour en finir avec le marabout Mahmadou Lamine. — La colonne de la Gambie. — Nouveaux progrès de Kayes. — Les foires mensuelles. — Organisation des divers travaux. — La mission du Fouta-Djalon. — La colonne du Bélédougou. — Une nouvelle canonnière sur le Niger.

Le 12 novembre 1887, je me retrouvais à Bakel. Ma deuxième campagne allait s'ouvrir et me permettre de compléter et de consolider les résultats précédemment obtenus.

L'horizon politique s'était bien éclairci depuis l'année dernière, mais il y avait encore dans le Soudan deux ou trois points noirs à faire disparaître. J'avais d'abord à me préoccuper de notre ancien adversaire, le marabout Mahmadou Lamine. Celui-ci avait encore fait des siennes pendant l'hivernage et il n'avait nullement dit son dernier mot. Dans le commencement de juillet il avait fait demander au gouverneur à Saint-Louis de vouloir bien recevoir sa soumission; mais c'était une feinte, afin d'amener un ralentissement dans la surveillance dont il était l'objet, car, au même moment, Mahmadou Lamine, se mettant à la tête de sa nouvelle armée reconstituée, quittait sa place d'armes de Toubakouta et tombait à l'improviste sur Nétéboulou, la capitale de notre allié Malamine, le roi du Ouli. A la première nouvelle de ce mouvement, des secours se mirent en route de toutes les parties du Ouli, mais ils arrivèrent trop tard. Malamine, comme naguère le vieux roi Oumar Penda, surpris par une agression que rien ne pouvait faire prévoir, avait été mis à mort avec toute sa famille, et son village pillé et brûlé.

Le marabout, mettant à profit le nouveau prestige que lui donnait cette victoire, avait voulu continuer ses succès. Il avait mis le siège devant Macadiacounda, autre grand village fortifié du Ouli; mais le capitaine

Fortin, qui, comme on se le rappelle, avait été détaché à Bani, pour lui fermer la route de nos établissements du fleuve, avait eu le temps d'expédier des renforts, sous la conduite d'Ousman Gassi, le jeune chef bondouké déjà connu de nos lecteurs. Mahmadou Lamine avait été battu et forcé de regagner Toubakouta. Au moment où j'arrivais à Bakel, cet incorrigible perturbateur était toujours dans cette place d'armes, d'où il se préparait à marcher à nouveau contre nos alliés du Ouli. Ceux-ci étaient pris de peur. Leurs envoyés, qui m'attendaient, me rendaient compte que, si nous ne marchions pas encore en avant pour les soutenir, le marabout se verrait renforcé par des contingents, restés indécis jusqu'à ce jour, et ne craindrait pas de prendre de nouveau Bakel pour objectif de ses opérations. Or, pendant tout l'hivernage, les habitants des pays sarracolets avaient pu se livrer tranquillement à leurs travaux de culture. Les rives du Sénégal s'étaient à nouveau couvertes de riches moissons. Les transactions commerciales avaient repris de plus belle et nos traitants de Bakel et de Médine n'avaient pas caché leur satisfaction des résultats heureux de leurs opérations. Nos escales avaient vu augmenter leur prospérité. Les foires mensuelles, que j'avais organisées pendant la campagne précédente, amenaient chaque mois un nombreux concours d'indigènes dans nos établissements, et l'on voyait paraître sur la place des produits nouveaux, tels que le caoutchouc et le beurre de karité, appelés à un grand avenir commercial dans cette région. Fallait-il laisser compromettre ces résultats par un nouveau mouvement du marabout? Pouvais-je me livrer en toute sécurité aux travaux que j'avais à exécuter sur le Niger, avec ces inquiétudes continuelles à la base de ma ligne d'opérations? Non, il était de toute nécessité que disparût complètement l'homme qui avait su prendre un si grand ascendant religieux sur les populations de ces régions. La tranquillité de nos possessions soudaniennes, la reprise des cultures et des transactions commerciales étaient à ce prix. Je pris donc mes mesures en conséquence.

Ne pouvant me rendre de ma personne à Bani, car c'eût été sacrifier les opérations projetées vers le Niger, je donnai aussitôt les ordres nécessaires pour concentrer sur ce point deux compagnies de tirailleurs sénégalais et une section de 80 millimètres de montagne, destinées à former une colonne volante, sous les ordres du capitaine Fortin. Cet officier s'était parfaitement acquitté, pendant l'hivernage, de la mission que je lui avais confiée. De son poste provisoire de Bani il avait su couvrir toutes les routes menant sur nos établissements du Sénégal et assurer à ceux-ci une tranquillité complète. Il était même parvenu à organiser les contingents du Bondou et des pays environnants, et à préparer, avec leur concours, une action décisive contre le marabout. Les routes avaient été reconnues, les points de réunion désignés, des intelligences nouées avec les chefs des États de la rive gauche de la Gambie. Bref, toutes les mesures étaient prises pour en finir une bonne fois avec notre insaisissable adversaire. Je ne pouvais donc mieux choisir, pour exercer le commandement de cette colonne spéciale que le capitaine Fortin, dans l'énergie et l'intelligence duquel j'avais une confiance absolue. Il fallait cela du reste, car ce n'est pas sans de grandes appréhensions que je me décidais encore à lancer une nouvelle colonne, à plus de 400 kilomètres de Bakel, à travers un pays hostile, inconnu, inexploré, semé de marais vaseux et couvert de forêts vierges. Cette entreprise pouvait même être considérée comme une imprudence, mais ne faut-il pas être un peu imprudent au Soudan, si l'on veut pousser de l'avant et obtenir des résultats décisifs? J'adressai donc mes instructions détaillées au capitaine Fortin, avant mon départ de Bakel, le 14 novembre, et je lui prescrivis de commencer les opérations contre le marabout dès que sa colonne aurait été complètement formée. Mes lettres partaient par un courrier peul, qui me promettait d'accomplir en trois jours les 250 kilomètres qui séparent Bakel de Bani. Je doute qu'il y ait au monde de meilleurs marcheurs que ces Peuls, qui exécutent souvent de véritables tours de force, à peine croyables pour ceux qui ne les ont pas vus à l'œuvre.

Le *Richard Toll* me conduisit à Kayes le 15 novembre. Pendant le voyage j'avais pu voir de mes yeux les heureux changements survenus durant mon absence, dans les pays sarracolets. Les rives du fleuve étaient couvertes de riches cultures qui s'étendaient, d'une manière ininterrompue, entre Bakel et Kayes ; les villages s'étaient repeuplés, et l'on voyait dans leurs environs les nombreux dépôts de mil, arachides et céréales diverses que les habitants venaient de vendre aux traitants, dont les chalands, accostés au rivage, se chargeaient, prêts à redescendre sur Saint-Louis. On sentait aussi que ces populations avaient rompu maintenant avec le marabout et qu'elles nous étaient actuellement parfaitement soumises. Les couleurs françaises flottaient dans chaque village, au-dessus de la case du chef, et au passage du steamer on les voyait s'abaisser et se relever par trois fois pour saluer les officiers qui étaient à bord.

On me fit à Kayes une réception solennelle. On sait que les noirs aiment le décorum et les belles fêtes. Aussi n'avaient-ils pas voulu manquer cette occasion, et s'étaient-ils adressés au commandant Monségur pour me recevoir en grande pompe. La ville était toute pavoisée. Il y avait des drapeaux jusqu'au sommet des grands arbres à palabres. Je serrai la main au commandant Monségur, ainsi qu'aux officiers et fonctionnaires, qui avaient passé l'hivernage dans le Soudan et qui m'attendaient au débarcadère; puis je passai la revue des troupes, rangées le long du fleuve. Ensuite il me fallut passer, pour me rendre à mon logement, entre deux lignes épaisses d'indigènes, dont le nombre peut être évalué à 4 ou 5 000 au moins. Non seulement les gens de Kayes, mais ceux des villages environnants, étaient

Les interprètes de Kayes. (Voir p. 327.)

là, formant une foule aux costumes les plus bigarrés et à l'aspect le plus pittoresque.

C'étaient d'abord les Maures des villages de Samé et de Bongourou, avec leurs têtes ébouriffées, montés sur leurs petits chevaux sauvages, les Ouassoulounkés du village de liberté, les habitants des quartiers neufs, les guerriers du Khasso et du Logo, puis les ouvriers du service des travaux et du chemin de fer, les laptots, les traitants, et enfin les femmes, dans leurs plus beaux atours, s'inclinant gracieusement sur mon passage. Ce qui frappait le plus dans cette foule, c'était la diversité des types et des costumes.

J'eus ensuite à recevoir les chefs de village, les officiers indigènes, revêtus de leur splendide costume oriental, les interprètes. Ceux-ci me furent présentés par Mademba Sèye, le chef du bureau politique. Ces interprètes sor-

Le baobab de Sidi. (Voir p. 328.)

taient pour la plupart de l'ancienne école des otages de Saint-Louis, si malheureusement supprimée en 1873. Ils avaient presque tous été formés par Bou el-Mogdad, l'interprète du gouverneur, que j'avais connu longtemps à Saint-Louis et qui était mort pendant mon voyage à Ségou. C'était un homme instruit, hautement apprécié des indigènes et qui avait rendu les plus grands services à la cause française. Il n'avait pu encore être remplacé.

Kayes avait augmenté d'importance et s'était beaucoup embelli. Sous l'influence des pluies de l'hivernage et avec la force de végétation spéciale aux pays intertropicaux, les plantations faites pendant la campagne précédente avaient admirablement réussi et transformé l'aspect de la ville. Les effets des mesures hygiéniques que j'avais ordonnées s'étaient déjà fait sentir et la santé s'était maintenue très bonne pendant les derniers mois, malgré l'insalubrité de cette saison.

Les travaux de voirie avaient été continués et l'on avait exécuté, dans la direction de Médine et de la Falémé, deux tronçons d'une belle route carrossable, large de 8 mètres, et le long desquels on avait planté des mimosas. Chaque soir, au grand étonnement des indigènes, qui n'avaient pas vu encore ce genre de véhicule, nous faisions atteler le break appartenant au service du chemin de fer, et nous pouvions aller faire une promenade aux environs. Nous poussions souvent notre excursion jusqu'au « baobab de Sidi », gigantesque spécimen de l'espèce, ainsi nommé parce que Sidi, le chef de Kayes, prétendait qu'avant notre arrivée dans le pays, lui seul avait le droit de s'asseoir à l'ombre de cet arbre immense.

Les foires mensuelles qui avaient été installées à Kayes et dans toutes nos escales de commerce, avaient aussi fort bien réussi. La foire de Kayes eut lieu justement le lendemain de mon arrivée, et je pus apprécier l'heureuse révolution qui s'était faite, de ce côté, dans les mœurs de nos indigènes. Ceux-ci, avec leur insouciance habituelle, n'aiment guère à se déranger de leurs villages. C'est là qu'ils attendent les traitants, qui, s'ils peuvent se rendre dans les centres les plus connus, dans les villages riverains du Sénégal, par exemple, ne peuvent pas toujours aller visiter les populations de l'intérieur, qui ont cependant aussi des produits à échanger. Pour détruire cette force d'inertie, si préjudiciable à l'abondance des transactions commerciales, j'avais donc établi ces foires mensuelles dans chacune de nos escales, en informant les chefs des villages du cercle qu'ils auraient chaque fois à envoyer à la foire un certain nombre de leurs sujets, chargés des produits du pays. On avait d'abord exécuté mes ordres par obéissance, puis les indigènes avaient remarqué que leurs marchandises se vendaient parfaitement dans ces réunions mensuelles, et qu'ils avaient tout à gagner à s'y rendre régulièrement. Il n'avait plus été besoin d'insister, et l'animation qui régnait sur le marché de Kayes, le 16 no-

Le marché de Kayes.

vembre, m'était un sûr garant que nos foires mensuelles avaient maintenant cause gagnée. Les deux halles construites en avril dernier étaient occupées par les traitants, qui y avaient installé des marchandises diverses : étoffes, verroteries, armes, poudre, objets en cuir, quincaillerie, etc. Comme elles n'offraient pas un emplacement suffisant, plusieurs de ces marchands s'étaient installés par terre, autour de la place, où, abrités sous leurs parapluies, ils débitaient leur pacotille. Les habitants des villages sarracolets, des villages du Khasso et du Bambouk, avaient apporté leurs céréales et les produits de leurs cultures. Le beurre de karité et le caoutchouc commençaient à faire leur apparition sur le marché. Les lianes à caoutchouc sont en grande abondance sur les bords de la Falémé et du Bafing, mais, jusqu'à ce jour, les indigènes avaient négligé leur exploitation. Quant au beurre de karité, on sait qu'il provient du *Bassia Parkii*, dont on trouve des forêts immenses dans les régions situées entre Bafoulabé et le Niger. L'écorce de cet arbre précieux sécrète aussi un suc, qui constitue une gutta-percha d'excellente espèce.

On rencontrait encore au marché de Kayes des Peuls du Bondou, montés sur leurs bœufs porteurs et venus pour vendre les gommes récoltées sur les bords de la Falémé.

Le commandant Monségur m'informait que les foires de Bakel et de Médine donnaient encore de meilleurs résultats que celle de Kayes, ce qui n'avait rien d'étonnant, puisque ces escales étaient de création bien plus ancienne que notre nouvel établissement français.

Dès mon arrivée à Kayes, je m'occupai de mettre en train nos différents services et travaux. Le programme de la campagne était très chargé, et il n'y avait pas de temps à perdre. Déjà M. Portier, qui avait remplacé, comme directeur du chemin de fer, M. Descamps, mort en mai dernier, avait fait commencer la réparation de la voie entre Kayes et le Galougo, et installé les chantiers chargés de la construction du viaduc à élever sur ce point. De même, M. Oswald, garde d'artillerie de marine, était également parti, avec tout le matériel nécessaire, pour diriger les travaux de route et de ponts projetés entre Bafoulabé et Badumbé, aux gorges du Balou et aux torrents du Laoussa. Ces travaux devaient être menés activement, de manière à être à peu près terminés pour le passage des colonnes qui devaient prendre la route du Niger.

L'un des buts essentiels de la campagne était la construction d'un fort à Siguiri, au confluent du Niger et du Tankisso. Le dernier traité avec Samory avait étendu notre influence sur cette partie du bassin du grand fleuve soudanien, mais les populations, toujours inquiètes et craignant les entreprises de l'almamy, n'osaient se livrer en paix à leurs travaux de culture, tant que nous n'aurions pas élevé l'un de nos établissements au milieu d'elles. De plus, Siguiri est le lieu de passage de toutes les caravanes venant des États de Samory et se rendant à nos comptoirs du Sénégal et des rivières du sud. Il est situé en plein Bouré, le pays de l'or, et devait permettre ensuite de faire retour vers l'ouest, et, par un dernier établissement, créé à Timbo, dans le Fouta-Djalon, de donner définitivement et pratiquement la main à nos possessions de l'Atlantique.

Ce n'était pas une mince affaire que d'aller ainsi construire un fort à plus de 600 kilomètres de Kayes, sur un point où nous serions réduits aux seules ressources du pays. Aussi l'opération méritait-elle d'être préparée avec le plus grand soin. Je mis donc successivement en route, dans les premiers jours de mon arrivée à Kayes, le lieutenant d'artillerie de marine Vittu de Kerraoul, chargé de préparer la route entre Niagassola et Siguiri, qui traversait un pays encore inexploré et m'était signalée comme devant offrir les plus grands obstacles à notre marche; puis, la brigade télégraphique qui devait, sous la direction de M. Sallot, employé des postes et télégraphes, construire la ligne télégraphique de Niagassola à Siguiri, qui mettrait notre nouveau poste en communication avec le réseau télégraphique du Soudan; enfin, le capitaine d'artillerie de marine Sornein, directeur du service des travaux, avec ses officiers et ses ouvriers blancs et noirs, pour pouvoir se mettre à l'ouvrage dès notre arrivée sur les bords du Niger. Quant à la colonne destinée à couvrir la construction du fort, elle recevait l'ordre de se former et de se concentrer au Galougo, où j'irais en prendre moi-même le commandement, dès que mes affaires seraient terminées à Kayes.

J'organisai en même temps une importante mission, chargée de nous ouvrir le Fouta-Djalon et de mettre définitivement nos possessions du Haut-Niger en relations avec ce pays et de là, avec nos établissements des rivières du sud de l'Atlantique. On se rappelle que, dès ma première campagne, j'avais caressé ce projet, estimant qu'il y avait un intérêt de premier ordre pour nous à nous installer à Timbo, la capitale du Fouta-Djalon et à tendre la main à nos établissements du sud. Je remis le commandement de cette mission au capitaine Oberdorf, qui avait si bien accompli, peu de mois auparavant, son voyage d'exploration dans les régions de la Haute-Falémé et du Bafing. Il devait, en quittant Bafoulabé, se diriger en droite ligne vers Siguiri, de manière à couper en diagonale toutes les contrées inexplorées situées au nord du Tankisso, pour gagner Timbo, et là, étudier l'emplacement de l'établissement que nous voulions fonder au cœur du Fouta-Djalon. De Timbo, la mission étudierait la meilleure voie commerciale vers la mer, en appuyant le plus possible vers le sud, c'est-à-dire vers la limite extrême des possessions françaises. Elle ferait ensuite retour à Saint-Louis, en s'embarquant dans l'un de nos postes du sud sur l'un des avisos de la station locale. Partie de Saint-Louis par le fleuve

Bœuf porteur. (Voir p. 331.)

Sénégal, la mission effectuerait ainsi son retour par nos rivières du sud, après avoir touché au Niger et à Timbo. Ce devait être un voyage d'exploration complet et qui aurait les plus grands résultats au point de vue géographique, politique et commercial. Il était naturellement plein de hasards, mais devait entraîner les plus heureuses conséquences pour le succès de notre œuvre du Soudan français.

Tandis que s'organisait cette mission pour aller explorer le sud de nos possessions soudaniennes, il ne fallait pas non plus négliger les contrées situées au nord de notre ligne des postes. Il était nécessaire de poursuivre les résultats déjà obtenus par la mission du docteur Tautain et du lieutenant Quiquandon, et par le voyage de la canonnière *Niger*. Une nouvelle colonne volante, placée sous les ordres du commandant Vallière et composée d'un peloton de spahis, de deux compagnies de tirailleurs sénégalais et d'une section de 80 millimètres de montagne, était donc chargée de parcourir tout le Bélédougou, de pousser jusqu'aux limites extrêmes des pays placés sous notre protectorat, de ramener l'ordre partout où il était troublé et de jeter un peu de lumière, tant au point de vue politique que géographique, sur des contrées encore mal connues et peu habituées à notre autorité.

Le commandant Vallière, après sa pointe vers le nord, devait rallier Bammako, puis remonter la rive gauche du Niger, encore inexplorée, et venir me rejoindre à Siguiri.

Enfin, j'avais à me préoccuper du transport de la nouvelle canonnière, qui était destinée à renforcer notre flottille du Niger. Le voyage du commandant Caron avait montré les inconvénients et les réels dangers qu'il y avait à lancer dans l'inconnu un bâtiment unique, naviguant seul et sans secours possible. Que serait-il arrivé de nos compatriotes si le *Niger* s'était crevé sur une roche ou s'il avait naufragé dans le lac Dhéboé? On avait donc envoyé de France une deuxième canonnière, qui venait d'arriver à Kayes, répartie en un nombre considérable de colis, de 25 à 40 kilogrammes, qu'il s'agissait maintenant de transporter jusqu'au Niger. Là, la canonnière serait remontée pour pouvoir naviguer de conserve avec le *Niger*, à la prochaine campagne. C'est le commandant Davoust, le prédécesseur de M. Caron, qui avait réclamé sa succession, et qui se préparait à affronter les périls d'un nouveau voyage d'exploration sur le grand fleuve soudanien. J'avais mis à sa disposition tous les moyens de transport nécessaires, et il venait justement de quitter Kayes pour aller organiser au Galougo la mise en route de ses convois.

Tous ces soins me retinrent à Kayes un bon mois. Certainement j'étais impatient de prendre à mon tour la route du Niger, mais il fallait, avant tout, mettre en mouvement tous nos services, toutes ces colonnes et missions. Et puis, ces commencements de campagne sont toujours pénibles. Rien ne va, tout a de la peine à s'organiser, des difficultés se montrent partout. La machine n'est pas encore montée. Ainsi, j'allais me rendre au Galougo le 10 décembre, quand, par une malheureuse fatalité, nos locomotives se détraquèrent, et il fallut suspendre tout mouvement en avant pour exécuter les réparations qu'elles nécessitaient. D'autre part, la colonne Fortin, sur la Gambie, ne m'avait pas encore donné de ses nouvelles, et je n'osais trop m'éloigner tant que je n'aurais pas été avisé des résultats de l'expédition. Je devais me tenir prêt à me porter à son secours si, par un malheureux hasard, il avait subi un échec. Quel désastre, s'il était battu, pour cette petite colonne, perdue si loin et exposée à tant de dangers ! Je me reprochais quelquefois mon imprudence, quand ma pensée suivait nos soldats sur les bords de la Gambie.

Mais je fus bientôt rassuré: Le 19 décembre, je recevais de Bakel un télégramme du capitaine Fortin m'annonçant que Toubakouta avait été enlevé et pris d'assaut par nos troupes. Le 20 décembre, un second télégramme m'apprenait que le marabout Mahmadou Lamine avait été capturé et avait eu la tête tranchée.

CHAPITRE XXI

Bani. — La colonne de la Gambie quitte Bani. — Passage du Niéri. — Route à travers bois. — Séjour à Sine et mesures pour cerner le marabout. — Marche forcée sur Toubakouta. — Campement de nuit en avant de Barocounda. — Les marais de Tiamoye. — La forêt de bambous. — Arrivée devant Toubakouta.

Bani, avec son millier d'habitants, est l'un des plus gros villages du Tiali. Il est situé à 250 kilomètres environ au sud de Bakel, et la croupe sur laquelle il est bâti, commande toutes les routes menant vers le Sénégal et vers la Gambie. C'est sur ce point que le capitaine Fortin avait passé tout l'hivernage avec sa petite garnison, pour couvrir le Bondou et nos établissements du fleuve contre les entreprises du marabout. Une redoute triangulaire, construite à l'est du village, à l'extrémité de la croupe, servait d'abri à nos troupes et aux approvisionnements de vivres et de munitions.

Vers le centre de la redoute, une plate-forme d'artillerie, surélevée, permettait au seul canon de la place d'envoyer ses obus au loin, dans la plaine, et de mettre la garnison à l'abri de toute surprise. Dans l'intérieur on avait élevé des cases en pisé pour loger les officiers, les soldats européens, les chevaux et les mulets, et pour servir de magasins et de poudrière. Le parc à bestiaux et le village des tirailleurs étaient placés sur le plateau, en arrière de la gorge de l'ouvrage.

La redoute de Bani avait parfaitement rempli son office pendant l'hivernage. Elle avait servi de centre de ralliement aux contingents du Bondou et du Ouli et empêché les progrès du marabout vers le nord. Celui-ci avait recommencé ses prédications et rassemblé autour de lui de nouveaux et nombreux partisans. D'abord accueilli avec méfiance à Toubakouta, il était arrivé sans peine à transformer en un véritable enthousiasme religieux la réserve qu'il avait rencontrée les premiers jours. Ses voyages à la Mecque, les jongleries qu'il avait apprises de quelques derviches arabes et qu'il exécutait devant ces naïves populations, lui rendirent bientôt son ancien prestige. Les guerriers du Niani, du Sandougou, du Saloum, vinrent se joindre à ses Talibés sarracolets. Les habitants de Toubakouta se montrèrent fiers de posséder parmi eux un homme qui avait vu le tombeau de Mahomet et qui savait faire des miracles. On lui fit même jurer de tout préparer pour une nouvelle marche contre le Sénégal, et surtout de ne jamais se séparer de ses soldats, auxquels il avait promis la victoire contre les blancs. Cependant, quelques sceptiques, qui avaient assisté à la fuite précipitée de Diana, doutaient encore de sa parole et le tenaient constamment en suspicion. Mais ses premiers succès contre le Ouli, dont il réussit

La redoute de Bani.

à prendre la capitale et à tuer le roi dans une surprise, n'avaient fait que confirmer ses partisans dans leur confiance illimitée en lui. Il pouvait compter sur une armée d'environ 4 000 hommes, parmi lesquels ses Talibés et les gens de Toubakouta formaient un corps de 1 500 guerriers, fanatisés par les prédications de leur chef et prêts à tout entreprendre sur son ordre.

Le capitaine Fortin, en dehors de sa petite colonne, ne pouvait guère disposer que des guerriers du Bondou, environ 300 hommes, placés sous les ordres d'Ousman Gassi, mais il avait réussi à nouer des alliances militaires avec deux ou trois villages du Niani, et surtout avec Moussa Molo, le roi du Fouladougou, État important, situé sur la rive gauche de la

Gambie. Ce chef s'engageait à interdire à Mahmadou Lamine, en cas de retraite, les passages de ce fleuve, et à nous le remettre s'il tombait en sa possession. Cet arrangement avait la plus grande portée et mettait le marabout, comme naguère son fils Soybou, hors d'état de franchir la barrière naturelle qui s'étendait au sud de sa place de Toubakouta.

Une rivière importante, le marigot de Sandougou, coulait aussi à l'ouest de Toubakouta, à 40 ou 50 kilomètres de ce point. Il présentait deux ou trois gués, comme ceux de Paquéba, Diendé, Oualia, que nos alliés du

Le capitaine Fortin.

Niani s'étaient engagés à garder, mais on ne pouvait guère compter sur la coopération de ces chefs, intimidés par le voisinage de Mahmadou Lamine, et qui n'oseraient sans doute l'attendre de pied ferme s'il se montrait devant eux. Quoi qu'il en soit, c'était dans cette direction que notre adversaire se mettrait en retraite s'il était forcé dans Toubakouta, les routes du sud, de l'est et du nord lui étant fermées par notre colonne de Bani ou par les pays, qui nous étaient alliés.

Le 25 novembre, la colonne de la Gambie était complètement concentrée et formée à Bani. Elle comprenait deux compagnies de tirailleurs sénégalais, environ deux cent cinquante hommes, armés de kropatschecks, avec deux cents cartouches par homme, et deux pièces de 80 millimètres de montagne, approvisionnées à cent coups par pièce. Quant à la cavalerie, elle était constituée par les guerriers du Bondou, sous les ordres d'Ousman Gassi.

On lève le camp le 28 à quatre heures du soir. Il s'agissait maintenant de marcher rapidement, et dans le plus grand secret, afin de pouvoir surprendre l'éternel fuyard, et arriver devant Toubakouta avant que l'éveil fût donné. On savait que le marabout, sur des bruits vagues de mouvements de troupes dans le Bondou, avait aussi concentré tout son monde à Toubakouta, où, comme à Diana l'année précédente, il avait élevé d'importantes fortifications.

Une garnison de quelques hommes est laissée à Bani pour établir les communications avec Sénoudébou et Bakel.

Le soir, on bivouaque au village de Benténani. Le surlendemain, on parvient à Goubaïel, sur les bords du marigot de Niéri. C'était un obstacle important, puisque la rivière présentait là une largeur d'environ 40 mètres et une profondeur de 2 mètres. Toute la journée fut employée pour construire un pont sur chevalets et une chaussée permettant l'accès à nos pièces d'artillerie. Les forêts qui couvraient tout le pays fournissaient heureusement le bois en abondance. Trois chevalets, hauts de 5 mètres, furent placés dans le lit de la rivière, et servirent d'appui au tablier du pont, formé de troncs d'arbres jetés en long, et supportant des rondins recouverts d'herbes et de terre. Comme toujours dans ces occasions, les tirailleurs, conduits par leurs officiers et gradés européens, montrèrent le plus grand entrain et ne cessèrent de travailler jusque fort avant dans la nuit. Pour ne pas perdre de temps, la colonne franchit la rivière à une heure du matin, en pleine obscurité, pour ne pas donner l'éveil aux espions ennemis qui auraient pu rôder dans les bois environnants. L'infanterie passa par groupes de quatre ou cinq hommes, afin de ne pas ébranler la solidité du pont. Les chevaux et mulets étaient conduits en main, ayant un homme de chaque côté, pour les calmer et éviter qu'ils ne se jetassent en dehors du pont; les pièces étaient dételées et poussées à bras par les canonniers, les caissons étaient portés à tête d'homme. On reprit aussitôt la marche, à quatre heures du matin.

Les bois étaient très épais, et l'étape du 1er décembre fut laborieuse, surtout pour l'artillerie. En plusieurs endroits il fallut faire halte pour permettre aux auxiliaires de livrer un passage à coups de hache à travers les fourrés. Le pays montait insensiblement vers les plateaux peu élevés qui séparent la Gambie de son affluent le Niéri que l'on venait de traverser. On passait la journée au village de N'Garioul, mais le soir à sept heures on reprenait la marche. Il fallait avant tout marcher vite, et surtout inaperçu. On s'arrêtait à minuit sur le plateau de Godjiel. Hommes et animaux étaient rendus, car il avait fallu franchir, en pleine nuit, trois marigots, dont l'un, à fond de sable, n'avait donné aucune difficulté, mais dont les deux autres, à berges escarpées et à lit de vase, avaient forcé à décharger les mulets et à passer les pièces à bras. Puis, dans l'obscurité, les hommes se heurtaient fréquemment aux branches, tombaient, ou se blessaient à la figure, aux mains et aux pieds. Les animaux également n'en pouvaient plus.

Aussi la colonne passa-t-elle toute la journée à Godjiel, bien cachée dans un bois touffu, à peu de distance du village, dont toutes les portes, étroitement gardées par les gens d'Ousman Gassi, avaient été aussitôt fermées et interdites aux habitants. Ceux-ci d'ailleurs se trouvaient presque tous dans nos contingents alliés, et il ne restait dans le village, que les vieillards, les femmes ou les enfants.

Le 3 décembre, on repartait à deux heures du matin et on arrivait à onze heures à Tambacounda. La route, exécutée sur un plateau légèrement rocailleux, n'avait présenté aucune difficulté. A droite et à gauche, les dépressions du terrain étaient cachées sous un fouillis de verdure avec de grands et beaux arbres. C'étaient surtout des *toubouri*, des *kahi* et des *dounoubi*. Les premiers atteignent jusqu'à 12 et 15 mètres de hauteur et fournissent un excellent bois de construction aux indigènes pour les portes de leurs cases ou les fonds de leurs pirogues. Ils présentent une particularité remarquable : leur cœur contient toujours de la terre ou des pierres, suivant le terrain où ils se trouvent. Les kahi donnent un bois très dur, se travaillant difficilement. Les indigènes s'en servent pour fabriquer les curieuses serrures en bois qui ferment la porte de leurs cases. Quant aux dounoubi, ils fournissent un bois très léger, facile à travailler, mais qui est de suite attaqué par les termites et ne peut, par conséquent, se conserver. On utilise l'écorce pour en faire des cordes, des chapeaux, des étoffes même.

Il y avait aussi, dans ces fonds humides, des *solom* en assez grande quantité. Ce sont des arbres de 5 à 6 mètres de hauteur, très rameux, produisant des gousses courtes, arrondies, un peu comprimées, remplies d'une pulpe farineuse très agréable au goût, et qui est un véritable régal pour les nègres. Ces fruits, dont la composition a été étudiée en France par M. le docteur Hæckel, constituent un excellent désaltérant et un rafraîchissant, par l'acide tartrique qu'ils renferment.

On quittait Tambacounda à 2 heures du matin le lendemain. On traversa encore de nombreux bois, parmi lesquels les lianes-caoutchouc formaient souvent des massifs presque impénétrables, au milieu desquels il fallait se frayer un passage, perdant ainsi un temps précieux. Quel dommage que ces plantes industrielles ne soient pas exploitées ! Mais les habitants du pays vivent au milieu de ces richesses, se bornant à employer les boules de caoutchouc, qu'ils extraient des lianes, pour en garnir l'extrémité des baguettes avec lesquelles ils frappent leurs tam-tam.

On passa encore la journée à Baricounda, caché dans la brousse, et dans les mêmes conditions que dans les villages précédents.

Une nouvelle marche de nuit conduisit la colonne, le 5 au matin, au village de Sine, où le contingent du Ouli l'attendait. Le capitaine Fortin y trouva aussi les espions qu'il avait expédiés dans la direction de Toubakouta, et qui lui apprirent que le marabout ne se doutait pas encore de la marche de nos troupes. Ils l'informaient, en même temps, que le village de Barocounda, qui garde la route de Sine à Toubakouta, avait été fortifié, et était occupé par 300 guerriers, parmi lesquels 60 Talibés. Dans le but de mieux se préparer à la grande expédition projetée contre le Bondou et nos établissements du Sénégal, Mahmadou Lamine avait, paraît-il, ordonné huit jours de réjouissances publiques, après lesquelles toute l'armée prendrait la route du nord.

Ces nouvelles étaient favorables et montraient que l'on se trouvait encore, à Toubakouta, dans la plus complète sécurité. Fortin prit rapidement les mesures nécessaires pour achever de fermer le cercle qui se formait tout autour du marabout. Il se hâtait, car on entrait maintenant en pays hostile, et les événements allaient se précipiter.

Sine, qui était un village fortifié par un double sagné, fut organisé de manière à servir de poste intermédiaire entre Bani et Toubakouta. On y déposa les vivres et les munitions de réserve, et une garnison d'auxiliaires du Bondou et du Ouli fut chargée de le défendre contre les entreprises hostiles. En même temps, des courriers rapides furent expédiés pour recommander à nos alliés du Niani de faire bonne garde aux gués du Sandougou, et pour prévenir Moussa Molo, le roi du Fouladougou, de franchir à son tour la Gambie en s'avançant sur Toubakouta par le sud et par l'est. Mahmadou Lamine se trouvait pris ainsi au centre d'une sorte d'angle, formé par la Gambie et son affluent, le Sandougou. La petite colonne, suivant la bissectrice de cet angle, marchait droit sur la place d'armes de notre adversaire, tandis que les détachements des troupes auxiliaires prenaient position le long de ces deux cours d'eau. Le marabout ne pourrait plus maintenant, comme à Diana, s'enfuir vers le sud. Les grandes forêts du

La forêt de Tambacounda.

Diakha et du Ouli ne se trouveraient plus là, toutes prêtes à lui fournir un refuge assuré, et la Gambie se dresserait comme une barrière infranchissable s'il voulait quitter sa place d'armes. Le succès de l'opération était à la merci d'une prompte et décisive attaque de Toubakouta, qui renfermait plus de 2 000 guerriers fanatisés par leur chef, et qui, s'ils prenaient énergiquement l'offensive, pouvaient conduire à un véritable désastre notre petite colonne, perdue à plus de 400 kilomètres de tout poste français, noyée au milieu de ces populations hostiles ou encore indécises sur l'attitude qu'elles prendraient définitivement.

On quitte Sine le 7 décembre à quatre heures du matin. Les cavaliers du Bondou, placés sous les ordres du sous-lieutenant d'infanterie de marine Levasseur, sont en avant, couvrant la marche. Le pays est toujours boisé, mais il y a de nombreuses clairières qui permettent de se reconnaître et de se rallier, car l'allure est rapide, et au passage des fourrés il se produit un certain désordre dans la colonne. On arrive à neuf heures au village de Soutouko, que l'on trouve complètement vide. On fouille les environs avec le plus grand soin, et l'on campe en carré. On construit aussitôt un pont pour franchir le marigot qui se trouve au sud du village, et l'on reprend la marche à trois heures de l'après-midi.

La colonne chemine dans le plus grand silence. Les roues des canons ont été entourées de vieux morceaux de sacs pour étouffer leur bruit. Les bidons, les fourreaux des épées-baïonnettes ont été fixés pour que leur choc ne puisse s'entendre. Pendant la première heure on est sous bois, et la marche est parfaitement dissimulée. Mais vers quatre heures et demie, la végétation s'éclaircit, les grands arbres disparaissent, et l'on n'a plus autour de soi que de maigres bouquets de jasmins sauvages. Les espions qui marchent en avant de la cavalerie, vêtus de boubous jaunes, couleur feuille-morte, les dissimulant aux yeux des coureurs ennemis, annoncent que l'on aperçoit le village de Barocounda au loin et sur la droite. Les bois ont cessé et l'on va entrer dans les lougans du village, où l'on voit de nombreux indigènes occupés à leurs travaux. C'est un signe que l'éveil n'est pas encore donné. Le capitaine Fortin ordonne donc la halte. La colonne forme le carré. Tout le monde se tient coi. Les chevaux sont éloignés pour que leurs hennissements ne viennent pas trahir la présence de nos troupes. Les sentinelles, poussées vers la lisière du bois, se cachent soigneusement derrière les troncs d'arbres. Elles ont ordre de ne se servir que de l'arme blanche, et d'opérer sans bruit si quelque habitant du village s'approche par hasard du carré. On mange en silence les aliments froids qu'on a apportés de Sine. Malgré la fatigue tout le monde est plein d'ardeur. Les animaux seuls commencent à donner des signes de lassitude. Ils refusent leur mil, et l'on ne peut leur donner à boire à cause de l'éloignement des puits du village.

Cependant le soleil s'abaisse sur l'horizon, et les lougans de Barocounda se vident peu à peu des travailleurs, que l'on aperçoit rentrant dans le sagné. L'obscurité est complète à huit heures : les espions qui viennent de se glisser parmi les tiges de mil desséchées, rendent compte qu'il n'y a plus personne dans les champs, mais que, par contre, en s'approchant du sagné, on entend à l'intérieur des bruits dénotant la présence d'un grand nombre d'hommes dans le village.

La colonne reprend la marche. Elle coupe à travers les lougans, en laissant Barocounda à trois kilomètres environ sur sa droite. La cavalerie auxiliaire est échelonnée tout le long du flanc droit, de manière à dissimuler entièrement l'artillerie et les tirailleurs, dans le cas où quelque retardataire du village serait caché aux abords du chemin suivi. Tout va bien jusqu'à dix heures du soir ; on se heurte alors aux marais de Tiamoye, qui couvrent tout le terrain au sud de Barocounda. La nuit est profonde, et l'on ne voit pas à deux pas devant soi. De grandes herbes cachent l'eau et la vase qui rendent la route presque impraticable. Les cavaliers du Bondou, dont les chevaux s'abattent, mettent pied à terre et conduisent leurs animaux par la bride. Les mulets des pièces tombent et ne peuvent avancer. Il faut les dételer. Les canonniers traînent eux-mêmes leurs canons sur une sorte de chaussée formée par des paquets de grandes herbes, jetées à terre, au-dessus de la vase. On eut les plus grandes difficultés à sortir de ces marais, et ce fut miracle que l'artillerie, avec ses pièces et ses caissons, pût se tirer intacte de ce mauvais pas.

On pénètre ensuite dans une forêt de bambous, dont les branches enchevêtrées obstruent à tout moment la marche. Les animaux sont encore déchargés. Les caissons sont transportés à bras. Il est même impossible de les placer sur la tête des hommes, où ils seraient accrochés par les branches.

On sort enfin de ce passage difficile. Barocounda est tourné, et les habitants n'ont pas eu vent de notre marche. On parvient à minuit et demi à la mare de Delaba, où l'on fait halte. On n'est plus qu'à une dizaine de kilomètres de Toubakouta. La cavalerie auxiliaire reprend sa place à l'avant-garde. Les Bondoukés se couchent au pied de leurs chevaux, la bride passée au bras, les fusils chargés et tenus prêts. La colonne forme le carré et détache des grand'gardes vers le sud et l'est, pour se couvrir contre Barocounda.

Des espions sont poussés jusqu'à Toubakouta. Ils viennent rendre compte que les habitants se doutent si peu de la présence de la colonne française, qu'on se livre dans le village à un grand tam-tam. Cependant, les murailles du sagné extérieur étaient gardées, et nos émissaires avaient remarqué quelques petits postes établis en dehors du village, mais à peu de distance de l'enceinte. Quant au marabout, ils n'avaient pu s'assurer si, oui ou non, il était encore dans la place.

Le capitaine Fortin donne trois heures de repos aux troupes, et fixe le

Les Bondoukés en reconnaissance.

départ pour cinq heures. Cette halte, par une nuit froide, humide et sans feu, fut pénible pour tous. Les auxiliaires à pied, inquiets, malgré la ferme attitude d'Ousman Gassi, eurent une panique qui faillit compromettre le succès des mesures prises avec tant de soin par le commandant de la colonne. Mis en éveil par quelque bruit parti d'un fourré voisin, ils se débandèrent un moment, mais on parvint à les rassembler. Pour plus de sûreté on les plaça dans l'intérieur du carré, sous la surveillance des tirailleurs. On leur enleva même leurs fusils, qu'on ne leur rendit qu'au départ.

Le 8 décembre, à cinq heures du matin, la colonne quittait son bivouac de nuit pour s'engager, à travers bois, sur la route de Toubakouta. Personne sur les chemins. Tout le monde devait dormir ou se reposer des fatigues de la fête dans l'intérieur du village. La cavalerie, conduite par le sous-lieutenant Levasseur, formait un rideau en avant, cachant la colonne. Vers six heures et demie elle parvenait à la lisière de la forêt, et envoyait quelques cavaliers explorer les lougans de Toubakouta. Trois indigènes furent pris et gardés. La reconnaissance terminée, les cavaliers s'établissaient en ligne de vedettes derrière la première rangée d'arbres.

CHAPITRE XXII

Le champ de bataille de Toubakouta. — Surprise du village et combat. — L'assaut. — Fuite du marabout. — Moussa Molo, le roi du Fouladougou. — Poursuite du marabout. — Il est pris et blessé. — Sa mort. — Résultats de la prise de Toubakouta. — Missions diverses envoyées dans toutes les directions. — Rentrée de la colonne de la Gambie à Kayes.

Le champ de bataille de Toubakouta était l'un des plus beaux que l'on pût rêver. Le terrain se prêtait merveilleusement à l'emploi de nos armes à longue portée, et permettait ainsi de compenser l'infériorité numérique de nos troupes.

Toubakouta est construit sur la rive gauche du marigot de Douga, sur un terrain formant glacis en pente très douce vers le marigot; les ondulations du sol sont à peine accentuées. Le pays est découvert et sans cultures dans un rayon de un kilomètre au moins autour du village; l'herbe est rare. Rien ne vient masquer la vue.

Des collines de 10 à 12 mètres de relief au-dessus de la plaine courent le long de la rive gauche du Douga, tombant en pente raide sur le glacis, à 500 mètres environ du marigot. La route de Sine débouche justement en face de Toubakouta par une gorge facilement praticable, qui s'ouvre entre ces collines.

C'est par cette gorge que la colonne française parvient au sommet de ces hauteurs. La cavalerie s'était développée à la lisière des arbres. Le capitaine Fortin rassemble sa colonne en arrière de la crête, puis se porte lui-même au point culminant de la colline, d'où il voit se dérouler devant lui le panorama de Toubakouta et de ses environs. Son regard peut embrasser tout le pays et ses yeux plongent jusque dans l'intérieur du tata, où il distingue parfaitement tous les détails de construction, ainsi que les gens qui vont et viennent dans l'intérieur du village.

Au loin, devant lui, de l'autre côté du marigot, une ligne de hauteurs, dont le pied vient mourir sur le bord même du Douga, borne l'horizon.

Mais le terrain, complètement découvert, présente une pente douce et uniforme. On voit deux lignes blanches, montant en éventail le long du versant et se dirigeant, l'une vers le nord-ouest, l'autre vers le sud-ouest : ce sont les routes de Oualia et de Cononkon, qui mènent vers les gués du Sandougou, et qui sont les lignes de retraite de l'ennemi.

Puis, entre Toubakouta et ces hauteurs, on distingue la ligne foncée que forme le marigot de Douga, courant du nord au sud. Ce cours d'eau semble assez étroit, avec des rives plates. Il ne constitue pas un obstacle sérieux.

Enfin, sur la rive gauche du marigot, à 50 mètres environ du bord, s'étendait le village de Toubakouta. Le marabout n'avait pas perdu son temps depuis qu'il avait choisi ce point pour centre de résistance, car il l'avait entouré de fortifications encore plus importantes que celles de Diana. Toubakouta présentait à l'assaillant quatre enceintes. L'enceinte extérieure était constituée par un double sagné, en très bon état, dont les deux lignes de défense étaient distantes d'environ 8 mètres. Un épaulement en terre, de 60 à 80 centimètres de hauteur, en protégeait le pied, et servait autant à consolider les palissades qu'à couvrir les défenseurs. Des branches épineuses, entrelacées avec les bois, rendaient ce sagné difficilement abordable. Un fossé de 1 à 2 mètres de largeur, sur 1 mètre de profondeur, courait en avant de cette première enceinte. Les épines qui en tapissaient le fond, formaient une excellente défense accessoire.

En arrière de cette double fortification, on distinguait un fort tata flanqué de tours, qui servait lui-même d'enveloppe à un autre tata, entouré d'une épaisse muraille de 4 à 5 mètres de hauteur. Deux tours, surmontées d'une terrasse crénelée, tenaient les deux extrémités de ce nouvel ouvrage, auquel était accolé un petit sagné en gros troncs d'arbres, servant de mosquée.

L'enceinte de Toubakouta présentait un périmètre de 600 à 700 mètres. Elle était couverte en avant par d'importants ouvrages extérieurs. C'était d'abord, à l'angle gauche du village, un autre petit tata, à cheval sur la route de Oualia, puis, tout autour du sagné et à 50 mètres environ de distance, plusieurs petits tatas carrés, entourés d'épaisses murailles de pierres et de pisé. Avant de pénétrer dans le village, il fallait de toute nécessité enlever cette première ligne de défense.

Les sagnés et les tatas extérieurs, au moment où le capitaine Fortin examinait le terrain, étaient remplis d'hommes armés. Des sentinelles occupaient les portes ; d'autres veillaient au sommet des tours. Un détachement d'une centaine d'hommes environ était posté sur la route de Sine,

Vue de Toubakouta.

en avant de la première ligne de défense. Mais rien ne faisait penser que l'on avait connaissance de l'arrivée de la colonne. La surprise était donc complète, et, si le marabout n'avait pas encore quitté Toubakouta, on pouvait espérer qu'on mettrait enfin la main sur l'homme qui nous tenait en échec depuis plus de deux ans, et qui, après avoir promené la mort et l'incendie sur les bords du Sénégal, menaçait de recommencer son entreprise et de couper notre ligne de communications entre le Niger et le chef-lieu de la colonie.

La colonne se déploie en arrière de la crête des hauteurs : une compagnie de tirailleurs à droite, une autre à gauche, l'artillerie au milieu, le convoi en arrière, protégé par deux sections de tirailleurs, la cavalerie à 50 mètres en avant, formée sur une ligne. On s'avance ainsi en silence. Les cavaliers d'Ousman Gassi apparaissent sur la crête. L'alarme est aussitôt donnée à Toubakouta. Les murailles des sagnés et des tatas extérieurs se garnissent d'hommes armés. Le détachement qui est en avant ouvre le feu à 500 mètres environ de l'ennemi. Les coups sont mal ajustés; cependant un Bondouké tombe pour ne plus se relever. On voit une troupe nombreuse, formée sur huit ou dix rangs d'épaisseur, sortir du sagné et s'avancer pour soutenir les gens qui sont en avant. Toutefois on ignore encore que les Français sont là. Deux ou trois fois, pendant l'hivernage, Ousman Gassi avait envoyé quelques-uns de ses guerriers pour exécuter des razzias de bestiaux aux abords des villages soumis au marabout. On s'imagine que c'est une opération semblable qui va commencer, et l'on ne paraît pas s'inquiéter outre mesure.

La colonne a pris position en arrière des cavaliers, face à l'angle nord du village, de manière à pouvoir battre de ses feux la route de Oualia, qui est la ligne de retraite naturelle de Mahmadou Lamine. Les pièces sont en batterie; les deux compagnies de tirailleurs sont prêtes à commencer les feux de salve. Quelques projectiles ennemis, mal dirigés d'ailleurs, tombent au milieu de la colonne. L'ordre d'ouvrir le feu est donné, et le premier coup de canon retentit, donnant le signal du combat, et montrant que les blancs sont là, avec leurs terribles engins de guerre. En même temps, la cavalerie démasque le front, se formant en deux pelotons, qui vont surveiller, à droite et à gauche, les mouvements de l'adversaire et prévenir des dangers qui pourraient menacer nos flancs.

A sept heures et demie le feu est commencé sur toute la ligne. Il est conduit très énergiquement dès le début, afin d'arrêter tout mouvement offensif des défenseurs de Toubakouta, qui, s'apercevant du petit nombre des assaillants, auraient pu tenter quelque mouvement tournant, qui nous aurait mis dans la plus périlleuse des situations. Puis il était nécessaire de faire taire la mousqueterie de l'adversaire, qui partait de tous les ouvrages avancés et de tous les points de la plaine. On prend pour but toute la partie nord du village et les petits tatas qui en couvrent les abords, afin d'interdire au plus tôt la route de Oualia. Nos feux d'artillerie et de mousqueterie ont bientôt fait leur œuvre parmi les défenseurs de cette partie du village, dont le grand nombre lui-même est un obstacle aux efforts qu'ils font pour sortir du sagné et des murailles qui les protègent. Ils cherchent deux fois à se former pour se porter vers la position occupée par notre petite troupe, mais les obus de nos pièces de 80 millimètres et les volées de balles de nos kropatschecks les arrêtent chaque fois, semant les morts et les blessés sur le terrain, où les guerriers du marabout se pressent pêle-mêle et sans direction. Toutefois ils ne renoncent pas à la lutte, car on les voit bientôt se diriger vers le sud du village, où, sortant du sagné et des petits tatas extérieurs, ils se forment en deux fortes colonnes, qui, abritées par un dos de terrain, remontent le glacis et cherchent à tourner par la gauche la ligne que nous occupons sur les hauteurs.

Toute la partie nord de Toubakouta s'est donc vidée de ses défenseurs; les petits ouvrages avancés ont été évacués. On voyait déjà de nombreux fuyards s'échapper par la route d'Oualia et remonter la colline en face de nous, à 700 ou 800 mètres environ de distance. Le capitaine Fortin, craignant toujours que le marabout ne prenne cette direction pour fuir vers l'ouest, fait tirer sur la route par l'une de ses pièces et un peloton de tirailleurs. Il a toujours en vue l'objectif principal de l'expédition, à savoir : la prise de Mahmadou Lamine, qui, s'il s'échappe encore, irait révolutionner nos établissements du Saloum et de la Cazamance, et accomplir dans ces contrées l'œuvre de destruction et de pillage qui avait failli compromettre à jamais, deux ans auparavant, nos progrès vers l'intérieur du Soudan.

Tout à coup une vive fusillade retentit sur notre gauche, et les cavaliers d'Ousman Gassi viennent prévenir en toute hâte que les colonnes ennemies débordaient la position et cherchaient à s'avancer sur les derrières de notre ligne. Déjà on voyait les hommes du marabout courir au loin, gravissant les pentes des hauteurs. Quelques-uns de leurs tireurs s'étaient même installés sur la crête, d'où leur tir gênait considérablement la colonne. Des projectiles étaient tombés au milieu du convoi et parmi les auxiliaires du Bondou, qui avaient eu plusieurs blessés et qui donnaient des signes de crainte. Si la déroute se mettait parmi eux, la situation devenait critique, et notre petite colonne, prise entre le mouvement

Combat de Toubakouta.

offensif des guerriers de Toubakouta et une sortie de la garnison de Barocounda, se trouvait enveloppée et vouée à une destruction imminente.

Le capitaine Fortin, sans abandonner la surveillance de la route de Oualia, envoie aussitôt Ousman Gassi avec ses cavaliers se placer en arrière des auxiliaires du Bondou, puis dispose en potence, face au sud, une compagnie de tirailleurs dont les hommes, largement espacés, ouvrent aussitôt le feu contre les colonnes d'assaillants. Comme à Kagnibé, l'effet de ce feu roulant est irrésistible. Le terrain est découvert et se prête merveilleusement à l'action de nos armes à répétition. Nos officiers, comme jadis les sergents des gardes françaises, font tirer leurs hommes horizontalement, en appuyant leurs sabres sur les fusils. Telle est la confiance des tirailleurs dans leurs engins perfectionnés, qu'ils ne se laissent émouvoir ni par les cris de leurs adversaires, ni par leur grand nombre, ni par le danger où les mettrait un échec. Les talibés, facilement reconnaissables à leurs longues robes blanches et à leurs turbans blanc et bleu, guident la marche des colonnes malinkées, dont les hommes sont vêtus de boubous jaunes; au premier rang on voit flotter des étendards blancs couverts de caractères arabes. La troupe ennemie, malgré les pertes que lui fait subir notre feu, s'avance jusqu'à près de 100 mètres de notre ligne, et déjà le capitaine Fortin allait donner l'ordre à la deuxième compagnie de tirailleurs d'aller renforcer à son tour la compagnie engagée. Mais les guerriers de Mahmadou Lamine s'arrêtent; les étendards ne flottent plus; les principaux talibés ont été tués. Tous prennent la fuite en désordre et rentrent dans l'intérieur du village, où on les voit se ranger le long des murailles, d'où ils continuent le feu contre les cavaliers d'Ousman Gassi, qui les ont suivis jusqu'au pied des hauteurs.

Tandis qu'un peloton de tirailleurs de la compagnie de droite continue à couvrir de projectiles la route de Oualia, l'artillerie a pris pour objectif le centre du village, qu'elle canonne vigoureusement, pour allumer l'incendie parmi les cases aux toits de paille. L'une des pièces promène partout ses obus fusants pour chasser les défenseurs, qu'inquiètent encore les feux de salve de la compagnie, qui a pu reprendre sa position primitive, face à Toubakouta.

Vers neuf heures, la colonne, longeant la crête, se transporte à 150 mètres au sud. La partie nord du village a été évacuée, et les défenseurs se sont concentrés dans la partie sud. Ils commencent même à dessiner un nouveau mouvement offensif, qu'il s'agit d'arrêter. Puis il faut en finir, car la chaleur devient accablante, et déjà, sous l'influence du soleil, de la fatigue et de la fumée du combat, deux ou trois soldats européens ont été pris d'insolation et ont dû être portés en arrière, sous les arbres qui abritent l'ambulance.

Rien ne fait penser encore que le marabout a quitté le village. Aucune troupe de cavaliers n'a pris la route de Oualia, et personne n'a remarqué en dehors du sagné le cheval blanc qui, dit-on, sert de monture à Mahmadou Lamine et doit le faire reconnaître. Cependant le capitaine Fortin s'étonne qu'aucun mouvement, aucun signe particulier n'ait encore décelé la présence du prophète musulman. La mosquée, désignée d'une manière spéciale aux coups de nos canonniers, est en flammes. Le marabout ne peut donc s'y trouver. Les prisonniers faits au commencement de l'action, dans les lougans de Toubakouta, disent qu'ils ne sont pas rentrés dans le village depuis deux jours, et qu'au moment où ils en étaient sortis « El-Hadj » y était toujours.

La colonne se trouve sur sa nouvelle position à neuf heures un quart. La cavalerie est poussée vers le sud, pour parer à tout mouvement tournant ; elle est soutenue par une section de tirailleurs, prête à accueillir de ses feux les bandes ennemies qui voudraient encore déborder notre ligne. Toute la partie sud du village ainsi que les petits tatas carrés extérieurs sont bondés des guerriers de Lamine, qui ouvrent le feu dès qu'ils voient la colonne en face d'eux. En avant de ces tatas, un fossé est plein de tireurs, dont les balles gênent le déploiement.

Le feu recommence avec violence, et est dirigé tout d'abord sur les tatas extérieurs et sur la partie sud de Toubakouta. Dès les premiers coups de canon, la poudrière, placée dans le tata central, saute, en couvrant le village de débris ; une fumée épaisse cache un moment leur but aux pointeurs des pièces. Les balles partant des ouvrages avancés font quelques victimes parmi les auxiliaires à pied, qui ont été reportés sur la gauche de notre ligne, et blessent deux tirailleurs ; mais, généralement, les coups portent très haut et les projectiles passent au-dessus de la tête.

Vers dix heures, tout le village est en feu, sauf vers la droite, où les cases, bâties en pisé et recouvertes de terrasses, ne peuvent être incendiées. Les troupes du marabout s'échappent en désordre par le sud, en suivant la route de Couonkon. Notre infanterie dirige des feux de salve sur ces bandes en fuite. On voit sortir des cavaliers par derrière le village, mais on ne peut distinguer si Mahmadou Lamine est parmi eux. Du reste, notre tir fait de nombreuses victimes, car on aperçoit, courant çà et là dans la plaine, des chevaux démontés.

Il est temps maintenant de marcher à l'assaut, pour enlever définitivement le village et arrêter le marabout, si, ce qui est peu probable, il est resté avec les derniers défenseurs de Toubakouta. L'artillerie reçoit l'ordre de tirer à mitraille et de balayer les sagnés et tatas pour préparer l'attaque. La cavalerie est portée en avant et contourne le village par le nord, pour aller intercepter aux fuyards la route de Oualia. La colonne d'assaut se forme au pied des hauteurs : en avant, les auxiliaires du Bondou et du Ouli, en arrière, une compagnie de tirailleurs en soutien. L'autre compagnie reste à mi-hauteur pour cribler le sagné de ses projectiles jusqu'au dernier moment et écarter les défenseurs.

Aussitôt formées, les troupes d'assaut sont lancées en avant. L'attaque est brillamment conduite par Ousman Gassi, qui se montre le digne fils du roi Boubakar Saada, et charge en tête des auxiliaires avec la plus grande bravoure. La colonne pénètre dans le village, accueillie par un feu nourri des derniers défenseurs de Toubakouta. Ceux-ci luttent avec acharnement, et en moins de quelques minutes les assaillants ont une vingtaine de tués et autant de blessés. Mais, cernés et acculés par l'incendie, ils jettent leurs armes et se rendent à discrétion. On s'informe de suite du marabout. Hélas! cet éternel fuyard avait encore échappé.

Voici ce que l'on apprit au capitaine Fortin : Mahmadou Lamine avait reçu avis de la marche de la colonne le 7 décembre vers six heures du soir. La nouvelle lui était parvenue par un courrier du village de Gamon, qui avait fait un grand détour par le Tenda. Toutefois ce renseignement n'avait pu lui indiquer la position exacte des troupes françaises. Il savait seulement qu'une colonne était partie de Bani pour l'attaquer. Vers huit heures du soir, le même jour, il sut que des mouvements de troupe étaient signalés du côté de Oualia et de Paquéba, le long du Sandougou, mais qu'aucun blanc n'avait encore paru dans cette direction. Le 7 au soir, le marabout ignorait donc que le capitaine Fortin était campé à une dizaine de kilomètres à peine, entre son poste avancé de Barocounda et Toubakouta. Mais il préparait sa fuite, croyant d'ailleurs avoir beaucoup de temps devant lui. Toutefois, comme il s'était engagé par serment à défendre sa place d'armes, dans le cas où les Français viendraient l'attaquer, il avait peur, s'il dévoilait la vérité, d'être retenu de force. Aussi avait-il réuni tous les notables du village pour leur annoncer qu'il allait combattre les Torodos du Niani, qui venaient de s'installer dans les villages du Sandougou. Il ne prit avec lui que cent de ses talibés, alla camper sur la rive droite du marigot de Douga, à 500 mètres à peine de Toubakouta. Là il avait passé la nuit, et avait dû s'enfuir par la route de Oualia au premier coup de canon. Les blessés et prisonniers, interrogés, n'en savaient pas plus long.

Le marabout avait donc cinq à six heures d'avance. Quant à le faire poursuivre par les troupes de la colonne, il n'y fallait pas songer : le jour précédent, on avait marché pendant quinze heures; personne n'avait dormi pendant la nuit, et le 8 décembre on avait marché et combattu jusqu'à dix heures du matin. Les hommes étaient harassés et beaucoup dormaient tout debout; les chevaux et mulets étaient fourbus. Le capitaine Fortin donna donc l'ordre de prendre le bivouac, en carré, entre le village et les hauteurs, au sud de la route de Sine.

Un détachement envoyé vers Barocounda annonça que ce point avait été évacué.

Les pertes subies par les troupes du marabout étaient énormes : le village et ses abords, le marigot et les pentes de la rive droite étaient jonchés de cadavres. Beaucoup de blessés étaient, en outre, allés mourir dans la brousse à 2 ou 3 kilomètres de là. Presque tous les lieutenants de Mahmadou Lamine avaient été tués : son cadi, Ahmadi Boré, qui avait organisé et présidé le premier palabre secret de Balou, où les Sarracolets avaient décidé de se soulever contre les Français; son ministre, Sourakaté Diawara, qui avait surpris, avant toute déclaration d'hostilité, la garnison de Bakel, sortie pour aller surveiller le village insoumis de Yaféré, sur le Sénégal; les principaux chefs talibés, qui avaient pris la part la plus active au siège de Bakel et au pillage de nos comptoirs, etc.

Pas une femme ne fut trouvée parmi les morts. On les avait fait sortir dès le début de l'action, pour que leur présence ne gênât pas les défenseurs.

De notre côté, nous comptions une cinquantaine de victimes, presque toutes parmi les auxiliaires du Bondou et du Ouli. Nos tirailleurs avaient trois ou quatre hommes hors de combat. Pas un soldat européen — il est vrai qu'ils se réduisaient à quelques canonniers et aux gradés des compagnies de tirailleurs — n'avait été atteint.

Tous les blessés indigènes furent transportés à l'ambulance, où ils reçurent les soins du docteur Fougère, secondé par M. Liotard, pharmacien de la marine, que la pénurie de médecins avait forcé d'employer en cette qualité, à Bani, pendant la campagne d'hivernage.

Si l'on pouvait mettre encore la main sur le marabout, la campagne était couronnée d'un plein succès, car la grande place de Toubakouta était en ruines, son armée avait été écrasée et dispersée, et le prestige de cette opération, accomplie si heureusement à une aussi grande distance de la base d'opérations, allait être énorme dans tout le Soudan français. Que l'on songe que la colonne de la Gambie aurait eu aussitôt fait maintenant, pour

Assaut de Toubakouta.

rejoindre les établissements français, de prendre la route de l'ouest par le Saloum que d'effectuer son retour sur Bakel! De part et d'autre il y avait environ 450 kilomètres à parcourir. Aucun chef indigène ne pouvait désormais se croire à l'abri de nos coups, et les expéditions de Diana et de Toubakouta avaient bien détruit cette vieille légende qui courait dans les pays nègres sur l'impossibilité où nous étions de nous éloigner de nos établissements et de notre ligne de postes.

Il fallait donc maintenant s'emparer du marabout, car nos colonnes, si mobiles qu'elles fussent devenues, ne pouvaient cependant battre constamment le sol africain à la poursuite de notre insaisissable adversaire. Notre objectif était le Niger et non la Gambie. Déjà nos opérations contre Mahmadou Lamine nous avaient détournés trop longtemps du véritable objet de notre présence dans le Soudan occidental.

Le 9 décembre, à six heures du soir, Moussa Molo, le roi du Fouladougou, débouche sur le champ de bataille de Toubakouta avec son armée de 2 000 guerriers.

Ce Moussa Molo est l'un des chefs les plus intelligents de toute cette partie du Soudan. Il avait craint que Mahmadou Lamine ne voulût étendre ses visées ambitieuses jusque dans ses États, et il nous avait offert spontanément son concours pour nous aider à combattre le perturbateur. Ses hommes avaient un aspect militaire et une certaine discipline, que l'on n'est pas habitué à rencontrer parmi les troupes des souverains nègres. Aussi le capitaine Fortin songea-t-il à l'utiliser de suite pour entamer les poursuites contre le marabout. Du reste, Moussa Molo, quand il avait vu les résultats foudroyants obtenus par la petite colonne française, n'avait pas caché son enthousiasme pour notre cause, et avait mis aussitôt toutes ses forces à notre disposition.

Fortin ne pouvait lui-même se lancer à la poursuite de l'ennemi, car, s'il avait fait un pas de plus dans le pays, tous les habitants se seraient enfuis. Le résultat de la campagne n'aurait pas été atteint ; la région aurait été ruinée complètement, et, très certainement, Mahmadou Lamine aurait réussi à s'échapper.

Celui-ci s'était sauvé à toute bride le 8, de bon matin, afin de surprendre, avec ses 100 cavaliers, les passages du Sandougou. Il se présente d'abord devant Oualia, mais il y est reçu à coups de fusil par un détachement que Moussa Molo y avait envoyé. Le prophète continue alors vers le nord, longeant toujours la rive gauche de la rivière. Il veut, de nouveau, forcer le passage à Paquéba ; les Torodos du Niani, qui le défendent, combattent énergiquement et lui mettent une vingtaine de talibés hors de combat. Lamine repart, piquant toujours vers le nord. Heureusement pour lui, le contingent chargé de garder la route de Coly Bentan a fait défection et s'est retiré dans l'intérieur. Le chemin est donc libre. Le marabout franchit enfin le Sandougou, se renferme dans le village de Maka, et y attend les événements, en essayant d'organiser la résistance. Ce retard le perd.

Dès le 9 au soir, une véritable chasse à l'homme est organisée. Les contingents du Ouli et du Bondou, que surexcite la haine contre celui qui a incendié leurs villages et massacré leurs familles, sont dirigés sur Maka. Moussa Molo, avec tout son monde, est lancé en même temps le long de la rive droite de la Gambie pour couper la retraite au fugitif. Le marabout doit être ramené mort ou vif au commandant de la colonne. C'est l'ordre!

Telle était la confiance que ce fanatique avait su inspirer à toutes les populations de ces régions, que partout, même dans les rangs de nos alliés, on avait la conviction que jamais la tête d' « El-Hadj », le favori d'Allah, ne pourrait devenir un trophée de la victoire des Français. C'est toujours ainsi que la superstition avait grandi la fortune des conquérants musulmans qui en Sénégambie avaient voulu s'attaquer à notre influence. Leur disparition seule avait pu détruire le prestige surnaturel dont ils avaient su s'entourer aux yeux des naïfs indigènes de ces régions.

Le 9, à l'entrée de la nuit, les contingents du Bondou et du Ouli parviennent devant Maka. Ils y sont reçus à coups de fusil. Battus, ils rétrogradent en emportant leurs morts et leurs blessés. Cependant le chef de Maka n'ose résister à l'ultimatum menaçant que lui a envoyé le capitaine Fortin, et les habitants, malgré leur succès, font sortir le marabout de leur village.

Un nouveau détachement de guerriers du Fouladougou vient renforcer les contingents bondoukés, qui se lancent à la poursuite de leur ennemi, le suivant pas à pas.

La chasse recommence, rapide et animée du côté de nos alliés, désespérée de la part du marabout, qui se sent abandonné par le prophète Mahomet.

Il prend la direction du sud, toujours suivi par ses fidèles talibés. Il veut se réfugier dans le village de Cissé Counda, mais il y est accueilli par une vive fusillade. Il se rejette dans la forêt et arrive devant Countia, presque en face de Oualia. Les habitants, qu'effraye l'exemple de Toubakouta, ne veulent pas le tolérer. Le marabout prie, implore, en appelle aux pages du Coran, qui recommandent de donner un refuge aux serviteurs d'Allah. On ne l'écoute pas. Il repart vers l'ouest. Les villages de Carantaba, Counting, Sona, lui ferment successivement leurs portes. Cependant les chevaux refusent de marcher, et la fatigue est extrême. Bientôt on ne pourra plus avancer. En même temps se referme sur lui l'étau que forment les divers détachements envoyés à sa poursuite.

Mahmadou Lamine et ses derniers fidèles, exténués, hors d'état de continuer leur marche, se jettent dans le village de N'Goga-Soukota, situé à 2 ou 3 kilomètres à peine de la Gambie. Il n'y est pas installé depuis quelques minutes que le village est cerné par Moussa Molo et par toutes les troupes qui l'ont poursuivi. Les habitants de N'Goga-Soukota se voient compromis. Ils cherchent à s'emparer du fugitif. Un combat s'engage dans le village même. Le chef, pour déloger Mahmadou Lamine, fait mettre le feu à ses propres cases et à celles où le marabout s'est réfugié. Moussa Molo pénètre sur le lieu de la lutte avec ses hommes. Les talibés combattent en désespérés. Ils se font tous tuer bravement aux côtés de leur chef. Celui-ci est bientôt seul. On veut le prendre vivant, mais un coup de sabre d'un Bondouké le blesse à la cuisse et le jette à terre. Le roi du Fouladougou le fait placer sur une civière, et toute la troupe reprend la route de Toubakouta.

Les habitants des villages que l'on traverse ne peuvent croire encore que ce saint marabout qui a fait plusieurs fois le voyage de la Mecque et qui passait pour avoir reçu d'Allah la mission de fonder un nouvel et puissant empire musulman, soit l'homme qui gît inanimé sur ce brancard, et que l'on va livrer aux Français. Peut-être attendent-ils encore qu'un miracle vienne délivrer le prophète, qui ne peut ainsi tomber aux mains des infidèles. L'événement, du reste, va leur donner raison, car, en arrivant au village de Counting, le blessé, qui a perdu tout son sang, succombe aux suites du coup qu'il a reçu et des fatigues qu'il a subies depuis sa fuite de Toubakouta. Les gens de Counting, qui, en secret, tenaient pour le marabout, réclament son corps, qu'ils veulent soustraire aux profanations de ses ennemis. Moussa Molo refuse. Il fait laisser le cadavre sur la civière, et ordonne à son griot de confiance de le transporter jusqu'au camp français. Lui-même prend les devants pour annoncer l'heureuse nouvelle.

Cependant la route est longue, et il faut marcher encore longtemps avant d'arriver aux bords du Sandougou. Le 12 au soir, on n'était qu'à Carantaba. Les porteurs étaient rendus et faisaient des difficultés pour se charger encore de leur lugubre fardeau. Puis ce cadavre, qui a voyagé toute la journée sous les rayons d'un soleil brûlant, entre en putréfaction, et les captifs de Moussa Molo, saisis d'une crainte superstitieuse, n'osent plus s'en approcher. Dans l'impossibilité où il se trouve de pouvoir obéir aux ordres de son maître, dont il redoute la colère, le griot, pour montrer au moins qu'il n'a rien négligé pour accomplir sa mission, tranche la tête du prophète, dont il abandonne le corps aux oiseaux de proie. Il accroche ce trophée sanglant à l'arçon de sa selle, et rentre au camp le lendemain

Le griot décapite le marabout Mahmadou Lamine.

matin. Devant lui marchait le cheval blanc du marabout, portant ses armes et sa robe, couverte de gris-gris.

Ainsi finit l'homme qui rêva un moment la fortune des El-Hadj Oumar et des Samory. Il eut tort de s'attaquer trop tôt à la puissance française. Dans les derniers jours de l'année 1885 il s'était présenté en suppliant à Kayes et dans nos postes. Trois mois plus tard, toutes les populations des rives du Sénégal, à partir de Bakel, étaient pillées et incendiées; nos traitants étaient massacrés; Bakel était assiégé. Au mois de juillet 1886, Mahmadou Lamine pénétrait dans le Bondou et brûlait notre poste inoccupé de

Mahmadou Lamine blessé.

Sénoudébou; au mois de septembre il revenait à la charge, faisait décapiter le roi Oumar Penda et attaquait la garnison française qui avait été

Le griot rentre au camp.

envoyée dans la capitale du Bondou. Le 24 décembre, il s'enfuyait de Diana, où il se croyait à l'abri de nos coups, et son armée, battue à Safalou et à Kagnibé, était une première fois dispersée. Il se réfugiait à Toubakouta, dont les habitants, sourds à mes conseils, refusaient de le chasser. Au mois d'octobre 1887 il reprenait l'offensive à la tête d'une armée nombreuse, envahissait le Ouli, brûlait Nétéboulou, sa capitale, et tuait son chef. Le 8 décembre, Toubakouta était enlevé par nos troupes ; quatre jours après, le marabout lui-même était pris et décapité.

Tels sont les principaux traits de la vie de ce nouveau prophète musulman. L'histoire de notre colonie nous prouve que c'est toujours ainsi qu'ont paru et grandi les plus redoutables adversaires de notre domination au Soudan. La carrière de Mahmadou Lamine eût été brisée court s'il avait été arrêté et déporté quand il s'était présenté en humble pèlerin de la Mecque, le chapelet à la main, à Kayes, au mois de septembre 1885. Puissions-nous profiter de l'expérience !

La prise de Toubakouta et la mort du marabout eurent un énorme retentissement dans toute cette partie du Soudan. Le 14 décembre, tous les chefs, réunis à Toubakouta, signaient les traités par lesquels ils se plaçaient sous le protectorat de la France. Le Soudan français rejoignait ainsi nos possessions de la Cazamance et du Saloum sur l'Atlantique, en même temps que s'ouvraient de plus en plus devant nous les routes du Fouta-Djalon.

Du reste, le capitaine Fortin, obéissant aux instructions que je lui avais adressées, s'empressait d'envoyer dans toutes les directions des missions d'officiers chargées de compléter et d'étendre au loin l'œuvre de la colonne de la Gambie, tant au point de vue géographique que commercial et politique. M. Liotard, pharmacien de la marine, allait visiter le Niani, le Kalonkadougou et les États de Moussa Molo. M. Levasseur, sous-lieutenant d'infanterie de marine, devait reconnaître la route mettant en communication directe nos établissements de Bakel, Kayes et Médine avec le Fouta-Djalon, puis étudier toute la partie septentrionale de ce dernier pays et rentrer à Dakar par la Cazamance et la mer. C'était un voyage plein de hasards et de périls, mais qui serait riche en résultats. Il était fâcheux toutefois que la pénurie dans laquelle se trouvait le commandant de la colonne ne lui permît pas de pourvoir ces officiers de toutes les ressources en argent et en marchandises qui leur auraient été nécessaires pour leurs missions.

La colonne elle-même rentra à Kayes par des itinéraires différents, de manière à pouvoir rapporter la carte complète des pays jusqu'alors inconnus qu'elle venait d'ouvrir à l'influence française.

Toutes ces contrées étaient pacifiées et réorganisées sur de nouvelles bases. Partout les chefs recevaient l'ordre de rebâtir leurs villages et de pousser leurs sujets à la culture des champs et à la reprise des transactions commerciales.

Le 22 janvier, la colonne de la Gambie rentrait à Kayes, où elle était reçue en grande pompe et fêtée pour ses nombreux succès. Désormais la paix était complètement rétablie dans cette partie de nos possessions soudaniennes, et rien ne pouvait plus gêner nos efforts vers le Niger.

CHAPITRE XXIII

Départ de Kayes. — Les écoles d'otages dans le Soudan. — Incidents d'un voyage en chemin de fer. — Le camp du Galougo. — Travaux du chemin de fer. — Départ de la colonne. — Les ponts du Laoussa. — Séjour à Niagassola. — Le pont suspendu du Kokoro. — Marche à travers un pays inconnu. — Difficultés pour se procurer des vivres. — L'ossuaire de Sétiguia. — La brigade télégraphique.

Je quittai Kayes le 20 décembre. Avant mon départ j'avais passé une inspection sérieuse de notre école des otages, fondée, on se le rappelle, durant la campagne précédente, d'après les principes adoptés par M. le général Faidherbe pendant son gouvernement du Sénégal. L'école de Kayes renfermait les fils des chefs des villages des bords du Sénégal, depuis la Falémé jusqu'au Galougo, et de ceux de l'intérieur, dans le Bambouk et les contrées environnantes. Il pouvait y avoir alors à Kayes une cinquantaine d'enfants, de dix à dix-sept ans.

Ils étaient logés dans une sorte de grand tata, ayant servi autrefois de demeure à Sidi, le chef du village. L'intérieur contenait un certain nombre de cases en pisé, où l'on avait installé les logements des enfants et de leurs surveillants, la cuisine et les dépendances diverses. Les élèves s'étaient confectionné eux-mêmes leur petit mobilier au moyen de caisses à biscuit et de bois hors d'usage qu'on leur avait abandonnés. Ils possédaient, en outre, chacun un petit terrain où ils faisaient du jardinage.

Leur habillement consistait en un pantalon arabe bleu, un boubou de couleur jaune et un petit fez rouge.

On leur faisait la classe deux fois par jour, dans une vieille baraque en bois qui avait été disposée pour cet usage. C'est là qu'ils se réunissaient pour recevoir les leçons des gradés européens chargés de leur faire les cours de français, de lecture, d'écriture, de calcul, etc. En dehors des cours, ils restaient sous la surveillance de l'un de nos interprètes, qui leur interdisait toute conversation dans une autre langue que la langue française.

Ces enfants avaient déjà fait de très grands progrès. Ils se distinguaient surtout par un désir extrême de s'instruire et une excessive bonne volonté. Parmi les plus zélés, on remarquait les deux fils du marabout Mahmadou Lamine, faits prisonniers dans l'une des campagnes précédentes, et que j'avais placés dans notre école.

En somme, les résultats obtenus jusqu'à ce jour étaient excellents, et, grâce à un important subside que venait de nous allouer l'Alliance pour la propagation de la langue française, nous pouvions espérer de voir sous peu d'années notre influence se répandre ainsi tout autour de nous, par l'intermédiaire de ces jeunes agents de notre civilisation.

Une école semblable avait été fondée dans chacun de nos postes, et l'on

École des otages à Kayes.

me signalait de tous côtés les excellents résultats obtenus. L'école de Kita était surtout importante par le nombre de ses élèves et par les grands progrès qu'ils avaient accomplis.

J'avais donc laissé Kayes le 20, à 6 heures du matin, sur un train du chemin de fer, dont les mécaniciens indigènes avaient tenu à orner la locomotive et les wagons de drapeaux et de branchages. Notre voyage s'accomplit fort bien jusqu'à Diamou, où je m'arrêtai pour rendre visite à une dame européenne, Mme Rives, qui avait eu le courage d'accompagner dans le Haut-Fleuve son mari, conducteur du chemin de fer, qu'elle aidait même, en l'absence de tout autre agent européen à Diamou, dans les divers détails du service de cette station.

Nous quittions Diamou à deux heures de l'après-midi. Notre locomotive, qui venait d'arriver de France, pratiquait pour la première fois la voie ferrée, qui avait été faite pour une machine de bien plus faible tonnage. Aussi fallait-il s'arrêter à tout moment pour enlever les branches d'arbre et les pierres, et pour écarter le fil télégraphique, qui gênaient notre marche. Au kilomètre 78, le wagon dans lequel j'étais monté avec M. Portier et plusieurs officiers se souleva tout à coup avec des soubresauts d'un effet des plus désagréables. Nous étions ballottés comme par un tremblement de terre. Tous les objets qui étaient dans le wagon avaient roulé sur le plancher, et nous-mêmes nous n'avions pu garder notre équilibre. Notre voiture avait déraillé et sautait sur les traverses. M. Portier put, heureusement, faire arrêter la locomotive, ce qui nous remit de notre émotion.

École des otages à Kita.

Mais je me souviendrai toujours de la vilaine impression que nous avons tous ressentie en ce moment.

Nous reprenons la marche. Vers le kilomètre 82 nous rencontrons, sous la garde de deux tirailleurs et d'un indigène du service des vivres, un dépôt de caisses et colis, destinés au ravitaillement de la colonne du Galougo. Un peu plus loin, la route nous est barrée par deux plates-formes chargées de matériel pour les travaux du pont du Galougo. Ce petit train est conduit par M. Couteau, conducteur des ponts et chaussées, qui dirige en ce moment la construction de ce viaduc et qui est venu en arrière, avec ses ouvriers, pour prendre la chaux et les fers qui lui sont indispensables. Notre locomotive pousse les plates-formes jusqu'à une voie de garage toute proche, d'où elles rejoindront le Galougo, amenées à bras par les manœuvres. M. Couteau monte avec nous dans le train.

Au kilomètre 86, vers sept heures du soir, nous sommes encore arrêtés, et cette fois l'accident pouvait être des plus graves. La machine *Kayes* avait effondré l'un des chevalets d'un petit pont, et le tender qui suivait était encore déraillé. Par un hasard véritablement miraculeux, la locomotive s'était arrêtée à temps. Un indigène seul, juché sur l'un des wagons, avait été projeté en avant; mais le docteur Laffont, qui, pendant cette campagne, avait pris la direction du service médical dans le Soudan, avait vite reconnu que le pauvre diable en était quitte pour la peur.

Nous ne sommes plus qu'à 8 kilomètres du camp du Galougo. Nous en prenons la route à pied, par un clair de lune splendide, en songeant aux

M. Couteau et son équipe.

péripéties de notre voyage et aux perfectionnements que doit encore subir ce tronçon de la voie ferrée avant que les trains puissent y circuler d'une manière bien régulière.

Nous arrivons vers neuf heures du soir au Galougo, au point terminus du chemin de fer (kil. 95). Les émotions de la journée nous ont donné un furieux appétit, et nous faisons honneur au dîner improvisé que M. Couteau nous fait servir sous son gourbi, où nous passons également la nuit.

Le Galougo n'était plus cette solitude pittoresque, animée seulement aux passages périodiques de nos colonnes et convois en route pour Bafoulabé. Depuis la dernière campagne, notre chemin de fer s'était avancé d'une bonne étape, et ce point avait remplacé Diamou. Maintenant il y régnait, au contraire, un grand mouvement d'hommes et d'animaux, car c'était là que tout était concentré pour prendre ensuite la route des postes de l'intérieur. La colonne qui devait m'accompagner jusqu'au Niger, et qui

La première pile du viaduc du Galougo.

était toute formée et prête à marcher, était campée sur la rive droite du torrent. Là aussi se trouvaient les gourbis du commandant Davoust, qui s'occupait, avec les marins de son équipage, à préparer la mise en route du matériel de la nouvelle canonnière. Ce n'était pas une petite affaire, car il s'agissait de transporter près de 1 000 colis jusqu'au Niger. Le chemin de fer les avait amenés jusqu'à la rive gauche du Galougo, d'où un tronçon de petite voie Decauville, jetée par-dessus le torrent et à travers les gros obstacles du terrain, les avait portés sur la rive droite au campement actuel de la canonnière. Plusieurs équipes de manœuvres indigènes, dirigées par un officier, étaient justement occupées en ce moment à poser ce chemin de fer Decauville jusqu'à Bafoulabé. C'est par cette voie que le commandant Davoust devait gagner ce poste. Puis le voyage continuerait par de petites voitures, attelées de mulets, jusqu'au Niger. Cette opération était grosse de difficultés, et il fallait toute l'énergie de cet officier de vaisseau et de ses marins pour être certain qu'elle serait menée à bonne fin.

Les chantiers du chemin de fer étaient établis sur la rive gauche du Galougo. M. Couteau n'avait pas perdu son temps depuis un mois que les travaux étaient commencés. Il s'agissait de franchir par un viaduc le torrent, qui avait sur ce point 75 mètres de large. De plus, les berges étant très élevées, on avait dû prévoir, pour les piles, une hauteur de 18 mètres. C'était un travail gigantesque, surtout si l'on songe aux faibles moyens avec lesquels il était entrepris. Cet ouvrage d'art avait été commencé non loin de l'embouchure du torrent, et les culées avaient été assises sur les berges rocheuses qui limitaient le Galougo. Déjà, au moment de mon passage, la culée de la rive gauche était terminée et la première pile commençait à s'élever au milieu du cours d'eau. Plus de 400 manœuvres indigènes étaient employés à ces travaux, les plus considérables qui eussent été encore entrepris dans nos possessions sénégambiennes. Le défilé qui faisait suite au viaduc exigeait aussi l'emploi de la mine et de la dynamite pour se frayer un passage à travers les amoncellements de roches gréseuses qui barraient complètement la vallée. Notre chemin de fer du Soudan n'avait pas encore rencontré d'aussi grandes difficultés qu'au passage du Galougo; mais l'habileté de M. Couteau m'était un sûr garant qu'elles seraient heureusement surmontées et que bientôt nos locomotives pourraient, à leur tour, franchir les obstacles que la nature avait, comme à plaisir, accumulés sur ce point.

La colonne levait le camp le 28 décembre. Elle comprenait un peloton de spahis, un peloton d'infanterie de marine monté à mulets, une forte compagnie de tirailleurs, une section d'artillerie et tous les services accessoires, parmi lesquels un convoi de 150 voitures en tôle qui transportaient nos vivres, nos munitions, un canon-revolver Hotchkiss de 37 millimètres, destiné à garnir les murailles de notre futur fort de Siguiri, ainsi que les outils des ouvriers chargés de la construction. C'était un lourd convoi, et la route m'était signalée comme très mauvaise à partir de Niagassola ; mais je comptais bien qu'avec l'entrain que tout le monde montrait, nous fini-

Le pont Gallieni.

rions par arriver à destination. On se rappelle que le détachement d'ouvriers et la brigade télégraphique avaient déjà pris les devants.

Le 31 décembre nous franchissions le Bafing à Bafoulabé, et nous passions notre 1er janvier au Balou. Cette fois, nous en avions bien fini avec les horribles passages de cette partie de la route, car M. Oswald, garde d'artillerie, avait complètement transformé cette région par ses beaux travaux Les marigots du Laoussa, qui étaient autrefois la terreur de nos canonniers et conducteurs, ne présentaient plus maintenant la moindre difficulté. Sur le premier de ces marigots avait été construit un pont, système Eiffel, long de 30 mètres : c'était le pont Gallieni. Les deux autres ponts, plus importants, avaient reçu les noms de ponts Faidherbe et

Desbordes. Une large route avait été tracée au milieu de la forêt, et la grande et difficile rampe qui se trouvait anciennement au delà de ces marigots, et que les indigènes avaient surnommée le « cimetière des voitures », avait été parfaitement arrangée et rendue praticable à tous nos véhicules. M. Oswald avait, de plus, montré sa grande ingéniosité en construisant dans les rochers, non loin du pont qui portait mon nom, une sorte de petite maison maçonnée dans l'enfoncement des énormes blocs de grès qui, là, bordaient la route. On avait ainsi une habitation remarquable par sa fraîcheur et pittoresquement placée au milieu de ce site sauvage.

Le pont Desbordes.

Nous étions à Niagassola le 15 janvier. Je m'y rencontrais avec M. Carnavant, inspecteur de la marine, que le département avait chargé d'une mission dans le Soudan pendant cette campagne. Nous avions marché rapidement pour rattraper le temps perdu à Kayes. De Kita j'avais expédié Mademba, avec une section de tirailleurs, dans les pays situés au sud du Bakhoy, pour faire refluer vers Siguiri les céréales telles que riz, mil et maïs, nécessaires à notre subsistance pendant notre séjour sur ce point.

Nous nous arrêtions deux jours à Niagassola pour préparer notre marche vers le Niger. Nous allions, en effet, nous engager sur une route encore inexplorée, et il fallait assurer, avant tout, l'échelonnement de nos vivres, aux divers gîtes d'étapes. J'étais informé que Samory, avec sa mauvaise foi habituelle, avait déjà envoyé des émissaires dans tout le pays pour essayer de troubler notre installation à Siguiri et de soulever contre nous les populations du Bouré et des contrées voisines. Puis la région, couverte d'épaisses forêts et sillonnée de nombreux cours d'eau, était des plus difficiles et nécessitait certains travaux préparatoires pour le passage de la colonne et de son nombreux convoi. J'avais donc envoyé en avant les spahis et une partie de la compagnie de tirailleurs, pour occuper les gués du Niger, aux abords de Siguiri, et interdire leur accès aux bandes

La nouvelle route à travers la forêt du Laoussa (p. 380).

armées que Samory aurait peut-être été tenté de pousser contre nous. La compagnie d'ouvriers suivait, avec le capitaine Sornein, pour aménager la route et construire les ponts pour le franchissement des rivières. Moi-même, à Niagassola, je passais mon temps à palabrer avec les chefs des États voisins pour la fourniture des denrées qui nous seraient indispensables à Siguiri, dans le cas où le souverain du Ouassoulou nous couperait les relations avec les riches pays de la rive droite du Niger. Mon gourbi était le rendez-vous de toutes les délégations des villages voisins, qu'il me fallait entretenir longuement, pour leur démontrer la nécessité de nous aider dans nos travaux, qui avaient pour objet essentiel de les protéger contre les pillages de leur ancien ennemi. Les noirs ont la tête dure, surtout lorsqu'il s'agit de leur demander des fournitures de céréales ou de manœuvres, et j'avais besoin de toute mon éloquence pour obtenir leur concours.

Je reçus à Niagassola une bien triste nouvelle, qui impressionna profondément tous les officiers de la colonne : c'était la mort du capitaine Oberdorf, chef de la mission du Fouta-Djalon, qui venait de succomber, à Tombé, aux suites d'une fièvre bilieuse hématurique. Ce brave officier, qui était très aimé de tous ses camarades, avait insisté pour participer

Palabre à Niagassola.

encore à cette nouvelle campagne, malgré les fatigues qu'il avait déjà subies l'année précédente dans son voyage à Dinguiray. Je télégraphiai à Bafoulabé d'envoyer un courrier rapide porter l'ordre au lieutenant Plat de prendre le commandement de la mission, qui devait se continuer d'après les instructions données au malheureux capitaine Oberdorf.

Nous pouvons enfin quitter Niagassola le 18 janvier, à quatre heures du matin. Mais, après deux heures de marche à peine, nous sommes arrêtés par le Kokoro. C'était un important affluent de droite du Bakhoy qui présentait une largeur d'une trentaine de mètres, et qui constituait surtout un gros obstacle à cause de la hauteur et de la verticalité parfaite de ses berges, s'élevant de 12 mètres au-dessus du niveau de l'eau. Il avait été, par suite, impossible d'établir un pont de chevalets; toutefois le lieutenant Vittu de Kerraoul, qui, comme tous les officiers de la colonne, admettait en principe qu'aucun obstacle ne devait être infranchissable au Soudan, avait résolu le problème du passage du Kokoro d'une manière aussi ingénieuse que hardie. Il avait emprunté plusieurs couronnes de fil au service télégraphique et avait lancé sur la rivière un pont suspendu sur des câbles formés avec ces fils enroulés et fixés à des corps morts profondément enterrés sur les bords du cours d'eau. Des rondins en bois avaient été posés jointifs sur ces câbles, formant ainsi le tablier du pont, à 12 mètres au-dessus du fond. Les indigènes qui nous suivaient ne pouvaient revenir de leur étonnement, et ils multipliaient leurs cris et leurs gestes lorsque, arrivés au milieu du passage, ils sentaient le balancement du pont et voyaient au-dessous d'eux le lit du Kokoro.

On prit certaines précautions pour le passage des canons et des voitures, que je craignais à chaque instant de voir chavirer dans la rivière; ils franchirent le pont l'un après l'autre. Les mulets et chevaux firent aussi quelques difficultés pour s'engager sur ce plancher mouvant. Cependant, à quatre heures, tout le monde était de l'autre côté du Kokoro, et la colonne reprenait sa marche pour aller coucher au Kégnékrou, petit village distant d'une douzaine de kilomètres.

Nous repartions à cinq heures du matin en piquant droit au sud. Nous ne fîmes ce jour-là que 15 kilomètres, car, peu après le départ du village, nous entrions en pleine brousse et nous éprouvions de telles difficultés aux passages des marigots, dont la contrée était sillonnée, qu'il fallait s'arrêter au Kourako, où nous passions la journée à construire un nouveau pont. Les hommes auraient pu, à la rigueur, franchir ces obstacles sur les ponts de lianes faits par les indigènes, mais il n'en pouvait être de même pour nos animaux et pour nos voitures.

Au Kourako je faillis me faire piquer par une sorte de serpent-minute, très dangereux dans cette partie du Soudan; il s'était glissé sous mon gourbi et j'avais dérangé son sommeil en remuant mon pliant. Je le tuai d'un coup de canne.

Nous passions la journée du 20 au bord du Kofilani. Autant de marigots à franchir, autant de ponts à construire; or le pays, remarquable par sa belle végétation, était parcouru en tous sens par de nombreux cours d'eau. Aussi eûmes-nous à passer une journée des plus fatigantes. Après avoir traversé les deux premiers marigots, le Tougako et le Kéko, j'avais voulu, pour éviter un terrain rocheux que coupait en plein milieu le

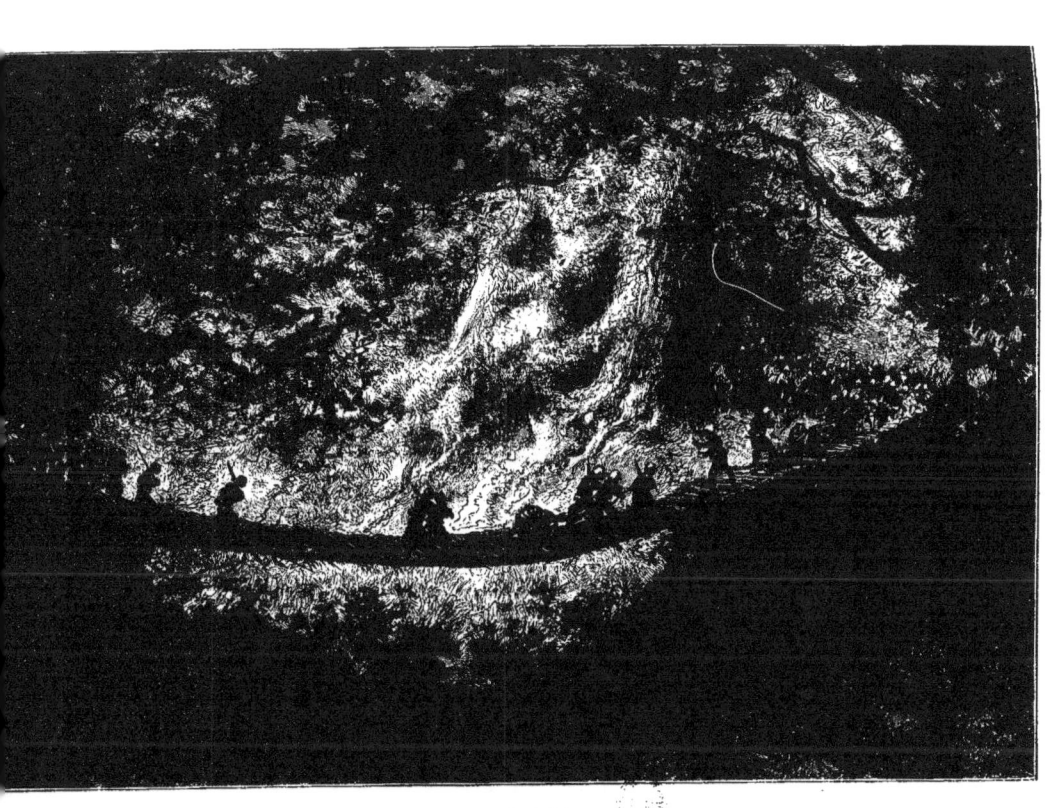

Le pont suspendu du Kokoro.

sentier des indigènes, appuyer vers l'est, en dehors de tout chemin. Nous avions alors erré en pleine brousse, coupant les arbres qui nous gênaient, brûlant les hautes herbes pour livrer passage à l'artillerie et aux voitures. Heureusement que ces dernières, très légères quoique très solides, pouvaient à peu près passer partout et arrivaient presque toujours à l'étape en même temps que la colonne, ce qui était essentiel, puisqu'elles contenaient nos vivres.

Le 21, nous arrivons de bon matin au village de Bougourou. Mais là, quelle déception ! Le commandant de Niagassola m'avait affirmé que nous y trouverions de trente à quarante tonnes de mil ou de riz, nécessaires pour la nourriture de nos manœuvres et animaux pendant les premiers jours de notre arrivée à Siguiri. Au lieu de cela, les greniers du village n'en contenaient que 700 à 800 kilos à peine, alors que nos chevaux et mulets en consommaient, à eux seuls, 1 000 kilos par jour. Et cependant la région était peuplée, mais les habitants, qui tremblaient encore devant les menaces de l'almamy Samory, n'osaient sortir de leurs refuges et nous fournir les denrées qui nous étaient nécessaires, bien que nous leur donnions le prix convenu dans le pays. Samory, malgré le dernier traité signé à Bissandougou, ne renonçait pas aisément à la possession du Bouré, dans lequel nous allions nous installer. Le Bouré, c'était le pays de l'or, et l'almamy perdait en lui l'un des plus beaux fleurons de sa couronne. Aussi avait-il fait courir le bruit que nous ne resterions que quelques jours dans la contrée, et il annonçait partout qu'après notre départ il saurait bien punir les habitants qui se seraient compromis avec les Français. Ces malheureux indigènes, chez lesquels le passage de l'almamy avait laissé les plus cruels souvenirs, n'osaient donc nous venir ouvertement en aide et attendaient, pour se décider franchement, que nous eussions commencé les travaux du fort, sûrs alors que nous ne les abandonnerions pas aux vengeances de Samory.

Cependant il fallait vivre…. Je fais comparaître devant moi le chef de Bougourou. Ce malheureux portait sur le visage les cicatrices de profondes blessures. C'était l'almamy qui, l'année précédente, pour le punir d'avoir correspondu avec notre poste de Niagassola, lui avait fait taillader la figure à coups de poignard. Je n'ai donc pas de peine à lui faire comprendre qu'il va de son intérêt, de sa sûreté personnelle même, de nous aider de tout son pouvoir. Il me fait remettre environ 5 000 kilos de mil, à peu près tout ce qu'il y a dans son village en ce moment, et, comme presque tous les hommes se sont cachés dans la brousse, où ils ont également dissimulé leurs greniers de mil, il ramasse toutes les femmes, une centaine environ, qui emportent avec elles leurs mortiers et leurs pilons, pour pouvoir parer aux premiers besoins et préparer le couscous des premiers jours, dès l'arrivée à Siguiri.

Quant à la colonne, après un repas des plus sommaires, et sans même attendre le convoi de voitures, resté en arrière, elle repart à trois heures de l'après-midi, afin d'arriver aussitôt que possible sur les bords du Niger, où, sans doute, nous trouverons à nous approvisionner plus facilement. Nous sommes d'assez bonne heure au village de Sétiguia, où s'établit le bivouac. C'est un point important, où l'on fait un commerce assez sérieux d'or et d'étoffes. Le chef, qui avait fort belle mine et était vêtu de somptueux habits, nous fit un accueil très empressé. Il m'informa de suite qu'il nous avait réservé plusieurs greniers de mil et de riz, et m'offrit un cadeau qui me fit le plus grand plaisir : c'était une corbeille pleine d'oranges. On voyait que nous approchions des régions du sud, où tous ces fruits tropicaux poussent avec abondance.

Nous eûmes à Sétiguia un témoignage irrécusable de la barbarie que l'almamy Samory avait montrée vis-à-vis des malheureuses populations du Bouré, lorsqu'il en avait pris possession, quatre ans auparavant. Les habitants de ce village, après avoir été une première fois, en 1884, visités par les sofas malinkés, avaient imploré l'aide des Français, qui construisaient alors le fort de Niagassola. Ceux-ci n'avaient pu se rendre à leur appel. Samory, informé du fait, était accouru avec ses soldats et, après une courte lutte, avait réussi à s'emparer de Sétiguia et d'un certain nombre de ses habitants. Ces infortunés, hommes, femmes et enfants, au nombre de deux cents environ, avaient été rassemblés dans la plaine, au sud du village et mis à mort. Le massacre fut complet, et personne n'échappa au sabre des sofas. Du reste, nous pouvions contrôler la véracité du récit fait par le chef, car, en nous rendant avec lui sur l'emplacement qu'il nous avait désigné, nous vîmes la plaine toute couverte d'ossements. L'almamy, lorsque quelques mois après il avait accordé le pardon aux fuyards, las d'errer sans abris et sans ressources dans les montagnes, avait défendu d'enterrer les restes des victimes. Nous avions donc devant nous un véritable ossuaire, dans lequel les squelettes, les crânes, occupaient encore les places où étaient tombés les habitants du village. Je donnai à l'un de mes interprètes l'ordre de faire rassembler ces ossements et de les faire enterrer dans un emplacement convenable. J'assurai le chef de Sétiguia qu'une nouvelle ère de paix et de prospérité allait maintenant s'ouvrir pour son pays, placé sous notre protection directe, et qu'il ne devait plus craindre de semblables atrocités.

Le 22 janvier, nous étions au village de Balato. C'était aussi un point important, mais je remarquais dans le tata de nombreux vides, dus, comme toujours, aux pillages et aux exécutions de Samory. Nous étions campés au milieu des puits servant à l'extraction de l'or ; dans le Bouré, tous les habitants, sans exception, sont employés à ce travail et ne cultivent que juste ce qu'il leur faut pour ne pas mourir de faim. Encore est-ce presque toujours avec leur or qu'ils se procurent les céréales nécessaires à leur subsistance.

La brigade télégraphique venait d'arriver à Balato et ses ouvriers

L'ossuaire de Sétiguia.

posaient en ce moment le fil entre ce point et Siguiri. M. Sallot avait parfaitement et rapidement dirigé la construction de la ligne, puisqu'il parvenait presque en même temps que moi sur les bords du Niger, d'où il me serait possible, dès le jour de mon arrivée, d'entrer en communication télégraphique avec Saint-Louis et par suite avec la France. La ligne mesurait environ 150 kilomètres de longueur. Le fil reposait sur les isolateurs, simplement fixés aux arbres de la forêt, que l'on avait étêtés et ébranchés, de manière à ne pas gêner la circulation du courant électrique. Nos poseurs indigènes en étaient arrivés à accomplir ce travail avec la plus grande rapidité et dans les meilleures conditions possibles.

Nous quittions Balato le 23 janvier et parvenions enfin à Siguiri le même jour, à dix heures du matin.

CHAPITRE XXIV

Siguiri et ses environs. — La plaine du Niger. — Le Tankisso. — Mauvaise foi de l'almamy Samory. Disette de vivres au camp. — Reconnaissance de Tiguibiri et de l'emplacement du fort. — Premiers travaux. — Installation de la colonne dans le tata de Siguiri.

Nous étions en route depuis le 28 décembre. Aussi était-ce avec une véritable satisfaction que nous parvenions, après avoir cheminé toute la matinée à travers les belles forêts du Bouré, au sommet du plateau, d'où nous pouvions dominer la plaine du Niger. Nous avions devant nous d'immenses rizières, au milieu desquelles on distinguait les tatas, aux tours ruinées, de plusieurs villages : Tiguibiri, perché sur un monticule isolé et caché dans la verdure, non loin du confluent du Niger et du Tankisso ; Danka, sur notre gauche, à peine visible derrière une épaisse ligne d'arbres qui bordaient un ruisseau voisin ; à nos pieds, Siguiri, avec son épaisse muraille de pierres et ses cases en pisé. Le Niger coulait à 1800 mètres de nous, toujours large et majestueux, parsemé en son milieu de bancs de sable et d'îles boisées. Il se dirigeait vers le nord-est, et s'enfonçait, à partir de Danka, derrière la chaîne de hauteurs qui, sur la rive gauche, limitait sa vallée de très près. Vers Tiguibiri on apercevait nettement au milieu des eaux les terres élevées et fortement boisées qui coupaient son cours en deux. D'un côté, le fleuve se continuait vers le sud, toujours large et couvert d'îles, à travers la grande plaine du Diuma ; de l'autre, son affluent le Tankisso courait vers l'est, moins large et moins important, avec ses rives élevées et verdoyantes. Le Tankisso était bientôt caché à nos yeux par les collines qui bornaient la plaine vers le sud et qui se rattachaient au plateau sur lequel nous venons d'aboutir. En le suivant, on serait parvenu au Fouta-Djalon et, de là, à nos établissements des Rivières du Sud. C'était l'itinéraire que j'avais fixé à la mission du regretté capitaine Oberdorf. Au contraire, en prenant le bras principal, on aurait atteint les sources du grand fleuve et, de là, pu donner la main à nos établissements du golfe de Guinée. Rivières du Sud et golfe de Guinée, ne sont-ce pas là les débouchés naturels du Soudan français vers la mer, depuis que nous avons laissé prendre les bouches du Niger?

Un ruisseau, bordé d'une épaisse végétation, débouchait, par une dépression du plateau, à peu de distance du point où nous nous trouvions, traversait la plaine et allait se jeter presque en face de nous dans le fleuve. De l'autre côté de ce ruisseau, le plateau allait, en obliquant, rejoindre la rive gauche du Niger, où il aboutissait aux abords de Danka.

Ce qui nous frappa tout d'abord quand nous parvînmes à l'extrémité du plateau, ce fut la solitude de la plaine. Les villages étaient vides d'habitants. Aucune pirogue ne s'apercevait sur les eaux du fleuve. Du reste, le capitaine Sornein et le lieutenant commandant les spahis ne tardèrent pas à me rejoindre et à me mettre au courant de la situation. Les spahis, qui avaient établi leur bivouac en dehors du village de Siguiri, sur sa face sud, avaient déjà exploré la plaine et les environs ; leurs vedettes, échelonnées le long du Niger et renforcées par de petits détachements de tirailleurs, surveillaient et gardaient les gués du fleuve. Mais ils n'avaient aperçu personne, ni dans les villages, ni dans les lougans voisins. Seuls deux piroguiers, surpris du côté de Tiguibiri, avaient pu donner quelques renseignements : Samory, que le traité de Bissandougou obligeait à nous céder tous les pays de la rive gauche du Niger, voulait bien nous abandonner ces territoires, mais non leurs habitants. Aussi avait-il fait évacuer les nombreux villages qui se trouvaient le long de la rive gauche du fleuve jusqu'au delà de Kangaba et forcé les populations à se retirer sur la rive droite. On disait même qu'il voulait les obliger à se retirer vers l'intérieur, mais celles-ci opposaient la plus grande force d'inertie aux ordres de l'almamy, alors engagé au loin dans une guerre longue et ruineuse avec un roi voisin, et se tenaient cachées sur les bords du Niger, prêtes à repasser sur notre rive à la première occasion favorable et dès que les gués seraient devenus accessibles. En attendant, toute communication était interdite, sous peine de mort, entre l'une et l'autre rive du fleuve. C'est ainsi que le chef du Ouassoulou entendait se conformer aux clauses du traité que nous venions de signer avec lui peu de mois auparavant.

Nos lorgnettes nous permettaient en effet de distinguer sur la rive droite de nombreux villages, qui semblaient habités, à en juger par la fumée s'échappant au-dessus des groupes de cases. De plus, en examinant attentivement la rive, on pouvait apercevoir des pirogues qui circulaient tout le long du bord, mais sans s'en éloigner.

Maintenant que nous savions à quoi nous en tenir sur les intentions peu bienveillantes de notre voisin du Ouassoulou, le mieux était de nous installer tant bien que mal à Siguiri, de commencer nos travaux et surtout de nous procurer des vivres. Pour le moment, en dehors de la ration du jour, transportée avec nous sur nos montures, nous ne possédions que le maigre approvisionnement de mil pris à notre passage à Bougourou. Pour comble de malheur, le convoi de voitures, arrêté par les difficultés du chemin, n'était pas encore arrivé. On établit donc provisoirement le bivouac au

Vue du village de Siguiri.

pied du plateau, en dehors du village inhabité de Siguiri et tout près du campement des spahis. Nos soldats d'infanterie de marine abandonnent leurs mulets, qui, malgré leur fatigue, repartent en arrière pour aller se charger au convoi, resté entre Sétiguia et Balato. Des hommes de ces villages sont envoyés dans la brousse pour essayer de joindre quelques-uns des habitants de Siguiri ou de Tiguibiri. Il doit y en avoir, car les spahis, dans leurs reconnaissances, ont découvert des lougans qui semblaient tout fraîchement récoltés, et même deux ou trois greniers remplis de mil. Du reste le chef de Bougourou, dont j'ai décidément capté les bonnes grâces, me donne un bon conseil : c'est d'observer, dès que la nuit sera venue, les feux qui s'allumeront au loin, dans la plaine ou au milieu des bois qui couvrent le plateau. « Là, me dit-il, tu trouveras du mil et du riz. » En effet, des détachements envoyés vers les points ainsi observés reviennent le lendemain avec des indigènes portant sur leurs têtes des charges de grains. Ce sont des habitants des villages du Bouré, qui craignent tellement d'être pillés par les sofas de Samory, qu'ils ont à peu près évacué leurs cases pour mettre tous leurs biens à l'abri dans les coins les plus reculés du pays. Nous parvenons à les rassurer et à leur prouver que notre installation définitive au milieu d'eux aura pour effet certain de les protéger désormais, contre tous les pillages. Quelques-uns d'entre eux repartent pour aller informer leurs parents de nos projets, et pour s'entendre au sujet des fournitures de vivres et de manœuvres à nous faire pour activer les travaux du fort.

Les ouvriers du capitaine Sornein avaient déjà commencé sur les bords du Niger la construction d'un four destiné à cuire les huîtres du fleuve, qui devaient nous fournir la chaux nécessaire pour les ouvrages de maçonnerie.

Pour ne pas perdre de temps, nous faisons dès le 24 janvier la reconnaissance de la plaine et de tout le terrain environnant, afin de déterminer l'emplacement de notre futur établissement. Dans la matinée, accompagné d'une forte escorte de spahis, je me rends à Tiguibiri. C'est un très beau village, situé à 150 mètres à peine du Niger et à son confluent avec le Tankisso. Bien entendu, il est complètement vide de ses habitants, qui, sur l'ordre de Samory et sous peine de mort, ont dû quitter leurs cases pour se transporter sur la rive droite. Cependant quelques-uns de ceux-ci ont violé la consigne et sont encore dans le village, mais ils s'enfuient à la vue des vestes rouges des spahis, et, malgré nos cris d'appel, ils disparaissent dans les hautes herbes. Ces malheureux ont été tellement traqués depuis quelque temps, que leur premier mouvement, dès qu'ils aperçoivent du monde, est de prendre leurs jambes à leur cou et de se sauver. Ce n'est pas du jour au lendemain qu'on pourra parvenir à les tranquilliser et les décider à se livrer en toute sécurité à leurs travaux de culture et de mines.

Nous pouvons donc faire en toute liberté la reconnaissance du village, reconnaissance peu aisée d'ailleurs, car les cases de pisé à moitié ruinées, les arbustes qui avaient crû partout, les hautes herbes, avaient converti en un véritable dédale le petit monticule où Tiguibiri a été construit, à l'abri des inondations. Nous montons sur une tour, restée encore intacte, pour examiner la plaine et la rive droite du fleuve. Comme la veille, nous voyons un mouvement assez actif de pirogues le long du bord opposé, mais rien de notre côté. Ces pirogues paraissent chargées de mil et de riz et se dirigent vers le nord. Sans aucun doute, elles transportent dans les magasins de l'almamy les céréales réquisitionnées dans les villages du Niger. Il n'est pas admissible que l'on reste dans l'abondance sur la rive droite tandis que l'on crève de faim sur la rive gauche. Aussi vais-je attendre quelques jours, et si la situation ne se modifie pas, je m'emparerai par force de quelques-unes de ces pirogues pour acheter également *par force* à leurs conducteurs les denrées qu'elles transportent.

Nous trouvons à Tiguibiri, dans les cases, de belles cornes d'antilopes, des crânes d'hippopotames, des vases en terre et... des serpents vivants. Nous ramassons les premiers objets, et prenons les plus grandes précautions pour éviter les autres.

Tiguibiri, malgré sa proximité du Niger et du Tankisso, ne peut convenir

Vue du village de Tiguibiri.

pour notre poste, car le monticule émerge seul au milieu de la plaine marécageuse qui l'entoure de tous côtés et qui, dans la saison d'hivernage, doit être complètement inondée; puis il est éloigné des routes des caravanes, qui se croisent plus au nord, au village de Siguiri; enfin les matériaux nécessaires à la construction, tels que le bois et la pierre, y manquent absolument et devraient être amenés d'assez loin.

Nous rentrons au camp à dix heures, après avoir failli nous égarer plusieurs fois, au milieu des hautes herbes qui couvrent toute la plaine.

Tout l'après-midi est employé à faire l'exploration détaillée du plateau de Siguiri. Le village est construit au pied de ce plateau, qui s'élève brusquement à une vingtaine de mètres au-dessus de la plaine et fait partie des derniers contreforts des monts du Bouré. La crête, orientée est-ouest, est déterminée par une érosion qui, s'échancrant profondément devant le village, forme deux éperons; ceux-ci viennent par une pente très raide se terminer à 100 mètres à peine du tata et le dominent d'une douzaine de mètres. Le plateau, parfaitement horizontal, est fait d'un tuf ferrugineux très dur, constituant une excellente pierre à bâtir. De la crête, la vue s'étend au loin sur les deux rives du Niger, et les canons qui y seraient placés pourraient envoyer leurs obus, non seulement vers les gués du fleuve et de son affluent, le Tankisso, mais bien au delà, sur l'autre rive.

Une jolie gorge, où se pressent les arbres de haut jet, au milieu d'une épaisse végétation de bambous et d'orangers sauvages, sépare les deux éperons. L'éperon oriental est l'emplacement tout désigné pour le fort. Il se prête admirablement à un tracé pentagonal irrégulier, et il suffira, pour le fermer vers le sud, l'est et l'ouest, d'entailler les pentes du plateau, rendues ainsi inaccessibles à l'escalade, et de surmonter les bords d'un mur peu élevé qui en suivra tous les contours. Quant à la face nord, qui sera la plus longue et reliera les bords de l'éperon, elle aura en avant d'elle une belle esplanade, où l'on construira le village des tirailleurs et les dépendances du fort. Deux mamelons, dominant le plateau, l'un d'environ 60 mètres, l'autre de 30 mètres, sont situés en avant, à 1 200 mètres du futur mur de gorge. Ils limitent l'esplanade que je viens d'indiquer, et le dernier pourra recevoir à son sommet une sorte de sanatorium qui, organisé défensivement, permettra de commander tous les mouvements de terrain voisins, et de surveiller au loin les routes du Bouré et du Manding.

Ces dispositions générales adoptées, il s'agissait de se mettre de suite au travail, car il fallait que notre nouvel établissement fût à peu près terminé et prêt à recevoir sa garnison pour la saison des pluies, c'est-à-dire pour le mois d'avril. Nos ressources étaient maigres : quelques caisses d'outils, quelques boîtes de clous, et c'était tout.... Nouveaux Robinsons, nous devions nous procurer les matériaux sur place : les forêts du Bouré nous fourniraient le bois nécessaire; les huîtres du Niger nous donneraient les quelques tonnes de chaux indispensables pour rejointoyer les murailles, construites au mortier d'argile ; la terre du ruisseau voisin semblait excellente pour la fabrication des briques, dont il fallait un certain approvisionnement pour les créneaux du mur d'enceinte, pour le four, etc. ; avec les boîtes en zinc qui contenaient la farine, le biscuit, le café et autres denrées, on élèvera les toitures des bâtiments et des magasins ; la forge de la section d'artillerie servira pour les ateliers à fer, et un soufflet sera fabriqué au moyen de vieux canons de fusils indigènes et de peaux de chèvre ; les avant-trains qui ont servi à transporter les caissons de munitions seront utilisés pour constituer des triqueballes, qui iront dans la forêt chercher les bois abattus, etc.

Bref, il fallait s'ingénier de toute manière. Nous avions à notre disposition des pierres, des arbres et quelques outils et, comme personnel, une cinquantaine d'ouvriers européens et indigènes, maçons, charpentiers, forgerons, etc., les manœuvres, que nous devions nous procurer dans le pays, sans compter les hommes des différents corps de la colonne, fantassins, tirailleurs et autres, que je comptais bien employer aux travaux suivant leurs aptitudes spéciales. C'est avec ces faibles moyens que l'on commença, le 25 janvier, la construction du fort de Siguiri. Un immense bambou fut fixé au sommet d'un cail-cédrat situé vers le bord du plateau ; et, dans la matinée, en présence de toute la colonne, les couleurs françaises hissées au sommet de cette hampe gigantesque et appuyées d'une salve de sept coups de canon annoncèrent dans toute cette partie de la vallée du grand fleuve soudanien que nous prenions définitivement possession de ce nouveau point du Niger, et donnèrent le signal de l'ouverture des travaux.

Le plateau, sur l'emplacement du fort, était débroussaillé. Le capitaine Sornein et ses officiers organisaient leurs chantiers et choisissaient le long du ruisseau et dans la forêt les points où seraient installés la briqueterie et les ateliers des charpentiers. Dès le 25 janvier, la plus grande animation régnait partout et chacun s'était mis de tout cœur à l'ouvrage.

Pour moi, j'avais toujours à m'occuper de cette obsédante question des vivres. Le convoi de voitures nous avait rejoints. Il s'était aussitôt déchargé et avait repris la route de Kita pour participer au service général du ravitaillement. Les convois de céréales arrivaient petit à petit. A partir du jour où les travaux commencèrent, on vit se succéder, débouchant sur le plateau, de longues files d'indigènes portant sur la tête des paniers de mil, riz ou maïs, suivis d'un certain nombre de femmes chargées de leurs mortiers et de leurs pilons. Les hommes allaient déverser leurs charges sous l'arbre qui servait de magasin provisoire, puis se mettre à la disposition du capitaine Sornein pour les travaux du fort. Les femmes se joignaient à celles qui se trouvaient déjà dans le camp et, sous la haute direction de M. Soulié, notre magasinier distributeur, étaient aussitôt employées à piler le grain nécessaire à la préparation du couscous qui servait d'aliment aux nombreux indigènes de la colonne.

Les derniers jours du mois de février furent aussi employés à nous installer dans l'ancien village de Siguiri. Comme nous devions faire un assez long séjour sur ce point, je tenais à ce que nos soldats fussent établis dans les meilleures conditions hygiéniques possibles et surtout à l'abri des pluies, qui, sous ces latitudes, sont très hâtives et pouvaient nous surprendre d'un moment à l'autre. Siguiri, qui avait été détruit et incendié à la suite de l'apparition de Samory dans le pays quatre ans auparavant, présentait un fouillis inextricable de huttes, de murs en ruines et de végétation. Cependant il y avait encore dans ce chaos des cases en excellent état, construites en pisé avec le soin et l'habileté que savent y mettre les Malinkés de cette partie du Soudan, et qui pouvaient nous offrir des logements relativement confortables, bien supérieurs assurément aux fragiles gourbis de paille sèche que nous avions élevés tout d'abord en dehors du tata. De plus, en cas d'alerte ou d'attaque, la défense pouvait être parfaitement et rapidement organisée.

Je donnai huit jours à tout mon monde pour être complètement installé dans le village. Le service des travaux et l'artillerie devaient seuls rester sur le plateau. On commença par tracer à travers les ruines une grande percée centrale, puis, plusieurs autres percées, perpendiculaires à celle-là. Les lots ainsi formés furent distribués à chaque corps ou service.

On eut fort à faire pendant plusieurs jours, car l'intérieur du tata présentait un véritable dédale de vieux murs, de vieilles cases en terre, perdues dans les hautes herbes, parmi les arbustes feuillus. Ce qu'on trouva d'ordures là dedans est inimaginable : serpents, rats, iguanes, bêtes mortes de toute sorte. On jeta par terre la plupart des anciennes cases, ne conservant que celles qui étaient dans le meilleur état, de manière à donner partout de l'air et de la lumière. Des corvées d'indigènes fabriquaient, pour couvrir les huttes, de grands chapeaux coniques avec des bambous et des paquets d'herbes ; ils étaient à forte pente, de manière à abriter non seulement du soleil, mais aussi des pluies. Ensuite les rues furent alignées ; dans les enclos on organisa de petits jardins qui furent aussitôt ensemencés avec les graines de radis, de salade, de chou, etc., que nous avions apportées avec nous.

La case qui m'avait été destinée pour mon logement était très haute et très aérée. Les murs avaient été badigeonnés avec un mélange de cendre et d'eau. Tout autour, les tirailleurs avaient construit une grande véranda en paille, et ils avaient planté des papayers, des cotonniers, des orangers sauvages, pris dans les environs. Ils avaient porté dans ce jardin improvisé de véritables arbres, qui, fréquemment arrosés, ne tardèrent pas à reprendre avec vigueur. J'avais semé autour de leurs pieds des graines de plantes grimpantes, de sorte que ma véranda fut bientôt transformée en une véritable salle de verdure.

L'intérieur de la case n'était pas moins confortable... relativement, s'entend. D'une porte qui fermait l'une des entrées du tata, on m'avait fait une grande table pour écrire. Dans un coin, un *tara*[1] en bambous, recouvert d'un *dampé*[2] de Ségou, me servait de lit. Le sol était recouvert de nattes de paille, et, aux murailles, des cornes d'antilope enchâssées dans la maçonnerie servaient de portemanteaux.

Les officiers de l'état-major s'étaient également organisé des logements

Le logement du colonel à Siguiri.

commodes et spacieux dans le carré qui leur avait été assigné. Ils avaient fait construire, en outre, un kiosque surélevé, très élégant, surmonté d'une longue flamme tricolore; nous y prenions nos repas.

Chaque corps rivalisait pour les aménagements de son cantonnement spécial. L'infanterie de marine, les tirailleurs, les spahis, le service médical, le service vétérinaire s'étaient créé de jolies installations et avaient tiré le meilleur parti possible des ressources de la situation.

Ces travaux, outre qu'ils occupaient nos hommes et les tenaient en haleine, eurent le meilleur effet au point de vue hygiénique. La santé fut

---

1. Sorte de lit bas et large.
2. Étoffe de coton fabriquée à Ségou.

excellente pendant tout notre séjour à Siguiri, où, malgré le terrible climat du Soudan, nous n'eûmes à enregistrer qu'un seul décès. Du reste, le docteur Laffont s'occupait de tout son monde avec une remarquable entente des conditions spéciales au pays et à l'hygiène des climats chauds. Comme on le sait, sous ces latitudes, la fièvre est le plus mortel ennemi de l'Européen. Presque toutes les maladies dérivent de celle-là. Aussi, chaque matin, canonniers et fantassins étaient-ils conduits au gourbi du docteur, où chacun devait avaler un verre de vin quininé. Puis, comme à l'origine surtout ce breuvage avait semblé passablement amer à nos soldats, on leur faisait passer le goût de la quinine avec un petit verre de vin de Banyuls, puisé dans l'approvisionnement que nous devions encore, pendant cette campagne, à la générosité des sociétés de secours.

J'attribue à toutes ces précautions et aux intelligentes mesures prophylactiques prises par le docteur Laffont le bon état sanitaire de toute la colonne pendant la campagne.

Le 2 février, je réunissais autour de moi les principaux chefs du Bouré. Ce malheureux pays, célèbre par ses mines d'or, avait été, jusqu'à ces derniers temps, occupé par les sofas de Samory. Le traité de Bissandougou et la construction du nouveau fort le mettaient désormais à l'abri des tentatives du souverain du Ouassoulou, cantonné sur la rive droite du Niger. Tous ces chefs étaient vêtus avec une grande richesse. On voyait, en somme, que, malgré leurs plaintes, ils étaient encore dans une certaine abondance. Ils se montraient satisfaits de nous voir enfin nous installer parmi eux, et s'engageaient à nous payer, en compensation des frais de construction du fort, un certain impôt annuel en or.

CHAPITRE XXV

Retour sur la rive gauche des anciens habitants de Siguiri et des villages voisins. — Excursion le long du Niger. — Les envoyés de Samory. — La fête des charpentiers. — Lancement du *Siguiri*. — Rencontre avec un hippopotame. — Visite à la briqueterie. — Les manœuvres des travaux. — Troubles dans les villages de la rive gauche du Niger.

Les travaux du fort furent poussés activement pendant le mois de février. Déjà toute la plaine de Siguiri avait changé d'aspect. L'ingénieuse activité de nos officiers et soldats avait su transformer en fort peu de temps cette partie de la vallée, naguère si abandonnée. La vie et le mouvement étaient partout : sur les bords du fleuve et du ruisseau comme sur le plateau et dans la forêt. Tout au bord du Niger, non loin de l'embouchure du ruisseau, on avait construit le four à chaux. Les calcaires manquent dans le Soudan français, ou du moins il n'a pas été fait encore des tentatives suffisantes pour exploiter les gisements corailliers trouvés aux environs de Bakel, Médine et Badumbé. Par suite, on prend de l'argile pour mortier ; mais il était indispensable d'opérer avec un soin méticuleux un rejointoiement des murs, destiné à empêcher les pluies de l'hivernage de déchausser les pierres des parements extérieurs et d'amener, par suite, des accidents.

Il fallait donc quelques tonnes de chaux. On se la procurait au moyen des huîtres, dont il existait de nombreux bancs dans le lit du Niger.

Les anciens habitants de Siguiri et Tiguibiri étaient revenus sur la rive gauche et avaient réussi à fuir les États de Samory. Mes émissaires les avaient renseignés sur mes intentions. Ils avaient envoyé quelques-uns des leurs pour bien voir, de leurs propres yeux, si réellement on construisait le fort. Ils n'avaient pas hésité alors à franchir le Niger pour rentrer chez eux. Ne voulant pas encore faire acte d'hostilité contre l'almamy, je m'étais borné, pour protéger leur passage et pour intimider les quelques sofas qui rôdaient de l'autre côté, à faire occuper la rive gauche par un détachement de tirailleurs et de spahis. Ces passages étaient fort curieux. Les somonos ou piroguiers refusant de prêter leurs pirogues par crainte de Samory, ces pauvres gens passaient le fleuve à gué. Or le gué le plus accessible avait encore 70 à 80 centimètres d'eau, et le courant y était très violent. On voyait donc ce troupeau humain se jeter dans le fleuve, qui était traversé moitié à gué, moitié à la nage : les jeunes gens soutenaient les vieillards ; une femme portait son petit enfant dans une calebasse qu'elle élevait au-dessus de sa tête. Le spectacle était des plus pittoresques, avec toutes ces têtes crépues qui émergeaient de l'eau, supportant toutes sortes d'objets : calebasses, paniers remplis de mil, de coton, d'épis de maïs, de gerbes de riz, taras, nattes. Et, au milieu de cette foule, des bœufs, des moutons, des chèvres nageant, poussés par leurs propriétaires. Tout ce monde arrivait sur la berge nu comme la main. Mais quelle joie quand ces malheureux indigènes se voyaient de l'autre côté du fleuve ! Femmes, hommes, se précipitaient vers nos soldats, leur serrant les mains, leur exprimant bruyamment leur satisfaction d'avoir échappé à Samory.

Cette haine du souverain nègre ne saurait étonner quand on connaît les procédés sauvages qu'il n'a cessé de mettre en œuvre pour établir sa domination dans toutes ces régions.

Les gens de Tiguibiri réintégrèrent leur ancien village. Quant aux habitants de Siguiri, ils s'installèrent dans des abris provisoires, au sud du tata, en attendant que nous ayons pu leur rendre leurs cases, où la colonne s'était établie pendant la construction du fort. Il y avait parmi eux un très grand nombre de femmes et d'enfants, la majeure partie des hommes faits ayant été entraînés vers l'intérieur et ne devant rallier Siguiri que plus tard.

J'extrais maintenant de mon journal de notes quotidiennes les principaux faits intéressants qui ont marqué notre séjour à Siguiri, et qui montreront bien les progrès successifs de notre établissement sur ce point, si important au point de vue commercial :

8 février. — Les chaleurs ont recommencé et, avec elles, les terres, détrempées ces derniers jours par la pluie, nous envoient leurs miasmes paludéens. Aussi la fièvre a-t-elle fait de nouveau son apparition. Tout le monde est plus ou moins atteint. Les animaux eux-mêmes, et surtout les chevaux arabes, payent tribut au paludisme. On absorbe force quinine. Cependant les travaux continuent toujours avec activité. Une surveillance sévère est, en même temps, exercée sur la rive droite du Niger, car des

Passage du Niger par les populations de la rive droite.

espions m'informent que Samory a envoyé du côté de Kéniéra un fort parti de sofas pour une mission dont on ignore le but. Dans la matinée, escorté par les spahis, je vais moi-même en reconnaissance le long du fleuve. Nous partons du four à chaux, et nous suivons vers le confluent du Tankisso. La marche est peu facile, en raison de la végétation inextricable qui couvre les bords du Niger sur une profondeur de plus de 50 mètres, et des hautes herbes, dans lesquelles nous disparaissons complètement, nous et nos chevaux. Je fais marcher quatre spahis de front en avant pour refouler les herbes et nous livrer passage; mais nous avons les jambes fatiguées, tellement ces herbes épaisses les rejetaient en arrière. Vers huit heures, nous parvenons en face du confluent du Tankisso; nous nous arrêtons quelque temps. Le Niger coule du sud, large et majestueux; le Tankisso vient de l'ouest, formant une rivière profonde, rapide, à l'eau transparente, bien encadrée entre ses deux rives, dont les arbres projettent leurs branches au-dessus de son lit. Au milieu, on distingue la pointe toute verdoyante qui sépare les deux fleuves. Nous longeons quelque temps le Tankisso, dont la vue nous est cachée par les arbres de haute futaie, entremêlés de lianes caoutchouc, qui bordent la rive. Nous descendons de temps en temps de cheval pour suivre les sentes tracées au milieu de ce fouillis par les hippopotames, les « conducteurs des ponts et chaussées du Soudan », comme les appellent nos soldats, et accéder au bord. La rive est peuplée de caïmans, qui, au bruit que nous faisons, se jettent à l'eau. Il y a aussi sous ces voûtes ombreuses tout un monde d'oiseaux : merles métalliques, martins-pêcheurs, aigrettes, cormorans, aigles d'eau, etc. Mais nous n'apercevons rien de suspect sur la rive opposée. Nous rentrons au cantonnement pour déjeuner.

Le soir, les vedettes de spahis m'amènent quatre sofas de Samory qui ont traversé le fleuve et ont demandé à venir me saluer. Ces individus cherchent évidemment à voir ce que nous faisons à Siguiri. Je leur fais visiter nos travaux pour bien les convaincre que nous nous installons maintenant ici d'une manière permanente. Il paraît que leur chef n'est pas dans une situation très favorable : il a voulu porter la guerre chez son puissant voisin Thiéba, le roi du Canadougou, et les hasards de la lutte ne l'ont pas favorisé jusqu'à ce jour. Ce chef voudrait obtenir un secours de nous pour l'aider contre son ennemi, et les sofas m'annoncent que je recevrai très prochainement dans ce but un message de leur maître. Ces sofas n'avaient pas une trop mauvaise mine. Comme tous les guerriers de Samory, ils portaient de grands chapeaux coniques, des boubous couleur de rouille, sur lesquels étaient cousues des amulettes sans nombre, des pantalons courts, terminés au sommet des jambes. Ils étaient armés de fusils à pierre, de marque anglaise, également ornés de gris-gris, de sabres et de poignards renfermés dans des gaines de cuir rouge.

9 février. — Dans la matinée je donne en grande pompe l'investiture au chef du village de Siguiri. Je lui remets un sabre et un manteau vert comme insignes de son commandement.

Les envoyés de Samory sont conduits au bureau télégraphique et au parc d'artillerie. On leur montre l'usage de l'appareil téléphonique installé dans ma case et qui me met en relations avec les chantiers du capitaine Sornein sur le plateau. Ils ne peuvent, malgré leur impassibilité ordinaire, cacher leur étonnement. Mais ce qui les frappe le plus, ce sont les travaux de mine que l'on exécute sur le plateau pour entailler les bords de l'éperon où se construit le fort. Le feu est communiqué électriquement, au moyen d'un coup de poing Bréguet. J'ai toutes les peines du monde à décider l'un des sofas à pousser le bouton pour mettre le feu à la mine. Ils ne peuvent comprendre la relation qui existe entre la pression exercée sur ce petit appareil et l'explosion qui a lieu à une centaine de mètres plus loin et qui projette, autour du point miné, des roches et des débris de toute sorte. Ils sont encore bien plus surpris quand, les ayant menés au bord du Niger, le capitaine Sornein fait sauter leur pirogue, qui a été amarrée au-dessus d'une batterie de cartouches de dynamite.

10 février. — Les convois de vivres arrivent bien régulièrement, non seulement du Bouré, mais aussi des pays que Mademba est en train de parcourir au sud de la route Kita-Siguiri. Nous commençons même à être dans l'abondance, car les villages du Niger, profitant de l'éloignement de Samory, se sont enhardis et, au lieu d'envoyer leur mil et leur riz à leur maître détesté, nous l'apportent et nous le vendent. Cette vallée du fleuve soudanien est très riche en céréales de toute espèce, mais les dévastations et les réquisitions de l'almamy ont fini par épuiser le pays. Quelques mois seulement de paix et de sécurité, et l'ancienne prospérité du Ouassoulou régnera de nouveau.

Pour la première fois j'envoie, ce jour-là, un convoi de 50 mulets et 200 porteurs chercher du riz à Kangaba, le long du Niger, à moitié route entre Siguiri et Bammako. Je confie le commandement de ce convoi à un officier, car cette région n'est pas encore très sûre et il faut prendre des précautions. De plus, le lieutenant Briquelot pourra en même temps prendre des renseignements sur cette route, par laquelle j'attends prochainement le commandant Vallière.

12 février. — Nous avons eu aujourd'hui la fête des charpentiers. Le

matin, de bonne heure, accompagné des officiers du service des travaux, je me suis rendu au chantier qui avait été établi dans la forêt, à 3 kilomètres du fort. Une large route avait été percée dans le bois et conduisait au campement des ouvriers. Elle s'engageait, dès la sortie du fort, entre la hauteur qui bornait l'esplanade, et le ruisseau de Siguiri. On cheminait alors, en suivant la rive droite de ce cours d'eau, au milieu de beaux arbres, dont les troncs nous étaient cachés, jusqu'à plusieurs mètres de hauteur, par l'épaisse végétation de bambous et d'arbustes parfumés qui couvrait tout le terrain. Le passage des manœuvres et des triqueballes n'avait pu encore effaroucher toute la gent animale de ces bois, remplis d'antilopes, de singes et d'oiseaux de toute espèce. Bientôt on franchissait le ruisseau sur un gracieux pont de bambous, aux extrémités duquel les charpentiers avaient, pour la circonstance, fixé des banderoles de diverses couleurs. Puis, de nombreuses éclaircies, des troncs jetés à terre et déjà tout équarris, montraient que l'on approchait des chantiers. Ceux-ci se trouvaient sur la rive gauche du ruisseau, où nos ouvriers avaient élevé trois jolies cabanes, qui étaient leurs logements. Tout autour, de grossiers établis servaient aux menuisiers pour préparer les cadres destinés aux portes et aux fenêtres des bâtiments du fort, les escaliers et la porte massive qui devait fermer l'entrée de notre nouvel établissement. Nos ouvriers européens et indigènes avaient réellement montré une grande ingéniosité dans tous leurs travaux. Ils avaient déjà commencé la fabrication des tables, sièges, commodes, qui devaient former le mobilier rudimentaire des officiers et soldats de la garnison. Ils avaient construit jusqu'à un tonneau pour le transport de l'eau, depuis le ruisseau jusqu'au chantier des maçons, sur le plateau. Mais l'objet de la fête était surtout le lancement au Niger du *Siguiri*, beau chaland de 5 tonneaux qu'on venait d'achever et qui était destiné à la pêche des huîtres. L'embarcation était hissée sur un triqueballe orné de branchages et de drapeaux. Les charpentiers, conduits par Bakary, leur patron, avaient revêtu leurs plus beaux habits de fête. Tout le monde se dirigea ainsi vers le Niger, où le *Siguiri* fut lancé aussitôt. Les charpentiers voulurent me montrer qu'ils étaient aussi bons laptots qu'intelligents ouvriers, et ils défièrent quelques piroguiers de Siguiri, qui se trouvaient là présents avec leur pirogue, à une course sur le fleuve. Mais ils furent battus, et, malgré l'enthousiasme régnant parmi nos Ouoloffs, ils se laissèrent distancer par les piroguiers, qui, au moyen de leurs longues perches, manient leurs fragiles embarcations avec une dextérité extraordinaire.

La fête se termina naturellement par des gratifications qu'il me fallut octroyer, largement, aux uns et aux autres. C'est la fin ordinaire de toute cérémonie nègre. Le blanc doit être généreux s'il veut être bien servi.

19 février. — Les bords du Niger et la plaine herbeuse qui le longe sont infestés d'hippopotames, et j'ai eu aujourd'hui une assez curieuse rencontre avec l'un de ces énormes pachydermes.

Dans la matinée, je m'étais rendu à Tiguibiri pour y donner l'investiture au chef, Fara Moussa. Celui-ci m'avait reçu en grand costume, au milieu de tous ses sujets, qui avaient complètement vidé la rive droite et étaient rentrés dans leurs cases. On m'avait fait cadeau d'un beau bœuf et de plusieurs paniers de riz. Le village avait déjà repris l'aspect riant que lui

Lancement du *Siguiri*. (Voir p. 407.)

donnait sa belle situation sur un monticule verdoyant, élevé d'une douzaine de mètres au-dessus de la plaine. Guidé par un des griots de Fara Moussa, et accompagné simplement de mon interprète et de deux spahis, j'avais voulu ensuite me rendre sur les bords du Niger, en un point où m'était signalée la présence d'un groupe d'arbres remarquables par leurs gigantesques dimensions. Le terrain que nous suivions, inondé en hivernage, était couvert d'herbes, au milieu desquelles nous avions peine à nous frayer un passage. On n'y voyait pas à quelques pas devant soi. Tout à coup, le guide s'arrête, mon cheval fait un écart si violent que je manque être désarçonné, et les chevaux des spahis se mettent à renifler avec force et à se cabrer. Nous ne savions trop ce que c'était, quand, tout près de nous, un grognement sonore se fait entendre. Au même moment, une masse énorme paraît devant moi, en soufflant violemment et en écrasant les hautes herbes sur son passage. C'était un hippopotame, du plus bel échantillon, qui nous regardait d'un air étonné et s'avançait vers nous, sans se presser. Je n'avais pas d'armes sur moi, mais l'un des spahis, étant parvenu à maîtriser son cheval, déchargea son mousqueton sur cette grosse masse, qui se présentait un peu obliquement devant nous. La balle ne fit qu'effleurer son épaisse carapace, et l'animal, qui, ce jour-là, devait

Fara Moussa, le chef de Tiguibiri.

être d'une humeur fort débonnaire, fit demi-tour dans la direction du fleuve. J'aperçus quelque temps son énorme croupe, toute ruisselante de boue, et j'entendis ses grognements, qui semblaient sortir des profondeurs de quelque bizarre instrument, puis il se perdit dans les herbes.

L'homme de Tiguibiri m'apprit que ces hippopotames, dès la nuit arrivée, venaient paître à terre et ravageaient tous leurs lougans, bien que l'on fît constamment retentir le tam-tam pour les éloigner des récoltes sur pied. Ces animaux n'étaient d'ailleurs pas les seuls hôtes dangereux de ces environs, car, peu de jours auparavant, l'un de nos chefs charpentiers s'était rencontré, dans la forêt, avec une panthère de forte taille, qui avait failli lui faire un mauvais parti. A en juger par le grand nombre de peaux que nous vendaient les indigènes, ces fauves devaient être communs dans cette région.

22 février. — Tout le monde est malade depuis deux jours. Le vent souffle du nord-ouest, nous apportant un air étouffant et humide.

Je suis allé visiter la briqueterie installée par le capitaine Sornein au bord du ruisseau de Siguiri, non loin du pied du plateau. Le four à cuire les briques est tout proche de ce petit cours d'eau, sur lequel on a jeté deux jolis ponts de branchages, pour mettre les rives en communication. L'une des berges fournit une excellente terre argileuse, servant à la confection des briques ; sur l'autre rive on a fait dériver l'eau du ruisseau, pour se procurer le sable fin qui garnit le fond. Des séchoirs sont établis dans une petite clairière pratiquée au milieu des arbres. L'un des ouvriers employés à la briqueterie était un Chinois, Tuyen Kong, qui seul restait des deux cents que l'on avait amenés dans le Haut-Fleuve en 1885. Les autres, ou étaient morts de maladie, ou s'étaient fait rapatrier. Tuyen Kong a voulu séjourner encore quelque temps dans le Soudan, pour réaliser quelques économies avant de rentrer en Chine. Il réussit d'ailleurs, car à sa solde d'ouvrier il joint les bénéfices que lui procure un commerce assez actif d'étoffes, de verroteries, de liqueurs, d'allumettes, de tabac, etc., qu'il fait avec les indigènes et avec nos soldats. Il porte sa queue soigneusement enroulée autour de sa tête et se montre l'un de nos meilleurs ouvriers.

Nous gagnons ensuite les bords du Niger, où le lieutenant Famin s'occupe à prendre plusieurs vues photographiques du fleuve. Puis nous longeons la rive jusqu'au village de Danka, qui, comme les autres villages de la contrée, est maintenant complètement réoccupé et rebâti. Nous faisons l'ascension du plateau, qui, sur ce point, présente une hauteur de 150 mètres environ au-dessus de la plaine. Du sommet nous avons une vue superbe sur toute la vallée, surtout du côté de la rive droite, où nous apercevons de nombreux villages qui paraissent bondés d'habitants. Plusieurs hippopotames se jouent dans les eaux du fleuve et vont ensuite se reposer sur un banc de sable voisin. Nous leur envoyons quelques balles de mousqueton Gras, qui ne leur font aucun mal du reste.

Nous revenons par le même chemin, mais à partir du four à chaux nous prenons la grande avenue, de 12 mètres de large, que j'ai fait tracer entre

Rencontre d'un hippopotame.

le fort et le Niger. Elle a 1500 mètres de longueur. On y creuse en ce moment les trous destinés à recevoir des palmiers d'eau que l'on va chercher au bord du ruisseau, non loin de la briqueterie. Cette allée sera très belle quand les arbres auront bien repris, surtout si l'on parvient à la remblayer un peu pour la mettre à l'abri des inondations. Elle se dirige vers le pied du plateau, qu'elle contourne par une pente douce, en laissant sur sa gauche la jolie gorge que j'ai déjà mentionnée, et où l'on a déjà pratiqué un beau parc au moyen d'allées sinueuses tracées au milieu des arbres, des bambous et des lianes. Il constituera plus tard un charmant lieu de promenade pour les officiers et soldats de la garnison du fort.

26 février. — Nous avons eu toute la nuit un violent orage, mêlé d'éclairs, de tonnerre et de pluie. Celle-ci, poussée par la rafale, a envahi nos cases et transpercé les toits de paille qui recouvrent la plupart d'entre elles. Quelques-uns de ces abris ont même été complètement découverts, et nous avons tous passé une vilaine nuit. Nos feux, éteints par l'eau, ne pouvaient se rallumer, et nous sommes restés pendant plusieurs heures sous nos couvertures trempées, attendant avec une vive impatience le lever du soleil. Cet orage a aggravé l'état des quelques malades que nous avions à l'ambulance, et l'un d'eux, un sergent d'infanterie de marine, est mort ce matin. C'était un excellent sous-officier, qui avait demandé lui-même à faire la campagne et qui, depuis notre départ de Kayes, s'était distingué par son entrain. Ses camarades l'aimaient beaucoup. Il fallut inaugurer le cimetière de Siguiri, dont nous choisîmes l'emplacement à un kilomètre au sud du village, au pied du plateau. Tous les officiers et soldats non de service assistèrent aux obsèques du malheureux sergent, dont le corps, couché sur une civière et enveloppé du pavillon national, était porté par des soldats de son arme. Un piquet en armes escortait le corps. Arrivés au bord de la fosse, l'un des camarades du défunt lut les prières des morts, et les maçons s'occupèrent à bâtir une sorte de tombeau massif, dans lequel on enchâssa une croix de bois portant les noms et âge du sous-officier. Une plantation de cactus acheva de mettre ses restes à l'abri des injures des hyènes, si communes dans cette région. Tout le monde s'en revint profondément attristé par cette simple cérémonie.

Aujourd'hui un manœuvre indigène a été piqué par un serpent-minute de l'espèce la plus venimeuse, au moment où il soulevait une pierre. La piqûre de ce reptile au ventre rouge, tacheté de noir, passe pour être presque toujours mortelle. Aussi le pauvre diable s'était-il couché à terre, attendant la mort avec cette impassibilité spéciale aux Soudaniens. Le docteur Laffont était accouru immédiatement, mais le patient ne voulut pas qu'on le touchât avant l'arrivée du marabout-panseur du village, qui affirma immédiatement qu'il n'y avait rien à faire. « Eh bien, moi, je vais le guérir », dit le docteur. Aussitôt il incisa profondément la plaie, qu'il brûla et pansa ensuite, suivant nos méthodes chirurgicales en usage. Tous les indigènes qui assistaient à l'opération se montraient parfaitement incrédules, mais le docteur Laffont répond maintenant de la vie du blessé, qu'il a fait transporter auprès de lui à l'ambulance, pour le soustraire aux manipulations du marabout.

2 mars. — L'homme piqué par le serpent est maintenant sur pied et a repris son travail. Le docteur Laffont jouit désormais auprès des noirs d'une considération extraordinaire. Il a détrôné son « collègue » le marabout et se voit consulter à tout moment par ses nouveaux clients. Si, au moins, cette guérison pouvait avoir l'heureux résultat de montrer aux indigènes la honteuse exploitation dont ils sont l'objet de la part de leurs sorciers !

On peut dire que ces derniers sont les véritables maîtres dans les villages indigènes. Rien n'est fait, aucune entreprise n'est commencée, sans qu'ils aient été au préalable consultés. Craignant de voir diminuer les bénéfices que leur rapportent leurs jongleries de tous les jours, ils ne voient pas, on le comprend, nos médecins d'un bon œil. C'est ainsi que j'avais dû user de rigueur envers quelques-uns d'entre eux au commencement de la campagne pour permettre au docteur Laffont d'organiser le service de la vaccination dans le Soudan français. La petite vérole fait de grands ravages parmi les indigènes, et j'avais voulu introduire partout les inoculations de vaccin. Des tubes avaient été envoyés de nos hôpitaux de la métropole, et le docteur Laffont avait prescrit à tous ses médecins de commencer les vaccinations dans les villages voisins de nos postes. En somme, malgré la sourde hostilité des marabouts et des sorciers, on avait déjà obtenu de bons résultats, puisque 2 000 indigènes environ avaient subi l'opération et que chez plus de la moitié elle avait parfaitement réussi. J'avais donné des ordres pour que ce service fût étendu dans tous les villages du Soudan, tout comme dans nos localités de France.

Nous avons eu hier une nouvelle fête : cette fois, ce sont les maçons, qui ont voulu me faire présider la pose de la première pierre de la porte du fort. Nos Ouoloffs de Saint-Louis ont, dans leurs professions spéciales, un grand esprit de corps, et les maçons ne voulaient pas rester en arrière des charpentiers. Conduits par leurs officiers et par leur doyen, maître Biratal, ils sont donc venus me chercher, en grande cérémonie, pour m'escorter jusqu'au plateau, où se trouvaient déjà réunis tous les manœuvres et tous les habitants du village de Siguiri. Là, avec une truelle toute brillante, à force d'avoir été frottée, et avec un marteau tout neuf, j'ai scellé dans son mortier la pierre formant la base de la porte. Au même moment, des feux de mine ont été allumés partout, la section d'artillerie a tiré une salve de sept coups de canon, et un énorme bouquet, formé de fleurs sauvages cueillies dans la forêt, a été hissé au sommet d'un grand mât. J'ai fait une brève allocution aux ouvriers, pour les remercier du dévouement et de l'entrain qu'ils avaient apportés dans leurs travaux depuis notre arrivée à Siguiri, et j'ai distribué des gratifications aux plus méritants.

Nos six cents manœuvres avaient repos ce jour-là. Je leur avais aussi fait cadeau de quelques bœufs et de quelques pièces d'étoffes. Ils n'ont cessé de danser toute la journée. Tous les griots des villages voisins avaient été convoqués, avec leurs instruments de musique : tam-tams, guitares, balafons, flûtes, cornes, etc. Les femmes les accompagnaient en chantant et en frappant en cadence dans leurs mains. Bref, la fête se prolongea fort avant dans la nuit, d'autant plus que pour la compléter j'avais autorisé de brûler sur le plateau un certain nombre de fusées et de feux Coston de différentes couleurs.

Ces manœuvres étaient bien les gens les plus dociles du monde. Ils étaient employés à tous les travaux du fort : les uns apportaient la pierre, le sable et l'eau nécessaires aux maçons ; les autres aidaient les charpentiers dans la forêt, ou bien travaillaient à débroussailler les environs, afin de ménager un champ de tir libre à notre artillerie ; un certain nombre étaient attachés à la briqueterie, au four à chaux, au travail des routes, etc. Dès que le tam-tam se faisait entendre le matin, tout le monde se mettait en mouvement. La plaine, le plateau, le chemin de la forêt étaient sillonnés par de longues files d'indigènes se rendant, dans le plus grand ordre, à leurs chantiers respectifs, conduits par leurs surveillants. Le travail commençait à six heures du matin, pour cesser à midi. On mangeait alors, sur les chantiers, les calebasses de riz et de couscous qui étaient apportées aux travailleurs par les femmes chargées de faire la cuisine dans chaque atelier. On se remettait à l'ouvrage à deux heures jusqu'à six heures. Ces manœuvres montraient un entrain extraordinaire ; la raison en était que, provenant tous des villages du Bouré ou de la vallée du Bakhoy, et ayant eu à souffrir de la cruelle domination de Samory et de ses agents, ils voulaient voir achevé au plus tôt le fort destiné à les mettre désormais à l'abri de leurs anciens oppresseurs.

3 mars. — Les magasins du service administratif de la colonne sont placés non loin de mon logement. C'est là que se trouvent les femmes, au

nombre d'une cinquantaine environ, qui sont chargées de piler le mil et le maïs destinés à la préparation du couscous servant de nourriture à nos manœuvres. Toute la journée les pilons sont en l'air, et ces femmes, pour se donner du cœur, chantent en frappant en mesure dans leurs mortiers. L'une d'elles fait le chant et toutes les autres reprennent en chœur. Je me fais expliquer par mon interprète quelques-uns de ces chants, qui roulent toujours sur les blancs, sur leur puissance, sur leurs armes invincibles. Voici d'ailleurs un spécimen de ces naïves compositions : « Les blancs sont bons. Ils ne nous font pas de mal. Ils nous donnent bien à manger. Samory est fort, mais le colonel est plus fort que lui. Les canons du colonel vont loin et tuent tout le monde. Samory ne viendra plus prendre les femmes et les enfants, car le colonel est là pour nous protéger avec son fort et ses soldats.... » Et ainsi de suite. Les chants duraient souvent une heure entière sur ce même thème.

Reçu de bonnes nouvelles du commandant Vallière, qui, après avoir ramené l'ordre dans toute la région du Bélédougou et nettoyé la vallée du Baoulé des bandes de pillards maures, est rentré à Bammako, rapportant de précieux renseignements géographiques sur toutes ces contrées, encore imparfaitement connues. Il vient de quitter Bammako et va me rejoindre avec sa colonne, en suivant la route qui longe le Niger sur une étendue de 250 kilomètres environ. Tout ne va pas dans cette région comme je le désirerais. Les populeux villages qui bordaient la rive gauche du fleuve se sont vidés de leurs habitants. Ceux-ci, obéissant au mot d'ordre reçu de quelques agents de Samory, se sont réfugiés, avec leurs biens et leurs troupeaux, dans les montagnes du Manding. On veut faire le vide devant nous, et quelques actes d'hostilité ont même été commis contre plusieurs de nos hommes. Ainsi, il y a peu de jours, l'un de nos tirailleurs, envoyé en courrier, a été trouvé assassiné non loin de Kangaba. C'est Mambi, le chef de ce grand village, qui est l'instigateur de tous ces troubles. Ce vieux chef a établi son quartier général sur la rive droite, à Minamba Farba, fort tata aux murailles épaisses, et de ce point, où il se juge à l'abri de nos coups, il dirige tout le mouvement. Deux fois déjà, je l'ai fait prévenir que je lui accorderais le pardon complet de sa conduite passée s'il voulait rentrer sur la rive gauche : mais, poussé par Samory, il s'y est refusé, cherchant à soulever contre nous toutes les populations de cette partie de la vallée du Niger. Celles-ci, composées de Malinkés cultivateurs, sont lasses d'errer en dehors de leurs villages, et voudraient bien rentrer chez elles ; quelques-uns de leurs gens, qui sont venus s'engager parmi les travailleurs du fort, me l'ont avoué. Mais ils craignent les représailles de leur vieux chef, renommé par sa cruauté. Peu de mois auparavant, pour se venger d'un village dont le chef s'était adressé au commandant de Bammako, il avait incendié ce village et fait mettre ses habitants à mort.

Vallière va quitter Bammako. Je lui donne mes instructions pour mettre un terme à cette fâcheuse situation et pour ramener toutes les populations dans leurs villages.

CHAPITRE XXVI

Les somonos du Niger. — La prise du tata de Minamba Farba. — Excursion au confluent du Tankisso. — La noix de kola. — Mission pour rejoindre le Fouta-Djalon et les Rivières du Sud. — L'esclavage sur les bords du Niger. — Un drame dans le camp.

10 mars. — Nous nageons maintenant dans l'abondance. D'abord, des convois nous arrivent régulièrement du Bouré et des pays de la vallée du Bakhoy; puis, je suis entré en relations suivies avec les populations de la rive droite du Niger. Celles-ci, profitant de l'éloignement de Samory, et absolument dégoûtées par les exactions et les cruautés des agents de ce dernier, m'envoient chaque jour des représentants pour me prier de les prendre sous ma protection. Ils amènent avec eux des bœufs et des pirogues remplies de riz, dont ils refusent expressément le payement. Le troupeau de la colonne comprend déjà plus de 300 têtes de gros bétail. Les moutons sont plus rares dans le pays, mais j'ai pu m'en procurer un certain nombre par des marchands maures venus de Mourdia, et qui n'ont pas craint de faire plus de 500 kilomètres pour venir vendre leur marchandise. Ces Maures sont de hardis trafiquants, et rien ne les arrête quand il s'agit de faire quelques bénéfices. Ils sont d'ailleurs remarquables par leur finesse et leur intelligence. Il est fâcheux qu'ils joignent à ces qualités des habitudes de pillage et de cruauté qui les rendent la terreur des populations nègres au milieu desquelles ils s'établissent. Ceux qui étaient venus nous visiter à Siguiri racontaient qu'en moins d'un an ils avaient effectué le voyage de l'Adrar (sud du Maroc) à Tombouctou, et de là à Mourdia et à Siguiri. Ils se rendaient maintenant à Médine pour acheter des étoffes, et comptaient passer l'hivernage dans leur tribu, dans le Sahara.

On ne m'avait donc pas trompé sur les avantages de la position de Siguiri au point de vue commercial. Les États de la rive droite du Niger sont particulièrement riches en céréales et bestiaux, mais le produit de transaction par excellence y est le caoutchouc, dont il existe d'immenses forêts dans les plaines du Ouassoulou, notamment aux bords des cours d'eau. Il s'y trouve aussi de l'or et de l'ivoire en assez grande quantité, mais ces objets prennent tous la route des comptoirs anglais de Sierra Leone, où, paraît-il, on les achète plus cher que dans nos factoreries françaises. J'ai été surtout frappé de la beauté et de la grosseur des défenses d'éléphant, dont deux suffisaient souvent pour faire le chargement d'un âne.

Je me trouve aussi maintenant à la tête d'une importante flottille, et, outre le *Siguiri*, j'ai à ma disposition toutes les pirogues des *somonos* (pêcheurs) du Niger, depuis Siguiri jusqu'à Bammako. Ces somonos forment, sur tout le cours du Djoliba, une caste à part. Vivant presque exclusivement sur leurs longues pirogues, qu'ils manient, à l'aide de grandes perches, avec une adresse étonnante, et qu'ils remisent dans les villages construits au fond des criques ou sur les îlots du fleuve, ils dépendent des chefs des États riverains, envers lesquels ils ont comme principales obligations : l'approvisionnement en poissons, le transport de leurs gens ou de leurs récoltes à titre gratuit, etc. Pendant tout le mois de février, les somonos, qui naviguaient constamment sur le Niger en face de Siguiri, s'étaient refusés à entrer en relations avec moi, parce qu'ils ne reconnaissaient comme maître que Samory. Mais, dans les premiers jours de mars, poussés par les habitants des villages de la rive gauche, et voyant aussi qu'un grand nombre des États de la rive opposée étaient venus se soumettre à l'influence française, ils m'avaient délégué leurs principaux chefs, vieux pêcheurs à barbe blanche, qui étaient arrivés en s'appuyant sur leurs harpons à manche de bambou. Ils avaient déclaré que, puisque j'étais maintenant le chef le plus puissant du pays, ils me reconnaissaient comme le *guitigui*, le roi du fleuve, et que je n'avais qu'à leur donner mes ordres. Avec les noirs, il faut toujours une marque quelconque de sujétion ; autrement ils se figurent qu'on refuse leur obéissance et, par habitude, vont porter leur tribut ailleurs. J'avais donc astreint les somonos à fournir, chaque semaine, une certaine provision de poisson frais aux Européens de la colonne et de poisson sec aux indigènes. Cet impôt serait continué ensuite pour la garnison du fort. De plus, ils devaient aller pêcher les coquilles d'huîtres nécessaires pour notre four à chaux.

Les somonos ont pour plus grands ennemis les caïmans, qui abondent dans cette partie du Niger et qui réussissent souvent à surprendre quelques-uns de ces malheureux pêcheurs, dont plusieurs sont estropiés du fait de ces voraces sauriens.

15 mars. — Hier, un courrier du commandant Vallière nous annonçait son arrivée. Aussi suis-je allé au-devant de lui avec les officiers qui n'étaient pas de service. Nous avons rencontré la colonne à quelques kilomètres de Siguiri, et nous sommes rentrés ensemble au camp. En débouchant dans la plaine au pied du fort, une salve de sept coups de canon et des détonations de mine ont salué l'arrivée de la colonne, et tout le monde s'est rendu aux cantonnements qui avaient été préparés pour les divers

Les Maures à Siguiri. (Voir p. 419.

détachements. Les troupes du commandant Vallière étaient en marche depuis les premiers jours du mois de décembre.

Tout avait fort bien marché du côté de Kangaba, et j'avais la satisfaction d'apprendre que toute la rive gauche du Niger était maintenant réoccupée. Mais le vieux Mambi avait encore refusé de se rendre à nos sommations, et malgré tout il avait fallu donner du canon contre son tata de Minamba Farba. La colonne, en arrivant à Kangaba, n'avait pas trouvé un chat dans la ville : tout le monde était dans les montagnes. Les reconnaissances de spahis avaient ramené un certain nombre de prisonniers, qui n'avaient pas fait trop de difficultés pour se laisser prendre, et qui avaient confirmé les renseignements que l'on possédait déjà sur la situation, à savoir que le vieux Mambi, de son repaire de Minamba, avait prescrit à tous ses gens d'évacuer leurs villages et même de tendre des embuscades aux courriers ou hommes isolés traversant le pays entre Bammako et Siguiri. Vallière avait aussitôt prévenu ce chef que si dans 24 heures il n'était pas rentré à Kangaba, on le considérerait comme déchu de son commandement et qu'il serait attaqué dans son tata de la rive droite. Il faisait dire en même temps aux habitants de la contrée que tous leurs villages seraient attribués à des Bambaras du Bélédougou, qui cherchaient à s'établir dans cette région. Mambi répondit par de nouvelles menaces à notre adresse : réfugié sur la rive droite, à 1500 mètres environ du Niger, il se considérait comme hors de portée. Il fut vite détrompé. Au matin du jour suivant, les spahis, une compagnie de tirailleurs et quelques auxiliaires de Bammako franchirent le Niger, tandis que les deux pièces de 80 millimètres de montagne, mises en batterie sur un petit monticule de la rive gauche, ouvraient le feu et ménageaient aux habitants de Minamba Farba un réveil des plus désagréables. Ces obus, qui portaient ainsi presque au delà de la vue, suffirent pour chasser les défenseurs du tata, enlevé sans coup férir par les tirailleurs. Sauf le vieux Mambi, qui s'esquiva par derrière avec quelques-uns de ses notables, on prit tout : bœufs, moutons, armes, etc. Dans la soirée, tout le monde rentrait dans les villages. Une redoute provisoire était élevée à Kangaba et occupée par une petite garnison de tirailleurs. La paix et la tranquillité étaient assurées pour longtemps dans cette partie de la vallée du Niger, et nos communications étaient rétablies avec Bammako.

17 mars. — La colonne du commandant Vallière n'est restée ici que quelques jours. J'ai laissé officiers et soldats souffler un peu, puis j'ai renvoyé tout le monde vers Kita, afin de ne pas épuiser inutilement nos vivres. Les spahis sont partis pour le Manding, où quelques villages ont montré des signes d'hostilité vis-à-vis de nos convois.

Outre la garnison de Siguiri, je garde avec moi une forte compagnie de tirailleurs, commandée par le capitaine Audéoud, et que je destine à une mission grosse d'aléas. On se rappelle que j'ai déjà envoyé plusieurs officiers pour ouvrir les communications entre nos possessions du Niger et nos établissements des Rivières du Sud par le Fouta-Djalon. Selon moi, cette route, qui est la plus fréquentée par les caravanes et qui présente sur notre voie du Sénégal l'avantage de ne mesurer que 600 kilomètres au lieu de 1800, est le meilleur chemin existant entre la vallée du grand fleuve du Soudan et la mer. Si les différentes affaires que j'ai encore à régler dans le Haut-Sénégal n'avaient pas exigé mon retour par Kayes, j'aurais pris moi-même la route du Fouta-Djalon et des Rivières du Sud avec une partie de la colonne ; mais, n'y pouvant songer, je compte envoyer dans cette direction le capitaine Audéoud avec sa compagnie de tirailleurs, c'est-à-dire 120 fusils. Cette petite colonne aboutira à Benty, notre poste extrême du Sud. Elle exécutera son voyage pacifiquement, à moins qu'on ne l'attaque en route, ce qui est fort possible, le pays, aux abords de nos factoreries, passant pour être infesté de pillards. De Benty, un aviso la ramènera par mer jusqu'à Saint-Louis, de sorte que cette petite troupe, partie du chef-lieu de notre colonie par le fleuve Sénégal, y sera revenue après avoir touché au Niger et au Fouta-Djalon. Elle complétera l'œuvre de la mission du lieutenant Plat, et ouvrira pratiquement les communications entre le Soudan français et la mer.

22 mars. — Ce matin, je me suis embarqué avec deux officiers de l'état-major sur le *Siguiri*, et nous sommes allés visiter le confluent du Niger et du Tankisso. Nous avons suivi la rive gauche du fleuve, où les arbres, qui se penchaient sur la surface des eaux, nous faisaient un abri contre les rayons du soleil. L'Afrique est réellement le pays des oiseaux au beau plumage, aux formes les plus diverses, depuis le mignon colibri pas plus gros qu'une cerise, jusqu'aux aigles royaux et aux énormes vautours. Sous les arbres on voyait tout ce monde ailé s'agitant et voletant au milieu des branches : merles métalliques, geais aux couleurs pourpres, martins-pêcheurs aux ailes dorées, perruches, youyous, perroquets gris à queue rouge, oiseaux d'eau de toute espèce. Les bancs de sable qui émergent au milieu des eaux du Niger étaient couverts de canards sauvages, d'échassiers, tels que marabouts, aigrettes, grues couronnées, flamants, pélicans aux mille couleurs, tous pressés les uns contre les autres, cachant entièrement le banc sablonneux, et ne s'envolant, en épais nuages, que lorsque nous étions tout à fait sur eux. De nombreuses bandes de singes verts s'ébattaient aussi parmi les arbres, se laissant glisser le long des branches pour atteindre la surface de l'eau, puis grimpant rapidement au sommet dès qu'ils nous entendaient approcher. Sur la rive droite, plus basse et moins touffue, nous pûmes, avec nos lorgnettes, distinguer plusieurs grands fauves qui venaient boire au fleuve : d'abord, une lionne dont les petits bondissaient au sommet de la berge, puis, plus loin, une panthère qui ne fit qu'un bond jusqu'au haut de la rive, quand elle entendit siffler à ses oreilles la balle de l'un de nos kropatschecks, tirée à 700 mètres de distance ; enfin, plus loin encore, une bande de sangliers qui se vautraient dans l'eau bourbeuse du bord. Des reniflements sonores nous annonçaient souvent la présence d'hippopotames, tandis que des caïmans, semblables

à des troncs d'arbres oubliés par quelque débordement sur la rive, sommeillaient paresseusement au pied des berges. Il est possible que le continent africain ne remplisse pas les espérances de ceux qui croient y trouver un nouvel Eldorado, mais, ce qui est certain, c'est qu'il sera encore longtemps le pays le plus giboyeux du monde, avec ses énormes mammifères comme l'éléphant et l'hippopotame ; ses fauves d'espèces si diverses : le lion, la panthère, le léopard, le guépard et la hideuse hyène ; son monde d'antilopes, depuis le dumsah, aux formes massives et aux longs poils pendants, jusqu'à la mignonne petite biche souris, pas plus grosse qu'un chat ; son peuple de sauriens, de reptiles de toute espèce, et ses grandes variétés d'oiseaux. Pendant le dernier hivernage on avait, d'après mes instructions, commencé une collection de cornes d'antilope, destinée à l'Exposition de 1889. Or, à mon retour à Kayes, en novembre, j'avais déjà trouvé 200 paires de cornes, toutes différentes de formes et correspondant, par suite, à autant d'espèces d'antilopes diverses.

Nous abordons et débarquons à la pointe même qui sépare le Niger du Tankisso. Ce site est très beau et remarquable par la beauté des arbres qui couvrent le terrain. Là nous voyons pour la première fois un *kola* (*Cola acuminata*). C'est un bel arbre, mesurant plus de 15 mètres de hauteur et qui, par son aspect général, rappelle beaucoup notre châtaignier. L'écorce est presque lisse; les feuilles sont oblongues, recourbées à leur extrémité. Les graines fournissent la noix de kola, de couleur blanche ou rose, si appréciée de tous les indigènes du Soudan. Pendant mon séjour à Nango j'ai vu ces noix de kola atteindre jusqu'à 200 à 250 cauris (50 centimes). Les cavaliers toucouleurs, quand ils partaient en expédition, en emportaient toujours une certaine provision. Nous-mêmes, nous avions fini par y prendre goût, et nous avons pu nous convaincre, par expérience, que ces fruits avaient de réelles propriétés excitantes. Pendant nos longues marches de retour, alors que nous trouvions à grand'peine notre nourriture dans les villages indigènes, ces noix, que nous mâchions longuement, tout comme les noirs du pays, nous donnaient une sorte de suractivité très appréciable, et nous aidaient à surmonter les fatigues exceptionnelles du voyage.

Je crois savoir que M. le docteur Hœckel, l'un des chimistes les plus distingués de notre pays, a réussi à composer, avec la substance active de ces noix, des biscuits destinés à être distribués à nos soldats en cas de marches forcées. Je pense, d'après les résultats obtenus en Afrique, que cette invention pourra être des plus utiles pour nos armées en campagne, si ces biscuits ne présentent pas un goût trop amer pour nos hommes.

Les animaux sauvages sur le Niger.

Peut-être aura-t-on réussi à masquer l'amertume de ce produit, amertume à laquelle on se fait d'ailleurs très rapidement.

Nous suivons quelque temps le Tankisso, puis nous revenons, hâtant notre marche, car un orage menace de nous mouiller avant notre arrivée à Siguiri.

23 mars. — J'ai eu aujourd'hui une petite aventure qui dépeint bien le caractère de nos nègres sénégambiens : depuis quelque temps mon logement est, chaque jour, le rendez-vous des chefs les plus influents des tribus de la rive droite, qui viennent auprès de moi pour me demander à être débarrassés de Samory et à être placés directement sous l'autorité française. Ils sont le plus souvent accompagnés de nombreux suivants qui, pendant le palabre, examinent curieusement les armes, les vêtements, les ustensiles divers qui sont dans ma case ou sous la véranda. C'est généralement sous celle-ci que je place ma table, devant laquelle je reste assis en conférant avec nos nouveaux alliés. Or, ce matin, les chefs du Kéleyadougou, pays situé à quatre journées de marche vers l'est, se trouvaient ainsi rassemblés autour de moi. Je leur expliquais le mécanisme d'un fusil à répétition qui permet d'envoyer en moins d'une seconde cinq ou six balles dans le ventre de tout individu gênant. Il y avait bien là, n'est-ce pas, de quoi surprendre un bon nègre qui n'a jamais vu, en fait de fusils, que les mauvais fusils à pierre, de marque anglaise, lesquels partent aussi souvent par la crosse que par le canon et qui permettent de tirer un coup de feu toutes les dix minutes, quand la pluie n'a pas mouillé le bassinet. Cependant je remarquais que l'un des suivants paraissait distrait. Ses yeux, au lieu de rester fixés sur le kropatscheck objet de l'explication, se détournaient d'un autre côté, et s'arrêtaient sur un objet banal et insignifiant pour nous, Européens, mais qui semblait plonger ce nègre dans un abîme d'étonnement.

Cet objet était une brosse, une simple brosse à habits, oubliée là sur ma table. Elle intriguait prodigieusement mon homme, qui se mit à parler à l'oreille de son chef, en lui désignant la brosse. On me demanda la permission de toucher cet objet si bizarre. La brosse fut remise au chef, qui la tourna, la retourna plusieurs fois dans ses mains et la passa à son suivant. Celui-ci la contempla longuement, et finalement la rendit en poussant un gros soupir. Quand il partit, il jeta encore un long regard sur la brosse, regard de curiosité craintive en même temps que d'ardente convoitise.

Les envoyés qui venaient ainsi me visiter restaient ordinairement chez l'interprète, qui avait ses cases à ma portée, et ils erraient librement autour de nos logements. Je remarquai que, toute la journée, les gens du

Kéléyadougou rôdèrent autour de ma véranda et de ma table, attirés toujours par la vue de la brosse. Ce qu'il y a de certain, c'est que le soir, quand mon domestique voulut rentrer, comme d'habitude, ma table dans ma case, la brosse avait disparu. Ce brave nègre l'avait certainement prise, ne pouvant résister à la tentation de posséder ce *morceau de bois sur lequel pousse du poil*. Je ne fis pas faire des recherches pour retrouver ma brosse, qui, à l'heure qu'il est, est sans doute passée à l'état de fétiche et assure à son possesseur la considération superstitieuse de tous les gens de son village.

Cette histoire de brosse me rappelle également un fait dont j'ai été témoin il y a quelques jours : je m'étais rendu à la case du télégraphe, pour communiquer avec le commandant de Kita, auquel j'avais des ordres urgents à transmettre au sujet de notre ravitaillement. Mais, quand on appela le receveur du poste télégraphique de Niagassola pour ouvrir la communication, personne ne répondit. « Il doit y avoir une interruption », me dit l'employé. En effet, peu après, survint un indigène à cheval qui m'était envoyé par mon ami le chef de Bougourou : le fil était coupé aux environs de ce village. Birahim — c'était le nom du vieux chef — me faisait savoir qu'en attendant le surveillant de la ligne, il avait réparé l'accident en attachant un bout de ficelle aux deux extrémités des fils *pour rétablir la communication*.... Dans tous les cas, ce fait prouvait bien le respect que les indigènes de ces régions témoignent pour notre télégraphe.

24 mars. — La compagnie Audéoud est partie aujourd'hui. Les piroguiers de Tiguibiri lui ont fait franchir le Tankisso. Elle va suivre la rive droite de cette rivière, pour explorer le pays inconnu qui nous sépare du Fouta-Djalon et reconnaître si ce cours d'eau pourra servir de voie commerciale à nos traitants. C'est un long et périlleux voyage, et je serai souvent inquiet sur le sort de cette petite troupe, mais l'opération est à tenter et j'espère qu'elle réussira.

Les émissaires que j'ai envoyés sur la rive droite du Niger me rapportent que Samory est dans une situation de plus en plus mauvaise. Thiéba, son adversaire, l'a battu dans plusieurs rencontres, et les populations que l'almamy avait forcées à l'accompagner à la guerre commencent à l'abandonner, malgré les exécutions sommaires auxquelles sont exposés les déserteurs. Le siège de Sikaso, qui met les deux rois en présence, donne lieu, paraît-il, à des épisodes bizarres et bien propres à faire ressortir les habitudes militaires de ces peuplades nègres, sur lesquelles le capitaine Piétri a déjà donné les plus intéressants renseignements. Ainsi on raconte que les contingents du Ouassoulou, n'osant quitter ouvertement le camp de Samory, mais ne voulant pas non plus laisser croire à Thiéba qu'ils combattraient contre lui, l'avaient fait informer secrètement qu'il pouvait attaquer les *diassas* (enceintes fortifiées en troncs d'arbres) de l'almamy, occupés par leurs gens, car leurs fusils étaient simplement chargés de poudre. Thiéba avait profité du conseil, et avait réussi à enlever ainsi plusieurs des diassas de Samory et à lui tuer un grand nombre de ses guerriers.

Suivant moi, notre politique constante doit tendre à diminuer la puissance de ces grands chefs nègres, dont la présence est un véritable fléau pour les pays qu'ils ont conquis. La question de l'esclavage n'aura trouvé sa solution en Afrique que lorsqu'on aura fait disparaître ces sanguinaires potentats, qui n'ont qu'une seule préoccupation : piller et brûler tous les villages sans défense, pour se procurer des captifs et les vendre ensuite, contre des chevaux, des armes ou des étoffes, aux diulas et aux Maures. Les peuplades malinkées et bambaras sont les plus douces du monde. Elles sont remarquables par leurs aptitudes aux travaux des champs et leurs instincts commerciaux. Mais elles sont soumises à quelques chefs de bandes qui, à la tête de leurs sofas, parcourent toutes ces contrées, qu'ils dévastent et dépeuplent, pour aller ensuite porter leurs ravages plus loin. L'histoire de notre colonie sénégambienne nous donne l'explication de ces vastes déserts incultes et dépeuplés que l'on rencontre partout dans le Soudan, dans des régions bien arrosées, aux riches pâturages, au sol fertile et produisant en abondance les minéraux les plus précieux. Les ruines que l'on y rencontre à chaque pas montrent bien l'emplacement de nombreux villages occupant autrefois ces vastes solitudes. Que le conquérant s'appelle El-Hadj-Oumar, Samory ou Mahmadou Lamine, les résultats de son apparition dans le pays ont toujours été les mêmes : dépopulation, famine et ruine. Si l'on veut éteindre l'esclavage dans le Soudan occidental, il faut frapper les grands chefs, ou du moins les empêcher de nuire, en attendant leur disparition. Pour l'avenir, nous devons nous préparer à arrêter énergiquement, dès l'origine, les progrès des prétendus prophètes, retour de la Mecque, qui, sous des apparences religieuses, cachent simplement leur excessive ambition et deviennent, quand on les laisse faire, ces potentats nègres, n'ayant jamais su que conquérir et ruiner, sans jamais organiser et administrer sagement les populations soumises.

Pour combattre, autant qu'il était en mon pouvoir, cette plaie de l'esclavage, j'avais, dès mon arrivée à Siguiri, agi comme à Kayes et dans tous nos autres postes du Soudan français : j'avais créé un village de liberté. Il avait été établi, non loin du fort, sur la rive droite du ruisseau, entre ce cours d'eau et la route de Niagassola. Chaque jour, il nous arrivait de nombreux émigrés, fugitifs de la rive droite du Niger, qui venaient chercher auprès de nous une protection contre leurs maîtres. Les hommes étaient employés comme manœuvres ; les femmes choisissaient, séance tenante, un mari, et j'accordais au nouveau ménage quelques secours en grains et bestiaux. Les uns et les autres recevaient un certificat de libération. Ces libérations donnaient lieu souvent à des incidents étranges. Ainsi, peu de jours auparavant, j'avais eu à régler l'affaire d'une femme que se disputaient trois maris, ou plutôt, trois maîtres. Prise dans un village du Baté, alors qu'elle allait chercher de l'eau au marigot voisin, la belle Ciraïa Aminata avait été mariée, de force, à son ravisseur. Celui-ci avait été capturé, à son tour, par un sofa de l'armée de Samory, qui, bien entendu, avait pris la place du premier mari, qu'il avait aussitôt vendu. Ce premier mari, acheté dans le Kaarta par un Toucouleur de Kouniakary, avait réussi à se sauver et était venu s'engager aux tirailleurs. Il appartenait ainsi à la 7e compagnie, précisément celle qui était avec moi à Siguiri. Le deuxième mari, toujours suivi de Ciraïa, avait participé aux campagnes de Samory contre nous, du côté de Bammako ; mais, comme il trouvait que les balles françaises faisaient trop de victimes parmi les gens de l'almamy, il s'était retiré dans un petit village du Ouassoulou, en face de Tiguibiri, et, craignant d'être racolé une autre fois pour aller combattre Thiéba, il avait suivi les habitants de Siguiri et s'était installé dans ce village. Le tirailleur, qui venait de rentrer d'un détachement envoyé dans le Manding, s'était donc rencontré ici avec la femme dont il avait été le premier mari. Puis, voilà que le premier maître de Ciraïa, fuyant aussi les réquisitions d'hommes que Samory exerçait partout sur la rive droite, arrive à son tour à Siguiri, venant me demander à se fixer dans le village de liberté. En entrant dans l'une des cases qu'occupaient en ce moment les habitants du village, il voit son ancienne captive. Il veut s'en emparer. Elle crie. Le mari arrive, le deuxième ! Bref, mon interprète conduit devant mon tribunal Ciraïa et ses trois maîtres successifs. Ne pouvant la partager en trois, et ayant déclaré, de plus, qu'elle était libre par le seul fait de sa présence à Siguiri, je la consulte et lui demande quel est, de ces trois hommes, celui qu'elle choisit pour son mari. Son choix s'arrête sur le tirailleur, qui nous fait bien rire lorsqu'il nous dit, en partant avec sa femme : « Femmes toujours préférer beaux tirailleurs aux civils... ».

On peut se figurer, d'après ce bizarre incident, à quel degré doit être arrivé le désordre social parmi ces malheureuses populations du Niger.

25 mars. — Je vais visiter les puits que les habitants de Siguiri avaient creusés, il y a deux ou trois ans, pour l'extraction de l'or, sur les flancs des deux collines situées au nord du fort. Le chef du village, qui m'accompagne, me donne de curieux et intéressants détails sur les occupations des mineurs. Les travaux d'extraction du minerai d'or ont lieu pendant les mois de janvier et juillet; le lavage est fait généralement pendant les mois suivants, par les femmes, tandis que les hommes sont aux travaux des champs.

La plus grosse affaire est de déterminer tout d'abord l'emplacement où

La belle Ciraïa.

doit être creusé le puits de la mine. Le plus souvent, on s'adresse au sorcier du village, qui est presque toujours un grand marabout ou un grand chasseur. Il fait ses recherches ou calculs au moyen de cauris ou de petits trous pratiqués dans le sol avec ses doigts. Les calculs faits par le sorcier sont appelés *guissané* par les Ouolofs, et *hianini* par les Malinkés. Cet indigène semble baser ses *hianini* sur la proximité d'un certain nombre d'arbres tels que le *diala* (caïl-cédrat), le *séré*, le *son*, le *lengué*, qui poussent très souvent dans les anciens trous de mines abandonnées. D'après les indigènes, l'arbre appelé *ouonini koroté* (malinké) ne pousse que dans les endroits où il y a de l'or.

L'emplacement désigné est le théâtre d'une cérémonie qui précède les travaux et à laquelle ne prennent part que les hommes qui doivent travailler aux mines; le sorcier désigne l'animal (bœuf, mouton, poulet, etc.) qui doit être tué et mangé sur les lieux mêmes par les mineurs, sans qu'ils puissent en donner à d'autres personnes. Il indique encore si les os des victimes doivent être enterrés ou jetés et, enfin, si l'on doit donner la peau du bœuf au chef du village. La première journée est consacrée à ce festin, qui peut être remplacé par un cadeau fait au marabout, qui fixe la nature du cadeau (riz, mil, colas, etc.), constitué par parts égales apportées par chaque mineur. Le seul instrument dont se servent les indigènes pour creuser leurs mines est le *samé*, sorte de pic à fer triangulaire, muni d'un manche en bois très court; la longueur du fer du samé varie de 20 à 30 centimètres. Le mineur, qui est assis, commence par décrire autour de lui avec son samé une circonférence dont le diamètre varie de 80 centimètres à 1 mètre, puis il s'enfonce verticalement et donne à son puits une profondeur qui peut varier de 3 à 40 mètres. La profondeur moyenne est de 25 mètres.

Pour arriver à la couche qui contient l'or, les indigènes prétendent que le mineur traverse huit couches de terre, portant des noms différents; la neuvième couche, appelée *gnié*, contient l'or. La quatrième couche, *doagou baguié*, donne souvent des infiltrations d'eau en plus ou moins grandes quantités, qui tombe dans le puits et qui produit parfois des éboulements. Ces éboulements sont cause de la cessation du travail dans les puits et y ensevelissent assez souvent des mineurs.

Le mineur cesse de creuser son puits dès qu'il rencontre la dixième couche de terre, qui est de faible consistance, de couleur rouge foncé ou gris blanc et appelée *hara* ou *modo*. L'épaisseur du gnié varie de 30 centimètres à 1 m. 30, et sa couleur est toujours la même que celle du hara, mais un peu plus foncée. Une femme munie d'une calebasse fixée à l'extrémité d'une corde retire du puits la terre extraite par le mineur. Lorsque le puits est creusé à une profondeur telle que la femme ne voit plus et n'entend plus le mineur, un mouvement d'oscillation imprimé par ce dernier à la corde indique à la femme le moment où elle doit retirer la calebasse remplie de terre ou de minerai. Le puits creusé, le mineur construit une ou deux galeries en se dirigeant vers l'est et l'ouest, et peut ainsi établir une communication avec les puits voisins qui ont été placés de chaque côté du premier puits. La largeur de ces galeries est de 1 mètre et la hauteur de 1 m. 30 environ. Quelques mines ont une troisième galerie, et dans ce cas sa longueur ne peut dépasser 5 ou 6 mètres, distance à laquelle le mineur ne reçoit plus la lumière de l'extérieur ou bien encore parce que, le filon n'étant plus suivi, le mineur croit que l'or est *parti* (expression du pays).

Le minerai aurifère est entassé au bord du puits. Il subit les manipulations suivantes : une femme remplit à moitié une grande calebasse de minerai aurifère (10 à 15 kilos) et y verse ensuite de l'eau pour séparer l'or de la terre. Celle-ci reste en suspension dans le liquide pendant que l'or se dépose au fond de la calebasse. Après un lavage consciencieux, qui exige de trois à sept changements d'eau (suivant la nature du minerai aurifère), il reste au fond de la calebasse de 30 à 40 grammes de terre, mélangée avec la poudre d'or. Ce mélange est légèrement séché sur le feu dans un récipient en fer appelé *fanda*; il suffit alors aux femmes de le prendre par petites quantités sur la paume de leurs mains, de souffler légèrement dessus, pour n'avoir plus que la poudre d'or, qui, grâce à sa grande densité, résiste au souffle et reste dans le creux de la main.

L'or ainsi obtenu est livré au commerce, soit en poudre, conservée dans des ergots de gros oiseaux ou dans des plumes d'oie, soit en anneaux fabriqués par les forgerons et pesant un certain nombre de gros.

Le minerai aurifère, qui n'est pas lavé au fur et à mesure de son extraction de la mine, est laissé sur place par chaque propriétaire de mine pendant un certain temps, sans crainte de vol, grâce à une légende dans laquelle les indigènes ont la plus grande croyance et d'après laquelle, si l'un d'entre eux vole du minerai à son voisin, il est sûr de ne plus retirer la moindre parcelle d'or de ses nouvelles mines.

Le creusement d'un puits exige ordinairement une quinzaine de jours : chaque mineur fait environ huit puits par an. La moyenne d'or extrait d'un puits égale un demi-gros. On peut dire que cent travailleurs extraient en moyenne 400 gros d'or par an.

Les indigènes font le commerce de l'or au moyen d'échanges faits avec les diulas, qui troquent leurs marchandises (poudre, sel, céréales, étoffes, etc.) contre les anneaux ou la poudre d'or. Ces diulas portent généralement cet or aux comptoirs anglais de Sierra-Leone; quelques traitants français, venus de nos comptoirs du Haut-Sénégal, cherchent maintenant à faire concurrence aux diulas.

28 mars. — Nous avons eu aujourd'hui un vrai drame au camp. La situation a même menacé, un moment, de devenir très grave. Après le déjeuner, je m'étais assoupi sur mon tara, lorsque je suis tout à coup réveillé par un grand bruit de voix. Je me lève, et au moment où j'arrive sur le seuil de ma véranda, je me trouve vis-à-vis d'un groupe nombreux

de nos indigènes, muletiers, ouvriers de Saint-Louis, portant le corps de l'un des leurs, qu'ils déposent à mes pieds. Je reconnais Mody, l'un des muletiers de l'état-major; il avait une blessure qui, ouverte sous l'aisselle, reparaissait derrière le dos. Il était mort.... En même temps, un grand tumulte s'élevait du côté du marché.

J'ai toutes les peines du monde à apprendre de mon interprète, Samba Ibrahima, les causes de ce fatal événement : c'est une rixe qui s'est élevée, au marché, entre nos tirailleurs et les autres indigènes. Un muletier a frappé un tirailleur; celui-ci a riposté. D'autres tirailleurs sont venus au secours de leur camarade, tandis que muletiers et ouvriers accouraient auprès des leurs. Ces derniers s'arment de bâtons; les tirailleurs, quel-

La mort de Mody.

ques-uns au moins, s'emparent de leurs fusils, et l'un d'eux, de son épée-baïonnette, frappe et tue le malheureux Mody. Au moment où j'arrivais sur la place du marché, les tirailleurs, excités par les femmes qui poussaient de petits cris aigus, sorte de chant de guerre qui précède ordinairement les rixes sanglantes, s'étaient précipités aux faisceaux, et allaient faire un mauvais parti à leurs adversaires.

Ces tirailleurs sont d'excellents soldats, mais ils ont un esprit de corps extraordinaire. Dès que l'on touche à l'un d'eux, ils font aussitôt cause commune avec leur frère d'armes.

J'avise un clairon qui, heureusement, se trouvait près de moi, et à la sonnerie de la compagnie, que je fais exécuter, ils se rassemblent tous en ordre et en silence. Je les confie à leur capitaine, avec ordre de les consigner dans leurs cantonnements.

Mais, pendant ce temps, les autres criaient vengeance, entourant toujours le cadavre de leur camarade. J'ai toutes les peines du monde à les calmer. Les muletiers voulaient déserter ; les ouvriers de Saint-Louis voulaient se ruer sur les tirailleurs. Enfin, je réussis à les apaiser. Je promets de livrer le meurtrier au conseil de guerre, de punir les tirailleurs, et de payer une indemnité à la famille.

L'enterrement a eu lieu cet après-midi sans incident. L'un des officiers de l'état-major, qui assistait aux obsèques, a répété que justice serait faite. Ce soir, tout est tranquille au camp. Cependant j'ai fait doubler les postes et ordonné de nombreuses rondes d'officiers et de sous-officiers. Les indigènes ne pardonnent pas aisément un acte de ce genre, et ils pourraient, la nuit, incendier réciproquement leurs cantonnements.

29 mars. — J'ai eu ce matin un écho de la scène d'hier. Ce sont les femmes de muletiers qui, habillées de guinée sombre et la tête couverte de poussière, sont venues en corps et en poussant de grands cris me demander vengeance de la mort du mari de l'une d'elles. Il m'a fallu encore palabrer longtemps pour calmer toute cette effervescence.

Il commence à faire une chaleur insupportable : 45 degrés à l'ombre vers une heure de l'après-midi. De plus, les orages sont fréquents : c'est l'hivernage qui approche. Il faut nous en aller, si nous ne voulons pas être surpris ici par les pluies. Je commence donc à prononcer le mot de départ, et j'annonce que dans une dizaine de jours nous reprendrons la route de Kayes.

CHAPITRE XXVII

Description du fort de Siguiri et de ses dépendances. — Le jardin potager. — Grand palabre avec les chefs de la région. — Départ de la colonne. — Le viaduc du Galougo. — Retour à Saint-Louis.

Nous étions aux premiers jours d'avril et déjà le fort de Siguiri commençait à faire bonne figure. Il y avait maintenant, sur le plateau, une véritable ville, pleine de bruit et de mouvement. Quand on prenait la route qui, par la gorge déjà décrite, arrive sur l'esplanade, on se trouvait en face de l'entrée principale du fort. Une muraille, longue de 200 mètres et haute de 4 mètres, joignait les bords de l'éperon et formait l'enceinte de notre nouvel établissement dans la direction du nord et de la route de Niagassola. Un mur qui suivait les contours extérieurs du plateau, et qui était plus ou moins élevé suivant le degré d'escarpement du terrain, achevait de fermer le terre-plein du fort du côté du Niger, du ruisseau et de la gorge. L'ouvrage entier présentait ainsi la forme d'un pentagone irrégulier; l'enceinte avait 600 mètres de pourtour. Quatre pavillons, avec étages et combles, devant servir de logements aux officiers et aux soldats européens, avaient été élevés à cheval sur la muraille, sur l'esplanade et la gorge, de manière à flanquer les faces de l'ouvrage et à permettre, en cas de besoin, aux défenseurs d'interdire aux assaillants l'approche du fort. L'artillerie, qui comprenait quatre canons et un canon-revolver Hotchkiss, était disposée dans les quatre bastions surélevés qui se trouvaient aux saillants de l'enceinte; les deux pièces de 80 millimètres de montagne, tournées vers le Niger, permettaient de balayer toute la plaine, ainsi que les gués du fleuve, et de menacer même les villages qui se trouvaient de l'autre côté du Djoliba. Enfin, les murailles étaient percées de créneaux, placés de mètre en mètre et qui, en cas d'attaque, seraient garnis d'autant de fusils.

Le vaste espace intérieur compris dans l'enceinte, et qui offrait une grande et belle place d'armes aux troupes de la garnison, avait été débarrassé des broussailles et des arbustes qui le couvraient à l'origine. On n'avait conservé que les grands arbres et quelques bouquets d'orangers sauvages et de bambous, destinés à fournir des ombrages aux habitants du fort. Tout contre la muraille, pour ne pas encombrer la place d'armes, on avait construit les dépendances : magasins, cuisines, ambulance, four et boulangerie, ateliers des ouvriers charpentiers et forgerons, etc.

Si l'on franchissait maintenant la porte massive qui fermait l'entrée du fort, on se trouvait au centre d'un rond-point d'où partaient trois routes, l'une conduisant vers Niagassola, l'autre par la gorge vers le Niger, la troisième vers le village des tirailleurs. Celui-ci avait été construit entre la gorge et les hauteurs qui, vers le nord, limitaient le plateau. Un mur d'enceinte semi-circulaire le défendait contre les surprises ; d'ailleurs, quatre tourelles, placées de distance en distance, permettaient aux sentinelles de surveiller tout le terrain extérieur et d'annoncer longtemps à l'avance l'approche de tout étranger. Le plateau s'étendait au loin en avant de ce mur, et formait un splendide champ de manœuvre pour nos soldats indigènes. Les cases des tirailleurs étaient rangées en longues avenues, venant aboutir à un magnifique bombax, placé au centre de la place du village. Toutes ces cases, bâties sur le même type et surmontées de leurs toits coniques, sur lesquels flottaient de petits guidons de couleur verte et rouge, faisaient le plus bel effet.

Plus loin, en bordure le long de la route de Niagassola, s'élevaient l'école des otages et les logements de l'interprète. Notre école était en plein fonctionnement, depuis un mois. Elle avait reçu les enfants des chefs des villages du Bouré ; comme dans nos autres écoles du Soudan, ils étaient instruits sur la langue française par les gradés européens de la compagnie de tirailleurs. Enfin, de l'autre côté de la route, non loin du ruisseau, le village de liberté comptait déjà de nombreux habitants, qui avaient commencé leurs travaux de défrichement pour les cultures de l'hivernage.

Les parcs aux bestiaux se trouvaient au pied du mamelon de droite, sur lequel on devait élever, dans la campagne suivante, un sanatorium pour y recevoir nos malades et convalescents. On aurait, là aussi, un excellent poste d'observation qui permettrait de surveiller très au loin tous les abords du fort.

Les puits avaient été creusés au pied du plateau. On y accédait par un petit sentier à flanc de coteau, qui aboutissait à une poterne, ouverte dans la face sud du fort. A peu de distance des puits, sur les dernières ondulations du plateau et à la limite des inondations du Niger, était le grand jardin potager, dont l'installation était confiée au peloton d'infanterie de marine. Nos soldats, qui aiment toujours ce genre de travail, y avaient déployé leur ingéniosité ordinaire. Un énorme ficus croissait au milieu de l'emplacement du jardin. Ils avaient, fort adroitement, utilisé les renflements et cavités de son gros tronc pour y installer un magasin aux instruments de jardinage, un parc à biches, un vaste poulailler où fraternisaient ensemble poules, pintades, canards, mélangés à des marabouts et à des oiseaux-trompettes, enfin un enclos où avaient été enfermés un couple de sangliers et ses petits. Au-dessus, il y avait un grand pigeonnier, où

Vue extérieure du fort de Siguiri.

étaient rassemblés pigeons, tourterelles, pigeons verts, perdrix, poules de Pharaon, etc. Enfin, plus haut encore, une sorte de treillis, courant à travers les branches, formait une vaste cage, où bondissaient de nombreux singes, appartenant aux espèces communes dans cette partie du Soudan. La voûte épaisse formée par le feuillage du ficus était en outre peuplée par tout un monde d'oiseaux, au ramage incessant. Bref, cet arbre constituait à lui seul, avec ses nombreux habitants, une véritable ménagerie.

Un joli kiosque avait été également dressé à l'ombre de ce ficus, parmi les lianes qui, semblables à des cordages, tombaient des branches supérieures pour prendre, à leur tour, racine en terre et former ainsi de véritables arbres. La terrasse du kiosque était garnie d'une gracieuse balustrade, formée de bois recourbés et enlacés.

Un puits large et profond était creusé au milieu du jardin. Il était muni d'un treuil pour hisser les seaux et recouvert d'un toit de paille pour abriter les jardiniers.

Une haie de pourguères avait été plantée tout autour du jardin, formé de nombreux carrés, où l'on avait semé tous nos légumes d'Europe. Déjà nous avions pu manger des radis, des salades et des petits oignons; les autres légumes, haricots, petits pois, choux, carottes, navets, etc., s'annonçaient très bien et devaient fournir de précieuses ressources à la garnison du fort. Des orangers, goyaviers, papayers, avaient été également plantés pour constituer les allées du jardin. Les bananiers se trouvaient sur les bords du ruisseau, tout près de la briqueterie, ces plantes préférant les terrains humides.

J'en aurai fini avec notre nouvel établissement de Siguiri quand j'aurai cité le grand marché couvert qui avait été construit à l'ouest du village, pour servir de rendez-vous aux diulas et traitants venant pour commercer à Siguiri et y troquer leur sel, leurs étoffes et leurs armes contre les céréales et surtout l'or de la région. Ce marché présentait une grande animation, notamment de dix heures du matin à deux heures de l'après-midi.

J'avais fixé le jour du départ au 10 avril, car l'hivernage allait bientôt commencer. Il pleuvait presque tous les jours et de gros nuages sombres couvraient le ciel. Les manœuvres me demandaient à s'en retourner chez eux, pour commencer leurs travaux de culture. Aussi, tout le monde redoubla-t-il d'activité pendant les quelques jours qui précédèrent le départ. La garnison de Siguiri, qui comprenait une forte compagnie de tirailleurs et une quinzaine de canonniers ou ouvriers d'artillerie, s'était déjà installée sur le plateau, dans le fort et ses dépendances. Les magasins renfermaient des approvisionnements pour un an, en partie arrivés de Kayes et en partie procurés sur place, surtout en ce qui concernait les céréales et les bestiaux. Le troupeau comprenait 300 bœufs et plus de 15 vaches laitières pour les besoins de l'ambulance et l'alimentation des soldats européens. Enfin, les munitions étaient au grand complet : 1200 coups de canon et 100 000 cartouches. Il y avait là de quoi défier toutes les armées noires de l'Afrique centrale, et Samory aurait été, je crois, bien mal inspiré s'il était venu s'attaquer à notre nouveau fort.

Le pays étant parfaitement tranquille jusqu'à Kayes, je ne conservai avec moi que peu de monde, et avec tous les officiers disponibles je formai

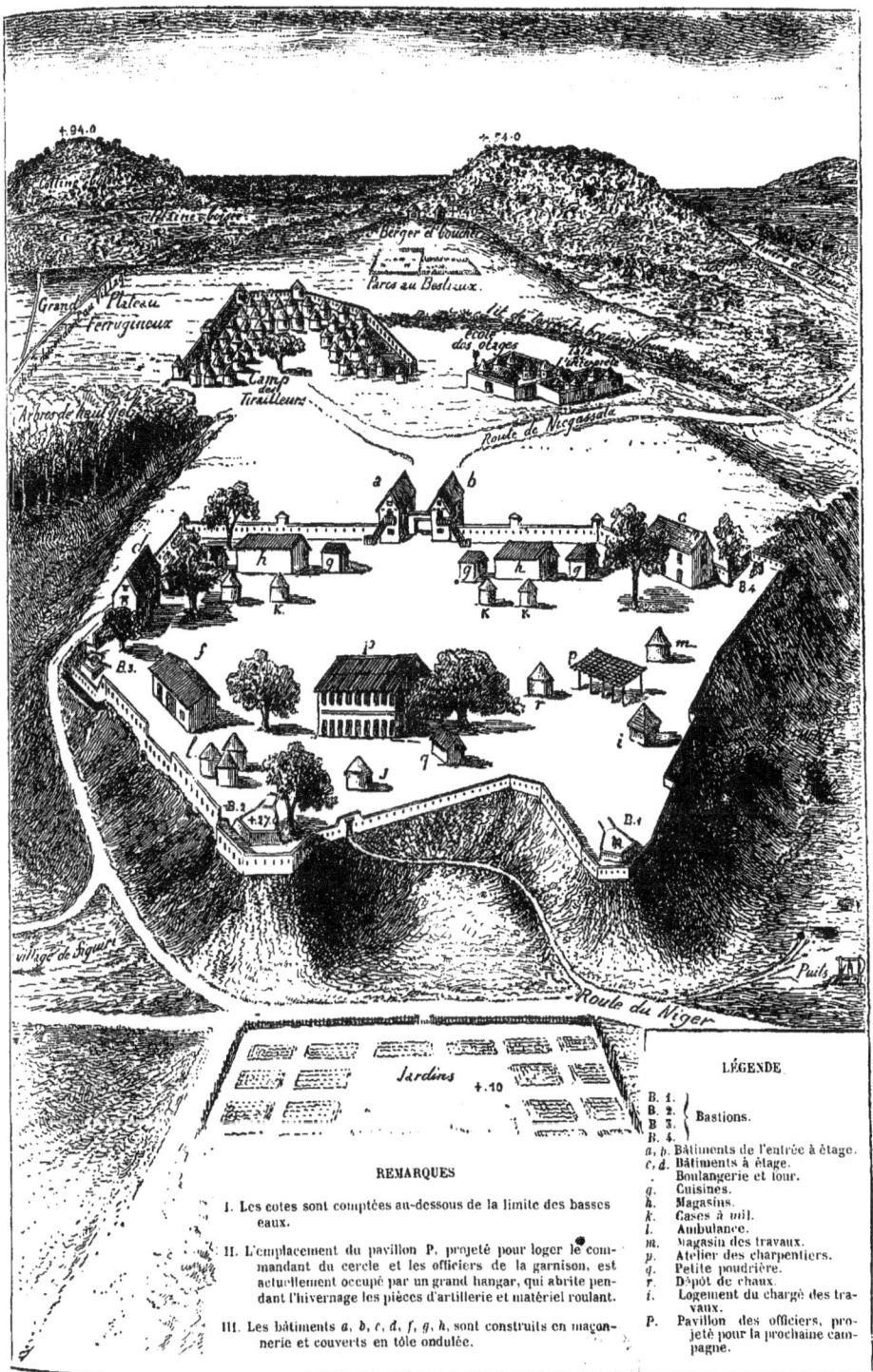

Vue intérieure du fort de Siguiri.

une série de missions topographiques qui devaient battre toute la région comprise entre Siguiri et les sources de la Falémé, et rejoindre par des itinéraires différents nos établissements de Bakel, Kayes et Bafoulabé. Nous aurions ainsi la carte complète de toute cette partie du Soudan français, encore mal connue au point de vue géographique et commercial.

Le dimanche qui précéda notre départ fut un jour de fête. Je donnai repos à tout le monde. Avant de me séparer de nos camarades, laissés à Siguiri, et des populations indigènes qui nous avaient si bien secondés pour la construction du fort, je voulus organiser quelques réjouissances, destinées en même temps à inaugurer, en quelque sorte, notre nouvel établissement. Tous les chefs indigènes du Bouré et des États de la rive gauche du Niger avaient été convoqués. Il en vint même de la rive droite, de ceux qui, pour fuir la tyrannie de Samory, avaient demandé notre protectorat. Ils étaient une soixantaine et formaient un ensemble bizarre par la variété de leurs costumes. Quelques-uns, venus des bords du Mayel Balével, avaient un aspect des plus sauvages, avec leurs vêtements de peaux et leurs cheveux tressés, surmontés de dépouilles d'animaux. Ils contrastaient avec les chefs du Bouré, majestueusement drapés dans leurs grands boubous de calicot blanc, bordés de soie.

Le matin, je fis mes adieux à la garnison réunie sur la place d'armes du fort, et en sa présence je remis au maître maçon Séga Diallo une médaille que le gouvernement venait de lui accorder pour le courage qu'il avait déployé en plusieurs circonstances de guerre dans nos campagnes précédentes.

Ensuite, tous les chefs indigènes se rangèrent autour de nos canons de 80 millimètres de montagne et de notre hotchkiss, pour assister au tir de ces engins, que l'on voyait pour la première fois sur les bords du Niger. On avait bien entendu parler des *borom-fetel*, les rois des fusils, mais on n'avait pas la moindre idée de leurs terribles effets. Les canonniers augmentèrent progressivement les distances de tir, depuis 1200 mètres jusqu'à 4 kilomètres. Les chefs suivaient le coup avec une attention extraordinaire, et un murmure de profonde stupéfaction se répandait parmi eux quand ils voyaient au loin la fumée provenant de l'éclatement. Leurs corps penchés en avant, leur silence, puis leurs cris, au moment où le projectile atteignait le but, disaient l'impression produite sur eux par nos nouvelles pièces. On fit ensuite éclater quelques obus à mitraille en l'air, pour leur montrer comment ces projectiles, réduits en un grand nombre de fragments, tombaient en pluie de plomb sur le but visé. Le hotchkiss, avec sa rapidité de tir et son mouvement circulaire, eut aussi un grand succès. Enfin la compagnie de tirailleurs, rangée en bataille, reçut l'ordre d'exécuter un feu rapide à répétition. Cette expérience, faite devant des gens qui ont tous de mauvais fusils à pierre, les impressionna plus fortement même que celle du tir et de l'artillerie. Les exercices achevés, il me resta la conviction que notre garnison de Siguiri pouvait dormir sur ses deux oreilles après notre départ, car jamais les chefs nègres de cette partie du Soudan ne songeraient à attaquer le nouveau fort et à affronter nos engins de guerre.

Ensuite eut lieu un concours de tir au fusil à piston pour les ouvriers de Saint-Louis. Puis on se rendit au grand palabre qui devait avoir lieu sur la place voisine de mon logement. Le palabre, c'est l'institution la plus chère aux Soudaniens. Il n'y a pas de grande fête sans palabre. Je n'eus donc garde de supprimer cette partie du programme. Du reste, les choses avaient été parfaitement organisées par les officiers de l'état-major. On m'avait préparé un siège sous un grand trophée de drapeaux ; tous les officiers de la colonne s'assirent autour de moi. Les tirailleurs faisaient la haie, et les spahis, en grande tenue, le mousqueton haut, formèrent le carré lorsque les chefs eurent pénétré entre les deux lignes de tirailleurs et se furent assis sur les nattes préparées pour eux. Je leur présentai le capitaine Roiffé, que je laissais à Siguiri comme commandant du cercle. Mes paroles étaient répétées à très haute voix par mon interprète, elles étaient ensuite communiquées à toute l'assemblée par un griot. C'était long et incommode, mais ainsi le voulait l'usage, et mon interprète Samba Ibrahima était trop formaliste pour se soustraire à la coutume. Il me fallut subir les réponses des chefs les plus importants, qui tinrent tous à m'adresser personnellement les témoignages de leur soumission aux Français et de leur satisfaction de se voir désormais soustraits à la tyrannie de l'almamy Samory. Bref, ils partirent enchantés et très sincèrement reconnaissants de la nouvelle ère de paix et de sécurité qui allait maintenant s'ouvrir pour toutes ces régions, si riches en dons naturels de toute sorte.

La fête se continua dans l'après-midi sur l'esplanade qui s'étendait en avant du village des tirailleurs. Quand je m'y rendis, vers trois heures, on avait réellement sous les yeux un spectacle des plus pittoresques. D'abord, le village de nos soldats indigènes, avec les cases aux toits coniques, surmontés de leurs petits guidons verts et rouges dépassant le mur d'enceinte, puis, la gorge avec ses grands et beaux arbres, formaient vers l'ouest un joli cadre au tableau, tandis qu'au loin on distinguait la grande ligne argentée du Niger allant se perdre vers le nord. L'esplanade était très animée; on se serait cru, avec la différence des types et des costumes en plus, dans l'une de nos fêtes de petite ville de France. On avait dressé sur l'un des côtés une véritable tribune, flanquée de poteaux avec des pavillons tricolores pour marquer les points de départ et d'arrivée des coureurs. Vers le milieu, un mât de cocagne, graissé avec du beurre de karité et surmonté d'un cerceau supportant des pièces d'étoffes diverses, des objets de parfumerie et des poulets vivants; un tourniquet très entouré par les manœuvres cherchant à gagner les prix promis aux vainqueurs;

Pose du dernier rail du chemin de fer à Bafoulabé. (Voir p. 447.)

non loin de la tribune, un orchestre formé par tous les griots des villages environnants et faisant un bruit assourdissant avec les tam-tams, les balafons, guitares, trompes, etc.; enfin une grande table où étaient rangés les objets qui devaient être distribués en prix à la fin des jeux et, tout à côté, les bœufs, moutons, ornés de rubans de diverses couleurs, et destinés également à ceux que le sort ou leur adresse aurait favorisés. Parmi tout ce bruit, nos tirailleurs, nos ouvriers, les manœuvres du Bouré, avec leur éternel boubou jaune, les enfants de l'école des otages, habillés d'une manière uniforme et tous coiffés de la chéchia rouge, nos soldats européens, mettaient leur grosse gaieté sous le brillant soleil de l'Afrique, qui donnait à tous les détails de cette scène les couleurs les plus vives. Je pensais qu'il y avait trois mois à peine, nous avions trouvé toute cette région dans la plus complète solitude et que, lorsque notre avant-garde avait paru à Siguiri, pas un habitant n'avait été rencontré dans les villages des bords du Niger, qui maintenant regorgeaient de monde.

Les divertissements eurent lieu conformément au programme : courses de différents genres, d'abord sans conditions, puis, les coureurs ayant les pieds attachés, et les femmes portant des calebasses pleines d'eau sur leurs têtes, enfin les enfants de l'école.... La cérémonie se termina par la distribution des récompenses. Quelques-uns des prix eurent le plus grand suc-

Le viaduc Gallieni. (Viaduc du Galougo).

cès, entre autres une carafe à musique, qui émerveilla tous les assistants.

Le soir, il y eut grand dîner. La table était dressée au milieu de la place d'armes du fort. Nos cuisiniers nègres s'étaient surpassés et la grande variété de viandes diverses, de poissons, de légumes du pays, qui couvraient la table, montrait que nos camarades ne mourraient pas de faim pendant leur séjour à Siguiri. Les cuisiniers nègres sont souvent fort habiles, et le mien mérita tous les éloges des convives lorsqu'il apporta un énorme nougat fait avec des amandes d'arachides et qui représentait l'entrée du fort de Siguiri, surmontée d'un petit drapeau tricolore, entre les deux pavillons bâtis de chaque côté de la porte.

Le lendemain, 10 avril, après avoir serré une dernière fois la main à nos camarades, la colonne reprit la route de Kayes, où elle parvint le 5 mai. Je m'étais arrêté quelques jours à Bafoulabé, au Galougo et à Médine, pour visiter les travaux du chemin de fer. La ligne ferrée était sur le point d'atteindre le confluent du Bafing et du Bakhoy; elle y parvint en effet peu de jours après, et c'est le 2 juin que le dernier rail fut posé à une centaine de mètres du fort, en présence du commandant du cercle et de tout le personnel du chemin de fer. Sans doute la ligne, particulièrement à partir du Galougo, avait besoin encore de sérieux perfectionnements, mais ce serait l'affaire de la prochaine campagne. Une expérience de deux ans

Construction de l'embranchement du chemin de fer de Médine.

m'avait prouvé qu'il était indispensable, pour assurer un meilleur fonctionnement du service du chemin de fer dans le Soudan, de le militariser. J'avais fait des propositions dans ce sens à l'administration des colonies, et je ne doute pas que leur acceptation n'ait pour objet de remédier en grande partie aux énormes difficultés que j'avais rencontrées à ce sujet depuis ma première arrivée à Kayes, en 1886.

Le viaduc du Galougo était terminé. Cet ouvrage d'art, le plus remarquable assurément de toute la côte occidentale d'Afrique, faisait le plus grand honneur à M. Couteau, son constructeur. Long de 75 mètres et haut de 18 mètres, il franchissait audacieusement le torrent, et on était réellement saisi d'étonnement à sa vue, d'autant plus qu'il s'élevait au milieu d'un site très pittoresque et parcouru par de nombreux fauves. Du reste, les indigènes du Natiaga avaient créé là un nouveau village, auquel je fis donner le nom de Faidherbe.

Enfin, on avait construit l'embranchement qui devait mettre Médine en communication directe avec Kayes. La première de ces deux escales avait pris une grande importance depuis deux ans ; elle ne comptait pas moins de 7 000 habitants et s'était considérablement agrandie. Il m'avait donc paru utile, pour éviter les dangereux passages de Kayes et de Kippes, qui rendaient la navigation si difficile à nos chalands du commerce, de faire exécuter le tronçon de 3 kilomètres rattachant Médine à la ligne principale. Pendant ma visite des travaux j'avais assisté à la pose du pont Descemet, sur un marigot situé à 500 mètres environ du fort.

Le 3 juin, j'étais de retour à Saint-Louis, où je retrouvais MM. Plat et Levasseur, qui venaient d'accomplir heureusement les missions dont je les avais chargés du côté de nos rivières du sud. Le lieutenant Levasseur, parti de Toubakouta, était parvenu à Sedhiou, sur la Cazamance. En même temps j'étais informé que le capitaine Audéoud, en dépit des obstacles de toute sorte semés sur sa route, venait aussi d'atteindre Benty, notre poste extrême du sud.

La campagne 1887-1888 était donc terminée tout aussi heureusement que la précédente, et à la suite des succès de nos colonnes et de nos missions d'officiers, le Soudan français prenait une extension inattendue et des plus favorables à notre commerce.

CHAPITRE XXVIII

MISSION DU LIEUTENANT PLAT DANS LE FOUTA-DJALON

Organisation de la mission. — Sa composition. — Séjour à Diamou. — En chemin de fer. Bafoulabé. — Un village récalcitrant. — Mort du capitaine Oberdorf.

Le lieutenant Plat nous donne lui-même le récit de son voyage et de celui de la compagnie du capitaine Audéoud dans les chapitres suivants[1] :

Le colonel Gallieni avait décidé, à Paris même, avant son retour au Soudan, l'organisation d'une mission dite du Fouta-Djalon, chargée de relier nos postes du Sénégal et du Niger aux Rivières du Sud. Le commandement en était confié au capitaine Oberdorf. Celui-ci me choisissait pour second et topographe, et à Kayes, enfin, où se parfaisait l'organisation de la mission, le docteur Fras, médecin de la marine, précédemment chargé des études scientifiques de la mission du Ouassoulou, où nous nous étions trouvés ensemble sous les ordres du capitaine Péroz, complétait l'état-major de la mission.

Pour le reste, des tirailleurs, des conducteurs, tous armés, un convoi d'une quarantaine d'animaux de bât, mulets et ânes, et des approvisionnements pour huit mois.

Cette mission, en dehors de son caractère géographique, qui était alors l'essence même de toute mission, avait un but diplomatique : placer sous le protectorat français le Fouta-Djalon. A la fin de la campagne, le colonel Gallieni enverra une deuxième mission, essentiellement militaire et devant affirmer chez ces Pouls orgueilleux la suprématie de nos armes. Aussi se

---

1. Chapitres xxviii, xxix, xxx, xxxi, xxxii et xxxiii.

composera-t-elle d'une compagnie de tirailleurs sénégalais avec des cadres subalternes noirs. Le capitaine Audéoud la commande avec le lieutenant Radisson pour second et topographe. Un officier de l'armée de terre est avec eux, le capitaine Le Chatelier, poursuivant des études spéciales.

Dès notre débarquement de la *Salamandre* sur les berges de Kayes, le capitaine Oberdorf et moi, nous nous étions mis à l'organisation si complexe de la mission, destinée à perdre le contact des postes à Bafoulabé, c'est-à-dire dès les premiers pas, et à se suffire à elle-même, dans toutes les circonstances d'un voyage de six mois dans des régions mal connues, parmi des races guerrières et hostiles à toute pénétration européenne.

Tout à l'extrémité du poste de Kayes, sur la route de Médine, large en cet endroit comme un boulevard et ombragée par deux magnifiques fromagers, nous nous étions installés dans une cabane abandonnée. Construite à l'époque première de l'occupation par un traitant, qui y débitait, à deux pas du fleuve, des verroteries, des tissus et des alcools, elle s'était trouvée, dans le grand plan de transformation de Kayes, qu'achevait en ce moment le commandant Monségur, juste au milieu d'une des avenues débouchant au centre du poste et condamnée par suite à disparaître. Elle avait pour nous le grand avantage de nous donner l'espace et l'isolement nécessaires à la concentration du personnel et du matériel, et à l'organisation du convoi. Le recrutement d'indigènes auxiliaires vigoureux et à mine intelligente fut facile. Ils abondent à cette époque sur le marché de Kayes. Chaque jour partaient vers les quais de débarquement ou les magasins un certain nombre d'entre eux, sous la conduite d'Aldiouma, notre chef de convoi, munis d'un « bon », et nous rapportaient caisses de conserves, ballots d'étoffes, cantines à bagages, bâts de mulets et d'ânes, selles, rouleaux de cordes de campement, entraves, caisses de farine, de vin, de tafia et de sel, outils de toute sorte, fusils à deux coups et fusils Gras, caisses de munitions et de cadeaux, cantine pharmaceutique, instruments de topographie, etc. Tout ce matériel était disposé soit dans la cabane, soit sous nos tentes dressées dehors, et immédiatement mis en mains pour sa répartition parmi les indigènes ou sur les animaux. Et ce n'est pas une mince besogne! Chaque mulet porte 100 kilogrammes et chaque âne 50, non compris le bât. C'étaient donc 55 doubles charges à constituer avec tous ces objets disparates, à placer sur les bâts préalablement ajustés, à confier à un conducteur, dont il fallait faire une laborieuse éducation.

Entre temps, j'allais acheter à Médine, pour le compte de la mission, les 50 ânes du convoi. Médine est le rendez-vous de tous les diulas du Soudan occidental : Maures et Sarracollets y abondent. Grâce au capitaine Roiffé, le commandant du poste, je parvenais rapidement à réunir mon petit monde à quatre pattes, moyennant 10 ou 12 pièces de guinée l'un. Tous étaient marqués de la croix brune sur le dos, indice de leur valeur. Parqués en avant de nos tentes, ils étaient conduits, le jour, aux pâturages, et rentraient au coucher du soleil, pour le repas de mil, mettant la grosse gaieté de leurs braiments et de leurs galopades, dans notre campement, parmi les ballots, les ustensiles de notre cuisine installée derrière un fromager, presque dans les brancards d'une voiture du service téléphonique, dont le capitaine Oberdorf cumulait les fonctions de directeur, avec le titre de chef de la mission du Fouta.

Pendant ce temps, sous le toit en tuiles de la cabane, dont la température étouffante était à peine rafraîchie par l'agitation d'un panca, le capitaine étudiait le programme de sa mission, tandis que le docteur Fras, de son côté, s'armait de tous les instruments scientifiques nécessaires à une étude approfondie du Fouta, au point de vue de sa faune, sa flore, son climat, ses habitants, ses productions, etc. Dans la cantine pharmaceutique il enfermait des médicaments variés, tant pour le personnel de la mission que pour les indigènes de qualité des pays que nous traverserions, qui voient en tout Européen, en tout *toubab*, un médecin, un *tebib*, dont le mot *toubab* n'est, d'après une opinion généralement admise, que l'altération. La science du docteur augmenterait ainsi les chances de succès, et nous ferait en tout cas une popularité de bonne sorcellerie. Sulfate de quinine, de soude et de magnésie, et ipéca gardaient cependant la grosse place et le premier rang, ainsi qu'il sied à ces inséparables compagnons d'un voyageur sénégalais.

Les étapes sont bien connues de Kayes à Bafoulabé : chemin de fer jusqu'à Diamou, puis voie de terre. Diamou, qui reçoit à cette époques le trop-plein de la garnison de Kayes, retient généralement quelque jours les passagers. C'est là que l'on complète les approvisionnements, là aussi que les missions font les premiers essais de marche du convoi, spectacle exhilarant que dirigeait pour nous le grand Aldiouma, coiffé de son large chapeau malinké. Avec une imperturbable gravité il se livre à l'éducation des 30 bourriquots de son convoi, qui déploient la plus brillante imagination à se débarrasser de leurs charges et à semer leurs bâts sur tous les sentiers des environs. L'ordre se fait cependant peu à peu dans la troupe indisciplinée.

Afin de gagner du temps, nous acceptons l'offre d'un lorry ou wagonnet à plate-forme, que nous fait le directeur de la voie pour nous transporter au Galougo; mauvaise idée. Tandis que notre cavalerie et nos ânes suivent le sentier le long du fleuve, juchés sur nos bagages amoncelés, à une hauteur inquiétante, nous sommes péniblement halés par une équipe d'indigènes qui nous fait parcourir un petit kilomètre à l'heure. Une locomotive arrive de l'avancée, ralliant le garage de Diamou : nous descendons de notre hauteur, déchargeons le lorry, le renversons sur le côté de la voie, puis, la locomotive passée, réattellons nos noirs à ce travail dont Hercule ne se serait pas tiré ; car, le deuxième jour, nous constatons, avec stupeur, que l'essieu a rongé la boîte en fonte sur laquelle repose la plate-forme, et que le roulement se fait sur du bois.

Depuis deux jours nous étouffons sous la toile tendue tout en haut, énervés par la lenteur de cette marche et l'éreintement de l'équipe ; la nuit dernière, nous avons campé au petit bonheur, près de la voie, dans un marécage. Nous sommes presque en haut de la grande montée de Tambacoumbafara ; sur l'horizon se profilent des wagons vides ou chargés de rails, qui attendent leurs équipes. N'importe, ce genre de locomotion est trop sujet à incidents : nous redescendons la pente, et de Tamba, où nous nous installons, faisons revenir notre convoi, déjà arrivé au Galougo.

A Bafoulabé, la mission se complète enfin par l'arrivée de trois tirailleurs de la compagnie de Kita, vieux troupiers chevronnés et noircis dans les campagnes soudaniennes depuis Borgnis-Desbordes, connus et appréciés par le docteur Fras et moi dans la mission du Ouassoulou, l'année précédente. Avec eux est notre interprète, Amadi Gobi, jeune et intelligent Poul[1] du Fouta-Djalon, du village de Gobiré dans le Kolladé, venu dans le Haut-Sénégal par une série d'aventures : tour à tour laptot, tirailleur, infirmier, diula, parlant sarracollet, bambara, poul, toucouleur, baragouinant le français et connaissant assez l'arabe littéraire de Saint-Louis pour lire une lettre et en écrire une à l'occasion. Sa smala l'accompagne, à savoir sa femme, son cheval, un palefrenier, et un gamin attaché spécialement au service de sa femme, mignonne Poule de Goubanko, que nous verrons marcher chaque matin devant nous à la suite des porteurs, torse et jambes nus, une calebasse sur la tête, maintenue par les bras arrondis, dans un joli mouvement de bronze antique.

Les agréments du poste de Bafoulabé, et la paresse de se mettre pour un long temps à la vie superactive et tracassée des colonnes en marche, nous

---

1. Le mot *poul* est remplacé fréquemment par celui de *peul* qui, dans le Fouta-Djalon au moins, n'a pas son correspondant. Les indigènes prononcent, en effet, bien exactement *poul*, *poulo*, *poular*, etc.
Djalon doit se prononcer en rapprochant beaucoup le son *j* de l'*i*, mais sans arriver à Dialon. On écrit à ort Djallon, Diallon, Dhiallon. C'est le même son que dans le mot arabe *el-hadji*, le prophète, que personne n'a jamais orthographié *el-hadhi*.

font séjourner quatre jours sous les gourbis construits le long du fleuve pour le passage des colonnes, à l'abri de gigantesques caïl-cédrats. Du haut du fort, où les officiers du poste nous ont fait le plus aimable accueil, notre regard se plaît à parcourir, vers le sud, les lointains horizons, où font des taches claires de paillote, des villages de « libérés », récemment installés, et où nous allons nous enfoncer, abandonnant ce joli village aux avenues rayonnantes et aux rues concentriques, et dotées de noms qui en font un long compliment.

Sur la route de Diamou à Tambacoumbafara.

Le 14 décembre 1887, la mission quittait Bafoulabé.

Nous remontons le Bafing sur sa rive gauche, le long de splendides cultures. Le voisinage de notre poste se devine à la prospérité des villages de Mahina et de Dialola. Puis les cultures se font plus rares; les hautes herbes et les épines prédominent près du sentier moins fréquenté. Les villages traversés deviennent chétifs, comme Sékoto, Déguéré et Santankoto, ou sont en ruines, comme Tintiba. Déguéré est la résidence des chefs du Barinta.

A partir de Santankoto, la route, celle que suivit Mage en 1863, abandonne le fleuve, qui s'enfonce dans l'est et traverse une région déserte, basse, inondée en hivernage. Des marais en beaucoup d'endroits. Puis le

Koba, grande rivière qui vient de la falaise du Tambaoura et coule sur un lit de sable. Il sert probablement de frontière nord au Bambougou, dont le premier village est Kegnémali, entouré de très belles cultures.

Nous allons ensuite au petit village de Sabouciré, en longeant d'abord les rives du fleuve aux affleurements de grès et en traversant une rivière désignée sous le nom vague de Balé, qui vient de Kama, et nous atteignons enfin le gros village de Lahandy.

Lahandy est au point d'intersection des routes Bafoulabé-Dinguiray et Médine-Koundian-Kita. Il est à 70 kilomètres de Bafoulabé et a 500 habitants environ. C'est à partir de ce point que la mission va tracer un itinéraire nouveau dans une région parcourue seulement par des itinéraires transversaux.

Aucune hauteur jusqu'ici sur cette rive du Bafing, mais une plaine à peine ondulée, aux horizons bas. C'est à Lahandy que les premiers mouvements du sol se montrent. Dans le sud, le Dibia Kourou émerge brusquement ; c'est le premier de ces soulèvements abrupts si nombreux de Koundian à Médine, et qui annoncent les premières pentes de la falaise du Tambaoura.

Ce sont les contreforts du Dibia Krou qui rejettent le Bafing dans sa direction primitive. Depuis Sendinian il semble en effet couler au pied d'une strate en retraite, appartenant à cette falaise si curieuse du Tambaoura.

La route traverse successivement Dibia, Ilimalo (200 habitants), une rivière venue du Kouroudougou et affluent de la grande rivière dite Balin du Soulou, Karansita (500 habitants) sur le prolongement de la muraille gigantesque du Nanifara Krou. Du haut de cette montagne on peut apercevoir les montagnes de Tombé, de Koundian et, à très peu de chose près, l'emplacement de ces villages. A nos pieds s'étend le gros village de Nanifara (1000 habitants), résidence du chef du Bambougou, Garan, et chef-lieu de ce pays en remplacement de Gagué, qui se dépeuple au profit de sa rivale. De magnifiques cultures, arrosées par les quatre ruisseaux (*nani fara*) de la plaine, l'entourent et donnent en abondance arachides, mil, riz, maïs, etc. Bétail assez nombreux.

Le Bambougou, qui s'étend de la rive gauche du Bafing aux montagnes du Bambouk, comprend une vingtaine de villages, généralement assez forts, mais dont les plus peuplés se trouvent près des bords du fleuve.

Chaque matinée nous faisons une moyenne de 12 kilomètres, et c'est le plus que nous pouvons, à cause de l'inexpérience et du lourd chargement du convoi. Notre colonne s'égrène sur une profondeur de plus d'un kilomètre en file indienne, et séparée en deux groupes : le premier groupe comprend les porteurs, les officiers, les domestiques, les mulets et les chevaux haut le pied ; le second, dont Aldiouma est le chef, les ânes et le troupeau. Il est généralement bien près de onze heures lorsque nous atteignons le campement, et depuis six heures du matin nous sommes en route. Il faut ajouter que nous coupons les rivières et les torrents, les *balé* et les *koba*, près de leur confluent avec le Bafing, et c'est chaque fois une opération délicate, sur le fond vaseux et enlisant, ou sur le lit de dalles polies par les eaux et glissantes. Bien souvent le convoi d'Aldiouma n'arrive que dans l'après-midi.

Nous installons le campement près des villages, sous les grands arbres, ficus, cail-cédrats, fromagers ou bombax, généralement respectés pour servir d'abri aux caravanes. Le sol est rapidement sarclé et nettoyé par les porteurs. Les mulets sont déchargés ; les tentes se dressent dans la zone ombragée ; celle du chef de la mission est indiquée par un pavillon au bout d'une hampe très haute. Les cantines sont ouvertes, la cuisine disposée à quelque distance, les mulets et les chevaux entravés ; les tirailleurs et les conducteurs se confectionnent des gourbis à la hâte, tandis que, de la porte du tata du village, débouche une théorie de vieillards, de guerriers et de femmes avec leurs inévitables calebasses.

Aldiouma arrive bientôt ; les caisses et les ballots sont alignés en muraille devant nos tentes, ainsi que la ligne des faisceaux d'armes où font bon ménage fusils Gras, mousquetons, kropatscheks, fusils à piston de l'ancien armement, revolvers et Lefaucheux. Puis succède le calme le plus complet ; c'est l'heure de la sieste. Mais vers deux ou trois heures, la vie reprend peu à peu. Le capitaine palabre avec les chefs du village, pour des achats ou le guide du lendemain ; le docteur fait des mensurations ou des observations scientifiques ; le topographe développe des distances et des azimuts, d'après un carnet griffonné le matin à cheval. Dans le cercle du camp, fermé par les animaux entravés, monte la gaie animation d'un marché, où ne manquera même pas l'idylle connue qu'entame avec une femme debout devant lui, et souriant de ses dents blanches et de ses grands yeux noirs, un tirailleur fumant à plat ventre sur l'herbe et la tête relevée sur les coudes.

A Nanifara, où nous sommes le 22 décembre, nous arrive la très inattendue nouvelle de la capture du marabout Mahmadou Lamine et de sa décapitation immédiate. Amadi Gobi l'annonce aussitôt aux indigènes de la mission et au chef du village, Garan. L'émotion, la joie sont grandes. Le village se réunit au son du tam-tam, et dans un cercle devant nos tentes s'élancent les femmes aux déhanchements gracieux, les guerriers gesticulant la danse du sabre, le chef exécutant des voltes et des sauts, nos hommes simulant la guerre avec leurs longs fusils, notre interprète même faisant avec un long coutelas des pirouettes effrénées, un sourire figé sur ses lèvres ouvertes et sur ses dents blanches. Un griot nous hurle à l'oreille la grandeur, l'invincibilité des blancs; les femmes chantent nos louanges, et les tam-tams rythment ce charivari assourdissant, avec l'accompagnement continu et métallique de petites clochettes.

Deux routes s'offraient pour continuer la marche sur Dinguiray, l'une par Tombé, l'autre par Bouréa. Celle de Tombé fut choisie, en raison des facilités qu'elle offrait à notre ravitaillement. La plus directe est celle de Bouréa (80 kilomètres environ). Elle rejoint Benda par Dioulaguénou, Linguékoto et Galamadji. La route suivie par nous a 115 kilomètres. Nos renseignements ne permettaient pas de prévoir un pareil écart.

Après avoir franchi quelques ruisseaux marécageux aux bords fertiles, nous entrons dans le bassin du Balé du Kouroudougou, et nous longeons à quelques kilomètres la ligne de partage des eaux de cette rivière et du Balin du Solou, indiquée par une série de collines boisées, d'un commandement moyen de 100 mètres, envoyant des contreforts rocheux qui barrent notre route. Pas de village. Nous sommes sur la frontière de trois pays, le Bambougou au nord, le Kouroudougou (pays de montagnes) à l'ouest et le Solou à l'est.

A Badiala, nous entrons dans le Konkodougou (pays de sources). A Nanifara nous étions à 190 mètres, nous voici à 355. Le sol s'élève d'une manière régulière jusqu'au point où nous retrouvons le bassin du Balin du Solou.

De hautes montagnes nous entourent, aux pentes douces, aux formes arrondies, reprenant le type classique dont s'éloignent tant les monts Dibia et Nanifara. A Tombé (445 mètres d'altitude), nous verrons dans le sud et tout proche les points culminants du Tambaoura, le Samboudioutou par exemple, dont l'altitude est d'environ 530 mètres.

Le guide n'a pu nous donner que les noms de quinze villages du Kouroudougou; ils sont cependant plus nombreux. Le principal, et celui où réside le chef, est Diomfara. Les chemins sont assez difficiles, rampent dans les replis du Tambaoura, dont la falaise sert de limite ouest à ce pays.

Quant au Konkodougou, il est sur le bord de cette falaise, tantôt en haut, tantôt en bas, mais toujours près des sources qui vont au Bafing et à la Falémé. Tombé (1 000 habitants) en est le chef-lieu; c'est là qu'habite le chef nominal du pays. Son influence ne s'étend guère au delà des murs en ruines. Car ses voisins étaient, il y a peu de temps encore, en guerre avec lui. Il aurait fallu d'ailleurs une armée bien nombreuse pour soumettre ces montagnards, jaloux de leur indépendance, embusqués derrière des défilés, et abrités par de hautes murailles. Toutes les guerres qui ont dévasté le Soudan semblent avoir tourné cet îlot rocheux, où la densité de la population est encore relativement grande.

Mungo Park a traversé cette région et s'est arrêté à Tombin, qui doit être notre Tombé, où nous coupons en outre un itinéraire du lieutenant Reichemberg (campagne 1886-1887).

Nous atteignons Tombé le 31 décembre.

La veille, nous étions campés près du village de Sekoto sous un gigantesque ficus, supporté par un grand nombre de troncs. D'énormes lianes couraient dans les branches, se tordant en spirales, s'enroulant, s'étranglant, sortant de terre d'un jet, s'allongeant sur le sol comme un boa monstrueux. Des coups de couteau distribués de côté et d'autre faisaient tomber une pluie de lait. Quelle récolte de caoutchouc sauraient tirer les blancs de cet arbre, qui pourrait être pour le village une poule aux œufs d'or, et dont ils s'occupent à peine! En tous cas, c'est l'idéal du campement dans la journée, mais la nuit la chaleur est accablante; on éprouve des sensations d'étouffement.

Nous touchons le sol, de nature ferrugineuse : il est brûlant. Au réveil, le thermomètre minima qui, les jours précédents, marquait de 6 à 10 degrés, s'est arrêté à 26 degrés.

De grandes brousses séparent le Konkodougou des pays du sud. Un ravitaillement sérieux en mil, en riz et en bétail était nécessaire. Le capitaine Oberdorf décida que la mission s'arrêterait là, et envoya dans les villages voisins, Sekoto, Kasso, Diokéba, Komboréa, des tirailleurs et l'interprète pour y chercher des provisions.

A Komboréa, l'interprète trouve une résistance que motivèrent peut-être des malentendus. Les gens de ce village lui répondent sur un ton arrogant, et font mine de diriger sur nos tirailleurs leurs longs fusils à pierre. Naturellement, un ordre de mobilisation met l'arme sur l'épaule à tout notre monde. Nous prenons des mulets; car leur pied sûr passera plus facilement par une gorge de montagne très mauvaise qui nous sépare du village. Il est quatre heures du matin; la petite colonne se met en marche, avec ses trente fusils chargés, par une belle clarté de lune. Nous arrivons au point du jour. L'interprète et moi, escortés de deux hommes, nous nous dirigeons vers le village, tandis que le capitaine se porte sur une masse rocheuse qui le domine. Amadi Gobi me dit :

« Lieutenant, attention ! Des hommes se cachent derrière le tata avec leurs fusils. »

Nous entendons en effet le craquement de chiens que l'on arme. En un bond, nous pénétrons dans l'intérieur du village, dont le tata est ouvert de larges brèches. Notre rapidité déconcerte les quelques guerriers éveillés à cette heure, que mon aspect d'ailleurs refroidit singulièrement, et nous allons cueillir le chef, assis paisiblement devant sa case, et stupéfait. Je fais arracher un fusil aux mains d'un homme qui ne s'était pas caché assez prestement... et tout était fini.

Palabre du chef avec le capitaine : le village nous donnera, en plus des deux bœufs demandés, dix moutons. Quelques scènes réjouissantes se passent au retour du chef rapportant cet ordre aux notables rassemblés. Il a beau étaler le désespoir le plus comique, personne ne veut se décider à donner l'ombre d'un mouton avant d'avoir ouvert un long palabre, où tout le monde donnera son avis. Ce régime parlementaire n'est pas de notre goût, et nous laissons en place ces discoureurs quand même, emmenant avec nous le chef et deux notables, que nous ne relâcherons à Tombé qu'en échange des moutons exigés.

Le lendemain 2 janvier, je partais pour le Bouré et le Tankisso, que je devais remonter jusqu'à Dinguiray, pour y rallier la mission vers la fin du mois. Un détachement assez important m'était donné. Le jour même, à mon campement du Tambaoura, le docteur m'envoyait un mot pour m'apprendre que le capitaine avait eu, quelques instants après mon départ, un accès de fièvre grave. Mais le soir il avait pu se mettre à table. Aucune inquiétude par suite.

J'eus à ce moment le pressentiment d'un malheur possible, et si cette nouvelle qui ne m'arrivait qu'à trois heures de la nuit, par suite d'une erreur de direction du courrier, me fût parvenue à temps dans la journée, je serais revenu sur mes pas. Mais j'étais pressé, la route par le Bouré est longue : je refoulai des appréhensions que je jugeai puériles, et continuai ma route.

L'événement me donna raison.

Le 3 janvier, les vomissements bilieux de la veille recommencent; bientôt après, une bilieuse hématurie se déclare, le quatrième jour. Sous l'influence d'un traitement énergique du docteur Fras, la maladie évolue assez régulièrement, si bien que le 6 janvier le mieux est très sensible; la fièvre est tombée. « Cependant l'estomac, écrit le docteur Fras dans une lettre au commandant supérieur, se montrait toujours irrité, supportait très difficilement le bouillon dégraissé avec un peu de jus de viande, et

Campement où est mort le capitaine Oberdorf.

refusait absolument le lait. Malgré tout, j'avais confiance, et cependant toute le courage, toute l'énergie de mon malade, tous mes efforts devaient rester impuissants. Le 9 janvier, après une nuit relativement plus calme, tout à coup, vers dix heures et demie du matin, le capitaine éprouve une première syncope, dont je puis le faire revenir. « C'est tout de même bête, « mon pauvre docteur, dit-il, penser que j'aurais pu y rester ! »

« Et il se mit à sourire. Un quart d'heure ou vingt minutes après, con-

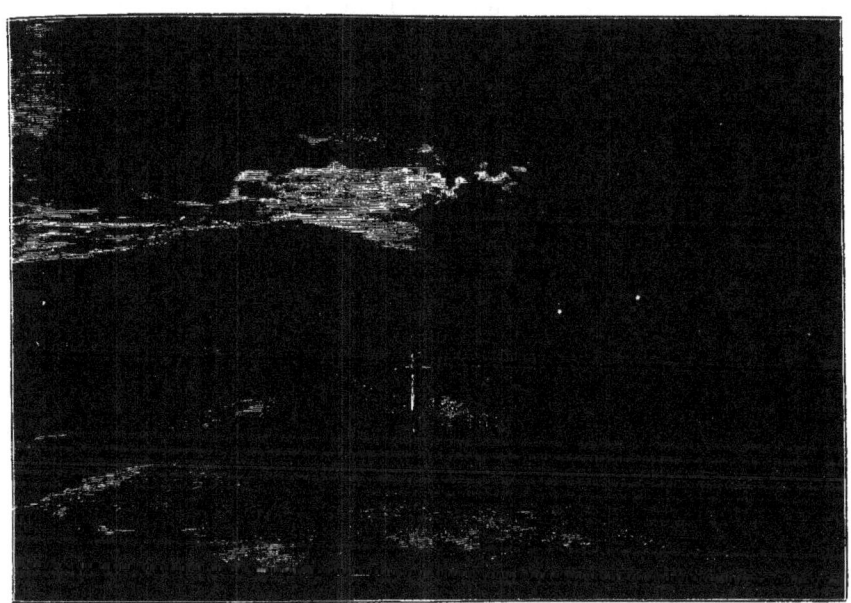

Tombeau du capitaine Oberdorf.

tinuant de m'adresser de temps à autre quelques paroles, il est pris d'une nouvelle faiblesse et perd connaissance pour ne plus la retrouver. C'était la fin. Après vingt minutes environ d'agonie, le capitaine rendait à midi son dernier soupir. »

Pendant sa maladie il avait fait transporter le campement à un kilomètre dans l'ouest de Tombé, dans un frais vallon, resserré par une cascatelle. Ame d'artiste, éprise de poésie et de musique, où les rêves d'ambition se mêlaient, hélas! de rêves d'amour, il berçait l'ennui de sa maladie au bruit de la petite chute d'eau chantante.

Enveloppé dans les plis du drapeau, pour la gloire duquel il est mort, on l'emporte, au milieu d'une affluence énorme d'indigènes, sous l'ombrage d'un cail-cédrat, à 200 mètres au sud du village, où la tombe avait été creusée. Devant son cadavre, le docteur Fras, avant d'adresser l'adieu suprême au chef, que sa science et son dévouement n'avaient pu arracher à la fatalité, disait à toute la foule, par l'intermédiaire de l'interprète, que ce lieu où reposaient les restes d'un chef français devait être désormais sacré pour eux, et que le commandant supérieur, par sa bouche, leur ordonnait de veiller sur lui, pour qu'il fût à jamais respecté. Puis, dans un silence solennel, les vieux tirailleurs de la mission rendant les honneurs à leur chef, le cadavre fut descendu dans le trou béant, le corps tourné vers la France, suivant l'habitude coloniale. Sur le tertre on amoncela les cailloux et les buissons épineux pour le protéger contre la voracité des hyènes.

Les chefs des villages présents demandèrent alors l'autorisation de faire autour de la tombe les danses des funérailles, et le tam-tam résonna, lugubre, accompagné par les battements de mains, les cris gutturaux des guerriers et la mélopée plaintive des femmes.

Une croix de fer a été plantée sur sa tombe par les soins de M. Estrabou, administrateur de Bafoulabé, et son nom, à ajouter au long et douloureux martyrologe africain, a été donné à une place du village d'un poste.

Quelques jours après, nous trouvions, le docteur et moi, en rangeant dans des cantines les effets de notre pauvre Oberdorf, deux petits livres de la Bibliothèque nationale, dont l'usure accusait une possession ancienne et de fréquentes lectures. L'un contenait la deuxième partie des *Caractères* de La Bruyère, l'autre, quelques oraisons funèbres de Bossuet. Oberdorf a raconté dans son journal de voyage comment il les avait achetés et conservés :

« Pendant mon commandement à Kita, dit-il, on vendit un matin les résidus de ce pauvre Sarciron, vétérinaire de la colonne, à qui on avait accordé une concession à perpétuité à Niagassola. On meurt quelquefois dans ce pays-ci ; cela dépend un peu de l'époque de l'année, et beaucoup de la bonne ou de la mauvaise étoile des individus ; mais c'est comme à l'écarté, on voit d'étonnantes séries.

« On est d'ailleurs très habitué à ces caprices du hasard, on dit d'un voisin : « il est mort », comme en France : « il est allé à la campagne ». Or tout ce qu'on ne met pas en terre est vendu au plus offrant et dernier enchérisseur. On vendait donc Sarciron. Il y avait foule, car à Kita les produits alimentaires ou industriels des pays civilisés n'arrivaient pas toujours sur le marché. Au milieu de la vente, que je regardais en spectateur un peu désintéressé (les commandants de poste ont encore quelques approvisionnements), j'entendis annoncer, par le commissaire chargé de l'opération, mes deux auteurs favoris, faisant partie inséparable d'un lot de boîtes de conserves. Je poussai l'enchère un peu pour les boîtes, mais surtout et en premier lieu pour les livres. Survint un brigadier du train qui surenchérit, non pour les livres, mais pour les boîtes. Il y met tant d'acharnement que je dus céder pour ne pas être ridicule aux yeux de la galerie. Trois mois après, un accès bilieux hématurique emportait en trente-six heures le brigadier. Nouvelle vente, après laquelle Bossuet et La Bruyère devinrent sans conteste ma légitime propriété. Les deux petits livres contiennent à presque toutes les pages de sages conseils sur la façon de se préparer à mourir. C'est ce qui a sans doute engagé les précédents propriétaires à en essayer. Comme je suis décidé à faire le récalcitrant, mon acquisition me servira de fétiche.... »

CHAPITRE XXIX

Le Meretambaïa. — Pluie et tornades. — Toucouleurs et palabres. — Oberdorf à Tamba. — Marches pénibles. — Misira. — A Dinguiray. — Fantasia. — Devant Aguibou. — Un peu d'histoire. — Séjour à Dinguiray.

Pendant que se déroulaient à Tombé les phases de cette cruelle maladie, je marchais rapidement sur le Bouré, par le Meretambaïa et le Kolou. Je passais dans les villages de Benda, Digania, Kendinian, Moussala, Kabelaya, Kofoulabé, et c'est au campement de la belle rivière Nanguili, le 12 janvier, dans l'après-midi, qu'un courrier rapide de M. le docteur Fras m'apprenait le malheur qui nous frappait. J'étais dans le pays de Barga, comprenant les trois petits villages de Kofoulabé, Dioulakoundou et Magadian, pays de hauts plateaux, de fortes montagnes, très sauvage, très giboyeux, traversé seulement par deux sentiers solitaires qui vont de Kabeleya et de Kambaya au Menien. Une trentaine de kilomètres me séparaient de ce dernier pays. Je repartis dans la soirée même, reprenant l'itinéraire déjà parcouru.

La mission était installée à un kilomètre à l'ouest de Tombé, dans un vallon resserré. Le docteur et moi, nous décidâmes de partir le 18. Les réquisitions de vivres furent activement poussées, et la mission quitta enfin ce funeste campement.

Les pays que nous avions traversés jusqu'alors font partie du cercle de Bafoulabé. Plus ou moins exacts, les renseignements recueillis à Bafoulabé même avaient suffi pour nous diriger. Les réquisitions de vivres se faisaient facilement, des guides nous étaient assurés. Désormais nous serions livrés à nos seules ressources, dans un pays très mal connu. Les difficultés commençaient.

Nous prenons de Dinguiray la route la plus directe qui passe par Benda, Diabérésada et Tamba. J'en ai fait l'itinéraire jusqu'à Benda quelques jours auparavant. La première marche est consacrée à descendre la falaise du Tambaoura, qui, depuis Kéniéra, à 50 kilomètres de Sénoudébou, projette sur la grande plaine de la Falémé et du Bafing ses énormes blocs de grès, d'abord en ligne droite sud-est nord-ouest, puis s'arrondit pour refermer le Kouroudougou et le Konkodougou, et va mourir dans le Solou, en avant de cette étroite passe où le Bafing s'est frayé difficilement un chemin. Les têtes des torrents qui vont se jeter dans la Falémé viennent mordre ce front puissant, entament la muraille gréseuse, y creusent des défilés inaccessibles, tandis que, plus haut et dans un sens opposé, des cours d'eau sinueux courent vers le Sénégal sur un lit de dalles glissantes. La falaise semble être formée de deux fortes strates en retraite légèrement l'une sur l'autre. La séparation court d'ailleurs en chemin de ronde sur les flancs de la montagne. La première strate, celle où sont les cultures, les sentiers, les villages, Tombé, Diokéba, Kasso, Sékoto, tombe presque à pic dans la plaine d'une hauteur de 240 mètres. Les parties hautes ont près de 100 mètres en plus. Les sentiers profitent des échancrures de torrent pour descendre, avec de grandes difficultés, de la falaise dans la plaine. Notre sentier, mal tracé, utilise assez heureusement le ravin du Diabi-Ko, et l'opération, quoique bien plus facile que sur la route de Komboréa, est encore assez dangereuse.

Il est à remarquer que la falaise du Tambaoura est à peu près parallèle à la côte. On dirait une courbe concentrique. Ne pourrait-on retrouver cette disposition géologique au sortir du Fouta?

Une fois la montagne descendue, on entre dans une grande plaine peuplée de fauves, parcourue par le Balin du Solou, la grande rivière, que les indigènes appellent ici Guibourouia, à sous-sol de roche ferrugineuse, lavé par les pluies d'hivernage, infertile. Elle semble couler dans une gigantesque faille de la nappe de fer, sur un lit d'alluvions; sa source est dans le grand désert qui entoure vers l'ouest le Meretambaïa. Son cours est rejeté contre les montagnes du nord, suivant la grande loi des rivières parallèles à l'équateur. Jusqu'à la grande colline ferrugineuse derrière laquelle se cache Benda, toutes les eaux vont au Guibourouia, qui, en hivernage, déborde jusqu'à 300 mètres de son lit.

Benda est le premier village du Meretambaïa. Il est à 40 kilomètres de Tombé. Pour y arriver, nous avons gravi péniblement une colline aux formes si arrondies, si lisses, qu'on dirait une vague ferrugineuse brusquement refroidie aux époques des bouleversements terrestres. Cette barrière, au bout de ce désert, n'empêchait pas les incursions des montagnards malinkés du Konkodougou, qui, plusieurs fois, en ont pillé et détruit les villages. Aussi Benda a-t-il l'allure d'une petite place forte, toujours prête à la résistance. C'est le point extrême atteint par les Djalonkés, chassés de leur pays par les Pouls, rejetés vers le nord, pourchassés comme bétail d'esclavage, et cherchant un abri dans des montagnes sauvages et infertiles. Le Djalonkadougou commence ici.

Le Meretambaïa est un pâté montagneux, entouré de tous côtés par trois grandes vallées, celles du Balin du Solou, du Bafing et du Fari. Quatre petites rivières, le Soriba, le Tintibou, le Tagou et le Kabari, le sillonnent, tournant autour d'énormes montagnes en forme de dôme, comme le Bambé, le Tagou, le Sania, d'une altitude moyenne de 700 mètres. La marche est très difficile, et les difficultés augmentent encore au passage des torrents, très encaissés, et dont l'approche semble défendue par d'épais fourrés de bambous, des massifs d'arbres gigantesques. Nous frayons un passage avec la hache pour les mulets de bât.

La mission était à Benda le 23 janvier, campait aux sources de l'Ouloun-Ko, gros affluent du Guibourouia, le 24 janvier, et le 25 atteignait le petit village de Diabérésada, blotti derrière un énorme mur d'enceinte. De ce point je me rendais à Digania, village où j'avais passé, dans ma marche vers Siguiri, quelques jours auparavant, dans le double but de refermer un itinéraire dans ce pays, et de faire signer aux chefs du Meretambaïa un traité. Ce traité de protectorat était signé le 25 janvier par tous les chefs réunis, avec un entrain qu'expliquent les fréquentes incursions des Malinkés et des Toucouleurs.

Voici quels sont les villages de ce petit État djalonké :

Digania. — Résidence du chef nominal du pays : Manou Niénié Keïta, 5 chefs de case, 100 habitants. Les routes du Fouta par Balandougou (diwal du Koïn) partent d'ici et sont utilisées par des caravanes chargées de peaux et d'ivoire. Quelques bœufs et moutons, riz, mil, maïs, fonio, etc.

Benda. — Chef : Soumbara Keïta, 12 chefs de case, 350 habitants. Bœufs et moutons. Village de chasseurs d'éléphants. Commerce d'ivoire avec Sierra-Leone. Ce village est le plus riche du pays, après Kendinian.

Bomboïa. — Chef : Fa Moussa Densokho. Petit village.

Konkoba. — Chef : Fa Boukari Densokho.

Kouroukoto. — Chef : Marékon Densokho.

Kendinian. — Chef : Bafili Kendi Konségué, homme énergique et obéi, venu de Gondaméa (Kolou). Ce village contient beaucoup de réfugiés de Gondoméa, et est depuis longtemps en relation avec Kita. 20 chefs de case, 400 habitants. Bœufs, moutons, volaille, riz, mil, etc. Riche. Caravanes de Dinguiray et des Rivières du Sud. Deux pirogues sur le Bafing, qui coule à 100 mètres, appartenant au chef de Kendinian.

Bendougou. — Chef : Mamoudou Demba Densokho. 6 chefs de case.

Diabérésada. — 1 chef de case : Farabo Densokho. Très pauvre.

Tandalabé. — 1 chef de case : Karfala Keïta.

Doubaya. — Chef : Sékho Densokho. 4 chefs de case.

Les indigènes du Meretambaïa, sauf les émigrés du Kolou qui habitent Kendinian, sont Djalonkés et fétichistes, et appartiennent aux deux familles Densokho et Keïta. Chaque village est entouré d'un tata généralement fort et bien construit et vit en bonne intelligence avec son voisin, ce qui est rare dans les autres pays. Naturellement les Malinkés de Kendinian sont tenus très à l'écart, et une sourde hostilité règne entre ce village et Digania. La plupart de ces villages ont été construits après la prise du grand village de Baguia, sur le Fari-Ko, par les Toucouleurs de Timbo, vers 1884.

Nous quittons le Meretambaïa au petit village de Tandalabé, aux grosses et lourdes murailles en pisé, ayant un air vague de donjon perdu dans les montagnes. La marche est très pénible. C'est encore une ligne de faîte à traverser. Nous entrons dans le bassin du Fari-Ko.

Des torrents échancrent les montagnes, profonds, tortueux. Les karités abondent. Enfin, au débouché même des montagnes, se heurtant contre leurs contreforts ferrugineux, apparaît la grande et jolie rivière, révélée par le capitaine Oberdorf dans sa belle mission de l'année précédente. Le Fari a un développement considérable. Il prend ses sources non loin de la Falémé, dans le Koïn, diwal du Fouta-Djalon. C'est entre ce pays et le Fontofa que l'avait traversé, pour la première fois, cet officier, premier explorateur des régions où nous allons entrer. Et, sauf peut-être vers ses sources, la rivière trouve partout la même solitude, le même pays montagneux, tourmenté, sauvage, aux pentes abruptes, aux vallées profondes, où paissent d'innombrables fauves, poursuivis par les chasseurs du Meretambaïa et du Koïn. Un grand village djalonké, aujourd'hui détruit, Baguia, est non loin du gué. Le sentier que nous suivons, très fréquenté par les caravanes, laisse le village à gauche, sur un mamelon, de l'autre côté du Fari. Un chemin y conduit et se prolonge jusque dans le Fouta-Djalon, qu'il atteint au village de Sourou, près de Kambaya (Koïn).

La rivière court de bief en bief sous l'ombrage de splendides arbres à caoutchouc, sur un lit de dalles inclinées qui rejettent ses eaux vers le nord. Elle ronge son dallage de grès, qu'elle découpe par couches, et découvre les strates inférieures, où elle se creuse des canaux capricieux à pans droits.

Rivière du Meretambaïa

Notre campement du Fari est traversé par deux caravanes, venant l'une du Koïn, l'autre du Dinguiray. La première emporte à Médine des kolas qu'elle échangera contre de la guinée ou des chevaux ; la deuxième, plus importante, vient échanger du sel contre les calebasses façonnées par les gens du Meretambaïa. Ces calebasses, elle les vendra dans le Fouta ou dans le Ouassoulou pour des kolas ou des captifs.

Du Fari au village de Fandanda, la marche se divise en deux parties.

La première longe la colline forte et large contre laquelle vient se butter, pour dévier à gauche, la rivière du Fari ; on coupe plusieurs torrents sortis de cette colline en cascatelles enfouies dans la verdure. Puis, abandonnant cette vallée, nous entrons, en deuxième lieu, dans celle du Bafing, dont on devine au loin le lit au pied des imposantes montagnes du Barga, par une descente oblique, obstruée d'énormes blocs de fer et de grès.

Les difficultés de la marche ne sont plus les mêmes ; l'obstacle change de forme. Ce ne sont plus des pentes abruptes, des contreforts, des nappes de roches, des éboulis, mais des rivières vaseuses et encaissées. Le sol est plat, ferrugineux parfois, souvent composé d'une terre blanche, du talcschiste, je crois. Les roches ne se rencontrent plus que dans les pentes des rivières, dont les berges raides, la vase du fond nécessitent le déchargement des animaux de bât ou un long travail d'aménagement, qui consiste dans la confection d'une rampe et la solidification du lit avec des branchages et des herbes.

A 10 kilomètres environ, notre sentier trouve la route de Kendinian, qui longe le fleuve. La plaine est barrée devant nous par un coteau fuyant vers la droite. C'est en ce point que nous retrouvons le Sénégal ou Bafing, dont les eaux viennent se heurter contre la paroi de grès, en éroder les strates et s'enfuir rapidement parmi les blocs éboulés. La cluse franchie, de belles cultures apparaissent ; des cases surgissent des hautes herbes, des taillis. Nous entrons dans le Dinguiray. Ce sont des gens de Tamba qui envoient leurs captifs travailler dans le sol fertile des lougans de mil, de riz et de coton.

Le 29 janvier, notre campement est établi sur la rive gauche du Bafing, à quelque distance de Fandanda, le premier village du Dinguiray. C'est avec une vraie joie que nous retrouvons le grand fleuve de Bafoulabé et de Saint-Louis, dont le cours sera, jusqu'au sortir du Fouta, comme l'axe de notre marche. Mais le temps devient bien mauvais : hier toute la journée une brume intense ; la lune ne réussit pas à se dégager des nuages et apparaît parfois entourée d'un halo de mauvais augure. La nuit, en effet, le bruit d'une pluie fine et continue me réveille, en même temps que le remue-ménage de nos gens mettant la guinée à l'abri sous ma tente. La pluie persiste jusqu'au jour. Désormais une tornade marquera presque chaque étape de notre voyage, et aux mille préoccupations, aux mille soucis des négociations difficiles, des défiances invincibles, des ravitaillements pénibles, s'ajouteront les misères des campements mouillés.

Notre convoi a déjà payé son tribut aux fatigues et aux fièvres. Deux ânes sont morts, un mulet va mourir, et deux chevaux, à leur tour, vont tomber au revers d'une côte escarpée.

La traversée du Bafing fut lente. La pluie continuait à tomber, et une seule pirogue transbordait bêtes, matériel et gens. Enfin, une deuxième pirogue, venue du village de Fandanda, à quelque distance au sud sur la rive droite, permit de pousser la besogne plus activement. L'opération, commencée à sept heures et demie, ne se termina qu'à midi. Le fleuve a en cet endroit une largeur moyenne de 120 mètres. Une heure après, nous étions au campement devant Fandanda.

L'accueil est loin d'être aussi empressé que dans les villages malinkés ou djalonkés. Une nouvelle race se montre à nous, la race toucouleure, ces musulmans noirs qu'avait fanatisés El-Hadj Oumar, et qui conservent toute l'arrogance des conquérants invaincus. Ils vivaient autrefois de pillages ; ils sont obligés aujourd'hui de se rabattre sur les diulas de passage, et étalent sans vergogne leur rapacité.

Fandanda n'est qu'un village de cultures de Tamba, admirablement placé dans une vallée très fertile. D'ailleurs Tamba, qui n'est qu'à 15 kilomètres d'ici, et dont la route, très fréquentée, est excellente, en possède encore deux autres, Cimatodi et Boudibagua. En outre, des groupes de cases disséminées exploitent cette belle vallée du Bafing.

Tamba, ce village où commença la fortune d'El-Hadj Oumar, et à qui ses anciens chefs djalonkés avaient fait par leurs atrocités une retentissante réputation, a perdu beaucoup de sa population et de son importance. Il ne reste guère que 350 habitants. Il est bâti au pied d'un mamelon, à quelques kilomètres du fleuve, dont le sépare une ondulation de terrain. Le tata qu'Oumar avait construit après la prise du village, se composait de quatre gros bâtiments, disposés autour d'une place. Il n'en reste plus qu'un, habité par Maki, fils d'Aguibou, et par une petite troupe de sofas, qui lui servent de garde. De nombreuses ruines de cases sont du côté du fleuve.

Dans la soirée on apporte à l'interprète du mil, du riz par poignées, en demandant 5 coudées, 10 coudées de guinée, 5 fois la valeur de la chose. Un achat est impossible dans ces conditions, et pourtant pas de vivres pour le lendemain. Nous devions aller avec le docteur au village par curiosité : nous irons pour palabrer.

Le conseil des anciens est bien vite sur la place. Un tas de gens accroupis nous entourent. J'expose que je viens ici comme ambassadeur, et qu'à Kayes les envoyés d'Ahmadou ont, quelques mois auparavant, trouvé des vivres en abondance.

« C'est vrai. Mais Aguibou seul peut nous donner l'ordre de fournir des vivres. Nous ne te connaissons pas.

— Cependant, en route, des musulmans de ce pays que j'ai rencontrés m'ont dit que dans tous les villages on faisait des approvisionnements pour nous recevoir. Ils m'ont donc menti.

— C'est possible. Mais pour nous, l'habitude — et la nécessité nous y oblige — est de vendre. Nous sommes de pauvres gens.

— Si pauvres que vous soyez, vous m'avez dit ce matin que j'étais pour vous un chef et un ami, et l'hospitalité que vous me faites est celle d'un ennemi.

— Mais le capitaine, l'année dernière, payait au prix qu'on lui demandait.... »

Le capitaine Oberdorf, cloué par une fièvre bilieuse hématurique sur le tara d'une case où Aguibou l'avait reçu, avait en effet séjourné pendant deux ou trois semaines à Tamba. Parti de la colonne de Bani avec de maigres ressources, il avait poussé une pointe hardie vers les confins du Fouta-Djalon, à travers des peuplades sauvages, et, réduit à une extrême misère, il était venu s'échouer ici, atteint une troisième fois par cette terrible maladie qui devait l'enlever dix mois plus tard. Aguibou vint au-devant de lui, le soigna, l'entoura de mille prévenances, accepta de signer un traité de protectorat qu'Oberdorf lui offrit, et pour lui éviter, dans sa convalescence, les fatigues de la marche, le fit transporter en litière jusqu'à Fandanda, d'où le capitaine rejoignit Kita.

Là se terminait l'itinéraire le plus audacieux, le plus aventureux qui ait jamais été fait dans ce pays pendant la campagne précédente, si féconde cependant en découvertes géographiques. La détresse de l'explorateur à son arrivée dans le Dinguiray fut si grande qu'Aguibou — fait inouï — lui donna une paire de chaussures en même temps qu'un cheval. Les cadeaux que la mission emportait étaient le remerciement que le commandant supérieur envoyait à ce chef.

Les vieillards qui dirigent Tamba ont tous fait la guerre sous El-Hadj Oumar. Ce sont des Toucouleurs du Bondou, du Toro, du pays d'Abdoul-Boubakar, gens de sac et de corde, de pillages et de tueries, enrichis de leurs brigandages. La mort d'El-Hadj Oumar et la fin des guerres leur ont créé des loisirs, qu'ils emploient à pressurer les caravanes, reconnaissant à peine l'autorité d'Aguibou, qu'ils gratifient du seul titre de *modi*, monsieur. Ni cheikh, ni émir, mais modi! Ils ont un vaste dédain pour les races noires qui les entourent, races d'esclaves, et ils admettent à peine, malgré la cruelle leçon que Faidherbe leur infligea à Médine en 1857, la supériorité des blancs. Aguibou a placé pour les surveiller son fils Maki, avec une garde de sofas, dans la forteresse bâtie par Oumar, construction haute, imposante.

Le lendemain matin, le guide que l'on m'avait promis n'arrive pas, et l'interprète me rapporte du village que les anciens ont décidé que je ne partirais pas, mais que, cependant, sur mon désir formel, une fois leur salam du matin accompli, ils voudraient bien ouvrir un palabre.

La prétention était un peu forte. Un indigène qui nous accompagne depuis quelque temps prend habilement des renseignements sur la route, et nous partons, étudiant aux carrefours les foulées de chevaux qu'une caravane passée la veille conduisait à Dinguiray.

La route de Dinguiray est belle, court sud-ouest, parallèle au fleuve, qui est à quelques kilomètres, puis, ne tarde pas à monter au milieu de roches de grès bouleversées, effondrées, érigées en tables, en rocs perchés. Nous sommes sur un haut plateau. Des crevasses se montrent vers le nord-ouest, allant au Bafing. A demi-distance entre Bilikili et Tamba, après le passage du Kofoulendi qui va verser ses eaux dans le fleuve, nous entrons dans le bassin du Tankisso, dont le nom exact est Tinkisso. René Caillié, qui l'a découvert, l'appelle Tinguisso, qui est peut-être étymologiquement meilleur encore.

Les hauts plateaux continuent toujours; ils sont profondément érodés par les rivières et torrents qui, des mamelons de droite, courent à gauche pour se butter contre des lignes de collines. Une de ces rivières, au niveau du plateau, tombe brusquement d'une hauteur de 15 mètres environ dans une crevasse taillée à pic dans l'énorme masse rocheuse. Rien de plus pittoresque que la chute du filet d'eau dans cette profondeur, où il n'arrive qu'en poussière et se perd dans des roches noires entourant un bassin d'eau verte et tranquille. A droite, le ruisseau sort de l'ombrage mystérieux de palmiers, de pandanus, de grands arbres à feuillage sombre.

La rivière de Bilikili, la plus forte de toutes, et qui vient des grandes montagnes de droite, coule dans un grand ravin à berges abruptes et lisses, d'une profondeur de 30 à 40 mètres. Son lit, encaissé, a une largeur de

8 mètres pour une hauteur d'eau de 0 m. 50 à 1 mètre. Cet obstacle, un des plus sérieux que nous ayons rencontrés, nous donne tant de difficultés qu'un de nos chevaux, fatigué, il est vrai, depuis quelques jours, tombe exténué à mi-hauteur de la berge opposée et expire un quart d'heure plus tard.

Enfin, nous voici au village de Bilikili. Ce sont des cases éparpillées ; des troupeaux paissent çà et là, des figures d'un teint café au lait apparaissent ; le chef vient nous saluer. Sa haute taille, ses traits réguliers, son profil caucasique, ses cheveux nattés tombant sur chaque tempe, son teint clair, le grand air intelligent répandu sur son visage, dans ses gestes, dans sa démarche, tout nous indique une race nouvelle. C'est un Poul pasteur et agriculteur, un de ces Pouls venus de l'est, dans la grande migration des races vers le soleil couchant, et qui se sont taillés un riche domaine dans le pays des Djalonkés. Peu nombreux et presque exclusivement campagnards dans l'État toucouleur d'Aguibou, ils iront en densité croissante jusqu'à Timbo, le cœur du Fouta-Djalon, où leur prépondérance est établie, absolue, tyrannique, et où les tribus guerrières et commerçantes prédominent.

Il est onze heures, et nous ne sommes encore qu'à Bilikili. On nous montre une colline à l'extrémité ouest de laquelle se trouve Misira, avec l'indication : *A ma dian, a ma dian !* « Près, près ! » La fatigue est générale : 25 kilomètres sont déjà derrière nous, et le passage des torrents, du dernier surtout, a exigé chez tous, hommes et animaux, une dépense excessive de force.

Nous longeons longtemps un mamelon très aplati en avant duquel coule une rivière. Le village semble fuir devant nous. Pourtant des gamins qui nous escortent répètent l'avis fatidique et à la longue d'une ironie exaspérante : *A ma dian, a ma dian.* Encore une grimpette, puis une autre. Enfin une nouvelle vallée se montre à nous. Misira est là.

Des groupes de cases partout, disséminés sur un espace assez considérable. Des figures curieuses sortent des palissades, de belles têtes aux couleurs pâles. Nous allons enfin trouver un campement sur les bords d'un torrent.

Misira est habité par des Pouls pasteurs et agriculteurs ; l'accueil est un peu moins défiant. A Koubi, le chef nous offre, sans demander de la guinée ou de l'argent, quelques oranges et trois œufs. Sur la route, une foule nous accompagne. Deux joueurs de flûte serinent dans les oreilles de nos chevaux une ritournelle, toujours la même, tandis qu'autour de nous gambadent les gamins tout nus. Des jeunes filles cachent leurs jeunes seins avec une candeur rieuse, et les jeunes gars marchent cérémonieusement, la main dans la main, deux par deux. Les vieux sont sur le chemin et nous précèdent. C'est un tohu-bohu dont le docteur s'amuse tout à l'aise, alors que les exigences de la topographie rivent mes yeux sur l'aiguille aimantée de la boussole.

Le sentier court entre deux haies de pourguères, limitant l'enclos d'un groupe de cases. Le bananier apparaît, puis l'oranger, dont les fruits sont mûrs. Des collines verdoyantes, des vallées capricieuses, où serpentent des lignes d'arbres très hauts, des mamelons, des monticules ferrugineux, servent de cadre à ce village éparpillé, d'où sortent des centaines d'enfants, de jeunes gens, de vieillards même.

La traversée de la rivière de Koubi, qui coule au pied de la colline, troisième côté de notre triangle, orienté est-ouest, se fait sans difficulté. La route devient mauvaise ensuite. Nous remontons la vallée d'un de ses affluents, rétrécie de plus en plus jusqu'à un col très évasé, sur lequel nous grimpons. Une vallée profonde se creuse à notre gauche. Le sentier reste sur le flanc ouest, très raviné. Des silex, des blocs ferrugineux entravent notre marche. Nous descendons et nous montons au gré des contreforts détachés de la montagne de droite. Enfin, sur l'horizon lointain de la profonde vallée qui est devant nous, se profilent deux petits mamelons plantés sur un dernier contrefort. C'est de ce petit col que nous apercevons enfin la grande cité toucouleure, construite par El-Hadj Oumar lui-même.

Dinguiray s'étend au milieu d'un cirque de mamelons, à l'intérieur d'une enceinte d'un grand développement. Un tata en occupe le centre. C'est la maison d'Oumar, dont la porte ouvre sur une mosquée énorme. Des jardins séparent les groupes de cases compacts, qui débordent même l'enceinte et s'éparpillent dans la vallée. Trois milliers d'habitants doivent s'y trouver.

Derrière des ondulations légères du terrain et devant nous, dans une direction sud-est, la vallée du Tankisso a 10 ou 12 kilomètres au plus. A droite, des montagnes trapézoïdales indiquent la vallée du Bafing.

Au bas de la colline qui domine au nord le village, et sur laquelle passe la route de Tamba, nous assistons à la fantasia qu'Aguibou nous offre pour nous faire « honneur et plaisir ». Des guerriers, divisés par groupes, font les évolutions d'un combat; ils s'avancent dispersés, poussent des cris, tirent des coups de fusil, puis vont se reformer en arrière et recommencent. Une soixantaine de sofas, mieux habillés et mieux armés, composent la garde d'Aguibou. Ils se livrent à ces exercices avec une véritable

Dinguiray.

furie. Les chefs, en avant, poussent des hou-hou terribles et font avec leur sabre le simulacre de couper des têtes autour d'eux.

Un intermède comique se produit : la brousse prend feu, des gamins dépouillent l'arbre qui nous protège contre les rayons du soleil, mais isolent bien vite le feu et l'éteignent.

Puis, des cavaliers apparaissent superbes avec leurs longs fusils damasquinés, piquant devant nous des charges effrénées. Un cheval noir, aux balzanes blanches, monté par un cavalier tout habillé de noir, passe,

Musique d'Aguibou.

comme dans quelque féerie démoniaque, dans la fumée noire, pleine de vacarme.

Les griots, dans la plaine, mettent dans le bruit la note continue et chantante de leurs *koras* à 20 cordes, au tremblement métallique des plaques de fer-blanc, que la longue queue de l'instrument courbe au-dessus de leurs têtes. Complètement masqués, la figure couverte d'une étoffe noire terminée en pointe, et où des yeux sont dessinés en rouge et souvent remplacés par une glace ronde, ils se promènent dans la plaine avec leur démarche ondulée et comédienne, que rythment leurs instruments.

Enfin, la fête est terminée et l'on nous conduit vers Aguibou par un chemin qui serpente dans l'intérieur de l'enceinte. Sur la place de la mosquée, il est assis au pied d'un arbre, sur une peau de mouton placée sur une natte ; très simplement habillé, d'un geste d'une grande douceur, il nous fait signe de nous asseoir. La foule est massée de côté et d'autre, on y voit çà et là des guerriers, l'arme droite. Après avoir salué le chef et l'assemblée, raconté le but de notre voyage, et remis la lettre du commandant supérieur, je présente les cadeaux, qu'Aguibou reçoit avec une joie sans mélange, bien qu'avec beaucoup de dignité. Il ordonne de mettre en place la pendule, dont il se fait expliquer le mécanisme, et fait seller un de ses chevaux avec les selles arabe et anglaise que nous lui apportons. Un griot fait admirer à la foule le velours vert aux broderies d'or.

La figure d'Aguibou attire dès l'abord. Le visage est long, allongé encore par une barbiche inculte et un peu en collier. Le teint est noir, le nez épaté, les lèvres très grosses, le front bombé. Mais les yeux sont beaux : une curiosité sans cesse en éveil s'y mêle à une finesse grande et à une douceur caressante, presque féminine. Le cou est fort, le derrière de la tête, si souvent dégarni chez le noir, grand et large, le crâne régulier.

Il se tient debout, position rare chez lui, car ce chef, avec sa tête de magistrat paisible et lettré, a l'indolence et la mollesse d'un Oriental ; sa stature est belle, au-dessus de la moyenne. Ses mains fines indiquent la race.

Il parle quelquefois avec volubilité, puis s'arrête, embarrassé, bégayant un peu, zézayant même, cherchant son expression, les yeux clignotants, puis repart, mais toujours avec la même douceur, dont est empreint son ton de commandement même. « Or les langues gazouillent en s'approchant du soleil. »

Logée en dehors de l'enceinte, dans un groupe de cases qu'Aguibou a mises à notre disposition, la mission, arrivée le 4 février, n'en repartira que le 18. Des palabres presque journaliers dans le tata d'El-Hadj qu'habite Aguibou, lourde construction d'une hauteur de mur de 6 mètres, à la triple enceinte, et aux six corps de garde en enfilade, nous mettent avec le fils d'Oumar en relations d'une amitié à cours changeant. Il avait succédé dans le commandement de Dinguiray à deux de ses frères. Le premier, Abibou, placé par Oumar, s'était trouvé en désaccord avec Ahmadou, le frère aîné, successeur de l'autorité paternelle. Celui-ci le fit appeler à Nioro et le condamna à mort avec Moktar, autre frère récalcitrant. Ceci se passait vers 1868. Seïdou lui succéda, vécut en fort mauvais termes avec le Fouta, dont il pillait les caravanes, et mourut en guerre à Nora, sur le Niger.

Aguibou vint donc ici en 1877, avec des goûts plus pacifiques, qui ne l'empêchèrent pas de rentrer dans l'alliance de Samory, le conquérant malinké, dont l'étoile montait au ciel du Soudan. Mais une brouille ne tarda pas à survenir entre les deux chefs, et Aguibou perpétra même le dessein de faire assassiner Samory, ce dont le dissuadaient ses conseillers. A la mort d'Ahmadou, c'est lui qui doit le remplacer à la tête de l'empire toucouleur.

Le docteur fait quelques mensurations de Toucouleurs, soigne les

Le chef Aguibou.

malades qui affluent à la case, fait aussi de belles opérations de chirurgie; il recoud le ventre d'un enfant, ouvert d'un coup de corne de bœuf. Pendant ce temps je parcours le village et ses environs, prenant à la dérobée des azimuts et des distances, et rapportant les éléments d'un plan au $\frac{1}{20000}$.

Du haut d'un des mamelons dominant au sud la ville, j'ai contemplé bien souvent la cité que le génie d'Oumar a fait sortir de terre, et sur laquelle semble flotter encore l'ombre altière de l'étendard du prophète; cette mosquée, énorme et lourde, gigantesque champignon sans tige, évoque un passé sanglant et fait naître l'antithèse séduisante de l'un de nos grands comptoirs commerciaux des Rivières du Sud.

Rien ne distingue le Dinguiray du reste du Soudan français. Mêmes chaleurs et même insalubrité. Son altitude est cependant de 512 mètres. Mais l'écoulement des eaux est lent. Ce fait peut se produire dans la montagne tout comme dans la plaine, quoique plus rarement, et explique des accès de fièvre à des altitudes où les miasmes ne semblent pas devoir atteindre. Au reste, Dinguiray est dans de très mauvaises conditions : il occupe le fond d'une cuvette topographique.

Ce petit État, d'une superficie de 4 300 kilomètres carrés environ, d'une population de 15 à 20 000 habitants, sous la paternelle administration de modi Aguibou, fait un commerce très actif avec Sierra Leone. Il y porte principalement des bœufs, des peaux, fournies par les nombreux fauves des déserts environnants, et enfin de l'ivoire, et en rapporte des étoffes, de la verroterie, du sel, de la poudre, des armes, etc. Aguibou a dans ses cases toute une vaisselle en porcelaine, des chaises, des chaussures européennes, une boîte à musique que son diula a payée 300 francs à Sierra Leone. Les goûts guerriers de la race toucouleure, ne trouvant plus à se satisfaire, se sont tournés vers le commerce, qui n'a pas d'ailleurs en Afrique un caractère pacifique : un chef de caravane conduit porteurs, bêtes et gens comme un militaire un convoi en temps de guerre.

Pour en finir avec ce pays, disons que la religion d'État est naturellement l'islamisme, dont la ferveur s'alimente dans de très fréquentes lectures du Coran. Les nombreux réfugiés des pays voisins sont obligés d'y marmotter les sept salams journaliers, hypocrites sur leur bouche, presque sans signification sur celle des croyants.

Cet îlot toucouleur, riche des anciennes guerres d'Oumar et de son commerce actuel, semble avoir une vitalité très grande. Il serait cependant de l'intérêt du Soudan français de l'occuper, d'en disperser les Toucouleurs et de le restituer à ses anciens propriétaires, les Djalonkés. L'avenir de notre influence en ces régions est dans notre appui donné aux fétichistes contre les musulmans. Là, comme en Égypte, comme en Algérie, comme à Zanzibar, l'ennemi de l'Européen, c'est l'islam.

Nous quittons Dinguiray le 14 février. La veille, Aguibou est venu nous rendre cérémonieusement visite et nous fait aujourd'hui le très rare honneur de nous accompagner pendant quelques kilomètres, au milieu d'une brillante escorte de cavaliers, de sofas et de griots. Nous emportions un excellent souvenir de ce chef, dont la sollicitude sut prévoir notre marche jusqu'à la frontière. Cependant cette impression a dû se modifier, par la suite, devant les preuves irrécusables d'une profonde hypocrisie, qui peut n'être que la conséquence de sa position ambiguë de roi constitutionnel qui règne et ne gouverne pas.

CHAPITRE XXX

Dans le Fouta-Djalon. — Palabre à Sokotala. — Rencontre d'un chef de diwal. — Organisation de l'État : Alfayas et Soryas. — Visite du chef de Fodé-Hadji. — *Baowal*. — Arrivée à Timbo. — Mahmadou Paté.

Le musulman noir est très formaliste. Cette particularité lui vient-elle de sa puérilité habituelle, ou bien les chefs, peu confiants en leur valeur, assurent-ils leur prestige grâce à ce cérémonial? Le refus de s'y conformer et souvent l'ignorance ont causé bien des ennuis aux explorateurs. Sans s'y astreindre en tous ses détails, ce qui serait une faiblesse et une faute — et elle a été commise, — dans son attitude, le blanc doit toujours exprimer, en ce pays de castes, la fierté et l'incontestable supériorité de notre race. A mon entrée dans le Dinguiray je m'étais conformé à l'usage de demander au chef l'autorisation de rentrer dans ses États, mais la lenteur de marche de mon courrier me trompait, et me valait, à Tamba, des répliques inattendues. Aussi dès le 4 février j'expédie au chef du Fouta-Djalon, Ibrahima Sory, un courrier porteur d'une lettre en arabe. Dans sa réponse, qui nous parvient le 21 février, la veille de notre entrée dans le Fouta, Ibrahima manifeste le plaisir de nous voir, et termine sur la formule sacramentelle que nous entendrons dans tous les villages : *Toli, Toli, Soli*. « Entre, ton plaisir est le plaisir d'Allah. »

Notre route traverse le Dinguiray par le milieu, dans une direction est-ouest, à peu près à égale distance du Bafing et du Tankisso. Elle ne prend la direction sud-sud-ouest, qu'elle gardera jusqu'à Benty, qu'à Loufa, le dernier des villages d'Aguibou.

De Dinguiray au canton de Ouoro, la route est très bonne. Elle longe d'abord au sud la falaise de Kombia, qui a de grandes analogies avec le Tambaoura, puis entre dans la large et fertile vallée du Konsili, dont les eaux vont au Tankisso. Nous traversons de jolies rivières, comme le Tambanoro, et marchons au milieu de groupes de cases disséminés, appartenant à des Pouls pasteurs et agriculteurs, de la race des Kolébé et des Guidonia.

La vallée du Konsili est fermée au sud par un massif montagneux qui s'élève en pentes très raides. Cet obstacle est très difficile à franchir, et l'on met plus d'une heure pour parvenir au sommet. Le torrent de Ouoro, affluent du Konsili, roule à notre gauche, et, le long de ses bords boisés, s'échelonnent les hameaux du canton de Ouoro, tandis que nous continuons à descendre insensiblement dans une région mouvementée. Les collines, les mamelons, les ondulations sont boisés et couverts de verdure, si bien que le spectacle est loin d'avoir l'aspect morne et désolé des bords du Sénégal.

Le village de Foniokountou, qui s'étend très au loin dans la vallée par ses groupes de cases, est situé près des bords sud du massif. Cette descente, aussi pénible que la montée, rappelle d'une manière frappante la descente du Tambaoura.

Après le village de Loufa, éparpillé dans une vallée d'une grande fertilité, nous entrons dans la zone montagneuse et déserte qui sépare le Dinguiray du Fouta. Cette zone n'a qu'une largeur de 26 kilomètres. Elle est toute pleine encore de souvenirs de guerre : Djalonkés, Toucouleurs, Pouls et Houbous s'y sont rencontrés, et notre guide houbou nous montrait encore avec orgueil le sentier presque disparu par où débouchaient ses terribles compatriotes pour fondre sur les agriculteurs du Dinguiray. La frontière même, bien délimitée, ce qui est rare, au moins dans les pays malinkés, est au Mokhonin Kourou, au pied duquel coule le beau torrent de Ninguira. Les gens de Loufa poussent leurs cultures jusqu'au pied du Mokhonin, où de vastes marécages se prêtent admirablement à la culture du riz. C'est le meilleur signe de la tranquillité qui règne maintenant en ces régions.

La traversée du Kolen et du Fodé-Hadji n'avait jamais été faite, et c'est au chef-lieu du Fodé-Hadji, appelé Foudedia sur nos cartes actuelles, que nous trouvons le premier passage d'Européens. René Caillié traversa ce village dans son beau voyage à Djenné et à Tombouctou, en 1827-1828.

Mais, à partir de Donholfella, assez nombreux sont les voyageurs qui ont visité et décrit la contrée à leur retour en Europe. Nous rencontrons successivement les traces de Goldsbury, de Lambert et d'Olivier à Sokotoro, de Mollien, d'Hecquart, etc., à Timbo, puis, dans notre marche sur Benty, de Winterbottom, Thompson, etc.

Hier nous avons abandonné la route directe du Kolen pour grimper plus facilement le Mokhonin Kourou, première montagne ferrugineuse depuis le Tambanoro-Ko. Ce matin nous tournons un mamelon en pente douce, sur un sentier à peine tracé. La route est dans un col très évasé ; derrière le mamelon est le premier village du Kolen, Sokotala.

Les gens viennent nous saluer dans la soirée, ayant à leur tête un vénérable marabout, à collier de barbe blanche, calotte rouge et turban blanc. Ils s'intéressent vivement à mes paroles, reconnaissent que Siguiri et Bafoulabé sont plus rapprochés et plus sûrs que Sierra Leone, et me demandent qu'on leur envoie de l'ambre, de beaux fusils, de la belle guinée, du beau calicot, contre leurs bœufs, leur caoutchouc, leurs peaux, leur or et leur ivoire. Que doivent-ils conduire à Siguiri ? « Rien que des bœufs, pour le moment », leur dis-je.

Des curieux et surtout des curieuses n'ont cessé d'entourer le campement, et de bien jolies curieuses, à l'ovale italien, sur une nudité de bronze vivant. Elles ne sont pas trop timides, juste assez pour que sous le regard elles détournent la tête en minaudant et en se croisant les bras sur les seins.

Après avoir descendu le mamelon ferrugineux sur lequel est construit Sokotala (ou Sérédjigua) et d'où s'écoulent le Boundou-Tchiéké et le Kimpa-Ko, nous entrons dans la vallée d'une grande rivière, le Koukoutambo, affluent du Bafing ou plutôt du Baleyo (car c'est le nom que prend ici le Sénégal). Le passage est très difficile et même dangereux, dans ce courant qui se butte contre d'énormes blocs de grès. Les animaux ont pu le traverser à la nage, un peu en aval ; la hauteur d'eau était là de 3 m. 20 environ.

Après le passage du Paradji, qui se jette dans le Koukoutambo et nous oblige à décharger les animaux, nous arrivons au joli village de Madella, assis sur un mamelon. Nous ne nous arrêtons pas : il nous faudra demain traverser une fois encore le Paradji ; mieux vaut mettre cet obstacle derrière nous, et nous attaquons avec la pioche et la hache le talus de droite, d'une hauteur de 1 m. 50 environ, et formé d'une sorte de tuf ferrugineux excessivement dur. Cette marche de 9 kilomètres a duré plus de quatre heures et beaucoup fatigué tout le monde.

Dans la soirée, le frère du chef du Kolen vient nous saluer de la part de ce dernier. Dans un verbiage solennel il nous souhaite la bienvenue, mais ne cache pas suffisamment sa mauvaise humeur de voir des blancs dans son pays. Une méfiance très grande nous entoure. Le chef de Madella n'est pas venu nous voir. Depuis quelques jours l'interprète nous rapporte des propos tenus à notre sujet : « Nous avons peur, disent les indigènes. Partout où vont les blancs, le pays désormais leur appartient. » Amadi cherche à les tranquilliser, leur explique le but essentiellement pacifique de la mission, mais ne leur enlève pas les appréhensions que leur cause le blanc qui « écrit le pays ». Cependant nous ne retrouverons plus formulées ces défiances. Les Pouls prennent leur parti de notre entrée dans leur pays. Ils ne chercheront désormais qu'à entraver notre marche, en nous refusant des vivres et des guides, sans insistance cependant. Car le convoi important qui nous suit, où dominent les étoffes d'échange, est, croient-ils, destiné à l'almamy et assure notre sécurité.

Nous traversons le lendemain les villages prospères de Tchiangué et de Finala, d'où part la route du Ouassoulou par Nono et Kouroussa, qui rencontre le Tankisso à 90 kilomètres environ ; et à mi-chemin de Boubéré nous trouvons le nouveau chef du Kolen avec sa suite de guerriers, de porteurs et de femmes.

Après un court entretien nous continuons péniblement notre route sur une colline de grès, aux éboulis nombreux, et arrivons enfin à Boubéré, village assis, comme les précédents, sur un mamelon isolé, entouré de torrents.

La marche du 26 février est toute en montagnes. Nous changeons souvent de vallées, et ce changement ne se fait pas sans la rencontre préalable d'une nappe de roches ferrugineuses, puis d'un talus ferrugineux qui conduit sur un plateau. Après le plateau, ce sont encore des ravins, des mamelons ferrugineux, jusqu'au moment où nous sommes assez élevés pour rencontrer le grès. Alors ce sont des collines aux pentes raides, des contreforts aux énormes blocs roulés et aux affleurements de grès en forme de bateau renversé. Puis la descente commence et l'on passe par la série inverse, jusque dans la vallée argileuse à terre blanche que ravine profondément une rivière aux berges abruptes. Et partout, des bois alternant avec des clairières et des défrichements où se font les lougans. Les arbres sont de haute taille ; les clairières, couvertes d'un fin duvet d'herbe tendre.

Des groupes de cases partout, dans la brousse, tantôt isolés, tantôt agglomérés en villages. Le pays est en effet en pleine prospérité et a profité de l'invasion et du pillage de Baïlo par Samory. Beaucoup de gens de ce diwal se sont réfugiés dans les villages du Kolen ; d'autres ont fondé près de Ninguira, à 15 kilomètres dans l'est de Sokotala, un village du nom de Diavia.

Nous avons vu dans le Dinguiray deux races de Pouls pasteurs, les Kolébé et les Guidonia. Le Kolen est peuplé d'une autre race, celle des Bolar ou Bolaro. Enfin, le Kolladé, qui est à 50 kilomètres environ dans l'ouest, de l'autre côté du Bafing, est habité par la race sannarabé. Notre interprète, Amadi Gobi, est Sannarabé; un de mes palefreniers est Bolar.

Mais, dans les villages parcourus, les Malinkés ou les Djalonkés (la différence, si elle existe, est difficile à faire) sont plus nombreux que les Pouls; ce sont les anciens habitants du Timbo, du Bakoleinadji, que les Pouls ont refoulés peu à peu vers le nord.

Nous avons laissé à 2 kilomètres environ dans l'est de Boubéré le village de Diégounko, d'où le fameux prophète Oumar partit avec une armée pour fonder le village de Dinguiray, dont l'emplacement avait été trouvé par un de ses chasseurs. « C'est l'endroit, dit-il (*dinguira*). — Appelons-le l'Endroit », répliqua Oumar. Et ainsi fut baptisé Dinguira, dont nous avons fait Dinguiray.

Aujourd'hui nous campons près de Bambarari, petit village de captifs ou *roundé*. Demain nous rencontrerons trois autres villages encore, dont le plus important est Kobolonia. Et tous ont un aspect enchanteur, dans leurs enclos verdoyants, où les pourguères et les bananiers font des ruelles étroites que parfument les orangers chargés de leurs fruits mûrs.

Kobolonia est le dernier village du Kolen. Après l'avoir dépassé, l'aspect du pays change : tout est triste et pauvre. Des baobabs, des arbres épineux, des plateaux à herbe rare, à arbustes rabougris, des grimpettes mauvaises, des ravins, résument l'impression que laissent les confins de ce diwal. Mais lorsque, après de grandes fatigues, on arrive enfin sur le col, l'œil se repose dans la splendide vallée du N'Guenguiou, dont les ramifications entourent les mamelons couronnés de villages. Voici, à gauche, N'Gonkou, Dabola, sur des promontoires verdoyants. C'est par là que débouchera, deux mois plus tard, la compagnie Audéoud. Nous traversons le joli village d'Illili, la belle rivière N'Guenguiou, large de 100 mètres, au lit pavé de dalles, qui va, à une étape d'ici, rejoindre le Baleyo. Nous montons sur un plateau d'où nous pouvons voir, dans l'est, le splendide panorama des montagnes d'où sortent le N'Guenguiou et le Bouka, affluent du Tankisso, et nous atteignons enfin le village de Fodé-Hadji, chef-lieu du diwal de ce nom et résidence de son chef, alfa Mahamadou.

Avant d'arriver à Fodé-Hadji, nous avons rencontré une longue caravane avec laquelle marche le tchierno Ismaïla, chef du diwal de Kolen. Ce sont d'abord des porteurs, beaucoup ayant sur leur tête des calebasses en bois, puis, un captif avec un récipient en cuivre. C'est le porte-crachoir, et ces gens sont les gens de l'escorte d'un chef....

Parmi les groupes qui se succèdent à la file, prenant à côté pour nous laisser le sentier, beaucoup de femmes. Leur habillement consiste en longs voiles blancs remontés sur la tête et tombant sur les pieds, dont on voit les anneaux d'argent. Elles sont coiffées en casque, avec des colliers de gros grains d'ambre, disposés en couronne sur la tête et autour du cou, et avec toutes sortes d'ornements d'un joli effet. Ce sont des femmes du chef, car jeunes filles et esclaves ne portent qu'un pagne serré à la ceinture et tombant à mi-jambe.

Un groupe de guerriers vient ensuite, un Poul à cheval, envoyé de l'almamy, des sofas encore, et enfin apparaît le tchierno Ismaïla.

La hiérarchie dans le Fouta comporte, en haut, deux chefs, dont le titre est almamy, émir el-moumenin (le puissant, prince des croyants); ils se succèdent au pouvoir de deux en deux ans. Puis viennent les alfas, princes du sang, ou de noble race, les tchierno ou marabouts, et enfin les modi, ou messieurs. Un Poul a nécessairement un de ces titres, qui le différencie des castes inférieures, composées de Djalonkés. Ceux-ci sont captifs de guerre, griots, diulas, forgerons, captifs de foulasso (habitation de campagne) ou de roundé (village de cultures).

A la fin des luttes d'où les Djalonkés, aborigènes du Fouta, sortirent esclaves, des dissensions créèrent deux camps parmi les vainqueurs. L'un des partis avait à sa tête l'almamy Alfa, l'autre, un Sory. Une pensée de conciliation, née du danger que leur conquête courait encore, dans son isolement au milieu de races profondément hostiles, leur fit adopter cette dualité de gouvernement, qui contentait tout le monde. Chaque almamy donne un chef de son parti à chacun des diwals (il y en a onze principaux), lequel, à son tour, fait le même choix, pour le commandement des cantons et des villages. Lorsque l'almamy sorya cède la place à l'almamy alfaya, tous les chefs soryas quittent en même temps le pouvoir, et se retirent dans leurs foulassos. En outre, dans chaque parti, l'élection se renouvelle aussi de deux en deux ans, et l'ancien élu n'est pas exclu du choix. Le parti régnant est en ce moment le parti sorya, qui est de beaucoup le plus puissant, et dont le chef est, coïncidence heureuse, le principal signataire du traité de 1881.

Cependant le tchierno Ismaïla, beau vieillard à figure biblique, se plaint de ne pouvoir palabrer avec nous tout à l'aise, et assure qu'il allait nous trouver à Madella, alors qu'il ne fait que visiter pédestrement ses bons villages, et continuer une tournée qui lui rapporte de beaux bénéfices. Nous l'abandonnons à ses regrets, et continuons notre route, que croisent encore en sens inverse des gens de sa suite et des femmes du harem, dont la beauté et la jeunesse contrastent singulièrement avec la barbe blanche de leur seigneur.

Rencontre du tchierno Ismaïla et de sa suite.

Fodé-Hadji est le chef-lieu du canton du même nom dont le chef, l'alfa Mahamadou, vient nous voir dans la soirée.

Une longue procession, précédée de griots qui crient, s'avance vers nous dans les longs plis des boubous noirs et blancs. Tous s'assoient devant le campement. Le chef du diwal est au milieu du cercle de ses gens; de son boubou bleu foncé émergent une tête aux traits réguliers et fins, immobile et sévèrement coiffée d'un turban blanc, et deux pieds, dont les doigts, agités par moments, semblent la seule partie vivante de cette statue accroupie sur une peau de bête. Le palabre terminé, palabre où les *Aguéliké? Guélam* (As-tu compris? J'ai compris) passent dans l'assemblée comme un mot de conspiration, et où le chef a seulement laissé tomber quelques paroles de bienvenue, toute l'assemblée se tourne vers l'orient, le marabout en avant, et se courbe, cassant la ligne rigide des étoffes surmontées de têtes noires, s'agenouille, se prosterne, se relève, et les profils les plus bizarres se découpent sur le fond d'or jaune du couchant, avec une régularité de marionnettes ou une grave harmonie de chœur antique.

Le diwal de Fodé-Hadji s'étend en largeur sur la vallée du N'Guenguiou, qui est très peuplée. On m'a cité un grand nombre de villages tout autour de nous. Le sol des parties basses est riche en alluvions grasses, très arrosé. Les villages couronnent, comme dans le Kolen, les promontoires mamelonnés des montagnes, juste au-dessus de leurs cultures. Le choix d'emplacement est spécial à ce pays et était imposé par l'état de guerre où le tenaient les Houbous. Et ces haies solides, ces palissades renforcées, ces ruelles étroites et encaissées valent au moins le tata bambara, assis dans la plaine et généralement dominé à courte distance. Nous ne retrouverons plus ceci qu'au sortir du Fouta.

Car nous voici en plein cœur du Fouta. La vallée du Sahim, où nous pénétrons après la montée ardue du col de Nérékoto, a toute l'ampleur, toute l'humide fécondité d'une plaine du centre de la France. Les ramifications de la rivière sont très nombreuses; partout de l'eau, des mares, un sol spongieux, des rizières, des jardins. Des forêts dominent, couvrant tous les mamelons, sous lesquelles paissent les troupeaux de moutons et de bœufs. Le noir disparaît, fait place au Poul au teint clair, à la belle démarche biblique; il n'est plus ici que le travailleur, le domestique, le captif, complètement effacé. Des fermes sont partout, appartenant aux riches Pouls de Timbo ou des villages environnants. C'est le foulasso ou maison de campagne. Et le plus important de tous, celui qui appartient à l'almamy Ibrahima, est Donholfella.

C'est en ce point que mon itinéraire se raccorde aux itinéraires des voyageurs partis du sud. La liaison du Soudan français aux Rivières du Sud était donc faite, au moins sur la carte. De Dinguiray, la mission avait suivi la route directe de Timbo jusqu'à Fodé-Hadji. Là elle laisse la route de Donholfella à gauche et va sur Timbo. Cette route ne comporte pas des difficultés très grandes. Elle est cependant, pour un convoi, peu viable en l'état, car tout ce pays est montagneux et tourmenté.

Au contraire, les sentiers de la vallée du Sahim sont larges, bien frayés, et ne comportent d'obstacles qu'au passage des ruisseaux, qui pour tout pont offrent parfois un tronc d'arbre scié en deux dans sa longueur et jeté en travers.

Nos prédécesseurs ont décrit la beauté exceptionnelle de la vallée de Donholfella. Le Kolen et le Fodé-Hadji, sauf dans quelques zones montagneuses à peu près arides, ont aussi une grande fécondité. Les villages, construits généralement sur un promontoire, ont un aspect enchanteur avec leurs enclos verdoyants, où les pourguères et les bananiers enserrent les ruelles, et où, sur l'horizon, les papayers découpent la dentelure de leurs feuilles, réunies en panaches, et les orangers leur bouquet vert piqué d'or.

Chaque village cherchait à nous retenir. Au passage, des femmes nous offrent des monceaux d'oranges. Elles reprennent, chez les Pouls, leur dignité d'épouses et de mères, bien que tenues toujours à l'écart des affaires, suivant la grande idée de l'islamisme. Le Malinké a le même terme pour désigner la femme et la femelle : *moussou*. Le Poul donne un nom particulier à une femme de sa race, et réserve pour les Djalonkées celui de *moussou*.

Les agglomérations sont de quatre espèces. En premier lieu, la *missida*, ville ou village (mosquée), que distingue son dôme de paille placé directement sur le sol, et entouré d'une aire de fin gravier ferrugineux. Les groupes de cases se pressent autour, formant un ensemble bien distinct. Viennent ensuite le *marga*, réunion d'enclos, habités par des Pouls pasteurs et agriculteurs ; le *roundé*, village de cultures, appartenant à un chef, et habité seulement par des esclaves ; enfin, le *foulasso*, habitation de campagne d'un riche Poul, qui en dirige lui-même l'exploitation à certains moments.

Le cimetière est généralement à l'intérieur de la missida, et indiqué par un massif de verdure. A Sarebowal c'est un endroit marécageux, où la végétation pousse à la diable, et que domine un magnifique fromager. De la terre fraîchement remuée indiquait une tombe récente. On a dressé à côté la civière primitive qui a servi au transport du cadavre, enveloppé des pieds à la tête, et l'on dirait que ces bois entre-croisés sont les branches de la croix d'un cimetière chrétien. Tout à côté une crevasse rectangulaire d'une longueur d'homme et très étroite indique une tombe ancienne, dont le plafond s'est effondré.

L'approche des grands centres se manifeste par la largeur du sentier, beaucoup plus battu. Les difficultés de la marche ont été grandes jusqu'à ce jour : collines, montagnes à gravir et à descendre, pentes obstruées de blocs, ravins et torrents, rivières profondes à lits dangereux. Les chevaux

Intérieur poul.

sont rares dans ce pays ; c'est du luxe que se permettent seuls les almamys, les alfas, quelques tchiernos, et dont ils n'usent que dans les cérémonies. Aussi le Poul ne se préoccupe-t-il pas d'améliorer les chemins.

Bientôt un nouvel obstacle va s'ajouter aux précédents : nous entrons dans la zone des baowals, qui ne cessera que très loin, près de la côte ; le *baowal* est un plateau ferrugineux dont la surface noirâtre a l'apparence d'une nappe de scories. Une herbe fine et d'un vert tendre croît, sortie on ne sait d'où, et encadrée de loin en loin dans de beaux bouquets d'arbres, qui reposent la vue et rompent la monotonie de la marche sur cette surface perfide, qui use en quelques jours le sabot sans fer de nos animaux.

Le Fouta-Djalon est loin d'être un État suivant l'idée que nous nous en faisons en Europe. Pas de nation, mais des éléments dissemblables, associés brutalement. L'élément poul est naturellement prépondérant; il va, en densité décroissante, de Timbo, la missida sacrée, cœur de l'empire, aux confins. Viennent ensuite les Djalonkés, de la même race que les noirs de notre Soudan, répandus partout. Hilotes occupés à tous les travaux, à toutes les besognes, souverainement méprisés, plus nombreux cependant et moins opprimés sur les frontières, où ils forment des villages dont les chefs sont souvent de leur race. Ce sont d'anciens captifs de guerre ou serviteurs influents, considérés à la façon des affranchis de l'ancienne Rome. Tout autour et séparés par des déserts, de grandes rivières, des montagnes, les Djalonkés indépendants, fuyant le pays abhorré de l'islamisme, ont émigré vers les montagnes infertiles de la haute Falémé, tels que les Sangalas, pilleurs de caravanes, sans cesse en hostilité avec les Pouls, qui, de temps à autre, vont s'y ravitailler en esclaves, ou bien vers les côtes de l'Atlantique, où ils se sont enrichis au voisinage des comptoirs européens, Nalous, Timénés et Sousous. Enfin, des Toucouleurs bavards, besogneux, confidents des secrets intimes et bons à tout faire, et quelques Malinkés.

Le Poul est de race caucasique, d'un teint allant du brun rouge au café au lait; le Djalonké est noir, avec des traits forts, sans la laideur du nez camus et des lèvres grosses et retroussées du Ouolof. Le Poul est d'une intelligence assez vive; celle du Djalonké l'est beaucoup moins. Le Poul a imposé sa religion, l'islamisme, dans toute son intolérance et avec une grande hypocrisie de pratiques.

Les langues parlées dans le pays procèdent de cette variété de types. C'est d'abord le langage djalonké aux sons rauques, puis, en se rapprochant du centre, le poul, aux inflexions gutturales et aspirées, dont la douceur rappelle beaucoup l'arabe et a un grand charme dans la bouche des femmes, enfin le toucouleur, tenant des deux précédents, et très employé même par les Pouls.

En ce moment, les Pouls sont presque tous — je ne parle que des Soryas, car les Alfayas existent à l'état d'ombres — à Fougoumba, la première missida construite dans le pays, et qui a gardé le privilège de la consécration des almamys. C'est là aussi que doivent se faire les élections des chefs de diwal. Pour le Kolen et le Fodé-Hadji, la chose est terminée, mais restent les grands diwals, Labé, Timbi, Kolladé et Koïn, qui font s'agiter d'ardentes compétitions. En outre, il est question de guerre. Labé et Koïn demandaient chacun des guerriers à l'almamy; car chacun a sa tribu à saccager, l'un les Djalonkés du N'Gabou, l'autre les Sangalas ; le prétexte est la protection des caravanes. Aussi chaque chef de diwal a amené son contingent de guerriers, et l'almamy, en se rendant de Timbo à Fougoumba, a pu faire une marche triomphale, en tête d'une belle colonne, qui a tout dévoré dans le pays sur lequel elle s'est abattue comme une nuée de sauterelles. Les semailles sont proches ; la provision de grains pour la saison est donc épuisée, et les réserves de semences sont attaquées. La famine est partout, dans le diwal d'Akolémadji, dont le centre est Fougoumba, et où les guerriers n'ont rien à manger, et c'est une de mes grosses préoccupations que de savoir comment je vais nourrir mon monde.

Le 3 mars, la mission arrive à Sokotoro, foulasso de l'alfa Mahmadou Paté, fils de l'almamy Oumar, et neveu de l'almamy actuel, Ibrahima Sory. C'est un chef puissant ; je l'ai envoyé prévenir de notre arrivée, et prié de nous donner l'hospitalité. Un courrier est venu de sa part au-devant de nous.

Nous nous arrêtons à 500 mètres du village, vers six heures du soir, et voyons bientôt des gens déboucher d'un petit col, puis d'autres plus nombreux, puis un cavalier, puis des fusils encadrant un second cavalier haut de taille, tout de noir habillé. Des cris s'élèvent autour de lui ; c'est l'alfa, à n'en pas douter. Il vient vers nous, et, avant de serrer sa main, paraît-il, il faut subir cent frictions avec les gens qui le précèdent. Quelle solide, forte poignée de main, et quelle différence avec la molle poignée de main d'Aguibou ! Le chef qui est devant nous est grand ; on dirait, dans l'obscurité tombante, une figure de brigand calabrais sur une stature d'hercule. Il parle haut et ferme, la tête rejetée en arrière et nous répète le mot : *Soli* « Entre ».

Nous quittons les pliants où nous sommes assis, et montons à cheval. Il nous cède le passage, et nous rentrons perdus dans une escorte considérable. Les sofas serrent de près Paté, suivant l'habitude, et lui font une ceinture vivante d'armes brillantes. Il monte un beau cheval plein d'ardeur.

Dans le village, après nous avoir offert des cases, que nous refusons, il nous donne la place de la mosquée, où nos tentes ne tardent pas à se dresser, tandis que le premier palabre commence. Après lui avoir sommairement exposé le but de notre voyage, qui est le resserrement des liens d'amitié entre le Fouta et la France, nous l'entendons raconter sa jeunesse. Le lieutenant Lambert[1] l'avait pris, paraît-il, en affection, et lui apprenait mille choses. L'entretien se prolonge longtemps, interrompu par un salam dans la mosquée, une mosquée de foulasso, c'est-à-dire un carré de troncs

---

1. Aujourd'hui général.

d'arbres plantés en terre l'un à côté de l'autre, et coupés à 30 centimètres environ du sol, empierré avec soin de cailloux ferrugineux; un petit carré, accoté du côté de l'orient, est destiné au marabout; sur les trois autres côtés, et au milieu, sont des ouvertures, dont le seuil est planchéié; enfin des orangers sont disposés en cercle à quelque distance. C'est joli, propre et même coquet.

Son accueil est si cordial, si chaleureux même, que nous acceptons de rester encore le lendemain. Il nous offre un bœuf, du mil, du riz en grande quantité, et, chose étonnante, ne nous demande rien. Mais c'est un terrible bavard, qui nous tient presque toute la journée. Un moment, il parle médecine, montre ses jambes et ses mains dont la peau se dessèche et s'en va en écailles. Les maladies vénériennes sont, nous dit-il, très fréquentes dans sa famille et dans tout le pays, et il ne savait comment les soigner. Il est facile de voir sur sa figure assez bestiale quels rudes appétits a ce gaillard de quarante ans, et quelle continence il est capable de garder.

Le lendemain, 6 mars, la mission passe le Baleyo pour la deuxième fois. Le gué du Sénégal est à près de 2 kilomètres de Sokotoro. Sa largeur est d'environ 40 mètres, et sa profondeur de 2 ou 3 mètres à quelques mètres du bord; le passage s'opère en pirogues; cependant les animaux pourraient passer à quelque distance en amont, mais difficilement.

Voilà encore une barrière franchie, la dernière qui nous sépare du cœur du Fouta. C'est toujours le même pays accidenté, au sous-sol granitique, aux eaux abondantes, aux perspectives changeantes, imprévues. On retrouve partout, dans leur cadre de verdure, sur les coteaux et sur les mamelons, des paysages dont l'œil a la souvenance, et l'on se prend à s'étonner d'y voir le toit pointu en chaume, au lieu de la maison blanche aux contrevents verts.

Nous campons à Nénéya, roundé appartenant à Néné Oumou, dont Mahmadou Paté est le fils. Celui-ci nous a accompagnés. Dans la soirée nous allons rendre visite à la veuve, une des veuves de l'almamy Oumar. Elle habite, dans un enclos où poussent de magnifiques orangers, une case très bien faite, très soignée, avec un plafond de gros madriers vernis par la fumée et soutenus par quatre gros piliers noirs. Le jour tombe; la case est obscure, si bien que nous ne voyons point la mère de l'alfa, qui est étendue sur un lit en terre, ou tara. Au bout de quelque temps, les yeux se faisant à l'obscurité, nous la distinguons allongée sur des étoffes sombres. Elle parle lentement et ses paroles sont pleines de mesure. Un autre lit, à rebord en bois dur, poli, et fait de tiges de bambous, est derrière nous, accoté au mur et recouvert de nattes; puis, tout autour, ce sont d'énormes calebasses en bois : des calebasses ordinaires de toute grandeur, des *canaris*, récipients en terre pour l'eau, des bahuts, de la vaisselle en porcelaine, des coffrets, des boîtes, des clefs, bref, tout un attirail bien rangé et cossu de maîtresse de bonne maison. Elle est malade. Le docteur lui offre ses soins. Elle se dresse alors, et sort avec son fils et l'interprète, à qui elle explique son mal. Ce sont des douleurs névralgiques

L'alfa Mahmadou Paté.

à la tête. Elle laisse le docteur la voir, disant que la souffrance ne l'effraye pas. Puis elle rentre, s'assoit sur le lit et la causerie reprend, coupée à un moment par le repas de l'alfa, qui invite deux gens de sa suite et l'interprète. Paté se sert seul d'une cuillère en bois, faite dans le pays. C'est du riz au lait qui est dans la calebasse, où les invités trempent les doigts. Du lait est à côté dans une autre calebasse, et ils en humectent leur riz de temps en temps. Ils boivent soit du lait, soit de l'eau avec de petites calebassés à poignée. Paté nous offre du vin de *sungala* ou *sumbala*, sorte de vigne arborescente dont on l'extrait; il a la couleur du malaga, mais est beaucoup trop suret, ce qui doit provenir de son peu de fermentation. On nous montre le résidu de la compression des raisins. Il est hors de doute que des Européens sauraient obtenir un résultat bien supérieur. D'ailleurs l'expérience a été faite à Boké, par le lieutenant Polliart, en 1877, je crois, et est concluante.

De notre campement nous voyons les deux montagnes en forme de mamelles, appelées Élaya, du nom d'un chef malinké, Éla, qui y résista longtemps. C'est dans leur gorge que passe le sentier, et la route est faite à plus de moitié quand on est parvenu dans le col. Aussi nous levons-nous fort tard, à 7 heures. Le brouillard, moins intense que les jours précédents, ne se dissipe guère qu'à ce moment, et me permet enfin d'étudier, pour ma topographie, les accidents du sol de côté et d'autre du chemin. Nous gravissons la pente, le long d'un capricieux torrent qui bondit de roche en roche. Au sommet nous apercevons Timbo, ville qui n'a rien de mystérieux, rien de saisissant que ce que lui donnent l'attente, la fièvre d'arriver, l'impatience d'atteindre le but. L'emplacement est bien choisi : Timbo occupe la tête d'une grande vallée, ainsi que l'indique son nom djalonké de Konko (Tête de Ruisseau), au pied de la colline, dont le nom indigène signifie « Montagne sevrée ».

Parmi toutes les villes du Soudan occidental, immédiatement après Tombouctou, aucune n'a une renommée aussi grande que Timbo. Tengrela et Médine sont de grands marchés. Bammako vit sur son ancienne réputation. Bandiagara et Bissandougou sont des capitales qui doivent leur prestige à des règnes glorieux. Ségou, enfin, Ségou, la résidence du fils d'El-Hadj Oumar, illustre d'un passé rempli de grandes luttes entre Bambaras et Toucouleurs, entre « buveurs de dolo » et l'islam, n'a pas l'éclat d'un foyer puissant de religion et a perdu toute importance. Timbo, la Konkovi des Djalonkés autochtones, marque l'étape d'arrivée des races caucasiques dans le Soudan extrême. Là demeurent les almamys (*al-mamy*, le puissant), gardiens des traditions et grands prêtres de la loi musulmane. Là vivent les vieilles familles poules, faisant toujours précéder leur nom du titre d'*alfa* (prince), de *tchierno* (marabout) ou de *modi* (seigneur ou monsieur). C'est la ville sacrée, la ville-lumière de la région.

La ville est déserte : quelques vieux seulement viennent au-devant de nous, et, suivant nos désirs, nous conduisent près d'un grand arbre, sur la route de Fougoumba. Nous y installons le campement. Le palabre habituel de l'arrivée réunit autour de nous des têtes bien curieuses, ou ratatinées (race pure), mâles, fortes et puissantes, avec de la barbe (Pouls fortement mêlés de Djalonkés). Nous reprenons notre route le 7 mars au matin.

Deux sentiers conduisent à Fougoumba, l'un passant par Poredaka, l'autre par Gongoré. Celui-ci est un peu plus court. Ces deux sentiers se confondent jusqu'au passage du Tchiangui, ruisseau de Timbo, ayant sa source dans la colline sacrée, puis s'écartent, le nôtre obliquant un peu vers le nord.

Nous laissons derrière nous, à une lieue de Timbo, un bouquet d'arbres sacrés (les endroits sacrés ne manquent pas autour de Timbo), désigné sous le nom de Télibofi. Des troncs de *téli* jonchent le sol. Ils servent de sièges aux gens de Timbo qui ont accompagné l'almamy en route vers la missida sainte de Fougoumba et se reposent un moment avant de rentrer. Les Pouls vivent sur de vieilles coutumes.

Après le passage de la forte rivière appelée Hériko, affluent du Baleyo, nous gravissons une vraie montagne aux flancs arrondis, boisés et fort pittoresques. Cette montée dure près d'une demi-heure. Nous ne descendons pas le versant opposé, mais côtoyons la crête, ayant à notre droite des ravins et des précipices au fond desquels coule un torrent du Hériko. Cette marche à flanc de montagne, assez agréable, est cependant souvent obstruée d'éboulis de roches ferrugineuses ou de blocs de grès. Souvent aussi le sentier est comme sablé d'un cailloutis ferrugineux. Et une remarque vient à l'esprit spontanément : c'est le sens de la praticabilité du sol qu'ont les Pouls et que ne possèdent guère les noirs. Un Malinké prend un alignement soit sur le soleil, soit sur un relief du sol, et marche droit devant lui, sans rien éviter qu'une touffe d'arbre ou un petit amas de cailloux. Il gravit et descend un coteau sans songer qu'un léger détour lui éviterait les pentes et la fatigue sans allonger sensiblement sa route. D'ailleurs le Poul est bien plus délicat que le noir, il est même chétif, la figure osseuse, les membres grêles; le noir du pays a des jarrets et une poitrine à toute épreuve, et, lancé dans un travail, il l'accomplit avec la vigueur lente d'un bœuf. Le croisement de ces races, dû au vif attrait que les Pouls ont pour la polygamie, produit un type remarquable d'intelligence et de vigueur physique, dont un échantillon des mieux réussis est certainement Mahmadou Paté.

Depuis le Tchiangui jusqu'au plateau de Poukou, nous marchons sous des nuées de sauterelles, obscurcissant l'air, faisant dans les vallées profondes une brume roussâtre et opaque. Abattues sur le sol, elles lui donnent une couleur de cailloutis ferrugineux, et, dans le ciel, à l'horizon, forment de longues bandes légèrement sombres. Des captifs sont à leur chasse, les abattent à coups de bâton et en emplissent des calebasses.

Le village de Poukou occupe le centre d'un haut plateau parfaitement dessiné et qui doit sa formation à des apports d'alluvions dans une cuvette ferrugineuse. Une belle rivière serpente dans ce plateau et va tomber dans la vallée du Hériko. Nous en remontons le cours le lendemain, sous un brouillard très dense, ondulant lourdement et qui ne se dissipe guère que vers sept heures sous les rayons du soleil. Sa source est au village de Gongoré, de 500 habitants. Le nom de ce village, assez répandu, indique d'ailleurs une source; c'est une altération du mot djalonké *Konkolé* (*lé*, voilà, *kon*, tête, *ko*, ruisseau). Les Pouls atténuent en effet les consonnes, en changeant le *k* en *g*, et le *l* en *r*. Le son *o* est souvent remplacé par la diphtongue *ou*. Par exemple, Poukou, au lieu de Pouko, et peut-être même Poko. De même pour Fougoumba, au lieu de Foukomba.

Gongoré est un joli village, assis sur un mamelon ferrugineux. Nous le dépassons et entrons dans la vallée du Badi, dont un des affluents prend sa source dans la vallée latérale dont la tête est au Kourou.

Ce mot, qui signifie « montagne » en malinké, et que les Pouls ont conservé sans autre qualificatif pour désigner une montagne et un canton, porte bien ce nom exclusif. C'est un soulèvement de grès abrupt, presque une colonne aux flancs fouillés et qui émerge, bien distinct, des ondulations ferrugineuses qui l'entourent. De loin, on dirait quelque énorme roche échouée là, venue on ne sait d'où. Il est comme à l'avancée des montagnes qui forment l'autre côté de la vallée de Fougoumba, comme une sentinelle de granit dans un envahissement ferrugineux. D'ailleurs il rappelle beaucoup le Kourou du haut fleuve, ces massifs qui émergent brusquement autour de Koudian, près de Diamou, près de Kita.

Aussitôt arrivés au Kourou, juché à la limite du plateau de Poukou, la descente commence, une descente très pénible au milieu des éboulis de grès, d'où s'échappent, dans des ravins obstrués et souvent inabordables, de minces filets d'eau. Souvent un contrefort plat, comme une oasis dans le dédale des rochers, se rencontre couvert d'un pré épais sortant des apports de grès.

Dans toute cette descente on découvre la grande et large vallée de Fougoumba, dont les bords opposés s'élèvent en montagnes superbes. On ne tarde même pas à apercevoir cette ville, dont les cases, dans un nid de verdure, se pressent au pied d'une petite colline bien dessinée sur l'horizon bleu pâle. Une marche nous y conduit. Vers le milieu de la route nous rencontrons la grande rivière de Siragoré (malinké : Silakolé), qui coule vers le nord et va se jeter dans le Téné. C'est près de ses bords que le chef des kéfirs djalonkés, Kondé Birama, fut rejoint et battu grâce à une intervention d'Allah, me dit mon guide Bakar Poullo. C'était pendant la saison sèche et les Djalonkés fuyaient devant les Pouls. La rivière franchie, et ils étaient complètement à l'abri. Mais la Siragoré grossit subitement et les Djalonkés furent taillés en pièces.

CHAPITRE XXXI

Réception à Fougoumba. — L'almamy Ibrahima. — Palabre d'arrivée. — M. de Sanderval. — Remise de cadeaux. — Le sous-lieutenant Levasseur à Labé. — Négociations. — Maladie. — Traité avec l'almamy.

Nous arrivons le 9 mars devant Fougoumba ; l'accueil de l'almamy est très mesquin. Il a simplement envoyé au-devant de nous un de ses fils et quelques chefs, et nous propose un logement à 4 kilomètres de la ville. Il y a certainement dans cet accueil l'intention de nous tâter. Nous protestons hautement, et faisons dire à l'almamy que s'il ne nous fait pas une réception plus digne le lendemain, et s'il ne nous loge pas dans Fougoumba même, nous partirons sans l'avoir salué. « Je reconnais que le village est bondé de guerriers et de chefs, mais il y a toujours et partout place pour des envoyés d'un grand chef français. »

Notre protestation produit le résultat attendu. Le soir même, dans notre campement de Digui, où nous nous sommes laissés conduire, l'almamy nous envoie ses excuses, et nous demande de venir le voir le lendemain, l'usage l'empêchant d'aller au-devant de qui que ce soit ; un logement spacieux et bien compris nous est réservé, tout proche de son habitation.

Nous partons à sept heures du matin pour notre visite officielle. Des cavaliers sont venus au-devant de nous, différents chefs de diwal, le frère de Mahmadou Paté, le fils de l'almamy avec ses sofas. Les tirailleurs et les auxiliaires sont devant nous, armés de leurs fusils, baïonnette au canon, et nous marchons au milieu d'une foule considérable, qui s'augmente encore, en s'approchant du village. Nous y pénétrons par la route de Timbo, par une rue large relativement qui débouche devant l'énorme mosquée, la première construite dans le Fouta. Dans son aire sont assis les anciens personnages importants, venus de toutes les parties de l'empire. Notre guide, Mahmadou Saïdou, homme de confiance de l'almamy et Toucouleur faisant partie de l'ambassade poule amenée à Paris en 1883, nous prie de saluer d'abord ces gens à barbe vénérable. N'est-ce pas là un indice de la puissance redoutable des almamys? Chaque Poul ici, comme le Toucouleur dans le Dinguiray, jouit d'une indépendance et de prérogatives très grandes, et l'almamy n'est que le premier d'entre eux, à peine le chef. Avec son apparence extérieure de monarchie bicéphale, ce

L'almamy Ibrahima Sory.

pays n'est au fond qu'une oligarchie théocratique, panachée de ploutocratie.

Nous pénétrons enfin dans l'habitation de l'almamy. Il n'a pas de cases à Fougoumba, et loge, pendant son séjour, dans l'habitation ordinaire du chef de la ville, l'alfa Ibrahima, qui s'est installé en face. Notre escorte reste en dehors d'une case pleine de gens et obscure. Une main est tendue vers nous. Nous la serrons à tout hasard. C'est celle de l'alfa Ibrahima Sory, almamy, émir el-moumenin du Fouta-Djalon.

Réception de la mission à Fougoumba.

Après les souhaits de bienvenue, où le mot *toli* supplée à l'imagination paresseuse du discoureur, et allonge, ainsi qu'il convient, ses compliments, je développe, au milieu d'un grand silence, mon texte habituel des grands palabres : salutation à tous. Présentation, but de notre visite, notre santé. Faits et gestes de celui qui m'envoie. Mort de Mahmadou Lamine. Prise de Koumi. Construction du fort de Siguiri. Premières nouvelles de Samory.

Je remets la lettre que le colonel envoie, pour accréditer la mission, au

Le logement de la mission à Fougoumba.

chef du Fouta-Djalon. L'arabe en est très difficile à déchiffrer ; cela provient, me dit-on, de ce qu'il est d'un interprète ouoloff. Cependant, un vieux armé de lunettes, sous la surveillance de l'almamy, le marmotte une première fois entre ses dents, puis le chantonne, en susurrant les mots, modelant les phrases : *Bismi'llah errahman errahim*..., sur un ton bas d'office d'église.

L'almamy nous répète encore : *toli*. Mais il est tard, et nous prenons congé de lui, sur l'autorisation, qu'il donne au docteur, de faire des mensurations anthropologiques sur les personnes de bonne volonté. Le soir, nous venons prendre possession du logement qu'il nous a choisi. Ce sont deux belles cases neuves, au milieu d'un enclos assez vaste, où sont de petits gourbis provisoires, installés pour les étrangers, que nous utiliserons pour l'interprète et nos tirailleurs. Les animaux et leurs conducteurs sont dans un enclos vide, devant le nôtre.

Nous devons y rester jusqu'au 2 avril. Assez confortable, il avait le grand désavantage de nous laisser à la merci d'un coup de main, de rendre très difficile une défense quelconque. Les bruits persistants d'une attaque, les preuves répétées de l'animosité ambiante, me mirent plus d'une fois dans l'inquiétude sur mes moyens de résistance, qui ne me laissaient que l'alternative d'une retraite rapide, bagages abandonnés, du côté de Sokotoro, où nous aurait recueillis Mahmadou Paté, ou une marche hardie sur la case de l'almamy lui-même à 200 ou 300 mètres de nous.

Une foule énorme se presse cependant à l'unique issue de notre logement, contenue par une sentinelle placée un peu contre le gré de l'almamy. Les chefs importants, seuls, pourront pénétrer, après s'être adressés à l'interprète, dont la tente se dresse tout près. Mahamadou Saïdou est désigné par l'almamy, comme intermédiaire officiel de nos relations; de même, Sadi Aliou, porte-étendard du Fouta, sera le délégué habituel du chef de Fougoumba, personnage très important, que nous essayons de gagner à notre cause, dans une visite de remerciements.

Le jour de notre arrivée, nous allons saluer un voyageur blanc, dont la présence ici nous était signalée depuis quelques jours. C'est M. Olivier de Sanderval, le vaillant explorateur français de 1879, un des initiateurs de ce pays. Entraîné dans le Fouta par le goût des voyages, par un patriotisme ardent, il combattait la même cause que nous, la propagation de l'idée française dans le Soudan. Nos relations furent aussi cordiales qu'elles devaient l'être dans cette bourgade, bondée de gens accourus de tous les points du Fouta, épiant nos gestes, et donnant à nos moindres actes une haineuse interprétation.

Le 11 mars, nous avons la visite de Boubakar Biro, frère de même père de Mahmadou Paté, mais plus jeune que lui. Ses premières paroles sont : « Puisque vous ne voulez pas venir à moi, eh bien, c'est moi qui viens à vous ». Et c'était bien ainsi que nous étions décidés de faire, rompant complètement avec les habitudes prises par nos prédécesseurs. Nous ne voulons, d'aucune façon, de cette familiarité avec les chefs, de cette complaisance envers les curieux. Nous affirmons notre rôle d'envoyés d'un chef aussi puissant que l'almamy du Fouta, le commandant supérieur du Soudan français. Cette attitude ne manque pas d'attirer les haines instinctives de la foule contre le blanc. Mais elle devait assurer notre prestige chez cette nation, dont les nombreuses relations commerciales avec les factoreries de la côte augmentent encore l'outrecuidante vanité.

Cependant nous mettons, soit dans la réception des personnages importants, soit dans nos visites à l'almamy, la conciliation la plus grande. Par notre accueil nous essayerons de gagner les uns; par nos attentions, de faire revenir Ibrahima de préventions possibles, en tout cas des suggestions de son entourage. Mais nous ne nous dissimulons pas l'état des esprits : au fond, c'est autour de nous un flot montant d'indignation, que notre tranquillité, notre hauteur exaspèrent. Ces deux blancs, entourés de quelques soldats, ou pour mieux dire seuls, sans défense, et qui sont venus se jeter, sans la moindre crainte, en plein milieu d'une ville bondée de guerriers, en plein cœur d'islamisme, ces blancs les font bondir dans leur orgueil de race et de religion. Les Pouls sont assez intelligents pour comprendre que l'arrivée des blancs marque la fin de leur domination, c'est-à-dire la fin de leur oppression sur les aborigènes, et de leurs exactions séculaires. Ils savent bien néanmoins que tôt ou tard leur pays sera submergé dans l'expansion blanche, disent même que le Coran prédit que, dans quelques années, leur pays sera aux Français : *Inch Allah!* « Allah le veut. » Mais ils cherchent à éloigner le plus possible cette échéance fatale, et ce qu'ils défendront, s'ils le défendent, ce dont on peut même douter, c'est la mosquée peut-être, mais, avant tout, l'esclave.

En quoi réside la protection la plus sûre du voyageur ? C'est dans la proximité de nos postes, dans la certitude chez l'almamy qu'un assassinat ne resterait pas impuni, serait le commencement de la débâcle. Ibrahima dirait volontiers : « Après moi, le déluge ». Mais pour le moment ce vieillard aux grosses lèvres de jouisseur se gardera bien de compromettre sa place. En l'état, il était à craindre qu'il ne cédât aux ardentes sollicitations de ses guerriers, que la réunion de forces imposantes ne le poussât, dans un coup de tête, à essayer un grand rôle, un rôle au-dessus de ses forces.

Le 11 mars, je fais, parmi les menus cadeaux tirés du magasin de Kayes, un choix, pour me conformer à l'habitude d'offrir un cadeau à son hôte dès le premier jour, et, la nuit, suivant l'usage, le docteur et moi, accompagnés de l'interprète seul, nous les portons dans la case de l'almamy. Ibrahima s'y barricade avec Saïdou, Biro et deux captifs. L'insignifiance de notre cadeau nous oblige à démasquer immédiatement nos batteries.

« Le colonel, dis-je, ne nous a rien donné. Et il veut affirmer par là son désir de changer les habitudes prises. Il ne veut pas que la France soit traitée en vassale par les chefs noirs. La France n'est pas un diwal. »

Nous n'insistons d'ailleurs pas et terminons l'entretien sur une foule de sujets, des sujets religieux surtout, qui passionnent ces musulmans, toujours plongés dans la lecture du Coran et ayant pour unique occupation les huit ou dix salams de la journée.

Le 13 mars, l'almamy ne nous reçoit pas, nous annonce son départ en guerre pour le surlendemain, et commence avec nous le système d'écarter tout palabre. Le soir même, un tirailleur venant de Labé nous apprend l'étonnante nouvelle de l'arrivée près de ce village de mon camarade de Saint-Cyr, Levasseur, sous-lieutenant d'infanterie de marine, détaché de la colonne du Bondou en exploration vers Sédhiou. A travers mille dangers il a pu atteindre Labé, dans la détresse la plus complète. Nous le ravitaillons, autant qu'il nous est possible, sans oser cependant lui demander de nous rejoindre, bien que quatre jours de marche seulement nous séparent : nous craignons de compromettre nos négociations péniblement engagées. Je demande d'ailleurs à l'almamy de laisser venir mon camarade : il refuse par trois fois avec emportement. Nous resterons cependant en relations constantes, et il nous apprenait son départ pour Sédhiou au moment même où nous nous préparions à quitter Fougoumba.

L'arrivée soudaine de Levasseur à Labé, la nouvelle de la présence de deux blancs à Téliko, avec une suite nombreuse (elle nous plonge dans les suppositions les plus étranges et doit se rapporter au passage de quelque voyageur anglais parti quelque temps auparavant de Sierra Leone), ne sont pas faites pour nous concilier les bonnes dispositions de l'almamy, qui, légèrement malade, éloigne toutes les visites. Les gens de Fougoumba, irrités de ne pouvoir satisfaire leur curiosité, en circulant librement dans nos habitations, suivant la tolérance de nos prédécesseurs, se plaignent auprès de l'almamy. L'aménagement d'un petit jardin par le docteur est encore le prétexte de récriminations superstitieuses. Une captive n'ayant pas paru de la nuit chez sa maîtresse, et ayant accusé un de mes hommes de l'avoir retenue, est une nouvelle occasion d'invectives, bien accueillies par Ibrahima. J'ordonne à mon personnel, sous peine de punitions sévères, la discipline la plus rigoureuse, et promets à l'almamy toute satisfaction envers le coupable, s'il veut me le faire désigner. Mais je revendique hautement pour moi seul, dans mon détachement, le droit de justice qu'il veut s'arroger, et ne cède en aucun autre point.

Le 15 mars au soir l'almamy, veut bien enfin nous accorder un palabre. D'abord dans la case obscure. Beaucoup de gens sont là, ils entrent, se courbant, tant ils sont hauts de taille, et les salutations : *Kori dian ouali*,

Diamtou, Diamoudellein, se croisent; puis, de temps en temps, l'un d'eux se détache, s'agenouille devant l'almamy, tend ses lèvres qui marmottent des mots à l'oreille paterne d'Ibrahima. Parfois les deux compères y vont d'un bon rire plein de gaieté. L'almamy, somme toute, magistrat et justicier avant tout, passe le plus clair de son temps à Fougoumba à faire restituer des poules volées.

L'autre jour, le ministre de la justice, ou cadi, est entré, coiffé d'une toque rouge, drapé dans un caftan pourpre. Il s'assied en face de l'almamy. Sa tête est vénérable et bouffie. L'almamy et lui causent en se serrant la main avec satisfaction, ponctuant leur conversation des approbatifs : *Gong amako, Modji*, et en gloussant des rires. Cette justice me semble bien gaie, et une méfiance nous vient de ce vieux au profil banal, aux lèvres jouisseuses, à la voix grasse, pleine et satisfaite, et au gros corps lourd et mal taillé.

Mais la nuit tombe. Nous sortons dans la cour, et nous nous asseyons sous trois orangers, dont un splendide. La cour est empierrée de fins cailloux ferrugineux, très propre, et a bel air, avec la bordure de ses grandes cases, au nombre de six, et de ses palissades en chaume.

L'almamy a expédié sa besogne journalière. C'est notre tour. Les atermoiements ne sont plus de mise maintenant. Je m'engage à fond, et, brûlant mes vaisseaux, je lui expose nettement l'objet de mon voyage. Cette manœuvre, mûrement réfléchie, devient nécessaire, devant son désir évident de profiter de la moindre hésitation pour esquiver la discussion.

Mais l'heure du salam est arrivée. Ibrahima quitte son arbre, et fait les prières d'Allah, debout, assis ou agenouillé, sur sa peau de mouton épilée. Ses gens sont derrière lui en rangs inégaux et imitent ses exercices avec régularité.

Il reprend ensuite sa position accroupie au pied de l'oranger, et commence sa réponse. Il proclame que les Pouls n'auront en aucune occasion le besoin de l'aide des blancs, et termine en demandant à réfléchir, à consulter les gens du Fouta.

Les jours suivants se passent dans l'incertitude. Des gens, probablement soudoyés, se répandent en attaques amères contre les Français. Rares sont nos amis. On raconte que les blancs se montrent de tous côtés, sur les confins du Fouta, surnaturelles apparitions aux desseins bizarres. Notre provision de riz, due en partie à la générosité de Mahmadou Paté, est épuisée; l'almamy prétexte que ses greniers sont trop loin pour nous en donner. Nos animaux n'ont que les pâturages des alentours de la ville, le mil manque depuis longtemps pour eux, de même que le riz maintenant pour le personnel, dure privation. En vain j'envoie des gens avec des étoffes dans les villages voisins : on ne veut rien vendre aux « captifs des blancs ». Il est vrai que la disette est profonde partout.

Les soucis continuels causés par nos palabres incertains, les poignantes préoccupations de la nourriture de mon personnel, le manque complet de nouvelles depuis près de deux mois, la privation d'exercice imposée par la fatigue extrême de nos chevaux, agissaient peu à peu d'une façon débilitante sur notre santé. Depuis quelques jours, le docteur ne quitte plus sa case, et est pris, le 17 mars, d'un fort accès bilieux. Je passe mes journées étendu sur un tara, en proie à un malaise général, ne me levant que pour les visites, ne sortant que pour les palabres. La nuit, ce sont des insomnies où me remonte le dégoût du contact avec cette race de quémandeurs, dont je relis des éloges admirateurs avec un étonnement profond. Bons, sociables, intelligents, hospitaliers, généreux, honnêtes, ces chefs aux instincts bas et cupides, logeant nos prédécesseurs dans les plus misérables cases, les soumettant à mille indignes curiosités, mendiants du haut en bas de l'échelle, et dont l'honnêteté est telle que l'almamy lui-même nous met en garde contre la rapacité de ses gens ! Fainéants et menteurs, ayant fait du mensonge la grande occupation de leur existence.

Le 20 mars, une fièvre bilieuse hématurique se déclare chez moi, et me cloue sur le tara de ma case.

L'almamy sort de son mutisme, et précise ses objections. Le docteur Fras, l'interprète, les réfutent victorieusement. Saïdou est gagné à notre cause, tandis que s'agitent toujours dans Fougoumba les menées des concurrents au commandement des diwals, les âpres compétitions des candidats, essayant par des cadeaux princiers de fixer le choix d'Ibrahima. C'est ainsi qu'Alfa Salifou, candidat au diwal de Labé, donne, m'assure-t-on, 500 captifs et 100 pièces d'étoffes, et se voit préférer l'ancien chef, le modi Abdoulaye.

Le 27 mars, le docteur va lire à l'almamy le texte définitivement arrêté de notre traité de protectorat, et s'abstient de tout commentaire, ainsi qu'il est convenu. Le lendemain, mercredi, Saïdou m'apprend que la réponse définitive sera pour demain. Un acompte de la récompense que je lui ai promise, si le traité est signé, lui ouvre la bouche, et il nous déclare qu'il a, dans un long entretien seul à seul avec son maître, fait partager sa conviction à Ibrahima : son maître est prêt à signer le nouveau traité avec une nation aussi puissante que la France. Il ajouta même : aussi généreuse. Car journellement nous lui avons envoyé de menus cadeaux, d'une grande valeur à leurs yeux, et dernièrement, sur un simple désir, un ballot de six pièces de calicot enveloppé dans de l'indienne.

Jeudi matin, l'almamy nous prie de renvoyer au soir notre visite. Le *tabala* (tambour de guerre) a annoncé hier l'élection du chef de Timbi Touni, et les gens de ce diwal vont prendre ce matin congé de lui. Ma convalescence est assez avancée pour me permettre de vaquer, à l'intérieur de ma case, à différents soins. Le texte du traité, en français et en arabe, soigneusement relu, nous nous apprêtions à partir, lorsque deux hommes du Dinguiray nous apportent soudain un courrier,... le courrier du colonel à Siguiri, attendu depuis si longtemps.

Avec une émotion profonde, une joie fébrile, nous décachetons, dévorons les lettres. Cette coïncidence nous semble d'un bon augure. On me hisse sur un cheval, et nous partons pour le dernier palabre.

Cependant, après la lecture du traité dont chaque article est longuement expliqué et commenté, tout ne se passe pas sans encombre. L'almamy croit de son devoir de résister devant le public, et pendant une grande heure c'est une lutte énervante contre de misérables objections ; puis il renvoie la signature au lendemain matin : les esprits malins volent dans l'air la nuit, et viennent souffler et ternir les lunettes, objecte-t-il.

A quatre heures du matin, une reprise d'hématurie me replongeait dans les misères d'une fièvre assez violente pour inspirer des inquiétudes au docteur. Mais le traité de protectorat de la France sur le Fouta-Djalon était signé en séance publique, ce vendredi 30 mars 1888.

Le 2 avril au soir, nous allons prendre congé de l'almamy Ibrahima. Il nous reçoit de la façon la plus cordiale, nous donne des guides, chargés en outre de nous assurer un logement dans les villages que nous traverserons. L'état de santé est trop ébranlé chez le docteur, trop mauvais chez moi, et la saison des pluies trop avancée, pour que nous songions à faire un usage continuel de la tente. Nous lui demandons à aller maintenant porter le traité à la signature de l'almamy Hamadou et de Mahmadou Paté. Il est très heureux de la chose, et nous assure de sa satisfaction de se séparer de nous en termes amicaux. Il nous remet une lettre pour le chef des Français, où il renouvelle ses protestations d'amitié et de complet assentiment au traité. Pour l'en remercier, nous lui promettons de demander pour lui des cadeaux dignes d'un almamy, et lui offrons un de nos chevaux et une de nos tentes qu'il fera prendre à notre arrivé à Benty. Le chef de Fougoumba est à ses côtés, et nous escorte, sur un cheval richement caparaçonné, à quelque distance de la ville.

Depuis quelques jours, le ciel est obstinément resté couvert et de fortes ondées tombent plusieurs fois par jour. La mission, qui aurait dû se refaire, dans son séjour à Fougoumba, des fatigues précédentes, n'a pas un aspect bien florissant. Il est vrai que tous les animaux du convoi n'ont eu que l'herbe des pâturages et pas le moindre grain de mil, et que nos noirs, avec de la viande à foison, n'ont pu trouver à acheter du riz, qui est la base de leur nourriture. Quant au docteur et à moi, le tableau n'est guère plus satisfaisant. Quoique solide toujours, Fras se ressent encore des secousses de la fièvre, et, pour mon compte, deux tirailleurs ont dû, au départ, me monter en selle, sortant à peine de mon lit de terre (tara) que je n'avais quitté qu'une fois depuis le 20 mars, pour un palabre chez l'almamy, la veille de la signature du traité.

Mais la joie du retour nous soutient, et quoique Benty soit encore bien loin, à un mois de marche, et par quels pays ! et dans quelles conditions climatiques ! il nous semble que la terre promise est à deux doigts. En tournant le dos à Fougoumba, nous avons jeté l'oubli sur les misères de notre séjour, sur les palabres aigris, sur les anxiétés et les dangers aussi.

Le 2 avril au soir, la mission bivouaqua sur les bords du torrent Boourou, affluent du Siragoré, qui va se jeter dans le Téné. Le Téné d'un côté, le Baleyo de l'autre, enserrent un grand massif montagneux dont le centre est un peu au nord de Porédaka. Ce massif donne aussi naissance, d'ailleurs, vers l'Atlantique, à un des grands tributaires de l'Océan, le Konkoré, qui emprunte près de la mer l'estuaire de la Bramaya. Il est de nature essentiellement rocheuse, et l'accident que l'on rencontre le plus souvent est le baowal, ou plateau ferrugineux à surface rugueuse recouverte de prairies. Les bouquets d'arbres et les bois, composés, sur ces hauteurs, d'arbres de taille moyenne où les acacias prédominent, longent les cours d'eau ou se groupent compacts sur ces vastes plateaux qu'ils entourent d'une verte ceinture. Aucune culture n'est possible sur les baowals, mais les troupeaux y trouvent d'excellents pâturages.

Nous campons, le 3 avril, dans la vallée de Diankana, et atteignons, le 4, la ville-missida de Porédaka. Jusqu'ici tous les torrents sont tributaires du Siragoré, mais le ruisseau même de Porédaka change de direction, et va dans l'est conduire ses eaux au Sénégal. Il contourne un mamelon semblable à la colline de Timbo, à la colline de Fougoumba, à celles que nous verrons près de Séré, près de Téliko, etc., nettement détaché des mouvements de terrain environnants, et visible à 5 ou 6 kilomètres de distance. Aussi les sentiers alignent-ils dès lors leurs légers zigzags sur le mamelon, et ce n'est que presque aux portes de la ville qu'on aperçoit les toits pointus de ses cases, dominées par l'énorme dôme en paille dorée de la mosquée, et encadrées par une verdure brillante de papayers, d'orangers, de fromagers, de bananiers, etc.

A partir de Porédaka, l'aspect du pays change. Le sentier court dans des vallées dont le sol est riche en humus, au pied de mamelons aplatis. L'eau des rivières se promène lentement entre des cultures régulières, et les cases se dispersent de tous côtés, à peine agglomérées. Ainsi Diamredi, où nous passons la journée du 5 avril, se subdivise en deux ou trois villages. Le principal d'entre eux est assis dans un col, au pied d'une hauteur, et son aspect est des plus jolis. De la place de la mosquée on peut voir, dans le sud-ouest, les collines bleues qui bordent un des principaux affluents du Konkoré, le Kokoulo, dont la source est, paraît-il, à quelques kilomètres de Porédaka.

Le 6 avril, après la traversée de la rivière Dara, affluent du Baleyo, dont les rives fécondes sont couvertes de cultures, et dont la vallée est semée de groupes de cases, nous remontons un ravin caillouteux, où les affleurements rocheux reparaissent, et arrivons à Futavi, petit roundé de Mahmadou Paté, où nous campons. C'est en ce point que nous voyons le premier chat domestique depuis notre départ de Saint-Louis. Ce petit animal nous annonce le voisinage des Européens. Nous en trouverons, en effet, quelques-uns encore sur notre route.

Le ravin de Futavi, dont les eaux vont au Dara, vers le sud-ouest, est prolongé par un autre ravin parcouru par un torrent tributaire du Hériko. Nous le suivons péniblement, à travers des paysages sauvages qui raviraient un touriste, puis, faisant un crochet à droite et un autre à gauche, gravissons une montagne, et, par sa pente est, dégringolons sur le foulasso de Dara, qu'habite en ce moment l'almamy en disponibilité, l'alfa Hamadou, chef des Alfayas.

La politique nous expose encore là à des désagréments. J'ai, la veille, envoyé saluer, de la part du docteur et de la mienne, l'almamy Hamadou par un de nos tirailleurs. Celui-ci nous dit que l'almamy est enchanté de notre visite; qu'il nous prépare de belles cases, de beaux bœufs, de belles oranges.... Les Pouls ont l'imagination méridionale; en tout cas, leur hospitalité n'a rien d'écossais, quoi qu'en aient dit quelques voyageurs. A notre arrivée devant les cases de Hamadou, nous ne trouvons personne. Enfin nous hélons un captif.

« Où est ton maître, l'almamy Hamadou?

— Il se promène au loin vers ce groupe de cases, là-bas.

— Où sont ceux qui le représentent?

— Ils ne sont pas là.

Nous nous disposons à aller chercher un gîte, lorsque émergent des haies voisines de longues têtes à teint clair. Voici des Pouls, évidemment. Ce sont des parents, des amis de Hamadou. Je leur demande où sont les cases promises la veille. Ils n'ont pas l'air de comprendre, puis m'indiquent un groupe de cases tout au loin. Et ils s'assoient majestueusement en rond, — opération que nous connaissons bien — c'est le prélude d'un palabre.

Il est onze heures du matin. Nous sommes en route depuis cinq heures, levés depuis quatre. Nos mulets, au repos il est vrai, ont sur le dos une centaine de kilogrammes; nos noirs, rien dans le ventre depuis hier soir, et, dans les jambes, la marche de la matinée agrémentée d'un déchargement et d'un chargement de mulets, d'un transbordement de caisses et de cantines au passage de chaque torrent, à chaque pente abrupte. Nos petits ânes se demandent si on tardera longtemps à les débarrasser de cette montagne d'objets qu'ils charrient depuis le lever du jour, par monts et par vaux. Eux, les Pouls hospitaliers, s'assoient sur leur derrière, le plus vénérable d'entre eux au centre, et ouvrent un palabre….

Il ne faut point s'étonner : c'est l'invariable habitude. Avant de recevoir un étranger, le Poul tient à « se payer sa tête » — qu'on me passe le mot qui rend la chose mieux que tout autre — à se payer sa tête pendant une demi-heure au moins. C'est un régal pour ces beaux parleurs, pour ces discoureurs à longs jets, grecs plutôt qu'athéniens cependant, sur la place du village, au pied de quelque arbre au large ombrage. Il faut qu'ils sachent qui il est, d'où il vient, ce qu'il entend faire, et on ne lui offrira une case qu'après un nouveau bavardage, où l'un d'eux acceptera de donner une partie de son habitation. Pendant que l'étranger se reposera, tout le village ressassera l'entretien du matin jusqu'au moment où l'on pourra remettre la main sur lui, et recommencer de nouveaux papotages. Car il n'est ici que la chose du village, la proie plutôt. Il se doit à ses hôtes, et, qu'il le veuille ou non, tout passera dans la longue conversation sentencieuse, où le Poul met volontiers, à la fin, une petite note égrillarde.

Nous ne nous sommes jamais prêtés à ce genre d'hospitalité. Aujourd'hui, comme précédemment, nous disons aux gens de Hamadou que leur maître est parfaitement incivil et que, sans nous préoccuper autrement de lui, nous allons nous installer dans un groupe de cases à un kilomètre de là. Grande colère. Mais nous ne faiblissons pas, et ce n'est que dans la soirée que nous cédons aux prières du fils de Hamadou, qui nous apporte les excuses de l'almamy et nous fait promettre d'aller le voir.

Les nuages se dissipent très vite d'ailleurs en ce pays, et Hamadou, de fort bonne grâce, appose le lendemain, en même temps que son fils aîné, sa signature au bas du traité. Il nous a reçus dans une fort belle case à trois portes cintrées et aux boiseries bien ajustées, œuvre d'un forgeron venu de Sierra Leone et fort habile. Son extérieur ne plaît ni au docteur ni à moi. Il est assurément de sang poul presque pur. Mais quelle niaiserie sur ce visage poupard, dans ces yeux toujours fuyants! Mahmadou Paté nous

L'almamy Hamadou.

racontera d'ailleurs, le lendemain, qu'il n'a été choisi almamy que pour cela. Les Soryas n'ont pas voulu d'un chef alfaya intelligent. Cette ombre d'almamy, même pendant sa période de pouvoir, n'ayant pas ces richesses en domaines et en esclaves qui seules consacrent un chef, s'est complètement donné à nos voisins de Sierra Leone, qui le payent un certain nombre de dollars.

Dans un de nos palabres, comme j'étais à considérer la face blafarde de ce chef, que je me proposais d'ajouter à ma collection de types soudaniens, en attendant que l'assemblée se fût complétée par l'arrivée de quelques parents de l'almamy, un moment, par désœuvrement, je tirai à demi du fourreau la lame de mon sabre. Alors, celui-ci avec effroi :

« Ne sais-tu pas qu'il est défendu d'avoir une arme devant les almamys et de tirer un sabre? Si tu n'étais pas l'envoyé d'un chef puissant, à ce seul mouvement mes guerriers t'auraient saisi et châtié. »

A quoi le docteur répondit posément :

« Personne ne peut rien contre les blancs, almamy! Ainsi, tous tes guerriers viendraient nous prendre et nous tuer, le lieutenant et moi, qu'ils seraient morts avant le moindre acte. Les dix tirailleurs, almamy, valent toute une armée de Pouls. »

Le docteur disait tout cela en souriant, fidèlement traduit par notre interprète, qui souriait aussi en lissant sa barbiche, auxquels sourires l'almamy répondit par un autre sourire, mais mauvais celui-ci. Il ne nous fit pas attendre sa petite vengeance. Le soir même, il nous faisait dire qu'il nous était complètement interdit d'aller à Timbo en l'absence des almamys.

Pourtant il me fallait aller à Timbo. J'avais à voir en outre Mahmadou Paté. Je fis dire à Hamadou qu'il m'était indispensable de voir cet alfa et que j'allais prier celui-ci de venir me voir à Dara. La proposition n'était pas du goût de Hamadou, qui me fit dire que je pourrais me rendre à Nénéya, où Paté me rejoindrait sans aucun doute; mais je devais éviter de passer à Timbo. Coûte que coûte, j'étais décidé à revenir en ce point. La permission de Hamadou me mettait plus à l'aise.

CHAPITRE XXXII

Retour à Benty de la mission du Fouta-Djalon. — Mahmadou Paté. — Visite aux sources du Sénégal. — Jeune fille poule. — Hospitalité. — Tamisso. — Tambaka. — Bounia. — A Benty.

Le jour même où la compagnie Audéoud arrivait à Koumansan, aux portes du Fouta, la mission dite du Fouta-Djalon se trouvait à 20 kilomètres au sud de Timbo, près du Sénégal, qu'elle venait de franchir pour la troisième fois. Quatre jours de marche seulement nous séparaient. Comment n'avons-nous appris sa présence que dix jours plus tard, alors que nous n'étions plus qu'à quelques étapes de Benty? Est-ce du parti pris? Est-ce lenteur de propagation des nouvelles, en ce pays dont la population est si dense? Cette nouvelle était pourtant de celles qui courent d'un bout à l'autre d'un peuple, avec la rapidité d'un éclair.

Les retours de mission sont comme les suites du dénouement d'un drame ou d'une comédie. Cela se passe très vite et sans incident. L'idée fixe de l'arrivée prochaine au poste français soutient les forces, bien compromises, presque anéanties. Les fièvres vous harcellent; on marche quand même. Quant aux chevaux, aux mulets et aux ânes, n'en pouvant mais, ils vont, tous jusqu'au jour où, s'effondrant à l'arrivée à l'étape, ils ne se relèvent plus le lendemain, ou passent dans la section des éclopés. De Timbo à Pharmoréa, village extrême de la Mellacorée, bras de mer et non pas rivière, remonté jusqu'à sa tête par les chalands, la distance est de près de 500 kilomètres. Nous la parcourrons en dix-sept jours, et dans quel pays!

Le 9 avril au matin, après une pluie torrentielle qui a duré presque toute la nuit, le docteur et moi, escortés de nos tirailleurs seulement, nous prenons le chemin de Timbo. La distance portée sur la carte Monteil est exagérée de deux tiers. Au bout de trois quarts d'heure de marche, en effet, du haut d'une montagne, le guide nous montre, assises au pied d'une colline, les cases de Timbo, au bout desquelles émerge l'énorme cône de sa mosquée. Nous descendons la montagne aux flancs ravinés, franchissons un torrent dont le lit est obstrué de grosses roches, traversons un baowal, où nous voyons des sources jaillissant d'entre la roche, et entrons enfin dans la vallée en éventail de Timbo.

La traversée de la ville demande bien un quart d'heure. Il ne faut pas oublier qu'une habitation de Poul comprend un vaste enclos où sont disposées 8, 10 cases, suivant la richesse du propriétaire. Le reste de l'enclos est occupé par des cultures potagères. Des orangers s'élèvent devant chaque case. Des papayers, des bananiers jalonnent la palissade de l'enclos en paille comprimé entre deux bâtons, courant tout le long et recouverte de plantes grimpantes. On pénètre soit par une belle case, souvent carrée, le *boulou* bambara, soit par une ouverture étroite en forme de V, comprise entre les fourches d'une grosse branche. Mais cette dernière disposition ne se présente guère dans Timbo, où les habitations se ressentent de la richesse de leurs propriétaires. L'almamy Ibrahima a un logement vraiment remarquable, et la case d'entrée, oblongue, avec sa petite véranda soutenue par des colonnettes en bois sculpté, a un aspect imposant, toute proportion gardée, naturellement.

La ville traversée, au milieu d'une solitude étonnante, je me rends sur un mamelon aplati, à un kilomètre environ dans l'ouest, où, de l'avis du docteur et du mien, serait le mieux placée une installation européenne. Avec une hâte fébrile je note sur mon calepin les azimuts, les distances et les hauteurs qui me permettront plus tard de reconstituer un plan au 1/20 000, profitant de tous les enseignements de l'École relatifs aux levés furtifs qu'un officier fait en temps de guerre en pays ennemi, et où les alignements jouent un si grand rôle.

A midi nous étions arrivés chez Néné Oumou. Nous étions en train d'installer le campement, lorsque arrive sur nous à l'improviste, suant et soufflant, bruyant et joyeux, notre ami Mahmadou Paté. Après la sieste, il appose sa signature sur le traité, solennellement, le papier sur le genou, le bras presque tendu, commençant : *Bismi'llah errahman errahim.* « Au nom d'Allah, puissant et miséricordieux, l'alfa Mahmadou Paté, fils d'Omar, petit-fils... », mais nous l'arrêtons à temps. Puis commence un long bavardage, dont l'almamy Hamadou fait presque tous les frais, sur l'histoire lamentable des premières années de son règne. Nous finissons notre journée par une visite à Néné Oumou. Le docteur la médicamente un peu. Les traits sont purs, les membres fins. La case qu'elle habite est superbe. Le lit sur lequel elle est assise pour nous recevoir est en bois rouge poli, et la cloison extérieure est maintenue par deux couples de pieux faits d'un tronc d'arbre ressemblant à de l'acajou. Les piliers de bois qui soutiennent le plafond en bambous, bien ajustés et d'un beau noir luisant, sont également polis. Le plafond est à hauteur de la base du toit de paille en cône. Les provisions (grains, fruits, maïs), les calebasses, et mille autres objets sont généralement déposés sur le plafond.

On a bien souvent parlé de l'attachement filial du noir pour sa mère. Cette affection est presque toujours exclusive. Cependant Paté nous parle avec la plus grande déférence et une vive admiration de son père, Omar. C'est l'exception. Notre ancien hôte de Bissandougou, Samory, a près de trois cents enfants. Peut-être a-t-il quelques sentiments paternels pour ses préférés, sentiments en raison directe de l'attachement qu'il éprouve pour leur mère. L'almamy du Ouassoulou avait donné, du temps de notre séjour à Bissandougou, à un mioche de cinq à six ans, une escorte de prince et des attributions de chef de province. « Qui l'aime, m'aime, disait Samory, et je veux qu'on lui rende les mêmes honneurs qu'à moi. » Il est vrai qu'alors le potentat n'avait d'yeux que pour la belle Sarah N'Gué, sa mère, dont le nom était toujours suivi de l'épithète de *kagni* (la belle). Cette préférence continuait encore il y a une année et ne semblait pas plaire beaucoup à Karamoko, le prince à qui Paris donna un certain renom, en l'été 1886. Celui-ci n'aurait guère regardé aux moyens, même pour remplacer son père, et il avait pour sa mère la même vénération que Samory eut pour la sienne dans sa jeunesse et qui fut le commencement de sa prodigieuse fortune.

Il était curieux pour nous de constater combien ce gros garçon bruyant, bientôt âgé de quarante ans, combien ce Mahmadou Paté, dont la voix avait des éclats homériques, devenait doux, presque câlin en face de Néné Oumou, avec quelle sollicitude il s'occupait de sa santé et combien il était visiblement heureux de voir notre déférence pour sa mère. Dans l'ordre moral les différences de couleur disparaissent.

La séparation est cordiale. En nous quittant, Mahmadou Paté nous a donné une des plus grandes marques de son attachement pour nous. En dépit des superstitions ambiantes, sur ma demande, il me donne un guide pour nous conduire aux sources sacrées du Baleyo. En route donc pour le Sénégal !

Par une nuit noire, poursuivis par une tornade dont les nuages dessinaient dans le ciel des images fantastiques et dont les éclairs illuminaient notre route, nous allons retrouver notre campement de Dara. Le docteur Fras doit se souvenir encore de cette marche, où, par moments, sur les baowals, nous cherchions, à la lueur d'une bougie, les traces légères du sentier, et où, au passage d'un torrent obstrué de roches, nos hommes durent descendre à bras nos chevaux et les remonter ensuite sur l'autre bord, toujours sous la lumière, sans cesse secouée par des rafales, d'un photophore heureusement emporté dans l'une de nos sacoches. C'était de l'Edgar Poe tout pur.

Le lendemain 10 avril, nous organisions rapidement le convoi pour une marche ininterrompue sur Benty, et dans la soirée prenions enfin congé de l'almamy Hamadou. Je substitue des porteurs à nos mulets épuisés. Il en faut quatre pour remplacer un mulet. Un de ces porteurs nous a été fourni par Mahmadou Paté, les trois autres sont des auxiliaires âniers. Bientôt nous échangerons nos chevaux de selle usés contre des mulets, dont le sabot a mieux résisté à la surface raboteuse du baowal. Près de Benty, le docteur et moi nous serons même obligés de faire à pied une partie de l'étape. Et fort heureusement le terme de notre voyage sera atteint à Pharmoréa. Quelques étapes de plus et la mission se serait égrenée sur la route. A ce moment, il est vrai, la sécurité presque absolue dont nous jouissions nous permettait de maintenir la vitesse primitive (environ 20 kilomètres chaque matinée), en laissant derrière nous les animaux à bout.

L'étape du 11 avril nous mène à Nafadji. La route comporte certaines difficultés qu'on rencontre à l'état permanent et auxquelles on ne fait même plus attention : pentes dénudées, versants aux affleurements de grès ferrugineux et où l'eau séjourne par plaques, torrents ravinés, aux abords défendus par des arbres serrés, nappes de cailloux et de blocs, petits bois touffus, etc. Elle traverse le col situé entre les deux torrents du roundé de Dara, monte sur un contrefort arrondi, où est perché un village appartenant, je crois, à l'almamy Hamadou, puis s'engage sur les flancs difficiles de la rivière Saman, qu'elle traverse au bout d'une heure de marche.

Nous grimpons ensuite sur les hauteurs de gauche qui enserrent le vallon, pour trouver enfin le village de Nafadji sur l'autre versant.

Il y a trois Nafadji : le poul, qui est le premier rencontré; le sarracolet, dans une petite vallée où coule à pleins bords la rivière Nafadji; et enfin un roundé, où nous allons camper, et qui appartient à Mahmadou Paté. Le *satigui*, ou chef des esclaves, met à notre disposition trois jolies cases qui servent à l'alfa quand il visite ses domaines. Nombreuses visites de femmes apportant du lait et des œufs. Elles sont moins effarouchées qu'à Fougoumba, et bientôt le campement a l'air bon enfant et galant.

Dans la soirée j'interroge mes guides pour arrêter l'itinéraire de retour.

De mon interrogation, longue et pénible, je tire la constatation qu'aucun d'eux ne connaît la route. Le guide donné par Ibrahima, Hassana, ne l'a plus revue depuis trois ans et a tout oublié. Samba Diouma, le guide de Paté, y a passé seulement à l'âge de sa circoncision! Heureusement que ce dernier doit, sur l'ordre de son maître, se doubler dans quelques jours d'un autre guide.

Très régulièrement, vers deux heures de la nuit et deux heures de l'après-midi, une tornade éclate. Notre marche n'est donc nullement entravée. Le 12 avril, les dernières gouttes d'eau tombées, nous levons encore le camp pour descendre les dernières pentes de la vallée du Baleyo. Ce sont partout des mamelons couverts d'enclos au milieu desquels se dressent les toits de cases en cône, semblant placés à même sur le sol. Des orangers marquent le centre de ces enclos. De beaux arbres ponctuent les haies de distance en distance, et les cultures se devinent dans le bas à la nudité de la terre.

La route est très belle, les pentes faibles. Ce sont les rivières qui arrêtent notre marche. Nous en traversons deux. Enfin, nous sommes dans la vallée du Sénégal. Une belle plaine de 300 mètres de large le borde, couverte de cultures dont la régularité rappelle nos cultures potagères de France. Quelle riche et fertile vallée! Les alluvions regorgent d'humus. Mais voici le fleuve. Le sentier le longe pendant quelque temps à droite, et s'arrête enfin devant un pont indigène d'un fouillis peu rassurant.

Il y a deux ponts : le pont d'hivernage, dont il ne reste plus que des lambeaux, et qui est environ à un mètre au-dessus du niveau de la plaine; et le pont de saison sèche, en état de fin de saison aussi par malheur, n'étant plus qu'un squelette branlant où des hommes sans charge ne passent qu'avec mille précautions. Il faut monter sur un tronc lisse en s'accrochant aux branches, glisser sur deux bambous, vestiges de l'ancienne plate-forme, se faufiler sur d'autres branchages, en s'étayant aux branches voisines, et l'on atteint enfin la berge opposée. J'essaye de faire arranger le pont. Un moment, tout craque, les troncs se détachent. Heureusement que mes hommes, dispersés dans les branches, sont habiles comme des singes.

Les bagages ne peuvent passer par là. Un sondage à quelques mètres en amont nous donne une profondeur de 1m.70 environ. C'est là, paraît-il, d'ailleurs, le gué des animaux. Tout passera donc par là.

Eaux boueuses, courant assez fort. Largeur du lit, 30 mètres ; profondeur, 10 mètres environ. La largeur de l'eau n'est que de 15 mètres sur 2 mètres au maximum. Mais, en hivernage, le fleuve déborde et couvre une moyenne de 500 à 800 mètres de superficie sur une hauteur d'un mètre en moyenne. Ces inondations périodiques, semblables à celles du Nil, assurent à ses bords une grande fécondité.

Le passage terminé, nous longeons le Baleyo sur sa rive droite, à une distance variant de 200 mètres à 1 kilomètre, et nous nous engageons dans la vallée d'un de ses affluents. Tous les cours d'eau coulent à pleins bords. Nous nous arrêtons enfin dans un foulasso, tout près de Koumi.

La marche du 13 avril, que je croyais courte et facile, est arrêtée dès le commencement par le passage, très difficile pour la plupart, de rivières coulant à pleins bords dans un lit encaissé ou marécageux. D'où, grosses pertes de temps.

Nous nous engageons ensuite dans un massif montagneux aux pentes assez douces, et où la marche peut enfin se faire avec régularité. Le Sénégal n'est pas loin de nous. Il est derrière une série de hauteurs que nous longeons et entre lesquelles coule un de ses affluents importants, le Maliboula.

Par une pente continue et fort longue, nous nous élevons peu à peu sur la montagne de Séré, qui présente à sa partie la plus haute un curieux soulèvement de grès, aux formes trapézoïdales très régulières, bien dégagé des hauteurs environnantes, et sortant de la verdure comme une dent de son alvéole. On le voit pendant longtemps, et la route se met peu à peu dans sa direction en faisant un circuit à droite.

C'est à ses pieds, au nord-ouest, qu'est le roundé de Mahmadou Paté, et, sur un plateau au sud-ouest, le grand village de Séré, qui possède une missida. La dent semble dominer de 100 mètres environ le roundé, de 80 mètres le plateau. Vue du roundé où nous campons, elle semble inaccessible.

Nous retrouvons ici, chez les Pouls qui affluent au campement, cette réserve, ce sentiment de suspicion que nous avons si souvent trouvé à Fougoumba et précédemment. Depuis notre départ de Dara, ma seule préoccupation est d'aller aux sources du Sénégal. Je m'entoure de renseignements. Je les contrôle de mille façons à toute heure du jour. L'importance que Mahmadou Paté a prêtée au don d'un guide spécial m'a montré les difficultés que je devais rencontrer dans l'accomplissement de mon désir d'explorateur. Le satigui de Séré refuse de me donner des détails. Dans la soirée, Samba Diouma lui-même essaye de me faire renoncer à aller à Foungou, village le plus rapproché des sources, et où je dois le lendemain conduire la mission. Il me fait un noir tableau des chemins.

Le 14 avril au matin, quelques moments après notre départ, nous traversons le joli village de Séré, bâti sur un mamelon. Ce sont des enclos verdoyants, aux haies hautes et serrées, dans les interstices desquelles on aperçoit de grandes cases bien faites, et des cultures très régulières, disposant en petits tas alignés la terre noirâtre et fertile.

Puis notre marche continue sur le flanc d'une grande montagne appelée Kounkouné, montant et descendant les contreforts, longeant les chapelets de mamelons qui forment cette montagne. Sauf quelques pentes raides, la route est bonne. Pas d'affleurements, mais de la terre partout. Ce pays-là

La dent de Séré.

est loin de ressembler au Konkodougou et au Meretambaïa, moins montagneux pourtant, mais combien moins fertiles !

Nous gravissons ensuite, par une pente douce et longue, le Konkodé, sur lequel passe la ligne de partage des eaux des affluents du Sénégal et des cours d'eau tributaires directs de l'Atlantique. Des fourrés épineux gênent assez longtemps notre marche sur les pentes sud-ouest de la montagne, d'où nous apercevons le village de Foungou.

Apprenant notre passage près du *marga* qu'il habite, un Poul est venu au-devant de nous, accompagné de sa fille, avec un présent de lait et de miel. Entre deux fourrés, nous le voyons déboucher, avec cette grave et belle allure de sa noble race, et nous saluer avec une simplicité de geste et d'expression qui font affluer en notre esprit les souvenirs antiques. Je vois encore le mouvement gracieux de la jeune fille nous offrant, sur une invitation de son père, la calebasse de lait pour nous désaltérer. Son buste était nu jusqu'à la ceinture et merveilleusement modelé. Une tête charmante, coiffée suivant cette mode si gracieuse des Khassonkées, les cheveux noirs relevés en cimier et piqués de gros grains d'ambre, des yeux dont la douceur ne peut être comparée qu'à celle des yeux de la gazelle, une expression de visage ingénue, avec un je ne sais quoi de figé, de hiératique, à la façon d'une vierge de vitrail. Certes cette jeune fille était belle, très belle, mais d'une beauté spéciale, se rapprochant du type hébraïque, la beauté des races nomades dont le sang s'est conservé pur à travers les migrations incessantes.

Mais ces rencontres ont été rares pour nous, et d'ailleurs notre temps est trop étroitement mesuré. Le convoi n'éprouve pas évidemment le même plaisir que nous à goûter ce tableau virgilien ; aussi reprenons-nous notre marche. Elle est arrêtée en dernier lieu par le passage du Timitama, affluent de la rivière Kaba, qui n'est autre chose que la Petite Scarcies. Il nous faut en solidifier le lit avec des herbages. Après quoi nous atteignons enfin le village de Foungou, un nouveau roundé de Mahmadou Paté.

Il est à remarquer que notre route directe de Séré à Benty par Téliko ne passe pas par Foungou. Foungou, Séré et Téliko sont les trois sommets d'un triangle à peu près isocèle, dont le côté Séré-Téliko est dirigé nord-sud, et le côté Séré-Foungou sud-ouest. Cette marche, qui nous écarte de notre route, nous ne la faisons que pour aller aux sources du Sénégal.

Nous avons vu Samba Diouma, notre guide, hésitant à nous conduire jusqu'au bout. A Séré il a sans doute été travaillé par des Pouls qui ne voient pas d'un œil très satisfait notre présence en ce pays et sont scandalisés de notre curiosité pour des lieux sacrés, entourés de mystères, où les Pouls ne vont eux-mêmes que pour sacrifier au dieu jaloux. Mais je lui ai rappelé que son maître lui a donné l'ordre de m'y conduire, qu'il n'est avec nous que pour cela, et que l'affection de l'alfa pour nous est un sûr garant que toute désobéissance serait sévèrement punie. Un cadeau d'étoffes et d'argent le ramène complètement dans la voie du devoir, et dès notre arrivée à Séré il s'occupe activement de faire chercher un vieux captif de son maître, habitant le roundé, et spécialement chargé d'étudier les meilleures routes de la source.

Car il ne s'agit plus maintenant de sources, mais d'une source, la source mère, comme disent eux-mêmes les Pouls. C'est la seule que je désire voir, et, pour éviter une duperie, j'ai depuis longtemps pris des renseignements sûrs que Mahmadou Paté m'a lui-même confirmés. « La source mère est près du village de Loukou, au pied du mont Nadécintia et du marga de Morondé. »

Le vieux captif arrive dans la soirée. Je lui promets une jolie récompense s'il se conforme point à point à mes désirs. Mais le Djalonké à barbe blanche me riposte tranquillement : « Ta récompense ne me tente pas. Je ne suis ici que pour obéir aux ordres de mon maître. » Puis, sa conscience de serviteur loyal et de Djalonké fidèle à sa religion mise à l'aise, il s'étend complaisamment sur des détails que je note soigneusement, afin de pouvoir les contrôler le lendemain.

Ce lendemain est le 15 avril. L'interprète, quelques tirailleurs, nos domestiques nous accompagnent. Le docteur Fras et moi, nous montons à mulet, avec quelle joie! « N'emmène pas tes mulets, me dit le vieux guide : ils ne pourront pas passer. — Nous verrons bien », répliqué-je avec l'assurance d'un vieux coureur du Soudan. Il est bien certain pourtant que j'ai rarement rencontré de ruisseau aussi profondément vaseux. Complètement nus, nos mulets enfoncent jusqu'au ventre. Mais ce mauvais pas est franchi à son tour.

Nous nous élevons ensuite sur une colline appelée dans le pays la colline Gouba, et découvrons bientôt le vallon encaissé où coule le Sénégal. Nous le tenons enfin, le fleuve du Soudan français, le fleuve que remontent jusqu'à Kayes en hivernage les steamers calant sept mètres, le fleuve majestueux de Bafoulabé, des chutes de Gouina, du Félou, de nos comptoirs de Médine et de Bakel, le gigantesque bras de mer de notre vieille ville de Saint-Louis. Quelques pas encore et nous sommes au sommet du Gouba. A nos pieds, et dans un vallon creux, d'où jaillissent de gigantesques frondaisons, le berceau du Sénégal. Devant nous, s'étendant jusqu'à l'horizon bleu, infiniment éloigné, dans un magnifique épanouissement de vallées, le bassin du Konkoré, vierge encore de toute exploration.

Après quelques minutes données à la contemplation de ce magnifique spectacle, ma boussole et mon carnet toujours en main, nous descendons dans le vallon creusé à nos pieds. Au bas, un fouillis de verdure, un filet d'eau oxydant son lit, où les marabouts des almamys viennent religieusement remplir des flacons remplis de vertus magiques. Puis, dans l'inextricable fouillis d'un coin de bois sauvage, un point marqué par un gros bloc de grès noir en forme de tortue, où sourd silencieusement, dans une demi-obscurité mystérieuse, l'eau du grand fleuve. Nous étions à la source du Sénégal.

Aussitôt mon interprète, qui à l'occasion est grand marabout et a revêtu pour la circonstance un caftan sang de bœuf, Samba Diouma, le vieux guide, les tirailleurs, nos garçons tombent à genoux dans la vase. Les mains étendues, ils suivaient du bout des lèvres le verset du Coran que l'interprète dit à haute voix. Avec une hache je grave sur la pierre en dos de tortue la date de notre passage : Avril 1888. Puis le vieux guide lâche pour l'offrande suprême un poulet blanc sans tache, et nous quittons le bois sacré où un séjour prolongé pourrait bien nous valoir un fort accès de fièvre.

Le baromètre nous indique une altitude de 789 mètres. Mon itinéraire me donne la position suivante : 10° 30′ 55″ de latitude nord et 14° 28′ 4″ de longitude ouest.

Au point de vue orographique cette source n'a pas l'importance des sources des fleuves qui rayonnent du massif européen du Saint-Gothard, par exemple. Ce n'est pas un massif important comme celui du Tamgué, d'où sortent le Rio Grande, un des bras du Konkoré, et la Gambie, mais des collines enchevêtrées, envoyant leurs eaux dans des directions divergentes. Cependant c'est bien là le lit principal, au milieu des ramifications innombrables des petits affluents de tête d'un fleuve. Depuis la source jusqu'à Sokotoro, par exemple, cette vallée a cette forme caractéristique qui fait qu'à la rencontre d'un affluent l'explorateur sait aussitôt quelle est la vallée mère et quel lit il doit remonter.

Mollien et Hecquart prétendent être allés aux sources du Sénégal, qu'ils placent au sud de Porédaka. Mais ils donnent au fleuve une direction primitive sud-est, qui est celle de la rivière de Porédaka et de la rivière Dara, mais non celle du Sénégal, dont la direction est franchement nord-nord-est. Naturellement, je n'accorde aucune confiance aux dires des indigènes, de notre vieux guide, entre autres, qui certifient qu'aucun autre blanc ne nous a précédés à la source. Je ne veux me baser que sur cette direction, indiquée par nos prédécesseurs, et dont l'inexactitude est encore confirmée par l'itinéraire Radisson[1], qui coupe le Baleyo entre les sources et notre passage des jours précédents. Faut-il en conclure que Mollien et Hecquart ont été trompés ou se sont contentés de voir de loin, ou ont cru pouvoir parler des sources en connaisseurs, par le seul fait qu'ils s'étaient trouvés à une étape seulement ou dans le voisinage? Cela s'est vu. Sommes-nous enfin, le docteur Fras et moi, les premiers Européens à avoir exploré la source du fleuve de notre plus ancienne colonie? Ce point de droit sera plus tard tranché quand — la France installée dans les hautes régions salubres du Fouta-Djalon — les touristes iront visiter la source, un guide Joanne à la

---

1. M. Radisson est l'officier qui a été chargé de lever l'itinéraire de la route suivie par la compagnie du capitaine Audéoud.

La source du Sénégal.

main, donnant, avec le nom du meilleur hôtel de l'endroit, une dissertation savante sur le premier explorateur.

Notre excursion nous vaut, à Foungou, un accès de fièvre qui, chez le docteur, est assez violent pour le priver de sommeil pendant toute la nuit. Mais le seul moyen de combattre la fièvre au Soudan, c'est le mouvement et... le mépris. On en est parfois quitte pour détourner vivement la tête en route, secoué par un hoquet, et, du haut de son cheval, expectorer de la bile liquide ou déjà formée en végétations verdâtres, puis, à l'arrivée à l'étape, avaler, les yeux fermés, 35 grammes de sulfate de soude. Mais, si l'on avait dû s'occuper de ces détails, le Soudan français existerait-il?

Aussi, malgré une pluie fine, continuation d'un orage nocturne, le docteur réclame-t-il lui-même le départ au lever du jour. C'est fort désagréable de griffonner dans ces conditions sur un carnet. Mais après le passage du Timitama, que nous opérons, pour nous éviter de nouvelles difficultés, au même point que la veille, la brume seule persiste et le ciel s'éclaircit vers le sud, qui est notre direction.

Nous descendons le long de la rive gauche du Timitama, parmi de belles prairies sur lesquelles viennent mourir les hauteurs de gauche. Nous traversons de nouveau la rivière au roundé qui porte son nom et nous engageons dans les montagnes. Notre marche coupe obliquement les affluents de cette vallée, dont les plus importants sont le Momou et le Téli. Tous ces cours d'eau coulent à pleins bords. Au passage du dernier, où il nous faut jeter une hauteur de 50 centimètres d'herbages pour les mulets chargés, le soleil fait son apparition et nous accompagne jusqu'à Téliko.

Téliko est un grand et beau village, le plus important de la région. C'est une missida. La mosquée est très belle et la place qui l'entoure bordée d'habitations dont les cases d'entrée ont grand air. Nous sommes logés dans une d'elles. Les curieux affluent. Nous achetons facilement du mil, du lait, du beurre, mais nous ne trouvons pas de riz. Dans la soirée on nous donne six moutons contre six pièces d'étoffe. Ce n'est pas cher. Le docteur continue sa belle collection d'objets du pays. Sabres, porte-balles, sachets, cuirs, tabatières, couvre-calebasses, chapeaux de paille, poudrières, etc., viennent s'ajouter à la bride, magnifiquement travaillée, de Mahmadou Paté et aux objets qu'il a pu trouver en quantité à Dara.

Je mets enfin la main sur un bon guide pour Benty. C'est une trouvaille, un Djalonké de près de deux mètres de hauteur, diula par métier, mais diula passant sa vie à arpenter les sentiers avec ses grandes jambes. Mahmadou Paté l'avait indiqué pour nous à Samba Diouma. Il s'appelle Sori Kaba. Il était déjà venu s'offrir à Fougoumba en accompagnant un courrier envoyé par l'administrateur de Benty. Il me dit fièrement que ce n'est ni pour l'almamy ni pour Paté qu'il vient avec nous, mais pour se trouver avec de grands chefs comme nous. Je le savais bavard, voilà que notre homme se révèle hâbleur. Mais c'est un défaut qu'on aime à trouver chez les guides.

Dans la journée passe sur la place un monôme de femmes chantant et criant sur un ton lugubre, qui rappelle les prières de nos enterrements. C'est un enterrement d'ailleurs, celui d'une vieille femme. Aucun homme n'y assiste, naturellement.

Nous reprenons notre route le 17 avril 1888. Notre étape doit se terminer au roundé de Salia. La marche est d'abord assez rapide, dans une vallée fertile. Mais nous nous engageons bientôt en pleine montagne en remontant un vallon. Des fourrés épineux, des baowals, des ravins à pente raide nous arrêtent. Enfin, nous arrivons au haut de la montagne, et le magnifique spectacle d'une grande vallée s'offre à nous. Nous sommes bien sur le versant de la mer. C'est là, dans cette direction, qu'est Benty, le terme de notre voyage, et nous jouissons pleinement de ces ravissants spectacles, de ces perspectives lointaines avec l'avidité de voyageurs qui sentent la fin, avec le regret cependant de ces beaux pays où la France aurait dû s'installer au lieu d'aller élever des postes en des points brûlés et malsains. Mais la montagne s'affaisse brusquement. Derrière nous, nous laissons deux escarpements élevés. En voici un troisième. Les chutes dans la plaine sont rapides.

Il est à remarquer que ces escarpements ont l'alignement des plaines du moyen Sénégal, et nous trouvons la même constitution géologique. Ici, même superposition de couches de grès et de roches ferrugineuses. Le grès forme le sous-sol des vallées, des hauts plateaux. Le grès ferrugineux compose ces chapelets de mamelons irréguliers entre lesquels coulent à pleins bords ruisseaux et rivières. Enfin, parfois une dent, un escarpement émergent de ces mamelons, de composition gréseuse ou plutôt granitique, quelquefois recouverts d'une calotte ferrugineuse. Est-ce le témoin d'une couche de grès que les eaux ont désagrégée et entraînée dans la vallée en alluvions fertilisantes, tout en respectant un noyau de cette couche, d'essence plus dure? Ou bien ces pics sont-ils l'extrémité d'un soulèvement ayant relevé toutes les strates de grès, suivant une direction nord-ouest-sud-est?

En tout cas, le grès semble s'étendre par grandes couches entre lesquelles se serait glissée la lave ferrugineuse en se mélangeant plus ou moins bien avec le grès. Cette lave serait venue mourir sur le versant côtier, où elle ressemble à des scories sur les baowals.

La couche imperméable est le grès, mais l'action des pluies tend à la désagréger. On retrouvera donc du grès dans toutes les vallées. Mélangé aux détritus organiques, il formera cette couche d'humus que le travail des siècles a épaissie. Quant à la roche ferrugineuse, plus dure, nous la retrouverons sur les plateaux et sur les flancs des vallées. Nous avons, en effet, constaté le fait aussi souvent que nous l'avons désiré. Mais la régularité et le régime tempéré des pluies du Fouta-Djalon n'ont pas empêché la végétation même dans les pentes. Il s'est produit partout, même dans ces parties, une décomposition de la roche qui, mêlée aux détritus organiques, a donné naissance à une terre végétale d'une grande fécondité. Sur les baowals eux-mêmes, vastes plateaux légèrement bombés, des bouquets de bois poussent dans les légères dépressions et leur surface est couverte de prairies à l'herbe fine.

Aussi distinguons-nous toujours trois zones :

1° Les vallées plates et fertiles. Nombreux foulassos.

2° Les pentes aux affleurements ferrugineux, entre les plateaux et les vallées. Végétation libre, fourrés épineux, baowals, ravins. Quelques cases de cultures et des roundés. Viabilité des sentiers mauvaise.

3° Enfin, les hauts plateaux ou plutôt et plus exactement les parties hautes, versants, dos arrondis, plateaux ondulés. C'est sur cette zone que sont principalement les missidas. On y trouve aussi naturellement des roundés, des foulassos et des margas habités par des Pouls pasteurs. Timbo, Fougoumba, Téliko sont sur cette zone, qui comprend surtout de beaux pâturages.

Le 18 avril, une étape de 20 kilomètres nous conduit au roundé de Nounkolo, à travers un pays montagneux, aux affleurements ferrugineux. La marche est très fatigante. Des fourrés épineux où s'écorche la figure, où restent les vêtements, des lianes où l'on s'accroche, des ravins abrupts, des baowals, et cela pendant six heures.

Le roundé est précédé d'un beau foulasso dont le sépare la rivière Salifandji. Le foulasso est habité par l'alfa Mahmadou, un des fils de l'almamy Ibrahima. Il n'a pas l'air pacifique et champêtre des autres foulassos, mais un aspect guerrier. Il rappelle les blockhaus qu'au début de leur pénétration construisaient les colons de l'Amérique du Nord. Nous sommes, en effet, aux confins de l'empire fouta-djalonké, et le noyau poul, si compact autour de Timbo et de Labé, est déjà loin de nous. Téliko est la dernière missida. Plus près de la mer, ce ne sont que des roundés, ou des villages de Djalonkés soumis, comme ceux du Tamisso, ou turbulents, comme ceux du Bani, qui est cependant une province de l'empire. C'est là en effet que se réfugient les captifs impatients du joug, là que se sont fixés les indigènes chassés par les Pouls des régions fertiles et auxquels une vexation ou une razzia d'esclaves remet de temps en temps les armes à la main. Aussi la route que nous suivons est-elle très peu fréquentée. Les bandes de Samory ont poussé jusque-là, et son nom de Samoudou inspire ici la même terreur qu'aux gens du Bouré avant l'établissement de notre fort de Siguiri. Ajoutons encore les querelles intestines de dix petits États, et l'on pourra se rendre compte de la sûreté des routes, que ne fréquentent plus que de rares caravanes.

La pénétration militaire de la France dans le Soudan aura toujours les deux buts connexes d'ouvrir d'immenses débouchés à notre commerce et de faire appliquer les grands principes humanitaires dont notre nation est une sentimentale observatrice, quoi qu'on dise. Qu'on déblatère contre le Soudan français, il n'en reste pas moins un fait acquis : c'est que toutes ces régions sont soustraites aux opérations sanglantes de ces négriers de haut lignage qu'on nomme Samory ou Oumar. Notre nouvelle colonie supporte les conséquences de ces énormes dépopulations : le désert presque partout. Mais le noir est prolifique. Il n'est chez eux question ni de dot aux filles, ni de droit d'aînesse, ni de position à assurer aux fils, ni de noblesse d'argent. Malthus n'y sera jamais compris, et l'on peut être assuré que, dans quelques années, les villages vides retrouveront cette foule de marmots qui étonne toujours dans les régions tranquilles, et que nos traitants verront enfin les longues périodes de prospérité.

Le foulasso de l'alfa Mahmadou se composait donc d'un groupe de cases fort belles, entourées d'une double ceinture, la première constituée par une haie, la deuxième, intérieure, par une palissade. Une petite mosquée ouverte à l'extérieur invitait au salam les passagers et servait aux prières du fils de l'almamy.

Nounkolo est le dernier village du Fouta-Djalon proprement dit. La frontière de l'empire, parfaitement déterminée en toutes ses parties par des accidents géographiques, passe, en effet, sur le mont Moromo, dont le roundé occupe le versant septentrional. Cette montagne a une altitude de 750 mètres. Nous en gravissons les pentes le 19 avril, et constatons une fois encore que les pentes nord sont plus raides que celles du côté opposé, sur toutes les hauteurs d'importance moindre que les falaises. Remarque à noter. Au sommet, baowals nombreux et mauvais. Peu de fourrés et par moments de belles vues sur les vallées du Kolenten et des affluents du Kaba.

Nous arrivons de bonne heure au village de Saïdouïa, le Sagidiah de la carte Monteil, traversé en 1880 par le docteur Goldsbury. Une descente très mauvaise sur des roches en escaliers le précède, puis une forte palissade en troncs d'arbres et bordée de fourrés très épais et infranchissables. Nous trouvons naturellement de nombreuses ruines dans le village, qui est construit dans un ravin et a la mine d'un repaire de détrousseurs de caravanes, sinon celle d'une cachette d'hommes traqués. Saïdouïa, qui renaît de ses cendres, est le premier village du Tamisso, petit État djalonké vassal du Fouta-Djalon.

Nous sommes en plein massif montagneux. Nous continuons la marche le 20 avril. Toujours mêmes laves ferrugineuses, scories agglutinées. Mêmes fourrés épineux. Le terrain est découvert presque toujours, mais une brume intense, qui ondule sous une brise venant du nord-est, empêche complètement de rien voir. Nous suivons cependant la ligne de partage des eaux du Kolenten et du Kaba (grande et petite Scarcies) et campons, à l'arrivée, au village en ruines de Karimouia, le Karmoya de la carte Monteil.

Deux routes réunissent ce village à Téliko : celle de l'ouest, que nous avons suivie, est plus courte, mais moins sûre encore que sa voisine de l'est. Celle-ci a été suivie par Thompson en 1842. Elle abandonne la route directe à quelques kilomètres, à la petite agglomération de Lansana, perchée sur une hauteur, et passe à Lansania, Foula-Mamadouia et Djambiloya. Les deux premiers sont au Tamisso, le troisième au Fouta.

Une nouvelle étape nous conduit à Niéniéya. Baowals succèdent à baowals et sont la caractéristique de cette région qui ressemble bien peu aux régions que nous venons de traverser, sinon par la majesté des sites, plus sauvages cependant. Le baowal est meurtrier pour le sabot de nos animaux. Il se dissimule sous un duvet d'herbe fine, faisant de loin sur les montagnes voisines le plus joli effet. Mais quand la montagne est atteinte, la scorie noire et rugueuse apparaît et le supplice commence.

Un quart d'heure environ avant d'arriver à Niéniéya, nous avons traversé le village de Toumania, porté sur la carte Monteil Tamaniya. Ce ne sont que cases éventrées ou effondrées, toits crevés, bambous noircis, décombres noyés déjà dans une folle végétation et racontant le passage du terrible Samoudou. Un mur resté debout et percé de créneaux entourait de belles cases que devait habiter un chef. L'esprit évoque je ne sais quelle héroïque défense derrière ce mur pantelant.

Au sortir de ces ruines attristantes, un tableau spendide. Un panorama de montagnes tabulaires est devant nous : des cours d'eau y creusent des ravins qui vont dans tous les sens. La plaine s'approche. Elle est derrière et sur les flancs de ces masses imposantes qui se dressent fièrement à l'horizon.

Le village de Niéniéya est, comme ceux que nous avons traversés depuis deux jours, ceint d'un épais fourré de végétation où les épineux abondent. On s'engage, à 350 ou 400 mètres environ, dans un vrai défilé, dangereux maintenant seulement pour la figure et les habits, et barré, deux cents pas plus loin, d'énormes palanques aujourd'hui écartées ou arrachées. Cette organisation défensive demande une grande vigilance et un nombre de guerriers plus grand. Elle crée, en effet, une zone découverte autour du village. Mais elle est, en somme, bien supérieure au tata bambara et rappelle quelque peu les défenses accessoires du Tonkin.

Les cases changent de caractère. Elles sont plus hautes, atteignent 10 mètres au centre. L'intérieur est moins grand, mais les galeries circulaires sont plus larges. Les portes sont plus élevées. On peut pénétrer sans se courber. Elles sont faites de bambous accolés, réunis par un mastic et maintenus par des bambous transversaux ou disposés en X. Le lit en terre, ou tara, se rapproche davantage de la forme du lit européen, au lieu de n'être qu'une masse rectangulaire d'une hauteur de 30 centimètres environ, à surface plate légèrement concave.

L'ensemble de ces dispositions dénote une température constamment plus élevée : la porte légère, la large galerie qui servira de dortoir, sinon au maître de la maison, du moins à ses gens. Nous sommes loin du Fouta, où le froid est si intense en janvier que les Pouls pasteurs ne peuvent aller traire leurs troupeaux avant huit heures du matin, tellement l'onglée est forte.

Enfin, la présence de bahuts nombreux rappelle le voisinage plus rapproché de Sierra Leone. Une sorte de chapeau en paille, surmontant le cône allongé du toit, donne sa physionomie à ces cases.

La région du kolatier commence ici. Nous ne trouvons pas de riz, mais nos noirs font bombance avec ce fruit, qui est, comme on sait, un vrai régal pour eux.

Nous trouvons à Niéniéya l'almamy du Tamisso. Il est venu veiller au relèvement des habitations. Il nous a offert ses cases et loge tout à côté de nous. Nous voisinons le plus aimablement du monde.

Son État a la forme d'un rectangle de 25 kilomètres de largeur sur 60 de longueur environ. Il est limité à l'ouest par le Tambaka, au sud et à l'est par le Fouladiou, le Salou et le Sandou. La belle rivière Kora lui sert de frontière de ce côté. Au nord, le Lolo inférieur, jusqu'à son confluent avec le Kaba, le sépare du Fouta.

La religion est l'islamisme, comme chez tous les vassaux des Pouls, mais fortement empreint de fétichisme. En cachette, l'almamy lui-même n'hésiterait pas à boire du *dolo de blanc,* je veux dire de notre alcool.

La dualité qui existe dans l'organisation politique du Fouta se reproduit ici, mais d'une autre façon. Les deux villages les plus importants du Tamisso, Ouossou et Sumbaraya, élisent chacun à leur tour le chef du pays, qui garde alors le pouvoir jusqu'à sa mort. L'almamy actuel, Fodié Kamara, est de Ouossou.

Niéniéya est à près de 500 mètres d'altitude. C'est le dernier village en montagnes, et notre marche du 22 avril est tout entière consacrée à descendre dans la vallée. Dégringoler serait plus exact.

D'abord, nous tombons à 50 mètres environ dans le Baféle, la rivière de Karimouia où les gens de Niéniéya vont prendre l'eau. C'est un bon commencement. Nous nous dirigeons ensuite sur l'extrémité nord-ouest de la montagne, que nous longeons quelque temps, puis, de gradin en gradin, par des pentes raides où les roches de grès font comme des escaliers, nous atteignons le fond de la vallée.

Le baromètre n'indique plus qu'une altitude de 150 mètres.

Les montagnes se dressent à notre droite, superbes, comme de formidables murailles. On les aperçoit en enfilade vers le nord, tombant alignées dans la vallée et noyées dans une brume légère. Elles ont toutes la forme tabulaire et leur front est entamé par les torrents qui les échancrent. Leurs flancs, à nu par endroits, ont une couleur noirâtre. Des *bantans* gigantesques élèvent leur frondaison devant eux.

Dans la vallée, une végétation luxuriante. Des bambous, des palmiers, des roniers, des aréquiers, d'épais fourrés, un envahissement de lianes, des kolatiers. Les épineux ont presque entièrement disparu.

Nous passons à côté du village de Frikia, absolument ruiné, et allons camper à Don-Ya, qui reprend de la vie et présente un joli aspect avec ses palissades neuves et bien faites. Nous entrons en relations avec des indigènes, une femme, un vieillard. Notre interprète, Amadi Gobi, se retourne vers moi et me dit : « Je ne comprends pas ». Un étonnement naïf se peint sur les visages. Mais un de nos tirailleurs nous explique bien vite ce mystère. Ces gens appartiennent à la race timénée, qui occupe toute cette portion de la côte. Quoique de même race que les Djalonkés, leur langue s'est peu à peu particularisée. Mais généralement le chef de famille connaît le malinké, qui est la vraie langue du Soudan occidental, se parlant aussi bien à Timbo qu'à Sierra Leone, Bissandougou et Bakel. Le mari de la femme arrive bientôt et nos relations habituelles reprennent bien vite en malinké. C'est la première fois qu'Amadi Gobi se trouve en défaut, lui qui, à Bafoulabé, nous a traduit le khassonké et le maure, en route le sarracolet, à Dinguiray le toucouleur, dans le Fouta le djalonké, le poul et l'arabe, et un peu partout l'idiome commun, probablement l'idiome primitif, le malinké. Amadi a cependant été laptot (marin) sur les côtes. Il s'en souviendra plus près de Benty, où il nous baragouinera de l'anglais nègre que nos commandants de cercle eux-mêmes sont obligés d'employer pour se faire comprendre des chefs du pays. D'ailleurs, tout le long de la route, depuis Dinguiray, sans doute dans l'intention de me plaire, on m'a souvent salué d'un « good day » auquel j'ai répondu par un « bonjour » rogue et sec. On avait compris la leçon à Fougoumba, où tous les chefs et l'almamy lui-même ne nous abordaient jamais que par un « bonjour, docteur », « bonjour, lieutenant », et quelquefois, « comment vous portez-vous? » Quelle faute commettent ceux qui, dans nos colonies, font passer le plaisir de parler une langue indigène avant le devoir de propager notre langue par tous les moyens! L'influence d'une nation se mesure à l'emploi de son idiome : et les Anglais le savent bien, eux, les colonisateurs pratiques par excellence.

Aussi, au premier village que nous rencontrons au sortir des montagnes du Fouta, plus de Djalonkés. Le Djalonké serait-il le montagnard du Soudan, comme les Nalous, les Sousous et les Timénés en sont les pêcheurs et les marins, alors que la qualification de Malinké est restée surtout aux populations des plaines du haut Niger et de ses affluents, c'est-à-dire à la portion la plus considérable? Le Bambara tiendrait à la fois du Djalonké et du Malinké.

Les conditions climatiques ont aussi et naturellement changé. Le thermomètre est monté brusquement de plusieurs degrés (il marque 35°) et nous sommes éprouvés par une forte chaleur humide. Plus n'est besoin de faire du feu la nuit dans nos cases et de nous enfouir sous les couvertures comme à Fougoumba, où nous nous trouvions pourtant dans le mois le plus chaud de l'année. Nous dormons, la nuit, les portes de nos cases ouvertes.

La route qui mène de Don-Ya à Saïon-Ya est remarquablement belle. Partout une folle végétation, mais la vue n'est cependant pas gênée. Les roniers sont toujours nombreux et les ruines aussi. Nous trouvons à Saïon-Ya des cases carrées ressemblant à nos chaumières de France, avec foyers, bahuts, bouteilles, parapluies, etc. Le costume est nouveau : il consiste en un long boubou tombant sur un pantalon, et le chef est recouvert d'une toque. C'est laid au delà de toute expression. Mais combien jolies les femmes timénées!

L'étape du 24 avril commence sur une longue route. Mais bientôt un fin cailloutis succède à la terre blanche, suivi lui-même d'un vrai baowal, avec les rugosités noirâtres de sa surface. Le mulet que je monte ne peut plus soutenir l'allure de la colonne, et je suis obligé de marcher sous une chaleur très forte. Cela me permet de constater que la vitesse moyenne est au moins du kilomètre en onze minutes, ou plus commodément de 90 mètres à la minute. Au bout de ce baowal, qui porte le nom si bizarre de baowal Alfa, nous grimpons sur la colline de Touloudalé, frontière entre le Tamisso et l'État indépendant du Tambaka, et, après avoir franchi la jolie rivière dénommée Kolé (proprement : *voilà le ruisseau*), nous arrivons au village en ruines de Fodéa, le premier de cet État.

Un incident amusant. Ne voyant personne dans un groupe de cases, je fais immédiatement décharger les porteurs et les mulets. Mais le chef des cases arrive, furieux de notre envahissement. Il avait même une tête si drôle, pendant que nos hommes continuaient tranquillement l'opération, que je me mis à rire de bon cœur. Cela le désarma. Il me tendit la main et courut me chercher des kolas. Nous n'avons jamais eu de meilleur *diatigui* (hôte).

La chaleur est extrême, 35 degrés à l'ombre. Sueurs abondantes toute la journée. A neuf heures du soir j'étais en train de griffonner mes notes journalières, lorsque Sori Kaba, le guide, s'introduit furtivement dans ma case et, dressant son long buste devant moi accoudé à ma petite table, m'apprend que trois hommes de Téliko, partis il y a trois jours de la missida, y ont appris que trois ou quatre cents soldats, où se trouvaient beaucoup de blancs, venaient d'arriver à Donholfella. L'almamy Sory a envoyé un homme pour s'assurer de ce fait qui a stupéfié tous les Pouls. « Viendront-ils par ici ? » ajoute-t-il en examinant mon visage, pour essayer de deviner si cette nouvelle doit ou non me surprendre. Je réponds que je n'en sais rien, et lui demande ce qu'il en pense.

« Personne ne sait ce qu'il y a dans le ventre du chef des blancs », réplique-t-il sentencieusement.

Sori Kaba et l'interprète partis, je me livre aux réflexions que soulève en mon esprit l'arrivée de cette troupe, qui ne peut être autre que la compagnie que le colonel avait l'intention d'envoyer à Benty. Mais comment peut-elle se ravitailler ? Où trouve-t-elle du riz et du mil ? Et puis cette confiance en nous que nous avions si péniblement fait naître chez les chefs du Fouta, cette cordialité, au moins apparente, de relations depuis la signature du traité, ces sympathies nouées avec certaines hautes personnalités de l'entourage des almamys, quelle atteinte elles avaient dû recevoir ! Mais ce premier mouvement cède bien vite devant les raisons supérieures de l'intérêt général de notre colonie nouvelle, de l'importance capitale du passage d'une troupe armée de Français dans le pays le plus réfractaire à toute pénétration, et se résout en dernier lieu en un sentiment de vive gratitude pour le chef qui, ignorant du sort des deux missions perdues dans le Fouta-Djalon (mission Levasseur et la nôtre), avait envoyé vers elles une force capable de les soustraire à n'importe quel danger.

Vingt kilomètres séparent Fodéa de Koufouné. Le terrain est plat, ou plutôt faiblement ondulé, et naturellement ces ondulations sont dues à la roche ferrugineuse, qui est de plus en plus mince, et qui apparaît toujours à quelque distance des rivières et se prolonge alors jusqu'à la rivière suivante, ce qui vient à l'appui de notre opinion sur la pente nord-est des strates qui forment le sous-sol de la région. Nous laissons aux deux tiers de la route, sur notre droite, un petit sentier qui conduit à un roundé du chef du Tambaka. Un parent de ce chef, qui est mort récemment, vient nous saluer au passage, en se donnant le titre de chef provisoire du Tambaka. Il nous offre du riz et des noix de kola. Depuis que nous sommes chez les Djalonkés ou chez les Timénés, on nous accueille partout ainsi, et le premier acte du diatigui consiste en cela. Chez les Pouls et les Toucouleurs, au contraire, races où l'esprit mercantile est poussé très loin, le diatigui ne donnera rien s'il n'est assuré de recevoir un bon prix de son offre. Le noir du Soudan occidental est bon et accueillant, et toute politique en ce pays devra s'appuyer sur les autochtones fétichistes contre l'élément musulman. Ce n'était pourtant pas la politique du général Faidherbe.

Mes guides m'annoncent une forte marche pour atteindre le village de Bendiga. Aussi, le 26 avril, nous mettons-nous en marche de très bonne heure. Elle s'opère régulièrement dans un pays plat, boisé par zones d'arbustes, tantôt de *doundakés*, très répandus, tantôt de *niamas*, arbre dont la feuille ressemble tant à celle du karité, mais est un peu plus grosse, tantôt de roniers, tantôt de palmiers. Nous traversons deux petits villages en pleine culture, puis nous montons sur un baowal moins pénible que les précédents, — mais nos animaux sont dans un si pitoyable état! — et tout aussi séduisant, avec ses longues prairies ondulées, encadrées de verdoyants bouquets de bois. Et le baowal — le dernier des baowals — s'étend à perte de vue.

Enfin dans la verdure nous devinons des cases, et j'ordonne la halte au milieu d'une agglomération. Il est neuf heures et demie. Le guide me dit que c'est là Bendiga. Ma stupéfaction est grande. Mais notre hâte d'en finir ne nous permet pas de nous arrêter à une heure si matinale. Le docteur et moi, nous décidons aussitôt de pousser jusqu'à Toureya, qui est à une heure d'ici et sur la rive gauche du Kolenten. Nous gagnons ainsi un jour et serons donc à Benty pour le 1ᵉʳ mai. C'est d'ailleurs une promesse que j'ai faite au docteur, et je m'ingénie, contre tous les obstacles, à la réaliser.

Nous continuons donc le baowal. Toujours même tableau. Seulement les bouquets d'arbres deviennent plus nombreux et annoncent la fin du plateau. Nous le descendons lestement, voyant sur une colline, devant nous, le village de Toureya. Le fond est occupé par un marécage et des rizières. C'est derrière cette mince colline que coule le Kolenten.

Il était midi. Nous étions sur la fin de notre repas, le docteur et moi, lorsque j'entends dans la cour un remue-ménage de gens, des paroles rapidement échangées. Au même moment s'encadre un Européen dans la baie de la porte. C'est M. Forichon, l'administrateur du cercle de Benty, avec qui nous sommes en correspondance depuis quelque temps, qui nous a envoyé à Fougoumba notre courrier de France et qui vient de faire, pour nous rejoindre, une marche de 40 kilomètres environ, qu'il s'apprêtait à continuer jusqu'à notre rencontre. Nous en oublions la sieste, et la soirée se passe en causeries interminables. M. Forichon est un ancien officier de l'armée de terre qu'un esprit aventureux a poussé vers les colonies. Il avait, nous dit-il, pendant un temps, l'intention de venir nous chercher jusqu'à Fougoumba. Mais cette entreprise avait été jugée trop risquée. Quelques jours auparavant, nous avions reçu de lui du vin, des conserves. Les mauvaises nouvelles de ma santé que le docteur lui avait écrites lui ont suggéré des sollicitudes touchantes, et Mme Forichon prépare à Benty la chambre où le malade trouvera le repos et reviendra à la santé. Que M. Forichon, qui connaît mes vives sympathies à son égard, reçoive ici l'expression de ma reconnaissance pour cette marche au-devant de nous, qui apportait un peu de la France aux voyageurs isolés depuis près de cinq mois.

Sous sa direction nous reprenons, avec un nouvel élan, le lendemain, la route de la Mellacorée. La marche se divise en deux parties bien distinctes :

De Toureya à Kolenten ;

De ce fleuve à Kofiou.

La première partie ne consiste qu'en la descente de la colline. Pendant quelque temps, au sortir du village, bouché par la palissade habituelle, le sentier court sous une voûte de feuillage. A droite et à gauche, dans les champs, les herbes sont brûlées. C'est la préparation aux cultures.

La vallée du Kolenten ou Grande Scarcies est en fond de bateau, avec une marge plate de 150 mètres environ et cultivée presque partout. Nous passons le fleuve sur deux pirogues appartenant au village de Sinneya, qui s'élève sur la rive droite et domine notre rive. La forme du lit est régulière.

Chaque pirogue peut contenir de huit à quinze personnes et est manœuvrée par deux indigènes seulement.

Sinneya est un joli village sousou en pleine prospérité. Les cases sont superbes. Deux enceintes entourent le village. La place de la mosquée est complètement entourée de murs. On y accède par deux portes étroites, un couloir et deux nouvelles petites portes. La mosquée est au milieu. Deux *boulous* à droite et à gauche s'ouvrent sur l'intérieur des habitations.

La marche reprend ensuite dans un pays ondulé, rarement découvert, dans des fourrés difficiles. Une colonne opérant dans le pays aurait avantage à créer un nouveau sentier de toutes pièces.

Nous arrivons à 11 h. 20 m. à Kofiou, capitale du Benna et résidence de l'almamy de ce petit État sousou. Nous logeons chez le diatigui habituel de l'administrateur de Benty, dans une case gigantesque où sont disposées des chambres, salle à manger, chambre à coucher, cuisine, etc., et une large véranda. Derrière elle, un *buen retiro*, qui est un trône sur lequel on monte par trois marches.

La porte de la case est haute de 3 mètres environ et encadrée d'un bois rouge à dessins réguliers. A distance, elle fait beaucoup d'effet. Le petit mur qui soutient les colonnettes en bois de la véranda, couverte par l'unique toit de la case, est découpé en dessins variés. C'est un commencement d'art indigène inspiré à Benty ou à Sierra Leone par la vue de nos constructions européennes, où l'art semble cependant bien oublié. Mais l'artiste n'a pu se dégager des vieilles traditions : la case a des proportions gigantesques. C'est cependant encore une case, où la grande nouveauté consiste en ces compartiments dont rien ne vient parer la nudité. Cette tentative vers l'architecture européenne n'était pas heureuse. Combien la jolie disposition des grandes cases enfermant une vaste cour sablée, ayant en son milieu un rectangle réservé aux réceptions et recouvert par une sorte de dais en sécos, supporté par de sveltes colonnettes, combien cette disposition allait bien mieux dans ce milieu africain d'un exotisme si pénétrant ! Heureuses gens, qui construisent dix cases en huit jours, un logement pour toute une famille, avec ses murs ronds en terre battue et ses toits coniques de paille; qui, pour toute cassette, ont un trou sous le foyer; qui voient d'un œil indifférent un incendie dévorer leurs cases, et, le feu éteint, repétrissent la terre glaise, coupent les longues herbes de la brousse et reprennent leur vie végétative, dont ils ne comptent même pas les années.

A Kofiou, c'est la lutte entre les vieilles habitudes et l'influence européenne. On y sent en outre le rentier cossu, car nous avons créé ce type, parfaitement inconnu à l'intérieur, du rentier cossu, ayant même une nuance de notre bourgeois français, qui sait profiter de tout passage du commandant de cercle, s'empresse à son arrivée, lui ouvre sa case, lui dit : « Commandant, tout ici est à toi », puis au départ tend une main discrète au *bounia* (cadeau) habituel. Mais si le diatigui est naturellement en fort bons termes avec celui qu'il a l'honneur de loger, les autres habitants du village sont loin d'avoir les mêmes sentiments. Kofiou, qui est à deux étapes de la Mellacorée, est entouré d'un mur solide, que l'on ne franchit que par deux portes étroites, très solides et renforcées de corps de garde assez sérieux, bien qu'assez mal entretenus. Une large avenue précède ces portes, taillée en pleine verdure.

Le soir nous recevons, dans la cour de notre logement, la visite de l'almamy du Benna, escorté d'une nombreuse suite. C'est un bel homme, à tête petite et falote, vieux et timide, portant un turban sur lequel sont plaqués des grisgris de cuir carrés. Cette coiffure donne un air de dignité à celui qui la porte. Elle a bien plus grand air en tout cas que ce boudin en étoffe blanche que les deux almamys du Fouta-Djalon enroulent autour de leur chef, au-dessus d'une calotte noire, et dont l'extrémité retombe, ainsi le veut l'usage, sur le côté droit de la poitrine.

A Fougoumba, quelques jours avant notre départ, le docteur avait dépêché un de nos plus fidèles et de nos plus solides auxiliaires, Moussa Penda, à Benty, auprès de l'administrateur, pour en rapporter divers approvisionnements, entre autres du vin, dont nous étions privés depuis quelque temps, pour aider ma convalescence. Cet auxiliaire était parti le 28 mars, avec un guide donné par l'almamy. Dix jours devaient lui suffire pour atteindre Benty, et nous comptions bien retrouver notre homme vers le 15 avril.

Ce n'était pas sans quelques appréhensions que j'avais consenti, sur les instances du docteur, à laisser partir cet auxiliaire, bien qu'il fût né dans la région troublée qu'il allait traverser. Nos anxiétés augmentèrent le long de notre route, où, cependant, nous pûmes retrouver sa trace. Enfin, le 23 avril, à Saïon-Ya, nous eûmes la joie de le rencontrer en chemin. Et voici l'histoire qu'il nous conta :

Moussa est d'abord allé à Longori, missida près de Téliko, où les hostilités des Djalonkés contre l'alfa Mahmadou l'ont retenu deux jours. Cependant, au risque d'être tué, il se hasarde à partir. L'almamy du Tamisso le fait encore attendre deux jours pour lui donner un guide. Enfin Moussa entre dans le Benna. Mais à Laya le chef du village, Kondeto, une mauvaise tête, avec qui M. Forichon n'est pas en très bons termes, l'arrête, disant que la route de la Mellacorée est coupée, qu'au surplus, ignorant ce que contenait le courrier, il craignait un danger. Moussa fut obligé d'interrompre sa route et d'aller à Kofiou parlementer avec l'almamy du Benna et les anciens, qui lui donnèrent enfin le droit de passage. Et Kofiou est à deux jours de la Mellacorée !

Si un simple courrier, de l'allure la plus discrète du monde, et malgré le respect étonnant que les villages hostiles même ont toujours montré pour nos coureurs, portant de la main droite, et bien en évidence, la fiche de bois fendue au bout et maintenant le paquet de lettres, si, dis-je, un simple courrier rencontre de telles difficultés, que doit-il arriver aux diulas, suivis de leurs captifs, ayant sur la tête des richesses si faciles à s'approprier? Dix jours suffisent cependant pour aller de Timbo à la Mellacorée, 300 kilomètres au plus. Deux petits postes français, et les caravanes circuleraient librement. Sinneya et Niéniéya seraient tout indiqués : Niéniéya au débouché des montagnes, Sinneya au passage de la Grande Scarcies, que les caravanes franchissent presque toutes là, même celles qui vont à son embouchure prendre la mer pour Sierra Leone.

Dans notre palabre, M. Forichon admoneste donc vivement l'almamy du Benna, pour avoir permis qu'un courrier français fût inquiété dans son État. Mais je crains bien que cette admonestation ne reste platonique, tant que notre politique dans les Rivières du Sud ne sera pas entrée dans une voie plus active.

Au moment de notre passage, M. Forichon préparait un travail géographique sur le pays qu'il était chargé de commander et d'administrer. Je m'occupai presque strictement de mon itinéraire, sans demander des renseignements qui auraient pu être indiscrets. Je n'ai donc que fort peu de documents sur le Benna. Il est cependant limité dans l'est par le Kolenten ou Grande Scarcies, dont la direction presque nord-sud serait le troisième côté d'un triangle dont la mer et le Konkoré seraient les deux autres côtés. Le poste important de Konakry, appelé à prendre plus tard un certain développement, est sur le milieu du côté de l'Atlantique. Dans ce triangle, où se limite notre influence, plusieurs États, dont le Soulouma, le Kania, le Benna, le Morékaria, le Moréa, le Dubréka, etc., tous très peuplés, très actifs, mais remuants, mais turbulents ! Une seule race, la race sousou. Les Timénés se trouvent, en effet, de l'autre côté du Kolenten, et leur principal centre serait dans le pays de Timani, porté sur la carte Monteil. Notre influence n'a jamais passé ce fleuve, au delà duquel Sierra Leone règne, autant du moins qu'il plaît aux souverains de l'endroit, fort capricieux. Les pattes sont bien graissées, il est vrai.

Remarquons cependant qu'au point de vue diplomatique, le Tambaka, le Lokko, le Saffroko, etc., pays limitrophes aux possessions anglaises de Sierra Leone, sont soumis à notre protectorat de par le traité de Bissandougou, de mars 1887, signé par Samory, qui revendique la possession de tous ces pays.

Le Benna est donc borné à l'est par le Kolenten, au nord par le Kania, à l'ouest par le Moréa et au sud par le Morékaria. Le pouvoir de l'almamy n'est pas absolu, guère plus que dans aucun État du Soudan. Ainsi Kondéto, le chef de Laya, se préoccupait fort peu de son maître de par l'élection. C'est là, d'ailleurs, la raison de ces luttes perpétuelles, même dans un État. Le Malinké est essentiellement indépendant, et les monarchies absolues, comme celle de Samory, ne vivent guère plus que celui qui les a créées.

Nous reprenons, le 28 avril au matin, notre marche rapide vers le terme de notre voyage. Une moitié de notre route se trouve dans le Benna, l'autre dans le Moréa. La frontière est indiquée par une rivière qui va probablement se jeter dans un des canaux que la mer a formés dans toute cette partie de la côte. A chaque lieue, un village, comme Moussaïa, Fessékouré, Garafelli, etc. Jusqu'au Moréa, le sentier est découvert, mais, aussitôt entré dans ce pays, il s'enfonce dans des fourrés hauts, où les branchages gêneraient considérablement une troupe à cheval. Il est vrai que l'on pourrait marcher en plein midi sans souffrir du soleil, que l'on ne retrouve que dans de rares parties découvertes. De plus, le sentier zigzague continuellement, et allonge le parcours d'une façon considérable.

Nous avons, au début, sur notre droite, la masse gigantesque du Kofiou (dans le pays on l'appelle souvent Koufian), déjà si imposante, vue du village de ce nom, où elle semble émerger brusquement de la plaine. Elle se développe maintenant avec ses dents, ses créneaux, ses rocs perchés, monstrueux témoins d'une époque, ou peut-être soulèvement colossal. Le Kamalaya, que nous découvrons un peu plus loin, toujours à notre droite, paraît être de la même famille. C'est entre eux deux que s'ouvre la gorge sauvage du Kania, par où vient de passer notre compagnon de route, M. Forichon, dans une aventureuse visite à l'almamy turbulent du Kania.

Nous arrivons à midi au village de Boukaria, où l'influence française se dessine enfin plus nettement. Nous habitons pour la journée une case oblongue à quatre compartiments. Une belle véranda devant la porte, à l'intérieur un lit en bois, élevé sur des pieds, un lit comme en fabriquent les ouvriers de Saint-Louis, et non plus le tara primitif, auquel nous avons, le docteur et moi, toujours préféré nos lits de campagne, en simple toile tendue; puis des meubles, des bahuts, etc.

Le soir, nous avons l'heureuse chance d'assister à une danse de jeunes filles bien originale, et que nous n'avons vue que là. C'est la danse du *boundou*, ou de la circoncision. Cette barbare coutume, qui est de règle dans tous les pays de religion musulmane, est très strictement appliquée dans le Soudan. C'est, tout naturellement, une époque importante dans la vie d'un noir, et une réponse dont ils sont coutumiers, quand on leur demande à quel moment tel fait s'est passé : « Je n'étais pas encore circoncis », ou : « Il y avait longtemps que j'étais circoncis ». Pour les garçons, cette opération a lieu vers seize ans, de sorte que le procédé courant pour demander l'âge d'un indigène est le suivant : « Quel était le commandant supérieur du Haut-Sénégal au moment de ta circoncision ? » Le procédé est assez exact, car nos commandants supérieurs sont restés au maximum deux ans dans ce pays. A une année près, l'évaluation peut être cotée excellente.

On sait que le forgeron du village est chargé de ce soin. Au besoin, si le village ne donne pas un nombre suffisant d'appelés, on en réunit plusieurs. Différentes méthodes sont suivies pour calmer les souffrances. En tout cas, partout, pendant quinze jours, liberté complète est donnée aux circoncis, qui vivent en communauté, dans une grande case. Si l'un d'eux avise un beau mouton dans un troupeau, il le demande au propriétaire, qui est tenu de se conformer à ce désir.

Les droits sont les mêmes pour les jeunes circoncises, qui passent leur temps à se promener dans la campagne, en processions nonchalantes, ornant leurs vêtements de fleurs et de feuillages, chantant sur un long rythme plaintif, et le soir, devant la cour de la grande case, où les réunit la femme du forgeron du pays, qui remplace pour les jeunes filles son époux, préposé aux garçons, se livrent à la danse spéciale du boundou.

Le pensionnat a un costume spécial. Un pagne leur ceint les reins et tombe jusqu'aux pieds. Par-dessus, une cordelière nouée sur le ventre, et dont les extrémités vont presque jusqu'à terre. Un tablier placé à l'envers, derrière, est muni à sa partie inférieure d'un cordon de grelots, qui tintinnabulent sans cesse et signalent leur présence. Enfin, le buste, nu, est paré d'écharpes, et les cheveux, affreusement emmêlés, sont attachés sur la tête, et quelquefois fixés par un foulard rouge. Elles ont toutes un bâton à la main.

Elles se promènent d'abord en file indienne, en chantant et marquant la mesure avec leur bâton, puis s'arrêtent et se forment en ligne de chaque côté. Alors, à la musique d'un chaudron et aux battements de mains de ses compagnes, une d'elles se détache, fait une « dame seule », où les entrechats sont mêlés de rotations de buste et de mouvements d'écharpe. Deux entrent ensuite dans l'intérieur et combinent les figures, le tout sous la direction de la femme du forgeron, qui approuve ou désapprouve, et se montre d'une exigence étonnante.

Enfin, le 29 avril est notre dernière étape. Dans la marche d'hier, les fourrés existaient continus, entre chaque village, entouré seulement d'une zone débroussaillée. Aussi, à chaque carrefour, a-t-on taillé un gros triangle dans la verdure, pour permettre aux voyageurs de retrouver leur chemin. Mais que de charmes pour un piéton! Le sentier court le long des haies d'ananas, d'arbustes pleins de fleurs, noyé dans cette flore puissante, qui ne lui laisse qu'un ruban de terre battue par les passants. Parmi ces arbustes, l'un d'eux, à feuilles vert foncé, laissait tomber une pluie de clochettes blanches, exhalant une odeur exquise de fleur d'oranger.

La marche d'aujourd'hui est un peu moins dépourvue d'horizon, et l'on peut voir, surtout à la fin, tout un pays à mamelons réguliers, aux formes arrondies, où le sol est tantôt de la terre blanche, tantôt un fin cailloutis de grès ferrugineux. Comme toujours, des roches de grès près des cours d'eau, et du fer dans les parties hautes.

A neuf heures et demie nous arrivons sur la colline, du haut de laquelle se voit le village, appelé par les indigènes Mellacoréo, et répandu sur les deux rives de ce bras de mer. Mais chaque partie porte un nom, et celle qui est devant nous s'appelle Pharmoréa, le Phamriah de la carte Monteil. Nous descendons par une pente douce. De grandes cases dans un massif de verdure. Un blanc, un Français, vient au-devant de nous. C'est M. Givaudan. Il nous conduit dans sa factorerie, une bâtisse en terre et briques à plusieurs compartiments et à véranda, très large. Une bascule, des ballots, quelques commis noirs. Puis nous sommes introduits dans le salon-salle à manger, dont l'ornementation, pourtant bien coloniale, frappe et charme nos yeux déshabitués. Quelle cordialité, quelle jovialité, quel entrain chez notre hôte, qui montre à nous recevoir autant de plaisir que nous en éprouvons à nous trouver là! Il met à notre disposition une chambre, nous invite à passer la nuit, se fâche.... Mais la baleinière de M. Forichon est là, et à midi la marée est haute. Il nous faudra partir.

Pour nos hommes, du riz et de la viande bouillent dans une marmite de Gargantua.

Le canon du village tire plusieurs coups pour saluer notre arrivée. Je réponds par des salves de cartouches.

Le repas nous réunit tous à table, devant de la porcelaine, une nappe, des verres en verre. Un Australien, agent de la factorerie anglaise, M. Mangen, est des nôtres,... tous les blancs de cette extrémité du monde, de cet avant-poste de la vieille Europe. On déplie le *Times*. On lit des nouvelles de France.... Ah! l'impression exquise du retour, l'amplitude de la joie, qui se reflète sur toutes les physionomies, sur les choses, partout !

La vue de la Mellacorée est d'un pittoresque très grand. De grosses roches de grès noirâtre émergent de l'eau, qui découpe capricieusement les bords humides. Des massifs de verdure, des arbres gigantesques l'encadrent. Des échappées merveilleuses sur le bassin, des enfilées de cases, tout un spectacle qu'égayent et piquent de masses sombres des bateaux couchés sur la berge, des mâts coupant en hachures le bleu de l'eau, le vert tendre du feuillage, le jaune doré des cases.

A midi nous quittons Pharmoréa. Descente sans incidents. Quelques roches de grès en pleine eau et des palétuviers sur les bords. De loin en loin, des berges avec quelques goélettes et une factorerie dans le haut, coquette avec ses murs blancs, son toit en tuiles rouges, ses larges vérandas, et abandonnée.

A Konta nous admirons la factorerie anglaise, que dirige un Français, M. Verdier, bâtie sur pilotis et fort bien disposée. A Fernando Po, nouvelles ruines. La factorerie est bien placée pourtant et regarde la mer. Un marigot est à notre gauche, dont le courant fait naître une houle assez forte, qu'augmente le vent debout. Enfin, à quatre heures et demie, nous arrivons au wharf du poste de Benty, salués par deux coups de canon du village, et nous serrons la main de la garnison blanche, à savoir un adjudant d'infanterie de marine, chef de poste, et deux artilleurs. Puis, dans le logement de l'administrateur du cercle, nous présentons nos hommages aux vaillantes femmes qui ont accompagné M. Forichon dans ce poste perdu de nos Rivières du Sud et qui font aux voyageurs du Soudan français l'accueil le plus exquis.

Le lendemain, à minuit, trois pirogues, qui avaient été arrêtées à Konta par la marée et par la violence des courants, débarquent notre interprète et tout le reste de la mission. La note gaie nous est donnée encore par nos bourriquets, les plus drôlatiques compagnons de voyage qu'on puisse imaginer et qui ont, par cette nuit obscure qu'éclaire la lune de temps à autre, les effrois les plus amusants tandis que nos hommes les transbordent sur leurs épaules de la pirogue sur la terre ferme, et les gambades les plus folles dans l'allée du poste, où ils s'en vont ensuite en trottinant.

Le 1er mai 1888, toute la mission était installée à Benty, ayant rempli complètement les instructions données par le commandant supérieur du Soudan français à son départ de Kayes, le 1er décembre 1887. Un seul manquait à l'appel, son chef, le capitaine Oberdorf, dont les restes reposent près de Tombé, aux portes du Soudan français, pour la gloire duquel il est mort.

CHAPITRE XXXIII

Composition de la compagnie Audéoud. — Le lieutenant Radisson. — Le capitaine Le Châtelier. — Kouloukalan. — Baleya. — Un peu d'ethnographie. — A Nono, dans le Oulouda. — Samory et les Houbous. — Un mot d'Abal. — Entrée dans le Fouta. — Difficultés. — A Sokotoro. — Arrivée à Dentaba auprès de l'almamy. — Palabres et défilé.

Dans la lettre du commandant supérieur que le docteur et moi nous recevions à Fougoumba la veille de la signature du traité, le colonel Gallieni nous annonçait son intention de faire traverser le Fouta-Djalon par une compagnie, qui rentrerait à Saint-Louis par Benty. Notre première pensée fut que cette compagnie aurait peu de chances de remplir sa mission : disette de grains d'abord, à peu près égale partout, en cette époque de semailles, puis hardiesse extrême de cette entreprise, en présence de l'orgueil de cette race poulé, qui craint que le passage de nos soldats n'encourage à l'insoumission les sujets djalonkés, qui ne supportent qu'avec peine le lourd joug pesant sur eux.

Cependant, et réflexion faite, quelle belle réponse aux paroles de jactance et aux bruits qui couraient sur le sort qui nous était réservé! La conclusion du traité, le passage d'une compagnie, alléguant, sans bravade, le prétexte de prendre le plus court chemin pour rentrer à Saint-Louis, quelle magistrale affirmation de la toute-puissance de la France! Aussi, quand à Fodéa, le 24 avril, à quelques jours de marche de Benty, mon guide, un Djalonké de Téliko, m'apprend que trois hommes de la missida, partis après nous, venaient de lui raconter que 300 ou 400 soldats avec beaucoup de blancs étaient arrivés à Donholfella, le docteur et moi nous éprouvions une satisfaction sans mélange, à laquelle se mêlait un sentiment de gratitude pour le chef qui, sans nouvelles de notre mission et de la mission Levasseur, envoyait une compagnie pour les protéger, le cas échéant.

Demandant à mon Djalonké ce qu'il pensait de cette colonne : « Personne ne peut savoir, me dit-il sentencieusement, ce qu'il y a dans le ventre du chef des blancs ».

La compagnie désignée pour traverser le Fouta-Djalon est la 1re compagnie de tirailleurs sénégalais, commandée par le capitaine Audéoud. Cet officier est secondé par le lieutenant Radisson, qui est en outre chargé de la topographie. La compagnie comprend un sous-lieutenant indigène, Tou-

Chef du village de Nora.

mané Aïssa, et 100 hommes de troupe, tous indigènes. Pour compléter la colonne, l'interprète Demba, 4 palefreniers pour 3 mulets de selle et un cheval, 3 muletiers et leurs mulets, des porteurs et des femmes de tirailleurs. Elle emporte un approvisionnement de vivres pour les officiers, et de sel pour tout le monde.

Cette compagnie vient de faire colonne dans le Haut-Bélédougou, et a poussé une pointe hardie dans les États d'Ahmadou, jusqu'à Dianghirté, et, par Kita, a rejoint les troupes du commandant supérieur à Siguiri. Elle est en marche depuis le mois de novembre, commencement de la campagne.

Le capitaine Le Châtelier, du 67e régiment d'infanterie de ligne, en mission scientifique dans le Soudan, associe sa petite troupe d'indigènes à la fortune de la compagnie et se joint à l'état-major.

La compagnie quitte Siguiri le 25 mars, et passe le Tankisso en pirogues

Sanguiana. (Voir p. 556).

à Tiguibiri. Elle doit aborder le Fouta-Djalon par sa frontière est, à hauteur de Donholfella. La première partie de sa marche consistera donc à explorer cette partie des États de Samory, qui borde au sud notre frontière du Tankisso.

La carte est bien pauvre en renseignements : un itinéraire, celui de René Caillé, allant de Fodé-Hadji à Kouroussa, sur le Niger, puis quelques villages ajoutés par le capitaine Péroz, pendant ses loisirs de Bissandougou, en mars 1887. L'itinéraire de la compagnie, compris généralement entre le Tankisso et l'itinéraire Caillé, aura cependant avec celui-ci des parties communes, dans le Baleya, de Siraleya à Sareya, et le village de Fodé-Hadji.

Après le passage du Tankisso, la compagnie tourne à droite, et remonte cette rivière sur sa rive droite. Arrivée à hauteur de Didi, elle change encore de direction, et marche en plein sud vers le Niger, qu'elle atteint à Nora, résidence du chef du Kouloukalan, dont le nom signifie en malinké « Pilon à mortier ». Ce pays, habité par des Malinkés et quelques Soninkés, est riche. Les villages sont grands, bien tenus, mais pas peuplés, Samory ayant emmené beaucoup de monde à la guerre, et les guerres dernières ayant diminué la population. Les habitants ont de beaux troupeaux, ne cultivent que du riz et négligent presque le mil. On n'y fait pas du dolo, par ordre de l'almamy.

Nora est un grand village dont le tata est très étendu, mais pas en très bon état. Il contient beaucoup d'espaces vides, et n'a que 11 ou 1200 habitants, quoiqu'il puisse en contenir deux fois autant. Ils reçoivent très bien la compagnie, et fournissent, avant la demande, des œufs, du riz, du mil. Ils ont eu grand peur à son arrivée, ne connaissant pas ses intentions.

Après le Kouloukalan, entrée dans la province du Baleya par le village de Bokoro. Cette province de Samory comprend douze villages, dont le plus important, Sanguiana, est la résidence du chef, Laï-Kamara :

« La population du Baleya appartient à deux tribus malinkées, les Kamaras et les Keïtas, pour la majeure partie. Il s'y trouve aussi deux petits groupes soninkés, les Sakhos et les Koumaras, dont l'établissement dans le pays est plus récent.

« Les Kamaras du Baleya faisaient primitivement partie du groupe des Malinkés Sousous, qui, avant d'être refoulés au sud-ouest du Fouta-Djalon, occupaient tout le pays compris entre le Niger et le Sénégal Supérieur d'une part, le Fouta de l'autre.

« Les Sousous se trouvaient divisés en deux partis politiques, l'un musulman, l'autre fétichiste, lors de l'invasion des Malinkés de l'est, devant laquelle ils durent s'enfuir. Une partie de leurs tribus fétichistes se rallièrent aux nouveaux venus, fétichistes également. Parmi celles-ci se trouvaient les Kamaras et les Keïtas du Baleya, qui, du Bouré, allèrent s'établir dans le Manding de Kangaba, près de Faraba. C'est de là qu'ils vinrent par la suite au Baleya.

« Après la migration des Sousous, les fractions de leur groupe qui étaient restées dans ce pays se mélangèrent avec les Malinkés de l'est, et d'autant moins toutefois qu'elles se trouvaient plus éloignées du Manding et de la région de Kita. Redevenues Malinkés proprement dits de ces côtés, elles restèrent Sousous, mais sous la nouvelle dénomination de Djalonkés, près de la frontière du Fouta-Djalon.

« Les Kamaras et les Keïtas du Baleya ont donc été tout d'abord Malinkés, puis ils sont devenus Sousous, puis Djalonkés, pour redevenir Malinkés proprement dits, dans le Manding. Ayant cependant conservé

Le capitaine Audéoud.

comme idiome la langue sousou, ils peuvent, en tant qu'habitants du Baleya, être regardés comme Djalonkés.

« Cette province, qui commence au marigot de Krousousou, s'étend jusqu'à Sareya à l'ouest. Au sud elle est bornée par la province du Béré, au nord par la brousse jusqu'au Tankisso. Elle appartient depuis dix ans à Samory, qui l'a conquise de concert avec Aguibou. Malgré cela, les villages sont riches, bien entretenus. Mais leurs tatas tombent en ruines, par ordre de l'almamy, qui les dégarnit de jeunes gens pour sa guerre contre Thiéba.[1] »

---

[1]. Journal de route du lieutenant Radisson.

Le 5 avril, la compagnie Audéoud atteint Nono, le premier village et en même temps la capitale de la province d'Oulouda. Il comprend 3 500 ou 4 000 habitants, et se compose de deux parties, l'une entourée d'un tata bien entretenu, assez bas, et pas construit de la même façon que les autres; 3 500 habitants environ sont à l'intérieur. L'autre partie est en dehors du tata, avec 400 habitants. Il y a dans ce village un troupeau de 150 bœufs et beaucoup de moutons.

C'est un grand passage de caravanes. Toutes celles qui viennent du Fouta sont obligées d'y passer, car le Tankisso n'est guéable qu'à Kroukoto.

Cette province obéit à l'almamy Samory depuis qu'un chef d'armée, Birama, fils de l'almamy Omar de Timbo, est venu, il y a sept ans, brûler une partie du village pour le punir de lui avoir fermé les portes du tata.

Les habitants se sont alors tournés vers Samory, et ont entraîné avec eux le reste de l'Oulada. Ils ont beaucoup de guerriers contre Thiéba et sont presque tous armés de fusils, alors que leurs voisins du Baleya en ont à peine quelques-uns.

Les indigènes de l'Oulada, Malinkés et Djalonkés, sont musulmans. Aussi l'accueil qu'ils font est-il froid. Le chef de village ne vient au camp que dans la soirée, et amène au capitaine Audéoud des hommes qu'il lui a demandés pour lui donner des renseignements. Il est impossible d'en rien tirer. Quelques paroles de menace rendent ce chef plus complaisant, et il revient le lendemain matin, avec des hommes moins réservés. D'ailleurs ce chef, appelé Ousou Silla, est incapable de se faire obéir par ses administrés. Il n'est que le président responsable et sans autorité d'une république dans laquelle chacun agit complètement à sa guise, tout en empêchant le chef d'agir. Pour avoir des porteurs, il est nécessaire d'envoyer le sous-lieutenant indigène avec des tirailleurs en armes. Du reste, à la première apparition des hommes, on a fourni les porteurs.

Le 8 avril, la compagnie rentre dans un pays qui a été ravagé par les Houbous, Pouls qui se sont rendus indépendants de l'almamy du Fouta, et sont devenus fort dangereux pour leurs voisins. Leurs villages ne sont pas entourés de tatas, et les cases sont en paille. La mission dite du Fouta-Djalon, de Dinguiray à Timbo, avait pour guide un Houbou, qui lui montrait, aux confins des États d'Aguibou, les sentiers par où débouchaient ses compatriotes venant ravager l'Oulada. Samory, pour protéger ses sujets de l'Oulada, entreprit contre les Houbous une guerre d'extermination qui se termina par la prise et la décapitation d'Abal, leur chef. Abal, ou plutôt Habali (car ce mot n'est probablement que le nom de la fonction), avait acquis un renom sinistre. Au dire de mon guide, quand son

Habitants de l'Ouaddaï

père mourut, il était fort jeune, et son pays en pleine guerre avec le Fouta-Djalon. Les vieillards hochaient la tête devant sa jeunesse, lorsque Abal, tirant son sabre, s'écria : « Le fourreau est tombé, mais la lame est toujours là! » Et cette fière bravade, il sut la justifier pleinement en répandant autour de lui une profonde terreur.

La compagnie Audéoud atteint le 8 avril le village de Toumania, situé sur la rive gauche du Tankisso, sur un mamelon à environ 800 mètres. La position serait superbe pour un établissement européen. Placé à la frontière du Fouta et des États de Samory, il commanderait plusieurs grandes routes et un des bons passages du Tankisso.

Les habitants de ce village sont Djalonkés indépendants, mais se rattachant volontairement à l'Oulada. Le tata est en très bon état et très vaste ; il n'y a guère que 3 à 400 habitants. Le dépeuplement de ce village, qui a dû être très gros, date de quatre ans. Aguibou l'avait ravagé à cette époque. Samory s'en émut et envoya à son secours un de ses chefs de guerre avec une colonne qui arriva trop tard.

Le pays change d'aspect : ce ne sont plus les longues plaines argileuses, souvent noyées, aux ondulations peu importantes, des pays compris entre le Tankisso et le Niger, et dont les routes ne présentent que la difficulté de passage des cours d'eau. Le Tankisso, que la route côtoie pendant quelque temps, coule entre deux montagnes d'une hauteur variant de 2 à 300 mètres, aux flancs souvent escarpés. Les mamelons succèdent aux mamelons dans ce désert qui sépare le Fouta des États de Samory ; les forêts n'ont pas l'aspect désolé et rabougri des pays déjà traversés ; le sol est sillonné de ravins, se dirigeant vers la grande vallée du Boga ou Bouka, gros affluent du Tankisso qu'il rejoint à hauteur de Dinguiray.

La compagnie s'établit le 11 avril sur les bords de ce cours d'eau.

Le campement a été jusqu'ici traversé par de nombreuses caravanes, mais toutes allant du Fouta vers le Ouassoulou. Les Malinkés de ces pays voyagent peu ; en tout cas, ils ne vont chez leurs voisins les Pouls qu'avec la plus grande répugnance. Rien n'a donc pu prévenir de l'arrivée de nos tirailleurs, et le capitaine n'aurait pu trouver un courrier pour informer l'almamy de son approche.

« Le 12 avril au matin[1], nous quittions le campement sur les bords du Boga, pour gravir les pentes abruptes qui font au Fouta une muraille et une frontière d'une valeur défensive considérable. Rien de plus pittoresque que cette étape, au milieu de ces montagnes à pic, où nous étions

---

1. Notes empruntées au journal de route du lieutenant Radisson.

par moments obligés de hisser pour ainsi dire les mulets à bras d'homme, après les avoir déchargés. Une pluie battante vient par malheur enlever à cette ascension une grande partie de son charme.

« Et ce n'est pas notre seule misère, car les diarrhéiques sont nombreux dans la colonne, qui a été si souvent obligée de camper sur des bords de marigots, au sol spongieux et humide. Arrivés enfin sur le plateau, nous nous dirigeons vers Koumansan, petit village où nous devions aller passer la journée. Un des porteurs a été, pendant la marche, pris d'une indisposition subite, dont la gravité ne lui permettait pas de continuer à porter son fardeau. Le convoi réduit au strict nécessaire, force nous est, sous peine d'abandonner une des caisses de provisions, d'envoyer demander le chef du village de Hériko, dont on apercevait les cases. Et nous faisons halte. Le chef arrive, le capitaine le prie de lui donner un porteur jusqu'à Koumansan. Refus catégorique, insolent dans sa forme, auquel nous ont peu habitués les Malinkés précédents. Le capitaine n'hésite pas à prendre un homme de l'escorte.

« Mais quelle n'est pas notre stupéfaction lorsque, nous remettant en marche, nous voyons tous les notables du village nous emboîter le pas, et nous suivre jusqu'à Koumansan, où nous arrivons vers onze heures du matin! A peine étions-nous descendus de cheval, les notables s'approchent et le chef entame un long discours pour protester contre notre acte autoritaire, disant que nous ne sommes plus chez nous, dans le Fouta, mais chez l'almamy, mais chez les Pouls, dont la colère est redoutable. Nous n'attachons pas grande importance à cette redomontade; cependant cet événement nous démontre la nécessité de ménager la susceptibilité de ces gens.

Le chef de Koumansan habite Fassa-Silla, petit village rapproché. Le capitaine envoie l'interprète avec quelques tirailleurs pour demander qu'on nous vende des bœufs, du riz. Demba ne rentre qu'à la nuit. Il a vu le chef, l'alfa Mahamadou, qui est en même temps chef du pays de Kanémayo. L'alfa promet tout ce qu'on lui demande, disant que cela va arriver tout de suite; enfin, à la nuit, Demba ne voyant rien arriver, rentre au camp, sur une dernière promesse que les fournitures demandées suivraient. Les habitants l'ont reçu froidement; il a même surpris des signes d'une grande irritation. La colonne a heureusement des vivres de réserve, et elle augmente les mesures de défense : les hommes se groupent auprès des faisceaux que garde un factionnaire; un autre est dans la grande rue du village, qui longe le camp. Ces sentinelles poussent de quart d'heure en quart d'heure le cri : « Sentinelles, veillez! »

« N'ayant rien vu arriver la veille, le capitaine Audéoud s'arrête à Fassa-Silla, qui est sur la route de Fodé-Hadji, où doit camper la colonne.

Le Boga. (Voir p. 561.)

Il tient à demander des explications à ce chef, dont les cases sont tout près. Mais Demba fait des recherches infructueuses. Enfin des femmes disent qu'il s'était couché la veille dans sa case, mais qu'on ne l'a plus revu.

« On campe à Fodé-Hadji près de la mosquée (c'est le village où la mission du Fouta-Djalon a passé deux mois auparavant). Un vieux marabout, gardien de la mosquée, fait un accueil grincheux et refuse absolument de laisser prendre, pour la construction des gourbis, de la paille amassée en grande quantité aux environs, et se retire furieux de voir passer outre. L'interprète, envoyé aux provisions, revient bredouille, comme la veille, et assez inquiet des intentions de la population. La situation devient embarrassante. La colonne comprend près de 300 personnes, qu'il faut nourrir. La tentation est grande de prendre de force ce qu'on refuse. Mais l'almamy peut avoir entre ses mains les missions Plat et Levasseur. Cependant le capitaine envoie plusieurs tirailleurs de race poule, munis d'argent, et surveillés par les caporaux, dans les cases des indigènes. Ils reviennent à la tombée de la nuit, rapportant du riz et du fonio, obtenus après maints pourparlers.

« Pendant la route, le porteur réquisitionné de force hier est rendu au chef, qui nous en amène trois autres. Départ le lendemain 14 avril. Vers le milieu du chemin, le capitaine apprend qu'un fils de l'almamy se trouve tout près. Il fait un léger détour pour le voir, lui raconte l'accueil de Koumansan, et lui demande des vivres et un homme de confiance pour l'accompagner et donner des ordres dans les villages. Il répond qu'il est à sa disposition, et accorde l'homme en question. Modi Sarou, tel est le nom du chef en question, le prie en outre de s'arrêter. Le lendemain il l'accompagnera à Donholfella, puis à Sokotoro, chez Mahmadou Paté, neveu de l'almamy. Mais le capitaine refuse. Cependant Sarou monte à cheval, nous escorte un bout de chemin, et nous quitte, en promettant des vivres.

« A Donholfella, où la colonne campe, Sarou envoie un courrier pour prier d'y passer la journée du lendemain, et pas de vivres. Ce n'était pas le moyen de nous retenir, la disette approchant. Sarou commande le Kanémayo, pays comprenant le Fodé-Hadji, et la vallée du Sahim, où sont les deux foulassos importants de Donholfella et de Sokotoro, appartenant à l'alfa Mahmadou Paté, chez qui nous nous trouvons le lendemain 15 avril. »

Accueil très aimable. Il donne à la compagnie Audéoud des cases et des vivres.

Dans l'après-midi, un palabre réunissait les officiers blancs, l'alfa et sa suite. Le capitaine Audéoud leur donne les raisons du passage de sa troupe, ce que lui et les autres ont l'air de trouver extraordinaire. « Ils s'étonnent surtout et se froissent de n'avoir pas été prévenus. L'almamy n'a pas été prévenu parce que personne n'a voulu se charger de le prévenir. La conduite des deux chefs rencontrés est incompréhensible. » Paté cherche à les excuser en disant qu'ils ne connaissent pas les Français, et que si sa réception est telle, c'est qu'il nous connaît bien, étant le fils de l'almamy Omar qui les aimait beaucoup. Puis il demande à voir les fusils à répétition de la compagnie, et fait un tir assez brillant sur une cible placée à 400 mètres.

Dans la soirée, l'alfa dit au capitaine que des gens sont venus des points traversés, et ont raconté qu'il avait volé, pillé et amarré le chef de Fassa-Silla, mais qu'il ne le croit pas. Néanmoins il tient à le lui entendre dire. Le capitaine Audéoud raconte alors son entrée dans le Fouta. Tous les ennuis sont venus de ce que personne n'a voulu se charger d'aller prévenir l'almamy. L'alfa lui propose de lui donner un courrier.

Le capitaine accepte, et prépare la lettre pour l'almamy. Elle est remise au courrier devant Mahmadou Paté, qui lui recommande de dire à l'almamy que ce qu'on a pu lui raconter sur le passage des blancs dans le Fouta est faux.

La situation n'en est pas moins grave. L'accueil de Paté, quoique bienveillant, est au fond très réservé, et la surexcitation est loin de se calmer. Un point est acquis : les missions Levasseur et Plat sont hors de danger, la compagnie à son tour serait bien vite à l'abri d'une attaque par une marche rapide sur Téliko, alors que les guerriers du Fouta seraient à peine rassemblés. Cependant, dans un conseil tenu avec le capitaine Le Châtelier et le lieutenant Radisson, et où ces diverses questions sont agitées, les idées de conciliation reprennent le dessus sur le séduisant projet de braver en face ces Pouls pleins de morgue, et dont la suffisance avec des officiers français dépasse toute borne, va jusqu'à l'insolence; l'almamy est à Fougoumba : la compagnie ira l'y trouver, pour faire acte de déférence.

Au dernier moment, Mahmadou Paté leur apprend qu'Ibrahima a quitté cette missida, et est parti avec sa colonne vers le nord. Il doit atteindre Dentaba dans deux jours. C'est vers ce point que la compagnie se dirige, à marches forcées.

Je reviens au récit de mon camarade Radisson.

« Nous campons le 17 à Kountoya. Les gens se familiarisent assez vite, et vendent mêmes de bœufs. La grosse question est, comme toujours, la question des porteurs, que l'on change à chaque village. Quelle diplomatie à déployer ! Le 18, la compagnie campe à Gongoré, et le 19 au matin s'arrête au village de Kollaporé. Il se trouve là une sœur de l'almamy qui vient nous voir. Grande perplexité! Quel cadeau lui faire? Je propose trois tablettes de chocolat. Le capitaine hésite, mais finit par accepter. Grande joie de la princesse! On ne s'attendait pas à un si beau résultat.

« Le soir, la compagnie va coucher au Pétigui, petit cours d'eau. Les inquiétudes du capitaine augmentent au sujet de la réception qui nous sera faite le lendemain.

« Nous craignons d'être reçus à coups de fusil, ou pris par la famine. Toute la soirée a été occupée aux préparatifs de l'arrivée devant l'almamy. Les tirailleurs nettoient leurs effets et leurs armes.

« A cinq heures du matin nous quittons le Pétigui. L'interprète a été envoyé la veille au-devant de l'almamy. Deux heures après, nous le retrouvons accompagné de quelques guerriers. Dentaba est à 2 kilomètres. Nous devons nous arrêter à cet endroit, d'après les instructions de l'almamy, qui nous prépare un accueil amical, malgré l'avis unanime du conseil des anciens. Tous les chefs présents à Dentaba doivent venir chercher la colonne ici, et l'escorter jusqu'au campement qui lui est destiné. L'almamy doit partir le lendemain.

« Bientôt arrivent des cavaliers caracolant, brandissant leurs armes. Ils montent de petits chevaux laids de forme, mais aux membres très forts, et qui proviennent du N'Gabou. Ce sont des chefs suivis par deux ou trois cents personnes. Les tirailleurs, en grande tenue, font vraiment bon effet, et une grande impression sur les Pouls. Nous montons à cheval, et, perdus dans la foule, nous nous dirigeons sur Dentaba. Le coup d'œil est magnifique. Les chefs, en boubous de toutes couleurs, papillonnent autour de nous. De temps à autre, un chef à pied emprunte le cheval d'un collègue plus fortuné, et vient parader devant nous. Les tirailleurs manœuvrent avec la correction de vieilles troupes, et ont le plus grand succès.

« Notre campement est à 1 500 mètres du village. Tous les chefs et tous les habitants nous y accompagnent. Les rangs rompus, le capitaine m'envoie avec l'interprète saluer l'almamy et lui demander l'heure de la réception. Ibrahima dort. On lui transmettra les salutations et la demande.

« Pendant le repas, une telle foule se presse autour de nous que, pour assurer notre tranquillité, des factionnaires sont placés auprès des tentes.

« A trois heures de l'après-midi, l'almamy nous envoie un chef pour prévenir qu'il nous attend. Nous partons, le capitaine Audéoud, le capitaine Le Châtelier, l'interprète et moi. Tout le village, tous les guerriers sont sur pied pour nous voir passer. Arrivée chez l'almamy, que nous attendons quelques instants dans une jolie case en paille. Nous pénétrons ensuite dans une cour de *secos* immaculés, au centre de laquelle sont deux orangers couverts de fruits. Sous ces orangers est une peau de koba destinée à l'almamy, et, en face, quatre petits tabourets à trois pieds, élevés de 20 centimètres à peine. Ce sont nos sièges. L'almamy arrive au bout de dix minutes, suivi de plusieurs chefs et de plusieurs marabouts. Il s'accroupit. Après les premières paroles, auxquelles Ibrahima répond très aimablement, le capitaine Audéoud remet la lettre du colonel, qui, des mains de l'almamy, va dans celles d'un marabout. Sa lecture produit beaucoup d'impression : le colonel espère que nous serons reçus comme des amis, qu'il tient beaucoup à ce que, dès notre arrivée auprès de lui, l'almamy lui envoie un courrier pour lui porter de nos nouvelles, que, si ce courrier n'arrivait pas, il se verrait obligé de venir les chercher lui-même avec sa colonne.

« Le palabre tourne à une conversation amicale. Enfin l'almamy dit qu'il nous reverra le lendemain, après avoir commenté cette lettre avec les chefs, et s'être concerté avec eux pour les choses afférentes au départ.

« Nous retournons au campement, heureux de la tournure prise par les événements. Trois bœufs, du mil, du riz et du fonio nous suivent. Visites de chefs, de parents de l'almamy.

« Le lendemain, à trois heures, nouvelle entrevue. L'almamy nous remet une lettre pour le colonel, promet un homme de confiance pour guide et des porteurs, et nous quitte sur l'assurance qu'il donne de ses bons sentiments envers la France.

« Un retard de porteurs retient encore la troupe française au campement pour la matinée. Cela nous vaut le coup d'œil curieux du défilé de la colonne de l'almamy.

« Auparavant Demba est venu trouver mystérieusement le capitaine et, l'obligeant à s'écarter, lui a plus mystérieusement encore donné une espèce de plaque en or ! C'est le remerciement du cadeau d'hier : 500 francs en gourdes (pièce de 5 francs) renfermés dans un petit coffret en orfèvrerie, et deux boubous en soie brodée d'or, remis à l'almamy par ordre du colonel.

« Un détachement d'esclaves est parti avant-hier, et a préparé la route que l'almamy doit suivre, faisant des ponts sur les torrents, pratiquant des tranchées dans les forêts.

« Il est neuf heures. Voici d'abord les deux fils d'Ibrahima, précédés d'une espèce de bannière et d'un chœur de griots. Cent mètres plus loin et à 100 mètres les uns des autres, les groupes de chaque chef, à cheval, entouré de guerriers et de captifs, et précédé de griots chantant ses louanges. Les armées françaises devaient marcher comme cela, du temps de la féodalité, lorsque le *roy* convoquait ses vassaux. Les chefs sont par ordre d'importance. Enfin voici l'almamy, ayant devant lui ses bannières, ses griots, ses marabouts, les gens de sa suite, derrière une troupe compacte de guerriers. Il marche à pied, suivi de son cheval. Nous allons au-devant de lui pour le saluer. Il s'arrête. Mais les paroles ne s'entendent pas, parmi les vociférations de ses griots, faisant un porte-voix de leurs mains. Nous prenons congé de lui. Puis il continue sa route, et dans le bruit qui décroît, on n'aperçoit bientôt plus que les longues draperies de ses femmes, ondulant dans une perspective décroissante. »

Le mot de la fin sera donné par un fils de l'almamy; un des officiers lui annonçant le départ de la compagnie pour le lendemain : « Vous partirez si mon père veut ». — Ou bien encore par ce Poul disant à un de nos porteurs : « N'as-tu pas honte de faire le captif des blancs? » ou enfin par ce vieillard défendant à un marchand de vendre des oranges à ces « fils du diable ».

Douze jours après, sur le wharf du poste de Benty débarquaient le capitaine Audéoud, le capitaine Le Châtelier et le lieutenant Radisson — et, bientôt après, la 1re compagnie de tirailleurs sénégalais, avec sa longue suite de porteurs, de conducteurs, de femmes.

Après le départ de l'almamy à Dentaba, le capitaine prenait immédiatement la direction de Benty par Porédaka et Téliko, où l'itinéraire Radisson retrouvait encore le mien. Choisissant vers l'ouest une route à peu près parallèle à celle que j'ai suivie, et meilleure, il longe quelque temps le haut Konkoré, puis, par une descente à pic d'environ 350 mètres, descend dans la vallée du Kolenten, ou Grande Scarcies, dont on aperçoit du haut du plateau la dépression mamelonnée, et atteint le village de Doubaya, le premier du pays de Sandou.

Ce pays est, depuis deux mois, en guerre avec son voisin, le pays de Salou, que la compagnie traversera ensuite. Ce sont les Pouls du Fouta qui ont entraîné les gens du Sandou, dont le chef est nommé par l'almamy, à attaquer ceux du Salou, qui n'en relèvent pas. Mais cette guerre fratricide, faite à l'instigation des Pouls, ne profite qu'à ceux-ci, aussi ces petits pays sont-ils en train de palabrer pour la conclusion d'un traité de paix. Celle-ci sera définitive dans trois jours.

La vallée de Kolenten est ferrugineuse et argileuse. Ce sont de grandes plaines avec des bouquets de bois et des forêts d'arbres peu élevés. A un

Défilé des guerriers de l'almamy Ibrahima

moment, la colonne traverse un bois de karités. On voit dans les villages des dattiers, des orangers, des bananiers, des papayers, des mangotiers.

Après le Salou nous trouvons le Soulouma, qui fait au capitaine Audéoud un accueil craintif. Le chef du village de Kali, prié de venir saluer le capitaine, envoie un joueur de balafon qui donne une petite aubade, mais n'ose se montrer lui-même, et se plaint de n'avoir pas été prévenu de l'arrivée des blancs. Le lendemain, après avoir fait de nouveau tâter le terrain par l'un de ses marabouts, il se décide à venir, entouré de tous ses guerriers. L'accueil sans façon du capitaine, qui le plaisante sur sa pusillanimité, lui rend son courage, et il renvoie ses guerriers, tout honteux de les avoir dérangés.

Le pays du Kamia commence au village de Kalina-Saniacoulou. A l'arrivée du capitaine Audéoud à Tanéné, le chef du pays qui y habite, prévenu de son arrivée, lui fait dire de l'attendre, qu'il va venir. Mais la compagnie est d'abord conduite à son campement, puis Demba lui porte les salutations du chef de la colonne. Remerciements de Sankorou Modou, qui, en fin de compte, vient dans la soirée rendre visite au capitaine, à cheval et entouré de beaucoup de monde.

Le commandant du cercle de Benty est venu le voir dernièrement, et a obtenu de lui de laisser passer les caravanes destinées à Benty. Sur une demande des motifs qui le poussaient à agir ainsi, Modou ne répond pas, mais se contente de sourire d'un air narquois; il a l'air intelligent et coquin, d'ailleurs pétri de bonnes intentions à l'égard de la colonne, à laquelle il envoie les approvisionnements demandés.

Deux jours de marche encore, et la compagnie rentre dans le Benna, dont l'almamy peut être considéré comme un sujet de la France. Encore deux étapes, et elle atteint le 12 mai Pharmoréa, terme de son voyage, — voyage qui indiquait la route à suivre pour le ravitaillement de nos postes du Soudan français, et, avec une hardiesse heureuse, démontrait, en bravant l'orgueil le plus tenace, le fanatisme le plus aveugle, la toute-puissance du prestige de nos armes et couronnait enfin l'édifice de deux campagnes.

CHAPITRE XXXIV

Résultats géographiques et politiques de la campagne 1887-88. — Opérations sur la Gambie : mission Liotard dans le Fouladougou, le Niani, le Kalonkadougou et le Ferlo. — Mission Levasseur dans la Moyenne-Falémé, la Haute-Gambie, la Cazamance et au Fouta-Djalon.

I. — OPÉRATIONS SUR LA GAMBIE. — RÉSULTATS GÉOGRAPHIQUES ET POLITIQUES.

On se rappelle que lors de mon départ de Bakel, le 22 mai 1887, j'avais fait occuper par le capitaine Fortin le point stratégique de Bani, situé à mi-chemin de ce fort et de la Gambie. Cet officier mit à profit son séjour à Bani pour exécuter une carte de toute la région qu'il occupait ainsi par ses détachements, lancés au loin sur les routes dont il tenait le nœud. Il compléta ensuite son travail lorsqu'il revint de l'Ouli, après les opérations contre Mahmadou Lamine, et il étendit nos connaissances géographiques vers l'ouest, par de nombreux itinéraires tracés autour de la route suivie par la colonne principale.

L'expédition avait d'ailleurs été fructueuse au point de vue des résultats politiques : toutes les populations qui avaient suivi la fortune du marabout depuis les bords de la Gambie jusqu'au Rip et au Saloum jurèrent sur le Coran de rester fidèles aux traités de protectorat et de commerce signés avec le chef de la colonne. Ces traités servent actuellement de base à une organisation nouvelle du pays et mettent fin aux luttes incessantes qui désolaient ces riches contrées. Aujourd'hui, au lieu de villages hostiles les uns aux autres, deux grands territoires ont été constitués sur la Gambie : le Sandougou, avec les pays ouoloffs et torodos du Niani; le Niani méridional, avec les pays sosés et mandingues.

Pour compléter son œuvre, le capitaine Fortin forma, avant son retour, trois missions d'explorations. Je ne ferai que mentionner celle du lieutenant d'infanterie de marine Pichon, chargé de se rendre directement de

Bani à Médine, pour combler les lacunes que la carte Plat avait encore laissées dans cette région, et je passerai de suite aux missions Liotard et Levasseur.

II. — MISSION LIOTARD DANS LE FOULADOUGOU, LE NIANI, LE KALONKADOUGOU ET LE FERLO.

La colonne du Diakha (1886-1887) nous avait valu plusieurs riches territoires des bassins de la Falémé et de la Gambie; celle de la Gambie (1887-1888) nous donnait le Fouladougou, le Niani, le Kalonkadougou et autres contrées, qui nous prolongeaient vers le sud-ouest et nous permettaient de donner la main à nos possessions du Saloum et de la Cazamance. La tâche d'explorer ces nouvelles acquisitions fut dévolue à M. Liotard, pharmacien de la marine, que la pénurie de médecins avait forcé d'employer en cette qualité à la colonne du capitaine Fortin, et qui déjà, l'année dernière, s'était parfaitement acquitté d'une mission scientifique dont je l'avais chargé dans la vallée du Bakhoy[1].

Le *Fouladougou*[2] ou *Firdou* est un vaste territoire qui s'étend sur la rive gauche de la Gambie, entre ce fleuve et le cours supérieur de la Cazamance. Il est limité au sud par le Fouta-Djalon. C'est un pays plat, à larges ondulations. Le terrain primitif n'affleure nulle part, et partout le sol est sablonneux, alumineux ou ferrugineux.

Le Fouladougou, outre les routes qui le mettent en communication avec le Fouta-Djalon, est parcouru par trois grands fleuves qui forment autant de voies commerciales importantes : la Gambie, la Cazamance et le rio Géba. Les bassins de ces trois fleuves étant très différents par la nature du sol et la végétation, il en résulte que les produits d'exportation varient d'un bassin à l'autre. Ce fait seul montre l'importance qu'il y avait pour nous à implanter solidement notre influence dans cette région.

La voie de la Gambie mène aux comptoirs anglais de l'embouchure de ce fleuve. C'était anciennement, avant les guerres qui ont dévasté cette région, une route commerciale très fréquentée. Le commerce de la Gambie s'étendait ainsi jusqu'au Fouta-Djalon par le Kantora. Une ligne de comptoirs, établis le long du fleuve sur la rive gauche, amenait les marchandises européennes, d'où elles pénétraient dans le Fouta-Djalon. Les arachides constituaient le gros produit d'exportation. Depuis que des guerres inces-

---

1. Voir le *Bulletin de la Société de géographie* (4ᵉ trimestre 1887, p. 512).
2. *Fouladougou* (pays des Peuls), qu'il ne faut pas confondre avec le Fouladougou situé dans les vallées du Bakhoy et du Baoulé. C'est un nom très commun dans tout le Soudan français.

santes ont dévasté le Kantora et le Niani, la route de Labé et de Timbo s'est à peu près fermée dans cette direction, et tout le commerce s'est localisé dans le Fouladougou.

Une dizaine de comptoirs, succursales de la compagnie de la Côte occidentale d'Afrique, se sont établis sur la rive gauche de la Gambie, à Ouali Counda, Sansanding, Bourouko, Bansan, Bagana, Coissémali, Kéniéba, Basseil, Hidéri, etc. Les traitants échangent leurs tissus, cotonnades, armes et poudre contre les produits locaux : arachides, bœufs, peaux, cire, nattes et pagnes.

Le Fouladougou est surtout riche en bœufs. Ces animaux ont une valeur de 50 à 60 francs en argent, de deux à trois pièces en étoffe. Les arachides valent en moyenne 20 francs les 100 kilogrammes, ou une pièce d'étoffe; les peaux, 3 à 5 francs chacune, ou une pièce pour quatre à cinq peaux. Les chevaux sont très chers dans le pays, et les chefs n'hésitent pas à donner 20 à 30 bœufs pour un cheval.

L'exportation totale des arachides s'élève actuellement de 3 000 à 4 000 tonnes par an.

Tout autre est le commerce que le Fouladougou fait, par le rio Géba, avec les établissements portugais de ce fleuve. Dans la partie supérieure du rio Géba, le pays, très arrosé et couvert d'une riche végétation, abonde en lianes caoutchouc, dont le produit s'exporte en grandes quantités. Les orangers, les bananiers, les caféiers, les graines oléagineuses, se rencontrent aussi abondamment, mais c'est le caoutchouc qui est le produit essentiel de cette partie du Fouladougou, qui est très peuplée et jouit d'ailleurs d'une tranquillité relative.

La Cazamance, dans la partie supérieure de son bassin, présente les mêmes produits que la Gambie. Ce n'est que plus bas, dans le Pakao, que le changement de végétation amène encore l'exploitation des lianes caoutchouc. Celles-ci existent bien aussi dans le Fouladougou, mais les indigènes, plus éloignés des comptoirs européens, n'en tirent pour le moment aucun profit.

On voit, en somme, que le Fouladougou présente tous les éléments désirables de richesse et de prospérité, et que son commerce est appelé à se développer beaucoup avec la réouverture des routes du Fouta-Djalon et avec le maintien d'une sécurité complète dans toute la région.

Cet État, primitivement habité par des Malinkés, s'est peuplé peu à peu de Peuls, venus des provinces voisines, et surtout du Fouta-Djalon. Après plusieurs années de luttes, ces Peuls se rendaient les maîtres absolus du pays. Aujourd'hui Moussa Molo est le chef incontesté du Fouladougou. Ce chef, qui fut notre allié le plus actif contre le marabout Mahmadou Lamine, réside à Dornan, la capitale du pays. Amdalaye, point commercial le plus important du Fouladougou, est la propriété particulière de Moussa Molo ; il gouverne seul et sans intermédiaires toute la contrée, à laquelle il a su donner une organisation rudimentaire, il est vrai, mais bien appropriée aux mœurs de ses administrés.

Moussa Molo nous est dévoué. Il a montré le plus grand empressement à signer le traité plaçant son pays sous notre protectorat, et c'est grâce à son alliance que nous avons pu nous emparer définitivement de notre ennemi Mahmadou Lamine. Depuis qu'il a vu nos colonnes se porter sur les points les plus éloignés de nos possessions soudaniennes, ce chef, guerrier avant tout, a conçu pour nous une véritable admiration, et nous pouvons l'utiliser aisément pour l'extension de notre œuvre politique et commerciale, si nous savons enrayer ses tendances belliqueuses vis-à-vis de ses voisins.

Moussa Molo peut mettre en ligne 7 000 à 8 000 hommes, armés tous de fusils, et 500 à 600 chevaux. Comme toutes les armées nègres, ces troupes manquent de cohésion et de direction.

Je ne dirai que peu de mots du Niani, du Kalonkadougou et du Ferlo, situés sur la rive droite de la Gambie, et qui nous mettent en relations, d'une part avec le Saloum, vers l'océan Atlantique, d'autre part avec le Fouta et le Djolof vers le fleuve Sénégal. Ces pays, longtemps dévastés par des guerres incessantes, ont besoin d'une longue ère de paix et de tranquillité, si nous voulons y voir reprendre les affaires commerciales. Le traité de Toubakouta, par lequel les chefs des différentes tribus se sont placés sous le protectorat français, a mis un terme momentané à l'anarchie qui désolait ces régions. C'est au commandant supérieur du Soudan français à faire sentir désormais son action sur ces contrées éloignées, en attendant que nos ressources aient permis d'y élever un établissement militaire, propre à faire régner toute sécurité, condition indispensable de la prospérité commerciale.

III. — Mission Levasseur dans la Moyenne-Falémé, la Haute-Gambie, la Cazamance et au Fouta-Djalon.

Notre pointe sur la Gambie m'a semblé être une occasion favorable pour faire une première tentative de pénétration vers le Fouta-Djalon et de jonction avec nos possessions de la côte Atlantique. Le Fouta-Djalon et nos établissements des Rivières du Sud ont été pour moi, pendant cette campagne, un objectif que j'ai eu constamment devant les yeux.

Le sous-lieutenant d'infanterie de marine Levasseur[1] reçut donc la mission d'étudier la route qui mettait en communication les vallées de la Moyenne-Falémé et de la Haute-Gambie avec le Fouta-Djalon et la Cazamance, où il devait aboutir à notre poste de Sedhiou, pour de là effectuer son retour à Dakar par la voie de mer.

Goulonga, Sékoto, Kédougou, Labé sont les principaux points qui jalonnent l'itinéraire suivi par M. Levasseur pour atteindre le Fouta-Djalon. C'est la grande route de Bakel à Timbo, qui se confond même, sur une partie de son parcours, avec la route de Kayes à Timbo. De plus, on sait que la Falémé est navigable, pour nos petits chalands du commerce, jusqu'à Ouaïga, distant d'une quinzaine de kilomètres à peine de Balégui, l'un des points de la route étudiée. La *Salamandre*, commandée par M. le lieutenant de vaisseau Müller, a parcouru, sur ma demande, cette partie du cours de la Falémé pendant l'hivernage 1887, et en a montré tous les avantages pour nos commerçants et traitants. Le voyage du lieutenant Levasseur fournit donc le tracé complet de la voie commerciale unissant nos grands établissements de Bakel, Kayes et Médine à Labé et Timbo.

Je ne ferai que mentionner le Tiali, le Bélédougou, le Dentilia et le Niocolo, traversés par notre explorateur avant d'arriver à Kédougou sur la Gambie, pour entrer dans quelques détails sur la partie du Fouta-Djalon qu'il a visitée. Je me bornerai à dire que le Dentilia s'est placé sous notre protectorat à l'exemple des États voisins, et que le principal devoir de notre administration consiste maintenant à assurer la libre circulation des routes dans cette région aux caravanes et aux marchands voyageant entre nos établissements du Sénégal et le Fouta-Djalon. Cette condition seule permettra de tirer tous les fruits nécessaires des récentes explorations et de la situation privilégiée que les succès de Diana et de Toubakouta nous ont donnée dans ces contrées.

Après avoir franchi la Gambie à Kédougou, on entre dans le Fouta-Djalon. L'aspect du pays se présente au voyageur bien différent de celui qu'il a trouvé plus au nord. Aux grandes plaines coupées çà et là de quelques lignes de hauteurs, de faible élévation, donnant naissance à des marigots au cours lent, au fond vaseux, succèdent des massifs de véritables montagnes, d'où sortent les grands fleuves qui s'appellent la Gambie, le Rio Grande, le Kankouray (Dubréka), etc.

Le nœud orographique de cette région, formant la partie septentrionale

---

1. Nommé depuis lieutenant pour sa belle conduite à la prise de Toubakouta.

du Fouta-Djalon, est le massif du Tamgué, où croupes et vallées s'enchevêtrent à l'infini, laissant couler entre leurs flancs de nombreuses cascades, têtes des ruisseaux qui vont ensuite sillonner le pays de leurs eaux vives. Ce massif fait vraisemblablement partie du soulèvement général, qui coupe tout le Fouta-Djalon et se prolonge jusqu'aux monts de Kong. C'est au Tamgué que la poussée s'est fait le plus vivement sentir, faisant émerger ces pics, qui, comme le Lansan, atteignent jusqu'à 1100 mètres d'altitude et dominent toute la contrée de leur masse imposante. L'axe de ce soulèvement pourrait être jalonné par les deux pics de Lansan et de Somnoboli, faisant ainsi un angle de 30° avec le nord-sud magnétique. Sur cet axe se trouvent les principaux sommets. Repoussant à droite et à gauche les couches sédimentaires, le soulèvement a formé à l'est et à l'ouest des avant-monts, qui lui sont sensiblement parallèles, mais qui possèdent une altitude beaucoup moins grande.

Vers l'ouest, la séparation entre la chaîne principale et les avant-monts est nettement tranchée par la large coupure du Bantala, affluent du Comba. La rive droite de cette rivière est bordée de collines élevées, qui s'abaissent peu à peu vers l'ouest et vont mourir dans la plaine du Tenda, donnant naissance à presque tous les affluents de gauche de la Gambie.

Vers l'est, la ligne de démarcation est moins marquée, et il n'existe pas de coupures analogues à celle du Bantala. Le système qui s'étend jusqu'à la Gambie est beaucoup plus confus. Toutefois la diminution brusque d'altitude, à partir de la ligne Médinaconta et Gigui, permet de délimiter, par cette ligne, la chaîne principale et l'avant-mont, ce dernier, formé de collines de 500 à 800 mètres d'altitude, allant plonger leurs ramifications dans la Gambie.

Au sud, le massif du Tamgué pourrait être limité à la coupure du Comba, car, au delà de cette rivière, la poussée a agi d'une autre façon. On ne voit plus cette succession de pics élevés et de vallées profondes. Ce sont, au contraire, des collines aux pentes douces, dominant de 50 à 200 mètres le terrain environnant, et d'où s'échappent de nombreux ruisseaux et marigots, qui vont grossir la Gambie et ses principaux affluents, comme le Comba, le Cassa, le Sala. Au-dessus de ces collines émerge parfois un pic plus élevé, comme le Girima ou le Colima, qui limitent la vallée de Labé.

Bien que moins accidentée que la région septentrionale, cette partie du massif ne laisse pas d'avoir une altitude élevée (900 mètres). C'est d'ailleurs de là que partent tous les fleuves qui se rendent à l'Océan, soit vers le nord, soit vers l'ouest, soit vers le sud-ouest.

Vers le nord, le massif de Tamgué se termine brusquement, à pic, sur un grand plateau, à peine ondulé, et sillonné par les eaux du Kanta et du Comba. Ce plateau, qui sert, pour ainsi dire, d'assises naturelles au massif, domine d'environ 450 mètres la plaine du Niocolo, à travers laquelle il envoie des contreforts, à parois verticales, partant des bords mêmes de la Gambie, et se prolongeant, sur une étendue d'environ 50 kilomètres, jusqu'à leur rencontre avec les avant-monts de l'ouest du massif.

En résumé, on peut comparer le massif de Tamgué à un vaste escalier posé sur le plateau du Niocolo. Le premier degré serait la chaîne du Labé (450 mètres), le second, le plateau du Kanta, et le dernier, le massif lui-même.

La constitution de ce soulèvement est essentiellement ferrugineuse, ce qui donne à toute la contrée cette teinte jaune si remarquable aux basses altitudes. Ce ne sont partout que blocs de grès ou de quartz ferreux, qu'agglomérations d'oxyde de fer.

Le grès pur apparaît fréquemment, formant d'énormes rochers, qui servent d'assises au massif tout entier et donnent à quelques paysages l'aspect d'un coin de la forêt de Fontainebleau. Quant à l'argile, elle se montre presque partout. Couvrant la plaine du Niocolo d'une couche épaisse, elle disparaît, dès les premières pentes des collines du Labé, pour ne reparaître que sur le plateau du Kanta, sous forme de mince enduit, crevé de place en place par des érosions de minerai de fer. C'est à peine si l'on en voit traces sur le plateau de Yambéring, en bandes étroites, le long des cours d'eau. On la retrouve encore au pied des collines du Labé, mais mélangée à une sorte d'humus très fertile, formant une terre végétale, où pousse en toute saison une herbe drue et très verte, qui sert de pâturage aux innombrables troupeaux du pays. Ce n'est d'ailleurs pas un mince étonnement que de rencontrer en pleine saison sèche ces immenses prairies verdoyantes, surtout lorsqu'on vient de quitter la plaine brûlée et toute jaunie du Niocolo.

Quand on a franchi le Comba, on tombe dans ces vallées fertiles du Fouta-Djalon, qui font ressembler cette région à certaines parties de la France. Une population nombreuse se presse partout; le pays tout entier est converti en *lougans*[1]. Seuls apparaissent de place en place quelques grands arbres, *nettés* ou *couras*, ces derniers ressemblant étonnamment à des hêtres. Dans le lointain, les petites collines, également cultivées, et, dans la plaine, les ruisseaux au cours lent, que l'on traverse sur des ponts

---

1. Terme indigène pour désigner les champs cultivés.

de troncs d'arbres, achèvent de donner l'illusion d'un paysage de la Beauce après la récolte.

La Gambie, le Comba ou Rio Grande, le Kankouray ou Kakrima ou Dubréka sont les trois grands fleuves qui drainent toutes les eaux de la région.

La Gambie ou *Dimmah* prend sa source au petit village d'Orédimmah (Tête de la Dimmah), à quelques kilomètres de Labé. Ce n'est d'abord qu'un mince filet d'eau, enseveli sous d'épaisses lianes, qui se grossit immédiatement de deux autres petites sources, et, à la sortie du village, présente déjà un mètre de largeur. Cette source est opposée par le sommet à celle du Rio Grande, dont elle n'est séparée que par une légère dépression de quelques centaines de mètres d'étendue.

La Dimmah se dirige aussitôt vers l'est, passe un peu au nord de Tountourou, puis tourne brusquement vers le nord et conserve jusqu'à Badon une direction sensiblement nord-sud. Grâce à ses nombreux affluents, elle s'élargit rapidement, et dès son confluent avec l'Oundou elle forme une véritable rivière, servant de frontière entre le Labé et le Gadaoundou, plus loin, entre le Labé et le Sangala. La vallée est généralement encaissée, les contreforts du Tamgué venant plonger leurs pieds dans le fleuve même.

Grossie des rivières venant du Sangala et du Gouanta, la Gambie s'engage bientôt dans le défilé de Salié; puis elle passe à Itato, Kédougou, Sillakounda, où elle est partout navigable pour les grosses pirogues indigènes, servant à transborder marchandises et voyageurs d'une rive à l'autre. Peu après Sillakounda, elle fait un brusque changement de direction vers l'ouest et coule dès lors en droite ligne vers la mer.

Les affluents de la Gambie sont nombreux dans cette région. Il n'existe pas de sommet qui ne possède sa source, pas de vallée qui n'ait un ruisseau plus ou moins considérable. Se réunissant les uns aux autres à mesure qu'ils se rapprochent du fleuve, ces ruisseaux forment bientôt des marigots et même de véritables rivières. Citons, parmi les principales, le Liti et le Kanta, toutes deux avec un courant rapide. Cette vitesse de courant est d'ailleurs une caractéristique des cours d'eau de la région. Cascades vers les sommets, torrents dans les hautes vallées, ils conservent encore, dans la plaine, cette vitesse d'impulsion reçue à l'origine et qu'ils gardent jusqu'à leur confluent avec le grand collecteur du bassin.

On le voit, le Fouta-Djalon, qui n'est étudié ici que dans sa partie septentrionale, constitue une région remarquable à tous égards, et digne d'attirer l'attention de nos commerçants, qui y trouveront des conditions très favorables à une installation confortable. Ce n'est plus l'aride Afrique. Partout les sources, les fontaines jaillissantes donnent au pays une fraîcheur incomparable, même au fort de la saison sèche.

Le *Rio Grande* ou *Comba* prend sa source, on l'a déjà vu, non loin de la Dimmah. Possédant les mêmes caractères à l'origine, il coule d'abord vers le nord-est, puis vers le nord-ouest, dans une vallée très encaissée; à hauteur de Méké il prend une direction ouest, qu'il conservera jusqu'à la mer. Il reçoit bientôt de nombreux affluents, le Dafi, le Kéli, le Lacata, le Bantala, le Tomine. Après son confluent avec cette dernière rivière, il entre dans les possessions des Portugais, qui lui ont donné le nom de Rio Grande.

Quant au *Kankouray* ou *Kakrima*, il est formé par les deux petits ruisseaux du Cassa et du Sala. Il finit à la mer sous le nom de *Dubréka*. C'est, à mon avis, la meilleure voie commerciale entre le Fouta-Djalon et la mer, et il est regrettable que la mort du capitaine Oberdorf n'ait pas permis de la faire explorer par l'un des officiers de la mission du Fouta-Djalon. C'est une lacune à remplir aussitôt que possible.

Le Fouta-Djalon a une constitution politique assez bizarre. L'almamy, qui réside à Timbo, exerce le pouvoir suprême et commande, au moins nominalement, aux dix provinces dont se composent ses États : Timbo, Labé, Akolémadji, Timbi, Kadé, Kolladé, Koïn, Kolen, Fodé-Hadji, Baléo. Mais ce qui fait la singularité de cette constitution, c'est que le pouvoir est exercé alternativement pendant deux ans par deux familles, les Soryas et les Alfayas. Or jamais Guelfes ni Gibelins n'ont eu, au moyen âge, plus de haine, plus de jalousie, que les Soryas et les Alfayas. Il va sans dire que ces divisions s'étendent aux chefs de province, qui, eux aussi, suivent la fortune du souverain et rentrent dans l'obscurité dès qu'un membre de la famille opposée à la leur prend le pouvoir.

Le lieutenant Levasseur fait connaître plus particulièrement la province de Labé, qu'il a parcourue en tous sens. Cet explorateur a d'ailleurs eu à souffrir de la mauvaise volonté, non déguisée, de deux chefs du pays, le mody Yaya et l'alfa Gassimou, qui exercent le pouvoir au nom du chef de la province, vieillard impotent et sans autorité. Ceux-ci, qui vivent surtout des pillages et des déprédations commis sur les caravanes, ne nous voient pas d'un bon œil pénétrer dans le pays pour y faire régner la sécurité nécessaire aux transactions commerciales. Aussi le lieutenant Levasseur a-t-il été retenu un mois au petit village de Médina-Dali, avant de pouvoir entrer à Labé, et n'a-t-il pu communiquer avec la mission Plat, qui se trouvait alors à Timbo. Ce courageux officier, malgré tous les obstacles semés sur sa route a réussi néanmoins, et malgré l'extrême dénûment dans lequel l'avaient mis tous ces retards, à gagner la Cazamance, suivant les instructions qu'il avait reçues.

Le Fouta-Djalon est une conquête des Peuls. Le général Faidherbe place cette conquête vers la fin du xviii° siècle. Repoussant les peuples autochtones, appelés encore de nos jours les Djalonkés, les réduisant en captivité en se les assimilant peu à peu, les conquérants ont fini par s'implanter complètement dans le pays et en sont aujourd'hui les possesseurs incontestés.

Les Djalonkés peuplent encore plusieurs contrées importantes, telles que le Fontofa, le Sangala, le Gountanta, les bassins de la Mellacorée, des Scarcies, du Rio Nuñez, mais ils tendent à disparaître de plus en plus dans le Fouta-Djalon même. Leurs villages y diminuent constamment d'importance. Ils sont noyés dans le flot des Peuls, qui, très prolifiques, ont couvert de leurs nombreux descendants toutes les riches vallées du massif djalonké. La population est ainsi très dense dans la région, mais elle n'est pas, comme dans les autres contrées soudaniennes, réunie dans de grands villages; elle est disséminée partout. Du reste, on peut dire que, dans le Fouta-Djalon, il n'y a pas de villages proprement dits. On y rencontre seulement des groupes de cases, plus ou moins importants, perchés sur le sommet des collines ou accrochés à leurs flancs et répandus de tous côtés. On pourrait dire du Fouta ce que l'on disait de la Flandre au moyen âge : c'est une ville continue. Ces groupes de cases peuvent être divisés en quatre catégories.

Le groupe le plus important, celui qui répond le mieux à l'idée que nous nous faisons du village indigène, s'appelle *missida* (mosquée). C'est là, en effet, que se trouve la mosquée, où, tous les vendredis, on s'assemble pour faire le grand salam (la grande prière) ou pour conférer sur les affaires publiques.

Puis vient l'*ouro*, réunion de trois ou quatre groupes de cases, sans grande importance d'ailleurs ; puis, le *roundé* ou village de captifs. Chaque chef possède un certain nombre de captifs, qu'il réunit en un lieu déterminé, sous le commandement d'un esclave de confiance, le *manga*, sorte de majordome du maître.

Enfin, il y a le *foulasso*, qui est le plus répandu dans le Fouta-Djalon. C'est une sorte de ferme, composée de deux à dix cases, où le Peul réunit ses richesses, ses bestiaux, ses céréales, où il vit la plupart du temps, laissant sa maison de la missida à la garde d'une femme ou d'un captif. D'ailleurs, pas d'enceinte à tous ces villages, qu'entoure une simple haie d'euphorbiacées, plante fort commune dans la région. Les cases ont une forme particulière, avec leur toit en cône pointu descendant jusqu'à terre ; à l'intérieur, deux lits en terre de pisé, des sculptures grossières sur les parois et les portes ; un plancher en bambous, servant de grenier, à la partie supérieure.

Il est bien difficile, avec une dispersion semblable, d'apprécier le chiffre de la population du pays. Le lieutenant Levasseur évalue à 8 ou 10 000 habitants la population des grands centres de la province de Labé, et à cinq ou six fois autant la population disséminée dans les roundés, ouros et foulassos du pays.

Le Fouta-Djalon produit les céréales que l'on rencontre dans les autres parties du Soudan français. Le riz notamment y existe en grande quantité. Les fruits, oranges, bananes, citrons, etc., sont très abondants. Mais les principales productions du pays sont le bétail et le caoutchouc. Les lianes à caoutchouc se trouvent partout et les comptoirs européens des Rivières du Sud ont là l'un de leurs principaux articles d'échange. Les indigènes cependant font cette exploitation d'une manière absurde. Quant au bétail, on peut dire que le nombre en est illimité. On rencontre dans toute la région d'innombrables troupeaux de bœufs, moutons, chèvres, qui trouvent une nourriture excellente dans les riches pâturages des vallées décrites ci-dessus.

Le Fouta-Djalon fait d'ailleurs un commerce d'une certaine importance avec les comptoirs portugais, anglais et français des Rivières du Sud. Le principal article d'exportation est, avons-nous dit, le caoutchouc. Comme importations, citons la guinée, les calicots blancs, le sel, la poudre, les armes.

Le climat est renommé pour sa salubrité. L'hivernage apparaît au commencement d'avril et dure cinq mois ; mais, en tout temps, des pluies sans orages viennent rafraîchir fréquemment l'atmosphère. L'air circule très pur sur ces hauts plateaux, où il entretient une température toujours douce. La température moyenne de la journée à Labé est de 26 degrés en saison sèche ; celle de la nuit, 15 degrés. En somme, le climat est favorable à l'Européen.

Les instructions du lieutenant Levasseur lui prescrivaient de gagner notre établissement de Sedhiou sur la Cazamance, en se tenant sur la rive gauche de la Gambie ; mais, poussé par l'alfa Gassimou, le chef du Kadé refusa de laisser traverser son pays à notre envoyé, qui dut alors se rabattre sur la rive droite du fleuve. Il prit toutefois, à partir de Labé, un itinéraire qui lui a permis de rapporter la carte complète d'une région où la Gambie et le Rio Grande ont leurs sources, et d'explorer l'une des routes principales reliant Sedhiou à nos comptoirs du Haut-Sénégal. Chemin faisant, il plaçait sous le protectorat français le Badon et le Dentilia, qui n'y étaient pas encore.

Franchissant la Gambie au gué de Marougou, M. Levasseur entrait dans une région nouvelle, appartenant tout entière au bassin de la Gambie et de ses affluents de droite. Les montagnes du Fouta-Djalon ont disparu pour faire place à de légères ondulations à peine sensibles; les ruisseaux au courant rapide se sont transformés en marigots à fond vaseux, aux eaux presque immobiles. Il est assez difficile, de Badon à Bady, de suivre de près le cours de la Gambie, en raison de l'épaisse végétation qui couvre ses bords. Mungo Park, en 1796, avait bien parcouru cette route : mais aujourd'hui les villages dont il nous cite les noms ont disparu. C'est à peine si leur souvenir subsiste dans la mémoire des vieillards du pays. Les grands arbres, une brousse épaisse ont caché la route suivie par notre illustre devancier, et les chasseurs d'éléphants eux-mêmes ne veulent pas consentir à traverser ces solitudes. Peut-être aussi se refusent-ils à faire connaître leurs haltes de chasse.

Ce qui est certain, c'est que, depuis le gué de Marougou jusqu'à celui de Bady, le fleuve possède un courant très vif et est parsemé de bancs de rochers rendant toute navigation impossible.

A partir de Bady il s'élargit, son courant devient moins violent. Il fait de nombreux détours vers le nord et arrive ainsi au seuil de Kolonko-Talota, point extrême où peuvent remonter les chalands du commerce. Ce soulèvement rocheux, prolongement vraisemblable des monts du Gabou, fait saillie d'une façon étrange au milieu même du lit du fleuve et oppose à la navigation une barrière infranchissable, même pendant la saison des hautes eaux. Celles-ci s'y sont creusé un petit chenal, où le courant atteint une vitesse considérable. Nos voisins britanniques n'ont rien négligé pour faire disparaître cet obstacle. Ils ont essayé de creuser un chenal plus large et plus praticable, mais ils ont dû reculer devant les difficultés rencontrées, dues notamment à la nature du sol.

Après ce barrage, la Gambie devient une rivière profonde, bien supérieure au Sénégal au point de vue de la navigabilité et laissant remonter les bateaux à vapeur en toute saison. Son courant est moyen. Les gués n'y existent plus, et on la franchit partout au moyen d'embarcations ou de pirogues.

Le Tenda, qui s'étend sur la rive droite de la Gambie, est couvert d'une végétation abondante, refuge d'animaux de toute espèce, qui se sont emparés de ces immenses plaines à peu près désertes, où n'apparaissent que de loin en loin quelques villages isolés et où des feux de brousse, allumés par de rares chasseurs, ont pratiqué quelques clairières.

C'est en sortant du Tenda que M. Levasseur franchit pour la troisième fois la Gambie et repasse sur la rive gauche. La nouvelle région qu'il visite ressemble beaucoup à celle qu'il vient de quitter : pays de plaine, faiblement ondulé, parcouru par de nombreux marigots, au cours lent et vaseux. Mais les villages sont nombreux, et le pays tout entier est couvert de lougans.

Inclinant vers le sud-ouest, notre explorateur pénètre ensuite dans le bassin de la Cazamance. De nombreux marigots, couverts d'une végétation aquatique intense, arrêtent souvent sa marche. Il atteint la Cazamance au village de Diannah-Maléry; elle présente déjà une largeur de 200 mètres et une profondeur de 6 mètres. La largeur augmente rapidement, et à hauteur de Sedhiou elle est de 1800 mètres. Les bords sont couverts d'une végétation luxuriante et sont peuplés de forêts de palmiers, produisant le vin et l'huile, principales productions du pays.

Cette région constitue le Fouladougou ou Firdou, dont nous avons déjà parlé. Après vient le Pakao, qui s'étend jusqu'à Sedhiou et fait un commerce très actif avec nos comptoirs.

M. Levasseur évalue à 155 kilomètres la distance de Yaboutagenda à Diannah-Maléry, point extrême atteint par les bateaux du commerce sur la Cazamance, et à 70 kilomètres la distance de Diannah-Maléry à Sedhiou.

Le lieutenant Levasseur s'embarqua à Sedhiou pour Carabane, à l'embouchure de la Cazamance, et de là rejoignit Dakar par mer.

Ce voyage d'exploration est certainement l'un des plus importants de la campagne et fait le plus grand honneur à l'officier qui en avait été chargé.

CHAPITRE XXXV

Résultats géographiques et politiques de la campagne 1887-88. — Opérations dans le Bélédougou ; étude sur le cercle de Bammako. — Mission Audéoud dans la vallée du Baoulé. — Colonne de Siguiri : renseignements sur les États de la rive droite du Niger, renseignements sur le Bouré et les pays situés au sud-ouest de la route de Kita à Siguiri ; missions topographiques envoyées de Siguiri.

I. — OPÉRATIONS DANS LE BÉLÉDOUGOU. — RÉSULTATS GÉOGRAPHIQUES ET POLITIQUES.

Les opérations de la colonne dirigée par le commandant Vallière nous transportent maintenant à 700 ou 800 kilomètres des régions visitées par M. Levasseur. On compte près de 1 000 kilomètres[1] entre Sedhiou, le point où vient d'aboutir le lieutenant Levasseur, et le cœur du Bélédougou, où a pénétré la deuxième colonne formée dans le cours de la campagne.

On peut enregistrer ainsi une nouvelle série de résultats géographiques, car, fidèle au programme d'investigations incessantes qui m'a toujours guidé pendant ces deux campagnes, le commandant de la colonne du Bélédougou a pu rapporter une ample provision de renseignements nouveaux sur les contrées qu'il venait de visiter. Je résume ci-après les travaux auxquels ont donné lieu toutes ces explorations.

1. *Renseignements géographiques, politiques et statistiques sur le cercle de Bammako.* — L'un des plus précieux résultats obtenus par l'envoi de la colonne du Bélédougou vers les régions nord et est de nos possessions soudaniennes a été de faire connaître les territoires relevant de notre poste de Bammako, territoires dont nous ignorions, en grande partie, la géographie, l'organisation politique et les ressources. Le commandant Vallière a exposé dans un long rapport, auquel j'emprunte les dé-

---

[1]. A vol d'oiseau, car il faudrait augmenter ces distances dans des proportions notables s'il fallait tenir compte des itinéraires suivis.

tails qui suivent, les résultats géographiques et politiques de l'expédition.

Le cercle de Bammako, l'un des plus importants du Soudan français, est peuplé, indépendamment de quelques petits groupes de Soninkés, par des Bambaras et des Malinkés. J'ai déjà donné ailleurs[1] de longs détails sur ces populations, si intéressantes à étudier. Elles sont fétichistes et se distinguent, au moment des cultures, par un entrain au travail des champs véritablement remarquable. De juin à octobre, c'est un labeur incessant, dont on les croirait réellement incapables. Aussi le mil et le riz abondent-ils dans ces contrées, ce qui montre déjà la possibilité de suppléer aux envois de riz et de biscuit que nous faisons chaque année, à grands frais, de la métropole.

Le cercle de Bammako s'étend actuellement : à l'ouest, jusqu'aux monts du Manding et au cours du Baoulé; à l'est et au sud, jusqu'au Markadougou, au territoire de Nyamina, au Niger et au Bandako, petit affluent de ce grand fleuve. Au nord, les frontières ne sont constituées que d'une façon intermittente par des obstacles naturels. En réalité, nous devons accepter provisoirement les limites des cantons nord du Guéméné et du Bélédougou, mais, au fur et à mesure que déclinera l'influence des Toucouleurs, il sera d'une bonne politique de placer sous notre administration directe tous les peuples bambaras du nord, ce qui porterait alors les limites du cercle jusqu'aux confins du Sahara.

Le cercle de Bammako constitue donc une vaste unité administrative, qui comprend : 1° le Guéméné, les deux Bélédougous et l'État de Bammako, habités par les Bambaras; 2° la plaine de la rive gauche du Niger et l'ancien État de Kangaba, peuplés de Malinkés.

Les limites ci-dessus englobent seulement les populations soumises à notre administration directe, mais, au delà, l'autorité du commandant de Bammako s'exerce encore sur les pays ayant signé avec nous des traités de protectorat, comme les territoires dont Mourdia, Damfa, Sokolo, Touba sont les capitales.

Nous avons donné jusqu'à présent le nom général de Bélédougou à toute la région comprise dans l'angle formé par les cours du Baoulé et du Niger. En réalité, ce grand secteur, au lieu d'être simplement le Bélédougou, contient trois grands territoires distincts : le Guéméné-Diédougou, le Bélédougou et l'État de Bammako.

Le Guéméné-Diédougou, comme on le verra plus loin, a été reconnu en détail par le capitaine Audéoud, détaché de la colonne du Bélédougou.

---

1. Voir *Voyage au Soudan français*.

Quant au Bélédougou, les Français l'ont, à l'origine, sur des indications recueillies un peu hâtivement, divisé en deux parties : le grand Bélédougou, au nord de la Déla et de la rivière de Nossombougou-Fia ; le petit Bélédougou, au sud de ces mêmes cours d'eau. Dans l'esprit des indigènes, peu au courant de l'hydrologie, la Déla et la rivière du Fia ne sont qu'un même fossé, reliant le Baoulé au Niger et coupant ainsi le pays en deux parties distinctes. Cette grossière erreur a trouvé même assez de crédit pour que des voyageurs européens aient écrit que le Sénégal et le Niger confondaient leurs eaux à la suite des grandes pluies de l'hivernage.

Bien que cette classification du pays en deux Bélédougous soit purement fantaisiste, il est utile de la maintenir, car elle est aujourd'hui admise par tout le monde, Européens et indigènes. Mais, au point de vue ethnologique, on ne peut faire de distinction, et la population de ces deux pays est également bambara, appartenant aux quatre grandes tribus des Diara, Taraouré, Kourbary, Konaré, tribus que nous retrouvons dispersées dans toute l'étendue du Soudan français.

Ainsi que nous le savons déjà, les Bambaras se distinguent par leur amour de l'indépendance. Néanmoins, depuis le jour où ils ont été vaincus à Daba, ils ont conservé une attitude assez franche dans leurs rapports avec les Français. C'est ainsi qu'ils ont accueilli à bras ouverts la colonne du commandant Vallière, et cette manifestation militaire, suivie d'une réorganisation de leur pays qu'avait si bien préparée l'énergique et habile administration de M. le docteur Tautain, que j'avais placé dès le mois de novembre 1886 au commandement du cercle de Bammako, aura resserré les liens qui les unissent à notre autorité. Les successeurs de M. Tautain devront se donner pour objectif le maintien et l'amélioration de cette bonne situation.

Le petit Bélédougou comprend divers territoires situés au sud du Bélédougou, dans la partie la plus montagneuse et la mieux arrosée. Notre route de postes le traverse. Les territoires sont divisés en cantons, ayant chacun à sa tête un *kafoutigui* (chef de canton). Quelques villages isolés sont indépendants de cette autorité et en rapports directs avec le commandant de Bammako.

Ces territoires sont le Tosemana, le Bassafola et le Doumba.

Les frontières du grand Bélédougou, bien définies au sud, ne le sont pas encore au nord. Les indigènes, dans leurs conversations, en parlant du Bélédougou, y englobent souvent Mourdia, Damfa et même Sokolo, qui sont simplement placés sous notre protectorat. Le grand Bélédougou, soumis à l'autorité du commandant de Bammako, comprend les cantons de Koumi, Tiéorébougou, Siracoroba, Nonko, Doérébougou, Dougouni, Monsombala, Dialakoro, Koula, Fani, Manambougou, Koulikoro, Fia et plusieurs villages indépendants.

L'État de Bammako est un territoire situé sur la rive gauche du Niger, partie dans la plaine, partie dans les montagnes. Rien ne manque à ce pays, ni la grâce des paysages, ni la richesse des terrains, ni le va-et-vient des caravanes. La contrée est fertile ; les montagnes elles-mêmes, en hivernage, se couvrent de champs de mil. Le fleuve, autre élément de prospérité, fournit abondamment le poisson et sert de voie de communication avec les pays plus éloignés.

La population est fort hétérogène et comprend des individus d'ancienne race, Soninkés et Maures, des Bambaras captifs des précédents et habitant les villages de la montagne et les cases de culture de la plaine, où ils sont à peu près indépendants, enfin de nombreux émigrés de l'empire de Samory, qui se sont répandus dans la plaine du Niger, entre le Kobaboudinta et le Ouéyako.

Le Messékélé est un grand territoire, presque tout en longueur, faisant suite au Bélédougou vers l'est. Dès le début de l'occupation française, un grand nombre de villages du Messékélé étaient venus se placer sous notre autorité. Depuis lors nous n'avons cessé d'être en relations avec eux, mais leur éloignement les a soustraits quelque temps à notre administration directe ; cependant, avant mon départ du Soudan, j'avais prescrit de reporter le mouillage de nos canonnières à Nyamina. Cette mesure a eu pour effet de rendre aux habitants du Messékélé la confiance qu'ils avaient perdue depuis quelque temps en nos promesses et en notre alliance.

Le cercle de Bammako comprend encore le Manding septentrional, que limitent l'État de Bammako, les sources du Baoulé et l'État de Kangaba.

Cette région occupe la rive gauche du Niger jusqu'au pied des monts du Manding. C'est un pays fertile, bien arrosé, habité par des Malinkés. Les villages y seraient plus peuplés et plus nombreux sans les guerres de Samory. L'installation d'une garnison à Kangaba et à Siguiri a été accueillie avec la plus grande faveur par les habitants, qui espèrent de notre présence parmi eux un soulagement à leurs souffrances.

Les villages du Manding septentrional vivent chacun avec leur autonomie. Ils n'ont entre eux que les liens de parenté, d'amitié ou de communauté d'intérêts. Il n'y existe, à proprement parler, ni confédération, ni cantons, mais des alliances variables, suivant les circonstances et les individus.

L'État de Kangaba, qui ne fait partie que provisoirement du cercle de Bammako, a été également étudié par le commandant Vallière. Il comprend quatre territoires : le Finédougou, le Minidian, le Kagnoko et le Nouga, qui occupent la rive gauche du Niger et les crêtes assez basses d'un contrefort détaché des monts du Manding.

La population, entièrement malinkée, appartient pour la plus grande partie à la célèbre tribu des Kéitas, qui occupe aussi Niagassola et Kita. Il faut citer aussi une branche intéressante de la population, les *somonos*, caste spéciale, vivant exclusivement sur le fleuve. Répandus sur toute la partie navigable du Niger, ils subissent la domination des divers souverains des deux rives. Les somonos, entre Bammako et Siguiri, m'ont reconnu dernièrement, pendant mon séjour à Siguiri, comme le *gui-tigui*, ou « roi du fleuve », mettant à ma disposition leurs longues et minces pirogues. Plus tard ils fourniront d'excellents pilotes à nos canonnières.

L'État de Kangaba était dominé, depuis près d'un demi-siècle, par Mambi ; mais l'attitude hostile de ce chef vis-à-vis des Français et son dévouement bien connu à Samory m'ont forcé à lui enlever sa royauté et à le poursuivre jusque sur la rive droite du Niger, où il s'était réfugié et d'où il entendait diriger à l'abri son peuple contre nous. La destruction de sa capitale de Minamba-Farba, exécutée par la colonne du Bélédougou, l'a rejeté jusque dans le Ouassoulou. A la suite de cette affaire, l'État de Kangaba a été divisé en quatre cantons autonomes, relevant directement du commandant de Bammako. De plus, Moriba Guèye, ancien chef de Figuira, a été désigné pour remplacer Mambi à Kangaba.

La population de ce pays a été extrêmement réduite par les cinq dernières années de guerre. Rien qu'à Kéniéroba, Samory a enlevé 2000 individus et Mambi en a massacré plus de 250. Kangaba, qui avait 5500 habitants au moins, en compte à peine un millier aujourd'hui. Actuellement encore, un grand nombre de jeunes gens, fournis par Mambi à Samory, meurent de faim sur la rive droite. Cette effrayante dépopulation a porté un coup terrible à la prospérité de ce pays. Hâtons-nous de dire que notre administration s'occupe activement à réparer tant de mal fait par Samory.

Kangaba, situé à peu près à mi-chemin entre Bammako et Siguiri, a reçu une garnison, couverte par une redoute, construite rapidement par les habitants eux-mêmes. Cette garnison a pour objet de renforcer notre ligne Bammako-Siguiri, et, au point de vue politique, d'empêcher un retour de l'influence de Mambi.

Indépendamment des territoires que nous venons d'énumérer et qui constituent le cercle de Bammako proprement dit, l'autorité française étend encore son influence sur d'autres pays du nord et de l'est, liés à nous par des traités de protectorat. Ces pays, connus sous le nom de Kodala, de Fadougou, Kaniaga, Sarana, Kala, Markadougou, portent aussi les noms de leurs capitales : Guigué, Mourdia, Damfa, Ségala, Dionkoloni et Touba.

Guigué est un ancien marché d'Ahmadou, que les Bambaras du Bélédougou ont, il y a sept ans, enlevé aux Toucouleurs. La population est soninkée.

Le Fadougou comprend un assez grand nombre de villages, tous autonomes. Ils sont bambaras et alliés à nos sujets du Bélédougou.

Mourdia réunit, dans sa confédération, une quarantaine de villages. Le chef de Mourdia a sur la conscience son mauvais accueil aux deux missions françaises qui lui ont été envoyées en 1883 et 1887. Aussi, cette année, à l'annonce de l'arrivée de notre colonne, il s'est empressé d'expédier à 100 kilomètres en avant un notable porteur d'une lettre dans laquelle il envoyait toutes ses excuses et reconnaissait notre souveraineté complète. Ce fait témoigne du degré d'influence dont nous jouissons actuellement à plus de 250 kilomètres de notre fort de Bammako.

Damfa commande à peu près 50 villages. C'est un pays hostile aux Toucouleurs et qui a toujours bien accueilli nos envoyés.

Dionkoloni a, dans sa confédération, 14 ou 15 villages. Nos rapports avec ce territoire ont été, jusqu'à ce jour, presque nuls.

Ségala est à la tête de 25 villages. Il a été visité, l'année dernière, par la mission Tautain-Quiquandon.

Sokolo est aussi un chef-lieu de confédération, confinant au désert. C'est la fin des pays nègres ; au delà, les Maures sont les maîtres. Cette ville, de 2 500 habitants environ, a également reçu la mission Tautain.

Touba touche au Bélédougou au nord-est. C'est le chef-lieu du Markadougou, comprenant sept villages. L'almamy de Touba est Soninké, fanatique musulman et ami d'Ahmadou Cheickou. Cette amitié n'est causée que par la solidarité religieuse, mais elle a été assez forte, il y a trois ans, pour laisser passer et ravitailler la colonne des Toucouleurs qu'Ahmadou conduisait en personne à Nioro. L'almamy a reçu cette année M. Doiselet, vétérinaire de la colonne du Bélédougou, et a promis de nous fournir les chevaux indigènes nécessaires pour remonter, dans le Soudan même, la division de spahis. Cette mesure est indispensable pour éviter les pertes qui ont lieu, chaque année, sur les chevaux importés d'Algérie.

Les pays à protectorat réunissent une population d'environ 60 000 habitants, qui, étant trop loin de nous, conserve toute son indépendance ; mais notre voix y est écoutée et nous devons en profiter pour assurer la liberté des routes et éviter les longues guerres entre les indigènes. Le transfert de notre port du Niger de Manambougou à Nyamina aura pour effet de remédier aux inconvénients de l'éloignement de Bammako et de nous permettre d'exercer une action plus directe sur ces régions.

En résumé, le cercle de Bammako, tel qu'il vient d'être organisé à la fin de cette dernière campagne (1887-1888), embrasse une surface de 10 650 kilomètres carrés. Sa population, répartie ainsi qu'il suit :

Guéméné-Diédougou	12 350 habitants.
Petit Bélédougou	25 150
Grand Bélédougou	30 975
État de Bammako	5 815
Messékélé	13 700
Manding septentrional	4 780
État de Kangaba	6 150
forme un total de	**98 920** habitants.

Le cercle de Bammako présente donc une population moyenne de 9,8 habitants par kilomètre carré.

Le commandant du cercle a sous son autorité directe ces 100 000 habitants. Il juge leurs conflits et fait régner partout l'ordre, la liberté du travail et des transactions commerciales. En outre, son influence s'étend sur 60 000 Bambaras éparpillés jusqu'aux confins du désert. Il s'applique à maintenir parmi eux la concorde intérieure et à leur assurer la paix extérieure. Sa tâche est donc considérable, et cependant il n'a comme collaborateurs qu'un magasinier, un commissaire de police et un interprète indigène, trois ou quatre canonniers et une compagnie de tirailleurs sénégalais. En un mot, c'est avec 12 Européens et 100 soldats indigènes que la France tient sous son autorité 160 000 Soudaniens et un pays immense. On avouera que là au moins il n'y a pas abus de fonctionnaires.

J'ai proposé de soumettre à un impôt personnel de 3 francs par tête les 100 000 Bambaras et Malinkés du cercle de Bammako, comme d'ailleurs toutes les populations du Soudan français placées sous notre autorité directe. Je crois que le moment est venu de commencer à instituer des recettes dans nos nouvelles possessions, pour venir en atténuation des frais qu'elles nous ont occasionnés jusqu'à ce jour. Déjà ce système d'impôt a été mis en pratique parmi les populations du Bouré et des pays sarracolets du Haut-Sénégal, et dès l'année prochaine rien ne sera plus aisé que de se procurer ainsi des recettes, qui pourront s'élever à 500 000 francs et au delà.

Je pense en outre, en ce qui concerne le cercle de Bammako, qu'il serait utile d'adjoindre au commandant un résident indigène, choisi parmi nos agents intelligents et honnêtes. Ce résident habiterait l'intérieur du pays, Siracoroba par exemple; il serait, d'une part, en correspondance écrite avec le commandant du cercle, qu'il informerait de tous les événements importants et dont il prendrait les ordres pour l'administration et la politique à suivre, et, d'autre part, effectuerait des tournées chez les chefs de canton et leur ferait connaître les ordres de l'autorité française. En résumé le commandant de Bammako aurait ainsi une doublure, une sorte de délégué indigène, qui serait un agent auprès des chefs du pays. Alors seulement on pourrait répondre du maintien de la paix et assurer que la prospérité du cercle ira sans cesse en progressant. Nos traitants trouveraient ainsi toutes facilités pour venir organiser leurs comptoirs dans ces contrées, si riches en céréales, et ils pourraient nous servir d'intermédiaires pour l'achat de ces denrées, et donner surtout au Niger le mouvement de navigation qui lui manque encore.

Le commandant Vallière, avant de quitter le Bélédougou et de rejoindre Siguiri avec sa colonne, forma plusieurs missions d'officiers chargés d'explorer les contrées sur lesquelles nous n'avions encore que des données imparfaites, et notamment les vallées du Bandingho et du Baoulé. Le sous-lieutenant d'infanterie de marine Fournier[1] rapporta ainsi la carte de la vallée supérieure du Baoulé, depuis ses sources jusqu'à hauteur de Sédian, tandis que le capitaine Audéoud, avec sa compagnie de tirailleurs, visitait la vallée moyenne, poussait jusqu'à Dianghirté dans le Kaarta et faisait ensuite retour sur Kita.

2. *Expédition Audéoud dans la vallée du Baoulé*. — Cette dernière expédition était nécessaire pour purger cette région des bandes de pillards maures, qui ne cessaient depuis longtemps d'inquiéter nos villages du cercle de Koundou et d'entraver la marche des caravanes. Elle permettait ensuite de prendre le contact avec les Toucouleurs d'Ahmadou et de montrer notre intention de choisir le Baoulé comme limite de nos possessions directes, depuis son embouchure jusqu'à son confluent avec le grand marigot, en partie desséché, qui a son origine vers Merkoïa. Les frontières naturelles sont de toute nécessité dans les contrées soudaniennes, si nous voulons soustraire nos sujets aux empiétements incessants de leurs voisins.

Le capitaine Audéoud a découvert au N.-E. de Merkoïa une quantité de gros et riches villages, dont nos cartes ne faisaient encore aucune men-

---

[1]. Mort depuis au poste de Bammako.

tion. Ce sont des villages bambaras, qui ont parfaitement reçu notre envoyé et ne lui ont pas caché leur haine des Toucouleurs d'Ahmadou. Ils sont groupés sur un espace assez restreint et se prolongent vers le Baoulé, dont les sépare un désert long de deux journées de marche. Le pays était autrefois très peuplé, mais aujourd'hui il est couvert de ruines, et ses anciens habitants se sont réfugiés soit dans le Bélédougou, soit dans le Kaarta, pour échapper aux incursions des pillards des deux contrées.

Dianghirté est situé à 40 kilomètres au nord du point culminant de la bouche du Baoulé. C'est un gros village, d'environ 3 000 habitants, entouré d'un fort tata à crémaillères, très bien flanqué, avec des murailles de 3 à 4 mètres de hauteur et une épaisseur variant de 50 centimètres à un mètre. Les portes sont solides et gardées militairement. Bref, Ahmadou n'a rien négligé pour que sa garnison de Toucouleurs pût défendre longtemps cette place.

Une autre forteresse musulmane, Ouosébougou, se trouve non loin de là et contient une nombreuse garnison, destinée à surveiller le Bélédougou et à protéger la frontière sud du Kaarta. Les guerriers toucouleurs ont été passablement étonnés de nous voir paraître dans le pays, mais, en somme, leur accueil, bien que méfiant, a été assez bon. Ils ont fourni des vivres au capitaine Audéoud et à ses tirailleurs, ajoutant que « le sultan Ahmadou leur avait recommandé d'avoir les meilleures relations avec les Français ».

Après cette pointe hardie sur le territoire toucouleur, l'expédition a franchi le Baoulé et visité tout le pays situé à l'intérieur de la grande boucle formée par cette rivière. Ce vaste pays est à peu près désert, et à chaque pas on rencontre des ruines, vestiges d'anciens et populeux villages. C'est que la conquête musulmane a fait son œuvre, là comme partout où elle a passé. Il faudra du temps pour réparer toutes ces ruines et rappeler les indigènes dans leurs villages. Déjà la tâche est commencée, et quelques nouveaux centres d'habitations se sont reconstitués dans ces solitudes ; mais il faut, avant tout, maintenir une sécurité parfaite dans toute cette région, livrée depuis longtemps aux pillages des Maures et des Toucouleurs. Les nombreuses bandes de Peuls qui depuis deux ou trois ans ont émigré du Bas-Sénégal pour se rendre à Nioro, chez le sultan Ahmadou, n'ayant pu trouver auprès de ce dernier la réalisation des promesses faites, se sont adressées à moi pour rentrer sous notre influence.

Je pense que les solitudes de la rive gauche du Baoulé conviendraient pour recevoir ces indigènes aux habitudes nomades et auxquels il faut l'espace et la liberté pour leurs nombreux troupeaux.

II. — Colonne de Siguiri. — Résultats politiques et géographiques obtenus.

L'un des buts essentiels de la campagne était la construction du fort de Siguiri, au confluent du Niger et du Tankisso. Ce point est le lieu de passage de toutes les caravanes venant des États de Samory et se rendant à Sierra-Leone ou à nos établissements du Sénégal. Il est situé en plein Bouré, le pays de l'or, et notre installation à Siguiri doit nous permettre ensuite de faire retour vers l'ouest, et, par un dernier établissement, créé à Timbo, dans le Fouta-Djalon, de donner définitivement et pratiquement la main à nos possessions des Rivières du Sud. Le Soudan français et le Sénégal ne formeront plus dès lors qu'une seule colonie compacte entre le Niger et la mer.

Notre séjour à Siguiri permit de recueillir de précieux renseignements sur les États de la rive droite du Niger placés sous notre protectorat, pendant la campagne précédente (traité de Bissandougou, le 23 mars 1887), puis d'expédier encore de nouvelles missions topographiques pour achever la carte des pays compris entre le Tankisso d'une part, la Haute-Gambie et la Falémé d'autre part.

1. *Renseignements sur les États de la rive droite du Niger.* — Les États indigènes attenant à la rive droite du Niger et compris entre le Milo et le village de Figuira (en face de Kangaba) sont : le Diuma, le Firadougou, le Sendougou, le Diuma-Gagna et le Kouloun-Kala.

Le chef-lieu du Diuma est Sansando, construit près de la rive droite du confluent du Milo et du Niger.

C'est un fort village de 2 000 habitants, dont le chef, Kamory, dégoûté des exactions de Samory, s'est empressé de venir nous faire sa soumission dès notre arrivée à Siguiri.

La population du Diuma appartient aux tribus des Keïtas et des Taraourés. Il y a aussi quelques villages soninkés. Elle est renfermée dans quinze villages et comprend de 7 000 à 8 000 habitants.

Cet État s'étend aussi sur la rive gauche du Niger, où il présente encore le même nombre de villages, dont fait partie le village de Siguiri, auprès duquel est bâti notre nouveau fort, et également une population de 7 000 habitants.

Le Firadougou est un vaste territoire qui s'étend du sud au nord, le long de la rivière de Fié. Il vient toucher au Niger vis-à-vis de Falama.

Deux grandes routes conduisent du Soudan français dans le Firadougou : la première franchit le fleuve entre Falama et Faraba ; la seconde passe au gué de Dialacoro, venant de Niafadié (Siéké). C'était autrefois le chemin préféré des caravanes.

Le Firadougou comprend trois territoires distincts :

1° Le Kourbaridougou, dont le nom est celui de la tribu mandingue qui l'habite. Le chef-lieu, autrefois à Kéméracoro, très puissant village avant sa destruction en 1882 par Samory, est actuellement à Faraba, vis-à-vis de Falama. Nous avons reçu sa soumission en mars dernier. Tous nos efforts doivent tendre maintenant à ramener dans leurs villages les anciens habitants, qui ont suivi bien à contre-cœur les armées de Samory. Actuellement le Kourbaridougou ne comprend que quatre villages, avec 2 000 habitants environ.

2° Le Sakodougou, du nom de la tribu mandingue les Sakos. Le chef-lieu du pays est à Koundian, et le chef de ce village, Dimory, ne s'est décidé qu'en dernier lieu à reconnaître l'autorité du commandant de Siguiri. Le Sakodougou comprend actuellement six villages, avec 3 000 habitants, toute la population valide se trouvant également auprès de Samory et ne demandant qu'à rentrer chez elle.

3° Le Kounadougou (Pays des Poisons) tire son nom de la grande abondance d'un arbuste, le *kouna*, dont l'écorce fournit le poison des flèches.

Ce territoire, touchant à Bissandougou, la capitale de Samory, dépend de ce souverain. C'est là que l'almamy a trouvé ses premiers partisans, qui resteront sans doute ses derniers fidèles. Le Kounadougou, chef-lieu Kodiaran, comprend cinq villages, peuplés de 3 000 habitants environ.

Le Sendougou est un autre État de la rive droite du Niger. Il appartient à Mambi, le vieux chef de Kangaba, qui, après la campagne de 1885 des Français, est venu y habiter le village principal, Minamba-Farba, détruit cette année par la colonne du Bélédougou.

Les gens du Sendougou se sont placés sous notre autorité directe. Les principaux villages du Sendougou, presque vidés en ce moment de leurs habitants, qui ont suivi Samory, sont situés sur la rive même du Niger. Le pays s'étend jusqu'à la rive gauche de la rivière le Fié. On n'y compte guère que 2 000 à 3 000 habitants.

Le Diuma-Gagna est situé à l'est du Kourbaridougou, entre la rivière de Fié et le Sankarani, autre affluent important du Balé.

La population est composée de Malinkés-Kéitas. Le chef, Nafodé, habite le village de Kamara. Il s'est placé sous l'autorité du commandant de

Siguiri et s'efforce de faire revenir de l'armée de Samory tous ses sujets. Le Diuma-Gagna comprend douze villages, avec une population de 7 000 à 8 000 habitants.

Le Kouloun-Kala est à cheval sur le Niger, entre le Diuma et l'Amana. Les villages sont riverains du fleuve. La population, qui est malinkée, s'est soumise à notre autorité.

Cet État comprend quinze villages, avec environ 4 000 habitants.

La situation politique de la rive droite du Niger et, de plus, l'intention où j'étais de faire explorer en hivernage, par nos canonnières, les grands affluents de droite de ce fleuve, m'ont empêché de pousser plus au loin dans cette direction, pendant cette campagne, nos investigations géographiques. Ce qui est certain, c'est que ces pays renferment des marchés importants, tels que Kankan, Tengréla, Tenetou, etc., et qu'ils sont très riches en céréales et bestiaux. Je pense qu'il est indispensable de continuer le mouvement d'extension commencé pendant cette dernière campagne, afin d'arracher ces contrées, naguère si prospères, aux exactions et aux guerres qui les ruinent et frapperaient nos efforts de stérilité, si nous les laissions persister plus longtemps. La première condition pour tirer quelque profit de ces régions, naturellement riches et fertiles, c'est de ramener partout la paix et la tranquillité. On y parviendra aisément si l'on sait tirer parti de notre installation à Siguiri et de nos canonnières, flottant actuellement sur le Niger.

2. *Renseignements sur le Bouré et sur les pays situés au sud-ouest de la route de Kita à Siguiri*. — Pour bien fixer nos idées sur la position et la statistique des petits États situés au sud-ouest de la ligne que nous allions suivre pour gagner Siguiri, et surtout pour bien nous rendre compte de la mesure dans laquelle ces pays pourraient nous venir en aide pour le ravitaillement de nos postes et de nos colonnes, j'avais chargé M. Mademba Sèye, le chef du bureau politique, de parcourir toute cette région, de janvier à avril 1888.

Cet indigène, récemment décoré pour ses nombreux services au Soudan français, s'est parfaitement acquitté de sa mission et m'a rapporté les renseignements les plus complets sur les pays visités. Je pense qu'il y aurait lieu, en donnant à ces agents indigènes quelques notions de topographie, d'étendre leur emploi à ce point de vue et de les expédier au loin, dans les régions encore difficilement accessibles aux Européens. J'avais moi-même projeté d'envoyer ainsi Mademba par la voie de terre jusqu'à Tombouctou. Le temps et les circonstances ne m'ont pas permis de mettre ce projet à exécution.

Le Bagniakadougou, le Gadougou, le Goro, le Bidiga, le Ménien et le Sakhodougou sont des pays malinkés qui s'étendent sur la rive gauche du Bakhoy. Comme dans le Manding, les villages sont autonomes et ne reconnaissent qu'imparfaitement l'autorité du chef du pays. Le sol est fertile et éminemment propre à la culture des céréales, du riz particulièrement. Mais le passage des troupes de Samory à travers ces contrées a porté un coup néfaste à leur prospérité. Il faut signaler cependant le mouvement de repopulation qui se produit depuis deux ans. Les habitants, se sentant maintenant à l'abri des coups de Samory, et comprenant que les récoltes ne deviendront plus la proie des sofas de l'almamy, se sont remis à cultiver avec ardeur et à reconstruire leurs anciens villages. Tous ces petits États sont placés sous notre autorité directe et dépendent des cercles de Kita et de Siguiri.

Les nombres qui suivent donnent approximativement leur population :

Bagniakadougou	1 500
Gadougou	2 100
Bokho et Goro	800
Bidiga	1 500
Ménien	500
Barkadougou et Sakhodougou	500
Total	6 900

C'est peu pour des territoires aussi vastes et surtout aussi favorables à la culture, mais ces chiffres augmenteront aisément si l'on continue, comme il a été fait pendant ces deux dernières années, à favoriser le retour des anciens habitants, actuellement dispersés sur la rive droite du Niger, dans leur pays.

Le Bouré, au centre duquel nous venons d'élever notre fort de Siguiri, est habité par des Djalonkés de la tribu des Kamaras, et par les Mory N'di ou commerçants, qui sont pour la plupart d'origine soninkée. Ces derniers ont été attirés dans le pays par le commerce de l'or. Ils s'y sont établis et en sont devenus les plus riches habitants. Ils sont musulmans, à l'inverse des Djalonkés, qui pratiquent le fétichisme.

L'or est le seul produit du Bouré. Il est exporté dans toutes les directions et sert aux échanges avec les objets nécessaires à l'alimentation ou les marchandises européennes, apportées par les diulas. Ceux-ci viennent de la rive droite du Niger, du Fouta-Djalon, du Kaarta, de nos escales de Bakel et Médine, ou, enfin, des comptoirs des Rivières du Sud. Les principaux marchés du Bouré se tiennent à Didi, Dentinian et Sétiguia. Voici les prix de quelques-uns des objets servant aux transactions :

	Gros d'or[1].
Guinée filature	5
Fusils (Sierra Leone)	2 1/2
Poudre (baril de 4 kil.)	1
Pierre à fusil (200)	1
Sel (10 kil.)	1
Bœuf	5
Ane	5
Mil (25 kil.)	1
Riz (id.)	1
Ivoire (grosse défense)	25

On peut estimer la population du Bouré et de son annexe le Siéké à 15 000 habitants environ. Mais, là encore, le passage de Samory a produit de nombreux vides, et on se rappelle qu'à notre arrivée à Sétiguia j'avais dû prescrire d'enterrer les ossements qui couvraient une plaine voisine et qui provenaient d'un massacre exécuté par l'almamy trois ans auparavant.

Tous les habitants du Bouré se livrent aux travaux d'extraction de l'or.

Les habitants du Bouré et du Siéké se sont engagés à nous payer un impôt annuel de 13 000 gros d'or (environ 20 000 francs), impôt qui pourra être notablement augmenté quand la sécurité, que nous faisons maintenant régner d'une façon absolue, aura ramené la prospérité et la richesse dans le pays.

3. *Missions topographiques envoyées de Siguiri.* — Dès que les travaux du fort, suffisamment avancés, ont permis de disposer des officiers de la colonne, ceux-ci ont été lancés dans toutes les directions, de manière à pouvoir achever la carte des pays compris entre le Tankisso, la Haute-Gambie et la Falémé.

1° Le lieutenant Rouy, des spahis, est chargé, avec un peloton, de visiter et de lever tout le terrain compris dans le triangle Niagassola-Kangaba-Mansala, qui avait échappé jusqu'à ce jour aux investigations de nos topographes (voir carte Plat). M. Rouy put déterminer ainsi le cours du Kokoro, important affluent du Bakhoy, et de plusieurs autres marigots qui arrosent cette partie du Manding, dépendant du cercle de Niagassola. Les habitants, qui se livrent surtout aux travaux des mines d'or, sont au nombre de 3 000 environ et de race malinkée.

2° Le lieutenant d'infanterie de marine Famin se rend, par un itinéraire en ligne droite, de Sétiguia à Goubanko, près Kita, puis de Kita à Fangalla. Il nous fait connaître le cours supérieur du Bakhoy et le tracé de ses affluents jusqu'à sa rencontre avec le Balé. Cette région est des plus

---

1. Le gros vaut 3 gr. 8.

difficiles. Elle ne comprend que quelques villages malinkés, et est surtout parcourue par les chasseurs d'éléphants, qui font le commerce d'ivoire avec les commerçants du Bouré. Dans la deuxième partie de son itinéraire, M. Famin détermine le cours du Kégnéko, qui vient tomber dans le Sénégal non loin de Fangalla et arrose une vallée au terrain fertile, mais à peu près déserte et couverte de forêts. C'est l'une des contrées les plus giboyeuses du Soudan français. On ne peut se douter, en Europe, de la grande quantité de fauves de toute espèce qui peuplent ces solitudes.

3° Le lieutenant d'artillerie de marine Reichemberg étudie la route directe de Siguiri à Bafoulabé. Il passe à Sétiguia, Nabou, Sanfinian, Koloma, suit la rive droite du Bafing jusqu'à Ganfan, où il franchit ce cours d'eau, puis atteint Bafoulabé par Koundian. Il comble, chemin faisant, de nombreuses lacunes des cartes précédentes, nous fait connaître le Koba, affluent de gauche du Bakhoy, ainsi que les nombreux cours d'eau qui se jettent dans le Bafing avant Ganfan. Il nous rapporte aussi de précieux renseignements sur la citadelle toucouleure de Koundian, qui n'est plus peuplée que par quelques vieillards, anciens compagnons d'El-Hadj. Ainsi disparaissent peu à peu les forteresses élevées par El-Hadj Oumar pour maintenir sous la domination musulmane les immenses territoires qu'il avait conquis.

4° Le lieutenant d'artillerie de marine Bonaccorsi prend un itinéraire encore plus excentrique que le précédent, et a pour mission de suivre une route rectiligne entre nos deux établissements de Siguiri et de Médine.

Un premier trajet de 90 kilomètres le mène jusqu'à Balandougou, dans le Ménien, non loin des sources du Bakhoy. Puis il atteint Kafoulabé sur le Bafing, après avoir traversé une région entièrement inexplorée et que parcourt la grande route des caravanes venant du Bouré et se dirigeant sur nos comptoirs de Médine, Kayes et Bakel. Il s'engage alors dans la vallée de Fariko, où ses découvertes présentent le plus grand intérêt, car elles nous apprennent que la vallée de la Haute-Falémé n'est pas représentée exactement sur les cartes existantes. En réalité, la vallée supérieure de la Falémé est limitée à l'est par les monts du Bafing et offre une direction sud-est nord-ouest. Les renseignements de M. Bonaccorsi nous permettent de rectifier la carte de cette région.

Il gagne ensuite le Fontafa, petit État malinké déjà visité l'année dernière par le lieutenant Reichemberg, traverse le Konkadougou et rejoint le Sénégal près du Galougo.

Le voyage de M. Bonaccorsi est surtout précieux au point de vue de l'hydrographie des régions qu'il a visitées.

5° Enfin le lieutenant d'artillerie de marine Vittu de Kerraoul reçoit la mission d'achever la reconnaissance de la vallée de la Falémé, commencée l'année dernière par MM. Oberdorff et Reichemberg, puis de reconnaître et lever la route directe entre la Haute-Gambie et le Haut-Sénégal.

M. Vittu de Kerraoul parvient tout d'abord à Tamba, après avoir suivi, entre ce point et Didi, un itinéraire entièrement inconnu. Il aboutit ensuite sur la Falémé à Doumoyokori, nous faisant connaître la région nouvelle qui sépare cette rivière de Tamba. Il suit le cours de la Falémé jusqu'à Satadougou, ses renseignements concordant avec ceux du lieutenant Bonaccorsi et permettant de fixer dès lors d'une manière définitive l'hydrographie de cette région. Il atteint Médina dans le Dentilia et y coupe l'itinéraire suivi deux mois auparavant par le lieutenant Levasseur. Il visite Gondoho, la capitale de cet État, franchit à nouveau la Falémé au gué de Tombifara et aboutit à Tambokané, sur le Sénégal, en passant par Dialimangana, Sadiola et Kéniéba.

Ce long voyage de 700 kilomètres, accompli pour la plus grande partie en pays neuf, a permis de rejoindre les itinéraires suivis par les officiers de la colonne de la Gambie.

J'ai déjà mentionné la belle expédition dirigée par le capitaine d'infanterie de marine Audéoud et qui a conduit, pour la première fois, nos soldats des bords du Niger aux rivages de l'Atlantique par le Fouta-Djalon.

Pour terminer tout ce qui est relatif aux explorations accomplies pendant la campagne 1887-88 dans les régions nigériennes, je rappellerai qu'une deuxième canonnière, *Mage*, a été transportée à Manambougou. Les 945 colis qui composaient ce petit bâtiment sont parvenus sur les bords du Niger dans les premiers mois de l'année 1888. Il fallut huit mois pour que la nouvelle canonnière pût être remontée et lancée sur le grand fleuve, et ce n'est qu'en octobre que le commandant Davoust, qui avait succédé à M. Caron, put prendre à son tour la route du nord. Mais la saison était avancée, et nos officiers durent s'arrêter à Sama-Markhala, non loin de Nyamina. Ils avaient d'ailleurs à remplir là une mission politique de grande importance, consistant à ramener la paix entre les deux chefs du Grand Bélédougou, N'To et Karamoko Diara. Les luttes continuelles de ces deux princes nègres étaient pour ces régions une cause de ruine et de dépopulation. Les cultures avaient notablement diminué, et les caravanes, qui cherchaient à gagner nos escales de commerce, n'osaient plus s'engager dans ces pays, livrés à la guerre et au pillage.

Les guerriers de Karamoko Diara, prévenus contre nous par des bruits mensongers, hésitèrent à s'aboucher avec le commandant Davoust. Celui-ci fut plus heureux avec N'To. Ce chef bambara lui fit le meilleur accueil dans son camp, où nos compatriotes passèrent plusieurs jours. Ils eurent ainsi l'occasion d'assister à un combat qui se livra entre les deux chefs rivaux. Le gourbi de paille qu'ils avaient construit sur les bords du Niger était le rendez-vous journalier des principaux conseillers de N'To, qui, en dehors de ces visites, se tenaient le plus souvent sur la place à palabres du village, autour d'un ficus aux formes les plus étranges.

Le commandant Davoust et ses compagnons firent à Sama-Markhala une bien curieuse découverte. C'était une poterie d'origine européenne, qui était fixée sur le sommet de la mosquée et qui, au dire des habitants du village, leur avait été donnée, au commencement du siècle, par un voyageur blanc venu dans le pays. D'après les renseignements qu'ils recueillirent à ce sujet, nos compatriotes n'hésitent pas à penser que le donateur de ce vase n'est autre que le célèbre Mungo Park, qui parut à Sama-Markhala en 1805; il en partit pour redescendre le Niger vers Tombouctou. On sait que le courageux explorateur trouva la mort dans ce voyage.

Le commandant Davoust, arrêté par la baisse des eaux, dut rentrer à Manambougou.

Quoi qu'il en soit, la France possède actuellement deux canonnières sur le Niger. Le fleuve nous appartient désormais, et il nous reste à pousser nos explorations au delà de Tombouctou, vers les chutes de Boussa, pour chercher à implanter l'influence française dans le Sokoto et dans les riches et vastes contrées qui s'étendent entre le grand fleuve soudanien et le lac Tchad.

CHAPITRE XXXVI

Le Fouta-Djalon. — Géologie, faune, flore, climatologie. — Anthropologie, ethnographie, constitution politique.

Ce chapitre[1], qui sert de conclusion à l'exposé des résultats obtenus par la mission dite du Fouta-Djalon et par la compagnie Audéoud, est relatif à la question de la géologie du Soudan occidental et à l'ethnographie et à la constitution politique du Fouta.

GÉOLOGIE, FAUNE, FLORE, CLIMATOLOGIE. — Quand on considère la carte du Soudan occidental, une chose frappe d'abord, c'est la direction particulière des deux grands cours d'eau de cette partie de l'Afrique, le Sénégal et le Niger. Tous deux ont leurs sources à une égale distance de la mer, s'en éloignent dans une direction exactement perpendiculaire, puis, le premier à hauteur de Bafoulabé, le second à Tombouctou, changent de direction à angle droit et dans un sens opposé, et coulent dès lors parallèlement à la côte. Le rabattement des parties extrêmes de cette côte permet enfin aux deux fleuves de l'atteindre par un coude assez court.

En regardant la carte de plus près, on remarque que leurs changements de direction se font à angle droit et, par suite, soit perpendiculairement, soit parallèlement à la côte. En outre, si cette règle n'est pas aussi rigoureuse pour les cours d'eau secondaires, leurs sources sont également à des distances égales. Ainsi la Gambie, le Rio Grande et le Tankisso partent de points situés sur la ligne des sources du Sénégal et du Niger; la Falémé et le Bakhoy ont leur origine un peu en arrière. Cependant les affluents de gauche du Niger, disposés en éventail, s'écartent complètement de cette disposition.

---

1. Tous les intéressants détails qui suivent sont tirés des rapports de MM. Plat et Fras sur leur mission dans le Fouta-Djalon.

En vertu de la connexité absolue des thalwegs et des reliefs du sol, il faut conclure que les montagnes de cette partie de l'Afrique sont ou parallèles à la côte ou perpendiculaires, que les points les plus hauts seront aux sources des plus forts cours d'eau et que les points d'ordre immédiatement inférieur seront aux origines de leurs affluents.

La constitution géologique qui se prête le mieux à une semblable disposition est une stratification dont les couches auraient le regard sud-ouest et par suite la pente de leur versant tournée vers le nord-est.

Cette hypothèse trouve immédiatement une confirmation dans la partie du Soudan français qui a été la mieux étudiée. La falaise du Tambaoura qui, du Konkodougou jusqu'au confluent de la Falémé et du Sénégal, se projette sur la plaine de la Falémé, est à la fois parallèle à cette rivière, à la Gambie, à la côte, au cours moyen du Sénégal et perpendiculaire, par suite, au cours supérieur de ce fleuve et du Niger. Existe-t-il des falaises semblables ailleurs? Tout tend à le prouver. Les voyageurs qui ont abordé le Fouta-Djalon par la route de Boké, Caillié et Sanderval par exemple, parlent de murailles presque à pic barrant la route. Naturellement les vues d'un topographe qui suit un sentier imposé d'avance sont bien restreintes ; cependant le lieutenant Plat a retrouvé de frappantes et très fréquentes falaises analogues au Tambaoura et dirigées dans le même sens : par exemple les montagnes qui, du Dinguiray, vont jusqu'au Bouré, en arrière du fossé suivi par le Tankisso.

Si cette hypothèse était admise, ne pourrait-on supposer qu'au début, dans des époques préhistoriques, cette énorme stratification existait, mais peu inclinée, et qu'un soulèvement puissant, dont l'effort central se serait produit dans le Labé, aurait disloqué cette masse, créé des coupures, augmenté la raideur des pentes. Nous constatons en effet, dans le massif du Labé, la naissance des plus importants cours d'eau de la région, la Gambie, le Rio Grande, le Konkoré, le Dombélé, affluents du Sénégal, et M. Levasseur nous a déjà signalé ces pointes d'aspect granitique, les monts Lansan et Somnoboli, qui ont percé la couche qui les entoure et qui sont probablement les plus hauts sommets de la région. Si l'on fait passer une ligne par les sommets de ces pics, on constate d'abord une orientation nord-ouest sud-est parallèle à la côte, et si on la prolonge vers le sud-est, cette ligne passe par les soulèvements de Fougoumba, du Kourou, de Séré, analogues aux précédents et déterminés par les travaux de MM. Radisson et Plat, et aboutit aux monts Loma, d'où sort le Niger.

Suivant une loi géologique, la masse rocheuse, soumise à cette pression de bas en haut, se serait affaissée à ses extrémités tout en créant des plissements voisins du point où l'effort le plus considérable se produit. Ces plissements, nous les constatons sur la rive gauche de la Gambie moyenne et entre les cours supérieurs du Sénégal et du Niger. La stratification semble nettement visible entre la Gambie inférieure, prolongée par le Sandougou, et le haut Niger. Au delà, au nord-ouest, elle disparaît dans un désert sablonneux et sans eau, compris entre le Bas-Sénégal et la côte depuis le Saloum, et, au sud-est, laisse comme trace un gigantesque cône de déjections, dont le centre serait aux monts Loma et créerait l'éventail allongé des rivières affluents du Niger, en amont de Tombouctou et de l'Atlantique jusqu'à Grand-Bassam.

La nature des roches trouvées dans le Fouta-Djalon comme dans le Soudan français est peu compliquée. De nombreux fragments, rapportés tant par la mission du Ouassoulou (1886-1887) que par la mission du Fouta-Djalon, se réduisent à deux éléments principaux, le fer et le grès. Le granit existe-t-il dans le Fouta? Peut-être compose-t-il les roches des pics Lansan, Somnoboli, Kourou, Séré, etc.? mais en tous cas il ne se rencontre pas ailleurs. Le grès se mélange plus ou moins de fer, de silice, de mica, et prend, par suite, différentes couleurs et différentes propriétés. Enfin l'on rencontre encore, mais bien plus rarement, du quartz, du micaschiste, des schistes ardoisiers et du feldspath.

L'écoulement des eaux est assez rapide dans le Fouta-Djalon. On rencontre une multitude de ruisseaux à l'eau vive. Mais, une fois arrivés dans la plaine, ces ruisseaux élargissent leurs bords dans l'argile grasse et prennent un cours lent, plein de méandres. Ce pays présentera donc le double aspect de régions élevées et saines et de vallées inondées pendant l'hivernage et développant des miasmes délétères en se desséchant. Il sera facile à l'Européen de choisir son installation; il n'aura d'ailleurs qu'à s'établir près des missidas, qui, toutes, sont placées sur les plateaux.

On ne retrouve plus ici ces longues régions à végétation rabougrie rencontrées si souvent dans notre Soudan français. Le sol n'est jamais nu. Le baowal infertile est toujours couvert d'une herbe fine, et partout ce ne sont, avec les grandes prairies, que forêts ou cultures. Le docteur Fras a remarqué un grand nombre de lianes à caoutchouc et les arbres *nété* et *téli*, qui sont, dit-il, la caractéristique de la végétation forestière du Fouta-Djalon, et quantité d'arbres à produits industriels, tels que celui dit *gara*, dont les feuilles donnent un excellent indigo.

« Plus riche et plus luxuriante encore, dit le docteur Fras dans son remarquable rapport scientifique, nous a semblé la végétation que nous avons rencontrée en descendant vers la côte de l'Atlantique. Dans la forêt, les arbres atteignent des tailles gigantesques, et à ce sujet je citerai le *benténier* ou fromager, quelques *ficus*, le *labi*, arbre à fruit comestible et à tige droite, le *doné*, haut de 15 à 25 et 30 mètres. Le *kimmé*, le *mampata*, le *nété*, le *téli*, le *lengué*, etc., prennent aussi des dimensions considérables. Au milieu de tous ces arbres on retrouve encore, plus puissantes et plus nombreuses peut-être, les lianes à caoutchouc, *goïn* et *saba*, et à côté d'elles le *gara*, l'arbre à indigo. »

La faune du Fouta-Djalon est excessivement variée.

Le lion s'y rencontre, parcourant les vastes solitudes boisées des confins de l'empire, puis l'éléphant, la girafe, l'hippopotame, le léopard, la panthère, l'antilope, le bœuf sauvage, l'hyène, le sanglier, le porc-épic, etc. Le gibier à poil et à plume abonde dans les forêts. Les reptiles sont représentés par des espèces dangereuses, le boa, le trigonocéphale, les vipères, mais d'une nature essentiellement timide. Enfin la gent ailée comprend la multitude de ces oiseaux aux ravissantes couleurs que l'on trouve au Brésil, en même temps que l'aigle, le vautour, le milan, l'épervier, l'aigrette, l'oiseau-trompette, la pintade, etc.

La vie fourmille partout, exubérante. Pourrait-il en être autrement dans cette zone privilégiée, où le docteur Fras a fait les observations climatériques suivantes :

« Le thermomètre, pendant les deux mois que nous avons passés sur le plateau du Fouta-Djalon, donne comme moyenne générale + 25°. En rappelant que la période de temps que nous y avons passée était la fin de la saison sèche, et que cette période, sous les climats torrides, est généralement la plus chaude de l'année, on comprendra que nous puissions dire que la température est beaucoup plus fraîche que celle de nos possessions du Soudan, où, dans la dernière partie de la saison sèche, le thermomètre marque assez communément + 40° et 43°. Pour preuve encore de ce que nous venons d'avancer, disons que, le jour de notre arrivée à Donholfella, non loin de Timbo, il était tombé, le matin même, de la grêle en grande quantité et que les indigènes étaient transis de froid.

« Rappelons encore que cent fois les Pouls nous ont déclaré être obligés, l'hiver (décembre et janvier surtout), de se couvrir de grosses couvertures et de faire de grands feux dans leurs cases pour résister à l'abaissement de la température. D'autres voyageurs racontent d'ailleurs avoir supporté eux-mêmes, la nuit, à Bourléré, c'est-à-dire non encore au centre du Fouta, une température de + 6°, et cela au mois de juin.

« Le Fouta jouit d'une puissance barométrique relativement uniforme (variation de 2 à 3 millimètres au plus, même par les temps orageux), nouvel et précieux avantage pour la salubrité de son climat.

« Quant aux vents, ils soufflent assez régulièrement du nord-est. Toutefois, à la fin de notre séjour ils avaient tendance à changer souvent de direction, à passer même au sud-ouest, ce qui indiquait l'arrivée de l'hivernage. Comme au Soudan, ils se montraient d'intensité variable : en effet, forte de sept heures à onze heures du matin, la brise cessait presque complètement de midi à trois ou quatre heures du soir, pour ne reprendre que dans la soirée. Le vent était quelquefois humide. Nous avions d'ailleurs à ce moment des brouillards épais.

« On est en effet frappé du degré d'humidité de l'air, qui, de fait, a été vraiment considérable pendant les deux mois que nous avons passés au Fouta-Djalon, car cette humidité relative s'est élevée en moyenne à 74 pour 100. Mais il ne faut pas oublier que nous étions au début de l'hivernage. Cette proportion n'a donc rien qui doive étonner. »

Voici la conclusion du docteur Fras :

« Nous avons montré, d'une part, que la température moyenne était relativement peu élevée, surtout si on la compare à celle du Soudan, qu'elle ne présentait pas d'écarts exagérés, loin de là, que ces écarts eux-mêmes étaient moins brusques que ceux observés au Soudan. D'autre part, nos observations ont prouvé que la pression atmosphérique, peu élevée d'ailleurs, vu l'altitude, n'offrait que des écarts diurnes ou accidentels peu sensibles, que l'aération ou la constance des vents du nord-est ou du sud-ouest, suivant la saison, répondait à tout ce qu'exige une bonne hygiène. Enfin, si nous ajoutons que le Fouta-Djalon renferme de bonnes eaux vives, qu'il possède tous les moyens d'une nourriture variée et substantielle, qu'on y rencontre plus que partout ailleurs de hauts sommets fort agréables à habiter et inaccessibles aux miasmes des marécages, on croira facilement avec nous que le climat de ce pays, si plein d'attraits par lui-même, est essentiellement salubre. »

ANTHROPOLOGIE, ETHNOGRAPHIE, CONSTITUTION POLITIQUE. — Après cette esquisse du pays, voyons les habitants. Ici encore, je ferai de larges emprunts au rapport du docteur Fras, dont la compétence en semblable matière ne peut que faire foi.

Le Fouta-Djalon est habité par deux races, la race poule et la race djalonkée. Le Djalonké est de race noire, proche parent du Malinké. Cependant son type est bien plus beau que le type ordinaire. Le nez est droit, peu évasé à la base, les lèvres moins lippues. Les caractères restent cependant les mêmes que ceux des Bambaras et des Djolofs. Tout autres sont-ils chez le Poul, qui se glorifie d'ailleurs d'être issu de l'Orient, des régions qui entourent la Mecque.

Le Poul est d'une taille moyenne de 75 à 80 centimètres. Sa stature est élancée. Le système pileux est peu riche, si ce n'est au cuir chevelu. Les femmes sont absolument glabres. Les cheveux, en revanche, sont abondants et fortement frisés. Les hommes forment avec leurs cheveux des tresses grosses et longues de 10 à 15 centimètres qu'ils laissent ballantes sur les parties latérales et postérieures de la tête. Chez les femmes, plus longs encore, les cheveux sont souvent formés en cimier, et, pour les rendre plus beaux, elles ne craignent pas de faire usage de certains artifices ou de faux cheveux en particulier. Leur couleur est brune avec des reflets bleuâtres.

La pupille des yeux est de couleur rousse. Quelquefois cependant il existe des rayons bleuâtres assez remarquables.

Le crâne est dolicocéphale, l'ovale allongé, le profil le plus souvent orthognathe. Le front est haut, large et droit, les arcades sourcilières saillantes et garnies de poils, les yeux largement fendus et non bridés, le regard éveillé, l'expression douce et un peu sauvage, le nez droit, presque jamais écrasé, la bouche bien fendue, les lèvres minces, les oreilles petites. Les dents sont souvent gâtées, probablement à cause de l'humidité.

Les attaches sont toujours fines, les doigts des mains longs et déliés. Les hanches sont fortes et saillantes chez la femme, dont le bassin est, en général, très large et bien conformé.

Le pied, surtout chez la femme, est, chose étonnante, relativement très petit. Les jambes n'ont pas de mollet.

La puberté est précoce, surtout chez la jeune fille (douze à treize ans), et la longévité assez considérable.

Nous savons que deux partis se partagent le Fouta-Djalon, les Alfayas et les Soryas. Voici comment le guide Sory Kaba racontait, à Benty, au lieutenant Plat la naissance de cette séparation de toute la nation poule.

Quand Karamoko Alfa (constatons en passant que ce mot *alfa* a toujours la curieuse signification de premier, par exemple *Baowal Alfa*, à l'entrée du Fouta); quand le premier chef des Pouls eut conquis le Fouta sur les Djalonkés, il établit sa résidence à Fougoumba et désigna pour son successeur Alfa Salif, son fils aîné. Celui-ci voulut à son tour batailler contre les kéfirs et envahit le Ouassoulou. Cela ne lui réussit pas. Il fut obligé de rentrer et fut poursuivi par un chef du pays, Kondé Birama, qui le battit plusieurs fois, s'arrêta un moment à Donholfella, puis retourna dans son pays. Il revint l'année suivante, gagna de nouveaux combats, à Simidaro, à Tigué, à Diabéré-Kouré, à Timbo, à M'Bouria, à Fougoumba, et bâtit un tata au nord-est de cette ville, sur la route du Kolladé, qui, avec le Labé, ne se laissa pas entamer. Mais les Pouls, mécontents d'Alfa Salif, le déposent et le remplacent à leur tête par Alfa Ibrahima, frère de Karamoko (origine de la transmission latérale du pouvoir). Ibrahima, après un grand salam, attaque le tata, dont il s'empare, et poursuit les Malinkés, qui fuient dans la direction du gué du Siragouré, près de Fougoumba. Une miraculeuse intervention d'Allah fait grossir la rivière et permet aux Pouls d'exterminer les kéfirs. Kondé est tué. Ce chef avait organisé sa troupe en trois colonnes. Celle du centre était sous ses ordres. L'aile droite était commandée, chose remarquable, mais non pas aussi rare dans l'histoire des noirs qu'on pourrait le penser, par sa propre sœur aînée, Kondé Awa.

Ibrahima prend Timbo et envoie ses troupes battre les derniers ennemis, qui se sont arrêtés à Donholfella. Les Pouls occupent désormais en maîtres incontestés le Fouta-Djalon.

Le nom djalonké de Timbo est Konko, ou Gongovi dans la bouche des Pouls. Il prend désormais son nom poul, et est proclamé la résidence de l'almamy, que ses sujets surnomment Sory, « le Matinal » : d'où Sorya. Fougoumba, première missida, conservera le privilège du couronnement. Afin d'éviter des querelles intestines entre les partisans d'Alfa Salif et les Soryas, le grand conseil des anciens décide qu'un alfaya partagera le pouvoir avec Sorya. Cette louable intention ne produit que des résultats douteux, et aujourd'hui encore les Soryas constituent l'élément prépondérant.

Le changement de pouvoir s'opère tous les deux ans. Mais les almamys n'ont guère que le pouvoir exécutif ; car aucune mesure ne peut être prise sans l'avis préalable du conseil des anciens. Le Fouta-Djalon est donc plutôt, comme le définit si bien le docteur Fras, une république aristocratique.

L'empire est divisé en onze provinces ou *diwals*, qui sont : Timbo, Labé, Kolen, Koïn, Kolladé, Fodé-Hadji, Timbi-Touni, Timbi-Madina, Bani, Massi et Akolémadji, comprenant les *diwals* de Fougoumba, de M'Bouria et de Kébali. A la tête de chaque province est un chef sorya ou un chef alfaya, qui, nommé par l'almamy de son parti, règne en même temps que lui. Ce chef, à son tour, nomme les chefs de village de son *diwal* ; mais, comme auprès de l'almamy, un conseil de notables lui est adjoint.

« Tous les Pouls sont soldats, et, suivant les circonstances, les villages fournissent tant de têtes sur tant d'hommes valides. L'impôt a pour base la dîme. Il est recueilli par les chefs de village, qui font des cadeaux aux chefs de province, lesquels, à leur tour, sont obligés d'en faire à l'almamy. Leur réélection dépendra de leur générosité. L'almamy possède ainsi une fortune considérable; mais il est obligé à des largesses et à l'entretien de l'armée en armes et en poudre.

« La société comprend diverses classes : la classe aristocratique, dont les membres sont *alfa*, *cheikou* ou *modi*; la deuxième est celle des bourgeois riches et propriétaires de nombreux captifs ou de nombreux troupeaux; puis viennent la classe des artisans et celle des captifs, qu'il faut considérer plutôt comme des domestiques à vie que comme des esclaves. La classe des artisans comprend plusieurs castes : celles des cordonniers, des forgerons, des griots ou chanteurs, qui ne s'unissent qu'entre eux.

« La justice a son code, ses tribunaux et ses juges. Le code, c'est le Coran, plus ou moins modifié; les juges sont les marabouts ou *tchierno*; mais ils soumettent toujours leurs jugements au chef, qui tranche en dernier ressort. Trois sortes de tribunaux : au village, c'est une sorte de justice de paix; au chef-lieu de la province, une sorte de cour d'appel; et, dans la résidence de l'almamy, entouré de ses grands marabouts, le tribunal rappelle la cour de cassation. On ne passe d'un tribunal à l'autre que pour des faits excessivement graves et pour cause de désaccord entre les juges. Le plus souvent, la sentence est exécutée presque immédiatement. La peine ordinaire est l'application de coups de corde. La peine capitale est rare.

« Les marabouts sont encore chargés de l'instruction des enfants. Il n'est pas un village qui n'ait une école, suivie très assidûment par tous les enfants jusqu'à l'âge de dix ou douze ans. On y apprend uniquement à lire et à écrire l'arabe, et il n'existe qu'un seul livre, le Coran.

« Donc, pas d'autre littérature que la littérature arabe du Coran, un peu transformé par les grands marabouts et l'almamy pour être en rapport avec l'histoire et les mœurs des Pouls.

« En fait d'art et de science, tout est encore à un état si primitif et si grossier, qu'on peut dire qu'ils n'en possèdent pas. Toutefois la musique avec certains instruments, tels que le *balafon* ou xylophone, a pu se développer un peu, et il nous a été donné de voir de véritables artistes musiciens.

« Les Pouls sont beaux parleurs. Ils sont parfois des orateurs remarquables, très difficiles à troubler, très diplomates, bien que capables de s'emporter comme de vrais Méridionaux.

« La religion est l'islamisme, qui fut la cause des guerres sans merci qu'ils livrèrent aux Djalonkés. Mais aujourd'hui ils supportent sans colère le voisinage du fétichisme et en tolèrent la pratique, même chez leurs vassaux.

« Les habitants du Fouta-Djalon, Pouls comme Djalonkés, aiment le commerce. A l'origine cependant, les Pouls furent seulement pasteurs et agriculteurs. Apres au gain, ils se montrent commerçants habiles et intrépides. C'est ainsi qu'on les voit se former en caravane pour franchir des distances quelquefois considérables, s'exposant à être pillés et massacrés en route par quelque bande ou par un chef rapace. Le commerce n'est donc pas toujours sans danger dans ces régions. Mais au Fouta, comme dans le reste de l'Afrique, une chose est là qui oblige à passer par-dessus tout obstacle : c'est le besoin du sel. Il leur faut donc venir à la côte chercher du sel, et c'est en y voyant nos étoffes et nos produits industriels qu'ils se sont fait de nouveaux besoins. Les Pouls apportent à la côte ou négocient à l'intérieur des cuirs, de l'ivoire, du beurre de karité, du quinquina, du caoutchouc et de la gutta-percha, de la gomme copale, du coton, de l'indigo, du tabac, des arachides, des sésames, du ricin, du café, quatre sortes de riz, neuf espèces de mil, du maïs, des petits pois, des patates, des niambis, des kolas, des oranges, des bananes, des papayes, différents autres fruits, en même temps que des huiles et des piments. Nous leur vendons du sel, des étoffes, de l'ambre, des verroteries, des armes, de la poudre et du plomb, etc.

« L'organisation de la famille est patriarcale. Le plus vieux est le chef. On l'appelle le *père*, qu'il soit aïeul ou bisaïeul, et tous lui obéissent. La mère, quoique en général la femme soit reléguée au dernier plan, jouit d'une grande autorité. Souvent on la consulte. On la respecte toujours. Elle s'occupe d'une façon spéciale de sa progéniture, sans être exempte des travaux du ménage, auxquels l'homme reste toujours étranger. Le droit d'aînesse existe chez les Pouls : le premier enfant hérite de la fortune, le second est prêtre et les autres n'ont guère, pour vivre, d'autres ressources que celles de détrousser les caravanes ou de se ranger parmi la clientèle de quelque prince.

« On retrouve chez eux des usages analogues aux nôtres, tels que les salutations. Deux Pouls qui se rencontrent portent la main au front, puis, après s'être donné la main, se disent :

« D. — *Kori djam ouali* (bonjour).

« R. — *Djamtou* (bonjour).

« D. — *Tana alla?* (comment vas-tu?).

« R. — *Modji* ou *moghi* (bien).

« Les Pouls jurent et prêtent serment sur le Coran; les parjures sont rares. Ils ont une grande vénération pour les vieillards et une certaine tendresse pour les enfants en bas âge. Ils pratiquent la polygamie ; leur religion ne leur permet que quatre femmes légitimes, mais ils peuvent avoir autant de concubines que leur fortune le leur permet. C'est ainsi que nous avons vu des chefs posséder cinquante et soixante concubines et même plus. Les femmes ne s'achètent pas, mais c'est le jeune homme qui apporte la dot. Pour eux, la dot de la femme, c'est sa beauté.

« La consommation du mariage s'accompagne de grandes fêtes, fusillades, danses, feux de joie, etc. Les époux peuvent divorcer pour cause d'adultère de la part de la femme, d'indifférence ou de brutalité de la part du mari. Dans ce cas, la dot apportée par l'homme reste à la femme. Les femmes ont quelquefois recours à l'avortement, jamais à l'infanticide.

« Les funérailles sont l'objet de grandes cérémonies. On enterre les morts dans des endroits privilégiés — situés près de la mosquée — où, par respect, on ne pénètre que pour les enterrements, et qu'on ne défriche jamais. Les Pouls sont superstitieux, et leurs légendes montrent qu'ils croient aux fantômes et à des influences diaboliques.

« Le costume des hommes consiste tout simplement en un pantalon large et court et en un long vêtement qu'ils appellent *boubou*, et qui n'est autre qu'une sorte de long surplis de prêtre à larges manches, et enfin en un petit bonnet de cotonnade. Les marabouts portent toujours une chéchia rouge et les almamys un turban ; mais ceux-ci sont les seuls à porter cette coiffure.

« Le Poul se pare peu de bijoux ; quelques bagues en argent au médius ou à l'annulaire, et c'est tout. Il n'en est pas de même des femmes, qui sont excessivement coquettes et s'habillent avec beaucoup de goût. Leur costume se compose en général de deux pagnes, l'un enroulé autour du corps, l'autre très gracieusement jeté sur les épaules et ramené sur la tête en guise de voile. Elles se coiffent surtout admirablement, en ramenant leurs cheveux, assez longs, d'arrière en avant et des côtés sur la ligne médiane de la tête, de façon à former une sorte de casque, qu'elles garnissent d'ambre, de verroterie, d'ivoire. Mais leur bijou préféré est la pièce de 5 francs française, surtout *celle qui porte les trois hommes*, comme disent les Pouls. Les enfants, jusqu'à l'âge de puberté, ne sont généralement habillés que lorsqu'il faut les soustraire au froid.

« L'alimentation est surtout végétale. Le couscous est ici encore le plat national. Il se prépare avec du riz, rarement avec du mil, et quelquefois avec du maïs. Les Pouls riches, toutefois, mangent assez souvent de la viande, mais ils la mangent toujours à part, rôtie ou en sauce. Les ustensiles de cuisine sont des vases en terre ; les plats et assiettes sont des calebasses, en bois généralement, ou constitués par des moitiés de grosses courges. La main remplace la fourchette. Mahmadou Paté se servant d'une cuiller en bois est la seule exception rencontrée.

« Leurs habitations sont plus spacieuses que celles des autres noirs, plus propres, entourées de cours et de jardins, et le tout renfermé dans une haie ou une palissade. Les villages sont donc dans d'excellentes conditions hygiéniques. »

En concluant, le docteur Fras constate que ce peuple se rapproche physiquement de très près de la race caucasique, s'il n'en est un produit direct. Assez bien organisé au point de vue social comme au point de vue domestique, il est intelligent, industrieux, commerçant. Ses mœurs ont beaucoup de points communs avec les nôtres ; mais il ne faut pas oublier que l'action dissolvante du soleil, la facilité de l'existence ont produit peu à peu leurs effets sur ces cerveaux où l'idée mûrit lentement et où la vie se passe entre les préoccupations animales et les longs non-pensers d'une intelligence assoupie.

Le Poul est-il appelé à disparaître, comme le noir, ou bien le croisement de l'Européen avec la femme poule donnera-t-il une race régénérée, très près de la race blanche? Pourrons-nous établir des colonies agricoles dans le Fouta-Djalon, et le climat nous évitera-t-il le dépérissement, autant intellectuel que physique, qui attend tout colon dont le séjour se prolonge trop dans les zones torrides? Ce pays, que quelques jours de paquebot seulement séparent de la France, fournira-t-il un champ spacieux à l'activité de notre patrie, et entrera-t-il dans les éléments dont se compose une grande nation, ou restera-t-il, petit et ignoré, en son coin de l'Afrique, perdu dans ses montagnes, connu seulement de quelques érudits ou de quelques savants, membres de sociétés géographiques et se faisant un domaine des points que le grand public néglige? Qui le sait? La question du Soudan d'ailleurs est bien difficile à trancher, quand surtout, comme l'impose une fin de siècle impatiente de résultats à obtenir et brûlant les étapes dans les progrès scientifiques, il faut une réponse immédiate, que tout délai est interdit, et que tout doit se traduire instantanément en résultats pécuniaires. Il est permis de supposer cependant que peut-être un jour l'Europe, expulsée de l'Asie, où s'étale en ce moment toute son activité industrielle, par l'envahissement progressif et intense de la race jaune, trouvera son dernier point d'appui en cette Afrique qui, de nos jours seulement, ouvre ses secrets si longtemps gardés, et la nation la plus forte sera celle qui aura su prévoir cet avenir.

CHAPITRE XXXVII

Limites actuelles du Soudan français. — Nos relations avec les petits États et les grands chefs. — Le chemin de fer du Haut-Fleuve. — Programme à adopter pour notre œuvre du Soudan français. — Importance commerciale du Fouta-Djalon et des Rivières du Sud.

La question du Soudan français se rattache aujourd'hui d'une manière intime à la grande question africaine, depuis que, par de récentes conventions, les puissances européennes intéressées se sont partagé le continent noir. La France est mise dès maintenant en possession d'immenses territoires, encore inexplorés pour la plupart, et, en étudiant nos établissements du Haut-Sénégal et du Haut-Niger, on ne peut négliger leurs relations avec les autres parties du Soudan, ni la place qu'ils doivent tenir dans le nouvel Empire, dont les limites figurent déjà sur nos cartes. Mais, pour rester fidèle au principe qui m'a toujours guidé dans la rédaction de ce volume et qui a consisté à ne jamais entretenir mes lecteurs que de ce que j'ai vu ou de ce que j'ai pu voir par les yeux de mes collaborateurs, envoyés sur tel ou tel point pour éclaircir certaines données restées encore obscures, je me bornerai, dans ces conclusions, à parler seulement de nos possessions du Haut-Fleuve et à exposer brièvement les idées que j'ai pu me former sur ces régions après un séjour de sept années au Sénégal, tant comme directeur des affaires politiques ou chef de différentes missions d'exploration, que comme commandant supérieur du Soudan français. Mes opinions sur certains points de la question sénégalaise ont pu varier en ces dernières années, mais une longue expérience et une laborieuse pratique peuvent seules mettre sur les véritables voies à suivre en matière coloniale.

L'examen de la carte jointe au présent volume prouve que les progrès de notre influence pendant les deux campagnes 1886-87 et 1887-88 ont suivi, si même ils ne les ont pas dépassés, les progrès accomplis par nos missions topographiques. Notre ligne de pénétration vers le Niger et vers l'intérieur du Soudan n'est plus réduite à la chaîne de nos postes, simple fil jeté entre Kayes et le grand fleuve soudanien. Les limites de nos possessions ont été presque partout reculées : vers le nord, jusqu'au Sahara ; vers l'est, jusqu'au Mayel Balevel et même au delà, puisque Thiéba, par un traité conclu le 18 juin 1888, a placé ses vastes États sous notre protectorat ; vers le sud, jusqu'aux sources du Niger et à la république de Liberia ; vers l'ouest, ces limites ont atteint les frontières des possessions européennes des Rivières du Sud et de l'Atlantique. Notre nouvelle colonie africaine a donc pris une extension inattendue, et les résultats ainsi obtenus pendant ces deux ans permettent maintenant d'envisager la question du Haut-Sénégal sous un jour nouveau et de formuler des propositions de nature à amener sa solution progressive.

Vers la Gambie et le Fouta-Djalon, l'expédition contre le marabout Mahmadou Lamine, en amenant nos colonnes et nos missions d'officiers jusque sur les bords de ce fleuve, a entraîné avec elle l'extension de notre protectorat vers le sud, vers des États qui allaient autrefois prendre leur mot d'ordre ailleurs que dans nos établissements. Les populations mêmes qui s'étaient montrées hostiles, vers le sud et vers le Saloum, ont fait leur soumission. Les traités signés dans ces régions poussent les limites du protectorat français jusqu'au Fouta-Djalon, nous permettent de tendre la main à nos comptoirs de la mer, et surtout donnent à nos établissements de Bakel et du fleuve Sénégal l'air et l'espace, qui leur manquaient auparavant. Les chefs des États compris entre la Falémé et le Fouta-Djalon sont sous notre influence directe. Ce qu'il faut maintenant, c'est conserver le contact avec ces populations et assurer définitivement la paix et la sécurité dans cette partie du Soudan français ; nos traitants pourront ainsi étendre de plus en plus leurs relations commerciales et se mettre en communication avec les factoreries de la côte.

Quant au sultan Ahmadou, le traité du 12 mai 1887 a placé ses États sous notre protectorat, depuis le Sénégal jusqu'au Niger. L'étroite ligne de nos postes s'est élargie au nord comme au sud. On veut maintenant déposséder complètement le chef toucouleur et faire disparaître la colonie de race peule qui s'était établie sur les rives du Niger, à Ségou-Sikoro et dans le Kaarta. A mon avis — et c'était aussi celui du regretté général Faidherbe, — c'est une faute. Ahmadou se plaignait constamment de nos empiétements et ses partisans menaçaient toujours de partir en guerre contre nous ; mais, en réalité, ce chef ne nous a jamais gênés dans nos projets de pénétration vers l'intérieur du Soudan. Nous avons toujours eu notre liberté de mouvements et il serait difficile de citer un véritable acte d'hostilité du sultan contre nous, alors que les occasions ne lui ont pas manqué de profiter des embarras que nous créaient nos luttes contre Samory ou Mahmadou Lamine, qui nous obligeaient à dégarnir nos forts et nos frontières. Pendant ma campagne contre Lamine, Ahmadou a été mon meilleur auxiliaire et c'est avec son concours que j'ai pu m'emparer de Soybou et empêcher la jonction de ce jeune chef avec son père[1]. Lors de ma première mission du Niger, en 1880-81, j'avais souvent pensé que la disparition des Toucouleurs était la première condition du succès de notre entreprise dans le Soudan occidental : mais en 1886, alors que je retournais comme commandant supérieur dans les mêmes régions, j'avais dû modifier mon opinion. Les Toucouleurs du Kaarta sont en effet les meilleurs clients de notre escale de Médine. Le vernis de civilisation que leur a donné l'islamisme les rend désireux de se procurer les produits de notre industrie, nos étoffes, notre quincaillerie, nos armes. Aujourd'hui, en éloignant les Toucouleurs ou en dispersant le noyau de population qu'ils ont créé dans le Kaarta et sur les bords du Niger, on tue le commerce de Médine et de nos escales du Haut-Fleuve. Le commerce sénégalais se ressentira longtemps encore de la lutte que l'on a jugé à propos d'ouvrir prématurément contre Ahmadou. L'absence de population est le principal obstacle que rencontreront nos projets d'extension dans le Soudan français et, je le crains bien, dans tous les vastes territoires que vient de nous concéder la convention anglo-française. Il faut donc, à moins de nécessités impérieuses bien reconnues, mettre un terme aux luttes et aux guerres, causes de cette effrayante dépopulation qui attriste toujours l'œil du voyageur dans ces régions africaines.

En ce qui concerne l'almamy Samory, le traité conclu à Bissandougou le 25 mars 1887 par M. le capitaine Péroz nous a donné le protectorat exclusif sur tout l'empire de ce souverain nègre, depuis les rives du Mayel Balevel jusqu'à la république de Liberia et à la colonie anglaise de Sierra Leone. Ces résultats inespérés ont été complétés par la construction du fort de Siguiri, élevé en 1888 au confluent du Niger et du Tankisso. Situé dans une magnifique position stratégique et commerciale, il nous permet de dominer toute cette région et, par le Fouta-Djalon, de donner la main à nos établissements des Rivières du Sud. De plus, Thiéba, le chef du Canadougou, dont les États s'étendent à l'est du Mayel Balevel, s'est également placé sous le protectorat français, ce qui nous met à même encore de pénétrer plus avant dans l'intérieur de la grande boucle du

---

1. Voir chapitre X.

Niger, et de relier nos possessions actuelles du Soudan français aux pays nouvellement visités par le capitaine Binger.

En nous reportant maintenant vers la mer, on a vu déjà les résultats acquis du côté du Fouta-Djalon et des Rivières du Sud. Dès mon arrivée à Kayes, au mois de novembre 1886, j'avais été persuadé que le seul moyen, après avoir surmonté les grosses difficultés politiques du moment, de résoudre la question du Haut-Fleuve d'une manière pratique était de lui ouvrir vers l'océan les débouchés qui lui étaient nécessaires, tout en nous ménageant à l'intérieur la liberté d'action, le champ d'influence indispensables pour permettre d'organiser la production dans ces régions. D'autre part, les renseignements de nos explorateurs et de nos commandants de cercle faisaient entrevoir que les parties les plus riches du Soudan français se trouvaient vers le sud, dans les vallées supérieures du Haut-Niger et de ses affluents, et dans les contrées situées entre les vallées et les Rivières du Sud. Le Fouta-Djalon, dont les plateaux fertiles et salubres donnent naissance aux cours d'eau les plus importants de la région sénégambienne et qui sépare justement nos possessions du Haut-Niger de nos établissements des Rivières du Sud, était indiqué comme l'étape toute naturelle entre le grand fleuve du Soudan et l'Atlantique. Prendre pied solidement au centre de ces riches vallées, puis, par le Fouta-Djalon, s'ouvrir la route de nos établissements du sud et, plus spécialement, des rivières plus méridionales, comme la Mellacorée, tel devait être l'objectif à atteindre. J'ajouterai que, si le grand massif sénégambien avait déjà été entamé par des missions d'exploration venues du rio Nunez ou de la Dubréka, rien n'avait été fait encore pour l'aborder par le nord et par l'est, et que, dans ces directions, le champ restait libre à toutes nos tentatives.

Déjà, vers la fin de la campagne 1886-87, j'avais profité de notre pointe vers la Gambie pour commencer à entrer en relations avec l'almamy du Fouta-Djalon. J'avais écrit à ce chef, en lui envoyant plusieurs cadeaux. L'année suivante, notre mouvement vers cette région avait été encore mieux dessiné, ainsi qu'on l'a vu d'après les résultats obtenus par les missions de MM. Levasseur, Plat et Audéoud. L'expédition de ce dernier officier était faite particulièrement pour bien accentuer les intentions de notre gouvernement et montrer à tous que le Soudan français voulait voir ses communications rester libres et ouvertes avec la mer.

Ainsi, vers la fin de 1888, nos possessions du Soudan français couvraient une sorte d'immense parallélogramme, compris entre le Sénégal, depuis Bakel, le Baoulé et une ligne allant rejoindre le Niger un peu au nord de Nyamina, le Niger depuis Nyamina jusqu'à Couroussa, une ligne joignant

Couroussa à Ouassou sur la Gambie, et une frontière idéale unissant Ouassou au fleuve Sénégal, à quelques kilomètres à l'ouest de Bakel. Tous les petits États compris dans ces limites avaient été arrachés par nous à l'autorité des souverains nègres de cette partie du Soudan et venaient prendre leur mot d'ordre auprès de nos commandants de cercle. Autour de ces États directement placés sous notre influence se trouvaient les grands chefs, avec lesquels nous avions des traités de protectorat, qui interdisaient toute ingérence diplomatique étrangère. C'étaient : au nord, Ahmadou, qui dominait à Nioro et au nord du Baoulé; à l'est, Samory, qui exerçait son autorité sur la rive droite du Niger et nous séparait des pays récemment placés sous notre protectorat par le capitaine Binger; au sud et à l'ouest, les almamys du Fouta-Djalon qui nous coupaient les communications avec nos établissements des Rivières du Sud.

Telle était donc, au point de vue politique et militaire, notre situation dans le Soudan français : 1° un noyau de petits États, 200 000 habitants au plus, ayant accepté notre domination comme un fait accompli ; 2° trois grands États placés sous notre protectorat nominal, d'une population totale d'environ 7 à 800 000 habitants, et dont les chefs, réduits à l'impuissance par la crainte de nos armes, doivent être amenés à rentrer de plus en plus dans la sphère de notre action politique.

Au point de vue commercial, aucun résultat n'a été encore appréciable dans le Haut-Sénégal. Médine a vu s'augmenter quelque peu son commerce avec les Maures et les sujets d'Ahmadou ; ce commerce mourra le jour où les Toucouleurs du Kaarta auront disparu avec leur chef. Quelques sous-traitants sont venus s'établir à Bafoulabé, dans le but surtout de débiter leurs marchandises à nos soldats et à nos employés indigènes. Et c'est là tout.

Il est certain que, si intéressante que soit, au point de vue géographique et scientifique, l'œuvre du Soudan, des préoccupations budgétaires ne permettent plus de continuer à piétiner ainsi sur place. Il est temps d'obtenir maintenant un résultat commercial et de profiter de l'expérience acquise pendant ces dix dernières années, pour formuler les principes devant dorénavant guider notre administration dans ses projets de perfectionnement de ses divers services du Haut-Fleuve et de développement du commerce dans ces nouvelles régions. Ce dernier point de vue doit particulièrement l'emporter sur tous les autres, et, dans le programme à adopter définitivement pour la continuation de notre œuvre du Soudan français, il faut, avant tout, songer à l'extension de notre commerce national.

En ce qui concerne tout d'abord l'organisation générale du Soudan, l'expérience de ces deux campagnes a fait ressortir que nos nouvelles possessions, en raison de leur éloignement du chef-lieu de la colonie et de l'isolement où les place chaque année pendant huit mois la baisse des eaux du fleuve Sénégal, devaient constituer un domaine spécial, avec son commandement et son administration propres, avec son budget particulier. L'adoption de cette mesure peut seule permettre de se rendre compte des sacrifices que nous occasionnent nos nouvelles conquêtes et des avantages commerciaux ou autres qu'elles nous procurent. On peut admettre que le gouverneur du Sénégal et dépendances conservera la haute main sur le programme politique à suivre dans le Haut-Sénégal et qui n'est qu'une conséquence du programme général suivi par le gouvernement de la République sur la côte occidentale d'Afrique; mais, en dehors de cette direction d'ensemble, toute initiative comme toute responsabilité doivent être laissées au commandant supérieur du Soudan français.

Le Soudan doit parvenir aussi à se constituer le plus tôt possible des ressources, de manière à pouvoir se suffire à lui-même dans un laps de temps rapproché. L'établissement progressif d'une sorte d'impôt personnel sur les populations du Haut-Sénégal et du Haut-Niger soumises à notre protectorat pourra nous fournir, avant peu, des ressources appréciables. Je n'ai, en ce qui me concerne, aucun doute sur la possibilité de l'organisation de cet impôt. Déjà le Bouré s'est engagé, sans difficulté aucune, à nous payer un tribut annuel de 20 000 francs environ[1], tribut qui pourra être considérablement augmenté, dès que ce petit pays se sera remis des secousses des dernières guerres et aura repris d'une façon régulière l'exploitation de ses sables aurifères. De même, les États sarracolets[2], à l'autre extrémité du Soudan français, ont également commencé à nous payer un impôt personnel de 5 francs par tête, impôt qui pourra être facilement doublé, dès que les cultures et les transactions commerciales auront repris dans ces contrées l'importance qu'elles avaient avant les événements militaires des dernières campagnes. Il est possible dès maintenant — et l'on s'en occupe actuellement — de frapper d'un impôt semblable un grand nombre d'États sur lesquels notre autorité s'exerce d'une façon directe, comme le Bambouk, le Bélédougou, les États de la rive droite du Niger, ceux qui sont situés sur la rive gauche de la Falémé et de la Haute-Gambie. Ces pays sont peu peuplés. Les renseignements donnés dans l'un des chapitres précédents montrent cependant que dans le Bélé-

---

1. Convention du 5 avril 1888
2. Convention du 5 mai 1888.

dougou, l'impôt pourrait s'étendre sur une population de près de 150 000 habitants et nous constitue par suite une recette de 4 à 500 000 francs. Le Bambouk et les contrées entre Falémé et Gambie peuvent donner une population de près de 50 000 habitants. Quant aux États de la rive droite du Niger, le capitaine Péroz nous a appris que leur population est bien supérieure à celle du Bélédougou, mais elle a considérablement diminué depuis trois ans à la suite des guerres de Samory.

On le voit, l'établissement de l'impôt personnel sur les pays précités constituerait déjà une recette d'un chiffre fort respectable. Cet impôt, si l'on agit avec tact et prudence, ne semblera nullement vexatoire, car les nègres soudaniens y sont habitués depuis longtemps. Ceux-ci abhorrent surtout l'arbitraire, l'inégalité des charges et des privilèges, mais ils sont étonnés que nous n'exigions pas d'eux une sorte de tribut. Ils se figurent alors qu'ils ne dépendent pas de nous. Avec les indigènes du Soudan il faut vouloir commander ; ils ne comprennent pas notre désintéressement. Le paiement de cet impôt, que l'on pourra d'ailleurs transformer dans les premiers temps en une contribution en céréales, est destiné à prouver que notre autorité n'est pas une fiction et à établir un lien de sujétion entre nous et nos administrés.

Quant aux grands protégés, je préférerais, au lieu de leur faire une guerre qui va achever de ruiner le Soudan et ne laissera plus à la disposition de nos commerçants que des solitudes désolées, les voir recevoir notre investiture et administrer en notre nom leurs territoires, mais en nous payant tribut. C'est un résultat auquel il semble désirable de tendre pour achever de mettre hors de toute contestation notre domination dans le Soudan, tout en ménageant les malheureuses populations, déjà si clairsemées dans le Haut-Fleuve.

La nécessité de créer des ressources à notre nouvelle colonie entraîne avec elle le besoin d'une organisation aussi économique que possible, tant au point de vue administratif que militaire. Il ne faut point s'y tromper : les pays qui s'étendent dans le triangle Bafoulabé-Ségou-Siguiri sont pauvres. On y compte à peine 300 000 habitants pour un territoire égal au moins au quart de la France ; les produits riches et pouvant supporter des frais de transport un peu considérables sont rares. On doit donc les administrer avec la plus grande parcimonie, et ne point les encombrer d'un trop grand nombre de fonctionnaires, qui ne trouveraient d'ailleurs pour le moment aucun aliment à leur activité. Le Soudan français, qui en est toujours à la période d'enfantement, peut continuer, pendant longtemps encore, à être administré par les officiers qui commandent les forces militaires en service dans ces régions, et qui remplissent tout ensemble le rôle d'administrateurs civils, de juges, de chefs politiques, comme nos officiers des affaires indigènes en Algérie. Plus tard on verra à les remplacer par des fonctionnaires plus idoines, alors que notre commerce aura pris possession de ce nouveau domaine.

C'est surtout dans l'élément indigène qu'il faudra chercher les auxiliaires de notre administration. Le climat du Haut-Sénégal est des plus insalubres, et les Européens y supportent mal les fatigues inhérentes à tout service actif dans un pays dépourvu encore de moyens de transport et de tout confortable. C'est donc parmi les indigènes qu'on trouvera les employés, tels que magasiniers, télégraphistes, muletiers, convoyeurs, ouvriers, etc., nécessaires pour notre œuvre de pénétration. Il est indispensable, dans un but économique et surtout humanitaire, de prononcer la suppression de tous les employés européens qui peuvent être remplacés par des indigènes. Notre devoir est donc de travailler de tout notre pouvoir à la formation de ce personnel indigène, et cela au moyen de nos écoles.

Dès mon arrivée dans le Soudan, en novembre 1886, je me suis occupé d'initier les populations du Haut-Sénégal à notre langue, et mon premier soin a été, suivant en cela les leçons de l'éminent général Faidherbe, d'organiser le service des écoles. On a vu que, malgré les conditions défavorables de ces deux campagnes, cette initiative avait eu quelques bons résultats. L'ouverture de nombreuses écoles, où les jeunes indigènes du Soudan et particulièrement les fils des chefs ou des notables de chaque pays viendront apprendre notre langue, est indispensable si nous voulons ouvrir ces nouvelles régions à notre civilisation. Le concours de l'Alliance pour la propagation de la langue française nous est d'ailleurs largement acquis et permettra d'étendre progressivement sur tous ces nouveaux territoires notre système d'écoles rudimentaires, surveillées par nos gradés européens ou par nos interprètes.

Des modifications importantes s'imposent aussi dans l'organisation des forces militaires qui tiennent actuellement le Soudan français. Le principe est toujours le même : faire largement appel à l'élément indigène, car il ne peut être question d'augmenter le chiffre de nos garnisons et par suite de nos dépenses au fur et à mesure que s'étendront nos nouvelles possessions. Il suffira simplement, en ce qui concerne par exemple les établissements militaires, de modifier la répartition de nos troupes, d'évacuer les forts tels que ceux de Koundou, Kita, Niagassola, etc., pour en reporter les garnisons à Ségou, Dinguiray, Timbo, sur nos nouvelles frontières. Il faudra aussi avoir recours, pour renforcer nos garnisons régulières, aux indigènes qui se sont installés sous les murs de nos postes et qui comprennent un grand nombre d'anciens tirailleurs libérés du service. Dirigés par quelques-uns de nos officiers et sous-officiers européens, exercés et encadrés par d'anciens gradés des troupes indigènes sénégalaises, armés de nos fusils perfectionnés, ils constitueront d'excellentes troupes, que l'on pourra employer partout. Du reste, l'expérience a déjà été faite et est concluante.

On sait que nous gardons actuellement nos possessions du Soudan avec 800 tirailleurs sénégalais et 2 à 300 soldats européens au plus.

Il est inutile d'augmenter ce nombre, qui est suffisant à condition que nos soldats, indigènes ou européens, soient munis de notre armement d'Europe, fusils à répétition et pièces de 80 millimètres de montagne, qui, pendant ces dernières campagnes, ont permis d'obtenir les résultats les plus complets et les plus foudroyants au point de vue militaire. Ahmadou, Samory, les almamys du Fouta-Djalon ne peuvent rien aujourd'hui contre nos petites colonnes, disciplinées, munies des engins de guerre les plus perfectionnés, si celles-ci sont dirigées par des officiers énergiques et un peu au courant des conditions spéciales au pays. Le général Faidherbe nous a depuis longtemps montré comment il fallait faire la guerre à ces bandes désordonnées, armées de mauvais fusils à pierre, et à son époque nos soldats n'avaient pas encore des fusils se chargeant par la culasse. Actuellement l'armement des indigènes n'a pas changé — et il ne changera pas de longtemps, en raison du prix élevé des armes nouvelles, de la difficulté de se procurer des munitions, de l'impossibilité où ils sont d'avoir avec eux des armuriers[1], — tandis que le nôtre a atteint un degré de perfection inouï. Puis, le Soudan est pauvre et n'offre que peu de ressources à une colonne nègre, qui n'a pas recours, comme nous, à ses convois, approvisionnés par les ressources de la métropole. Enfin, les Soudaniens ne combattent pas pour une idée, ne sont pas disposés à mener longtemps une lutte où ils n'ont aucun pillage à espérer. Les personnes peu au fait des mœurs des indigènes sénégalais peuvent se laisser prendre aux fanfaronnades des grands chefs nègres, aux *palabres* tumultueux où il est parlé sans cesse de partir en guerre contre les blancs ; mais il y a loin, chez ces populations primitives, de l'action à la parole. On a semblé craindre quelquefois de voir se nouer de véritables coalitions contre nous entre ces chefs. Rien n'est moins probable et l'histoire de notre colonie est là pour le prouver. Jamais, il n'y aura d'entente entre des chefs comme

---

1. On a vu dernièrement dans quel état de délabrement ont été trouvées les pièces de canon que le sultan Ahmadou avait à Ségou.

Ahmadou, Samory, les almamys du Fouta-Djalon, que divise une haine mortelle et qui ne possèdent même pas l'autorité nécessaire pour se faire obéir de leurs propres sujets. Une étude attentive de la constitution politique de ces États nègres montre bien l'inanité de ces appréhensions, qui ne peuvent effrayer que lorsqu'on ignore les hommes et les choses du Sénégal. L'inspection d'une carte du pays indique déjà l'impossibilité où seraient plusieurs colonnes partant de points très éloignés les uns des autres, marchant à travers des pays à peu près déserts et dépourvus de vivres, et n'obéissant à aucune direction d'ensemble, de se concentrer à un jour donné et sur un point donné. On sait bien, du reste, que depuis dix ans nos faibles colonnes ont eu sans cesse à guerroyer dans le Haut-Sénégal, tantôt contre Samory, tantôt contre Mahmadou Lamine, et que ni Ahmadou ni les almamys du Fouta-Djalon ou même du Fouta Sénégalais n'ont essayé de profiter de nos embarras pour nous accabler sous l'effort de leurs forces réunies. Certes les menaces, les bruits de levées en masses aux sons des tam-tams de guerre retentissant dans tous les villages sont souvent parvenus à mes oreilles, apportés par des courriers ou des espions, grossissant outre mesure les événements, suivant l'habitude des Soudaniens : mais, pour ma part, ces nouvelles alarmantes ne m'ont jamais troublé dans les projets que j'avais en cours d'exécution, et j'estime qu'elles ne peuvent avoir d'influence sérieuse sur les décisions d'un militaire de profession, qui sait tenir compte des distances et apprécier à leur juste valeur l'armement et les méthodes de guerre de ses sauvages adversaires. Bien au contraire, tous ces grands chefs sont aujourd'hui persuadés de leur impuissance à entrer en lutte avec nous, et ils sont tout prêts à implorer isolément notre appui et à en passer par toutes nos volontés.

Bref, il serait bon de supprimer au Soudan la plus grande partie des troupes européennes, qui peuplent nos ambulances et fournissent un si grand nombre de décès, et d'utiliser les éléments indigènes, que nous avons à notre disposition, certains d'ailleurs qu'aucun des grands chefs du Haut-Sénégal n'est disposé à tenir pied devant nos colonnes, toutes faibles qu'elles soient, si elles sont bien conduites.

Quant aux nouveaux forts à élever, ils pourraient être édifiés avec les matériaux trouvés sur place et en employant les manœuvres du pays, comme je l'ai fait moi-même pour Siguiri. Ce n'est que plus tard, lorsque nous en aurons fini avec la période d'extension et que nous serons bien fixés sur le choix des points à occuper d'une manière permanente, comme Timbo par exemple, que nous pourrons songer à élever des bâtiments spacieux et confortables, propres à loger nos soldats et fonctionnaires. Pour le moment, il est inutile de consacrer d'énormes sommes à des constructions qui, au bout de peu de temps, peuvent ne plus répondre aux exigences de la situation politique et ont même l'inconvénient de nous attacher à certains points de la région, où nous n'avons plus que faire maintenant. Il n'y a plus de doute, par exemple, que le fort de Kita, dont l'entretien nous revient à des sommes énormes, n'est plus aujourd'hui d'aucune utilité, là où il se trouve.

Ce qui importe ensuite le plus, c'est d'organiser un réseau de routes économiques dans nos nouvelles possessions du Soudan. La construction de voies de communication sera certainement le meilleur moyen d'ouvrir ces régions à notre commerce. Routes et écoles, tels sont les points vers lesquels doivent tendre tous nos efforts, si nous voulons travailler d'une manière durable à l'assimilation des populations indigènes du Soudan et à l'organisation parmi elles de la production commerciale. On a vu que dès l'année 1886 on s'était mis à l'œuvre pour doter le pays d'un système de routes. L'emploi des soldats disciplinaires n'avait fourni que des résultats insignifiants, et il avait fallu avoir recours à la main-d'œuvre indigène. Les Soudaniens seuls sont capables de faire le métier de terrassier sous ce rude climat. Il faut donc charger les chefs de villages d'établir les routes qui doivent mettre leurs localités en communication, puis installer un service de cantonniers permanent, tout comme en Europe, pour leur entretien. Pour le moment, notre rôle se bornera à construire surtout les ponts destinés à franchir les marigots qui sillonnent le pays entre Bafoulabé et le Niger. Ces ponts, élevés avec des matériaux du système Eiffel, offrent une durée suffisante et une solidité à l'épreuve de nos charrois. Il suffira ensuite de les réunir peu à peu par des tronçons de routes, construites d'après notre système d'Europe et entretenues, comme je l'ai déjà dit, par des indigènes, dirigés par quelques-uns de nos ouvriers européens.

Quant au fameux chemin de fer du Soudan, dont la construction était abandonnée quand j'ai pris le commandement supérieur, je n'ai eu tout d'abord d'autre pensée que d'utiliser les matériaux, tels que rails et traverses, qui se trouvaient encore dans le plus complet désordre à Kayes, et, secondé par des collaborateurs énergiques, tels que MM. Descamps, Portier et Couteau, il a été possible d'amener la ligne ferrée, dans la première campagne, jusqu'au Galougo (kil. 95), dans la deuxième, jusqu'à Bafoulabé (kil. 128). Sans doute, les travaux exécutés avaient grand besoin de perfectionnement, mais les gros ouvrages d'art, tels que les ponts du Bagouko et de Tambacoumbafara, le viaduc du Galougo, étaient achevés, et, pour la ligne elle-même, les matériaux étaient rendus à pied d'œuvre. Les campagnes suivantes devaient permettre d'achever la construction et d'établir un transit régulier sur la ligne Kayes-Bafoulabé. J'avais d'ailleurs demandé que ce chemin de fer fût militarisé, la direction militaire devant occasionner moins de frais que la direction civile. Aujourd'hui, depuis dix ans que les travaux ont été commencés, il est permis de porter un jugement sur cette question du chemin de fer du Haut-Fleuve. L'œuvre que l'on projetait à l'origine n'a pas réussi, et elle ne pouvait réussir, non seulement parce que les Chambres ont refusé de continuer à voter les fonds nécessaires pour la construction, mais aussi parce qu'elle avait été entreprise dans de mauvaises conditions. Il est connu aujourd'hui que le chemin de fer de Kayes à Bafoulabé ne rend que des services illusoires au point de vue commercial. Jusqu'à ce jour il n'a pu servir que pour notre ravitaillement. De Kayes à Bafoulabé, sur une longueur de 130 kilomètres, on compte à peine une quinzaine de villages, et quels villages! Ils ne renferment pas, à eux tous, 10 000 habitants, pauvres diables cultivant péniblement leurs terres et récoltant des produits, mil ou arachides, qui ne valent certainement pas le prix de leur transport jusqu'à Saint-Louis ou tout autre port d'embarquement. Ce tronçon, en admettant que l'on ne veuille pas prolonger la ligne ferrée au delà de Bafoulabé, n'est donc d'aucune utilité, et il serait préférable d'employer les sommes que coûte son exploitation et son entretien incessant, à la construction de bonnes routes carrossables, où pourraient être placées plus tard, au fur et à mesure des besoins du commerce, des lignes Decauville. Veut-on maintenant continuer l'œuvre projetée et s'avancer jusqu'au Niger. Mais un vaste désert s'étend entre Bafoulabé et le grand fleuve du Soudan. Que la ligne ferrée soit dirigée, à partir de Kayes, par la vallée du Bakhoy, pour atteindre Siguiri, ou par le Bélédougou, pour parvenir à Bammako, partout même absence de populations, de produits exportables, de terrains de culture. Si encore, en arrivant sur les bords du Niger, notre chemin de fer allait rencontrer une grande voie navigable comme le Mississipi ou l'Amazone, ou même une voie commerciale, comme la Loire ou le Rhin : mais il n'en est rien. Le Niger, dans sa partie supérieure, en raison de ses rapides, des bancs de roches ou des îles obstruant son lit, de son courant violent, ne peut fournir des ressources à un mouvement de navigation régulier. On a vu les difficultés que notre canonnière a dû surmonter pour parvenir à Koriumé. Au delà, les voyages de Barth nous ont fait connaître que le fleuve n'est pas navigable entre Tombouctou et Saï, limite de la zone française dans cette région. Et quel serait l'objectif de cette navigation? Depuis quelque temps nous commençons à revenir de notre erreur sur la nature et l'importance du commerce des pays situés sur les rives du Niger. Le commandant Caron, dans son voyage, n'a rencontré au delà de Ségou-Sikoro que quelques pauvres villages de pêcheurs, situés dans des contrées incultes. Il n'a vu âme qui vive, sauf aux abords de Tombouctou, dans son voyage circulaire par le Bara Issa et l'Issa Ber. Tombouctou n'est, comme Sokolo ou Goumbou [1], qu'un village, dont la population n'excède pas 4000 habitants, un marché où l'on ne vend que du sel ou de l'esclave. Autrefois Tombouctou exportait, à la vérité, une certaine quantité d'or, d'ivoire et de plumes d'autruche; mais actuellement ce mouvement d'exportation n'existe plus. Du reste, même à l'époque de sa plus grande prospérité, Tombouctou n'a jamais été en réalité qu'un marché d'esclaves. L'or, l'ivoire de Tombouctou venaient du sud, par Djenné et Bammako. Pour ce qui est des quelques marchandises européennes ou barbaresques qui arrivent chaque année à Tombouctou, par la route du nord, elles sont en quantité tellement minime qu'il n'y a pas lieu d'en tenir compte.

Sur la rive droite du Niger, entre Siguiri et Tombouctou, on trouvait, il y a une vingtaine d'années encore, une nombreuse population : mais les atroces guerres de Samory, les famines qui en ont été la conséquence et dont le capitaine Binger nous a laissé un tableau si saisissant, ont amené une dépopulation complète. Cet officier a voyagé de longs jours sans rencontrer autre chose que des squelettes d'hommes ou d'animaux, et c'est vers le sud qu'il faut descendre pour trouver de nouvelles agglomérations d'indigènes.

Ainsi, je n'hésite pas, pour ma part, en ce qui concerne la question du chemin de fer du Haut-Fleuve, à en proposer l'abandon. Le tronçon qui existe rend évidemment quelques services au point de vue militaire et du ravitaillement de nos postes et de nos colonnes; mais, au point de vue commercial, son utilité est nulle, et elle sera toujours nulle, puisque le pays est sans habitants et qu'il ne produit aucune denrée valant les frais de transport jusqu'aux ports d'embarquement. Quant à prolonger la ligne jusqu'au Niger, cela vaudrait certainement mieux que de continuer à exploiter, à grands frais, le tronçon de Kayes à Bafoulabé, qui n'a point d'origine et qui ne va nulle part. Mais cette entreprise, accomplie sous le climat le plus insalubre du monde, mènerait, je le crains bien, à un nouvel insuccès; la région entre Bafoulabé et le Niger n'est qu'un vaste désert, le fleuve le Niger n'est pas navigable, et les pays qu'il baigne, sauf dans la

---

1. Voyage du docteur Tautain et du capitaine Quiquandon (1887).

partie basse, entre Saï et ses bouches, appartenant aux Anglais, sont sans population.

Il est bien entendu que je ne veux parler ici du chemin de fer du Haut-Fleuve qu'au point de vue spécial de son utilisation pour l'exploitation commerciale des régions comprises sous la dénomination de Soudan français et qui s'étendent actuellement entre Kayes et le cours supérieur du Niger. Je n'ai visité que les contrées qui se trouvent entre ce fleuve et le Mayel Ba'ével, et je ne connais point celles qui s'étendent vers l'est et qui permettent d'aboutir à la partie du lac Tchad, que la dernière convention a rendue française. Je ne sais donc si un chemin de fer partant de Saint-Louis et ayant par suite son origine à Dakar, suivant le fleuve Sénégal et se dirigeant ensuite soit vers Tombouctou, soit vers Bammako, pour gagner de là le Bas-Niger et le Tchad, constituera une voie avantageuse pour mettre nos nouvelles possessions de l'Afrique centrale en relations avec la mer et avec l'un de nos ports d'embarquement. Je tiens seulement à montrer qu'actuellement le chemin de fer du Haut-Sénégal ne rend aucun service au point de vue commercial, que son prolongement au delà de Bafoulabé jusqu'au Niger aurait pour résultat de nous lancer à travers des pays à peu près déserts et ne possédant pas de produits pouvant encore payer les frais de transport, et qu'enfin il vaudrait mieux employer à la construction d'un réseau de routes carrossables, utilisables en tout temps pour de petites voitures, traînées par des chevaux, des mulets, des ânes ou des bœufs, les sommes nécessaires pour l'entretien du tronçon de voie ferrée de 128 kilomètres qui réunit Kayes à Bafoulabé.

Kayes, le chef-lieu actuel du Soudan français, est aussi mal placé que possible. Il est isolé de la mer pendant huit mois de l'année, construit sur des berges facilement submergées par les inondations au moment des hautes eaux, non loin d'une escale importante par ses transactions avec les Maures et les Toucouleurs, Médine, qu'il n'a pu encore détrôner de sa prééminence commerciale. Bref, Kayes est une tête de ligne déplorable, et si l'on veut que notre chemin de fer du Haut-Sénégal ait quelque raison d'être, il faut commencer par le réunir à Saint-Louis, au moyen d'un nouveau tronçon de plus de 500 kilomètres, quitte à le prolonger ensuite au delà de Bafoulabé, vers le Niger et, plus tard, vers Saï et le Tchad, puisque d'une part le Sénégal, et d'autre part le Niger, dans ses parties supérieure et moyenne, ne sont pas favorables à une navigation sérieuse et continue. Mais, tel qu'il est, et isolé ainsi dans l'intérieur du continent africain, le petit tronçon de voie ferrée que nous exploitons si péniblement entre Kayes et Bafoulabé, pour les besoins de notre ravitaillement, n'est d'aucune utilité pour notre commerce et devrait, à mon avis, être abandonné.

En résumé, lorsqu'on examine les efforts que nous avons faits, depuis dix ans pour arriver à ouvrir au commerce français les régions entre le Haut-Sénégal et le Niger, lorsqu'on se reporte aux frais que nous a déjà occasionnés cette entreprise, aux dépenses en hommes, argent qui en sont résultées, et que l'on cherche d'autre part à se rendre compte des progrès accomplis et de ceux qu'il y a lieu d'entrevoir pour l'avenir, on ne peut s'empêcher de se demander s'il y a lieu de continuer dans la voie que nous avons prise à l'origine. Certes il y a loin maintenant du jour où le gouverneur de la colonie me faisait l'honneur de me confier la mission d'atteindre le Niger. Il fallait alors aller au plus pressé, par le chemin le plus court, en dépit des obstacles jetés sur notre route. Mais, depuis cette époque, on a marché, le pays a été reconnu et l'on sait à quoi s'en tenir sur la valeur et la richesse de ces régions. Du jour où je prenais le commandement supérieur du Soudan français, je pensais qu'il était indispensable de se jeter en dehors des sentiers battus, de lancer partout des missions d'explorateurs chargés de reconnaître le pays, d'examiner les contrées qui pouvaient s'ouvrir à nos commerçants ou qui devaient leur rester éternellement fermées, en raison de leur dépopulation ou de la privation de tous produits exportables. Il était indispensable de savoir à quoi s'en tenir sur le programme suivi jusqu'à ce moment. Les missions Caron, Tautain et Quiquandon, etc., nous ont montré ce qu'il fallait attendre des régions situées au nord du Bakhoy et vers Tombouctou : pays désert, sans habitants, mal pourvu d'eau, avec une végétation rabougrie, rappelant le Sahara, qui est tout proche. Les missions Péroz, Plat, Levasseur, Audéoud, etc., et en dernier lieu la mission Binger nous ont, au contraire, révélé des contrées riches, relativement peuplées, relativement salubres, parcourues par de nombreux cours d'eau. C'est vers le sud qu'il faut porter nos efforts. Telle est la conclusion des nombreuses explorations d'officiers qui ont battu en tout sens le Soudan français, de 1886 à 1889.

Le développement commercial de nos rivières du sud, de nos établissements du golfe de Guinée, vient bien à l'appui de ces renseignements, rapportés par nos missions d'exploration. On sait l'importance prise par nos comptoirs de la Mellacorée, de la Dubréka et du rio Pongo, du rio Nunez, ainsi que par les factoreries du Grand-Bassam et du Bénin. L'inspection des recettes douanières de notre colonie du Sénégal et de ses dépendances suffirait à faire ressortir la prospérité et l'avenir de ces possessions, relativement récentes. Si nous nous reportons maintenant aux établissements des nations étrangères de la côte occidentale d'Afrique, nous constatons qu'ils sont presque tous placés au bord de la mer ou le long des cours d'eau, à partir de leurs embouchures. Il semble qu'en dépit des précautions qui sont prises pour l'avenir, afin d'assurer le *Hinterland* vers l'intérieur du continent africain, ces nations montrent une certaine répugnance à s'avancer au delà des estuaires des rivières ou de la partie navigable des fleuves dont elles ont occupé les bouches. C'est le contraire que nous avons fait.

Le Sénégal n'est navigable, et encore seulement pendant quatre mois de l'année, que jusqu'à Kayes. Nous persistons néanmoins à vouloir créer une voie commerciale terrestre pour le prolonger jusqu'au Niger, où nous retombons encore sur un autre fleuve, qui offre des conditions de navigabilité plus défavorables et où des barrages infranchissables nous séparent des biefs supérieurs, parcourus par les steamers anglais. Il est temps de s'arrêter dans cette voie et de profiter de l'expérience des dix dernières années pour modifier le programme de notre entreprise dans le Soudan français.

L'examen d'une carte d'Afrique telle qu'elle résulte de la récente convention anglo-française nous indique quelles mesures nous devons prendre actuellement pour faire tourner nos efforts en hommes et en argent au profit de notre commerce. Les parties réellement riches et peuplées du Soudan français se trouvent, d'une part dans le Fouta-Djalon, d'autre part dans la boucle du Niger, et surtout au sud de Kong et des pays visités par Binger. Or, pour accéder à ces régions, qui alimentent le commerce de nos Rivières du Sud et de nos établissements du golfe de Guinée, les voies les plus courtes et les plus directes ont leurs origines vers la mer et se prolongent jusqu'au Fouta-Djalon par les cours d'eau qui ont donné leurs noms aux établissements du sud, ou par ceux qui aboutissent au golfe de Guinée par le Grand-Bassam ou le Dahomey. C'est là que sont nos voies d'accès naturelles vers la partie du Soudan français réellement exploitable au point de vue commercial. Nous devrions donc mettre tous nos efforts, employer toutes nos ressources en hommes et en argent à ouvrir ces voies, à nous installer sur les riches et fertiles plateaux du Fouta-Djalon, d'où nous tiendrions toutes les têtes de vallées qui sillonnent cette partie du Soudan, ou bien dans les États de Kong, que le capitaine Binger vient de placer récemment sous notre protectorat, et dont il nous a fait connaître les ressources commerciales. Mais il faut enrayer notre marche vers le nord, vers Tombouctou. Notre commerce n'a rien à faire dans ces régions ; nous nous épuisons en efforts de toute espèce pour n'arriver à aucun résultat appréciable, ainsi que le prouve l'expérience des six dernières années. Tous nos moyens doivent être reportés vers le sud

CONCLUSION.

ou vers les plateaux salubres qui sont à la source des principaux cours d'eau qui baignent le Soudan français. On a voulu porter la guerre chez Ahmadou, dont les sujets toucouleurs faisaient vivre notre escale de Médine. Que l'on se contente alors d'occuper Nioro, à la limite du Sahara, et Ségou-Sikoro sur le Niger, pour former la limite septentrionale du Soudan français, mais que l'on évacue tous nos anciens postes, tels que Badumbé, Kita, Koundou, Niagassola, dont l'entretien finit par nous coûter des sommes énormes et dont l'occupation nous attache à des contrées désertes, sans avenir commercial, qu'il nous faut abandonner au plus vite. Que, par une entente sagement combinée, le gouverneur du Sénégal et ses deux principaux collaborateurs, le commandant supérieur du Soudan français et le lieutenant-gouverneur des Rivières du Sud, travaillent à ouvrir des communications régulières et continuellement accessibles à notre commerce, entre nos Rivières du Sud et nos établissements du golfe de Guinée d'une part, le Haut-Niger et les territoires situés à l'intérieur de la vaste boucle du grand fleuve soudanien d'autre part. Certes la situation de nos malheureux comptoirs sénégalais était bien précaire en 1853, lorsque M. le gouverneur Faidherbe, appliquant avec persévérance et énergie son programme d'extension et de développement commercial, vint donner au Sénégal la prospérité qu'il a conservée jusqu'à nos jours. Mais les progrès que nous accomplirions ainsi, en reportant nos efforts vers le sud, laisseraient bientôt loin derrière eux les résultats, si grands qu'ils aient été, de l'œuvre accomplie par l'éminent et regretté général. Nos commerçants récolteraient de suite les fruits de notre nouvelle politique, et nous pourrions ensuite marcher de l'avant, lentement mais sûrement, vers la formation du vaste empire commercial que la France est en droit de se créer dans le continent africain.

Pour moi, l'avenir du Soudan français est, pour le moment, dans le sud et vers les riches et fertiles plateaux du Fouta-Djalon et du Kong. Du reste, cette évolution dans le programme de notre entreprise du Haut-Sénégal n'avait pas échappé au général Faidherbe, qui, peu de temps avant sa mort, écrivait : « Si jamais il se fonde un empire du Soudan français, c'est à Timbo, dans le Fouta-Djalon, que sera sa capitale [1]. »

---

1. *Explorations au Sénégal*, par M. le capitaine Ancelle.

FIN.

TABLE DES CHAPITRES

PREMIÈRE CAMPAGNE (1886-1887)

Chapitre I. — Préparatifs de la campagne 1886-1887 dans le Haut-Fleuve. — Dakar et le chemin de fer. — Situation politique dans le Haut-Sénégal au mois de novembre 1886. — Voyage sur la *Salamandre*. — Bakel. — Le marabout Mahmadou Lamine. — Premières mesures prises pour commencer la campagne contre lui. 3

Chapitre II. — Le camp de la première colonne à Arondou. — Formation du dépôt de vivres de Sénoudébou. — Nos établissements de Kayes au mois de novembre 1886. — Nos relations avec les souverains nègres du Soudan Français. — Le chemin de fer du Haut-Fleuve. — Le camp de la deuxième colonne à Diamou. — Plan de campagne contre le marabout Mahmadou Lamine. 19

Chapitre III. — Ouverture des opérations contre le marabout Mahmadou Lamine. — Marche de la première colonne jusqu'à Sénoudébou. — Séjour à Sénoudébou. — Mesures de précaution pendant la marche. — Marche de la deuxième colonne à travers le Bambouk. — Grandes difficultés pour franchir la Falémé. 47

Chapitre IV. — Marche en pays boisé. — Construction d'un magasin à Pounégui. — Bivouac à Kaparta. — Affaire de Soutouta. — La colonne en formation de combat. — Exécution de l'espion Demba Paté. — Habitudes de maraudage des indigènes. 71

Chapitre V. — Le village de Ganguiliel. — Campement de nuit à Sintiou-Oumar-Ciré. — Incendies qui menacent la colonne. — On entend le canon! — Combat de Saroudian. — Renseignements sur le marabout. — Rencontre des deux colonnes à Sanoundi. — Déroute des indigènes des villages environnants. — Marche sur Diana. — Diana est vide! 91

Chapitre VI. — Préoccupations pour le ravitaillement des deux colonnes. — Diana est incendié. — Les chefs du pays se rendent au camp. — Poursuite du marabout. — Combat de Kagnibé. — Les guerriers de Mahmadou Lamine sont rejetés sur la Gambie. — Les femmes du marabout. — Grand palabre à Diana. — Tout le pays se place sous le protectorat de la France. 107

Chapitre VII. — Les deux colonnes quittent Diana. — Missions diverses formées pour explorer tout le pays environnant. — Évacuation du magasin de Pounégui. — Chasse aux lions. — Supplice d'un griot à Sambacolo. — Une fête à Sénoudébou. — L'incendie d'Arondou. — La colonne mise en déroute par un essaim d'abeilles. — Rentrée des deux colonnes à Kayes et à Diamou. 125

Chapitre VIII. — Travaux d'assainissement à Kayes. — Plantations. — Constructions nouvelles. — Le village de liberté. — La situation politique s'améliore. — Mort de l'interprète Alassane. — Nouvelle colonne pour marcher vers le Niger. — Travaux du chemin de fer. — Le pont de Bagouko. 139

Chapitre IX. — La colonne quitte Diamou pour prendre la route du Niger. — Construction d'une route carrossable jusqu'au Niger. — Le fort et le village de Bafoulabé. — Le défilé de Kalé. — Habitudes de pillage des indigènes. — Ravitaillement de nos postes. — Le poste de Badumbé. — Passage du gué de Toukoto. — Le fort de Kita. — Les Maures pillards. — Koundou. 155

Chapitre X. — Séjour à Bammako. — Baptême de la canonnière *Mage*. — Le fort de Niagassola. — Difficultés de la route de Niagassola à Kita. — Retour à Kayes. — Embellissements et constructions à Kayes. — Tentative de Soybou pour franchir le Sénégal. — Sa capture et son exécution. — Traité avec Ahmadou. — Réception de ses ambassadeurs à Kayes. — Mesures de précaution contre Mahmadou Lamine pendant l'hivernage. — Retour de la colonne en France. 173

Chapitre XI. — Mission du commandant Caron a Tombouctou. — La canonnière *Niger*. — Le mouillage de Manambougou. — Le commandant Caron et ses officiers. — Le chaland *Manambougou*. — Départ de l'expédition. — Séjour à Mopti. — Tidiani, roi du Macina. — Voyage à Bandiagara. — Le lac Dhéboë. — Navigation dans l'Issa Ber. — Arrivée à Koriumé, port de Tombouctou. — Situation politique du pays. — Hostilité des Touaregs et des Maures 191

Chapitre XII. — Départ de la canonnière. — Les rapides de Toundouforma. — Yowarou. — Terrible ouragan dans le lac Dhéboë. — Inquiétudes au sujet de l'absence de combustible. — Séjour à Dia. — Accueil enthousiaste des habitants de Monimpé. — Sansandig. — Méfiance des Toucouleurs de Ségou. — Le *Manambougou* est brûlé. — Retour à Manambougou. — Résultats de l'expédition 211

Chapitre XIII. — Mission du capitaine Péroz dans le Ouassoulou. — Départ de Kayes. — Diamou. — Le prince Karamoko. — Réception à Niagassola. — Mes compagnons de route. — Personnel de la mission. — Séjour à Danka. — Visite d'Animata Diara. — Passage du Tankisso. — Arrivée à Togui 223

Chapitre XIV. — Ordre de marche de la mission. — Kéniébakouta et sa mosquée. — Le Diuma. — Frayeur des indigènes. — Gué de Kassama. — Arrivée à Sansando et réception de Kamori, roi du Diuma. — Séjour à Sansando. 239

Chapitre XV. — Chevaux malades. — Mosquée de Bakoukokouta. — Une danse guerrière. — Premières oranges. — Arrivée à Kankan. — Karamoko se joint à nous. — Entrée triomphale à Kankan. — Restitution solennelle d'une prétendue dette de René Caillé 251

Chapitre XVI. — Second passage du Milo. — Un tumulus. — Tintioulé, capitale du Torong. — Métairies de Samory. — Un taureau échappé. — Malinkamory et les fils de l'almamy. — Entrée solennelle à Bissandougou. — Samory. — Notre logement 265

Chapitre XVII. — Négociations. — Péripéties diverses. — Signature du traité. — Tata de l'almamy. — Grande place et mosquée. — La ville de Bissandougou. — Exécutions capitales. — Retour de la mission 285

Chapitre XVIII. — Résultats de la campagne 1886-87 dans le Soudan français. — Missions géographiques, politiques et commerciales. — Le Bondou et le Bambouk. — La mission de Dinguiray; Aguibou. 295

Chapitre XIX. — Résultats politiques et géographiques de la mission du Ouassoulou. — Histoire de l'empire de Samory. — Mission de M. Liotard dans le Bouré. — Mission du docteur Tautain et du lieutenant Quiquandon dans le nord du Bélédougou. — Résultats géographiques de la mission de Tombouctou 309

DEUXIÈME CAMPAGNE (1887-1888)

Chapitre XX. — La campagne 1887-88 dans le Soudan français. — Mesures prises pour en finir avec le marabout Mahmadou Lamine. — La colonne de la Gambie. — Nouveaux progrès de Kayes. — Les foires mensuelles. — Organisation des divers travaux. — La mission du Fouta-Djalon. — La colonne du Bélédougou. — Une nouvelle canonnière sur le Niger. . . . 323

Chapitre XXI. — Bani. — La colonne de la Gambie quitte Bani. — Passage du Niéri. — Route à travers bois. — Séjour à Sine et mesures pour cerner le marabout. — Marche forcée sur Toubakouta. — Campement de nuit en avant de Barocounda. — Les marais de Tiamoye. — La forêt de bambous. — Arrivée devant Toubakouta 337

Chapitre XXII. — Le champ de bataille de Toubakouta. — Surprise du village et combat. — L'assaut. — Fuite du marabout. — Moussa Molo, le roi du Fouladougou. — Poursuite du marabout. — Il est pris et blessé. — Sa mort. — Résultats de la prise de Toubakouta. — Missions diverses envoyées dans toutes les directions. — Rentrée de la colonne de la Gambie à Kayes 349

Chapitre XXIII. — Départ de Kayes. — Les écoles d'otages dans le Soudan. — Incidents d'un voyage en chemin de fer. — Le camp du Galougo. — Travaux du chemin de fer. — Départ de la colonne. — Les ponts du Laoussa. — Séjour à Niagassola. — Le pont suspendu du Kokoro. — Marche à travers un pays inconnu. — Difficultés pour se procurer des vivres. — L'ossuaire de Sétiguia. — La brigade télégraphique 373

Chapitre XXIV. — Siguiri et ses environs. — La plaine du Niger. — Le Tankisso. — Mauvaise foi de l'almamy Samory. — Disette de vivres au camp. — Reconnaissance de Tiguibiri et de l'emplacement du fort. — Premiers travaux. — Installation de la colonne dans le tata de Siguiri 391

Chapitre XXV. — Retour sur la rive gauche des anciens habitants de Siguiri et des villages voisins. — Excursion le long du Niger. — Les envoyés de Samory. — La fête des charpentiers. — Lancement du *Siguiri*. — Rencontre avec un hippopotame. — Visite à la briqueterie. — Les manœuvres des travaux. — Troubles dans les villages de la rive gauche du Niger 401

Chapitre XXVI. — Les somonos du Niger. — La prise du tata de Minamba Farba. — Excursion au confluent du Tankisso. — La noix de kola. — Mission pour rejoindre le Fouta-Djalon et les Rivières du Sud. — L'esclavage sur les bords du Niger. — Un drame dans le camp 419

Chapitre XXVII. — Description du fort de Siguiri et de ses dépendances. — Le jardin potager. — Grand palabre avec les chefs de la région. — Départ de la colonne. — Le viaduc du Galougo. — Retour à Saint-Louis. 437

Chapitre XXVIII. — Mission du lieutenant Plat dans le Fouta-Djalon. — Organisation de la mission. — Sa composition. — Séjour à Diamou. — En chemin de fer. — Bafoulabé. — Un village récalcitrant. — Mort du capitaine Oberdorf. 449

Chapitre XXIX. — Le Meratambaïa. — Pluie et tornades. — Toucouleurs et palabres. — Oberdorf à Tamba. — Marches pénibles. — Misira. — A Dinguiray. — Fantasia. — Devant Aguibou. — Un peu d'histoire. — Séjour à Dinguiray. 465

Chapitre XXX. — Dans le Fouta-Djalon. — Palabre à Sokotala. — Rencontre d'un chef de diwal. — Organisation de l'État : Alfayas et Soryas. — Visite du chef de Fodé-Hadji. — Arrivée à Timbo. — Baowal. — Mahmadou Paté. 485

Chapitre XXXI. — Réception à Fougoumba. — L'almamy Ibrahima. — Palabre d'arrivée. — M. de Sanderval. — Remise de cadeaux. — Le sous-lieutenant Levasseur à Labé. — Négociations. — Maladie. — Traité avec l'almamy. 505

TABLE DES CHAPITRES.

Pages.

Chapitre XXXII. — Retour à Benty de la mission du Fouta-Djalon. — Mahmadou Paté. — Visite aux sources du Sénégal. — Jeune fille poule. — Hospitalité. — Tamisso. — Tambaka. — Bounia. — A Benty 521

Chapitre XXXIII. — Composition de la compagnie Audéoud. — Le lieutenant Radisson. — Le capitaine Le Châtelier. — Kouloukalan. — Baleya. — Un peu d'ethnographie. — A Nono, dans l'Oulouda. — Samory et les lloubous. — Un mot d'Abal. — Entrée dans le Fouta. — Difficultés. — A Sokotoro. — Arrivée à Dentaba auprès de l'almamy. — Palabres et défilé 553

Chapitre XXXIV. — Résultats géographiques et politiques de la campagne 1887-88. — Opérations sur la Gambie : mission Liotard dans le Fouladougou, le Niani, le Kalonkadougou et le Ferlo. — Mission Levasseur dans la Moyenne-Falémé, la Haute-Gambie, la Cazamance et au Fouta-Djalon 573

Chapitre XXXV. — Opérations dans le Bélédougou ; étude sur le cercle de Bammako. — Mission Audéoud dans la vallée du Baoulé. — Colonne de Siguiri : renseignements sur les États de la rive droite du Niger, renseignements sur le Bouré et les pays situés au sud-ouest de la route de Kita à Siguiri ; missions topographiques envoyées de Siguiri 587

Chapitre XXXVI. — Le Fouta-Djalon. — Géologie, faune, flore, climatologie. — Anthropologie, ethnographie, constitution politique 605

Chapitre XXXVII. — Limites actuelles du Soudan français. — Nos relations avec les petits États et les grands chefs. — Le chemin de fer du Haut-Fleuve. — Programme à adopter pour notre œuvre du Soudan français. — Importance commerciale du Fouta-Djalon et des Rivières du Sud 617

Ficus sur la place de Sansando (p. 247).

www.ingramcontent.com/pod-product-compliance
Lightning Source LLC
Chambersburg PA
CBHW071153230426
43668CB00009B/933